Walter Doberenz / Thomas Kowalski

Borland Delphi 3

für Einsteiger und Fortgeschrittene

HANSER
PROGRAMMIER
PRAXIS

Walter Doberenz / Thomas Kowalski

Borland Delphi 3

für Einsteiger und Fortgeschrittene

HANSER

Carl Hanser Verlag München Wien

Die Autoren:
Professor Dr.-Ing. habil. Walter Doberenz, Mittweida
Dipl.-Ing. Dipl.-Ing. (FH) Thomas Kowalski, Leeskow

Die Deutsche Bibliothek - CIP-Einheitsaufnahme

Borland Delphi 3 für Einsteiger und Fortgeschrittene / Walter Doberenz/Thomas Kowalski. - München ; Wien : Hanser
(Hanser-Programmier-Praxis)
ISBN 3-446-19064-3

Buch. 1997
Pp.

CD-ROM. 1997

Internet: http://www.hanser.de
Endredaktion: Christine Blaschke, München
Gesamtlektorat: Simone Viethen, München
Umschlaggestaltung: Susanne Kraus, München unter Verwendung eines Bildes der ZEFA Zentrale Farbbild Agentur GmbH, Düsseldorf
Belichtung, Druck und Bindung: Media-Print Informationstechnologie, Paderborn
Printed in Germany

Vorwort

Wenn Sie dieses Buch in den Händen halten, dann gehören Sie sicher auch zur ständig wachsenden Anzahl derer, die ihre eigenen Windows-Programme schreiben wollen, statt auf Applikationen "von der Stange" angewiesen zu sein. Mit Borland Delphi haben Sie die richtige Wahl getroffen. Dieser Nachfolger des legendären Turbo Pascal ermöglicht es Ihnen, in kürzester Zeit mit vermarktungsfähigen Windows-Applikationen an die Öffentlichkeit zu treten.

Das Buch richtet sich vor allem an Ein- und Umsteiger, aber auch Fortgeschrittene können davon profitieren. Es knüpft an unseren erfolgreichen Titel "Borland Delphi 3 Grundlagen" an. Bewußt werden die "höheren" Regionen der Programmierung (API/GDI, SQL, DAOs, Internet, Client/Server) weitestgehend ausgeklammert, um Platz zu schaffen für breitere Fundamente, die um so notwendiger sind, da sich mit dem Übergang von der 16- zur 32 Bit-Windows-Programmierung die Anzahl der API-Funktionen und die Vielfalt der datenbankspezifischen Features von Delphi drastisch erhöht haben.

Hinweis: Für den professionellen Programmierer ist im gleichen Verlag unser Titel "Borland Delphi 3 für Profis" erschienen, das zugehörige Inhaltsverzeichnis finden Sie im Anhang. Als Grundlage für Ein- und Umsteigerlehrgänge sowie Workshops empfehlen wir Ihnen unseren in 16 Lektionen gegliederten Titel "Programmieren lernen in Borland Delphi 3".

Zur Geschichte von Borland Delphi

Wer früher schon einmal mit dem Mitte der achtziger Jahre sehr populären Turbo Pascal gearbeitet hat, wird sich umstellen müssen. Was erwartet den reumütig zurückgekehrten "verlorenen Sohn" Neues? Ganz so ein Kinderspiel, wie es die Borland Reklame suggerieren will, ist die Windows-Programmierung mit Object Pascal nun auch wieder nicht, sieht man von trivialen Miniapplikationen einmal ab. Folgender Vergleich könnte den Unterschied zwischen der traditionellen Pascal-Programmiertechnik und zwischen der Windows-Programmierung mit Delphi wohl am treffendsten verdeutlichen: Zum Bau eines Hauses aus Ziegelsteinen benötigt man relativ wenig Bauelemente. Mit diesem kleinen Sortiment kann man schnell vertraut werden und nahezu beliebige Fassaden gestalten, genauso wie Sie auch mit dem geringen Sprachumfang des "alten" Pascal in der Lage waren, relativ komplizierte Applikationen zu entwerfen. Die Windows-Programmierung hingegen ist vergleichbar mit der Herstellung einer Hausfassade aus hochkomplexen Fertigelementen (API-Funktionen), von denen es eine unüberschaubare und ständig wachsende Vielzahl gibt. Umfangreiches Studium ist angesagt, um sich in diesem Riesensortiment zurechtzufinden und die geeignete Auswahl zu treffen.

Das mag den Einsteiger zunächst schockieren. Als Trost sei hinzugefügt, daß man stets nur einen Bruchteil von Anweisungen wirklich für sein Programm benötigt und bestimmte Sprachelemente immer wieder auftauchen. Diesen Kern hat man sich schnell eingeprägt, sonst reicht es, zu wissen "wo was stehen könnte".

Zum Buchinhalt

Sinn eines Delphi-Buchs kann es nicht sein, eine umfassende Referenz von Object Pascal zu liefern, also all die Informationen noch einmal zu liefern, die mit der integrierten Online-Hilfe bzw. mit den mitgelieferten Handbüchern ohnehin für Sie verfügbar sind.

Gemeinsam wollen wir deshalb den einzig vernünftig gangbaren Weg beschreiten, nämlich eine schmale Schneise durch den Urwald der Object Pascal Programmierung zu schlagen, bis wir eine Lichtung erreicht haben, die uns erste Erfolgserlebnisse vermittelt.

Dabei konzentrieren wir uns nach dem Prinzip "Soviel wie nötig" auf die wesentlichsten Sprachelemente und Programmiertechniken. Was dabei links und rechts unberührt liegenbleibt, kann der Leser später an Hand unseres Profibuchs oder auch autodidaktisch nachholen.

Wie alle unsere bisherigen Programmierbücher ist auch das vorliegende in drei Teile gegliedert:

- Grundlagen (Kapitel 1 bis 7),
- Kochbuch (Kapitel 8 bis 12),
- Applikationen (Kapitel 13).

Im ersten Teil sollen Fundamente gesetzt werden, ohne dabei den Anspruch auf Vollständigkeit erheben zu wollen. Schwerpunkte sind die Bedienoberfläche, Sprachelemente, Formulare und Komponenten, Objektorientierte Programmierung, Grafik und Datenbanken.

Sobald programmtechnisch interessante Details auftreten, wird auf den zweiten Teil, das Kochbuch, verwiesen. Dieses bildet gewissermaßen den Kern des Buches. Sie finden hier das Know-how für die Lösung zahlreicher praktischer Problemstellungen.

Im dritten Teil sollen an Hand von vier größeren Applikationen (Textverarbeitung, Adressenverwaltung, Baufinanzierung, Kreuzworträtsel) komplexe Programmiertechniken im Zusammenhang demonstriert werden. Sie sind mit den Grundlagenkapiteln und mit dem Kochbuch durch zahlreiche Querverweise gekoppelt.

Allein an Titel und Umfang der zu Delphi mitgelieferten Handbücher erkennen Sie die besondere Bedeutung von Delphi zur Entwicklung von Datenbankapplikationen. Das wird in diesem Buch unter anderem durch eine ziemlich umfangreiche Einführung in das Thema "Datenbanken" berücksichtigt sowie durch zahlreiche praxisbezogene Kochbuchrezepte, die zum großen Teil aus Leserwünschen entstanden sind (z.B. "Wie kann ich die Eingabemaske für ein Rechnungsformular programmieren?").

Strategien für den Leser

Das vorliegende Buch soll gleichzeitig Lehr- und Arbeitsbuch sowie Programmsammlung (Kochbuch) sein. Demzufolge werden für Ein- und für Umsteiger unterschiedliche Strategien empfohlen.

Für Einsteiger:

- Beginnen Sie mit den Einsteigerbeispielen in diesem Kapitel (Abschnitt 1.3) und machen Sie sich danach mit der Entwicklungsumgebung (Kapitel 2) näher vertraut[1].
- Arbeiten Sie sich schrittweise in die Pascal-Syntax ein (Kapitel 3). Stellen Sie dabei ständig Querverbindungen zum Kochbuch (Kapitel 8 bis 12) her und beginnen Sie parallel mit dem Schreiben eigener kleinerer Applikationen.
- Wagen Sie sich an umfangreichere Programmprojekte, Anregungen dafür finden Sie im (Kapitel 13).

Für Umsteiger:

- Schauen Sie sich das Einführungsbeispiel für Umsteiger in diesem Kapitel an (Abschnitt 1.3.2).
- Suchen Sie im Kochbuch nach Lösungen für Ihr spezielles Problem.
- Antworten auf offene Fragen finden Sie mit Hilfe der dort enthaltenen Querverweise auf die übrigen Kapitel.

Umfangreiches Material auf der Buch-CD

Die zu diesem Buch mitgelieferte CD enthält sämtliche Quelltexte, die meisten EXE-Dateien, sowie weitere Software bzw. Tools von Fremdanbietern. Auch die komplette Software des Kapitels 13 (Applikationen) ist natürlich mit dabei.

Hinweis: Sie sollten natürlich Borland Delphi 3 auf Ihrem PC installiert haben (befindet sich nicht auf der Buch-CD)!

Wollen Sie direkt auf die Ordner zugreifen, dann klicken Sie das CD-Laufwerk mit der rechten Maustaste an und wählen Sie "Öffnen". Kopieren Sie dann die gewünschten Dateien auf die Festplatte und vergessen Sie nicht, anschließend den Schreibschutz aufzuheben (rechte Maustaste, "Eigenschaften").

Wer es gern bequemer hätte, klickt einfach auf START.EXE und wählt dann im Inhaltsverzeichnis die gewünschten Dateien aus. Das Installationsprogramm kopiert diese in ein Verzeichnis Ihrer Wahl und entfernt gleichzeitig die ReadOnly-Attribute.

Hinweis: Sollte es bei einigen Projekten zu Problemen mit der Bildschirmdarstellung kommen, dann stellen Sie bitte Ihre Windows 95-Systemsteuerung auf "Kleine Schriftarten" ein.

Bei den Datenbankbeispielen sollten Sie zunächst für die von Ihnen verwendeten Verzeichnisse einen Alias einrichten (siehe *Liesmich*-Datei).

[1] Ein lineares Durcharbeiten von vorn nach hinten im Sinne eines klassischen Lehrbuchs kann nicht empfohlen werden!

Die Autoren in eigener Sache

Wenn Sie Vorschläge oder Fragen zum Buch haben, können Sie uns direkt kontaktieren:

- Tel 03727-90580, Fax 03727-98983, EMail 100427.3041@compuserve.com

---

Hinweis: Haben Sie bitte Verständnis dafür, daß wir keine Hotline bedienen können.

Wenn Sie Interesse an einer Schulung (bei Ihnen vor Ort oder in unserem Leipziger Schulungszentrum) haben, können Sie sich direkt an die obigen Adressen wenden. Wir bieten sowohl Lehrgänge für Ein- und Umsteiger als auch Profi-Workshops nach Ihren speziellen Wünschen an.

Dank an alle, die uns geholfen haben

Beide Autoren wollen es nicht versäumen, sich bei Ihren Familienangehörigen herzlich für deren unendliche Geduld zu bedanken, die bereits beim Schreiben des Delphi 3-Profibuchs arg strapaziert wurde. Diese uns zuteil gewordene Nachsicht ist um so höher zu würdigen, als die scheinheilig versprochene Ruhe nach Fertigstellen des Profibuchs nicht eintrat, sondern anschließend nahtlos in einen erbitterten Kampf mit dem vorliegenden Delphi 3-Grundlagenbuch überging.

Unser Dank gebührt auch der Firma Borland, die uns stets großzügig und unbürokratisch mit Rezensionssoftware bediente.

Einen großen Blumenstrauß haben sich auch die netten Damen Viethen und Blaschke vom Carl Hanser Verlag verdient, die trotz ständiger Vertröstungen und arglistiger Täuschungen den Glauben an uns nie verloren haben und immer wieder eine zusätzliche Woche Terminaufschub gewährten.

Was lange währt, wird endlich gut - und so hoffen wir, daß wir Ihnen mit diesem Buch einen effektiven Begleiter beim Einstieg in die 32 Bit-Windows-Programmierung zur Seite gestellt haben, der es verdient, seinen Platz nicht im Regal, sondern griffbereit neben dem Computer einzunehmen.

Abschließend möchten wir Ihnen, liebe(r) Leser(in), viel Freude bei der Arbeit mit Delphi 3 und jede Menge Erfolgserlebnisse wünschen!

Walter Doberenz und Thomas Kowalski *Mittweida und Leeskow im September 1997*

Inhaltsverzeichnis

11 Wie kann ich ...? (Datei/Datenbanken) 469

12 Wie kann ich ...? (Sonstiges) 517

Anhang 665

Index 695

Einführung

- Die Ruhe vor dem Sturm
- Die Windows-Philosophie
- Erste Schritte in Delphi

1 Einführung

Dieses Kapitel gewährt Ihnen erste Einblicke in die Arbeit mit Delphi. In den Abschnitten 1.3.1 und 1.3.2 (Einführungsbeispiele) wird, gewissermaßen im Schnelldurchlauf, der Umgang mit der Delphi-Entwicklungsumgebung demonstriert. Für Umsteiger oder für intuitiv veranlagte Leser mit Windows-Erfahrungen mag das bereits als Anleitung genügen, so daß diese sich damit unter Umständen sogar das gesamte Kapitel 2 des Buches sparen können.

1.1 Die Ruhe vor dem Sturm

Bevor Sie dieses Buch in die Hand nehmen, sollten Sie über die wichtigste Voraussetzung für das Erlernen von Borland Delphi verfügen: Sie sind regulärer Besitzer der Software *Borland Delphi 3*. Bei dieser Gelegenheit sollten Sie evtl. auch über eine Neuanschaffung Ihrer Hardware nachdenken (ab Pentium, ab 16MB RAM). Überstürzen Sie aber nichts, halten Sie Umschau nach preisgünstigen Angeboten und sondieren Sie ohne Hektik das Terrain für Ihren Einstieg in die 32 Bit-Windows-Programmierung. In der Ruhe liegt die Kraft für spätere Erfolge!

1.1.1 Die drei Delphi-Pakete

Borland liefert Delphi 3 in drei unterschiedlichen Paketen aus:

- **Delphi 3 Standard**
  Mit diesem Paket, welches für die Arbeit mit diesem Buch im wesentlichen ausreicht, erschließt sich Ihnen die Welt der Windows-Programmierung. Neben Object Pascal, OOP und visueller Vererbung haben Sie die Möglichkeit, durch DLLs und OBJ-Dateien Funktionalität mit Entwicklungssystemen wie C oder Paradox auszutauschen. Über die integrierte Borland Database Engine (BDE) erhalten Sie schnellen Zugriff auf dBASE und Paradox-Datenbanken. QuickReports 2.0 ermöglicht Ihnen das einfache visuelle Erstellen und Drucken von Datenbankberichten. Weitere Features sind die visuelle Vererbung von Formularen, Win95 und NT-Unterstützung für OLE-Automation, Active Document-Unterstützung, Packages (bieten kleinere und effektivere EXE-Dateien), DLL Debugging (spart Zeit bei Fehlersuche in DLLs), Multithreading Unterstützung und andere.
- **Delphi 3 Professional**
  Zusätzlich zu den Möglichkeiten des Standard-Pakets werden ein Installations-Experte, die Schnittstelle zum API der Borland Database Engine, der Datenbank-Explorer sowie ein Programm zum Verfolgen von Windows-Nachrichten mitgeliefert. Weiterhin erhalten Sie die VCL-Quelltexte, die komplette ODBC-Unterstützung, den lokalen Interbase-Serve zum einfachen Erstellen von SQL-Anwendungen, Active Forms (Erstellen kompletter Anwendungen im ActiveX-Format) und einen SQL-Datenbank-Explorer.

- **Delphi 3 Client/Server**
  Dieses Maximalpaket beinhaltet neben allen Features des Standard- und des Professional-Pakets ein komplettes 32-Bit Client/Server-Entwicklungssystem für plattformübergreifende Unternehmensanwendungen, RAD Standard Komponenten (Rapid Application Development), eine integrierte Versionskontrolle, einen SQL-Monitor, einen visuellen Abfragegenerator, 32-Bit-Zugriffsmöglichkeiten auf unterschiedliche Server (SQL-Links), eine Interbase NT-Lizenz, Erstellen von Web Server-Anwendungen, Internet/Intranet-Entwicklungen und vieles mehr.

Als Einsteiger werden Sie mit all den genannten Features noch nicht allzu viel anfangen können, insbesondere beim Professional- und beim Client/Server-Paket dürfte das "Fachchinesisch" möglicherweise das Maß des Erträglichen weit überschritten haben. Stören Sie sich nicht weiter daran, der Inhalt dieses Buchs zielt im großen und ganzen auf das Standard Paket, welches auch bezüglich der Anschaffungskosten deutlich günstiger liegt.

1.1.2 Installation von Delphi

Da es sich bei Delphi 3 um ein echtes 32-Bit Programmsystem handelt, muß Ihr PC natürlich über das Betriebssystem Windows 95 oder Windows NT verfügen (Windows 3.x hat hier ausgedient!)[1]. Auch ein CD-ROM-Laufwerk sollte vorhanden sein (oder wenigstens der Netzzugriff auf ein solches). Delphi 3 wird grundsätzlich nicht auf Installationsdisketten ausgeliefert, sondern nur noch auf CD-ROM.

Bei der Installation brauchen Sie sich eigentlich um nichts zu kümmern. Klicken Sie auf die Delphi-Ikone oben links (bei Standard- und Professional-Version haben Sie entsprechend weniger Optionen als hier für die Client/Server-Suite gezeigt):

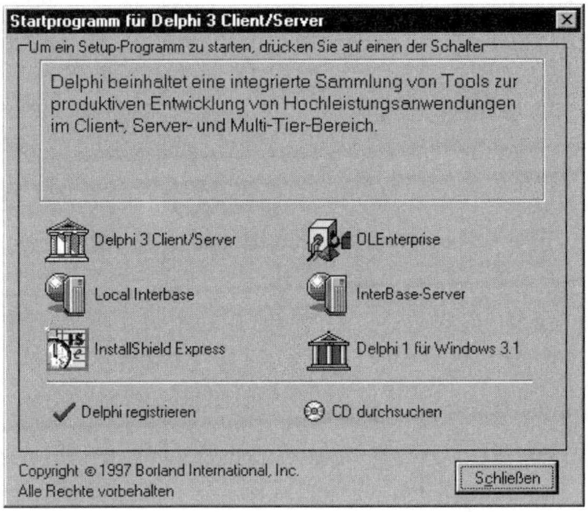

Abb. 1.1 So werden Sie vom Setup-Programm der Client/Server Suite begrüßt

---

[1] Wer noch für 16-Bit Plattformen entwickeln will, muß Delphi 1.02 installieren (befindet sich ebenfalls auf der Delphi 3.0-CD!).

Falls Sie nicht glücklicher Besitzer einer Client/Server-Version von Delphi sind, werden Sie im Windows 95-Startmenü entsprechend weniger Programme entdecken:

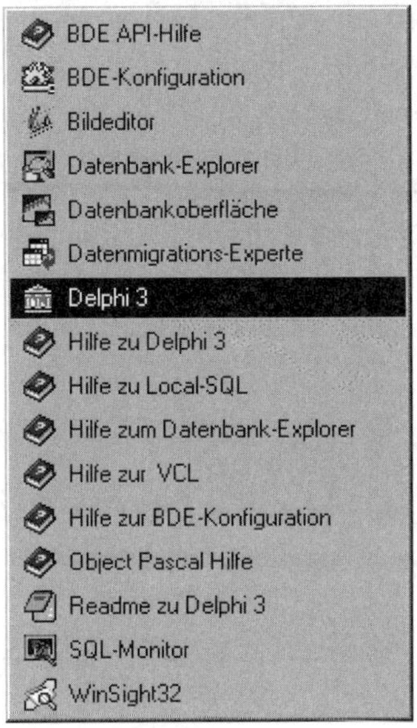

Abb. 1.2 Das Programmangebot im Startmenü der Client/Server Suite

Wie man sieht, sind zahlreiche Hilfedateien zugeordnet. Delphi, d.h. die Datei *Delphi32.EXE*, finden Sie, ziemlich versteckt, in Gesellschaft eines ganzen Sammelsuriums weiterer Programme in der Gruppe *Borland Delphi 2.0*, im Verzeichnis *\Programme\Borland\Delphi 3\BIN*. :

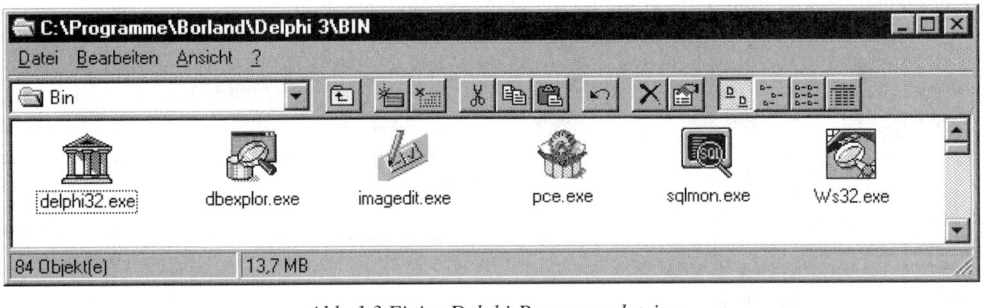

Abb. 1.3 Einige Delphi-Programmdateien

Die übrigen der abgebildeten Programme sind für den Einsteiger in der Regel weniger interessant, so dient z.B. *dbexplor.exe* zum Betrachten bzw. Modifizieren lokaler bzw. Server-Datenbanken, mit *imagedit.exe* bearbeiten Sie Bilddateien (*.BMP, *.ICO, *.CUR, *.RES, *.DCR), *pce.exe* dient zum Editieren von Package-Sammlungen.

1.1.3 Die mitgelieferte Dokumentation

Das vorliegende Buch bietet vereinbarungsgemäß keine umfassende Referenz, es kann also die Delphi-Dokumentation nicht oder nur teilweise ersetzen. Diese besteht aus diversen Handbüchern sowie aus der integrierten Online-Hilfe.

Handbücher

Es liegt an der Art Ihrer Bestellung (und ist letztlich auch eine Frage des Geldbeutels), ob Sie die Dokumentation nur auf CD-ROM oder als gedruckten Handbuchsatz erhalten. Zur Dokumentation gehören die folgenden Handbücher:

- Ein dünnes Heft "Einführung" mit Informationen für Einsteiger (entspricht Teil I des Benutzerhandbuchs).
- Das "Delphi-Benutzerhandbuch" mit grundlegenden Hinweisen und Beispielen zur Anwendungsentwicklung für Einsteiger.
- Das "Delphi-Entwicklerhandbuch" mit ausführlichen Informationen über komplexere Anwendungsentwicklungen, Datenbankanwendungen, benutzerdefinierte Komponenten, Internet/Intranet.
- Die "Object Pascal Sprachreferenz" mit Beschreibung der Syntax von Object Pascal, der Schnittstellen und DLLs, der Packages, des integrierten Assembles.
- Die zweibändige "VCL-Sprachreferenz" mit Erläuterungen von Eigenschaften, Methoden und Ereignissen der am häufigsten verwendeten visuellen Komponenten.

Für Besitzer des Professional- oder Client/Server-Pakets gibt es zusätzliche (englische) Handbücher zum InterBase-Server.

Online-Hilfe und Beispielprogramme

Prinzipiell sind alle in den Handbüchern enthaltenen Informationen auch über die in Delphi integrierten Online-Hilfefunktionen abrufbar. Sehr bald wird also die Online-Hilfe Ihr unentbehrlicher Begleiter bei der Anwendungsentwicklung sein, da sie aufgrund der komfortablen windowstypischen Suchfunktionen viel schneller und effektiver bestimmte Informationen zur Verfügung stellen kann, als dies durch umständliches Nachschlagen in einem der teilweise recht voluminösen Handbücher möglich wäre.

Zusätzlich finden Sie in der Online-Hilfe viele Code-Beispiele, die Sie direkt kopieren und nachvollziehen können.

1.1.4 Neuigkeiten in Delphi

Viele Programmierer haben erst jetzt den Schritt von der 16Bit- zur 32Bit-Anwendungsentwicklung gewagt, sie kennen also Delphi 2, den Vorgänger von Delphi 3, nicht. Aus diesem Grund wollen wir zunächst die Neuigkeiten beim Übergang von Delphi 1 zu Delphi 2 nennen und anschließend auf die Unterschiede der Versionen 2 und 3 eingehen, die bei weitem nicht so gravierend ausfallen.

Von Delphi 1 zu Delphi 2

- **Programmcode ist kompatibel**
  Mit der Borland-Aussage "Ihr 16-Bit Programmcode ist kompatibel, er muß lediglich neu compiliert werden!" sollte erst einmal den ärgsten Befürchtungen der Wind aus den Segeln genommen werden. In der Praxis sieht das aber nicht mehr ganz so euphorisch aus, denn in vielen Fällen sind Teile des Programms neu anzupassen, das betrifft vor allem: API-Funktionen, die sich unter Windows 95 geändert haben, *TBiSwitch*, *TBiGauge*, *TBiPict*, *TChart* und andere "exotische" VBX-Controls (durch ActiveXe ersetzen, beim Hersteller nachfragen!) und 16-Bit-Assembleranweisungen.

- **Schnellerer 32-Bit-Compiler**
  Die Code-Erzeugung wurde gegenüber Delphi 1.x weiter optimiert. Bereits Delphi 2 Programme waren etwa 25% kompakter und ca. 3 bis 4mal schneller als die der 16Bit-Version. Zum Compiler kamen einige neue Anweisungen hinzu, nebst der Möglichkeit, zwischen verschiedenen Optimierungsarten und Aufrufkonventionen zu wählen, Units können einen sog. *Finalization*-Abschnitt erhalten.

- **Neue Datentypen**
  Zur Unterstützung breiterer Zeichensätze (Unicode) wurden neue *Character*-Datentypen eingeführt, der *String*-Datentyp ist nicht mehr auf 255 Zeichen begrenzt, es gibt jetzt einen *Variant*-Datentyp der dynamisch geändert werden kann und einen *Currency*-Datentyp für Währungsrechnungen.

- **Neue visuelle Komponenten**
  Es wurden die neuen, allgemeinen Steuerelementen von Windows 95 (TTabControl, TPageControl, TTreeView, TTrackBar, THeaderControl, TProgressBar, TRichEdit, TUpDown, TListView, TStatusBar) eingeführt. Weiterhin wurde der Import von OCX- (jetzt ActiveX-) Steuerelementen möglich, die den Platz der VBX-Steuerlemente von Delphi 1.x eingenommen haben.

- **Veränderungen bei Datenbanken**
  Es wurde nunmehr eine lokale Filterung in Tabellen möglich, Suchfelder erhielten eine *TField*-Unterstützung, Datenmodule und auch ein SQL-Monitor kamen hinzu.

- **Neue Funktionen der Entwicklungsumgebung**
  Augenfälligste Unterschiede waren die Umgestaltung des Menüs *Datei*, das Fehlen der Menüs *Compilieren* und *Optionen* sowie die neu hinzugekommenen Menüs *Projekt*, *Komponente* und *Datenbank*. Eine Vererbung und Verknüpfung visueller Formulare wurde möglich. Es gab eine Anzahl neuer Compilermeldungen, einen Datenbank-Explorer sowie Drag & Drop auch im Datenbank-Feldeditor. Außerdem stellte Delphi eine sogenannte "Objektablage" als Hilfsmittel für die gemeinsame Benutzung und Wiederverwendung von Formularen und Projekten bereit, die gewissermaßen die "Gallery" ersetzt. Es handelt sich bei der Objektablage einfach nur um eine Textdatei, die Verweise auf Formulare, Projekte und Experten enthält.

- **Unit Windows**
  Die Units *WinTypes* und *WinProcs* wurden in der Unit *Windows* zusammengefaßt. Um den Systemwechsel zu erleichtern, haben die beiden veralteten Units den Namen der neuen *Windows*-Unit als Alias erhalten. Dies ermöglicht es außerdem, 16-Bit-Komponenten in der Komponenten-Bibliothek CMPLIB32.DCL zu installieren.

- **OLE 2 - Automation**
  Delphi 2 unterstützte die OLE-Automation, womit eines der größten Ärgernisse der 16Bit-Version beseitigt wurde.

Von Delphi 2 zu Delphi 3

- **Packages**
  Delphi-Packages sind speziell compilierte dynamische Linkbibliotheken (DLLs), die eine anwendungsübergreifende Nutzung von Code ermöglichen. Das schont Systemressourcen und verringert die Größe der EXE-Dateien. So ist z.B. die VCL-Bibliothek (Visual Component Library) von Delphi 3 in Packages aufgeteilt, die anwendungsübergreifend nutzbaren Code enthalten. Die meisten wichtigen Delphi-Komponenten befinden sich in einem Package namens VCL30.DPL (DPL - Delphi Package Library).

- **Verbesserungen der Entwicklungsumgebung**
  Neben reinen Äußerlichkeiten, wie die dem Office 97-Standard entsprechenden Menü- und Symbolleisten, sind das DLL-Debugging, ein Unit-Ausgabeverzeichnis, eine gemeinsame Objektablage und die Übermittlung von Versionsinformationen hervorzuheben.

- **ActiveX-Unterstützung**
  Delphi verfügt jetzt über einen Experten (Wizard), mit welchem Sie ActiveX-Komponenten generieren können, die Sie dann z.B. in C++, Java oder Visual Basic einsetzen.

- **Anwendungsentwicklung für Internet/Intranet**
  Spezielle Komponenten übernehmen die Kommunikation mit dem Web-Server, so daß Sie sich z.B. um das HTTP-Protokoll bzw. um das Erzeugen von HTML-Code nicht zu kümmern brauchen (nur Client/Server-Edition).

1.1.5 Verwendung Englisch/Deutsch

Wir wollen weder die englisch- noch die deutschsprachige Begriffswelt als Dogma einführen, warum? Delphi stammt, wie Windows auch, aus den USA und damit sind all seine Fachbegriffe zunächst einmal englisch. In der deutschen Delphi-Dokumentation wurden viele dieser Begriffe eingedeutscht. Um nicht sklavisch an diesen Übersetzungen festzuhalten, sollen die englischen Originalausdrücke gleichberechtigte Verwendung finden. Dazu folgende Argumente:

- Bei vielen "computerenglischen" Wörtern hat man eine Übersetzung ohnehin schon längst aufgeben müssen (z.B. Listing, Offset, Task, Unit, Debugger, ...).
- Zahlreiche englische Fachbegriffe sind sprachlich (fast) identisch mit dem deutschen Wort, so daß sich eine Übersetzung erübrigt (Object → Objekt, Menue → Menü, Method → Methode, Procedure → Prozedur, Function → Funktion).

- Leider mangelt es vielen Übersetzungen an Konsequenz, so daß ein deutsch-englischer "Mischmasch" entstanden ist (z.B. Objekt-Browser).
- Einige Übersetzungen sind mißlungen bzw. entarten zu Wortungetümen (z.B. event handler → Ereignisbehandlungsroutine), bzw. sind schlichtweg falsch (z.B. Bitmap → Bild).
- Dieses Buch wird neben der Dokumentation und der integrierten Online-Help sicher nicht Ihre einzige Delphi-Lektüre bleiben. Es kann deshalb nur von Vorteil sein, wenn Sie beim gelegentlichen Nachschlagen in der englischsprachigen Originalliteratur nicht ins Stolpern kommen, weil Sie sich ausschließlich auf deutsche Fachtermini spezialisiert haben.

Die folgende Tabelle zeigt eine Gegenüberstellung deutscher und englischer Fachbegriffe, wie sie im Zusammenhang mit Delphi von Bedeutung sein dürften:

Tabelle 1.1 Deutsche und englische Fachbegriffe

deutsch	**englisch**
Formular, Fenster	Form
Komponente, Dialogelement	Component, Control
Komponentenpalette	Component Palette
Eigenschaft	Property
Ereignis	Event
Ereignisbehandlungsroutine	Event Handler
Anweisung	Clause
Quelltext	Code
Editierfenster	Code Editor
Meldungsfenster	MessageBox
Schablone	Template
Leinwand	Canvas

1.2 Die Windows-Philosophie

Delphi gibt Ihnen die Möglichkeit, eigene Windows-Programme mit relativ geringem Aufwand und nach nur kurzer Einarbeitungszeit selbst zu entwickeln.

Es wird dabei keinesfalls von Ihnen verlangt, tiefer in das äußerst komplexe Gebiet der Windows-Programmierung einzudringen. Sie werden den Einstieg aber umso leichter schaffen, wenn Sie sich gleich zu Beginn Klarheit über die zunächst fremdartig anmutende, aber dann doch einfach und gleichzeitig genial erscheinende, Windows-Philosophie verschaffen.

1.2.1 Mensch-Rechner-Dialog

Die Art und Weise, wie die Kommunikation mit dem Benutzer (Mensch-Rechner-Dialog) abläuft, dürfte wohl der gravierendste Unterschied zwischen den klassischen Betriebssystemen (DOS, UNIX) und Windows sein. Unter DOS "wartet" das Programm auf eine Eingabe, indem Tastatur und Maus zyklisch abgefragt werden. Alle peripheren Geräte agieren relativ unabhängig voneinander.

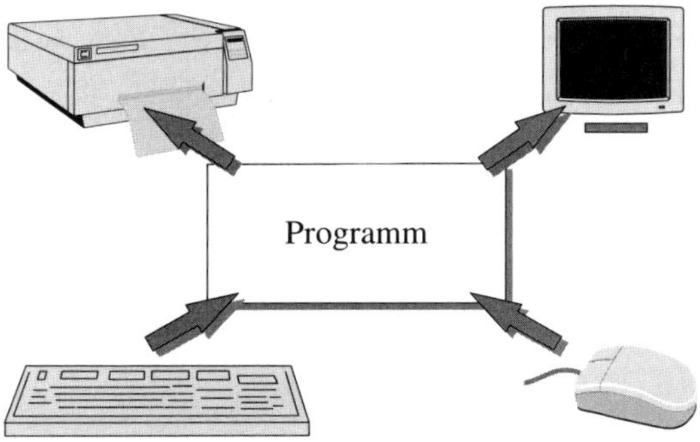

Abb. 1.4 Benutzerschnittstelle unter DOS

Unter Windows ist der Zugriff auf die Peripherie ins System integriert, Programme haben mit der Verwaltung von Tastatur, Maus, Bildschirm, Drucker etc. direkt nichts mehr zu tun, Windows nimmt ihnen diese Arbeit ab, indem es sich wie eine "Schale" zwischen Ein-/Ausgabegeräte und Anwenderprogramm schiebt.

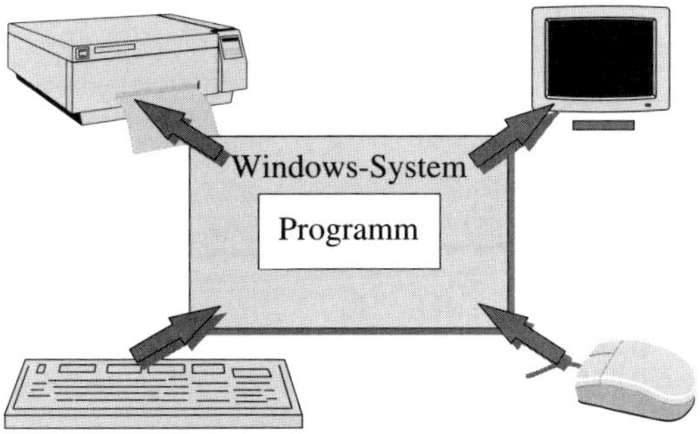

Abb. 1.5 Benutzerschnittstelle unter Windows

Ein- und Ausgaben werden in sogenannte "Nachrichten" umgesetzt, die zum Programm geschickt und dort kontinuierlich verarbeitet werden. Daraus ergibt sich ein grundsätzlich anderes Prinzip:

Während unter DOS alle Initiativen für die Benutzerkommunikation vom Programm ausgehen, hat unter Windows der Bediener den Hut auf. Er bestimmt durch seine Eingaben den Ablauf der

Rechnersitzung. Während eine DOS-Applikation den gesamten Bildschirm belegt, erfolgt die Windows-Ausgabe in einem oder auch mehreren Fenstern (Formularen). Und zum Schluß noch ein Glanzpunkt, von dem hartgesottene DOS-Programmierer nur träumen können: Unter Windows können mehrere Anwendungen gleichzeitig in verschiedenen Fenstern laufen (Multitasking).

1.2.2 Objekt- und ereignisorientierte Programmierung

Vergleicht man zwischen einem "normalen" Programm, welches aus einer langen Liste von Anweisungen besteht, und einem Windows-Programm, so stellt man als erstes folgenden Hauptunterschied fest:

- Im "normalen" Programm werden die Befehle sequentiell abgearbeitet, d.h. Schritt für Schritt hintereinander.
- Unter Windows laufen alle Aktionen objekt- und ereignisorientiert ab, eine streng vorgeschriebene Reihenfolge für die Eingabe und Abarbeitung der Befehle gibt es nicht mehr. Für jede Aktivität des Anwenders ist ein Programmteil zuständig, der weitgehend unabhängig von anderen Programmteilen agieren kann und muß.

Ein Windows-Programmierer hat sich vor allem mit folgenden Begriffen auseinanderzusetzen:

Objekte (Objects)

Das sind ganz allgemein die Elemente der Windows-Bedienoberfläche, denen wiederum Eigenschaften, Ereignisse und Methoden (siehe Kapitel 4) zugeordnet werden.

Beschränken wir uns der Einfachheit halber zunächst nur auf die visuelle Benutzerschnittstelle, so haben wir es in Delphi mit folgenden Objekten zu tun:

Formulare	Darunter versteht man Windows-Fenster, in welchen eine Delphi-Anwendung ausgeführt wird. In einem Formular (*TForm*) können weitere untergeordnete Formulare, Komponenten (siehe unten), Text oder Grafik enthalten sein.
Komponenten	Diese tauchen in vielfältiger Weise als Menüs (*TMenue*), Schaltflächen (*TButton*), Bildlaufleisten (*TScrollbar*), Listenfelder (*TListbox*), Textfelder (*TEdit*) usw. auf. Sie stellen die eigentliche Benutzerschnittstelle dar, über welche mittels Tastatur oder Maus Eingaben erfolgen oder die der Ausgabe von Informationen dienen.
Sonstige Objekte	Der Objektbegriff wird auch auf solche Schnittstellenelemente wie z.B. den Bildschirm (*TScreen*), die Windows-Zwischenablage (*TClipboard*), den Drucker (*TPrinter*), Datenbankobjekte etc. ausgedehnt.

Der Nachrichtenfluß entsteht durch Kommunikation der Objekte untereinander, d.h., durch das Versenden von Botschaften (Messages). Eine solche Botschaft besteht normalerweise aus dem Namen einer Methode, die das aufgerufene Objekt ausführen soll.

Eigenschaften (Properties)

Unter diesem Begriff versteht man die Attribute von Objekten, wie z.B. die Höhe (*Height*) und die Breite (*Width*) eines Formulars oder die Farbe (*Color*) eines Editierfeldes. Jedes Objekt verfügt über seinen eigenen Satz von Eigenschaften, die teilweise nur zur Entwurfs- oder nur zur Laufzeit veränderbar sind.

Methoden (Methods)

Das sind die im Objekt definierten Funktionen und Prozeduren, die gewissermaßen das "Verhalten" beim Eintreffen einer Nachricht bestimmen. So erzeugt z.B. die *LineTo*-Methode eine Linie auf der Zeichenfläche (*Canvas* bzw. Leinwand) eines Formulars (siehe Kapitel 6). Eine Methode kann z.B. auch das Verhalten des Objekts bei einem Mausklick, einer Tastatureingabe oder sonstigen Ereignissen (siehe unten) definieren. Im Unterschied zu den oben genannten Eigenschaften (Properties), die eine "statische" Beschreibung liefern, bestimmen Methoden die "dynamischen" Fähigkeiten des Objekts (siehe Kapitel 5).

Ereignisse (Events)

Dies sind Nachrichten, die vom Objekt empfangen werden. Sie stellen die eigentliche Windows-Schnittstelle dar. So ruft z.B. das Anklicken eines Steuerelements mit der Maus in Windows ein *OnClick*-Ereignis hervor (siehe Kapitel 4). Aufgabe eines Delphi-Programms ist es, auf alle interessanten Ereignisse gemäß dem Wunsch des Anwenders zu reagieren. Dies geschieht in sogenannten *Ereignisbehandlungsroutinen* (Event Handler).

1.2.3 Windows-Programmierung mit Delphi

Herkömmliche DOS-Programmiertechniken erforderten meist als erste Aktivität das detaillierte Erstellen eines Programmablaufplans (PAP) und tiefgründige Überlegungen zur Gestaltung der Benutzerschnittstelle bzw. der Reihenfolge von Ein- und Ausgaben. Delphi befreit Sie von diesen, besonders bei größeren Projekten sehr lästigen und langwierigen Vorarbeiten und erlaubt eine systematische Vorgehensweise in folgenden drei Etappen:

- Visueller Entwurf der Bedienoberfläche
- Zuweisen der Objekteigenschaften
- Verknüpfen der Objekte mit Ereignissen

Bereits die *erste Etappe* weist einen deutlichen Unterschied zur herkömmlichen Programmiertechnik auf: Am Anfang steht der Oberflächenentwurf!

Ausgangsbasis ist das vom Editor bereitgestellte Startformular, welches mit diversen Komponenten, wie Schaltflächen (Buttons) oder Editierfenstern, ausgestattet wird. Unter Delphi finden Sie ein nahezu komplettes Angebot der Windows-typischen Komponenten. Diese werden, ähnlich wie in einem Zeichenprogramm, von einer Werkzeugleiste (Komponentenpalette) ausgewählt, mittels Maus an ihre endgültige Position gezogen und (falls nötig) in ihrer Größe verändert.

In der *zweiten Etappe* braucht man sich eigentlich nur noch um die Objekteigenschaften zu kümmern, die von den Voreinstellungen (Defaults) abweichen. Bereits während der ersten Etappe hat man, mehr oder weniger unbewußt, Eigenschaften, wie Position und Abmessungen von Formularen und Komponenten, verändert. Bestimmte Eigenschaften, wie z.B. der Inhalt eines Editierfeldes, lassen sich allerdings erst zur Laufzeit sinnvoll zuweisen.

Die *dritte Etappe* haucht Leben in unsere bislang nur mit statischen Attributen ausgestatteten Objekte. Hier muß festgelegt werden, wie das Formular oder die betreffende Komponente auf bestimmte Ereignisse zu reagieren haben. Delphi stellt auch hier "vorgefertigten" Rahmencode für alle zum jeweiligen Objekt passenden Ereignisse zur Verfügung. Der Programmierer füllt diesen Rahmen mit Pascal-Quellcode aus. Hier können Methoden oder Prozeduren aufgerufen werden, auch Eigenschaften anderer Objekte lassen sich während der Laufzeit neu zuweisen.

Der in diesen drei Etappen praktizierte visuelle Oberflächenentwurf, verbunden mit dem ereignisorientierten Entwurfskonzept, machen Borland Delphi zu dem, was es heute bereits ist, dem heute wohl populärsten Programmiersystem neben Microsofts Visual Basic.

1.3 Erste Schritte in Delphi

Dieser Abschnitt bietet Ihnen einen Delphi-"Schnupperkurs", gestaffelt in zwei unterschiedlichen Schwierigkeitsgraden, da wir davon ausgehen, daß der Leserkreis dieses Buchs vom absoluten Anfänger bis hin zum Routinier reicht, der schon hinreichend Erfahrungen in anderen Programmiersprachen gesammelt hat.

1.3.1 Einführungsbeispiel für Einsteiger

Die folgende kleine Applikation kann jeder nachvollziehen, ohne daß dafür die geringsten Programmierkenntnisse erforderlich wären. Die (zugegebenerweise recht armselige) Funktionalität beschränkt sich auf ein Fenster mit gelbem Hintergrund und einer Schaltfläche, über welche per Mausklick die Beschriftung der Titelleiste geändert werden kann. Das Beispiel demonstriert, mit welch geringem Aufwand man in Delphi eigene Anwendungen erstellen kann. Außerdem können die bisher eingeführten Begriffe erklärt und die Unterschiede zwischen der althergebrachten (klassischen) Programmiertechnik und der visualisierten, ereignis- und objektorientierten Windows-Programmierung deutlich gemacht werden. Der damit ausgelöste Aha-Effekt wird Sie sicher ausreichend motivieren, um manche Durststrecken der nächsten Kapitel zu überstehen.

Auch ohne eine detaillierte Kenntnis der Delphi-Programmierumgebung (die ausführliche Beschreibung folgt erst im nächsten Kapitel) werden Sie keine Probleme haben, die folgende Anleitung (entsprechend den eingangs erläuterten 3 Etappen) nachzuvollziehen.

Mit Delphi in die Windows-Welt!

Der Programmstart erfolgt über die Delphi 3-Ikone.

1. Etappe: Visueller Entwurf der Bedienoberfläche

Nach dem Programmstart wird vom Editor standardmäßig ein Startformular (*Form1*) zur Verfügung gestellt, welches Sie in Bildschirmmitte sehen. Darauf plazieren Sie einen Button. Die dazu notwendige Vorgehensweise unterscheidet sich kaum von der bei einem normalen Zeichenprogramm: Wählen Sie das gewünschte Element durch Klick auf die entsprechende Schaltfläche in der am oberen Bildrand sichtbaren Werkzeugleiste aus[2].

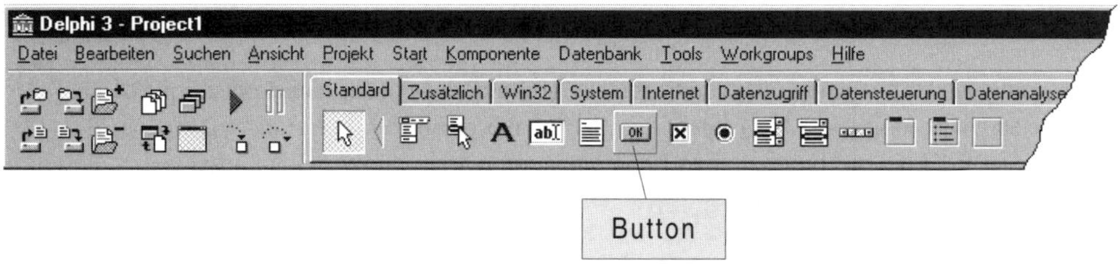

Abb. 1.6 Auswahl einer Komponente von der Palette

Klicken Sie auf die Mitte des Formulars und zoomen Sie (bei gedrückter linker Maustaste) den Button auf die gewünschte Größe.

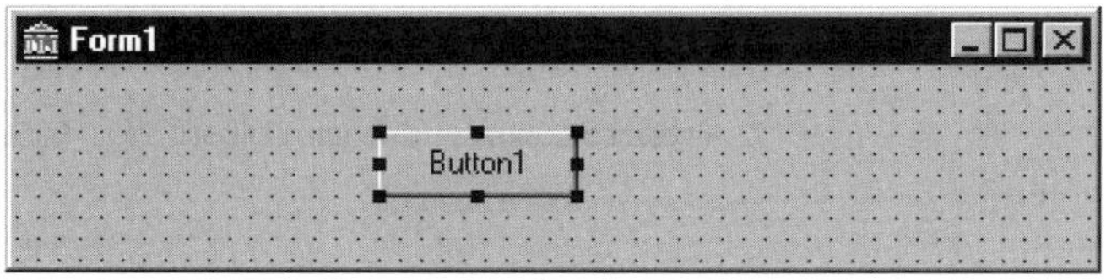

Abb. 1.7 Formular mit eingefügter Komponente in der Entwurfsansicht

2. Etappe: Zuweisen der Objekteigenschaften

Um den Formular-Hintergrund gelb einzufärben, klicken Sie erst auf das Formular und dann auf den *Color*-Eintrag auf der "Eigenschaften"-Seite des Objektinspektors (ein extra Fenster am linken Bildschirmrand, siehe Kapitel 2), welches Sie auch mittels F11 Taste herbeizaubern können) und wählen Sie in der kleinen Rollbox den Eintrag *clYellow*.

---

[2] Wenn Sie mit der Maus darauf zeigen, steht "Button" auf dem kleinen gelben Hinweisschildchen.

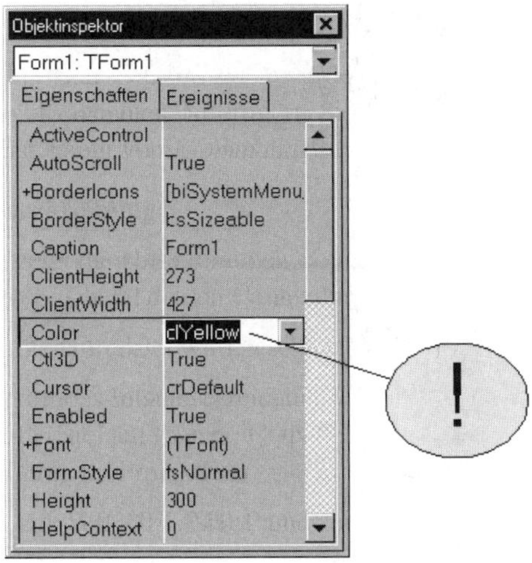

Abb. 1.8 Auswahl der Farbe im Objektinspektor

Das Ergebnis ist sofort sichtbar, obwohl das Programm noch nicht gestartet ist!

3. Etappe: Verknüpfen der Objekte mit Ereignissen

Doppelklicken Sie auf den Button, es öffnet sich ein Fenster (*UNIT1.PAS*) mit vorgefertigtem Rahmencode.

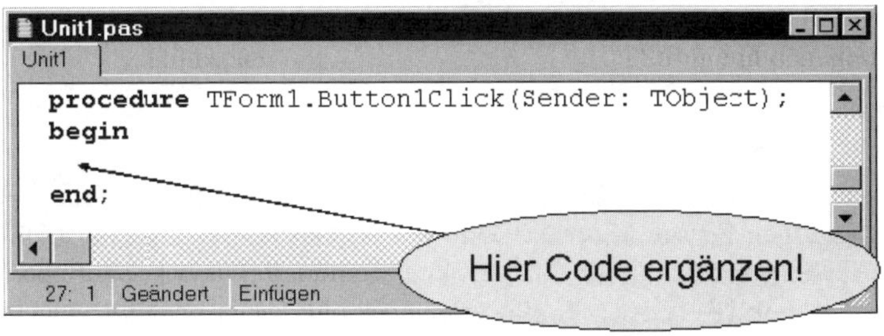

Abb. 1.9 Öffnen des Codefensters für das OnClick-Ereignis

Fügen Sie die im folgenden fett hervorgehobene Anweisung ein:

```
procedure TForm1.Button1Click(Sender: TObject);
begin
 Form1.Caption := 'H a l l o  D e l p h i  F r e u n d e!'
end;
```

Wenn Sie jetzt die "Ereignisse"-Seite des Objektinspektors nach vorn bringen, erkennen Sie neben dem *OnClick*-Ereignis den Eintrag *Button1Click*.

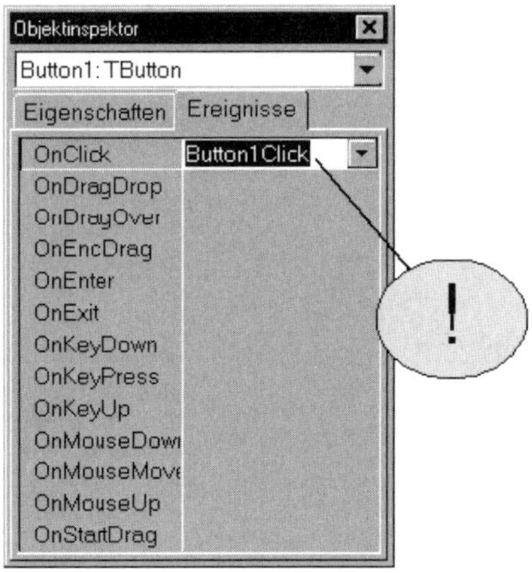

Abb. 1.10 Zuordnung des Event-Handlers im Objektinspektor

Start

Compilieren Sie das Programm durch Drücken der F9-Taste (oder Menü *Start|Start*). Sie haben nun eine zwar kleine aber fix und fertige Windows-Applikation vor sich. Der Button funktioniert, die Titelleiste ändert sich tatsächlich!

Abb. 1.11 Die fertigeWindows-Applikation

Zum Schluß noch ein Einsteiger-Ratschlag: Möglicherweise waren im Verlauf der Programmentwicklung einige der Fenster (Form1, UNIT1.PAS, Objektinspektor) plötzlich auf Nimmerwiedersehen verschwunden. Über das Menü *Ansicht|Formulare...* (Umsch+F12) oder *Ansicht|Objektinspektor* (F11) zaubern Sie die treulosen Kandidaten wieder zurück auf den Bildschirm.

1.3.2 Einführungsbeispiel für Umsteiger

Unsere zweite Applikation ist für all diejenigen gedacht, die bereits gewisse Erfahrungen in einer Programmiersprache gesammelt haben und denen das vorangegangene Beispiel vielleicht nicht mehr als ein müdes Lächeln entlockt hat. Gegenstand ist die Umrechnung von DM in Dollar (und umgekehrt), also ein simpler Währungsrechner[3].

---

[3] Natürlich funktioniert das Programm auch für Umrechnungen beliebiger Währungen, da der Kurs als Variable eingegeben wird.

Zurück in die Vergangenheit

Für den Umsteiger, der bereits Pascal-Praxis hat, soll zu Vergleichszwecken zunächst die klassische Programmiertechnik unter DOS (z.B. mit TP 5.5) demonstriert werden:

```
PROGRAM dm_dollar;
VAR kurs, dm, dollar: Real; s: Char;
BEGIN
 REPEAT
  WriteLn('Umrechnung DM <=> Dollar');
  REPEAT
   Write('Kurs: '); ReadLn(kurs)
  UNTIL kurs > 0;
  REPEAT
   Write ('DM: '); ReadLn(dm)
  UNTIL dm > 0;
  WriteLn('Sie erhalten ',dm/kurs:6:2,' Dollar!');
  WriteLn('Programm beenden? (j/n)'); ReadLn(s)
 UNTIL s ='j'
END.
```

Nach dem Programmstart (Run) würde Sie dann, je nach Eingabewerten, der folgende trostlose Textbildschirm "erfreuen":

```
Umrechnung DM <=> Dollar
Kurs: 1.5
DM: 3
Sie erhalten  2.00 Dollar!
Programm beenden? (j/n)
```

Sie sehen selbst, daß sich mit solch einer tristen Bedienoberfläche heute kein "Blumentopf" mehr gewinnen läßt!

Wer den alten Zeiten gar zu sehr nachtrauert, der sei mit der Möglichkeit getröstet, daß man auch unter Delphi noch eine reine Textbildschirm-Anwendung erzeugen kann.

Siehe dazu

☞ R91... eine Konsolen-Anwendung für Testzwecke einsetzen?

Bedienoberfläche entwerfen

Ziel ist die folgende Anordnung der Komponenten *Label1, Label2, Label3, Edit1, Edit2, Edit3* und *Button1* auf dem Startformular (*Form1*):

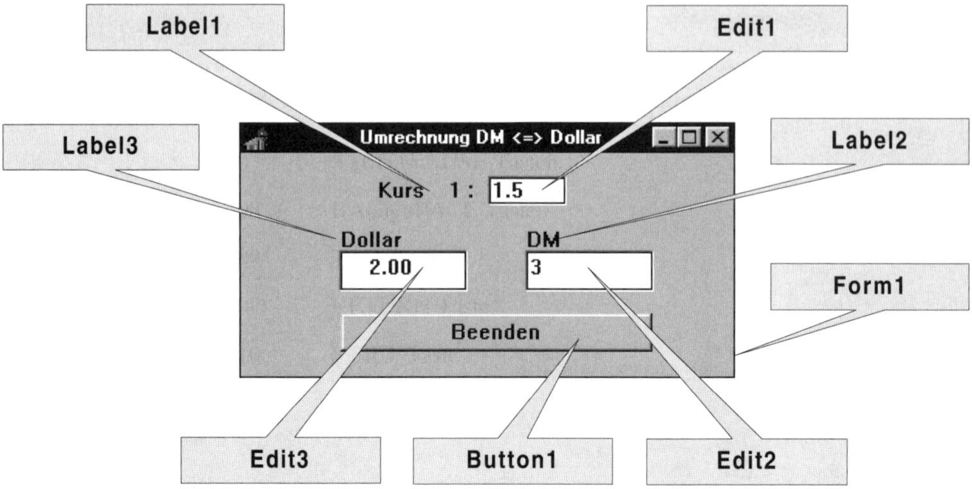

Abb. 1.12 Anordnung der Komponenten auf dem Formular

Ein gutgemeinter Ratschlag für den Einsteiger:

Hinweis: Konzentrieren Sie sich in der ersten Etappe nur auf Lage und Abmessung der Komponenten, nicht auf deren Beschriftung, da diese erst in der nächsten Etappe angepaßt wird!

Beim Plazieren und bei der Größenanpassung der Komponenten gehen Sie ähnlich vor, wie Sie es bereits von vektororientierten Zeichenprogrammen (Designer, Corel Draw, Visio etc.) gewöhnt sind: Auf der Werkzeugleiste am oberen Rand (Komponentenpalette) klicken Sie die Schaltfläche  (für *Label*-Komponenten). Danach bewegen Sie den Mauszeiger zu der Stelle von *Form1*, an welcher sich die linke obere Ecke von *Label1* befinden soll, drücken die Maustaste nieder und zoomen (bei gedrückt gehaltener Maustaste) das Label auf seine endgültige Größe. Völlig analog verfahren Sie mit *Label2* und *Label3*. Nun klicken Sie die Schaltfläche  (für *Edit*-Komponenten) und erzeugen *Edit1*, *Edit2* und *Edit3*. Schließlich bleibt noch die breite Taste *Button1*, die Sie nun sicher ohne Probleme (Schaltfläche  für *Button*-Komponenten) an den unteren Rand von *Form1* setzen.

Eigenschaften zuweisen

Unser kleines Programm besteht aus insgesamt acht Objekten: Einem Formular und sieben Komponenten. Die wichtigste Eigenschaft eines Objekts ist sein *Name*. Wir brauchen uns aber nicht weiter um ihn zu kümmern, denn wenn Sie alle Komponenten in der oben beschriebenen Reihenfolge erstellt haben, wurden die Namen bereits von Delphi entsprechend obiger Abbildung automatisch vergeben. Auch die anderen Eigenschaften haben bereits Standardwerte. Einige davon müssen wir allerdings ändern. Dies geschieht mit Hilfe des Objekt-Inspektors, dessen Fenster sich in der linken Bildschirmhälfte befindet. Wenn Sie mit der Maus auf eine Komponente klicken, zeigt der Objekt-Inspektor eine Liste ihrer Eigenschaften an.

Beginnen wir mit *Label1*, das die Beschriftung 'Kurs 1 : ' tragen soll. Die Beschriftung ist identisch mit der *Caption*-Eigenschaft. Standardmäßig entspricht diese der *Name*-Property, in unserem Fall also 'Label1'. Um das zu ändern, klicken Sie auf das Label und tragen anschließend in dem kleinen weißen *Caption*-Feld des Objektinspektors die neue Beschriftung ein (die alte ist vorher mit Backspace- oder Entf-Taste "wegzuradieren"). Analog verfahren Sie mit den übrigen Labels.

Bei den drei Editierfeldern *Edit1*, *Edit2* und *Edit3* ist die Text-Eigenschaft in "1" zu ändern, auch *Button1* muß natürlich eine neue Beschriftung erhalten.

Schließlich klicken Sie auf eine leere Fläche von *Form1*, um den Objektinspektor für das Formular zu öffnen und um die *Caption*-Eigenschaft entsprechend der Titelleiste zu modifizieren. Da wir verhindern wollen, daß der Anwender später eine Größenänderung des Fensters vornimmt, müssen wir auch die *BorderStyle*-Eigenschaft ändern. Die folgende Tabelle gibt eine Zusammenstellung aller Objekteigenschaften, die von den Standardwerten (Defaults) abweichen:

Tabelle 1.2 Eigenschaften ändern

Name des Objekts	Eigenschaft	neuer Wert
Form1	Caption	'Umrechnung DM <=> Dollar'
	BorderStyle	bsSingle
Label1	Caption	'Kurs 1 : '
Label2	Caption	'DM'
Label3	Caption	'Dollar'
Edit1,Edit2,Edit3	Text	'1'
Button1	Caption	Beenden
	TabStop	False

Die einschließenden Apostrophe (' ') für *Caption*- und *Text*-Properties weisen darauf hin, daß es sich um den Datentyp *String* handelt. Beim Eintrag in den Objektinspektor müssen Sie die Apostrophe ausnahmsweise weglassen!

Eventhandler einstellen

Sicher haben Sie inzwischen schon festgestellt, daß der Objektinspektor als eine Art "Karteikasten" organisiert ist, der aus zwei "Seiten" besteht. Die obere heißt "Eigenschaften", die untere, der wir uns jetzt zuwenden wollen, trägt die Beschriftung "Ereignisse".

Klicken Sie auf dem Formular die Komponente *Edit1* und aktivieren Sie anschließend die Ereignisseite des Objektinspektors. Sie zeigt eine Liste aller Windows-Ereignisse, auf welche *Edit1* reagieren kann.

Die DM-Dollar-Umrechnung soll immer beim Loslassen einer Taste gestartet werden, also dann, wenn sich infolge einer Neueingabe oder Korrektur der Inhalt eines der drei Editierfelder geändert hat.

Klicken Sie auf das Ereignis *OnKeyUp*. Die Farbe des Feldes ändert sich in weiß, und es blinkt eine Einfügemarke. Doppelklicken Sie neben diese Marke. Das Feld enthält nun die Beschriftung *Edit1KeyUp*, das ist der Name der Ereignisbehandlungsroutine (Eventhandler), den uns Delphi für das *OnKeyUp*-Ereignis der Komponente *Edit1* vorschlägt. Wir aber wollen den Namen geringfügig ändern, nämlich in *EditKeyUp*, weil auch die anderen Editierfelder (*Edit2* und *Edit3*) diesen Eventhandler benutzen sollen (Abbildung links):

Abb. 1.13 Namensänderung eines Eventhandlers (links) und Zuweisen (rechts) für die Objekte Edit1und Edit2

Klicken Sie nun auf die Komponente *Edit2* und öffnen Sie ebenfalls die Ereignisseite des Objektinspektors. Diesmal brauchen Sie den Namen des Eventhandlers nicht per Hand einzutragen. Klicken Sie einfach auf die kleine Rollbox am rechten Rand des *OnKeyUp*-Felds und Sie gewinnen einen Überblick über alle momentan vorhandenen Eventhandler, dies ist momentan nur *EditKeyUp*. Übernehmen Sie diesen Eintrag (siehe Abbildung oben rechts).

Wiederholen Sie den gleichen Vorgang für die Komponente *Edit3*.

Ereignisroutinen hinzufügen

In Bildschirmmitte entdecken Sie ein neues Fenster (UNIT1.PAS), welches bisher unbemerkt hinter dem Formular *Form1* gelegen hat (evtl. über *Ansicht|Units... bzw. Strg+F12* herbeiholen). Es ist mit folgendem "vorgefertigten" Rahmencode für den Eventhandler *EditKeyUp* ausgestattet:

```
procedure TForm1.EditKeyUp(Sender: TObject; var Key: Word; Shift: TShiftState);
begin

end;
```

Aufgabe des Programmierers ist es, diesen Eventhandler mit Leben zu erfüllen. Er muß zwischen *begin* und *end* die Pascal-Anweisungen einzutragen, die dann ausgeführt werden sollen, wenn bei einer Tastatureingabe in *Edit1, Edit2* oder *Edit3* das Ereignis *OnKeyUp* (Taste loslassen) eintritt. In diesem Fall wollen wir den eingegebenen Kurswert in eine Gleitkommazahl umwandeln und anschließend die Dollars bzw. Mark berechnen.

Tippen Sie also zwischen *begin* und *end* folgende Zeile ein:

```
umwandeln;
if Sender = Edit3 then
   dollar_dm
 else dm_dollar
```

Für Ungeduldige ein Hinweis: Anhand des Parameters *Sender* stellt diese Prozedur fest, von welchem Objekt (*Edit1*, *Edit2* oder *Edit3*)das *KeyUp*-Ereignis ausgelöst wurde.

Nun müssen die Prozeduren *umwandeln*, *dm_dollar* und *dollar_dm* noch definiert werden, aber wohin damit? Wenn Sie innerhalb des UNIT1.PAS-Fensters scrollen, werden Sie feststellen, daß da noch anderer Quelltext (der gesamte Rahmencode für *Form1*) enthalten ist, der uns aber im Moment nicht weiter interessieren soll.

Fügen Sie am Anfang des Implementationsteils (*implementation*) von UNIT1.PAS (hinter dem Compilerbefehl *{$R *.DFM}*) folgenden Code ein:

```
var
kurs,dm, dollar: Single;
code: Integer;
s: string;
```

```
procedure umwandeln;
begin
 with Form1 do
 begin
  Val(Edit1.Text, kurs, code);
  Val(Edit2.Text, dm, code);
  Val(Edit3.Text, dollar, code)
 end
end;
```

```
procedure dm_dollar;
begin
 if kurs > 0 then Str(dm * kurs:8:2,s);
 Form1.Edit3.Text := s
end;
```

```
procedure dollar_dm;
begin
 Str(dollar / kurs:8:2,s);
 Form1.Edit2.Text := s
end;
```

Durch Mausklick auf die Schaltfläche *Button1* soll das Programm beendet werden. Dazu ist die *Close*-Methode für *Form1* auszuführen, bei welcher gleichzeitig auch alle mit dem Formular verknüpften Komponenten entladen werden. Aktivieren Sie den Rahmencode für das *OnClick*-Ereignis von *Button1* (Sie gehen dabei genauso vor wie oben für *Edit1* beschrieben!) und tragen Sie ein:

```
Close;
```

Dies ist die verkürzte Schreibweise für

```
Form1.Close;
```

Das war es dann auch schon!

Test

Klicken Sie auf den ▶ Button in der Werkzeugleiste (oder F9-Taste) und im Handumdrehen wird Ihr erstes Delphi-Programm compiliert und ausgeführt! Doktern Sie in aller Ruhe ein wenig daran herum, um sich den Unterschied zwischen DOS- und Windows-Programmen so richtig zu verinnerlichen. Sie werden feststellen, daß es eine vorgeschriebene Reihenfolge für die Benutzereingaben nicht mehr gibt (siehe Abschnitt 1.2.2), alle Felder werden sofort aktualisiert. In unserem Fall ist sogar (im Unterschied zum DOS-Beispiel am Anfang dieses Abschnitts) eine Umrechnung in beiden Richtungen möglich.

Nicht nur mittels Maus, auch mit der Tastatur (TAB-Taste) können Sie zwischen den Eingabefeldern wechseln. *Button1* wurde durch Setzen seiner *TabStop*-Eigenschaft auf *False* aus dieser Reihenfolge herausgenommen.

Stören Sie sich vorerst nicht daran, wenn keine Kommas bei der Eingabe akzeptiert werden und nur der Punkt als Dezimaltrenner funktioniert. Wie Sie dieses Problem beseitigen können, erfahren Sie im Kochbuchteil unter

☞ R31... Dezimalkomma in Dezimalpunkt umwandeln?

Der komplette Quelltext

Die folgenden Listings zeigen den gesamten Quelltext unseres Einsteigerbeispiels. Die Projektdatei (entspricht dem Hauptprogramm) haben wir noch gar nicht zu Gesicht bekommen, sie wurde automatisch erstellt. Um sie einzusehen, brauchen Sie nur auf den Menüpunkt *Ansicht|Units...* zu klicken

Abb. 1.14 Unit-Fenster

und im obigen Dialogfenster *Project1* zu wählen:

```
program Project1;
uses
  Forms,  Unit1 in 'UNIT1.PAS' {Form1};
  {$R *.RES}
begin
  Application.Initialize;
  Application.CreateForm(TForm1, Form1);
  Application.Run;
end.
```

Als nächstes wählen Sie *Unit1*:

```
unit Unit1;
interface
uses Windows, Messages, SysUtils, Classes, Graphics, Controls, Forms, Dialogs, StdCtrls;
type
  TForm1 = class(TForm)
    Edit1: TEdit;
    Edit2: TEdit;
    Edit3: TEdit;
    Button1: TButton;
    Label1: TLabel;
    Label2: TLabel;
    Label3: TLabel;
    procedure EditKeyUp(Sender: TObject; var Key: Word; Shift: TShiftState);
    procedure Button1Click(Sender: TObject);
  private
    { Private-Deklarationen }
  public
```

```
    { Public-Deklarationen }
  end;
var Form1: TForm1;

implementation
{$R *.DFM}
var kurs,dm, dollar: Single;
    code: Integer;
    s: string;

 procedure umwandeln;
 begin
  with Form1 do
  begin
   Val(Edit1.Text, kurs, code);
   Val(Edit2.Text, dm, code);
   Val(Edit3.Text, dollar, code)
  end
 end;

 procedure dm_dollar;
 begin
  if kurs > 0 then Str(dm/kurs:8:2,s);
  Form1.Edit3.Text := s
 end;

 procedure dollar_dm;
 begin
  Str(dollar*kurs:8:2,s);
  Form1.Edit2.Text := s
 end;

 procedure TForm1.EditKeyUp;
 begin
  umwandeln;
  if Sender = Edit3 then dollar_dm else dm_dollar
end;
```

```
procedure TForm1.Button1Click;
begin
 Close
end;
end.
```

Die von uns hinzugefügten Programmzeilen sind durch Unterstreichung hervorgehoben, den Rest hat Delphi erledigt.

Wundern Sie sich nicht darüber, daß die Köpfe der Prozeduren *TForm1.EditKeyUp* und *TForm1.Button1Click* diesmal ohne Parameter erschienen sind. Das ist soweit in Ordnung, da wir zwecks Einsparung von Tipparbeit von der sogenannten Kurzform Gebrauch gemacht haben.

Wie aber soll man solch ein "ereignisgesteuertes" Listing lesen?

Ereignistabelle

Gewissermaßen als Ersatz für den unter Windows leider nicht mehr existierenden (linearen) Programmablaufplan kann folgende Tabelle für etwas mehr Übersicht sorgen:

Tabelle 1.3 Ereignistabelle

Benutzeraktion	ausgewertetes Windows-Ereignis	ausgeführte Anweisungen	Programmreaktion
Tastatureingabe in das Kurs- und in das DM-Editierfeld	EditKeyUp	umwandeln dm_dollar	Berechnen und Anzeigen des Dollar-Wertes
Tastatureingabe in das Dollar-Editierfeld	EditKeyUp	umwandeln dollar_dm	Berechnen und Anzeigen des DM-Wertes
Mausklick auf die "Beenden"- Schaltfläche	Button1Click	Close	Programm beenden

Noch vieles andere in diesem Einführungsbeispiel könnte Ihnen momentan noch wie "böhmische Dörfer" vorkommen, aber lassen Sie sich nicht beirren, einiges brauchen Sie gar nicht erst zu wissen und über anderen mysteriösen Anweisungen wird sich im Laufe der nächsten Kapitel bald der Schleier heben.

Das Delphi-Projekt

Wir müssen uns daran gewöhnen, daß ein Delphi-Programm nicht nur aus den angegebenen Quelltextdateien besteht. In Wirklichkeit gehören noch eine ganze Reihe weiterer Dateien dazu, das Ganze nennt man dann "Projekt". Wenn Sie über das Menü *Datei|Alles Speichern* das komplette Projekt in ein extra Verzeichnis ablegen, werden Sie feststellen, daß sich dort folgende Files tummeln:

Tabelle 1.4 Projektdateien des Einführungsbeispiels

Datei	Symbol	Erklärung
Project1.dpr		Projektdatei (siehe abgedrucktes Listing)
Projec1.exe		compiliertes Programm (ist allein ausführbar!)
Project1.res		Windows-Ressourcendatei (Button etc.)
Project1.dof		Delphi-Projekt-Optionen
Unit1.dcu		compilierte*Unit1*
Unit1.dfm		Bilddatei für *Form1*
Unit1.pas		Quelltext für *Unit1* (siehe abgedrucktes Listing)

Die Projektdateien brauchen Sie nur für die Delphi-Entwicklungsumgebung. Wenn das Programm fertig ist, genügt im allgemeinen die Weitergabe von *Project1.exe*, um die Applikation auf beliebigen Rechnern unter Windows zu installieren!

Eine übersichtliche Basis für die Arbeit mit den Projektfiles verschafft uns das Projektfenster, welches wir über das Menü *Ansicht|Projektverwaltung* erreichen:

Abb. 1.15 Projektfenster

Sieht dieses Fenster auch momentan noch arm und verlassen aus, so wird sich das spätestens dann ändern, wenn wir uns später mit "richtigen" Programmen beschäftigen.

1.3.3 Von anderen Sprachen zu Delphi

Umsteiger haben es einerseits leicht, da sie über Programmiererfahrungen verfügen, andererseits kommt es gerade bei ihnen häufig zu ganz typischen Fehlerbildern und Verwirrungen, die dem absoluten Einsteiger mit seinem "unbestellten Acker" fremd sind.

DOS

Der erfahrene DOS-Programmierer wird vor allem den fehlenden Direktzugriff auf die Interrupt-Routinen vermissen. Statt dessen kann er die inzwischen mehr als 2000 Funktionen des Windows-API durchforsten, wo er viele (aber bei weitem nicht alle) Äquivalente zu den DOS- und BIOS-Interrupts findet.

Hardwarenah programmierte DOS-Anwendungen fallen ebenso dem Systemwechsel zum Opfer, wie umfangreiche Ein- und Ausgaberoutinen.

Ein weiterer gewöhnungsbedürftiger Unterschied besteht darin, daß Windows ausschließlich grafikorientiert, DOS hingegen vorrangig textorientiert arbeitet und erst durch spezielle Anweisungen in den Grafikmodus versetzt wird.

C/VisualC++/Java

Die folgende Tabelle listet einige Unterschiede zwischen C und Delphi auf, die Aufzählung erhebt keinerlei Anspruch auf Vollständigkeit:

Tabelle 1.5 Syntaxunterschiede zwischen Borland Delphi und C++

Anweisung	Borland Delphi (Pascal)	C++
Stringbegrenzung	'Maier'	"Maier"
Zuweisung	a:= b	a = b
Trennungszeichen	*Anweisung1*; *Anweisung2*	*Anweisung1*; *Anweisung2*
Kommentar	{Kommentartext}	/* Kommentartext */
Typdefinition	type person = record *felder...* end;	typedef struct { *felder ...* } person;
Variablendeklaration	var i: Integer;	int i;
Arraydeklaration	a: array[1..5] of Integer	int a[5]

Zählschleife	for i:= 1 to 100 do begin
	Anweisungen
	end;
		for (i=0; i < 100; i++) {
		Anweisungen
		}

Abbruchschleife mit Anfangskontrolle	while a > b do begin
	Anweisungen
	end;
		while (a > b) {
		Anweisungen
		}

Anweisung	**Borland Delphi (Pascal)**	**C++**
Abbruchschleife mit Endkontrolle	repeat *Anweisungen* until a > b;	do { *Anweisungen* } while (a > b);

CASE-Anweisung	case i of
	1: *Anweisung1*
	2: *Anweisung2*
	end;
		switch (I) {
		case 1: Anweisung1;break;
		case 2: Anweisung2;break;
		}

String in Zahl	Val(s,z,code)	z = atof(s);
Natürlicher Logarithmus	Ln(x)	Log(x);

Mit Erleichterung wird der C++-Programmierer zur Kenntnis nehmen, daß die Groß-/Kleinschreibung als Fehlerursache nunmehr wegfällt.

Turbo Pascal

Delphi hat nicht mehr viel mit seinen Pascal-Vorfahren gemein, deren Sprachumfang sich auf wenige Dutzend Anweisungen reduzierte. Zwar sind diese Anweisungen im wesentlichen erhalten geblieben, aber es sind einige hundert neue Befehle hinzugekommen, denn Delphi muß auf die unglaubliche Funktionsvielfalt der Windows-API zugreifen, die sozusagen die Schnittstelle zu Windows bereitstellt.

Die objekt- und ereignisorientierte Programmierung ist zwar extrem gewöhnungsbedürftig, aber mit Borland Delphi sehr schnell erlernbar. Wie am oben genannten Beispiel erkennbar, braucht der Anfänger bzw. Umsteiger die neuen Begriffe "Objekt", "Eigenschaft", "Ereignis" und "Methode" nicht unbedingt auf Anhieb verstanden zu haben, um mit der Programmierung beginnen zu können, denn Delphi verwaltet seine Objekte weitestgehend selbständig. Allerdings gibt es auch prinzipielle Unterschiede, da Windows im Gegensatz zu DOS ein Multitasking-Betriebssystem ist. Es kommen also neue Anweisungen hinzu, wie z.B. zum dynamischen Datenaustausch (DDE), zum Einfügen und Einbetten von Objekten (OLE) oder für den anwendungsübergreifenden Datentransfer über die Zwischenablage (Clipboard).

Da unter Windows auch Text eine spezielle Form von Grafik darstellt, müssen Sie auf das gewohnte *Write(Ln)* und *Read(Ln)* für die Interaktion mit dem Bildschirm verzichten.

Wer aber trotzdem seinem Textbildschirm nachtrauert, sollte sich das folgende Rezept näher ansehen:

☞ R91 ... eine Konsolen-Anwendung für Testzwecke einsetzen?

Turbo Pascal für Windows

Dieses Borland-Produkt war der unmittelbare Vorgänger von Delphi. Wer damit bereits gearbeitet hat, wird wohl kaum Umstellungsschwierigkeiten haben, große Teile des Quelltextes lassen sich sogar direkt portieren. Delphi entlastet den Programmierer aber weitaus mehr vom zeitraubenden Oberflächenentwurf als es Turbo Pascal für Windows tat. Die relativ lange Einarbeitungszeit in die Entwicklungsumgebung und die mangelnde Unterstützung beim Oberflächenentwurf hatte zur Folge, daß selbst kleinere Applikationen sehr schnell Dutzende von Seiten mit unüberschaubaren Quelltexten füllten. Dies hat letztendlich dazu beigetragen, daß Borland mit Turbo Pascal für Windows nicht der große Durchbruch gelungen ist und daß die ehemals große Pascal-Anhängerschaft in ganzen Heerscharen zu Microsofts Visual Basic übergelaufen ist. Zweifelsohne hat Delphi diesen Trend inzwischen wieder umgekehrt.

Visual Basic

Microsofts Visual Basic ist heute noch die wohl am weitesten verbreitete Programmiersprache für die Entwicklung von Windows Applikationen. Es ist deshalb anzunehmen, daß sich unter den Delphi-Umsteigern viele mit Visual Basic-Erfahrung befinden.

Die Umstellungsschwierigkeiten sind hier weniger inhaltlicher, sondern mehr formaler Natur, da bereits Fertigkeiten im Umgang mit einer hochentwickelten objekt- und ereignisorientierten Sprache vorliegen.

Viele Sprachelemente (z.B. Schleifenkonstruktionen) sind in Visual Basic und Delphi nahezu identisch, aber gerade die kleinen Syntaxunterschiede machen dem Umsteiger das Leben schwer, da er sehr oft "rückfällig" wird. So wird in der Anfangsphase einer der häufigsten Fehler garantiert der vergessene Doppelpunkt vor dem Gleichheitszeichen bei der Zuweisung (:=) sein. Die folgende Tabelle zeigt eine Gegenüberstellung häufiger Verwechslungen:

Tabelle 1.6 Syntaxunterschiede zwischen Borland Delphi und Visual Basic

Anweisung	Borland Delphi (Pascal)	Microsoft Visual Basic
Stringbegrenzung	'Maier'	"Maier"
Zuweisung	a:= b	a = b
Trennungszeichen	*Anweisung1*; *Anweisung2*	*Anweisung1*: *Anweisung2*
Kommentar	{Kommentartext}	'Kommentartext
Typdefinition	type person = record *felder...* end;	Type person *felder ...* End Type
Variablendeklaration	var i: Integer	Dim i As Integer
Arraydeklaration	a:array[1..5] of Integer	a(1 To 5) As Integer
Zählschleife	for i:= 1 to 100 do begin *Anweisungen* end;	For i = 1 To 100 *Anweisungen* Next i

Anweisung	Borland Delphi (Pascal)	Microsoft Visual Basic
Abbruchschleife mit Anfangskontrolle	while a > b do begin *Anweisungen* end;	Do While a > b *Anweisungen* Loop
Abbruchschleife mit Endkontrolle	repeat *Anweisungen* until a > b;	Do *Anweisungen* Loop While a > b
CASE-Anweisung	case i of 1: *Anweisung1* 2: *Anweisung2* end;	Select Case i Case 1: *Anweisung1* Case 2: *Anweisung2* End Select
String in Zahl	Val(s,z,code)	z = Val(s)
Zahl in String	Str(z,s)	s = Str(z)
Integer Division	a div b	a \ b
Natürlicher Logarithmus	Ln(x)	Log(x)
Quadratwurzel	Sqrt(x)	Sqr(x)

Schade, daß es die in VB so selbstverständliche dynamische Felddimensionierung *Dim a()* bzw. *ReDim a(...)* immer noch nicht gibt[4].

Das Einschließen von Programmblöcken in die Schlüsselwörter *begin* und *end* dürfte eine der wichtigsten Umstellungen sein. Ebenso muß man sich daran gewöhnen, daß die Parameter innerhalb eines Prozedurkopfes durch Semikolons (;) und nicht durch Kommas (,) voneinander getrennt werden.

Delphi wendet die objektorientierte Programmierung noch um einiges konsequenter an als Visual Basic. Zahlreiche VB-Eigenschaften sind in Delphi zu Objekten geworden (z.B. *Font*). Bei Grafikoperationen wird man zunächst über das *TCanvas*-Objekt stolpern, welches als Abstraktion einer Zeichenfläche (Canvas = Leinwand) zu verstehen ist und das Ihnen das Schreiben wesentlich universellerer Zeichenroutinen ermöglicht (siehe Kapitel 6). *PaintBox* und *Image* gibt es zwar auch, aber mit genau gegensätzlicher Bedeutung!

Die Ereignisbehandlungsprozeduren weisen ebenfalls einen wichtigen Unterschied auf: Zusätzlich wird auch der Name des aufrufenden Objekts (*Sender*) übergeben (siehe Einführungsbeispiel). Damit lassen sich, gewissermaßen als Ersatz für die fehlende *Index*-Eigenschaft, auch Control-Arrays erstellen .

Die Entwicklungsumgebung verlangt auch einige Umstellungen, so sind die Funktionstastenbelegungen unterschiedlich (z.B. F5 → F9), die Ereignisse erscheinen ebenfalls mit im Eigenschaftenfenster, welches jetzt Objektinspektor heißt, ... und ... und ... und.

---

[4] Daran ändern auch die ab Delphi 2 eingeführten Variant-Arrays nichts Grundlegendes. Wie man sich mit dynamischen Datenstrukturen behelfen kann, zeigt unser [Profibuch].

Vergleichen Sie die Leistung von Delphi-mit Visual Basic-Windows-Programmen, so werden Sie feststellen, daß der optimierende 32-Bit Native Code-Compiler von Delphi bis zu 50mal schneller sein kann als der interpretierende P-Code von VB[5].

1.3.4 Wie geht es weiter?

Die folgenden Kapitel des Grundlagenteils (Kapitel 2 bis 8) sind so gegliedert, daß sie einerseits eine logische Aufeinanderfolge bilden, andererseits aber auch quergelesen werden können.

Im nächsten Kapitel richten wir unser Augenmerk auf den Umgang mit unserem Handwerkszeug, der Delphi-Entwicklungsumgebung (IDE). Anschließend sind die sprachlichen Details der Object Pascal-Programmierung an der Reihe (Kapitel 3), bevor wir uns der Gestaltung der visuellen Benutzerschnittstelle (Oberflächenentwurf) zuwenden (Kapitel 4). Danach ist der Zeitpunkt gekommen, um tiefer in die Philosophie der Objektorientierten Programmierung (OOP) einzudringen, dem tragenden Konzept von Object Pascal (Kapitel 5). Das notwendige Handwerkszeug für den Umgang mit Grafik- und Druckerfunktionen lernen Sie im Kapitel 6.

Obwohl die Arbeit mit Datenbanken der eigentliche Schwerpunkt von Delphi ist, wird darauf erst im Kapitel 7 eingegangen, wobei allerdings nur ein Bruchteil der gewaltigen Funktionalität behandelt werden kann, die Delphi für die Datenbankprogrammierung bereithält. So kann z.B. auch das Thema "SQL" (Structured Query Language) trotz seiner fundamentalen Bedeutung nur "angekratzt" werden. Wer tiefer in dieses Gebiet eindringen will, sollte sich unser [Profibuch] zulegen (Inhaltsverzeichnis siehe Anhang). Die gleiche Empfehlung gilt unter anderem für die Schnittstellen-, DLL- und ActiveX-Programmierung, OLE und DDE, sowie API-Zugriffe.

---

[5] Ab Version 5 besitzt VB auch einen echten Compiler.

Entwicklungs-umgebung

- Die wichtigsten Fenster
- Menüfunktionen und Symbolleiste
- Die Komponenten-palette
- Der Quelltexteditor

2 Entwicklungsumgebung

Dieses Kapitel macht den Einsteiger in gestraffter Form mit den Grundlagen der Bedienung von Delphi bekannt. Es wird empfohlen, parallel zur Lektüre, mit dem Programm auf dem PC zu experimentieren, um das Erlernte gleich praktisch umzusetzen.

2.1 Die wichtigsten Fenster

Delphi präsentiert Ihnen nach dem Start eine Bedienoberfläche mit vier "frei schwebenden" einzelnen Fenstern:

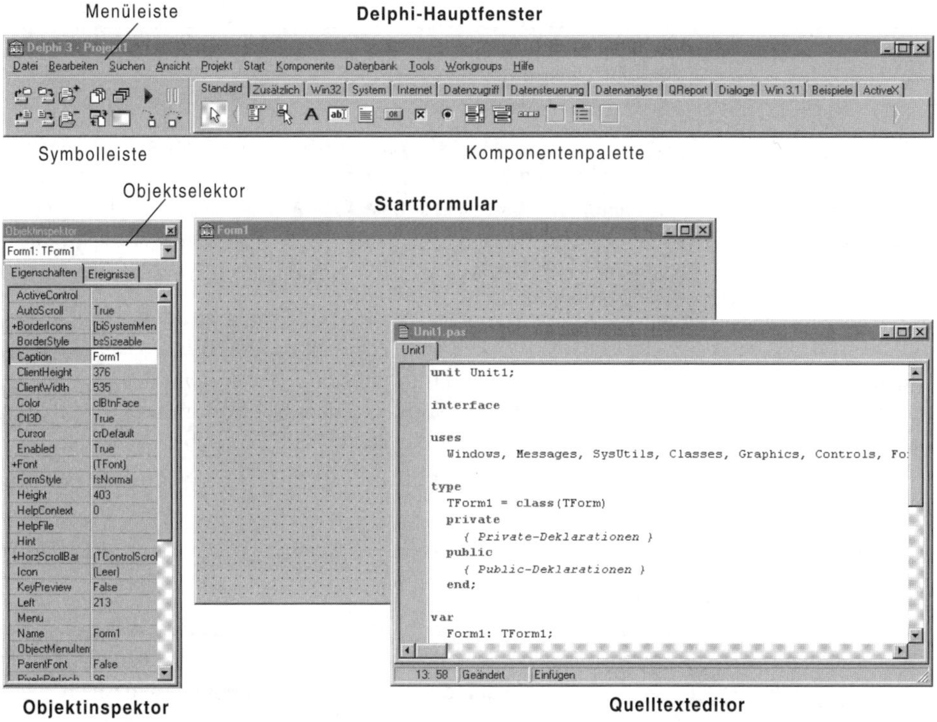

Abb. 2.1 Die Delphi-Entwicklungsumgebung auf den ersten Blick

Welche praktischen Vorteile die Arbeit mit einer solchen, in mehrere lose Einzelfenster aufgeteilten, Programmierumgebung mit sich bringt, werden Sie erst zu einem späteren Zeitpunkt so richtig zu würdigen wissen. Vorerst müssen Sie sich mit dem scheinbaren Verwirrspiel herumärgern. Um nicht zu sehr durch darunterliegende Ikonen des Windows-Desktop irritiert zu werden, empfiehlt sich ein einfarbiger Hintergrund.

In den folgenden Abschnitten sollen die in obiger Abbildung bezeichneten einzelnen Basis-Bedienelemente bzw. -funktionen einer näheren Betrachtung unterzogen werden. Damit Sie von der Vielfalt nicht erschlagen werden, haben wir einige komplexere Bedienfunktionen (Objektablage, Object Browser, Menüentwurf, Debugger, Compilereinstellungen, Aufnahme zusätzlicher Komponenten, etc.) in den Kochbuchteil verlagert, z.B.

☞ R87 ... die Objektablage benutzen?

☞ R88 ... den Debugger einsetzen?

Bevor wir uns ins Gewühl stürzen, ein letzter Ratschlag:

Hinweis: Nutzen Sie beim Programmentwurf, wo immer es geht, die Möglichkeiten der rechten Maustaste! Wenn Sie damit auf ein bestimmtes Element der Delphi-Entwicklungsumgebung klicken, erscheint ein PopUp-Menü mit kontextbezogenen Bedienfunktionen.

2.1.1 Das Startformular

Da (fast) jedes Windows-Programm in einem (oder mehreren) Fenstern abläuft, sind Fenster bzw. Formulare auch die Basiselemente einer Delphi-Applikation. Bereits unmittelbar nach Programmstart wird Ihnen ein "Blanko"-Formular namens *Form1* angeboten, welches gewissermaßen als Container für die darauf "aufzusteckenden" Komponenten dient.

Ein Formular ist standardmäßig mit den windowstypischen Checkboxen zum Verkleinern auf Symbolgröße, Vergrößern/Verkleinern und Schließen ausgestattet. Änderungen können über den Objektinspektor (siehe Abschnitt 2.1.2) vorgenommen werden, z.B. mit *BorderStyle.* Damit beeinflussen Sie allerdings nicht das Aussehen zur Entwurfs-, sondern erst zur Laufzeit. Setzen Sie diese Eigenschaft z.B. auf *bsDialog*, so wird dieses Formular später zum Dialogfenster, welches nur noch über eine einzelne Checkbox (zum Schließen) verfügt und dessen Abmessungen nicht mehr verändert werden können.

Demgegenüber sind die Auswirkungen anderer Eigenschaften, wie z.B. die Beschriftung der Titelzeile (*Caption*) oder die Hintergrundfarbe (*Color*), bereits zur Entwurfszeit sichtbar.

Das generelle Outfit eines Formulars (farbliche Gestaltung von Hintergrund, Titelleiste, Beschriftung etc.) können Sie von Delphi aus allerdings nicht beeinflussen, da diese Eigenschaften zentral für alle Windows-Applikationen Ihres Computers gelten. Eine Änderung ist deshalb nur nach Verlassen von Delphi möglich und Sache der Desktop-Einstellungen, zu denen Sie sich in Windows 95 über die Ikonen *My Computer*, *Control Panel*, *Display*, *Appearance* durchklicken müssen. Weitere Formulare können Sie über den Menüpunkt *Datei|Neues* Formular hinzufügen.

Den grundsätzlichen Umgang mit Formularen haben Sie bereits in den Einführungsbeispielen (Kapitel 1, Abschnitt 1.3) gelernt. Weitere ausführliche Informationen finden Sie z.B. im Kapitel 4 bzw. unter

☞ R26 ... ein Formular zentrieren?

☞ R79 ... die Projekteinstellungen für Formulare festlegen?

2.1.2 Der Objektinspektor

Dieses Fenster (Aufruf über F11 oder *Ansicht|Objektinspektor*) wird Ihr treuester Begleiter beim visuellen Oberflächenentwurf sein. Es verdeutlicht auf besonders anschauliche Weise die Philosophie der objektorientierten Programmentwicklung (OOP). Für jedes Objekt (Formular oder Komponente) finden Sie hier eine Auflistung aller zugehörigen Eigenschaften (die zur Entwurfszeit geändert werden können) und Ereignisse (für die eine Ereignisbehandlungsroutine geschrieben werden kann)[1].

Die prinzipielle Arbeitsweise mit dem Objektinspektor haben Sie bereits im Einführungskapitel (Abschnitt 1.3) kennengelernt.

Im *Objektselektor*, das ist die oberste Zeile des Objektinspektors, erscheinen Name und Typ der gerade angeklickten Komponente (bzw. des Formulars). Sie können aber auch mit der Rollbox des Objektselektors die gewünschte Auswahl treffen.

Eigenschaften-Seite

Am Beispiel eines Anzeigefeldes (*Label*-Komponente) wollen wir uns den prinzipiellen Aufbau der Eigenschaftenseite verdeutlichen: In der linken Spalte finden Sie die Property und in der rechten die Standardeinstellungen, die von Ihnen wahlweise verändert werden können.

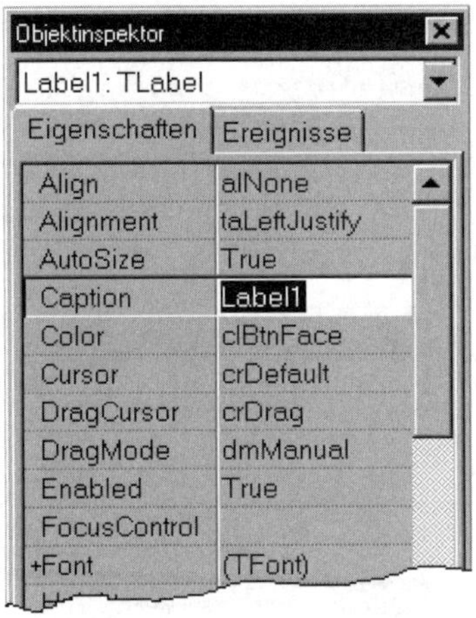

Abb. 2.2 Objektinspektor (Eigenschaften eines Labels)

Meistens wird Ihnen dabei eine Auswahl von Werten angeboten, z.B. für alle möglichen Farbeinstellungen (*Color*). Manchmal müssen Sie aber auch direkt etwas eingeben, z.B. für die Beschriftung (*Caption*).

Betrachten wir uns als Beispiel die *Cursor*-Eigenschaft, die das Aussehen des Mauszeigers über dem Objekt festlegt:

---

[1] Ausführlicher werden Sie mit OOP erst im Kapitel 5 konfrontiert.

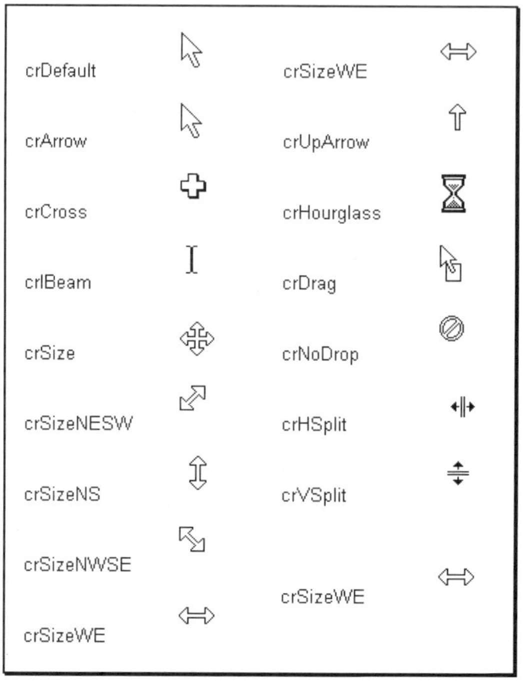

Abb. 2.3 Die wichtigsten verfügbaren Mauszeiger

Das manchen Eigenschaften (z.B. +Font) vorangestellte Zeichen (+) weist darauf hin, daß diese "aufgeklappt" werden kann und sich erst eine (oder auch mehrere) Ebene tiefer in einzelne Eigenschaften aufsplitten läßt. Durch Doppelklick öffnen Sie diese "Sub-Properties":

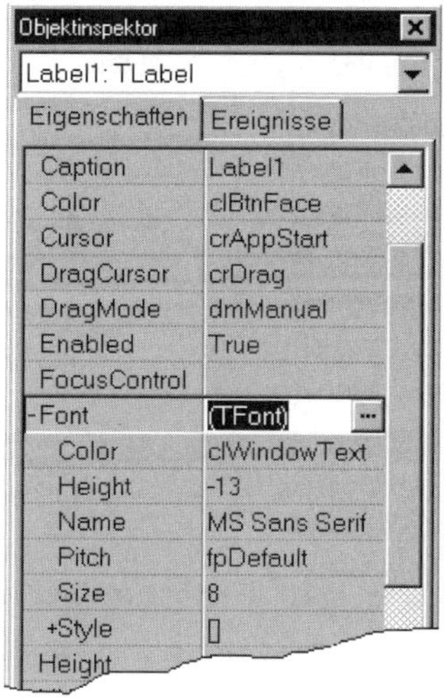

Abb. 2.4 Objektinspektor mit aufgeklappter Font-Eigenschaftsleiste

Eigenschaften, die Sie im Objektinspektor sehen, können Sie in der Regel auch per Programmcode setzen.

Beispiel: Mit dieser Anweisung ändern Sie die Schriftartgröße von *Label1* (vergleiche obige Abbildung).

```
Label1.Font.Size := 12;
```

Man wird also im Objektinspektor nur den Eigenschaften Werte zuweisen, die bestimmte Anfangswerte haben sollen oder die sich im Programmverlauf nicht ändern. Die übrigen Eigenschaften behalten ihre von Delphi vergebenen Standardwerte bzw. werden zur Laufzeit per Code überschrieben.

Es ist ein Irrtum zu glauben, daß der Objektinspektor alle zur Verfügung stehenden Eigenschaften anzeigt.

Hinweis: Vergessen Sie nie, daß im Objektinspektor nur die Eigenschaften zu sehen sind, die zur Entwurfszeit geändert werden können. Viele Properties tauchen hier gar nicht erst auf, da sie nur zur Laufzeit zur Verfügung stehen und deshalb erst im Programmcode zu setzen sind (siehe Online-Help).

Ereignisse-Seite

Die zweite Seite des Objektinspektors zeigt am Beispiel der *Label*-Komponente die Events, auf welche dieses Objekt reagieren kann. Das *OnClick*-Ereignis tritt z.B. dann ein, wenn mit der Maus auf die Komponente geklickt wird:

Abb. 2.5 Objektinspektor (Ereignisseite einer Label-Komponente)

In der rechten Spalte wird nur dann etwas angeboten, wenn sogenannte *Ereignisbehandlungsmethoden* (Event Handler) zur Verfügung stehen. Diese aber müssen erst mit dem Quelltexteditor erstellt werden (siehe Einführungsbeispiel 1.3.2).

Standard- und Schlüsselattribute

Viele Objekte haben gleichlautende Eigenschaften und Ereignisse mit gleichen (oder sehr ähnlichen) Bedeutungen. Es handelt sich hierbei um die sogenannten *Standardeigenschaften* bzw. -*ereignisse*, wie z.B. die Breite und die Höhe einer Komponente (*Width, Height*) oder das Klick-Ereignis (*OnClick*). Um deren Erklärung nicht ständig wiederholen zu müssen, erfolgt in Kapitel 4 eine zusammenfassende Aufstellung dieser allgemeinen Eigenschaften und Ereignissen, die für die meisten (aber nicht alle!) Komponenten zutreffen.

Demgegenüber sind die *Schlüsseleigenschaften* und *-ereignisse* typisch für die jeweilige Komponente. Eine komplette Auflistung würde den Rahmen und das Anliegen dieses Buches sprengen. Nutzen Sie also auch hier die F1-Taste, um sich ausführlicher zu informieren.

2.2 Menüfunktionen und Symbolleiste

Häufig benötigte Menüaufrufe werden auf die Symbolleiste (Speedbar) gelegt und/oder können über Tastatur (Shortcuts) erreicht werden. Wie bei allen Windows-Applikationen üblich, läßt sich jeder Menüpunkt auch ohne Maus, d.h. durch Eintippen von *Alt* und des jeweils unterstrichenen Buchstabens, auswählen.

2.2.1 Konfigurieren

Sie können die Symbolleiste aber auch selbst Ihren individuellen Bedürfnissen anpassen (rechte Maustaste, *Eigenschaften*):

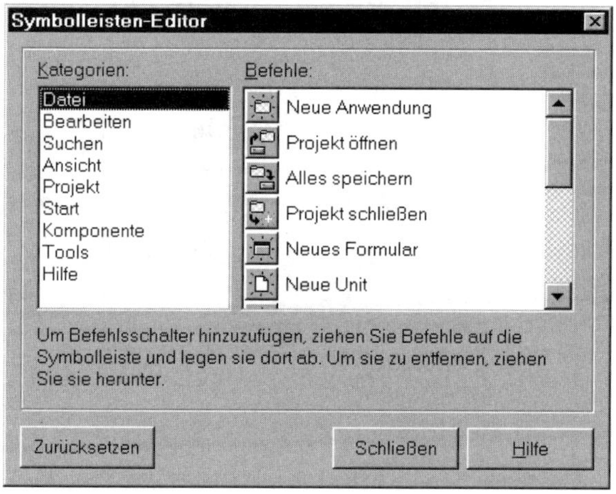

Abb. 2.6 Symbolleisten-Editor

Zweck der folgenden Tabellen soll es sein, dem Anwender eine praktikable Nachschlagemöglichkeit für die Arbeit mit der Entwicklungsumgebung zur Verfügung zu stellen.

2.2.2 Datei-Menü

Dieses Menü fehlt in (fast) keiner Windows-Applikation. Bei Delphi sieht es allerdings um einiges komplexer aus, da hier zwischen mehreren Dateitypen unterschieden werden muß und ein Programm (Projekt) nicht aus einem einzigen, sondern aus mehreren Files bzw. Modulen besteht (Projektdatei *.DPR, Quelltextmodulen *.PAS, siehe auch Abschnitt 1.3.2):

Tabelle 2.1 Datei-Menü

Menüaufruf	Button	Taste	Erläuterung
Neu...			... öffnet Dialogfeld *Neue Einträge* für Einblick in Objektablage (Projekte, Formulare)
Neue Anwendung			... eröffnet neues Delphi-Projekt
Neues Formular			... fügt zum Delphi-Projekt ein weiteres Formular hinzu
Neues Daten-Modul			... fügt dem Delphi-Projekt ein weiteres Datenmodul hinzu (siehe Kapitel 7)
			... lädt vorhandene(s) Projekt von einem Verzeichnis nach Delphi
Öffnen			... fügt zum Projekt eine einzelne Datei (z.B.Quelltext) hinzu
Neu Öffnen			... öffnet Liste der zuletzt benutzten Projekte und Module
Speichern		Strg+S	... speichert die an allen geöffneten Dateien vorgenommenen Änderungen
Speichern unter...			... speichert die aktive Datei unter neuem Namen in ein Verzeichnis
Projekt speichern unter ...			... speichert Projektdatei (*.DPR) unter neuem Namen in ein Verzeichnis
Alles speichern			... speichert alle geöffneten Dateien
Schließen			... beendet die Arbeit am aktuellen Projekt ohne Delphi zu verlassen
Alle schließen			... schließt alle geöffneten Dateien
Unit verwenden...			... fügt eine weitere Unit hinzu
Dem Projekt hinzufügen...			... fügt eine einzelne Datei zum Delphi-Projekt hinzu
Aus dem Projekt entfernen...			... entfernt eine Datei aus dem Projekt
Drucken...			... druckt geöffnetes Quelltextfenster bzw. Formular
Beenden			... schließt Projekt und beendet Delphi

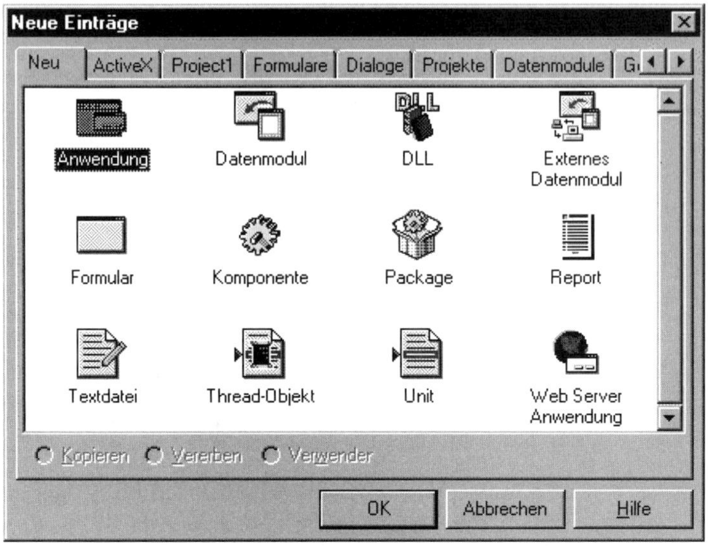

Abb. 2.7 Das Dialogfenster nach Datei|Neu (Client/Server-Version)

2.2.3 Bearbeiten-Menü

Hier handelt es sich ebenfalls um ein windowstypisches Standardmenü, welches große Ähnlichkeit mit dem gleichnamigen Menü eines Textverarbeitungs- bzw. Zeichenprogramms hat.

Tabelle 2.2 Bearbeiten-Menü

Menüaufruf	Taste	Erläuterung
Rückgängig	Strg+Z	... macht die vorhergehende(n) Operation(en) rückgängig
Widerrufen	Umsch+ Strg+Z	... macht den letzten *Rückgängig*-Schritt unwirksam
Ausschneiden	Strg+X	... überschreibt die Zwischenablage mit den markierten Elementen
Kopieren	Strg+C	... kopiert Komponenten oder Quelltext in die Zwischenablage
Einfügen	Strg+V	... fügt Komponenten oder Quelltext aus Zwischenablage ein
Löschen	Strg+ Entf	... entfernt die markierten Elemente ohne Kopieren in Zwischenablage
Alles auswählen		... alle Komponenten des Formulars werden markiert[2]
Am Raster ausrichten		... verschiebt markierte Komponenten zum nächsten Rasterpunkt

[2] Objektinspektor zeigt in diesem Fall nur die gemeinsamen Eigenschaften an.

Menüaufruf	Taste	Erläuterung
Nach vorne setzen		... stellt die markierte Komponente vor alle anderen Komponenten des Formulars[3]
Nach hinten setzen		... stellt die markierte Komponente hinter alle anderen Komponenten des Formulars
Ausrichten...		... öffnet das Dialogfenster *Ausrichtung* für Komponenten (vertikal bzw. horizontal)
Größe...		... öffnet das Dialogfenster *Größe* für gleiche Breite bzw. Höhe von Komponenten
Skalierung...		... öffnet das Dialogfenster *Skalierung* für Größenänderung von Formular u. Komponenten
Tabulatorreihenfolge...		... öffnet das Dialogfenster *Tabulatorreihenfolge bearbeiten*
Erstellungsfolge...		... öffnet das Dialogfenster *Erstellungsfolge* für die Reihenfolge, in der unsichtbare Komponenten zur Laufzeit erzeugt werden[4]
Elemente sperren		... verankert alle Komponenten in ihrer momentanen Position und Größe[5]
Zur Schnittstelle hinzufügen...		... fügt neue Funktion, Prozedur oder Eigenschaft zu ActiveX-Komponente hinzu

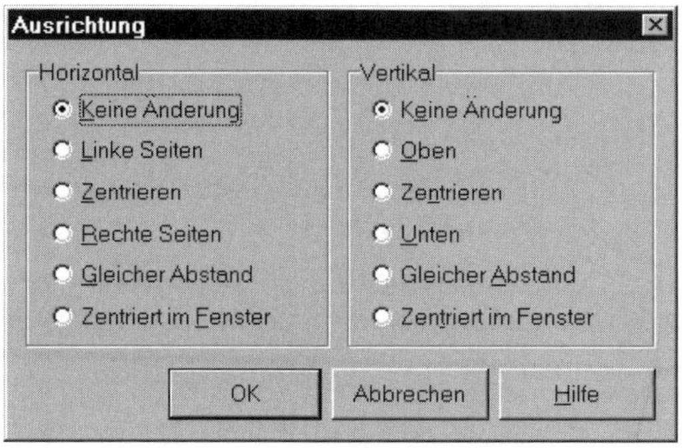

Abb. 2.8 Dialogfenster für Ausrichten von Komponenten

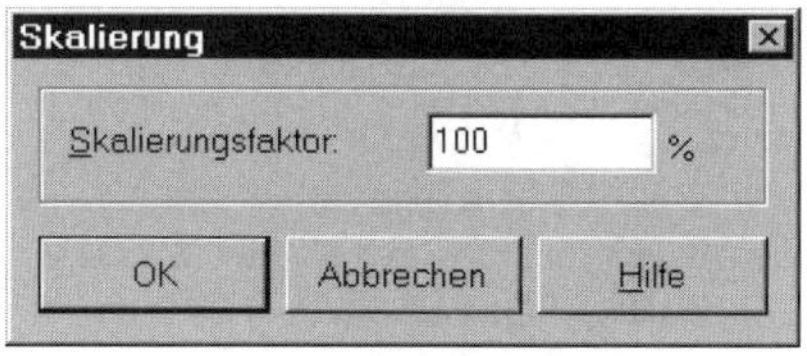

Abb. 2.9 Dialogfenster für Skalieren von Komponenten

---

[3] Diesen Vorgang nennt man auch "Ändern der ZOrder" der Komponenten.

[4] Standardmäßig entspricht das der Reihenfolge, mit der diese Komponenten (z.B. *Timer*) zur Entwurfszeit abgesetzt wurden.

[5] Änderungen sind nur noch über Objektinspektor möglich.

Abb. 2.10 Dialogfenster für Bearbeitung der Tabulatorreihenfolge

Abb. 2.11 Dialogfenster für Erstellungsfolge nicht visueller Komponenten

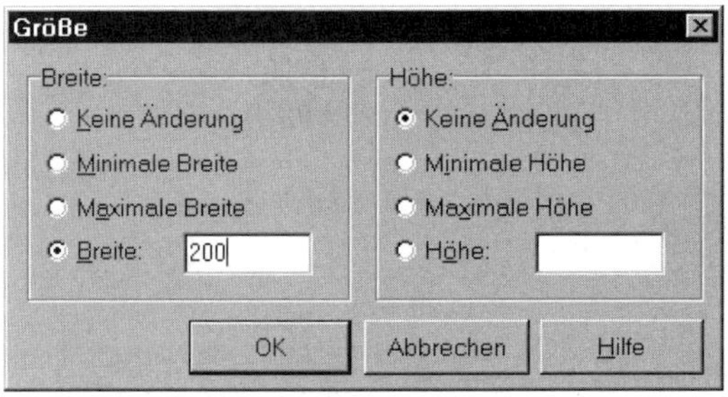

Abb. 2.12 Dialogfenster für den Größenangleich von Komponenten

2.2.4 Suchen-Menü

Ein ähnliches Menü findet sich auch in vielen Textverarbeitungsprogrammen. Es unterstützt Sie beim Schreiben Ihres Objekt Pascal-Quelltextes.

Tabelle 2.3 Suchen-Menü

Menüaufruf	Taste	Erläuterung
Suchen...	Strg+F	... öffnet das Dialogfenster *Text suchen.*
In Dateien suchen...		... öffnet Dialogfenster *Text suchen.*
Ersetzen...	Strg+R	... öffnet das Dialogfenster *Text ersetzen*[6].

[6] Die meisten Einstellungen (Optionen, Bereich, Richtung, Beginn) sind die gleichen wie im Dialogfeld "Text suchen".

Menüaufruf	**Taste**	**Erläuterung**
Suche wiederholen	F3	... setzt den Suchvorgang fort
Inkrementelle Suche	Strg+E	... Suche ohne Dialogfenster
Gehe zu Zeile...		... öffnet das Dialogfenster *Gehe zu Zeile*[7]
Laufzeitfehler suchen...		... stoppt an Adresse des letzten Laufzeitfehlers[8]
Symbol anzeigen...		... öffnet Dialogfenster zur Eingabe eines Bezeichners für Objekt-Browser

Abb. 2.13 Dialogfenster für Textsuche

2.2.5 Ansicht-Menü

Dieses Menü stellt Ihnen ein buntgemixtes Sammelsurium von Funktionen zur Verfügung, mit denen Sie sich die Programmentwicklung vereinfachen können.

Tabelle 2.4 Ansicht-Menü

Menüaufruf	**Button**	**Taste**	**Erläuterung**
Projektverwaltung			... öffnet das Fenster für die Projektverwaltung
Projekt-Quelltext			... öffnet das Fenster des Quelltexteditors
Objektinspektor		F11	... öffnet das Fenster des Objektinspektors
Ausrichtungspalette			... öffnet Werkzeugleiste zum Ausrichten von Komponenten

[7] Die aktuelle Zeilen- und Spaltennummer werden in der Statuszeile des Quelltexteditors angezeigt.

[8] Die Zeile, die den Laufzeitfehler verursacht hat, wird markiert.

Menüaufruf	Button	Taste	Erläuterung
Symbolanzeige			... öffnet Objekt-Browser
Haltepunkte			... öffnet die Haltepunkt-Liste
Aufruf-Stack			... zeigt Liste der Unterprogramm-Aufrufe
Überwachte Ausdrücke			... zeigt Liste der überwachten Ausdrücke
Threads			... zeigt Status der laufenden Threads an
Module			... DLL oder Package zur Laufzeit hinzuladen
Komponentenliste			... zeigt Liste der verfügbaren Komponenten an
Fensterliste...		Alt+O	... zeigt Liste der geöffneten Fenster
Umschalten Formular/Unit		F12	... schaltet um zwischen Formularansicht und Quelltexteditor
Units...		Strg +F12	... zeigt Liste der Quelltext-Dateien
Formulare...		Umsch +F12	... zeigt Liste aller Formulare
Typbibliothek			... öffnet den Typbibliothekseditor
Neues Editierfenster			... öffnet Fenster mit einer Kopie des aktuellen Quelltextes
Symbolleiste			... zeigt Symbolleiste an
Komponentenpalette			... zeigt Komponentenpalette an

Abb. 2.14 Liste der verfügbaren Komponenten

2.2.6 Projekt-Menü

Alle Grundeinstellungen, die mit dem Compilieren des Projekts zusammenhängen, nehmen Sie hier vor. Wundern Sie sich aber nicht, daß Sie auch einige Befehle wiederfinden, die es bereits im *Datei*-Menü gibt.

Tabelle 2.5 Compiler-Menü

Menüaufruf	Button	Taste	Erläuterung
Dem Projekt hinzufügen...			siehe *Datei*-Menü!
Aus dem Projekt entfernen...			siehe *Datei*-Menü!
Typbibliothek importieren...			zeigt die im System registrierten Typbibliotheken an
Der Objektablage hinzufügen...			... öffnet Dialogfenster zum Hinzufügen neuer Formulare etc. zur Objektablage.
Compilieren		Strg+F9	... startet die Compilierung (nur die geänderten Dateien!)
Projekt neu compilieren			... startet die Compilierung (alle Dateien!)
Syntaxprüfung			... startet Compilierung ohne Linken
Information...			... zeigt Meldungsbox "Information".
Optionen...			... zeigt Dialogfeld "Projekoptionen" an.

Information

Die Meldungsbox "Information" setzt Sie über Erfolg oder Mißerfolg beim Compilieren von Quelltext in Kenntnis. Die folgende Abbildung zeigt das Ergebnis beim Einführungsbeispiel (Kapitel 1, Abschnitt 1.3.2).

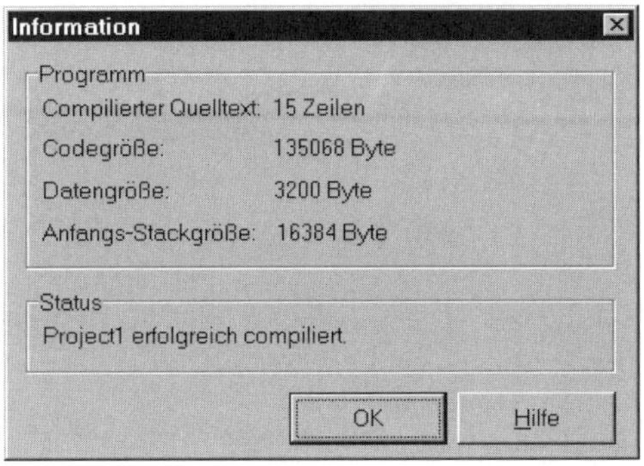

Abb.2.15 Informationsbox nach erfolgreichem Compilieren

Optionen

Mit dem relativ umfangreichen Dialogfenster "Projektoptionen" legen Sie die Optionen von Anwendung, Compiler, und Linker für dieses Projekt fest, und verwalten die Verzeichnisse dieses Projektes.

Die einzelnen Seiten des Dialogfeldes Projektoptionen sind:

- Formulare
- Anwendung
- Compiler
- Linker
- Verzeichnisse/Bedingungen
- VersionsInfo
- Packages

Konkretere Informationen erhalten Sie in

☞ R79 ... die Projekteinstellungen für Formulare festlegen?

2.2.7 Start-Menü

Dieses Menü stellt unterschiedliche Möglichkeiten für den Test Ihres Programms zur Verfügung:

Tabelle 2.6 Start-Menü

Menüaufruf	Button	Taste	Erläuterung
Start		F9	... compiliert das Programm und führt es aus
Parameter...			... öffnet ein Dialogfeld für Kommando-zeilenparameter
Gesamte Routine		F8	... Programm wird zeilenweise ausgeführt (1 Prozedur → 1 Schritt)
Einzelne Anweisung		F7	... Programm wird zeilenweise ausgeführt (auch innerhalb der Prozeduren!)
Nächste Quelltextzeile		Umsch +F7	... Programm hält bei nächster Quelltextzeile an
Gehe zur Cursorposition		F4	... Programmausführung bis zur Kursorposition im Quelltexteditor
Zeige Ausführungsposition			... positioniert Kursor an Ausführungspunkt (Debugger)
Programm Pause			... unterbricht vorübergehend die Programm-ausführung

Menüaufruf	Button	Taste	Erläuterung
Programm zurücksetzen		Strg+F2	... beendet Programm und gibt den belegten Speicherplatz frei
Ausdruck hinzufügen...		Strg+F5	... öffnet Dialogfeld "Darstellung überwachter Ausdrücke" (Debugger)
Neuer Haltepunkt...			... öffnet Dialogfeld zum Setzen von Haltepunkten (Debugger)
Auswerten/Ändern...		Strg+F7	... öffnet Dialogfeld "Auswerten/Ändern" (Debugger)

Weitergehende Informationen entnehmen Sie bitte

☞ R88 ... den Debugger einsetzen?

2.2.8 Komponenten-Menü

Dieses Menü ermöglicht Ihnen die Modifikation der Komponentensammlung, die für Ihre Delphi-Applikation zur Verfügung steht.

Tabelle 2.7 Komponenten-Menü

Menüaufruf	Erläuterung
Neue Komponente...	... öffnet den Komponentenexperten.
Komponente installieren...	... öffnet Dialogfeld "Komponenten installieren".
ActiveX importieren ...	... öffnet Dialogfenster "ActiveX Element importieren".
Packages installieren	... öffnet Fenster "Projektoptionen" (Seite "Packages").
Palette konfigurieren...	... ermöglicht die Anpassung der Komponentenpalette (Dialogfenster "Umgebungsoptionen").

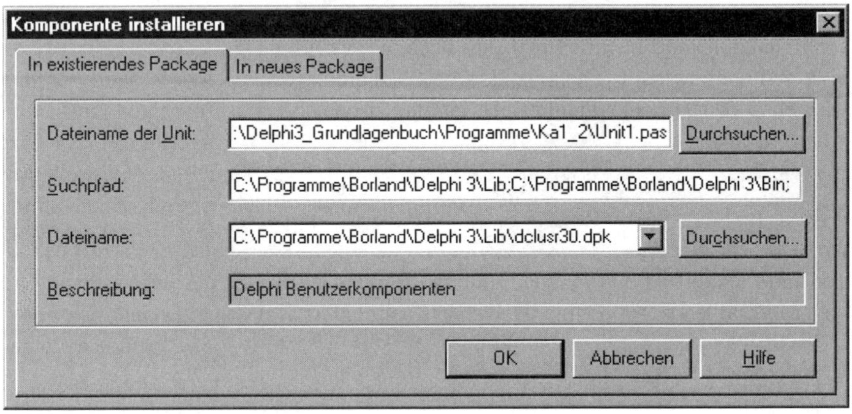

Abb. 2.16 Dialogfeld zum Installieren einer Komponente

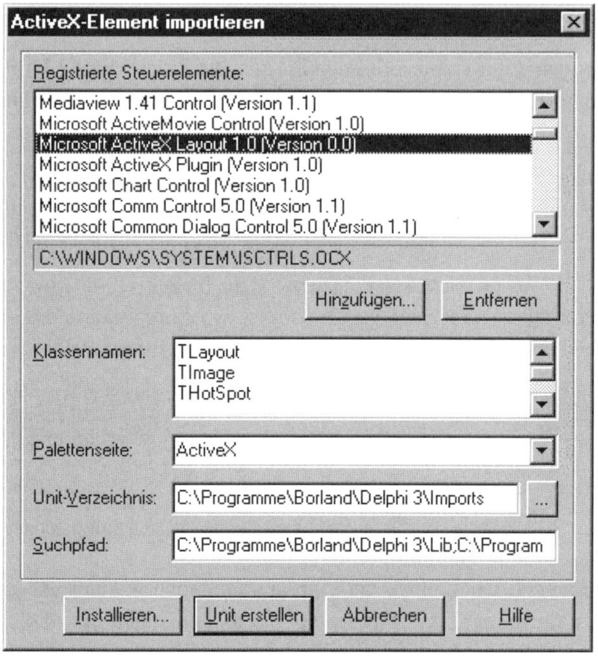

Abb. 2.17 Importieren einer ActiveX-Komponente

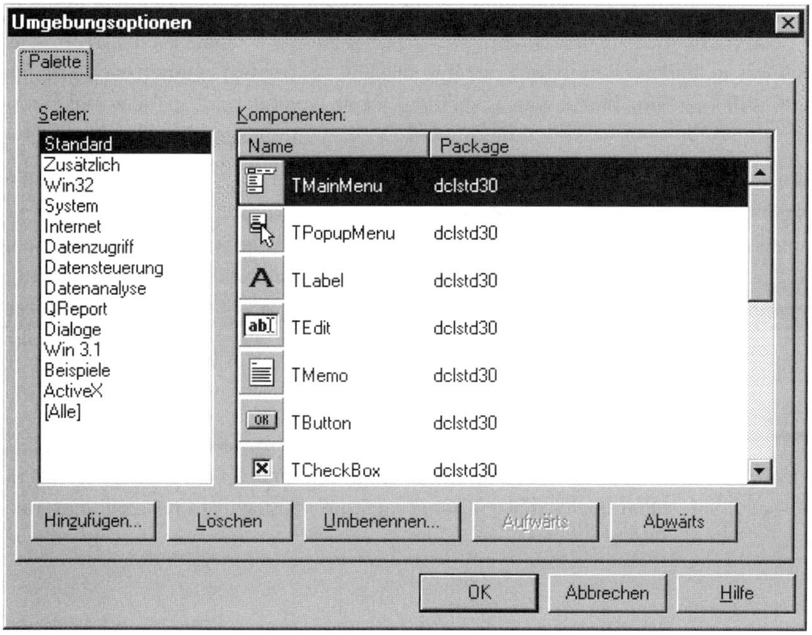

Abb. 2.18 Dialogfenster nach Menü Komponente|Palette konfigurieren

2.2.9 Datenbank-Menü

Der Zugriff auf Datenbanken spielt in Delphi eine zentrale Rolle (siehe Kapitel 7), was den Einsatz eines extra Menüs für entsprechende Funktionalitäten zu rechtfertigen scheint.

Tabelle 2.8 Datenbank-Menü

Menüaufruf	Erläuterung
Explorer	... ermöglicht Verbindungsaufnahme zu einem entfernten Datenbanksystem.
SQL-Monitor	... beobachtet aktuelle SQL-Verbindungen.
Formular-Experte	... unterstützt Sie beim Erstellen von Formularen.

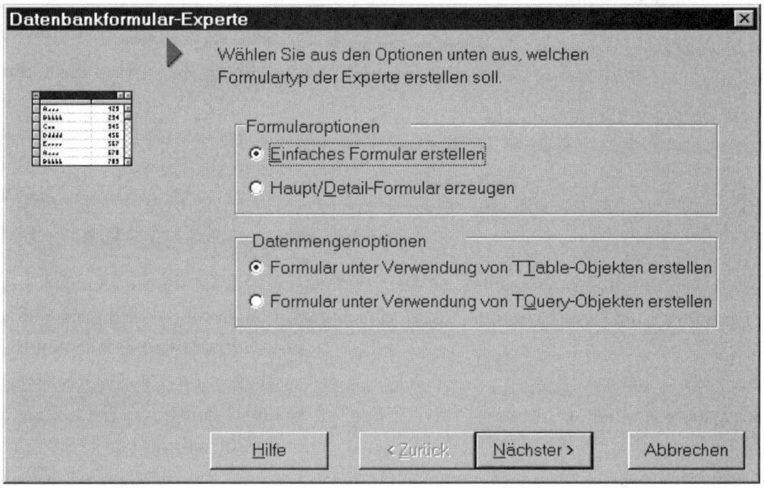

Abb. 2.19 Dieses Fenster erscheint bei Menüaufruf Datenbank|Formular-Experte ...

2.2.10 Tools-Menü

Hinter diesem Menüpunkt verbergen sich diverse Funktionalitäten und vorerst zwei ausgewachsene Zusatzprogramme zur Bildbearbeitung und zur Arbeit mit Datenbanken (siehe Kapitel 7).

Tabelle 2.9 Tools-Menü

Menüaufruf	Erläuterung
Umgebungsoptionen...	... öffnet das Dialogfenster "Umgebungsoptionen"
Objektablage...	... öffnet das Dialogfenster "Objektablage"
Tools konfigurieren...	... erlaubt Hinzufügen, Löschen und Bearbeiten von Tools
Editor für Package-Sammlungen	... zum Anzeigen und Bearbeiten von Package-Libraries
Bildeditor	... pixelorientiertes Zeichenprogramm für Ikons etc.
Datenbankoberfläche	... zum Erstellen von Datenbanktabellen

Umgebungsoptionen

In diesem reichbestückten Dialogfenster können Sie die Delphi-Entwicklungsumgebung an Ihre persönlichen Bedürfnisse anpassen:

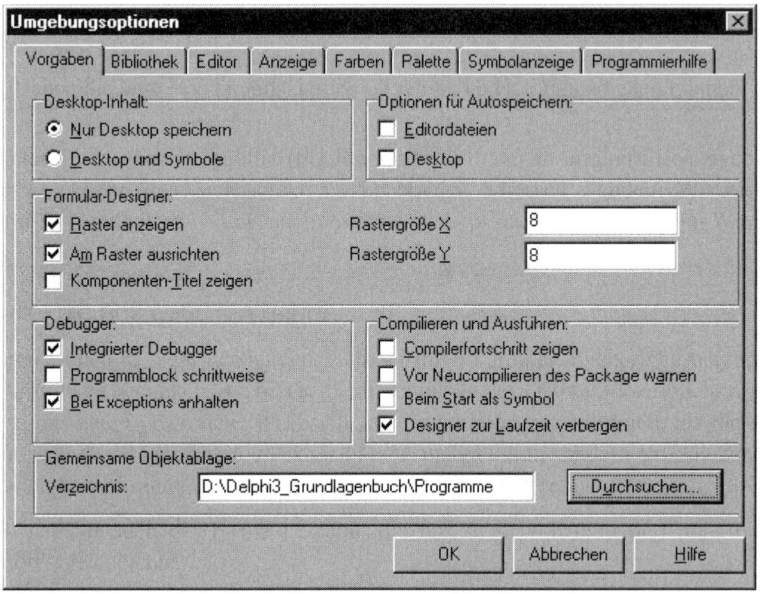

Abb. 2.20 Dialogfenster "Umgebungsoptionen"

Tools konfigurieren

Es liegt an Ihnen, ob Sie sich Ihre Arbeit weiter erleichern wollen und dieses am Anfang noch gespenstisch leere Dialogfeld durch entsprechende Zusatzprogramme ergänzen :

Abb. 2.21 Dialogfenster "Tools-Optionen"

Objektablage

Zu diesem Thema finden Sie ausführliche Erläuterungen in

☞ R87 ... die Objektablage benutzen?

2.2.11 Workgroups-Menü

Dieses ab Delphi 3 neu hinzugekommene Menü ist für Sie erst dann interessant, wenn mehrere Entwickler an einem gemeinsamen Projekt arbeiten.

Tabelle 2.10 Workgroups-Menü

Menüaufruf	Erläuterung
PVCS-Projekte durchsuchen...	... zum Ausführen von Aufgaben zur Versionskontrolle
Archiv-Verzeichnisse verwalten ...	... zum Anlegen/Hinzufügen/Entfernen von Verzeichnissen
Der Versionskontrolle hinzufügen	... speichert das aktuelle Projekt in ein Verzeichnis der Versionskontrolle.
Datenverzeichnis festlegen...	... zeigt das Dialogfeld "Datenverzeichnisse" für öffentliche und private Projektstammverzeichnisse an

2.2.12 Hilfe-Menü

Das Windows-typische Hilfe-Menü von Delphi bietet neben seinen standardmäßigen Suchfunktionen auch noch komplette Lehrprogramme.

Tabelle 2.11 Hilfe-Menü

Menüaufruf	Erläuterung
Inhalt	... ruft Hilfefenster auf
Suche über Schlüsselwort	
Neues in Delphi	... gibt einen Überblick über Unterschiede zur Version 2.0
Einführung	... kleiner Einführungslehrgang
Object Pascal	... öffnet Object Pascal-Referenz
Anwendungsentwicklung	... Hilfethemen zum Programmieren
VCL-Referenz	... öffnet Referenz zur Visual Component Library
Borland-Homepage	... versucht einen Zugang zum Internet (z.B. über MS Internet-Explorer)
Delphi-Homepage	
Programme und Dienstleistungen	
Info...	... zeigt Copyright und Versionsnummer von Delphi

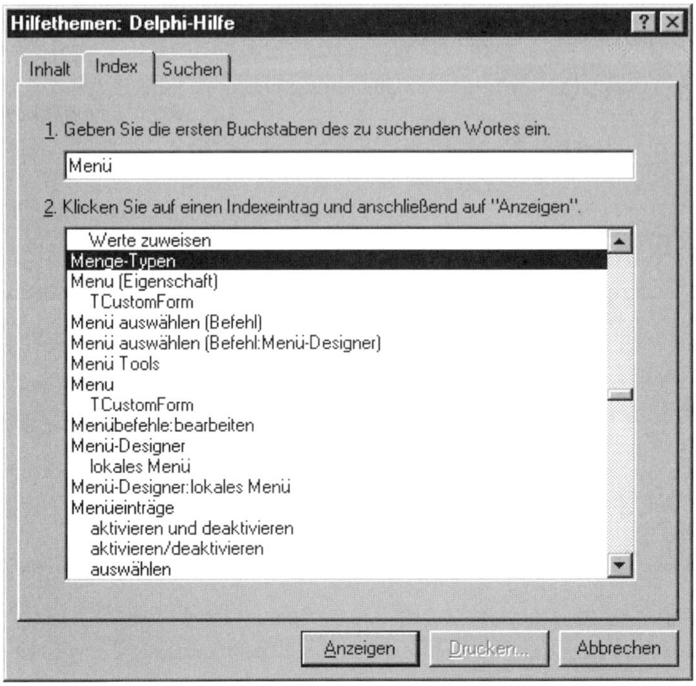

Abb. 2.22 Das Delphi-Hilfefenster, wie Sie es am meisten brauchen

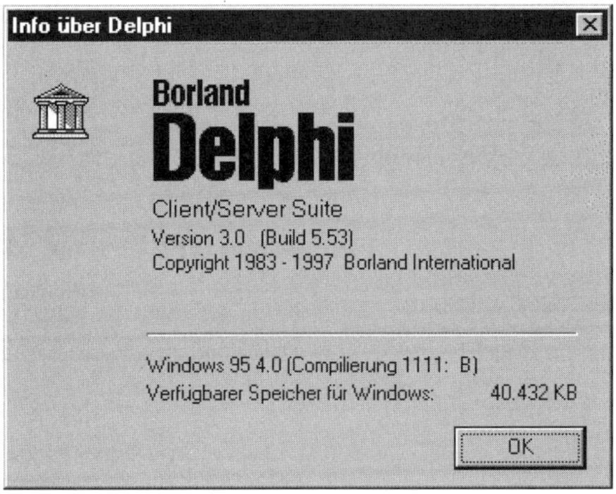

Abb. 2.23 In diesem Fenster erfahren Sie die Versionsnummer

Hinweis: Denken Sie daran, daß die integrierte Online-Hilfe auch immer dann zur Stelle ist, wenn Sie mit der Maus ein unbekanntes Element der Entwicklungsumgebung (z.B. einen Menüeintrag) aktivieren, bzw. die Schreibmarke in ein unbekanntes Wort des Quelltextes setzen, und dann die F1-Taste betätigen.

2.3 Die Komponentenpalette

Komponenten (Dialogelemente) sind die elementaren Bausteine Ihrer Delphi-Applikation. Damit "bestücken" Sie die Benutzerschnittstelle (Interaktion des Anwenders mit dem Programm, Ein-/ Ausgaben, etc.). Die Komponentenpalette bietet Ihnen stets "griffbereit" oben im Delphi-Hauptfenster ihre Dienste an (siehe Abschnitt 2.1):

Das umfangreiche (und erweiterungsfähige) Sortiment ist in verschiedene Kategorien aufgeteilt, die getrennt in Registerseiten untergebracht sind:

- **Standard**
  Grundausstattung an Windows-typischen Dialogelementen
- **Zusätzlich**
  weitere (angepaßte) Dialogelemente
- **Win32**
  spezifische Dialogelemente von Windows95
- **System**
  Komponenten für Zugriff auf systemnahe Elemente
- **Internet**
  Komponenten für Internet-Zugriff (nur in der Client/Server-Edition verfügbar)
- **Datenzugriff**
  nichtvisuelle Dialogelemente für den Datenbankzugriff
- **Datensteuerung**
  visuelle Dialogelemente zur Steuerung von Datensätzen
- **Datenanalyse**
  Komponenten mit Funktionen zur mehrdimensionalen Datenabfrage (nur Client/Server-Edition)
- **QReport**
  Quick-Report-Komponenten zum einfachen Entwurf von eingebetteten Berichten
- **Dialoge**
  Windows-Standarddialoge
- **Win 3.1**
  Windows 3.1x-typische Dialogelemente, kompatibel zu Delphi 1.0
- **Beispiele**
  einige nutzerdefinierte Komponenten
- **ActiveX**
  einige Komponenten von Fremdherstellern

Die noch freien Felder mancher Registerseiten der Komponentenpalette deuten darauf hin, daß das vorhandene Sortiment vom Nutzer gekürzt bzw. erweitert werden kann. Außerdem lassen sich natürlich auch gänzlich neue Seiten hinzufügen.

Wenn Sie auf eine bestimmte Komponente der Palette klicken und anschließend auf das Formular, wird die Komponente dort "abgesetzt" und Sie können diese dann verschieben bzw. mit den Maus-Anfassern größenmäßig verändern. Wer schon mit Windows-Zeichenprogrammen gearbeitet hat, wird dabei keinerlei Umstellungsschwierigkeiten haben. Beachten Sie aber bitte, daß es bestimmte Komponenten gibt, deren Abmessungen sich nicht verändern lassen. Dabei handelt es sich im allgemeinen um solche, die nur zur Entwurfs- aber nicht zur Laufzeit sichtbar sind (z.B. *Main-Menu*, *Timer*,...), da sie ihre Arbeit quasi im Hintergrund verrichten.

Hinweis: Der Button erscheint auf jeder Seite der Komponentenpalette. Wenn Sie darauf klicken, wird der Auswahlmodus beendet (keine aktive Komponente) und Sie können die normale Arbeitsweise fortsetzen.

Es dürfte klar sein, daß man den Sinn einer Komponente erst anhand konkreter Anwendungsbeispiele richtig erfassen kann, aus diesem Grund erfolgt hier nur eine stichpunktartige Erklärung des Verwendungszwecks, entsprechende Details finden Sie im Kochbuchteil. Siehe auch

R24 ... vorhandene Komponenten modifizieren?

In den folgenden Tabellen sind die Komponenten in ihrer ursprünglichen Reihenfolge aufgeführt, also bevor von Ihnen Anpassungsarbeiten vorgenommen wurden (siehe Menü *Komponenten*). Die meisten sind Bestandteile der VCL (*Visual Component Library*), sind also in das System integriert.

2.3.1 Standardkomponenten

Dies sind die hinreichend bekannten Basiselemente einer Windows-Oberfläche:

Tabelle 2.12 Standardkomponenten (s = sichtbar)

Name	Ikone	s	Verwendungszweck
MainMenu			Menüentwurf (Menüleiste oder DropDown-Menü)
PopupMenu			Popup-Menüs (erscheinen lokal bei rechtem Mausklick)
Label		X	reine Textanzeige (ohne Nutzerzugriff)
Edit		X	einzeilige Texteingabe und -anzeige
Memo		X	mehrzeilige Texteingabe und -anzeige
Button		X	Schaltfläche (z.B. zum Starten einer Operation)
CheckBox		X	Ja/Nein - Option

Name	Ikone	s	Verwendungszweck
RadioButton		X	exklusive Ja/Nein - Optionen
Listbox		X	Auswahlliste
ComboBox		X	editierbare Auswahlliste
ScrollBar	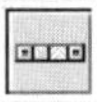	X	Bildlaufleiste
GroupBox		X	Rahmen für allgemeine Gruppe
RadioGroup		X	gruppiert ein Schalterfeld
Panel		X	Unterlage für andere Komponentengruppen (z.B. Toolbar)

Eine Beschreibung der wichtigsten Features finden Sie im Kapitel 4 ("Formulare und Komponenten", Abschnitt 4.3). Vielfältige Anregungen erhalten Sie im Kochbuchteil, z.B. in

☞ R40 ... Einträge in einer Listbox löschen?

oder

☞ R50 ... eine RadioGroup erzeugen?

2.3.2 Zusatzkomponenten

Diese auf der zweiten Registerseite aufgereihten Dialogelemente haben im allgemeinen eine etwas komplexere Funktionalität als die Standardkomponenten:

Tabelle 2.13 Zusätzliche Komponenten (s = sichtbar)

Name	Ikone	s	Verwendungszweck
BitBtn		X	Schaltfläche mit eingelagerter Grafik
SpeedButton		X	Toolbar-Schaltfläche
MaskEdit		X	Formatieren der Dateneingabe
StringGrid		X	Zeilen- u. spaltenweise Anzeige von Zeichenketten
DrawGrid		X	Zeilen- und spaltenweise Datenanzeige

Name	Ikone	s	Verwendungszweck
Image		X	Anzeige einer Grafik (*.BMP, *.ICO, *.WMF)
Shape		X	Anzeige von Kreis, Ellipse, Rechteck (auch abgerundet)
Bevel		X	Darstellung eines Rechtecks oder Rahmens mit 3D-Effekt
ScrollBox		X	Containerobjekt mit Bildlaufbereichen
CheckListBox		X	eine bildlauffähige Komponente ähnlich der ListBox.
Splitter		X	eine Teilerleiste zur flexiblen Gliederung des Formulars per Drag&Drop
StaticText		X	Beschriftungsfeld ähnlich dem Label, jedoch mit Fenster-Handle
Chart		X	äquivalent zu Table-Komponente (siehe Datenzugriffs-komponenten) in Form eines Diagramms (Fremdhersteller!)

Ausgiebige Anwendungen finden Sie im Kochbuchteil, z.B.

R53 ... den Unterschied zwischen PaintBox und Image verstehen?

R57 ... Hotspots auf Grafiken erzeugen?

R45 ... mit der Gitter-Komponente arbeiten?

2.3.3 Win32-Komponenten

Diese neuen Windows95-Dialogelemente sind für den Umsteiger von Windows 3.x teilweise noch gewöhnungsbedürftig:

Tabelle 2.14 Zusätzliche Komponenten (s = sichtbar)

Name	Ikone	s	Verwendungszweck
TabControl		X	Notizbuchregister (ähnlich *TabSet* in Delphi 1.0)
PageControl		X	Notizbuchregister für mehrseitige Dialogfelder
ImageList		X	Bilderliste für *TreeView* und *ListView*
TreeView		X	hierarchische (baumartige) Liste von Elementen
ListView		X	Elementeliste, auf verschiedene Weise anzuzeigen

Name	Ikone	s	Verwendungszweck
RichEdit		X	Memo-Komponente für Textdateien unbegrenzter Länge mit unterschiedlichen Formatierungsmöglichkeiten
TrackBar		X	Regler zum Einstellen von Werten in einem bestimmten Bereich
ProgressBar		X	Fortschrittsanzeige eines Hintergrundprozesses
UpDown		X	schrittweises Verändern von Einstellwerten
HotKey		X	für Tastenkürzel mit Kombinationen mit *Strg*, *Umsch* und *Alt*.
Animate		X	Fenster zum tonlosen Anzeigen von AVI-Clips
DateTimePicker		X	Listenfeld zur Auswahl von Datums-/Zeitwerten aus einem Kalender
HeaderControl		X	größenveränderliche Darstellung eines Tabellenkopfes
StatusBar		X	Statusleiste mit mehreren Panels (unterer Formularrand)
ToolBar		X	zum Anfertigen von Werkzeugleisten
CoolBar		X	Symbolleiste mit untergeordneten Steuerelementen, die selbständig verschoben werden können

---

Hinweis: Viele der Win32-Komponenten sind in der Bibliothek COMCTL32.DLL (ab Versison 4.70) enthalten. Diese befindet sich in der Regel im Verzeichnis WINDOWS\SYSTEM oder WINDOWS\SYSTEM32.

Konkrete Anwendungsbeispiele finden Sie unter anderem in

☞ R58 ... die ImageList einsetzen?

☞ R59 ... Grafiken in einem Listenfeld anzeigen?

2.3.4 System-Komponenten

In dieser Tabelle findet sich ein Sammelsurium von Dialogelementen, die alle mehr oder weniger direkt auf die Windows-Systemsteuerung zugreifen.

Tabelle 2.15 System-Komponenten (s = sichtbar)

Name	Ikone	s	Verwendungszweck
Timer			Bereitstellen eines Zeitintervalls
PaintBox		X	Zeichnen auf begrenzter rechteckiger Fläche innerhalb des Formulars
MediaPlayer		X	Bedienfeld zur Aufnahme bzw. zum Abspielen von Multimedia-Dateien
OLEContainer		X	Erzeugen eines OLE-Clientbereichs
DDEClientConv			Einrichten einer Client-Verbindung zu einem DDE-Server
DDEClientItem			Festlegen der zu übertragenden Client-Daten
DDEServerConv			Einrichten einer Server-Verbindung zu einem DDE-Client
DDEServerItem			Festlegen der zu übertragenden Server-Daten

Umfangreiche Anwendungsbeispiele finden Sie im [ProfiBuch].

2.3.5 Internet-Komponenten

Diese Komponenten erfreuen nur den glücklichen Besitzer der Client/Server-Edition. In der folgenden Tabelle sind die wichtigsten zusammengestellt:

Tabelle 2.16 Internet-Komponenten

Name	Ikone	s	Verwendungszweck
ClientSocket		X	stellt Verbindung zu einem TCP/IP-Server her
ServerSocket		X	wartet auf Anforderungen einer TCP/IP-Verbindung
WebDispatcher		X	konvertiert Daten- in Web-Modul
PageProducer		X	konvertiert HTML-Vorlage in HTML-Codestring
QueryTableProducer		X	erstellt HTML-Code für Anzeige der Datensätze eines TQuery-Objekts
FTP			ermöglicht Zugriff auf Dienste mit File Transfer Protokoll
HTML			implementiert HTML-Viewer

Name	Ikone	s	Verwendungszweck
HTTP			implementiert einen Client für Hypertext Transfer Protokoll
TCP			ermöglicht Zugriff auf TCP-Netzwerkdienste

Anwendungen zu den Internet-Steuerelementen finden Sie im [ProfiBuch].

2.3.6 Komponenten für Datenzugriff und Datensteuerung

Das breite Angebot läßt bereits erahnen, welch komfortable Möglichkeiten sich hier für den Datenbankprogrammierer eröffnen. Eine tabellarische Zusammenstellung aller Datenzugriffs- und Datensteuerungskomponenten finden Sie im Kapitel 7 (Datenbanken), weshalb Sie hier nur einen Grobüberblick finden:

Datenzugriff

Die Datenzugriffs-Komponenten sind zur Laufzeit unsichtbar und greifen direkt auf Datenbanken, Tabellen und Abfragen zu:

Datensteuerung

Für die Ein- und Ausgabe in/von Datenbanken bzw. deren Steuerung gibt es die *datensensitiven* Dialogelemente, die sich an Datenzugriffskomponenten ankoppeln lassen. Dabei handelt es sich vom Erscheinungsbild her größtenteils um bereits bekannte Standardkomponenten, die um spezielle Datenbank-Fähigkeiten erweitert wurden (sogenannte Bounded Controls):

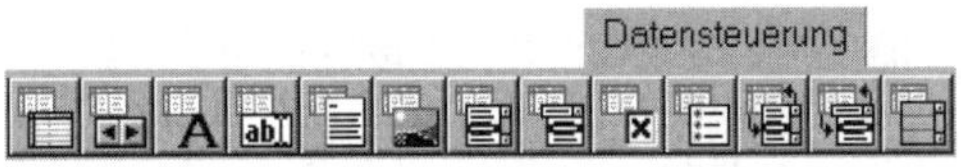

2.3.7 Datenanalyse

Nur in der Client/Server-Version sind diese Komponenten zu finden. Die Entscheidungswürfel ermöglichen das Programmieren von Kreuztabellenabfragen:

Tabelle 2.17 Datenanalyse-Komponenten

Name	Ikone	s	Verwendungszweck
DecisionCube			multidimensionaler Datenspeicher
DecisionQuery			zur Datendefinition in einem Entscheidungswürfel
DecisionSource			bildet Verbindungsglied zwischen Entscheidungswürfel und Entscheidungsgitter/-graph

Name	Ikone	s	Verwendungszweck
DecisionPivot			ermöglicht Kontrolle über Pivot-Status einer DecisionSource
DecisionGrid		X	zeigt Entscheidungsgitter in tabellarischer Form an
DecisionGraph		X	zeigt Entscheidungsgitter als dynamisches Diagramm an

Die Arbeit mit multidimensionalen Datenquellen dürfte schon eher etwas für fortgeschrittene Datenbankprogrammierer sein.

2.3.8 QuickReport-Komponenten

Diese Komponenten brauchen Sie für das Anfertigen von Datenbankberichten. Die folgende Zusammenstellung zeigt aus dem reichhaltigen Angebot nur die wichtigsten:

Tabelle 2.18 QuickReport-Komponenten

Name	Ikone	s	Verwendungszweck
QuickRep		X	Basiskomponente für jeden Report
QRBand			Band bzw. Abschnitt im Report
QRGroup			Gruppenabschnitt im Report
QRLabel			Beschriftungsfeld im Report
QRDBText			datengebundenes Text-Anzeigefeld im Report
QRSysData			Anzeigefeld für System- und Reportdaten im Report
QRDBMemo			datengebundenes Memo-Anzeigefeld im Report

Umfassende Einsatzmöglichkeiten für die QuickReport-Komponenten werden demonstriert in

☞ R75 ... einen einfachen Datenbankbericht mit QuickReport anfertigen?

☞ R77 ... eine Rechnung mit QuickReport ausdrucken?

Eine weitere Anwendung finden Sie im Applikationskapitel 13 (Baufinanzierung, Abschn. 13.2.5).

2.3.9 Dialog-Komponenten

Diese komplexeren Komponenten repräsentieren diverse Dialogfenster und werden jedem, der bereits mit Windows gearbeitet hat, vertraut vorkommen. In (fast) jedem Programm findet sich z.B. ein Dialog zum Öffnen bzw. Speichern einer Datei. Durch direktes Anzapfen der Windows-Ressourcen macht Delphi diese Standarddialoge auch für Ihre Applikationen verfügbar. Lassen Sie sich in der folgenden Tabelle nicht durch das fehlende Kreuzchen in der Spalte "sichtbar" irritieren. Nach Start Ihrer Applikation sind diese Dialogelemente in der Tat unsichtbar. Der Aufruf erfolgt per Programmcode (meist über Menü bzw. Speedbar-Mausklick), dann aber haben sie ein völlig anderes Aussehen als zur Entwurfszeit!

Tabelle 2.19 Standarddialoge (s = sichtbar)

Name	Ikone	s	Verwendungszweck
OpenDialog			Dialogfenster *Datei öffnen*
SaveDialog			Dialogfenster *Datei speichern*
OpenPictureDialog			wie *OpenDialog*, aber mit Bereich für Grafikvorschau
SavePictureDialog			wie *SaveDialog*, aber mit Bereich für Grafikvorschau
FontDialog			Dialogfenster *Zeichensätze*
ColorDialog			Dialogfenster *Farben*
PrintDialog			Dialogfenster *Drucken*
PrinterSetupDialog			Dialogfenster *Drucker einrichten*
FindDialog			Dialogfenster *Suchen*
ReplaceDialog			Dialogfenster *Ersetzen*

Lassen Sie sich nicht dadurch verwirren, daß hier die Option "sichtbar" nicht angekreuzt ist. In ihrer symbolhaften Gestalt bleiben diese Komponenten zur Laufzeit tatsächlich unsichtbar, erst durch entsprechende Methodenaufrufe nehmen sie ihr endgültiges Aussehen an.

2.3.10 Windows 3.1-Komponenten

Diese Relikte aus der "alten" Windows-Zeit passen nicht mehr so recht in das moderne Outfit von 32Bit-Windows-Applikationen. Bei neuen Programmen sollten Sie besser gleich die in folgender Tabelle angegebenen moderneren Windows 95-Komponenten einsetzen:

Tabelle 2.20 Alte und neue Windows-Komponenten

Win 3.1 (alt)		zu ersetzen durch Win 95 (neu)	
Symbol	**Name**	**Symbol**	**Name**
	DBLookupList		*DBLookupListBox*
	DBLookupCombo		*DBLookupComboBox*
	TabSet		*TabControl*
	Outline		*TreeView*
	Header		*HeaderControl*
	TabbedNotebook		*PageControl*
	Notebook		*PageControl*

Die folgenden Komponenten haben unter Win32 keinen direkten Ersatz, können aber z.B. durch einen Dateidialog oder durch eine DirectoryOutline-Komponente realisiert werden.

Tabelle 2.21 Weitere Komponenten

Name	Ikone	s	Verwendungszweck
FileListBox		X	Listenfenster zum "Durchblättern" von Dateien
DirectoryListBox		X	Listenfenster zum "Durchblättern" von Verzeichnissen
DriveComboBox		X	Kombinationsfenster zur Laufwerksauswahl
FilterComboBox		X	Kombinationsfenster zur Anzeige von Dateifiltern

Die Win 3.1 Komponenten werden lediglich aus Kompatibilitätsgründen noch mitgeführt und haben z.B. dann Bedeutung, wenn Sie ein von Ihnen unter Delphi 1.0 entworfenes Projekt unter Delphi 3 weiterentwickeln wollen.

2.3.11 Beispiel-Komponenten

Diese Komponenten gehören nicht zum Delphi-Kernprodukt und sind deshalb nicht durchgehend in der Online-Hilfe dokumentiert, sie sollen Ihnen Anregungen für eigene Entwicklungen geben. Den Quellcode finden Sie im Verzeichnis *Delphi 3\Source\SAMPLES* (eine Standardinstallation vorausgesetzt).

Tabelle 2.22 Komponenten auf der Beispiele-Seite

Name	Ikone	s	Verwendungszweck
Gauge		X	Fortschrittsanzeige als Balken-, Text- oder Tortendiagramm
ColorGrid		X	Gitter zur Farbenauswahl
SpinButton		X	Schalter zur schnellen Erhöhung bzw. Erniedrigung von Eingabewerten
SpinEdit		X	Kombination von Wippregler und Editierfeld
DirectoryOutline	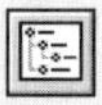	X	hierarchische Auflistung von Laufwerk- und Verzeichnis-struktur
IBEventAlerter			Alarmsimulation für Ereignisse
Calendar		X	einfacher Monatskalender in Gitterform

Eine konkrete Anwendung für die *Gauge-Komponente* finden Sie z.B. im Kochbuchteil:

☞ R67 ... den freien Diskettenspeicher bestimmen?

2.3.12 ActiveX-Controls

Diese Dialogelemente stammen im allgemeinen von Microsoft Visual Basic, dem Internet bzw. von anderen Fremdanbietern und lösen die VBX- (Delphi 1) bzw. OCX-Controls (Delphi 2) ab. Die folgende Zusammenstellung kann auch nicht mehr als nur eine Momentaufnahme sein, da Sie als Anwender je nach Bedarf ActiveX-Komponenten zur Palette hinzufügen bzw. entfernen werden.

Tabelle 2.23 ActiveX-Controls (s = sichtbar)

Name	Ikone	s	Verwendungszweck
ChartFX		X	Balken- und Funktionsdiagramme
VtChart		X	Balken- und Funktionsdiagramme
F1Book		X	Tabellenkalkulation
VSSpell			Rechtschreibeprüfung
Graph		X	Balken- und Funktionsdiagramme

Detaillierte Informationen erhalten Sie, wenn Sie mit der rechten Maustaste auf die Komponente klicken und im lokalen Menü die vom Hersteller beigefügte Hilfe aufrufen. Ein Anwendungsbeispiel finden Sie in

☞ R56 ... mit der Chart-Komponente arbeiten?

Überraschend sind die vielen Spielarten von Funktions- und Balkendiagrammen, die sich da auf der Komponentenpalette tummeln. Aber Sie können gern noch eine weitere Variante hinzufügen (siehe Kapitel 4 zur ActiveX-Komponentenentwicklung im [Profibuch]).

2.4 Der Quelltexteditor und wie weiter?

Am Ende unserer Stipvisite durch die Delphi-Entwicklungsumgebung erwartet uns schließlich dieses Fenster, durch welches wir in die Welt der Objekt-Pascal-Programmierung eintreten. Der Aufruf erfolgt über das Menü *Ansicht|Projekt-Quelltext*.

2.4.1 Bedienung

Die Bedienung läßt sich am ehesten mit der eines kleinen Textverarbeitungsprogramms vergleichen. Davon zeugen unter anderem die zahlreichen Menüfunktionen. Jedes Programm-Modul belegt eine eigene Seite. In den Einführungsbeispielen (Kapitel 1, Abschnitt 1.3) konnten Sie bereits erste Erfahrungen sammeln. Bei größeren Projekten sollten Sie sich zuerst über das Menü *Ansicht|Projektverwaltung* einen Gesamtüberblick über die vorhandenen Module verschaffen. Durch Doppelklick auf den entsprechenden Eintrag wird das Modul dann in das Quelltextfenster übernommen:

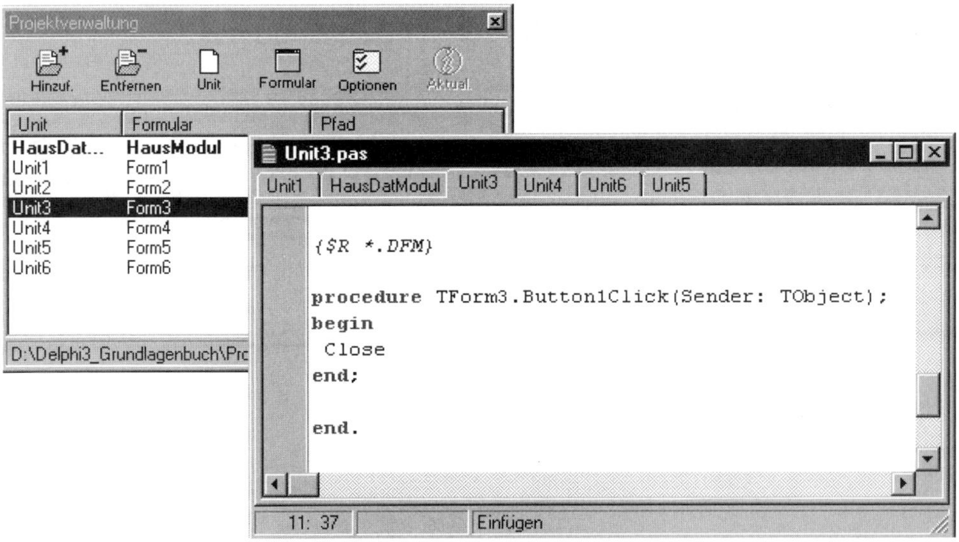

Abb. 2.24 Projektverwaltung und Quelltexteditor am Beispiel

2.4.2 Schreibweise

Zeilenlänge

Der Quelltexteditor verkraftet Zeilen mit einer maximalen Länge von 256 Zeichen, auf eine Druckzeile dieses Buches passen aber höchstens 75 Zeichen. Im Interesse der Lesbarkeit des Codes wird angestrebt, diesen Wert nicht zu überschreiten. Dies ist problemlos möglich, da ein Zeilenumbruch ohne Bedeutung ist, wenn er nicht innerhalb eines Strings vorgenommen wird.

Beispiel: Die Zeile

```
s := 'Das was Sie hier sehen ist eine sehr lange Zeile,die unübersichtlich ist.';
```

kann wie folgt aufgeteilt werden:

```
s := 'Das was Sie hier sehen ist eine sehr lange Zeile,' +
     'die unübersichtlich ist'
```

Hervorhebungen und Farben

Im Quelltextfenster erscheinen die reservierten Wörter standardmäßig bunt und fettgedruckt. Beim Abdruck der Listings im Buch werden wir davon jedoch keinen Gebrauch machen, da der Aufwand in keinem Verhältnis zum Nutzen steht. Um auf bestimmte Passagen gesondert hinzuweisen, werden diese durch Unterstreichung hervorgehoben.

Über das Menü *Tools|Umgebungsoptionen* haben Sie die Möglichkeit, unter anderem auch die Arbeit mit dem Editor Ihren Wünschen anzupassen (Seiten "Editor" und "Farben"):

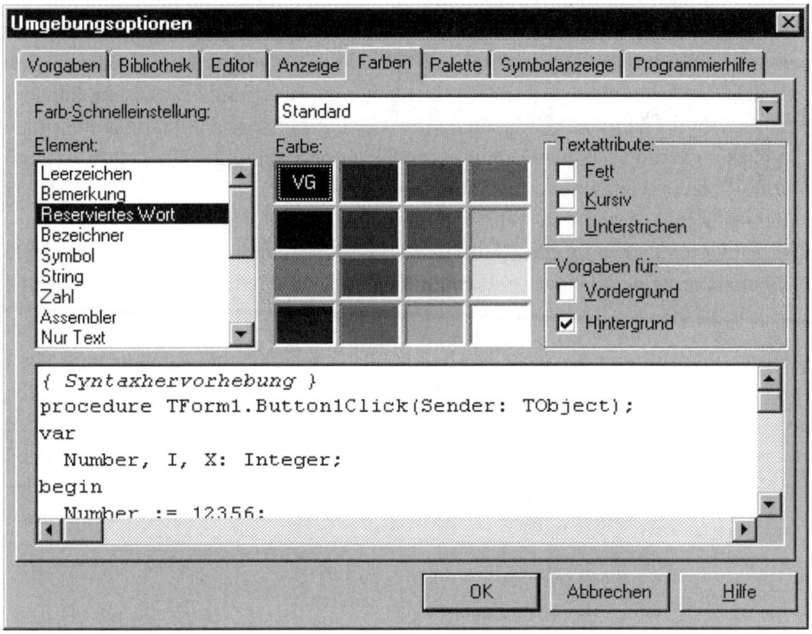

Abb. 2.25 So erreichen Sie, daß die Reservierten Wörter in Standardschrift erscheinen

2.4.3 Auf in den Urwald der Object Pascal-Programmierung!

Delphi hat getan, was es tun konnte: Beim Bestücken der Bedienoberfläche mit Komponenten hat es uns großzügig unterstützt. Für jedes Formular steht ein vorgefertigter Rahmencode bereit. Bevor wir auch nur eine einzige Zeile Quelltext eingetippt haben, ist die Benutzerschnittstelle unserer Applikation vom Prinzip her bereits lauffähig. Nun sind Sie an der Reihe: Schreiben Sie mit dem Quelltexteditor die diversen Ereignisbehandlungsroutinen (Eventhandler) und teilen Sie dem Programm mit, wie es reagieren soll! Bei allem was recht ist: Diese Arbeit kann Delphi Ihnen beim besten Willen nicht abnehmen. Also stürzen Sie sich hinein in den Urwald der Object Pascal-Programmierung und schlagen Sie die Schneise zur Lichtung erster Erfolge, die folgenden Kapitel helfen Ihnen dabei.

Grundlegende Sprachelemente

- Überblick
- Datentypen und Variablen
- Schleifen und Verzweigungen
- Funktionen und Prozeduren
- Das Unit-Konzept

3 Grundlegende Sprachelemente

Im vorliegenden Kapitel wollen wir uns auf Object Pascal, den Sprachkern von Delphi, sowie auf die wichtigsten Funktionen/Prozeduren der RTL (Laufzeitbibliothek = RunTimeLibrary) konzentrieren. Die eindeutig objekt- und windowsorientierten Bestandteile von Object Pascal sowie die visuellen Komponenten (VCL) bleiben vorerst unberücksichtigt (siehe Kapitel 4 und 5).

3.1 Überblick

Im Einführungsbeispiel hatten 1.3.2 hatten wir bereits festgestellt, daß ein Object-Pascal Programm aus einer Folge von Anweisungen besteht, die durch ein Semikilon (;) voneinander getrennt sind. Um den Rahmencode des Programms brauchen wir uns im allgemeinen nicht zu kümmern, das erledigt Delphi.

3.1.1 Programm, Anweisungen und Blöcke

Womit anfangen? Die folgende Abbildung zeigt einen Quelltext-Ausschnitt aus dem Einführungsbeispiel, wobei versucht wird, auf wichtige Sprachelemente und Begriffe hinzuweisen:

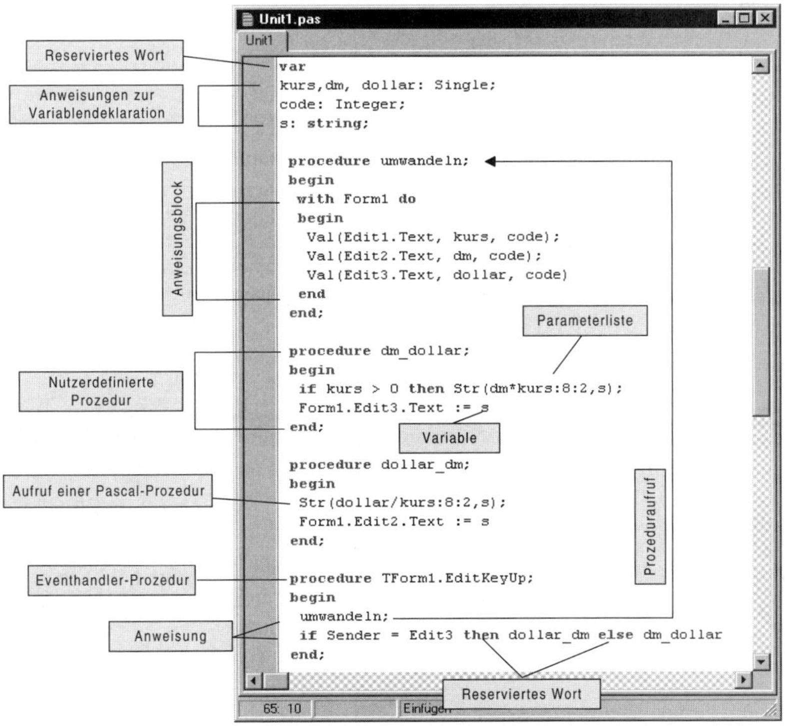

Abb. 3.1 Bestandteile eines Object Pascal-Programms

Gemäß dem Prinzip der objekt- und ereignisoreintierten Windows-Programmiereung (siehe Abschnitt 1.2), agiert ein Programm nicht mehr selbständig, sondern reagiert nur auf Ereignisse, wie z.B. Nutzereingaben. Wie es reagieren soll, beschreiben die Anweisungen in den Eventhandlern. Zu den klassischen Elementen der von uns zu definierenden Anweisungen gehören Typen, Variablen, Konstanten, Prozeduren, Funktionen und Units. Diese Sprachelemente (Token) müssen durch mindestens ein Leerzeichen voneinander getrennt sein.

Die Blockstruktur

Object Pascal ist eine streng strukturierte und blockorientierte Sprache. Die einzelnen Blocks, die man beliebig ineinander verschachteln kann, werden meist durch die reservierten Wörter *begin* und *end* begrenzt. Um die Lesbarkeit des Codes zu erhöhen, sollten Sie durch Einrückungen die Blockstruktur deutlich hervortreten lassen.

Beachten Sie bitte folgendes:

Hinweis: Vor einem Blockende (*end, until ...*) braucht kein Semikolon zu stehen!

Der Grund hierfür ist der gleiche wie für den Blockanfang (*begin*, ...), denn auch nach diesem steht kein Semikolon. Fügen Sie das Semikolon trotzdem vor *end* ein (was unverständlicherweise auch in den zahlreichen Beispielprogrammen der Delphi-Dokumentation praktiziert wird), so ist das zwar kein Fehler, bewirkt aber eine nutzlose Leeranweisung.

Beispiel:

```
procedure fillArray;
var i,j: Integer;
    a: array[1..10, 1..20] of Integer;
begin
   for i := 1 to 10 do
   begin
     for j := 1 to 20 do a[i,j] := i * j
   end
 end;
```

Verstehen brauchen Sie die einzelnen Anweisungen innerhalb dieses Beispiels (noch) nicht, denn dazu ist der Rest des Kapitels da.

Zulässige Zeichen

Da Groß- und Kleinschreibung in Pascal keine Rolle spielen, sollte man diese Freiheit dazu nutzen, um die Lesbarkeit des Codes zu erhöhen. Wir wollen uns an folgende Konvention halten: Die "hauseigenen" Delphi-Sprachelemente (mit Ausnahme der reservierten Wörter) beginnen mit einem Groß-, die vom Programmierer selbstdefinierten mit einem Kleinbuchstaben. Großbuchstaben werden auch innerhalb eines Wortes auch dann eingesetzt, wenn dadurch die Verständlichkeit gesteigert werden kann, z.B. liest sich die Variable *gruenesEingabefeld* sicherlich besser als *grueneseingabefeld*.

Als Zeichen sind Groß- und Kleinbuchstaben (außer ß und Umlaute), der Unterstrich "_" sowie die Ziffern 0...9 zulässig. Da der Compiler nicht zwischen Groß- und Kleinschreibung unterscheidet, dient diese Option allein der besseren Lesbarkeit des Quelltextes durch den Programmierer.

Außerdem gibt es eine ganze Reihe weiterer Zeichen bzw. Zeichenkombinationen, die als Operatoren fungieren bzw. andere Aufgaben zu erfüllen haben:

Tabelle 3.1 Sonderzeichen in Object Pascal

Symbol(e)	Erklärung
:=	Zuweisung
+	Addition, Vorzeichen, Vereinigungsmenge, Stringverkettung
-	Subtraktion, Vorzeichen, Differenzmenge
*	Multiplikation
/	reelle Division
=	Gleichheitsabfrage
> <	Abfragen "größer als" bzw. "kleiner als"
>= <=	Abfragen "größer/gleich als" bzw. "kleiner/gleich als"
<>	Abfrage auf Ungleichheit
.	Dezimalpunkt, Qualifizierung von Bezeichnern, Programm- oder Unit-Ende
..	Bereichsangabe
,	Trennung von Listenelementen
;	Trennung von Deklarationen bzw. Anweisungsblöcken
:	Variablendeklaration, Case-Separator
'	Zeichenkettenanfang bzw. -ende.
[ ]	Anfang bzw. Ende von Mengenkonstanten
( )	Anfang bzw. Ende von Listen bzw. Klammerausdrücken
{ }	Anfang bzw. Ende von Kommentaren
//	Einleitung einer Kommentarzeile
^	Zeichen für Zeiger (Pointer)
@	Adreßzeichen
$	Einleitung einer Hexadezimalzahl
#	Einleitung einer ASCII-Darstellung
(. .)	Ersatzdarstellung für [ ]
(* *)	Ersatzdarstellung für { }

Kommentare

Diese dienen zur Erläuterung des Quelltextes. Für das Kennzeichnen von Kommentaren gibt es drei verschiedene Möglichkeiten (siehe obige Tabelle).

Beispiel:

```
{ Das ist ein Kommentar für Leute, die sich gerne die Finger verrenken! }
(* Das ist ein Kommentar,
wie wir ihn bei mehreren Zeilen verwenden! *)
// Das ist ein Kommentar für eine Zeile!
```

Die letzte Variante ist besonders interessant, genügt doch hier lediglich die Markierung des Kommentaranfangs, das Ende wird automatisch mit dem Zeilenumbruch gesetzt. Die Delphi-Entwicklungsumgebung sorgt für eine farbliche Hervorhebung von Kommentaren, was die Lesbarkeit des Quelltextes erheblich erleichtert[1].

Normalerweise werden Kommentare vom Compiler ignoriert, allerdings gibt es folgende wichtige Ausnahme, bei der genau das Gegenteil eintritt:

Hinweis: Hinter einem "Kommentar", der unmittelbar mit einem Dollarzeichen eingeleitet wird (also ohne LZ dazwischen), verbirgt sich eine Compileranweisung.

Beispiel:

```
{$D+}
```

aktiviert das Erzeugen von Debug-Informationen .

3.1.2 Bezeichner

Jedes Sprachelement ist durch einen sogenannten Bezeichner (Identifier) gekennzeichnet. Man unterscheidet

- Reservierte Wörter,
- vordefinierte (Standard-) Bezeichner,
- benutzerdefinierte Bezeichner.

Im folgenden wollen wir die wichtigsten Vertreter dieser drei Gattungen näher beleuchten.

[1] So wird die Spreu vom Weizen getrennt!

Reservierte Wörter

Die in der Tabelle aufgeführten Wörter[2] sind von Object Pascal reserviert, also für jegliche spätere Verwendung als benutzerdefinierte Bezeichner tabu.

Tabelle 3.2 Reservierte Wörter (ohne OOP)

Bezeichner	Erklärung
and	logisches UND
array	Feld (Tabelle)
as	Überprüfung von Typumwandlungen
asm	Zugriff auf den integrierten Assembler
begin	Blockanfang
case	Fallunterscheidung
const	Konstantendeklaration
div	ganzzahlige Division
do	Schleifenausführung
downto	unterer Endwert einer Schleife
else	Nein-Zweig einer Abfrage
end	Blockende
except	Abschnitt für Fehlerbehandlungscode
exports	exportiert Funktionen/Prozeduren aus DLLs
file	Datei
finally	immer ausgeführter Abschnitt eines geschützten Blocks
finalization	finaler Abschnitt einer Unit
for	Anfangswert einer Schleife
function	Funktionsdeklaration
goto	Sprungbefehl
if	Bedingung
implementation	Rumpf einer Unit
in	Element (Teilmenge)
inline	Einleitung von Assemblerbefehlen
initialization	Initialisierungsteil einer Unit
interface	globale Deklarationen einer Unit

[2] Die objektbezogenen Reservierten Wörter finden Sie nicht hier, sondern erst im Kapitel 5 (OOP).

Bezeichner	Erklärung
label	Sprungmarke
library	Dynamische Linkbibliothek (DLL)
mod	Divisionsrest
nil	undefinierter Zeiger
not	Verneinung
of	Benennung eines Grundtyps
or	logisches ODER
packed	gepackte Struktur
procedure	Prozedurdeklaration
program	Programmdeklaration
raise	Auslösen einer Exception (Fehlerbehandlung)
record	Datensatz
repeat	Wiederholung mit Endabfrage
set	Menge
shl	Verschieben nach links
shr	Verschieben nach rechts
string	Zeichenkette
then	Ja-Zweig einer Abfrage
to	oberer Endwert einer Schleife
try	geschützter Code innerhalb einer Exception-Behandlung
type	Datentyp
unit	eigenständiges Programm-Modul
until	Ende einer Repeat-Schleife
uses	Unit-Deklarationen
var	Daten-Variable
while	Wiederholung mit Anfangsabfrage
with	Zugriff auf Record-Strukturen
xor	Exclusiv-ODER

Der Delphi-Quelltexteditor formatiert die reservierten Wörter automatisch in Fettschrift, wenn Sie die Standardeinstellungen der Programmierumgebung nicht ändern (Menü *Tools|Umgebungsoptionen...*).

Standardanweisungen

Man verwechselt sie sehr leicht mit den Reservierten Wörtern. Im Unterschied zu diesen können die Standard-Bezeichner aber vom Benutzer umdefiniert (quasi überschrieben) werden, es wird jedoch dringend davon abgeraten[3].

Tabelle 3.3 Standardanweisungen (ohne OOP)

Bezeichner	Erklärung
absolute	Adressendefinition
assembler	Einbinden von Assemblercode
at	@-Operator zur Adressenberechnung
cdecl	Unterstützung von Delphi-fremden Routinen
exports	Export einer Funktion/Prozedur (DLL)
external	Deklaration extern compilierter Prozeduren/Funktionen
far	Aufruf von Routinen von anderen Modulen aus
forward	Deklaration einer Funktion/Prozedur im voraus
index	Ordinalzahl für Export von Funktionen/Prozeduren aus einer DLL
name	Namensangabe innerhalb einer *exports*-Klausel
near	Aufrufkonvention Near
nodefault	Standardwert einer Eigenschaft wird gesteuert
on	... bildet zusammen mit *do* eine Fehlerbehandlungsroutine
resident	Exportinformation verbleibt beim DLL-Aufruf im Speicher

Benutzerdefinierte Bezeichner

Folgenden Elementen Ihres Object Pascal-Programms können Sie eigene Namen verordnen:

- Units
- Typen, Variablen, Konstanten, Recordfelder
- Funktionen, Prozeduren, Sprungmarken (Labels)

Groß- und Kleinschreibung spielen keine Rolle, allerdings gibt es für die Namensgebung folgende Beschränkungen:

- Nur die ersten 63 Zeichen sind signifikant.
- Das erste Zeichen <u>muß</u> ein Buchstabe oder der Unterstrich (_) sein.
- Alle übrigen Zeichen können Buchstaben, Zahlen oder Unterstriche sein.
- Leerzeichen sind nicht zugelassen.

---

[3] Das Warum werden Sie sich denken können.

Beispiel: für zulässige Bezeichner

```
a
TextFile
mathFunc
Real2String
```

Beispiel: für verbotene Bezeichner

```
2Halbe    // falsch, weil erstes Zeichen eine Ziffer ist
&Exit     // falsch, weil erstes Zeichen nicht Buchstabe/Unterstrich ist
String    // falsch, weil String ein reserviertes Wort ist
x 1       // falsch, weil ein Leerzeichen enthalten ist
```

3.1.3 Arithmetische Operationen

Die folgende Tabelle vermittelt einen Überblick der Grundrechenarten.

Tabelle 3.4 Datentypen bei arithmetischen Operationen

Operator	Operation	Operand1	Operand2	Ergebnistyp
+	Addition	Integer	Integer	Integer
		Real	Real	Real
		Real	Integer	Real
-	Subtraktion		wie Addition	
*	Multiplikation	Real	Real	Real
		Integer	Integer	Integer
		Real	Integer	Real
/	Division	Real	Real	Real
		Real	Integer	Real
		Integer	Integer	Real
div	Integer Division	Real	Real	Integer
		Real	Integer	Integer
		Integer	Integer	Integer
mod	Modulo		wie Integer Division	

Beachten Sie, daß *Integer* und *Real* in obiger Tabelle stellvertretend stehen für die verschiedenen Integer- und Realtypen gemäß Abschnitt 3.2.2. Dabei ist folgendes zu beachten:

- Wenn die Operanden eines +, -, *, *div*, oder *mod* - Operators *Integer*-Typen sind, ist der Ergebnistyp der allgemeinere Typ der beiden Operanden.

- Der WertI *div* J entspricht dem mathematischen Quotienten I / J, der auf einen Wert vom Typ *Integer* abgerundet wird.
- Der Operator *mod* berechnet den Rest der Division beider Operanden. Das Vorzeichen des Ergebnissen von *mod* entspricht demjenigen von I. J gleich Null erzeugt einen Laufzeitfehler.

Hinweis: Die Operatoren +, -, und * können auch als Mengenoperatoren verwendet werden. Der Operator + dient gleichzeitig der Addition von Stringvariablen.

Beispiel:

```
var s: string; n: Integer;
...
s := Chr(n mod 10 + Ord('0')) + s;
n := n div 10;
if (i mod j) = (i - (i div j) * j)  then ...
```

Sinnvollere Anwendungsbeispiele finden Sie in vielfältigster Form im Kochbuchteil, so z.B.

☞ R13 ... einen Taschenrechner programmieren?

3.2 Datentypen, Variablen und Konstanten

Jedes Programm "lebt" in erster Linie von seinen Variablen. Mit Variablen wird gerechnet oder ihnen wird mittels Ergibtanweisung (:=) ein Wert zugewiesen oder sie werden als Parameter an Funktionen bzw. Prozeduren übergeben.

Beispiel:

```
a := 2 * b;
y := sin(x);
```

Variable haben im allgemeinen einen bestimmten Datentyp (Single, Integer, String ...). Konstanten werden ähnlich wie Variablen behandelt, ihr Wert ist aber unveränderlich (mit Ausnahme der sogenannten Typisierten Konstanten, siehe 3.2.6).

3.2.1 Deklaration von Variablen

Eine Variable wird mit dem reservierten Wort *var* deklariert. Nach dem Variablenbezeichner folgt, durch Doppelpunkt (:) getrennt, der Datentyp. Mehrere Variablen des gleichen Typs können durch Komma getrennt werden. Mehrere Deklarationen sind durch Semikolon (;) zu separieren. Das reservierte Wort *var* braucht nur einmal am Anfang eines Deklarationsblocks zu stehen.

Beispiel: aus dem Einführungsbeispiel 1.3.2

```
var kurs,dm, dollar: Single;
code: Integer;
s: string;
```

Bei all diesen Variablen handelt es sich um globale Variablen. Was es damit auf sich hat und welcher Unterschied zu lokalen Variablen besteht, wird Ihnen im folgenden erklärt.

Gültigkeitsbereiche

Außerhalb von Prozeduren und Funktionen deklarierte Variablen bezeichnet man als global, innerhalb von Prozeduren/Funktionen deklarierte als lokal.

Falls Sie einer lokalen Variablen den gleichen Bezeichner wie einer bereits existierenden globalen Variablen geben, so erzeugt dies eine neue Variable, die in diesem lokalen Bereich die gleichlautende globale Variable außer Kraft setzt.

Beispiel:

```
var s1, s2: string;          // deklariert globale Variablen

procedure testA;             // wird zuerst aufgerufen
var s2: string;              // deklariert lokale Variable
begin
 s1 := 'Mueller';            // initialisiert globales s1
 s2 := 'Meier'               // initialisiert lokales s2
end;

procedure testB;             // wird später aufgerufen
var s3: string;              // deklariert lokale Variable
begin
 s3 := s1;    // s3 erhält den Wert 'Mueller'
 s3 := s2     // s3 erhält einen unbestimmten Wert, da globales s2 nicht initialisiert ist!
end;
```

Initialisierte Variablen

Globalen Variablen können Sie bereits bei deren Deklaration einen Anfangswert zuweisen.

Beispiel:

```
var s: string = 'Hallo';
    i: Integer = 5;
```

Siehe dazu auch Typisierte Konstanten in Abschnitt 3.2.6.

3.2.2 Einfache vordefinierte Datentypen

Bevor Sie Variable deklarieren, sollte Ihnen klar sein, um welchen Datentyp es sich dabei handeln soll. Grundsätzlich ist zwischen vor- und benutzerdefinierten Datentypen zu unterscheiden.

Eine Zusammenstellung vordefinierter Datentypen finden Sie in der folgenden Tabelle. Zu den Besonderheiten bezüglich der scheinbar lästigen Unterscheidung zwischen sogenannten *Fundamental-* und *Generic-*Datentypen informieren Sie sich bitte am Ende dieses Abschnitts.

Tabelle 3.5 Einfache vordefinierte Datentypen von Object Pascal

Typ	Erläuterung	Größe
Integer	vorzeichenbehaftete Ganzzahl zwischen -32768 und 32767	2 Byte
ShortInt	kurze vorzeichenbehaftete Ganzzahl zwischen -128 und 127	1 Byte
LongInt	lange vorzeichenbehaftete Ganzzahl zwischen -2 147 483 648 und 2 147 483 647	4 Byte
Cardinal	lange Ganzzahl zwischen 0 und 2147483647	4 Byte
Byte	kurze positive Ganzzahl zwischen 0 und 255	1 Byte
Word	Ganzzahl zwischen 0 und 65 535	2 Byte
Single	einfachgenaue Gleitkommazahl mit 7-8 stelliger Genauigkeit zwischen 1.5×10^{-45} und 3.4×10^{38}	4 Byte
Double	doppeltgenaue Gleitkommazahl 15-16stelliger Genauigkeit zwischen 5.0×10^{-324} und 1.7×10^{308}	8 Byte
Extended	supergenaue Gleitkommazahl 19-20stelliger Genauigkeit zwischen 3.4×10^{-4932} und 1.1×10^{4932}	10 Byte
Comp	doppeltlange Ganzzahl zwischen $-2^{63}+1$ und $2^{63}-1$	8 Byte
Currency	auf vier Nachkommastellen skalierte Ganzzahl zwischen 922.337.203.685.477,5808 und 922.337.203.685.477,5807	8 Byte
Real	Gleitkommazahl 11-12 stelliger Genauigkeit zwischen 2.9×10^{-39} und 1.7×10^{38} (nicht vom Coprozessor unterstützt!)	6 Byte
Boolean	Wahrheitswert (*True*, *False*)	1 Byte
ByteBool	kurzer Wahrheitswert (*True*, *False*)	1 Byte
WordBool	mittellanger Wahrheitswert (*True*, *False*)	2 Byte
LongBool	langer Wahrheitswert (*True*, *False*)	4 Byte
Char	Zeichen zwischen 0 <= *Ord* <= 255	1 Byte
AnsiChar	Byte-Zeichen (werden entsprechend des erweiterten ANSI-Zeichensatzes geordnet)	1 Byte
WideChar	Wort-Zeichen (werden entsprechend des Unicode-Zeichensatzes geordnet). Die ersten 256 Unicode-Zeichen entsprechen den ANSI-Zeichen.	2 Byte

Die coprozessorunterstützen Typen sind fett hervorgehoben. Generische Typen sind unterstrichen. Zwar gibt es auch noch weitere Datentypen, z.B. *TDateTime* (siehe 3.5.4, Datums- und Zeitfunktionen), diese lassen sich aber alle auf die oben angeführten elementaren Typen zurückführen. Im folgenden wollen wir die einzelnen Datentypen in Gruppen zusammenfassen (die sich auch teilweise überlappen können) und näher besprechen.

Ordinale Typen (Aufzählungstypen)

Dazu gehören *Integer, Shortint, Longint, Byte, Word, Boolean, ByteBool, WordBool, LongBool, Char, AnsiChar und WideChar.* Alle Werte eines ordinalen Typs kann man auf bestimmte Weise aneinanderreihen und abzählen, sie bilden demzufolge eine geordnete Menge[4].

Folgende Standardfunktionen lassen sich auf ordinale Typen anwenden:

Tabelle 3.6 Standardfunktionen für ordinale Typen

Funktion	Rückgabewert	Erläuterung
Ord	*LongInteger*	... liefert die Position des Elements innerhalb des Typbereichs
Pred	wie Argument	... liefert den Vorgänger des Wertes
Succ	wie Argument	... liefert den Nachfolger des Wertes
Low	wie Arument	... bestimmt den niedrigsten Wert im Typbereich
High	wie Argument	... bestimmt den höchsten Wert im Typbereich

Beispiel:

```
Pred('b')
```

... liefert 'a'.

```
Ord('b')
```

... ergibt 98.

```
type tag = 1..7
High(tag)
```

... liefert 7.

Integer-Typen

Zu dieser Untergruppe der ordinalen Typen zählen *ShortInt, Integer, LongInt, Byte* und *Word.*

Arithmetische Operationen mit diesen Typen erfolgen mit 8-bit, 16-bit oder 32-bit Genauigkeit. Bytes werden dabei zwischenzeitlich in Operanden vom Typ *Word* konvertiert, damit sie kompatibel mit *Integer* und *Word* sind, bevor der Ausdruck ausgewertet wird (siehe Abschnitt 3.1.3).

---

[4] Denken Sie an die "Hackordnung" auf dem Hühnerhof!

Hexadezimalzahlen

Auch Hexadezimalzahlen gehören mit zu den *Integer*-Typen, nur die Art der Darstellung unterscheidet sich (Basis 16 anstatt 10)!

Im Programm muß eine Hexzahl durch ein vorangestelltes Dollarzeichen ($) gekennzeichnet werden.

Beispiel:

```
const c5 = $03E8;
```

Zur Konvertierung einer Integerzahl in die Hexdarstellung gibt es die *IntToHex*- Funktion.

Beispiel:

```
IntToHex(1000, 4)
```

liefert die Zahl 1000 als vierstellige Hexzahl *03E8*.

Boole'sche Typen

Zu dieser Untergruppe der ordinalen Typen zählen *Boolean*, *ByteBool*, *WordBool* und *LongBool*. Variable dieser Typen können nur die Werte *False* (0) und *True* (1 bzw. <> 0) annehmen.

Weil auch Boolesche Typen Ordinaltypen sind, gilt z.B.:

False < True, Ord(False) = 0, Ord(True) = 1, Succ(False) = True

Boolean ist zu bevorzugen und verbraucht am wenigsten Speicherplatz, während man auf *ByteBool*, *WordBool* und *LongBool* nur in Spezialfällen zurückgreifen sollte (Kompatibilität mit anderen Sprachen und der Windows-Umgebung).

Character-Typen

Object Pascal definiert zwei fundamentale Character-Typen (*AnsiChar* und *WideChar*) und den generischen Character-Typ *Char*. Damit kann jeweils ein einzelnes Zeichen gespeichert werden.

Char entspricht *AnsiChar*, aber Implementationen für andere CPUs und Betriebssysteme könnten *Char* als *WideChar* definieren. Wenn Code geschrieben wird, der beide Zeichen benötigt, sollten Sie die Standardfunktion *SizeOf* zur Ermittlung der Zeichengröße einsetzen.

Beispiel:

```
SizeOf(Char)
```

... liefert 1 (Byte).

```
SizeOf(WideChar)
```

... ergibt 2 (Byte).

Real-Typen

Die Typen *Real*, *Single*, *Double*, *Extended* und *Currency* umfassen die Gleit- bzw. Fließkommazahlen. Die sich dahinter verbergende rechenzeitintensive Gleitkomma-Arithmetik ist seid eh und je die Achillesferse eines Computers. Grund genug, diese aufwendige Angelegenheit nicht der Software, sondern einem Coprozessor zu übertragen, wie er standardmäßig in der CPU integriert ist (ab 486er).

Real-Typen unterscheiden sich in ihrem Wertebereich, der Genauigkeit der Werte und im Speicherplatzbedarf.

Hinweis: Finger weg vom althergebrachten *Real*-Typ! Er hat ausgedient und wird nur noch aus Kompatibilitätsgründen zu früheren Versionen von Delphi und Borland Pascal mit "herumgeschleppt". Da das *Real*-Speicherformat von den Intel-CPUs nicht unterstützt wird, sind Operationen mit *Real*-Typen langsamer als die mit den coprozessor-unterstützten Fließkommatypen *Single*, *Double* oder *Extended*. Wenn trotzdem im folgenden vom Datentyp *Real* die Rede ist, so wollen wir darunter einen Vertreter der aus *Single, Double* und *Extended* gebildete Gruppe verstehen!

Der Typ *Currency* ist ein Festkomma-Datentyp mit vier Nachkommastellen für quasi rundungsfreie Finanzberechnungen.

Der Typ *Comp* (von *computational*) ist eigentlich kein Fließkomma-Datentyp, sondern eher ein doppelt breiter *LongInteger*. Der entsprechende Zahlenbereich bewegt sich zwischen $-9.2\text{x}10^{18}$ und $9.2\text{x}10^{18}$. Daß *Comp* trotzdem mit unter den Realtypen auftaucht hat seinen Grund darin, daß auch *Comp* vom Coprozessor unterstützt wird. *Comp*-Typen eignen sich aufgrund ihrer hohen Genauigkeit ebenfalls sehr gut für Finanzberechnungen.

Eine herausragende Bedeutung kommt dem Datentyp *Extended* zu, denn er ist die Basis für alle Gleitkommarechnungen, die mit dem Coprozessor 80x87 durchgeführt werden. Auch wenn z.B. nur *Single*- oder *Double*-Variablen in mathematischen Ausdrücken auftreten, werden intern die Rechenoperationen mit der imposanten 10 Byte-Datenbreite des *Extended*-Formats durchgeführt. Klar, daß dadurch die Rundungsfehler drastisch vermindert werden.

Beispiel: Unabhängig von den deklarierten *Single*-Variablen wird die gesamte rechte Seite im *Extended*-Format berechnet.

```
var y, x1, x2, x3: Single;
begin
 x1 := 12.367123;
 x2 := 3.55E6;
 x3 := 0.36E-15;
 y := (x1 + Sqrt(x1 * x1 - x2 * x3) / x2
end;
```

Bemerkungen:

- Der Rechenzeitbedarf ist für alle coprozessorunterstützten Datentypen gleichgroß. Der einzige Grund, auf *Single* und *Double* nicht gleich gänzlich zu verzichten und stattdessen durchweg *Extended* zu verwenden, dürfte deshalb lediglich der geringere Speicherplatzbedarf sein.
- Wie Sie am obigen Beispiel erkennen, steht es Ihnen frei, für Gleitkommazahlen die normale (mit Dezimalpunkt) oder die wissenschaftliche Notation (mit E-Zehnerpotenzen) anzuwenden.

Fundamentale und generische Typen

Besonders beim Einsteiger sorgt diese Zweiteilung für Verwirrung. Der Bereich und das Format von Fundamental-Typen ist von der zugrundeliegenden CPU und dem Betriebssystem unabhängig und ändert sich nicht bei verschiedenen Implementierungen von Object Pascal.

Hingegen hängen Bereich und Format von Generic-Typen von der vorhandenen CPU und dem Betriebssystem ab.

Es gibt in der gegenwärtigen Delphi-Version drei Klassen von vordefinierten Typen, die zwischen Fundamental- und Generic-Typen unterscheiden:

- Integer-Typen
- Character- (Zeichen-) Typen
- String-Typen

Für alle anderen Klassen sind die vordefinierten Typen automatisch als Fundamental-Typen zu betrachten.

In Ihren Anwendungen sollten Sie generische Typen bevorzugen, um beste Ergebnisse mit der zugrundeliegenden CPU und dem Betriebssystem zu erzielen. Dies sind *Integer* für vorzeichenbehaftete und *Cardinal* für vorzeichenlose ganzen Zahlen (also anstelle *Word* und *Byte*).

Hinweis: Die generischen Typen sind immer dann erste Wahl, wenn Sie keine Kompatibilitätsprobleme auf anderen Rechnern fürchten müssen.

Tabelle 3.7 Generische Integer-Datentypen

Typ	Bereich	Format
Integer	-32768 .. 32767	16-bit mit Vorzeichen
Integer	-2147483648 .. 2147483647	32-bit mit Vorzeichen
Cardinal	0 .. 65535	16-bit ohne Vorzeichen
Cardinal	0 .. 2147483647	32-bit ohne Vorzeichen

Zu den generischen Typen zählen außerdem *Char* (für einzelne Zeichen) und *AnsiString* (für Zeichenketten).

Die fundamentalen Typen sollten eigentlich nur dann Verwendung finden, wenn der aktuelle Bereich und/oder das Speicherformat mit der Anwendung nicht übereinstimmen. Aber keine Panik! Für den Einsteiger ist es kein Beinbruch, wenn er die Existenz von Generic-Typen zunächst einfach ignoriert, denn in den meisten Fällen ist für ihn die Performance-Einbuße praktisch unbedeutend.

3.2.3 Strings

Ein String ist eine Zeichenkette aus Zeichen des erweiterten ASCII-Zeichensatzes. Der String ist in Apostrophe (') einzuschließen und muß in einer Programmzeile stehen.

Beispiel:

```
var s1: string;
...
 s1 := 'Hallo';
 s1 := '';                    // Leerstring
```

Kurze und lange Strings

Ab Delphi 2.0 wurden neben den bisher üblichen "kurzen" Strings (255 Zeichen) nun endlich auch "lange" Strings unterstützt, deren Länge die gigantische Größe von max. 2 GigaByte erreichen kann und somit nur noch theoretisch begrenzt ist.

Tabelle 3.8 Die in Delphi 2 zur Verfügung stehenden Stringtypen

Typ	Erläuterung	Größe
AnsiString	Zeichenkette unbegrenzter Länge	4 Byte (Zeiger!)
ShortString	Zeichenkette max. 255 Byte	(Länge+1) Byte
string	*AnsiString* ($H+) oder *ShortString* ($H-), je nach Compilereinstellung	siehe oben

Für alle Typen kann bei der Deklaration nach wie vor das reservierte Wort *string* verwendet werden. Die Unterscheidung besorgt eine neue Compileranweisung $H, welche Sie indirekt über die "Compiler"-Seite des Dialogfensters "Projektoptionen" beeinflussen (erreichbar über das Menü *Projekt|Optionen...*).

Die Standardeinstellung ist $H+, d.h., im Normalfall werden lange Strings benutzt. An der Compiler-Standardeinstellung $H+ (siehe folgende Abbildung) sollten Sie nicht herumdoktern, denn auch durch Angabe einer Stringlänge in eckigen Klammern kann immer ein kurzer String erzeugt werden.

Abb. 3.2 Standardmäßig verwendet Delphi lange Strings

Lange Strings können Sie aber auch mit dem Standardbezeichner *AnsiString* deklarieren, kurze mit *ShortString*, wobei in diesen Fällen die Compilereinstellung unwichtig ist.

Beispiel:

```
{$H+}          // lange Strings einschalten (kann i.a. weggelassen werden, da Standard)
var
  s1: string;         // ein langer String (abhängig von SH)
  s2: string[40];    // ein kurzer String mit max. 40 Zeichen (unabhängig von $H)
  s3: AnsiString;    // ein langer String (unabhängig von $H)
  s4: ShortString    // ein kurzer String (unabhängig vo $H)
```

Hinweis: Auch alle Komponenten von Delphi 2.0/3.0 benutzen den langen *String*-Datentyp. Da in Ihren alten 16-Bit Applikationen mit hoher Wahrscheinlichkeit Komponenten mit Eigenschaften vom *String*-Datentyp vorhanden sind, müssen Sie die Anwendung aus Kompatibilitätsgründen nochmals compilieren (natürlich mit $H+).

Zugriff auf einzelne Zeichen

Sie können auch ein einzelnes Zeichen aus einem String quasi "herausschneiden", indem der Index in eckigen Klammern nachgestellt wird. Die Art des Zugriffs entspricht damit dem auf einzelne Elemente eines Arrays (siehe Abschnitt 3.3.2).

Beispiel:

```
var z: Char;
    s: string;
...
  s := 'Hallo';
  z := s[1];        // z erhält das Zeichen 'H'
```

Bemerkungen

- Routinen zur Stringverarbeitung finden Sie in den Abschnitten 3.5.2 und 3.5.3.
- Hinweise zu nullterminieren Strings (*PChars*) sind im Abschnitt 3.3.2 (nullbasierte Arrays) enthalten.
- Mehrere Strings können in Stringlisten zusammengefaßt werden. Siehe dazu

  ☞ R02 ... mit Stringlisten arbeiten?

3.2.4 Zeigertypen

Ein Zeigertyp ist ein Wert, der auf Variablen eines Basistyps zeigt. Eine Variable vom Typ *Pointer* enthält die Speicheradresse einer Variablen.

Tabelle 3.9 Zeigertypen in Object Pascal

Typ	Erklärung	Größe
Pointer	Zeiger allgemein	4 Byte
PChar	Zeiger auf ein Zeichen (kompatibel zu einem nullbasierten Array, siehe 3.3.2)	4 Byte

Ein Beispiel für die Arbeit mit Zeigern finden Sie in

☞ R03 ... ein dynamisches Array auf dem Heap erzeugen?

Umfangreichere Anwendungen im Zusammenhang mit der Werteübergabe an API-Funktionen und der Programmierung von DLLs finden Sie im [ProfiBuch].

Prozedurale Typen

Gewöhnungsbedürftig, aber durchaus erwähnenswert, sind die prozedurale Typen, denn sie ermöglichen es, Prozeduren und Funktionen wie Variablen zu behandeln und als Parameter zu übergeben.

Beispiel:

```
function tan(alpha: Double):Double;        // berechnet Tangens eines Winkels
begin
```

```
  result := Sin(alpha)/Cos(alpha);
end;
```

Obige Funktion kann nun wie folgt getestet werden:

```
procedure Test;
type  mathFunc = function(a: Double): Double;
var   f: mathFunc;
      x: Double;

begin
 f := tan;          // Zuweisen des Namens einer Funktion
 x := f(Pi/4);      // entspricht x := tan(Pi/4) und liefert die Zahl 1.000
end;
```

Beachten Sie, daß die Parameterliste von *mathFunc* kompatibel zu *tan* sein muß!

3.2.5 Variant-Datentypen

Relativ neu in Delphi (ab Version 2.0) ist der Datentyp *Variant*. Eine Variable dieses Typs belegt 16 Bytes Speicherplatz, also erheblich mehr als ein herkömmlicher Datentyp. Einem Chamäleon gleich können *Variant*-Variablen ihren Typ dynamisch (also zur Laufzeit) ändern.

Vor- und Nachteile

Weitere Merkmale von *Variant*-Variablen:

- Sie können ganze oder reelle Zahlen, Stringwerte, Boolesche Werte, Datum-Uhrzeit-Werte, Arrays sowie OLE-Automatisierungsobjekte aufnehmen.
- Mit dem speziellen Wert *Unassigned* wird angezeigt, daß einer *Variant*-Variablen bislang noch keine Daten zugewiesen wurden, mit dem speziellen Wert *Null* (nicht zu verwechseln mit der Zahl 0!) werden unbekannte oder fehlende Daten gekennzeichnet. Variantenvariablen werden bei ihrer Erstellung stets mit *Unassigned* initialisiert.
- Wenn eine *Variant*-Variable auf ein OLE-Automatisierungsobjekt verweist, kann auf die Eigenschaften und Methoden dieses Objektes zugegriffen werden.

Lassen Sie sich aber von der beeindruckenden Flexibilität von *Variant*-Variablen nicht blenden und beachten Sie auch die Schattenseiten im Vergleich zu "normalen", d.h. statisch deklarierten, Variablen:

- *Variant*-Variablen belegen erheblich mehr Speicherplatz.
- Operationen mit *Variant*-Variablen benötigen deutlich mehr Rechenzeit.

Verwenden Sie deshalb diese universellen Variablen nur in den wirklich sinnvollen Fällen, z.B. dann, wenn der tatsächlich zu verarbeitende Typ oft wechselt bzw. zum Zeitpunkt der Compilierung noch unbekannt ist.

Konvertierungsroutinen

Wie die folgende Tabelle zeigt, steht für die Arbeit mit *Variant*-Variablen (VV) ein stattliches Sortiment an Funktionen/Prozeduren zur Verfügung.

Tabelle 3.10 Wichtige Konvertierungsroutinen für Variant-Datentyp

Routine	**Erläuterung**
VarAsType	... konvertiert eine VV zu einem bezeichneten Typ
VarCast	... konvertiert eine VV zu einem bezeichneten Typ und speichert sie
VarClear	... löscht eine gegebene VV
VarCopy	... kopiert einen gegebene VV in eine andere VV
VarFromDateTime	... liefert eine VV zurück, die eine Datums- und eine Zeitangabe enthält
VarIsEmpty	... gibt an, ob eine gegebene VV nicht zugewiesen ist
VarIsNull	... gibt an, ob eine gegebene VV NULL ist
VarToDateTime	... konvertiert eine gegebene VV in eine Datums- und Zeitangabe
VarType	... konvertiert eine VV zu einem bezeichneten Typ und speichert sie

Im folgenden werden wir uns lediglich auf die nähere Erläuterung zweier wichtiger Routinen beschränken.

VarType

Die interne Darstellung von *Variant*-Variablen besteht aus Typencode und Wert (oder einer Referenz auf einen Wert). Die Funktion *VarType* liefert den Typencode einer *Variant*-Variablen:

Tabelle 3.11 Wichtige Rückgabewerte der VarType-Funktion

Konstante	**Hex**	**Dez**	**Inhalt der *Variant*-Variablen**
varEmpty	$0000	0	Variable hat den Wert *Unassigned*
varNull	$0001	1	Variable hat den Wert *Null*
varInteger	$0003	3	ganze 32-Bit-Zahl mit Vorzeichen (Typ *Integer*)
varSingle	$0004	4	Fließkommawert einfacher Genauigkeit (Typ *Single*)
varDouble	$0005	5	Fließkommawert doppelter Genauigkeit(Typ *Double*)
varCurrency	$0006	6	Fließkomma-Währungswert (Typ *Currency*)
varDate	$0007	7	Datum-Uhrzeit-Wert (Typ *TDateTime*)
varError	$000A	10	Betriebssystem-Fehlercode
varBoolean	$000B	11	Boolescher 16-Bit-Wert (Typ *WordBool*)
varUnknown	$000D	13	Referenz auf ein unbekanntes OLE-Objekt
varByte	$0011	17	vorzeichenlose ganze 8-Bit-Zahl (Typ *Byte*)
varString	$0100	256	Referenz auf einen dynamisch belegten, langen String

Die von *VarType* zurückgegebenen Konstanten *varXXXX* sind in der *System*-Unit als Hexadezimalzahlen (2 Byte) definiert.

Hinweis: Beachten Sie, daß in zukünftigen Delphi-Versionen möglicherweise zusätzliche Typencodes auftreten.

Beispiel:

Im folgenden wird einer *Variant*-Variablen (*v2*) die Summe aus einer weiteren *Variant*-Variablen (*v1*) und einem String (*s1*) zugewiesen:

```
var  v1, v2: Variant;
     s1, s2: string;
begin
 v1 := 10;                       // Variant <= ganze Zahl
 s1 := '200';                   // String <= ganze Zahl als String
 v2 := v1 + s1;                 // Variant <= Variant(ganze Zahl) + String
 Str(v2, s1);                   // Variant => String
 Str(VarType(v2), s2);          //  VariantType => String
 ShowMessage (s1 + #13 + s2)    // Anzeige von s1 und s2
end;
```

Als Ergebnis entsteht die Zahl 210 als *Variant*-Variable 2.1E+2 vom Typ *varDouble* (Wert 5, siehe Tabelle).

Die *Str*-Zeichenkettenfunktion wird angewendet, um die Werte von *v2* und *VarType(v2)* bequem untereinander in einem Meldungsfenster (*ShowMessage*-Prozedur) anzeigen zu können:

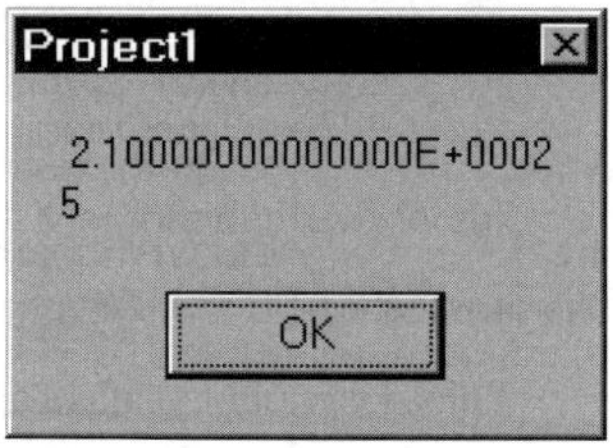

VarAsType

Die *VarAsType*-Funktion wandelt eine *Variant*-Variable in einen anderen *Variant*-Typ um.

Syntax: `function VarAsType(const V: Variant; VarType: Integer): Variant ;`

Der Ergebniswert hat den durch *VarType* angegebenen Typ. Der Parameter *VarType* muß vom Typcode *varXXXX* sein (außer *varArray* oder *varByRef*, siehe obige Tabelle). Durch Ändern der letzten drei Zeilen des Vorgängerbeispiels wird erreicht, daß *v2* (Typ *varDouble*) in den Typ *varString* konvertiert und als solcher angezeigt wird:

```
v2 := VarAsType (v2, varString);
Str(VarType(v2), s2);
ShowMessage (v2 + #13 + s2);
```

Der Wert 256 ist die Dezimalentsprechung der Hexzahl $0100 (*varString*).

3.2.6 Konstanten

Mit dem reservierten Wort *const* definierte Bezeichner bzw. Ausdrücke können zur Laufzeit ihren Wert nicht ändern, sie sind quasi schreibgeschützt.

Beispiel:

```
const  a = 1;
       flaeche  = 150 * 200;
       anzahl = Ord('Z') - Ord('A') + 1;
       titel  = 'Borland Delphi';
```

Hinweis: Beachten Sie, daß die den Konstanten zugewiesenen Ausdrücke sich während der Compilierung auswerten lassen müssen (also rechts keine Variablen verwenden!).

Beispiel:

```
const a = 2 * x;                  // erzeugt einen Compilerfehler
```

Typisierte Konstanten

Diese Sonderform sorgt insbesondere beim Einsteiger für Verwirrung, denn *typisierte* Konstanten können später ihren Wert ändern. Eigentlich handelt es sich hier um Variablen mit Anfangsinitialisierung.

Hinweis: Beachten Sie, daß typisierte Konstanten nur einmal, d.h. zu Programmbeginn, initialisiert werden!

Beispiel:

```
const
    a : Byte = 1;                    // typisierte Konstante
    Titel: string = 'Der Rächer';    // lange Stringkonstante
    CR: string = '#13';              // dto.
    Firma: string[9] = 'Sun-Soft';   // kurze Stringkonstante
```

Im weiteren Programmverlauf werden typisierte Konstanten wie normale Variablen behandelt.

Dieses absonderliche Verhalten wird vom Compilerstatus {$J+} veranlaßt, der standardmäßig eingestellt ist (Menü *Projekt|Optionen...*, "Compiler"-Seite, Häkchen bei "zuweisbare typisierte Konstanten").

Hinweis: Frühere Versionen von Delphi und Borland Pascal verhielten sich wie im Status {$J+}. Deshalb muß älterer Quelltext, der änderbare typisierte Konstanten enthält, im Status {$J+} compiliert werden. Bei neuen Anwendungen sollten Sie aber initialisierte Variablen und den Status {$J-} verwenden.

3.3 Benutzerdefinierte Datentypen

Ihre eigenen Datentypen definieren Sie durch das reservierte Wort *type*. Es ist üblich, bei der Namensvergabe ein "T" voranzustellen. Zu den wichtigsten benutzerdefinierten Datentypen zählen die strukturierten Typen (Rekords), Arrays, Aufzählungs- /Teilbereichstypen und Mengen.

3.3.1 Records

Die sogenannten Strukturvariablen, gekennzeichnet durch das reservierte Wort *record*, haben eine feste Struktur mit eindeutigen Zugriffsmöglichkeiten.

Beispiel:

```
type  TPerson = record
        name: string[30];
        alter: Integer
      end;
```

definiert einen Datentyp zur Speicherung von Namen (hier max. 30 Buchstaben) und Alter einer Person. Die Deklaration einer Variablen ist damit jedoch noch nicht erfolgt! Dazu dient z.B. die Anweisung

```
var person1,
    person2: TPerson;
```

die eine Datenspeicherung für zwei Personen zuläßt.

Der Schreib- bzw. Lesezugriff erfolgt z.B. mit

```
person1.name := 'Müller';
person1.alter := 66;
Label1.Caption := person2.name;
```

Wie Sie erkennen, wird der Name der Recordvariablen durch einen sogenannten *Qualifizierer*, d.h.einen Punkt (.), vom Feldnamen abgetrennt.

Siehe dazu auch

☞ R90 ... Werte mit einer InputBox eingeben?

Beispiel:

```
type   TDatum = record
         jahr: Integer;
         monat: 1..12;
         tag: 1..31
       end;
var datum: TDatum;
```

Der Zugriff:

```
datum.jahr := 1995;
datum.monat := 10;
datum.tag := 24;
heute := datum.tag;
```

Der Variant-Record

Der Variant-Record stellt eine Sonderform dar. Er beinhaltet mehrere Felderlisten, die den gleichen Platz im Speicher belegen. Der variable Teil wird durch *case* eingeleitet, gefolgt vom Bezeichner eines Selectorfeldes.

Beispiel:

In Abhängigkeit davon, ob es sich bei der Person um einen Studenten oder um einen Dozenten handelt, sollen verschiedene zusätzliche Datenfelder zur Verfügung stehen:

```
type   TPerson = record
         name: string[20];
         alter: Integer;
         case student: Boolean of
         True: (immatJahr, exmatJahr: Integer; stip: Real);
         False: (einstJahr: Integer; gehalt: Real)
       end;
var student1, dozent1: TPerson;
```

Der Zugriff:

```
student1.student := True;
student1.name := 'Waldmann';
student1.immatJahr := 1985;
dozent1.student := False;
dozent1.gehalt := 995.95;
```

Zugriff auf Datensätze und With-Anweisung

Man kann nicht nur auf jedes einzelne Feld, sondern auch auf den gesamten Record zugreifen.

Beispiel: Eine Person wird "geklont".

```
person2 := person1;
```

Wie Sie den vorhergehenden Beispielen entnehmen, gestaltet sich der Zugriff auf die Record-Felder ziemlich umständlich. Eine Vereinfachung schafft die *with*-Anweisung, die es gestattet, daß innerhalb eines Blocks nur noch die Feldbezeichner angegeben werden müssen.

Beispiel: Der Datenzugriff läßt sich wie folgt vereinfachen:

```
with person1 do begin
   student := True;
   name := 'Waldmann';
   immatJahr := 1985
end;
```

Da die Records mit den in den nächsten Kapiteln eingeführten Objekten eng verwandt sind, spielt auch dort die *with*-Anweisung eine wichtige Rolle.

3.3.2 Arrays

Typen für ein- und mehrdimensionale Felder (Arrays) werden durch das reservierte Wort *array* definiert:

Syntax: `type ArrayTypName = array [IndexTyp] of ElementeTyp`

Es können auch mehrere, durch Komma getrennte, Indextypen angegeben werden. Als Elementetyp ist jeder Typ erlaubt, während der Indextyp ein ordinaler (d.h. abzählbarer) Typ sein muß.

Beispiel:

```
type TIntListe  = array[1..10]       of Integer;
     TZeichen   = array['a'..'z']    of Byte;
     TMatrix    = array[10..20, 0..5]  of Single;
var  intL: TIntListe; z: TZeichen; m: TMatrix;
```

Der Zugriff:

```
intL[4] := 100;
z['a'] := 5;
m[17, 0] := 12.34;
```

Arrays aus Strukturvariablen

Von besonderem Interesse sind Arrays, deren Elementetypen Strukturvariable (Records) sind.

Beispiel: Mit einem Typ *TPerson* soll ein Array aufgebaut werden, in welchem 100 Personen abgespeichert werden können:

```
type  TPersListe = array[1..100]  of  TPerson;
var list1: TPersListe;
```

Der Zugriff auf die fünfte Person erfolgt z.B. mit

```
list1[5].name := 'Einstein';
```

Siehe auch

☞ R90 ... Werte mit einer InputBox eingeben?

Übrigens ist auch bei Array-Variablen eine Zusammenfassung von Typ- und Variablendeklaration in nur einer Anweisung möglich.

Beispiel: Obige Deklaration kann vereinfacht werden.

```
var list1: array[1..100] of TPerson;
```

Strukturvariablen mit Arrays

Auch die Felder von Strukturvariablen können Arrays sein. Es bedarf allerdings eines gewissen Abstraktionsvermögens, um dabei den Überblick über Deklaration und Wertezuweisung zu behalten.

Hinweis: Denken Sie immer daran, daß eine Typdeklaration (mittels *type*) lediglich eine Konstruktionsvorschrift darstellt, eine Variable entsteht dadurch noch nicht (diese erhalten Sie erst durch Deklarieren mit *var*)!

Schauen Sie sich das folgende Beispiel genauer an, dann dürfte die Vorgehensweise anschaulich deutlich werden.

Beispiel: Die folgenden Typdeklarationen definieren die Struktur einer Fußballmannschaft.

```
type TSpieler = record
  name: string[20];
  alter: Integer;
```

```
  bundesligatore: Integer;
  nationalspieler: Boolean
end;

type TTrainer = record
  name: string[20];
  alter: Integer;
  gehalt: Currency
end;

type TMannschaft = record
  name: string[30];
  trainer: TTrainer;
  spieler: array[1..11] of TSpieler
end;
```

Durch die folgende Deklaration entstehen zwei Fußballmannschaften:

```
var mannschaft1, mannschaft2: TMannschaft;
```

Beide Mannschaften sind noch "gesichtslos", sie könnten beispielsweise wie folgt initialisiert werden:

```
mannschaft1.name := 'Bayern München';
mannschaft2.name := 'Borussia Dortmund';
mannschaft1.trainer := 'Otto';
mannschaft1.spieler[1].name := 'Kliemann';
mannschaft1.spieler[2].name := 'Vollert';
...
```

Damit dürfte auch klar sein, wie der Schreib-/Lesezugriff funktioniert.

Um beispielsweise alle Spieler von *mannschaft1* mit mehr als 10 Bundesligatoren zu Nationalkadern zu machen:

```
for i := 1 to 11 do with mannschaft1.spieler[i] do
  if bundesligatore > 10 then nationalspieler := True;
```

Nullbasierte Arrays

Nullbasierte Arrays werden deklariert, indem man dem ersten Element in der Deklaration des Arrays der Index Null (0) zuweist.

Man verwendet diesen Arraytyp vor allem zur Speicherung sog. *nullterminierter Strings* (Typ *PChar*). Das Ende einer solchen Zeichenkette wird durch das Zeichen #0 markiert (nicht die Zahl 0, diese entspräche #48!). Ein solches Array ist kompatibel zum Typ *PChar*.

Dies bedeutet, daß Sie in jedem Fall, in dem ein *PChar* erwartet wird, stattdessen auch ein Null-basiertes Character-Array verwenden können.

Beispiel:

```
var  A: array[0..31] of Char;
     P: PChar;
begin
  A[1] := 'X';
  P := A;
  ShowMessage(P[1])     // zeigt Meldungsfenster mit 'X' an
```

Falls Sie ein *Char*-Array anstelle eines *PChar*-Wertes verwenden, konvertiert der Compiler das Character-Array in eine Pointerkonstante, deren Wert mit der Adresse des ersten Array-Elements übereinstimmt (siehe API-/DLL- Programmierung im [ProfiBuch]).

Mehrdimensionale Array-Typen

Wenn der Typ einer Arraykomponente auch selbst ein Array ist, können Sie das Ergebnis als ein Array von Arrays behandeln oder als ein einzelnes mehrdimensionales Array.

Beispiel:

```
array[Boolean] of array[1..10] of array[Size] of Single
```

wird vom Compiler genauso interpretiert wie

```
array[Boolean,1..10,Size] of Single
```

Beim Deklarieren von mehrdimensionalen Arrays ist die Gesamtanzahl der Elemente das Produkt der Anzahl der Werte eines jeden Indextyps.

Dynamische Arrays

In Object Pascal sind die Arrays von Haus aus statisch, die Abmessungen können also zur Laufzeit nicht geändert werden, was nicht unbedingt ein Vorteil ist. Wer sich damit nicht zufriedengibt, findet entsprechende Hinweise in

☞ R3 ... ein dynamisches Array auf dem Heap erzeugen?

Eine umfassende Demonstration für den Gebrauch von statischen und dynamischen Arrays ist enthalten im Programm GAUSS im [Profibuch].

3.3.3 Mengen

Das reservierte Wort *set* definiert eine Menge von Elementen eines Typs. Beim Feststellen der Mengenzugehörigkeit verwenden Sie das reservierte Wort *in* als Bezugsoperator.

Hinweis: Die leeren Klammern [] stehen für eine leere Menge, die zu allen Mengen-Typen kompatibel ist.

Einfache Mengentypen

Bei diesem Typ muß es sich um *Integer*, *Boolean* oder *Char* handeln .

Beispiel: Plazieren Sie einen Button, ein Editierfeld und ein Label auf einem Formular. Das *OnClick*-Event des Buttons hinterlegen Sie wie folgt:

```
procedure TForm1.Button1Click(Sender: TObject);
type TVokal = set of Char;
var Vokale: TVokal;
begin
 Vokale := ['a','e','i','o','u'];
```

Der Test auf Mengenzugehörigkeit:

```
 if Edit1.Text[1] in Vokale then Label1.Caption := 'Das ist ein Vokal!'
 else Label1.Caption := 'Das ist kein Vokal!'
end;
```

Aufzählungstypen

Man kann Mengentypen auch durch eine in Klammern gefaßte Liste von Ausdrücken (Aufzählungstyp) definieren, wobei die Ordinalwerte der oberen und unteren Grenzen im Bereich 0..255 liegen müssen.

Beispiel: Zunächst werden die (ordinalen) Elemente definiert, die in der Menge vorkommen dürfen:

```
type    TMonat = (Januar, Februar, Maerz, April,Mai, Juni, Juli, August, September, Oktober,
                  November, Dezember);
```

Nun wird ein neuer Mengentyp definiert, welcher aus obigen Elementen besteht. Beachten Sie, daß in dieser Menge beliebig viele Monate, auch gleiche Monate, vorkommen dürfen!

```
        TJahreszeit = set of TMonat;
```

Nachdem die Struktur der Menge klar ist, kann eine konkrete Mengenvariable deklariert werden:

```
var     sommer: TJahreszeit;
```

Der Zugriff:

```
 sommer := [Juni, Juli, August];
 if Juli in sommer then MessageBeep(0);
```

Mengen als Eigenschaften

Zahlreiche Eigenschaften unter Delphi lassen sich als Aufzählungstypen, d.h. als Mengen von Konstanten (Enumerations) interpretieren.

Beispiel: *TFontStyles* ist eine Menge mit Schriftstilen für die *Style*-Eigenschaft eines Schriftobjekts (*TFont*). In der folgenden Tabelle sind die verschiedenen Werte aufgeführt:

Tabelle 3.12 Style-Eigenschaft

Wert	Beschreibung
fsBold	**Fett**
FsItalic	*Kursiv*
FsUnderline	Unterstrichen
FsStrikeout	~~Durchgestrichen~~

Die Delphi-interne Deklaration müssen Sie sich wie folgt vorstellen:

```
TFontStyle = (fsBold, fsItalic, fsUnderline, fsStrikeOut);      // Aufzählungstyp
TFontStyles = set of TFontStyle;                                  // Mengendefinition
property Style: TFontStyles;                                      // Eigenschaftendefinition
```

Diese "Mengen"-Eigenschaft könnten Sie im Objektinspektor zuweisen:

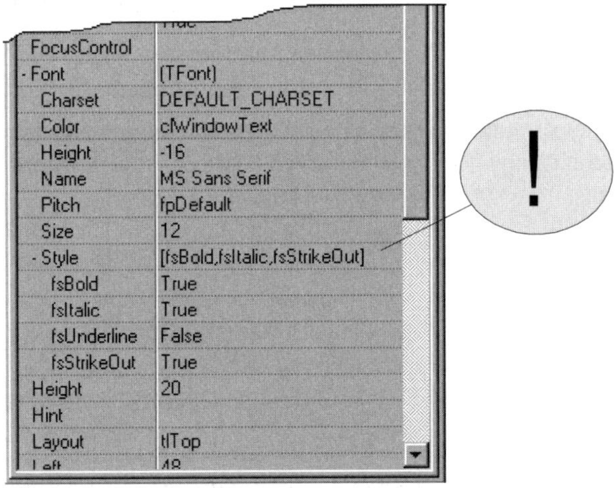

Abb. 3.3 Beispiel für Eigenschaft als Menge von Konstanten

Sie können die Zuweisung aber auch per Quelltext vornehmen:

```
Label1.Font.Style := [fsBold, fsItalic, fsStrikeOut];
```

Ein Abfragebeispiel für die Mengenzugehörigkeit:

```
if fsBold in Label1.Font.Style then Label1.Font.Style := Label1.Font.Style + [fsUnderline];
```

Die Anweisung bewirkt, daß vorhandene Fettschrift zusätzlich noch unterstrichen wird. Beachten Sie, daß auf der rechten Seite eine Mengenaddition (Vereinigung) stattfindet. Auf diese und andere Mengenoperationen wollen wir aber hier nicht näher eingehen.

3.4 Schleifen und Verzweigungen

Anweisungen dieser Kategorie gehören zum Einmaleins des Delphi-Programmierers. Durch sie wird der lineare Programmablauf unterbrochen.

3.4.1 Schleifenanweisungen

Delphi stellt leistungsfähige Schleifenanweisungen zur Verfügung, die sich auf drei Grundtypen zurückführen lassen: *For-*, *While-* und *Repeat*-Schleifen.

Tabelle 3.13 Schleifenanweisungen

Schleifenanweisung	Erklärung

for *Zähler* := *Anfangswert* **to** *Endwert* **do**
begin
Anweisungen
end;
	for - Zählschleife
	Vorzeitiger Abbruch mit **break** möglich, beim Abwärtszählen muß **downto** verwendet werden.

repeat *Anweisungen* **until** *Bedingung;*	**repeat...until - Bedingungsschleife** Abbruchbedingung am Schleifenende

while *Bedingung* **do**
begin
Anweisungen
end;
	while... do - Bedingungsschleife
	Abbruchbedingung am Schleifenanfang

Beispiel: Die folgenden Schleifenkonstruktionen haben alle das gleiche Ergebnis, sie drucken zehnmal untereinander *'Hallo'* auf dem Bildschirm aus:

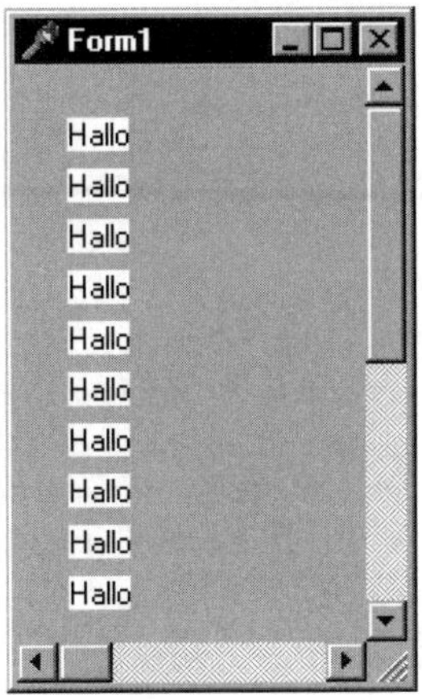

```
var i: Integer;
...
```

Aufwärtszählende *for*-Schleife:

```
for i:= 1 to 10 do
begin Canvas.TextOut(20, i*20, 'Hallo') end;
```

Abwärtszählende *for*-Schleife:

```
for i:= 10 downto 1 do
begin Canvas.TextOut(20, i*20, 'Hallo') end;
```

repeat...until-Schleife:

```
i:= 1;
repeat Canvas.TextOut(20, i*20, 'Hallo'); i:= i+1 until i = 11;
```

while...do-Schleife:

```
i:= 1;
while i < 11 do begin Canvas.TextOut(20, i*20, 'Hallo'); i:= i+1 end;
```

Break und Continue

Beide Anweisungen ermöglichen das vorzeitige Verlassen einer Schleife.

Break entspricht einer *goto*-Anweisung zu einem Label, das einer Schleife unmittelbar folgt und bewirkt, daß der von einer *for*-, *while*- oder *repeat*-Anweisung eingeschlossene Block sofort verlassen wird.

Beispiel: Die folgende Schleife erzeugt, genauso wie die Vorgängerbeispiele, zehnmal *'Hallo'* auf dem Bildschirm.

```
i:= 1;
while i > 0 do
begin
 Canvas.TextOut(20, i*20, 'Hallo');
 if i=10 then Break;
 i:= i+1
end;
```

Besonders häufig benötigen Sie *Break*, wenn Werte "per Hand" in ein Array einzugeben sind und Sie sich dabei die Möglichkeit eines vorzeitigen Abbruchs offenhalten wollen.

Beispiel: Mittels InputBox sollen zehn Werte in ein Integer-Array abgespeichert werden. Über die "Abbrechen"-Schaltfläche der InputBox ist ein vorzeitiges Verlassen der Schleife möglich.

```
for i:=1 to 10 do
 if InputQuery('Wert eingeben!','Nummer' + IntToStr(i),s) then  StrToInt(s,A[i])
 else Break;
```

Eine sinnvolle praktische Anwendung finden Sie auch in

☞ R90 ... Werte mit einer InputBox eingeben?

Im Gegensatz zu *Break* veranlaßt das weniger interessante *Continue*, daß der nächste Wiederholungsschritt bearbeitet wird.

3.4.2 Bedingte und unbedingte Verzweigungen

Auch hier hält Delphi ein ausreichendes Angebot bereit, welches wohl kaum noch Wünsche offen läßt[5].

Bedingte Verzweigungen

Die folgende Tabelle gibt einen Überblick:

Tabelle 3.14 Bedingte Verzweigungsbefehle und verwandte Funktionen

Verzweigung	Erklärung
if *Bedingung* **then** *Anweisung* [**else** *Anweisung*];	einfache Verzweigung **if...then...else**

if *Bedingung* **then**
begin
Anweisungen
end else begin
Anweisungen
end;
	Blockstruktur
	if...then... else

case *Selector* **of** *Bereich1* : *Anweisungen;* *Bereich2* : *Anweisungen;* [**else** *Anweisung*] **end**;	Blockstruktur **case...of...else** Als Selektoren sind nur ordinale Typen (*Byte, Word, Integer, Char*) zulässig! Bereiche durch Punkte (..) bzw. Komma (,) separieren.

Beispiel: Einfache Verzweigung:

```
if zensur = 1 then Canvas.TextOut(20, 20, 'Gratuliere')
              else Canvas.TextOut(20, 20, 'Verbessern!');
```

if-then-else-Blockstruktur:

```
if zensur = 1 then  Canvas.TextOut(20, 20, 'Sehr gut')
              else
if zensur = 2 then Canvas.TextOut(20, 20, 'Gut')
```

---

[5] Visual Basic Programmierer werden allerdings ihrem *Select Case* nachtrauern!

```
      else begin
        Canvas.TextOut(20, 20, 'Befriedigend bis Ungenügend!');
        Canvas.TextOut(20, 40, 'Schauen Sie in die Bücher!')
      end;
```

case-Blockstruktur:

```
case zensur of
  1:    Label1.Caption := 'Ausgezeichnet!';
  2,3:  Label1.Caption := 'Das geht so!';
  4..6: Label1.Caption := 'Kampf der Faulheit!'
else
 Label1.Caption := 'Das ist keine Zensur!'
end;
```

Konkrete Anwendungen zu *else-if*-Konstrukten finden Sie z.B. in

☞ R11 ... physikalische Werte in verschiedenen Maßeinheiten anzeigen?

Unbedingte Sprünge

Sprünge sind ein "rotes Tuch" für den Strukturfanatiker. Deshalb dürfen sie nur auf lokaler Ebene, also innerhalb von Funktionen/Prozeduren, ausgeführt werden. In vielen Fällen erlauben sie aber deutlich elegantere Programmiervarianten.

goto und *label*

Außer einem selbstdefinierten Bezeichner kann eine Zahl zwischen 0 und 9999 als Label Verwendung finden, jedes Label darf nur eine Anweisung markieren.

Beispiel:

```
label 10, 20;
goto 10;
...
10: s:= 'Hier ist das erste Sprungziel!'
```

exit und *break*

Konsequente *goto*-Gegner können dann nicht ganz ernst genommen werden, wenn sie allzu freizügig von diesen beiden Anweisungen Gebrauch machen, denn *exit* und *break* sind letztlich auch nichts anderes als verkappte Sprungbefehle. Während mit *break* eine Schleife vorzeitig verlassen werden kann, löst *exit* einen Sprung zum Ende des Anweisungsblocks aus. Die Ausführung von *exit* innerhalb des Hauptprogramms beendet das gesamte Programm. Ist der aktuelle Block verschachtelt, so bewirkt *exit* die Fortsetzung durch den nächsten äußeren Block. Falls der aktuelle Block eine Prozedur/Funktion ist, veranlaßt *exit* die Fortsetzung der Anweisungen des aufrufenden Blocks unmittelbar nach der Aufrufstelle.

Beispiel:

```
procedure test(a:Integer);
begin
 if a > 10 then exit;
 .......
end;
```

3.5 Funktionen und Prozeduren

Funktionen und Prozeduren werden zur Durchführung zahlreicher verschiedener Programmieraufgaben verwendet. Die verschiedenen von Delphi bereitgestellten Routinen lassen sich in sechs Hauptkategorien einteilen:

- **Arithmetische Routinen**: Die Funktionen dieser Kategorie führen Integer- und Gleitkommaberechnungen sowie andere arithmetische oder erweiterte mathematische Operationen durch.
- **Routinen für die String-Bearbeitung**: Dazu zählen Routinen für die Formatierung von Strings, wie z.B. *UpCase* und Routinen für die Verwaltung von Strings wie z.B. *StrCopy*.
- **Routinen für Datum/Uhrzeit**: Zu den Routinen dieser Kategorie zählen z.B. *DayOfWeek*, *EncodeTime* und *NowTime*.
- **Routinen zur Typkonvertierung**: Damit werden Variablen von einem Typ in einen anderen Typ konvertiert, z.B. mit *StrToInt* und *VarAsType*.
- **E/A-Routinen**: Das sind Routinen für die Dateiverwaltung, wie *BlockRead*, *FileOpen* und *MkDir*.
- **Speicherverwaltungsroutinen**: Diese Kategorie enthält dynamische Zuweisungsroutinen für das Belegen und Freigeben von Speicher und Routinen zum Abfragen des verfügbaren freien Speichers. Dazu zählen u. a. die Routinen *GetMem*, *FreeMem* und *GetHeapStatus*.

Falls Sie dieses Angebot nicht befriedigt: Sie haben als Programmierer jederzeit die Möglichkeit, eigene Funktionen und Prozeduren hinzuzufügen. Siehe dazu

☞ R1 ... eine Unit definieren und einbinden?

3.5.1 Arithmetische Funktionen

Diese Routinen sind unentbehrlich für mathematisch-technische Applikationen und werden von der *System*-Unit bereitgestellt.

Tabelle 3.15 Arithmetische Funktionen

Deklaration	Erklärung
function **Abs**(x);	... liefert den Absolutwert von x (*Real*-oder *Integer*)
function **ArcTan**(x: Extended): Extended;	... berechnet ArcusTangens von x
function **Cos**(x: Extended): Extended;	... liefert den Cosinus des Arguments
function **Exp**(x: Extended): Extended;	... berechnet Exponentialwert e^x
function **Int**(x: Extended): Extended;	... liefert ganzzahligen Wert von x.
function **Ln**(x: Extended): Extended;	... berechnet natürlichen Logaritmus von x
function **Pi**: Extended;	... liefert Pi (3.1415...)
function **Random** [(range: Word)];	... erzeugt Zufallszahl $0 \leq x < range$ (ohne range: $0 \leq x < 1$)
function **Sin**(x: Extended): Extended;	... berechnet Sinus (x in Rad)
function **Sqr**(x: Extended): (Extended);	... berechnet Quadrat von x (*Real* oder *Integer*)
function **Sqrt**(x: Extended): Extended;	... berechnet Quadratwurzel von x.
function **Trunc**(x: Extended): LongInt;	... wandelt Real- in Integerzahl (entfernt Kommastellen)

Hinweis: Beachten Sie, daß die Funktionen immer mit höchster Genauigkeit rechnen (*Extended*), die Übergabeparameter bzw. Ergebnistypen können allerdings beliebige Real-Typen (also *Single, Double, Extended*) sein.

Beispiel: Würfel

```
Label1.Caption := IntToStr(Random(6)+1);
```

Um den Zufallsgenerator jeweils unterschiedlich zu starten, empfiehlt sich ein vorheriger Aufruf von Randomize (siehe 3.5.5).

Beispiel: Potenzfunktion

Da unter Delphi ein Potenzoperator fehlt, kann man diesen durch Logarithmus- und Exponentialfunktion wie folgt nachbilden:

```
var x: Double;
...
function potenz(a, b: Double):Double;
begin
  result := Exp(b * Ln(a))
end;
...
x := potenz(27, 1/3);        // ermittelt die dritte Wurzel aus 27 (3.000)
```

Man spart sich derlei Klimmzüge, wenn man die Unit *Math* einbindet und die Funktion *Power* verwendet (bzw. *IntPower* für ganzzahlige Exponenten).

Weitere trigonometrische Funktionen

Wie erhalte ich den Tangens eines Winkels? Eine entsprechende Funktion wird von Delphi nicht angeboten. Aber auch das ist kein Problem. Was nicht da ist, läßt sich mit den Standardfunktionen berechnen:

Tabelle 3.16 Trigonometrische Funktionen berechnen

Funktion	Berechnung aus Standardfunktionen
Tan(x)	`Sin(x)/Cos(x)`
ArcSin(x)	`ArcTan(x/Sqrt(1-Sqr(x)))`
ArcCos(x)	`ArcTan(Sqrt(1-Sqr(x))/x)`

Die Winkel sind durchweg in der Einheit *Rad* (Bogenmaß) angegeben. Für die Umrechnung in die üblichen *Grad* sind folgende Beziehungen anzuwenden:

rad = Pi * grad /180 = 0.01745 * grad

grad = 180 * rad / Pi = 57.296 * rad

Beispiel: Diese Funktion berechnet den Tangens eines in Grad übergebenen Winkels.

```
function tan(grad: Double): Double;
var rad: Double;
begin
 rad := Pi * grad / 180;
 Result := Sin(rad) / Cos(rad)
end;
```

Dekadischer Logarithmus

Leider fehlt er in (fast) jeder Programmiersprache: Der Logarithmus zur Basis 10! Angeboten wird nur die *Ln*-Funktion (natürlicher Logarithmus mit der Basis e = 2.71828...).

Hier die Umrechnung:

Log(x) = Ln(x) / Ln(10)

Beispiel: Mit dieser Funktion ermitteln Sie den dekadischen Logarithmus.

```
function log(x: Double): Double;
begin
 Result := Ln(x) / Ln(10)
end;
```

Wer häufiger mit selbstdefinierten mathematischen Funktionen arbeiten muß, sollte diese in eine eigene Unit auslagern. Siehe dazu

☞ R01 ... eine eigene Unit definieren und einbinden?

3.5.2 Stringfunktionen

Das Angebot an Zeichenkettenroutinen ist unter Delphi sehr reichhaltig, wenn nicht gar verwirrend (Units *SysUtils, System*):

Tabelle 3.17 Zusammenstellung der wichtigsten Zeichenkettenfunktionen

Deklaration	Erklärung
procedure **AppendStr**(var *dest*: string; const *s*: string);	... fügt einen angegebenen String zu einem bestehenden String hinzu.
procedure **AssignStr**(var *p*: PString; const *s*: string);	... weist Speicher für einen neuen *PString* zu.
function **CompareStr**(const *s1, s2*: string): Integer;	... vergleicht Strings unter Beachtung der Groß-/Kleinschreibung.
function **CompareText**(const *s1, s2*:string): Integer;	... vergleicht Strings ohne Beachtung der Groß-/Kleinschreibung.
function **Concat**(*s1 [, s2,..., sn]*:string): string;	... verbindet zwei oder mehr Strings (siehe auch + Operator).
function **Copy**(*s*: string; *index*, *count*: Integer): string;	... liefert Teil eines Strings zurück.
procedure **Delete**(var *s*: string; *index*, *count*:Integer);	... löscht Teil-String aus einem String.
procedure **DisposeStr**(*p*: PString);	... gibt Heap-Speicherplatz frei.
function **FmtLoadStr**(*ident*: Word; const *args*: array of const): string;	... lädt String aus der Ressourcen-Tabelle des Programms
procedure **Insert**(*source*: string; var *s*: string; *index*: Integer);	... fügt Teil-String in einen String ein.
function **IntToStr**(*value*: Longint): string;	... wandelt eine Ganzzahl in einen String .
function **IsValidIdent**(const *ident*: string): Boolean;	... liefert *True*, wenn String gültig ist.
function **Length**(*s*: string): Integer;	... liefert die Stringlänge zurück.
function **LoadStr**(*ident*: Word): string;	... lädt String-Ressource aus Datei.
function **LowerCase**(const *s*: string): string;	...wandelt einen String in Kleinbuchstaben
function **NewStr**(const *s*: string): PString;	... reserviert Heap-Speicherplatz für String.

Deklaration	Erklärung
function **Pos**(*subStr*: string; *s*: string): Byte;	... sucht nach Position eines Teil-Strings.
procedure **Str**(*x [:breite[:komma]]*; var *s*);	... wandelt numerischen Wert in einen (formatierten) String.
function **StrToInt**(const *s*: string): LongInt;	... wandelt String in Ganzzahl um.
function **UpperCase**(const *s*: string): string;	... wandelt String in Großbuchstaben um.
procedure **Val**(*s*; var *w*; var *code*:Integer);	... wandelt String in numerischen Wert um (*Integer* oder *Real*).

Beispiel: Das folgende Sammelsurium von Anweisungen soll ein wenig Licht in die Dunkelheit bringen.

```
s:='Delphi';
AppendStr(s,'buch')
s:= Concat(s,'buch')
s:= s + 'buch'
```

Die drei letzten Zeilen führen jeweils zum Ergebnis *s* = *'Delphibuch'*.

```
s:='Hallo';
if CompareStr('Hallo',s)= 0 then MessageBeep(0);
s:='hallo';
if CompareStr('Hallo',s)<>0 then MessageBeep(0);
s:='Hax';
if CompareStr('Hallo',s)<>0 then MessageBeep(0);
s:='hallo';
if CompareText('Hallo',s)= 0 then MessageBeep(0);
```

... erzeugt vier Pieptöne.

```
s:= Copy('Delphibuch',4,3);
```

... ergibt für *s* den Wert *'phi'*.

```
s := s[5];
s := Copy(s,5,1);
```

... sind zwei äquivalente Anweisungen.

```
s:= 'Delphibuch';
Delete(s,4,3);
```

... setzt *s* aufden Wert *'Delbuch'* zu.

```
s:= 'Delbuch';
Insert('phi',s,4);
```

... setzt *s* auf den Wert *'Delphibuch'*.

```
i:= 1995;
s:= IntToStr(i);
```

... konvertiert die Integervariable *i* in die Stringvariable *'1995'*.

```
i := Length(s)
```

... weist *i* den Wert *4* zu.

```
i:= Pos('hi','Delphibuch');
```

... setzt *i* auf den Wert *5*.

```
a := 3.141567
Str(a:3:2, s)
```

... konvertiert die Realvariable *a* in den String *s = '3.14'* .

```
i:= StrToInt('1995')
```

... weist der LongInteger-Variablen *i* den Wert 1995 zu.

```
Val(s, w, code)
```

... setzt die Realvariable *w* auf *3.14*, wenn die Stringvariable *s = '3.14'*.Der Wert von *code* ist nur nach erfolgreicher Konvertierung *0*!

```
var s: string;
...
s:= 'testString' + #0;
MessageBox(0,@s[1],'info',64);
```

... "simuliert" eine *PChar*-Variable (siehe auch Abschnitt 3.2.4).

Ausgiebige Möglichkeiten der Arbeit mit *PChar*-Variablen finden Sie im [ProfiBuch].

Bemerkungen

- Ab Delphi 2 stehen zwei neue Standardprozeduren für die Behandlung langer Strings bereit: *SetLength* und *SetString*
- Es gibt drei neue Funktionen in der Unit *SysUtils* (*Trim*, *TrimLeft*, *TrimRight*), mit denen Blindzeichen von Strings abgeschnitten werden können.

3.5.3 Format-Strings

So beeindruckend die im vorhergehenden Abschnitt zusammengestellten Stringfunktionen auch sein mögen, für die in der Praxis mannigfaltigen Anforderungen an die Umwandlung diverser Datentypen in bestimmte Zeichenkettenformatierungen steht dort im wesentlichen nur die *Str*-Prozedur mit ihrem bescheidenen Leistungsumfang zur Verfügung. Grund genug, sich den sogenannten *Format*-Strings zuzuwenden.

Statt vieler Worte beginnen wir gleich mit konkreten Anwendungen.

Beispiel:

```
s := Format('%6.3f',[83.99765];
```

weist *s* den Wert *'83,998'* zu, was etwa äquivalent zu folgender Anweisung ist:

```
Str(83.99765:6:3,s);
```

Allerdings ist der Ergebnisstring hier *'83.998'* (man beachte den "feinen" Unterschied beim Dezimaltrennzeichen!).

Format-Strings können allerdings wesentlich komplexere Konstruktionen sein, als es obiges Beispiel vermuten läßt.

Beispiel:

```
s := Format('%d  %g    %m  %2:6.3f', [12, 0.65, 4*x]);
```

liefert für *s* den Wert *'12 0,65 84,00 DM 83,998'.*

Vielleicht können Sie sich das Zustandekommen des Ergebnisstrings schon jetzt zusammenreimen: Die in eckige Klammern eingeschlossenen und durch Komma getrennten Zahlen (oder Variablen/Ausdrücken) auf der rechten Seite werden durch die links stehenden, in einfache Anführungszeichen eingeschlossenen, Anweisungen formatiert. Zu den einzelnen Formatierungsstrings:

- **%d** wandelt die erste Zahl der Liste (*12*) in einen Dezimalstring um,
- **%g** wandelt die zweite Zahl der Liste (*0.65*) originalgetreu in einen Gleitkommastring um,
- **%m** rundet die dritte Zahl der Liste (*83.99765*) in einen den Systemeinstellungen entsprechenden Währungsstring,
- **%2:6.3f** wählt das Element mit dem Index *2* aus der Liste (das ist ebenfalls die Zahl *83.99765*, da das erste Element den Index *0* hat) und rundet es in eine 6 Zeichen breite Festkommazahl mit 3 Nachkommastellen.

Hinweis: Beachten Sie auch, daß die Anzahl von Leerzeichen zwischen den einzelnen Formatierungsanweisungen exakt dem Zwischenraum im Ergebnisstring entspricht.

Wer lieber gleich eine konkrete Anwendung sehen möchte:

☞ R13 ... einen Taschenrechner programmieren?

Formatierungsanweisungen im Detail

Wie Sie bereits gesehen haben, besteht ein Format-String aus zwei Teilen:

- Formatierungsstring (in ' ' eingeschlossen) und
- Argumentliste (in [ ] eingeschlossen).

Der Formatierungsstring setzt sich aus einzelnen Formatierungsanweisungen zusammen, von denen jede durch ein Prozentzeichen (%) eingeleitet wird.

Syntax einer Formatierungsanweisung:

Syntax: `"%" [index ":"] ["-"] [width] ["." prec] type`

Die Bedeutung der Parameter entnehmen Sie bitte der folgenden Tabelle:

Tabelle 3.18 Parameter einer Formatierungs-Anweisung

Ausdruck	optional	Erläuterung		
index ":"	ja	Argumente-Index (beginnt mit 0)		
"-"	ja	Linksausrichtung		
width	ja	Längenangabe (Stellenzahl)		
"."prec	ja	Präzision (Nachkommastellen)		
type	nein		**Umwandlungstyp**	**Argumentetyp**
		d	Dezimalstring	Integer
		e	Wissenschaftlicher String	Gleitkomma
		f	Festkommastring	Gleitkomma
		g	kürzestmöglicher e oder f	Gleitkomma
		n	wie f mit Tausender-Trennung	Gleitkomma
		m	Währungsstring	Gleitkomma
		p	Pointerstring	Pointer
		s	String	Char, String, PChar
		x	Hexadezimalstring	Integer

Beispiel:

```
Format('%.5d', [12]);     // liefert '00012'          (Auffüllen mit Vornullen)
Format('%8.5d', [12]);    // liefert '   00012'       (Auffüllen mit Leerzeichen)
Format('%-8.5d', [12]);   // liefert '00012'          (linksbündig)
Format('%d DM', [12]);    // liefert '12 DM'          (Zeichen werden einfach angehängt)
Format('%e', [12.5]);     // liefert '1,25000000000000E+001'  (Standardwert prec = 15)
Format('%.5e', [12.5]);     // liefert '1,2500E+001'     (mindestens eine Vorkommastelle)
Format('%f', [12.5]);           // liefert '12,50'   (standardmäßig zwei Nachkommastellen)
Format('%.5f', [12.5]);     // liefert '12,50000'     (5 Nachkommastellen)
Format('%10.5f', [12.5]);  // liefert '  12,50000'    (Komma zählt mit!)
Format('%g', [12.5]);           // liefert '12,5'    (kürzestmögliche Darstellung!)
Format('%g', [0.00000125]);   // liefert '1,25E-6'   (weil  kleiner 0.00001)
Format('%10g',[0.00000125]);  // liefert '   1,25E-6'   (10 Zeichen breit)
Format('%10n',[3000000.5]); // liefert '3.000.000,50'   (wie f, nur mit Tausender-Trenner)
Format('%m',[12.5]);        // liefert '12,50 DM'      (Standarddarstellung)
Format('%10m',[12.5]);            // liefert '  12,50 DM'          (10 Zeichen breit)
```

```
Format('%.5s',['ein String']);     // liefert 'ein S'                 (Gesamtlänge 5)
Format('%g %0:.3e',[12.5])         // liefert '12,5 1,25E+001'        (zweimal formatiert)
```

Bemerkungen

- Der Index des ersten Arguments in der Liste ist 0. Wie das letzte Beispiel zeigt, ist es möglich, dasselbe Argument durch Zwangszuweisung des Index (*0:*) mehrfach zu formatieren.
- Die Umwandlung von Gleitkommawerten und Währungen wird durch die globalen Variablen *CurrencyString*, *CurrencyFormat*, *NegCurrFormat*, *ThousandSeparator*, *DecimalSeparator* und *CurrencyDecimals* gesteuert, die im Dialogfenster "Ländereinstellungen" der WindowsSystemsteuerung initialisiert werden. Siehe dazu

  ☞ R81 ... das Währungsformat ändern?

- Statt der in diesem Abschnitt aus Anschaulichkeitsgründen durchweg verwendeten Zahlen-Literale lassen sich natürlich auch Variable in die Argumentliste einsetzten. Etwas umfangreichere Beispiele finden Sie dazu in

  ☞ R4 ... die Format-Funktion verstehen?

  ☞ R11 ... physikalische Werte in verschiedenen Maßeinheiten anzeigen?

3.5.4 Datums-/ Zeit-Routinen

Zur Berechnung von Datum und Zeit hält Delphi ein umfangreiches Sortiment an Funktionen und Prozeduren bereit. Doch zunächst wollen wir uns der zahlenmäßigen Darstellung zuwenden.

Datentyp TDateTime

Dies ist eigentlich ein *Double*-Typ und enthält Datums- und Uhrzeitwerte, wie sie im wesentlichen von den Datums- und Zeitroutinen verwendet werden. Der ganzzahlige Teil eines Werts *TDateTime* ist die Anzahl der Tage seit dem 30.12.1899, der Anteil nach dem Dezimaltrenner bezeichnet die Uhrzeit. Beispiele entnehmen Sie bitte der folgenden Tabelle.

Tabelle 3.19 Beispiele für Datums- Zeit-Formatierungen

TDateTime	**Datum**	**Uhrzeit**	**Bemerkung**
0	30.12.1899	00:00:00	Delphi-Urknall
0.5	30.12.1899	12:00:00	
-2.75	28.12.1897	18:00:00	
2.25	1.1.1900	6:00:00	
35065	1.1.1996	00:00:00	Silvester 96
35350.75	12.10.96	18:00:00	

Die Zeit ist gewissermaßen Bruchteil eines Tages:

1 = 24h, 0.25 = 6h oder 1h = 0.041666...

Um die Differenz zwischen zwei Datums-/Zeitangaben zu ermitteln, ziehen Sie einfach die beiden Werte voneinander ab. Analog können Sie z.B. eine bestimmte Anzahl von Tagen zu einem bestimmten Datum addieren.

Hinweis: Das Datumsformat von Delphi wurde gegenüber Delphi 1.0 geändert, um kompatibel mit der OLE 2.0-Automatisierung zu sein. Ausgangspunkt für das Delphi 1.0-Datum ist das Jahr 1 (statt 1899). Subtrahieren Sie also die Zahl 693594.0 vom Delphi 1.0-Datum, um die Kompatibilität herzustellen,

Datums-/Zeit-Routinen

Die Unit *SysUtils* enthält die folgende Routinensammlung:

Tabelle 3.20 Zusammenstellung von Funktionen und Prozeduren für Datum/Zeit

Deklaration	Beschreibung
function **Date**:TDateTime;	...liefert aktuelles Datum.
function **DateTimeToStr**(*dateTime*: TDateTime): string;	...wandelt Wert vom Datums-/ Zeitformat in String.
procedure **DateTimeToString**(var *result*: String; const *format*: string; *dateTime*: TDateTime);	...wandelt Wert vom Datums-/ Zeitformat in formatierten String.
function **DateToStr**(*date*: TDateTime): string;	...wandelt Wert vom Datumsformat in String.
function **DayOfWeek**(*date*: TDateTime): Integer;	...liefert den aktuellen Wochentag (So= 1, Mo=2, Di=3, Mi=4, Do=5, Fr=6, Sa=7).
procedure **DecodeDate**(*date*: TDateTime; var *year*, *month*, *day*: Word);	...schlüsselt angegebenes Datum auf.
procedure **DecodeTime**(*time*: TDateTime; var *hour*, *min*, *sec*, *msec*: Word);	...schlüsselt angegebene Uhrzeit auf.
function **EncodeDate**(*year*, *month*, *day*: Word): TDateTime;	...liefert angegebene Werte als Datumsformat.
function **EncodeTime**(*hour*, *min*, *sec*, *msec*: Word): TDateTime;	...liefert angegebene Werte als Zeitformat.
function **FormatDateTime**(const *format*: String; *dateTime*: TDateTime): string;	... formatiert Datum und Uhrzeit mit angegebenem Format (siehe extra Tabelle).

Deklaration	**Beschreibung**
function **Now**: TDateTime;	...liefert aktuelles Datum und Uhrzeit.
function **StrToDate**(const *s*: string): TDateTime;	...wandelt String in Datumsformat.
function **StrToDateTime**(const *s*: string): TDateTime;	...wandelt String in Datums-/ Zeitformat.
function **StrToTime**(const *s*: string): TDateTime;	...wandelt String in Zeitformat.
function **Time**: TDateTime;	...liefert die aktuelle Uhrzeit.
function **TimeToStr**(*time*: TDateTime): string;	...wandelt Zeitformat in einen String.

Beispiel:

```
ShowMessage(DateTimeToStr(35350.75));
```

... liefert die Zeichenkette *'12.10.96 18:00:00'*.

```
Label1.Caption := DateToStr(Date);
```

... wandelt das aktuelle Datum in einen String und zeigt es in einem Label an.

```
Label1.Caption := DateTimeToStr(Now);
```

... dto. für aktuelles Datum und Uhrzeit.

```
xDatum := EncodeDate(96, 9, 30);
Label1.Caption := DateToStr(xDatum);
```

... zeigt das Datum 30.9.96 an (*xDatum* ist vom Typ *TDateTime*).

Siehe auch

☞ R8 ... die Zeit auf eine Viertelstunde runden?

DateTimeToString und FormatDateTime

Diese beiden Formatierungsroutinen verdienen eine nähere Erörterung, brauchen sie doch einen speziellen Format-String als Übergabeparameter, mit dem der Programmierer das konkrete Erscheinungsbild der Einzelkomponenten von Datum/Zeit exakt festlegen kann.

Beispiel:

```
s := FormatDateTime('"Wir treffen uns am "dddd," dem " d. mmmm yyyy, ' +
'"um" hh:mm "Uhr!"', StrToDateTime('30.09.96 11:45'));
```

... weist dem String *s* den folgenden Wert zu:

'Wir treffen uns am Montag, dem 30. September 1996, um 11:45 Uhr!'

Man beachte, daß auch der *Montag* richtig ermittelt wurde!

Die folgende Tabelle erläutert die Bedeutung der Bezeichner. Ihre konkrete Ausführungsform hängt auch hier von den in der Unit *sysUtils* enthaltenen globalen Variablen ab.

Tabelle 3.21 Bezeichner für Datums- und Zeitformate

Bezeichner	Ergebnis
c	Datum entsprechend des in der globalen Variablen *ShortDateFormat* gespeicherten Formats, gefolgt von der Zeit entsprechend *LongTimeFormat*.
d	Tag als Zahl ohne führende Null (1-31).
dd	Tag als Zahl mit führender Null (01-31).
ddd	Tag als Abkürzung (Son-Sam) entspr. der globalen Variablen *ShortDayNames*.
dddd	Tag mit seinem vollständigen Namen (Sonntag - Samstag) entsprechend der globalen Variablen *LongDayNames*.
ddddd	Datum entsprechend der globalen Variablen *ShortDateFormat*.
dddddd	Datum entsprechend der globalen Variablen *LongDateFormat*.
m	Monat als Zahl ohne führende Null (1-12).
mm	Monat als Zahl mit führender Null (01-12).
mmm	Monat als Abkürzung (Jan - Dez) entsprechend der Variablen *ShortMonthNames*.
mmmm	Monat mit vollem Namen (Januar - Dezember) entspr. *LongMonthNames*.
yy	Jahr als zweistellige Zahl (00-99).
yyyy	Jahr als vierstellige Zahl (0000-9999).
h	Stunde ohne führende Null (0-23).
hh	Stunde mit führender Null (00-23).
nn	Minute mit führender Null (00-59).
ss	Sekunde mit einer führenden Null (00-59).
t	Zeit in dem Format entsprechend der globalen Variablen *ShortTimeFormat*.
tt	Zeit in dem Format entsprechend der globalen Variablen *LongTimeFormat*.
am/pm	12-Stunden-Format für den voranstehenden Bezeichner *h* oder *hh,* zeigt 'am' für Zeiten vor 12 Uhr mittags und 'pm' für Zeiten nach 12 Uhr mittags an.
a/p	12-Stunden-Format für den voranstehenden Bezeichner *h* oder *hh,* zeigt 'a' für Zeiten vor 12 Uhr mittags und 'p' für Zeiten nach 12 Uhr mittags an.
ampm	12-Stunden-Format für Bezeichner *h* oder *hh,* zeigt Inhalt der globalen Variablen *TimeAMString* vormittags sowie den von *TimePMString* nachmittags an.
/	Datumstrennzeichen entsprechend der globalen Variablen *DateSeparator*.
:	Zeittrennzeichen entsprechend der globalen Variablen *TimeSeparator*.
'xx'/"xx"	Zeichen, die in einfache oder doppelte Anführungszeichen eingeschlossen sind, werden so angezeigt und beeinflussen die Formatierung nicht.

Beispiel:

```
s := FormatDateTime('"Wir treffen uns heute, am "dddddd', Date);
```

weist dem String *s* standardmäßig den folgenden Wert zu:

'Wir treffen uns heute, am Montag, 30. September 1996'

Das konkrete Erscheinungsbild der Datums- und Zeitanzeige hängt von globalen Variablen, wie z.B. *ShortDateFormat, ShortTimeFormat, ShortDayNames, DateSeparator, usw.* ab.

Beispiel:

```
DateSeparator := '-';
ShortDateFormat:= 'dd/mm/yy';
s := FormatDateTime('"Wir treffen uns heute, am "ddddd', Date);
```

setzt *s* auf den Wert *'Wir treffen uns heute, am 30-09-96'.*

Die Anweisungsfolge

```
ShortTimeFormat := 'hh "h" nn "min";
Label1.Caption := FormatDateTime('t', Time);
```

realisiert eine Zeitanzeige in der Form *22 h 07 min.*

Der Bezeichner *c* ist eine kompakte Zusammenfassung von kurzem Datums- und langem Zeitformat.

Beispiel:

```
Edit1.Text := FormatDateTime('c',Now);
```

... erzeugt eine Anzeige wie *30.09.96 23:03:15* und ist gleichbedeutend mit

```
Edit1.Text := FormatDateTime('ddddd tt',Now);
```

Noch einfacher kann man allerdings mit

```
Edit1.Text := DateTimeToStr(Now);
```

zum gleichen Ergebnis kommen.

Beispiel: Der folgende Code ermittelt eine Integerzahl (*baujahr*).

```
baujahr := StrToInt(FormatDateTime('yyyy', Date))
```

Siehe dazu auch

☞ R17 ... Eigenschaften mit Zugriffsmethoden kapseln?

Noch mehr über die Datums- und Zeitformate erfahren Sie in

☞ R82 ... das Datumsformat ändern?

☞ R83 ... das Zeitformat ändern?

3.5.5 Sonstige Funktionen und Prozeduren

Delphi kennt noch eine ganze Reihe weiterer Routinen, die sich keiner der bisherigen Kategorien eindeutig zuordnen lassen und die der Einsteiger erst mit fortschreitender Programmierpraxis zu schätzen lernen wird.

Eine repräsentative Auswahl "quer durch den Gemüsegarten" zeigt die folgende Übersicht:

Tabelle 3.22 Sonstige Routinen (Auswahl)

Deklaration	Erklärung
function **Addr**(x): Pointer;	... liefert Adresse von x.
function **Chr**(x: Byte): Char;	... liefert Zeichen, dessen ASCII-Code dem Wert von x entspricht.
procedure **Dec**(var x [; n: Longint]);	... verringert den Wert von x um Eins (x := x - 1) bzw. um *n*
function **DSeg**: Word;	... liefert Adesse des aktuellen Datensegments (DS-Register).
procedure **GetMem**(var p: Pointer; size: Word);	... reserviert Heap-Speicher (max. 64k), nach Aufruf enthält p die Startadresse
procedure **Halt**[(Exitcode: Word)];	... beendet Programmausführung und kehrt zur Betriebssystemebene zurück.
function **Hi**(x): Byte;	... liefert höherwertiges Byte von x (*Integer* oder *Word*).
procedure **Inc**(var x [; n: Longint]);	... erhöht den Wert von x um Eins (x := x + 1) bzw. um *n*
function **Lo**(x): Byte;	... liefert niederwertiges Byte von x (*Integer* oder *Word*).
function **Ofs**(x): Word;	... liefert Offsetadresse einer Variablen oder Routine x.
function **Ord**(x): LongInt;	... liefert Ordinalzahl eines Mengenelementes x.
function **Ptr**(*Seg*, *Ofs*: Word):Pointer;	... weist Pointer eine Adresse zu (Segment u. Offset)
procedure **Randomize**;	... initialisiert Zufallszahlengenerator.
function **Seg**(x): Word;	... liefert Segmentadresse einer Variablen oder Routine x.

Als Ersatz für die *Chr*-Funktion verwendet man oft das Doppelkreuz "#", besonders für Zeichen mit einem ASCII-Code kleiner als 32.

Beispiel: Einen Zeilenumbruch kann man wie folgt erzwingen:

```
Label1.Caption := 'Hallo,' + #10#13 + 'das bin ich!';
```

Dabei stehen *#10* für *Chr(10)* bzw. Zeilenanfang und *#13* für *Chr(13)* bzw. Zeilenschaltung.

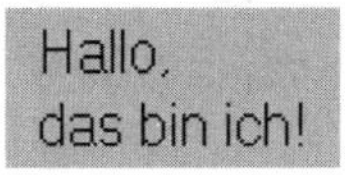

3.5.6 Selbstdefinierte Routinen

Das Schreiben von Routinen (Funktionen oder Prozeduren) lohnt sich nur dann, wenn diese tatsächlich mehrfach innerhalb des Programms aufgerufen werden und man dadurch Quelltext einspart. In dem Bestreben, den Code in möglichst viele einzelne Routinen aufzuteilen, darf man vor allem eins nicht vergessen: Jeder Funktions- bzw. Prozeduraufruf bringt eine Zeiteinbuße gegenüber der direkten Programmierung! So ist es mitunter günstiger, den gleichen Code zweimal hintereinander zu schreiben, als ihn in eine Prozedur zu pressen, die sowieso nur zweimal aufgerufen wird[6].

Funktion oder Prozedur?

Die Entscheidung, ob man eine Routine nun besser in eine Prozedur oder in eine Funktion verpacken sollte, bleibt letztlich dem Programmierer überlassen, prinzipiell sind beide Wege gangbar. Ist man nur an einem einzigen Rückgabeparameter interessiert, so sollte man dafür besser eine Funktion schreiben, in Prozeduren müssen hingegen meist Variable per Referenz gesetzt werden. Ein Funktionsaufruf wird innerhalb des Programms wie eine Variable behandelt, er kann deshalb auch als Argument in anderen Ausdrücken und Anweisungen eingesetzt werden.

Beispiel: Das Volumen eines Zylinders soll zunächst mit einer Funktion berechnet werden.Um diese gleich "vor Ort" auszuprobieren, setzen wir sie in den Deklarationsabschnitt der *OnClick*-Ereignisbehandlungsroutine eines Buttons, welcher neben einem Label auf einem Formular plaziert ist[7]:

```
procedure TForm1.Button1Click(Sender: TObject);            // Click auf Button

  function zylinder(r,h: Double): Double; // Übergabeparameter: Radius und Höhe
  var f: Double;                          // Zwischenvariable
  begin
    f := Pi * Sqr(r);                     // Grundfläche = Pi mal Radius ins Quadrat
    Result:= f * h                        // Volumen = Grundfläche mal Höhe
  end;
var v: Double; s: string;   // Zwischenvariable

begin
  v:= zylinder(23.7, 50);                 // Volumen für Radius 23.7 und Höhe 50
```

[6] Die Blockstruktur von Object Pascal erlaubt auch mehrfach ineinander verschachtelte Routinen.

[7] Näheres dazu im nächsten Kapitel.

```
  Str(v:6:2,s);                        // 6-stellige Ausgabe, davon 2 Nachkommastellen
  Label1.Caption := s                  // Ergebnisanzeige = 88 230.06
end;
```

Zum Vergleich soll das Zylinderproblem nun mit einer Prozedur gelöst werden:

```
procedure zylinder(r,h: Double; var v: Double);        (* Übergabeparameter: Radius und
Höhe;
                                                          Rückgabeparameter: Volumen *)
 var f: Double;          // Zwischenvariable
 begin
  f := Pi * Sqr(r);      // Grundfläche = Pi mal Radius ins Quadrat
  v:= f * h              // Volumen = Grundfläche mal Höhe
 end;
```

Unser kleines Testprogramm sieht jetzt folgendermaßen aus:

```
procedure TForm1.Button1Click(Sender: TObject);              // Click auf Button

 procedure zylinder(r,h: Double; var v: Double);
 var f: Double;
 begin f := Pi*Sqr(r); v:= f * h end;
 var v: Double; s: string;                     // Zwischenvariable

begin
  zylinder(23.7, 50, v);                       // Volumen für Radius 23.7 und Höhe 50
  Str(v:6:2,s);                                // 6-stellige Ausgabe, davon 2 Nachkommastellen
  Label1.Caption := s                          // Ergebnisanzeige = 88 230.06
end;
```

Parameterübergabe

Parameter dienen dazu, Daten an Prozeduren und Funktionen zu übertragen und von diesen zu erhalten. Mit der Deklaration einer Prozedur oder Funktion legen Sie die Liste der formalen Parameter fest. Innerhalb dieser Routinen werden diese Parameter wie (lokale) Variable behandelt.

Dabei ist besonders folgendes zu beachten:

Hinweis: Innerhalb einer Funktion muß dem Namen der Funktion (einfacher geht es mit *Result*) der Rückgabewert zugewiesen werden.

Beispiel: Die beiden folgenden Zuweisungen im Funktionskörper von *zylinder* sind gleichwertig:

```
zylinder := f * h;
Result:= f * h;
```

Hinweis: Während bei der Parameterdeklaration die Parameterauflistungen durch Semikolon (;) voneinander getrennt werden, sind sie beim Aufruf grundsätzlich durch Komma (,) separiert.

Beispiel:

```
procedure zylinder(r,h: Double; var v: Double);     // Deklaration
...
zylinder(23.7, 50, v);                               // Aufruf
```

Hinweis: Wird eine Prozedur/Funktion aufgerufen, so erfolgt die Datenübertragung normalerweise als Wert. Der Routine ist es somit unmöglich, diese Werte zu ändern. Man kann aber durch Voranstellung des reservierten Wortes *var* erreichen, daß die Datenübergabe als "Referenz" erfolgt. Dabei wird intern lediglich auf die Adresse der Variablen verwiesen. Der aufgerufenen Funktion/Prozedur ist es nunmehr möglich, am Wert "herumzudoktern".

Beispiel: Bei der folgenden Deklaration wird eine Referenz auf die Variable *v* übergeben.

```
procedure zylinder(r,h: Double; var v: Double);
```

3.5.7 Rekursionen

Bei einer Rekursion ruft sich eine Prozedur während ihrer Ausführung wiederholt von selbst auf. Delphi erlaubt eine echte rekursive Programmierung. Damit können iterative Abläufe mitunter einfacher und kompakter dargestellt werden.

Beispiel: Die folgende Prozedur ruft sich hundertmal selbst auf.

```
procedure bis100;
begin
  i := i + 1;  if i < 100 then bis100
end;
```

3.6 Das Unit-Konzept

Die reservierten Wörter *initialization*, *implementation*, *interface*, *unit* und *uses* charakterisieren das ab Turbo Pascal 4.0 eingeführte Unit-Konzept, mit dem erstmals eine modulare Programmierung ermöglicht und die 64-KByte-Barriere durchbrochen wurde. Jede Unit enthält quasi eine eigene Bibliothek von Variablen, Konstanten, Prozeduren, Funktionen und Datentypen, die (in compilierter Form) bausteinartig in verschiedene andere Programme eingebunden werden kann. Der Anwender darf eigene Units entwickeln. Andererseits gibt es in Delphi bereits eine ganze Reihe vordefinierter Units. Sie sehen das, wenn Sie sich z.B. die *uses*-Klausel am Anfang einer Form-Unit betrachten.

3.6.1 Unit-Struktur

Eine Unit setzt sich aus verschiedenen Abschnitten zusammen, die in streng vorgeschriebener Reihenfolge aufgeführt werden müssen:

- Unit-Kopf
- *Interface*-Abschnitt
- *Implementation*-Abschnitt
- *Initialization*-Abschnitt
- *Finalization*-Abschnitt

Die Basisstruktur sieht wie folgt aus:

```
unit <Name>

interface

uses <Liste der benutzten Units>            (* optional *)

(* öffentliche Deklarationen *)

implementation

uses <Liste der intern benutzten Units>     (* optional *)

(* private Deklarationen *)

(* Implementierung von Prozeduren und Funktionen *)

initialization
(* Initialisierungscode *)                  (* optional *)

finalization
(* Schlußcode *)                           (* optional *)
end.
```

Unit-Kopf

Eine Unit beginnt mit dem reservierten Wort *unit*, nach welchem der Name (ein Bezeichner) folgt, und endet mit dem reservierten Wort *end*, das immer mit einem Punkt (.) abzuschließen ist. Der Name wird bei Bezug auf die Unit in einer *uses*-Klausel verwendet und muß eindeutig sein. Gleichzeitig dürfen also nicht mehrere Units denselben Namen verwenden.

Hinweis: Der Name der Quelldatei einer Unit sowie der Binärdatei (.DFM) müssen mit dem Unitbezeichner übereinstimmen (zumindest die ersten acht Zeichen), da sonst der Compiler nicht die Quell- und/oder Binärdatei eines Programms oder einer Unit, die diese Unit nutzt, finden kann.

Interface-Abschnitt

Dieser Teil ist von den reservierten Wörtern *interface* und *implementation* eingeschlossen. Dazwischen wird die nach außen "sichtbare" Schnittstelle der Unit definiert, d.h., es werden öffentliche (*public*) Konstanten, Typen, Variablen, Prozeduren und Funktionen deklariert. Von Prozeduren und Funktionen werden nur die Kopfzeilen aufgeführt, während sich der eigentliche Code im Implementationsteil befindet.

Implementations-Abschnitt

Der Implementationsteil beginnt mit dem reservierten Wort *implementation* und enthält den Programmcode aller öffentlichen Prozeduren und Funktionen. Außerdem werden hier auch Konstanten, Typen, Variablen, Prozeduren und Funktionen für den internen Gebrauch (private) deklariert.

Die Reihenfolge, in welcher Sie Prozeduren und Funktionen im Implementationsteil definieren bzw. referenzieren, muß nicht der Deklarationsreihenfolge im Interfaceteil entsprechen.

Die Kopfzeilen von Prozeduren und Funktionen können, müssen aber nicht, vom Interface-Teil dupliziert werden, da auch ein Verzicht auf die formale Parameterliste möglich ist (sog. Kurzform). Wenn Sie trotzdem die Parameterliste mit angeben, erzeugt der Compiler dann eine Fehlermeldung, wenn die Deklarationen im Interface- von denen im Implementationsteil abweichen.

Hinweis: Bei der Deklaration privater Funktionen und Prozeduren muß die formale Parameterliste immer angegeben werden (Kurzform ist verboten!).

Initialization-Abschnitt

Dieser optionale Teil der Unit umfaßt das reservierte Wort *initialization*, gefolgt von einer oder mehreren Anweisungen zum Initialisieren der Unit nach Programmstart. Um die Kompatibilität zu älteren Versionen von Turbo Pascal zu erhalten, könnte man auch das reservierte Wort *begin* anstatt *initialization* verwenden. Davon ist allerdings abzuraten, da dem Compiler dadurch das Nachvollziehen von sog. Blockverschachtelungsfehlern erschwert wird. Innerhalb eines Programms werden die Initialisierungsteile in der gleichen Reihenfolge ausgeführt, wie die entsprechenden Units in der *uses*-Klausel des Hauptprogramms aufgelistet sind.

Finalization-Abschnitt

Dieser optionale Abschnitt kann nur in solchen Units enthalten sein, die auch einen *initialization*-Abschnitt besitzen. Die ablaufenden Vorgänge bewirken das Gegenteil der Initialisierung: Sämtliche von der Unit im initialization-Abschnitt belegten Ressourcen sollten wieder freigegeben werden.

3.6.2 Uses-Klausel

Ebenso wie ein Programm kann auch eine Unit auf andere Units zugreifen. Letztere müssen, durch Kommas getrennt, nach dem reservierten Wort *uses* aufgelistet werden. Wie der Basisstruktur zu entnehmen ist, gibt es dafür zwei Möglichkeiten:

- **Öffentliche (public) Deklaration**
  In diesem Fall erscheint die *uses*-Klausel unmittelbar nach dem reservierten Wort *interface*. Programme bzw. andere Units, die die aktuelle Unit benutzen, können also auch zusätzlich auf die hier angeführten Units zugreifen. Allerdings sind im Interface-Teil sogenannte "zirkulare" Deklarationen verboten. Wenn z.B. Unit A die Unit B öffentlich benutzt, darf das andererseits die Unit B nicht mit der Unit A tun (und umgekehrt).
- **Interne (private) Deklaration**
  Wenn nur die aktuelle Unit Gebrauch von zusätzlichen Units machen will, so sind letztere in der zweiten *uses*-Klausel (also unmittelbar nach dem reservierten Wort *implementation*)anzuführen. Andere Programme bzw. Units, die die aktuelle Unit nutzen, haben keinen Zugriff! Allerdings sind hier zirkulare Deklarationen erlaubt, d.h., Unit A kann Unit B benutzen und umgekehrt.

Anwendungsbeispiel

Die folgende fiktive Unit mit dem Namen *unitC* macht keinesfalls etwas sinnvolles, sie soll nur für den Einsteiger das Prinzip verdeutlichen. Von außen ist der Zugriff auf die Proceduren *procA* und *procB* sowie auf die Stringvariable *s* gestattet. Zusätzlich stehen sämtliche Prozeduren, Funktionen, Typdeklarationen der (hier nicht näher spezifizierten) *unitA* und *unitB* zur Verfügung. Nur für den internen Gebrauch werden die *unitX*, die Variablen *k* und *l* sowie die Prozedur *procY* benutzt.

```
unit unitC;                              (* Unitkopf *)

interface            (* Einleitung des öffentlichen Deklarationsabschnitts *)
 uses unitA, unitB;                              (* öffentliche Units *)

 var s: string;                                 (* öffentliche Variable *)

 procedure procA(i: Integer);        (* öffentliche Prozeduren *)
 procedure procB(var m: Byte);       (* dto. *)

implementation                        (* Einleitung des internen Abschnitts *)

 uses unitX;                         (* nur intern verwendete Unit *)
 var k, l: Integer;                  (* interne Variable *)

procedure procY(y: Byte);            (* lokale Prozedur *)
begin
```

```
 y:= y+1;
 procBB
end;

procedure procA;                    (* öffentliche Prozedur, Kurzform *)
begin
 procY(i);
 procXX(s)
end;

procedure procB;                    (* öffentliche Prozedur, Kurzform *)
begin
 procAA;
 procXX(s)
end;

initialization                      (* Einleitung der Anfangswertzuweisung *)
 s:= 'Hallo';
 k:=1;
 l:=2;

finalization
 l := 0;
 s := '';
end.
```

Die internverwendeten (und auch extern verwendbaren) Prozeduren *procAA* und *procBB* sollen aus den Units *unitA* und *unitB* stammen, die nur intern zugängliche Prozedur *procXX* aus der *unitX*. Bei Initialisierung der *unitC* werden die öffentliche Variable *s* sowie die nur intern verwendeten Variablen *k* und *l* auf Anfangswerte gesetzt.

Eine ausführliche Anleitung zum Umgang mit selbstdefinierter Units finden Sie unter anderem in

☞ R1 ... eine eigene Unit definieren und einbinden?

3.6.3 Units und Formulare

Im Zusammenhang mit der in Delphi praktizierten objekt- und ereignisorientierten Programmierung kommt dem Unit-Konzept eine besondere Bedeutung in Gestalt der sogenannten "Fenster-Units" zu. Diese werden automatisch bei Hinzufügen eines neuen Formulars (beginnend mit *Unit1.pas*) eröffnet und beinhalten den gesamten Quellcode innerhalb dieses Objekts (siehe Einsteigerbeispiel im Kapitel 1).

Die notwendige Praxis im Umgang mit Formular-Units erhalten Sie in

☞ R21 ... auf mehrere Formulare zugreifen?

oder auch

☞ R18 ... Vererbung realisieren?

Formulare und Komponenten

- Das Formular
- Standard-Komponenten
- Wichtige Objekte
- Entwurf Benutzerschnittstelle
- Dialogfenster

4 Formulare und Komponenten

Borland Delphi's visuelle Entwicklungsumgebung (IDE) ermöglicht einen Schnellstart in der Windows-Programmierung (siehe Kapitel 1, Einsteigerbeispiele), ohne daß man dazu besonders tief in die Geheimnisse der zugrundeliegenden Objektbibliothek (VCL = Visual Components Library) einsteigen muß.

Ziel des vorliegenden Kapitels ist es, dem Einsteiger mit einem Minimum an Aufwand und Vorkenntnissen, den Weg zur vorrangig visuell geprägten Windows-Anwendungsprogrammierung auf Basis von Formularen und Standardkomponenten zu ebnen. Für den notwendigen Tiefgang durch Verlagerung des Schwerpunktes auf die objektorientierte Programmierung sorgt erst das Kapitel 5 (OOP). Datensensitive Komponenten und Datenzugriffskomponenten sind vorerst ausgeklammert, ihre Behandlung erfolgt generell erst ab Kapitel 7.

Da dieses Buch keine vollständige Referenz bereitstellt, diese Rolle kann viel effektiver die integrierte Online-Help übernehmen, werden im vorliegenden Kapitel nur die aus der Sicht des Praktikers wichtigsten Eigenschaften, Ereignisse und Methoden in Form von Übersichten und kurzen Kommentaren bzw. knappen Beispielen zusammengestellt. Mit Hilfe von Querverweisen finden Sie umfangreichere Demoprogramme im Kochbuchteil, der Sie auch zu eigenen Experimenten anregen soll.

4.1 Allgemeines über Steuerelemente

Die wichtigsten sichtbaren Objekte, mit denen wir es beim visuellen Entwurf der Bedienoberfläche zu tun haben, sind Steuerelemente, d.h. Formulare und Komponenten, wie z.B. *Button*, *EditBox*, *Label* etc. Bekanntlich verfügen diese Objekte über Eigenschaften (Properties), Methoden (Methods) sowie über Ereignisse (Events), auf welche sie reagieren können (siehe Kapitel 1, Einführung).

4.1.1 Standardeigenschaften

Eigenschaften können Sie zur Entwurfszeit (über die *Eigenschaften*-Seite des Objektinspektors) oder zur Laufzeit per Programmcode setzen. Es gibt eine Vielzahl von Properties, über die (fast) alle Komponenten verfügen und die deshalb nur einmal erklärt werden müssen:

Tabelle 4.1 Standardeigenschaften

Eigenschaft	Datentyp	Erklärung	Default
Align	*TAlign*	... legt fest, wie Komponente gegenüber ihrem Container ausgerichtet werden soll: *alNone*, *alTop*, *alBottom*, *alLeft*, *alRight*, *alClient*	*alNone*
Caption	*String*	... beinhaltet die Beschriftung	Name

Eigenschaft	Datentyp	Erklärung	Default
Color	*TColor*	... legt Farbe bzw. Hintergrundfarbe (Formular) fest, z.B. *clBlack, clGreen, clYellow, clRed, clScrollBar, clBtnFace*[1]	unterschiedlich
Ctl3D	*Boolean*	... legt fest, ob die Komponente in 3D- oder 2D-Ansicht erscheinen soll	*True*
Cursor	*TCursor*	... bestimmt das Aussehen des Mauszeigers im Bereich der Komponente	*crDefault*
DragCursor	*TCursor*	... bestimmt die Mauszeigerform über Komponente bei DragDrop	*crDrag*
DragMode	*TDragMode*	... bestimmt Verhalten bei DragDrop: *cmManual* oder *cmAutomatic*	*cmManual*
Enabled	*Boolean*	... legt fest, ob die Komponente auf Benutzereingaben (Tastatur- bzw. Mausereignisse) reagiert	*True*
+Font	*TFont*	... ist das Schriftartobjekt mit den Eigenschaften *Color*, *Height*, *Name*, *Pitch*, *Size* und dem untergeordneten *Style*-Objekt	*System, Fett, 10dpi,...*
Height *Width*	*Integer*	... Gesamthöhe bzw. -breite der Komponente (in Pixeleinheiten)	bei Entwurf festgelegt
HelpContext	*THelpContext*	... Kontextnummer für Aufruf einer Hilfeseite aus der Help-Datei (F1-Taste)	Null (0)
Hint	*String*	Hilfetext (gelbes Schildchen)	leer
ShowHint	*Boolean*	... soll angezeigt werden?	*False*
Left *Top*	*Integer*	... linker bzw. oberer Randabstand (in Pixeleinheiten)	bei Entwurf festgelegt
Name	*TComponent-Name*	... ist die wichtigste Eigenschaft (ein Namen muß eindeutig sein, also niemals doppelt vergeben!)	in Entwurfs-reihenfolge
PopUpMenu	*TPopupMenu*	... legt Namen des PopUp-Menüs fest, wenn rechte Maustaste gedrückt wird	
TabOrder *TabStop*	*TTabOrder* *Boolean*	... bestimmt Tabulatorreihenfolge bzw. ob überhaupt angehalten wird.	Null (0) *True*
Tag	*LongInteger*	... speichert für diverse Zwecke eine Zahl.	Null (0)
Visible	*Boolean*	... legt fest, ob die Komponente sichtbar oder unsichtbar ist.	*True*

[1] Die Farben sind teilweise dem Windows-Desktop entlehnt.

Einfache Objekteigenschaften

Beispiel: Die folgenden beiden Anweisungen sorgen für das Erscheinen eines kleinen gelben Hinweisschildchens mit der Aufschrift "Beenden", wenn Sie mit der Maus auf die Schaltfläche *Button1* zeigen.

```
Button1.Hint = 'Beenden';
Button1.ShowHint = True;
```

Es ist müßig, weitere Beispiele hier zu bringen, denn Demonstrationen zu (fast) allen Standardeigenschaften finden Sie in vielfältigster Form im Kochbuchteil, z.B. zu *PopUpMenu* in

☞ R52 ... ein PopUp-Menüs anzeigen?

Komplexe Objekteigenschaften

Das manchen Eigenschaften (z.B. *Font*) vorangestellte Kreuzchen (+) verweist darauf, daß es sich hier genaugenommen um ein Objekt handelt, das sich in weitere Eigenschaften (z.B. *Color*, *Height*) bzw. Objekte (*Style*) aufsplitten läßt.

Beispiel:

```
PainBox1.Font.Size := 8;
```

weist der Schrift innerhalb der Painbox die Größe 8 zu.

```
Paintbox1.Font.Style := [fsbold];
```

wählt das Schriftattribut fett aus.

Abb. 4.1 Beispiel PaintBox. Nach Doppelklick auf +Font *(links) erscheinen zu* -Font *die untergeordneten Eigenschaften bzw. Objekte (rechts)*

4.1.2 Standardereignisse

Auf der *Ereignisse*-Seite des Objektinspektors finden Sie eine Auflistung der für die betreffende Komponente auswertbaren Events. Wir wollen uns hier nur auf die Standardereignisse beschränken, die für die meisten Komponenten gleichermaßen zutreffen:

Mausereignisse (Überblick)

Wenn sich der Mauscursor über einer Komponente befindet, können für dieses Objekt die folgenden Mausaktivitäten ausgewertet werden:

Tabelle 4.2 Mausereignisse

Ereignis	... tritt ein wenn
OnClick	... auf die Komponente geklickt wird.
OnDblClick	... auf die Komponente doppelt geklickt wird.
OnMouseDown	... eine Maustaste niedergedrückt wird.
OnMouseUp	... eine Maustaste losgelassen wird.
OnMouseMove	... die Maus bewegt wird.

OnClick und OnDblClick

In der Kopfzeile wird nur der *Sender*-Parameter übermittelt:

```
procedure TForm1.FormClick(Sender: TObject);
```

Beachten Sie, daß jeder Doppelklick leider auch ein "normales" Klickereignis auslöst. Man sollte deshalb überlegt zu Werke gehen, wenn (was nicht empfohlen wird) für ein Objekt beide Events gleichzeitig besetzt werden.

OnMouseDown und OnMouseUp

Hier ist die Parameterliste wesentlich länger:

```
procedure TForm1.FormMouseDown(Sender: TObject; Button: TMouseButton;
                               Shift: TShiftState; X, Y: Integer);
```

Shift → Status beim Eintreffen des Ereignisses,
Button → Taste, die Ereignis verursacht hat,
X, Y → Mauskoordinaten.

Tabelle 4.3 Tastenparameter bei Mausereignissen

Shift	Button	Bedeutung
ssLeft	*mbLeft*	linke Maustaste gedrückt
ssMiddle	*mbMiddle*	mittlere Maustaste gedrückt
ssRight	*mbRight*	rechte Maustaste gedrückt

Beispiel: Beim Niederdrücken der rechten Maustaste über dem Formular wird ein Piepton erzeugt:

```
procedure TForm1.FormMouseDown(Sender: TObject; Button: TMouseButton;
  Shift: TShiftState; X, Y: Integer);
begin
 if Shift = [ssRight] then MessageBeep(0)
end;
```

Das gleiche Ergebnis liefert aber auch:

```
procedure TForm1.FormMouseDown(Sender: TObject; Button: TMouseButton;
  Shift: TShiftState; X, Y: Integer);
begin
   if Button = mbRight then MessageBeep(0)
end;
```

wodurch natürlich die Frage nach dem Sinn des *Button*-Parameters aufkommt.

Siehe auch

☞ R44 ... die Mauskoordinaten anzeigen?

OnMouseMove

... tritt im Unterschied zu den anderen Mausereignissen auch dann ein, wenn keine Maustaste gedrückt ist:

```
procedure TForm1.FormMouseMove(Sender: TObject; Shift: TShiftState; X, Y: Integer);
```

Im Unterschied zu *OnMouseUp/OnMouseDown* fehlt der *Button*-Parameter. Die Bedeutung der übrigen Parameter ist die gleiche.

Tastaturereignisse (Überblick)

Wenn eine Komponente den Fokus hat, können für dieses Objekt folgende Keyboard-Events ausgewertet werden:

Tabelle 4.4 Tastaturereignisse

Ereignis	... tritt ein wenn
OnKeyPress	... eine Taste gedrückt wird.
OnKeyDown	... die Taste nach unten bewegt wird (mit Tastaturintervall)
OnKeyUp	... eine Taste losgelassen wird.

OnKeyPress

Neben dem obligatorischen *Sender*-Parameter wird das Zeichen der Taste übermittelt:

```
procedure TForm1.Edit1KeyPress(Sender: TObject; var Key: Char);
```

Der Parameter *Key* ist vom Typ *Char*, deshalb registriert *OnKeyPress* das ASCII-Zeichen der gedrückten Taste. Tasten ohne ASCII-Zeichen (z.B. Shift oder F10) erzeugen kein *OnKeyPress*-Ereignis, Tastenkombinationen (wie z.B. Shift+A) nur dann, wenn die Feststelltaste ausgeschaltet ist. Zur Auswertung von Nicht-ASCII-Tasten (oder Tastenkombinationen) muß man die Ereignisbehandlungsroutinen *OnKeyDown* oder *OnKeyUp* verwenden.

Eine Vielzahl von Anwendungsbeispielen finden Sie im Kochbuchteil, z.B.:

☞ R31 ... Dezimalkomma in Dezimalpunkt umwandeln?

OnKeyDown und OnKeyUp

Diese Ereignisse übergeben eine grundsätzlich andere Parameterliste als *OnKeyPress*:

```
procedure TForm1.Edit1KeyUp(Sender:TObject; var Key:Word;Shift:TShiftState);
```

OnKeyDown und *OnKeyUp* können auf alle Tasten der Tastatur (einschließlich Funktionstasten und Tastenkombinationen mit den Tasten Umschalt, Alt und Strg) reagieren. Da der Parameter *Key* vom Typ *Word* ist, müssen aber die *virtuellen Tastaturcodes* (siehe Anhang) verwendet werden.

Beispiel: Beim Loslassen einer Taste innerhalb eines Editierfeldes wird ein Piepton erzeugt:

```
procedure TForm1.Edit1KeyUp(Sender:TObject; var Key:Word;Shift:TShiftState);
begin
 if Key = vk_control then MessageBeep(0)
end;
```

Auswerten von Tastenkombinationen

... ist nur innerhalb eines *OnKeyDown* bzw. *OnKeyUp*-Event-Handlers möglich (also nicht bei *OnKeyPress*!). Zur Ermittlung des Status von *Alt*, *Strg* und *Shift* dienen folgende Werte des Typs *TShiftState*:

Tabelle 4.5 Werte von TShiftState

Wert	Bedeutung
ssShift	Umschalttaste gleichzeitig gedrückt
ssCtrl	Strg-Taste gleichzeitig gedrückt
ssAlt	Alt-Taste gleichzeitig gedrückt

Beispiel: erzeugt einen Piepton, wenn der Anwender Strg+F8 drückt.

```
procedure TForm1.FormKeyDown(Sender: TObject; var Key: Word;  Shift: TShiftState);
begin
  if ((Shift = [ssCtrl]) and (Key = VK_F8)) then MessageBeep(0)
end;
```

Leider klappt das Zusammenspiel von Tastatur und Maustasten nur, wenn Sie Umschalt-Tasten (Shift, Alt, ...) verwenden.

Beispiel: Man würde nach Änderung des obigen Beispiels in

```
if ((Shift = [ssLeft]) and (Key = VK_F8)) then MessageBeep(0)
```

erwarten, daß die F8-Taste gemeinsam mit der linken Maustaste den gewünschten Ton produziert. Fehlanzeige, denn es passiert ... nichts, da F8 eine flankengesteuerte Taste ist!

KeyPreview

Dies ist kein Ereignis sondern eine Formulareigenschaft! *KeyPreview* steht aber im engen Zusammenhang mit den Tastaturereignissen und wird deshalb an dieser Stelle besprochen. Hat *KeyPreview* den Wert *True*, so gehen, unabhängig vom aktiven Dialogelement, die Tastaturereignisse *OnKeyDown*, *OnKeyUp* und *OnKeyPress* zuerst an das Formular. Hier können gewisse Vorentscheidungen gefällt werden. Erst danach wird das Tastaturereignis an das Dialogelement weitergereicht. Wenn *KeyPreview* den Wert *False* hat (Voreinstellung), werden die Ereignisse sofort zum Dialogelement weitergegeben.

Beispiel: Setzen Sie *KeyPreview* eines Formulars auf *True* und plazieren Sie ein Label und ein Editierfeld auf dem Formular. Werten Sie das *OnKeyUp*-Event des Formulars wie folgt aus:

```
procedure TForm1.FormKeyUp(Sender: TObject; var Key: Word;
  Shift: TShiftState);
begin
 Label1.Caption := Label1.Caption + Chr(key)
end;
```

Nach Programmstart geben Sie in das Editierfeld etwas ein und Sie werden feststellen, daß die Eingaben zunächst zum Formular geleitet werden und im Label erscheinen:

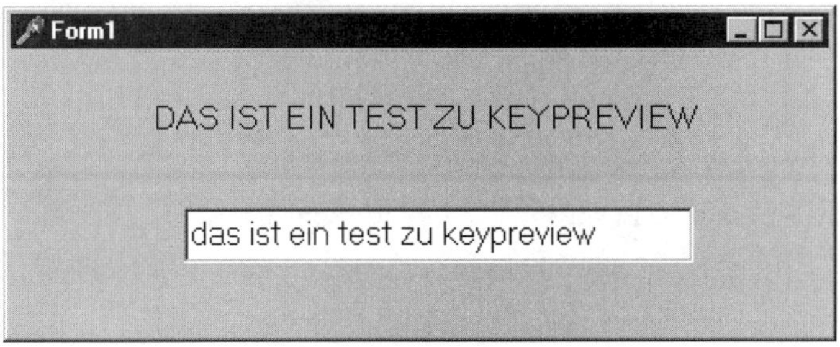

Abb. 4.2 Das Beispiel zur Laufzeit

Hinweis: Eine Ausnahme bilden die Bewegungstasten (Tab, Cursortasten,...). Nur wenn das aktive Dialogelement derartige Tasten zuläßt, können Sie diese mit *KeyPreview* bereits auf Formularebene abfangen.

Weitere Ereignisse

Die folgenden Events finden Sie ebenfalls bei einer Vielzahl von Objekten:

Tabelle 4.6 Weitere Standardereignisse

Ereignis	... tritt ein wenn
OnChange	... Komponente geändert wird.
OnEnter	... Komponente den Fokus erhält.
OnDragDrop	... gezogenes Objekt über der Komponente abgelegt wird
OnDragOver	... Objekt über die Komponente gezogen wird
OnEndDrag	... DragDrop beendet ist.
OnExit	... Komponente den Fokus verliert.

Anwendungsbeispiele finden Sie in vielfältiger Form im Kochbuchteil, z.B.

☞ R26 ... mit DragDrop arbeiten?

4.1.3 Standardmethoden

Einige wichtige Methoden, über die fast alle Objekte verfügen:

Tabelle 4.7 Standardmethoden

Methode	Erläuterung
BeginDrag	... startet DragDrop sofort (*True*) oder verzögert (*False*)
BringToFront	... bringt Steuerelement nach vorn
Free	Destruktor zum Entfernen von Objekten
Dragging	... ermittelt, ob ein Steuerelement gezogen wird (*True/False*)
Hide	... setzt die Eigenschaft *Visible* der Komponente auf *False*
Refresh	.. ruft *Repaint* auf
Repaint	Steuerelement wird sofort neu gezeichnet
Show	... setzt die Eigenschaft *Visible* der Komponente auf *True*
SendToBack	... legt Steuerelement hinter alle anderen überlappenden Steuerelemente.
SetFocus	Steuerelement erhält den Fokus

Beispiel:

```
Edit1.SetFocus;                    // Einfügemarke blinkt im Editierfeld
```

Zahlreiche Anwendungen finden Sie im Kochbuchteil, wie z.B.

☞ R25 ... Komponenten zur Laufzeit erzeugen bzw. entfernen?

4.2 Das Formular

Eine Windows-Applikation läuft in einem oder mehreren Fenstern ab, die sozusagen als Container für die Anwendung fungieren. Das von *TForm* abgeleitete Formular ist deshalb das wichtigste Objekt. Im allgemeinen Sinn ist auch ein Formular als Komponente zu betrachten, jedoch ist es aus praktischen Gründen zweckmäßig, zwischen Formular und den darin enthaltenen Komponenten zu unterscheiden.

4.2.1 Eigenschaften

Die folgende Tabelle zeigt die wichtigsten (sogenannten *Schlüsseleigenschaften*) eines Formulars. Einige davon entsprechen den anfangs bereits aufgelisteten Standardeigenschaften, werden aber aufgrund ihrer spezifischen Bedeutung nochmals mit aufgeführt.

Tabelle 4.8 Formular-Eigenschaften

Eigenschaft	Datentyp	Erklärung	Default
ActiveControl	*TWinControl*	Komponente, die den Fokus hat	keine
AutoScroll	*Boolean*	Bildlaufleisten erscheinen, wenn Formular verkleinert wird	*True*
BorderStyle	*TFormBorderStyle*	Art des Rahmens: *bsDialog* => nicht größenveränderlich; einfaches Dialogfenster *bsSingle* => nicht größenveränderlich; einfache Rahmenlinie *bsNone* => nicht größenveränderlich; keine sichtbare Rahmenlinie, keine Schalter Symbol und Vollbild, kein Steuermenü *bsSizeable* => größenveränderlicher Standardrahmen	*bsSizeable*
BorderIcons	*TBorderIcons*	Ikonen, die in Titelleiste angezeigt werden: *biSystemMenu* => System-Menü *biMinimize* => Minimieren-Schaltfläche *biMaximize* => Maximieren-Schaltfläche *biHelp* => Hilfetexte in Popup-Fenster	 *True* *True* *True* *False*
Caption	*String*	in der Titelleiste angezeigter Text	wie Name
ClientHeight *ClientWidth*	*Integer*	Höhe bzw. Breite des Clientbereichs in Pixeln	wie im Editor
Color	*TColor*	Hintergrundfarbe	*clBtnFace*
Ctl3D	*Boolean*	drei- oder zweidimensionales Aussehen	*True*

Eigenschaft	Datentyp	Erklärung	Default
Cursor	*TCursor*	Aussehen des Mauszeigers	*crDefault*
Enabled	*Boolean*	Formular reagiert auf Maus-, Tastatur- und Timer-Ereignisse, oder nicht	*True*
+Font	*TFont*	Textausgaben für nachfolgende Texteigenschaften (*Color*, *Name*, *Size*, *Style*, siehe Font-Dialogfenster)	System-schrift
FormStyle	*TFormStyle*	Formulartyp (normal, MDI-Rahmenfenster, MDI-Kindfenster, immer oben)	*fsNormal*
Height *Width*	*Integer*	Gesamthöhe bzw. - breite des Formulars in Pixeln	wie im Editor
Left *Top*	*Integer*	Abstand der linken bzw. oberen Kante des Formulars zum Bildschirmrand in Pixeln	-1
WindowState	*TWindow State*	Größe des Formulars beim Programmstart fest (normal, maximal, Ikone)	*wsNormal*

Die folgende Skizze verdeutlicht noch einmal einige Eigenschaften:

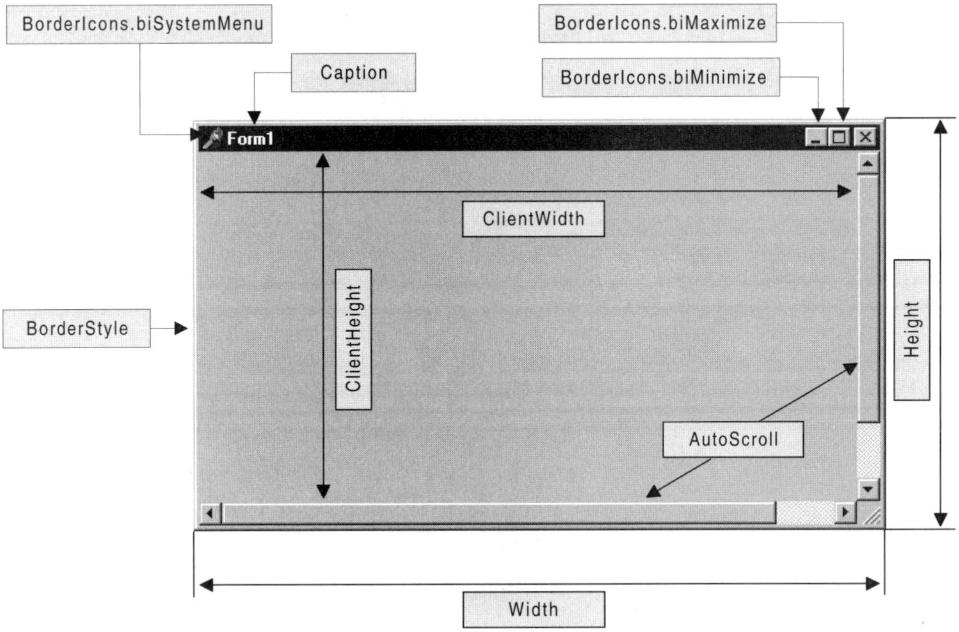

Abb. 4.3 Form-Eigenschaften für das äußere Erscheinungsbild

Bemerkungen:

- Einige Kombinationen der Eigenschaften *BorderStyle* und *BorderIcons* verbieten sich gegenseitig. Man kann z.B. nicht *BorderIcons* auf *biMaximize* oder *biMinimize* und zugleich *BorderStyle* auf *bsDialog* setzen
- Beachten Sie, daß bei *biSystemMenu* = *False* auch die anderen Symbole nicht angezeigt werden!
- Im Kapitel 6 (Grafik) werden unter anderem ausführlich *Height* und *Width* sowie *ClientHeight* und *ClientWidth* erklärt.
- In (fast) jedem Rezept des Kochbuchteils finden Sie weitere Beispiele:

☞ R26 ... ein Formular zentrieren?

☞ R29 ... ein Formular an oberster Position einblenden?

4.2.2 Ereignisse

Neben den am Kapitelanfang aufgelisteten Standardereignissen sind für ein Formular die folgenden Events von Bedeutung:

Tabelle 4.9 Formular-Ereignisse

Ereignis	**... tritt ein wenn**
OnCreate	... das Formular zum ersten Mal erzeugt wird.
OnActivate	... das Formular aktiviert wird (in den Vordergrund kommt).
OnClose	... das Formular geschlossen wird.
OnCloseQuery	... das Formular nach einer Abfrage geschlossen wird.
OnDragDrop	... ein gezogenes Objekt auf dem Formular abgelegt wird
OnDragOver	... ein Objekt über das Formular gezogen wird
OnPaint	... vorher verdecktes Formular neu gezeichnet werden muß.
OnResize	... die Größe eines Formulars verändert wird.
OnShow	... bevor das Formular sichtbar wird.
OnHide	... das Formular unsichtbar gemacht wurde.
OnDeactivate	... zu einer anderen Windows-Applikation gewechselt wird.
OnDestroy	... wenn das Formular (oder Hauptfenster) entfernt wird.

Wenn ein Formular erzeugt wird und dessen Eigenschaft *Visible* auf *True* gesetzt ist, treten die Ereignisse wie in der folgenden Abbildung dargestellt ein.

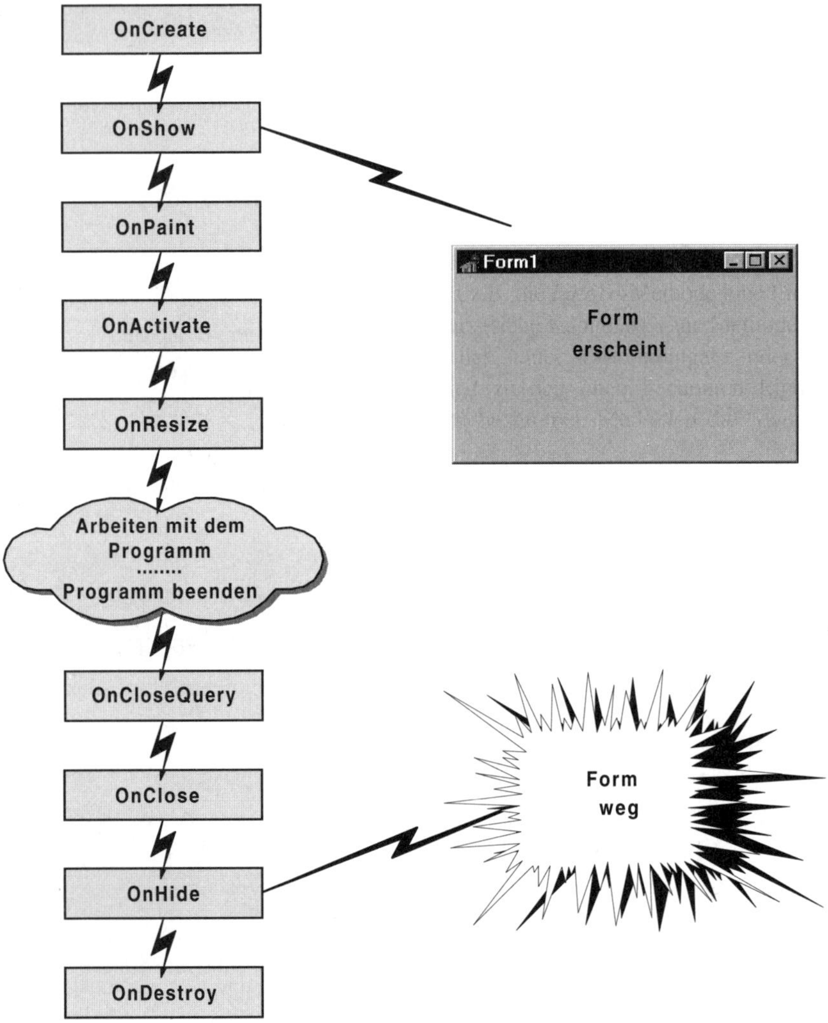

Abb. 4.4 Ereignisfolge beim Laden und Entladen eines Formulars

Ein Beispiel für *OnResize* finden Sie in:

☞ R30 ... Bildlaufleisten am Fensterrand positionieren?

4.2.3 Methoden

Einen Überblick über wichtige Formularmethoden vermittelt die folgende Tabelle. Wie Sie erkennen, lösen einige Methoden gleichlautende Ereignisse aus.

Tabelle 4.10 Methoden von TForm

Methode	Erläuterung
Cascade	... ordnet die Kindfenster eines MDI-Hauptformulars hintereinander an
Close	... ruft *CloseQuery* auf und schließt das Formular, wobei *OnClose*-Ereignis ausgelöst wird
CloseQuery	... liefert *True*, wenn Formular geschlossen werden kann und löst vorher *OnCloseQuery*-Ereignis aus
Create	... erzeugt eine Formularinstanz (Konstruktor) und löst das *OnCreate*-Ereignis aus
Destroy	... entfernt die Formularinstanz (Destruktor) und löst das *OnDestroy*-Ereignis aus
GetFormImage	... liefert die Bitmap des Formulars
Hide	... versteckt das Formular (*Visible = False*)
Next	... macht das nächste Kindfenster eines MDI-Hauptformulars zum aktiven Fenster
Previous	... macht das vorhergehende Kindfenster eines MDI-Hauptformulars zum aktiven Fenster
Print	... druckt das Formular
SetFocus	... gibt dem Formular den Eingabefokus und ruft *SetFocus*-Methode des aktiven Steuerelements auf
Show	... setzt *Visible = True* und zeigt Formular im Vordergrund an
ShowModal	... Formular wird modal angezeigt und muß erst geschlossen werden, bevor Programm fortgesetzt werden kann

Beispiele finden Sie unter anderem auch im folgenden Abschnitt.

4.2.4 MDI-Fenster

Ein Windows-Programm läuft oft als MDI-Applikation ab, d.h., innerhalb eines Rahmen- bzw. Mutterfensters können sich mehrere sogenannte Kindfenster tummeln[2]. Diese werden vom Mutterfenster verwaltet und so "an der Leine gehalten", daß sie z.B. auch dessen Bereich nicht verlassen können.

---

[2] Textverarbeitungsprogramme, z.B. Word für Windows, sind meist als Multiple Document Interface - Applikation aufgebaut. Die einzelnen Dokumente sind die Kindfenster.

Abb. 4.5 MDI-Anwendung

Wenn Sie ein MDI-Kindfenster auf Vollbildgröße vergrößern, so erscheint dessen Titel eingefaßt in eckigen Klammern neben dem Titel des Hauptfensters und sein Menü (falls vorhanden) ersetzt das des Hauptfensters.

FormStyle-Eigenschaft

Ein Formular wird zum Hauptformular (auch MDI-Rahmenfenster genannt), wenn Sie dessen *FormStyle*-Eigenschaft auf *fsMDIForm* setzen.

Hinweis: Innerhalb einer Applikation kann es immer nur ein einziges MDI-Rahmenfenster geben!

Ein untergeordnetes Formular (Child-Window) entsteht, wenn dessen *FormStyle*-Property auf *fsMDIChild* geändert wird.

Projektoptionen

Über das Menü *Projekt|Optionen...* lassen Sie in der Regel nur das Hauptformular automatisch erstellen, da meist beliebig viele Instanzen eines Kindfensters zur Laufzeit hinzugefügt werden. Als Ersatz für die *Show*-Methode dient dann der Aufruf des *Create*-Konstruktors. Dabei ist der Owner immer das Hauptformular (*Self*).

Beispiel:

```
procedure TForm1.NeuesKindfensterClick(Sender: TObject);
begin
  TForm2.Create(Self)
end;
```

Hinweis: Entfernen Sie aus den Projektoptionen das automatische Erstellen der Kindfenster! Sie dürfen diese dann allerdings nicht mehr mit *Show* aufrufen (Zugriffsverletzung)!

Anordnen der Kindfenster

Ein MDI-Hauptfenster verfügt über die Methoden *Tile*, *Cascade* und *ArrangeIcons*, mit denen Sie die vorhandenen Kindfenster nebeneinander, überlappend oder als Symbole anordnen können. Zu diesem Zweck hat fast jede MDI-Applikation ein *Fenster*-Menü, in welchem Sie diese Optionen auswählen können.

Beispiel:

```
procedure TForm1.NebeneinanderClick(Sender: TObject); // Fenster|Nebeneinander
begin
 Tile                  // ordnet Kindfenster nebeneinander an
end;
```

In diesem Zusammenhang erwähnenswert sind noch die Methoden *Next* und *Previous*, die in einer Formularfolge das nächste bzw. das vorangehende Kindfenster zum aktiven Formular machen.

Schließen der Kindfenster

Im Unterschied zu einem normalen Formular verschwindet ein Kindfenster nicht, wenn es durch Aufruf der *Close*-Methode geschlossen werden soll.

Mit dem Zuweisen von *Action := acFree* im *OnClose*-Ereignis werden die Fenster quasi vernichtet und der von ihnen belegte Speicher wird freigegeben (*caMinimize* = Standard).

Beachten Sie auch die *CloseQuery*-Methode des übergeordneten MDI-Formulars. Diese ruft die Methode *CloseQuery* der Kindfenster auf, um den Rückgabewert zu ermitteln (*True*, wenn Kindfenster geschlossen werden darf). Ausreichende Praxis im Umgang mit MDI-Applikationen erhalten Sie in

☞ R22 ... eine MDI-Applikation erstellen?

4.3 Die Standard-Komponenten

Im Schnelldurchgang wollen wir kurz auf die interessantesten Features dieser wohl am häufigsten benötigten Komponenten eingehen.

4.3.1 Button

Die Befehlsschaltfläche ist kaum aus einer Anwendung wegzudenken und verdient es deshalb, an erster Stelle genannt zu werden.

Default

Diese Eigenschaft verbindet den Button mit der Enter-Taste. Das bedeutet, wenn Sie auf die Enter-Taste drücken, wird die *OnClick*-Ereignisprozedur ausgeführt, vorausgesetzt, die Schaltfläche hat den Fokus. Wenn der Fokus an ein Steuerelement weitergegeben wird, das keine Schaltfläche ist, wird diejenige Schaltfläche wieder zur Standardschaltfläche, deren *Default*-Eigenschaft auf *True* gesetzt ist.

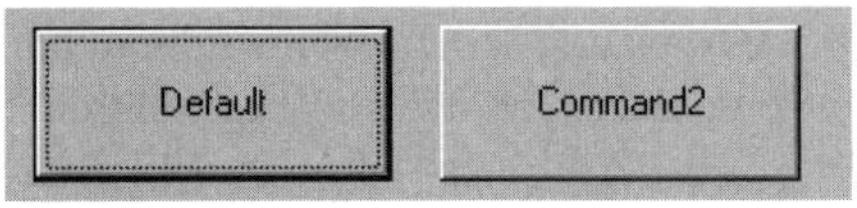

Cancel

Mit dieser Property wird festgelegt, ob der *Button* auf die ESC-Taste mit einem *OnClick*-Ereignis reagiert oder nicht (standardmäßig *False*).

4.3.2 Label

Dieses harmlose aber unverzichtbare Bezeichnungsfeld dient - im Gegensatz zum Editierfeld - meist nur zur Anzeige von statischem (unveränderbarem) Text, den man per *Caption*-Property im Objektinspektor zuweist.

Transparent = *True* setzt die *Color*-Eigenschaft außer Kraft und läßt den Formularhintergrund durchscheinen.

Mt *AutoSize* legt man fest, ob sich das Label automatisch vergrößern soll, wenn sein Inhalt dies erfordern sollte, oder ob der Rest des Textes einfach abgeschnitten wird.

Die *Align*-Eigenschaft ist meist *alNone*, da man ein Label nur in seltenen Fällen an die Ränder des Formular-Clientbereichs "klebt" bzw. es diesen ganz ausfüllen läßt.

Hervorzuheben ist allerdings die *Alignment*-Eigenschaft, welche die Ausrichtung des Textes ermittelt bzw. setzt: *taLeftJustify, taRightJustify, taCenter.*

Mit *WordWrap* legen Sie fest, ob ein Zeilenumbruch stattfinden soll:

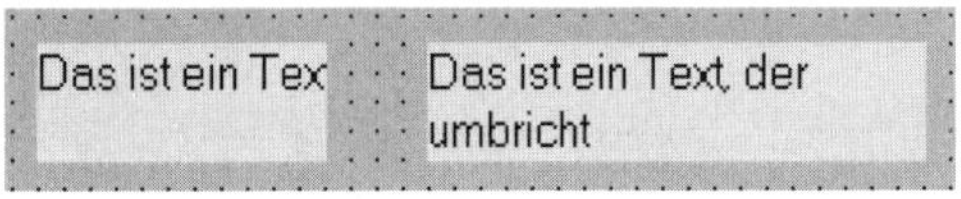

Wie Sie einen Zeilenumbruch per Quellcode erzeugen (unabhängig von *WordWrap*), siehe

☞ R36 ... einen Zeilenumbruch erzwingen?

4.3.3 Panel

Schöner anzusehen als das Label ist die Panel-Komponente, dafür sorgen 3D-Eigenschaften wie *BevelInner*, *BevelOuter*, *BevelWidth* .

Die *Caption*-Property ist allerdings auf nur eine Zeile beschränkt. Man verwendet diese Komponente deshalb meistens nur als Unterlage (Container) für andere Komponenten, die man auf diese attraktive Weise optisch gruppieren möchte.

4.3.4 Edit

Im Unterschied zum *Label* besteht im Editierfeld die zusätzliche Möglichkeit, den Text zur Laufzeit zu bearbeiten oder zu markieren. All dies geschieht durch Manipulation der *Text*-Property. Es ist allerdings nur einzeiliger Text möglich.

Hervorzuheben sind neben der *ReadOnly*-Eigenschaft (Schreibschutz bzw. Verwendung als reiner Textbetrachter) folgende Properties:

MaxLength

... legt die maximale Anzahl einzugebender Zeichen fest (Standardeinstellung 0 = keine Längenbegrenzung).

SelLength, SelStart, SelText

Diese Properties beziehen sich auf einen markierten Textausschnitt (*SelLength* = Zeichenanzahl, *SelStart* = Anfangsposition, *SelText* = Inhalt).

An Methoden sollten Sie sich die folgenden einprägen:

Clear

... löscht den Inhalt.

CopyToClipBoard, PasteFromClipboard

... kopiert den markierten Text in die Zwischenablage bzw. fügt ihn von dort ein.

Beispiel: Ab Position 10 werden zwanzig Zeichen in die Zwischenablage kopiert.

```
with Edit1 do begin
 SelStart := 10; SelLength := 20; CopyToClipBoard
end;
```

Übrigens können Sie zur Laufzeit für jedes Editierfeld ein PopUp-Menü aufrufen, über welches die wichtigsten Operationen direkt ausführbar sind:

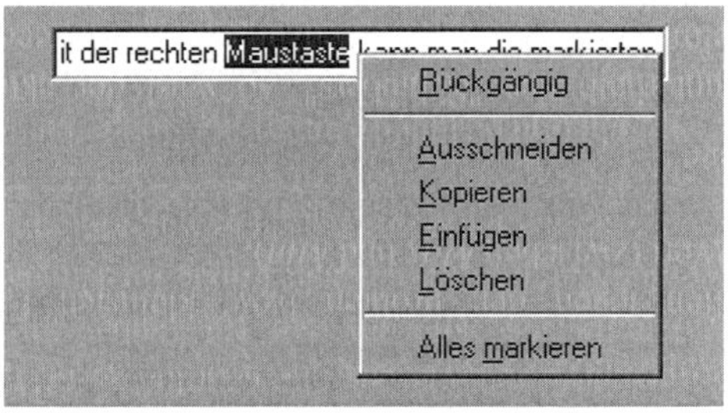

4.3.5 Memo

Während in der *Edit*-Komponente lediglich einzeilige Texte möglich sind, können Memo-Felder auch mehrzeilige Texte aufnehmen. Ansonsten hat diese Komponente viele gleichlautende Eigenschaften (z.B. für selektierten Text).

WordWrap

Damit bestimmen Sie, ob der Text im Eingabefeld am rechten Rand umbrochen wird (*True*). Der Umbruch wird lediglich auf dem Bildschirm angezeigt, der Text selbst enthält keinerlei Zeilenumbrüche, die nicht eingegeben wurden. Wenn *WordWrap False* ist, entsteht eine neue Zeile nur dort, wo auch ein Zeilenumbruch in den Text eingefügt wurde.

Lines

Zwar gibt es auch eine *Text*-Eigenschaft, doch ist diese für die praktische Arbeit weniger gut geeignet. Sie arbeiten besser mit der *Lines*-Eigenschaft, die einen gezielten Zugriff auf einzelne Zeilen gestattet und die Sie im Stringlisten-Editor oder auch per Quellcode zuweisen können.

Siehe dazu

☞ R2 ... mit Stringlisten arbeiten?

ScrollBars

Damit können horizontale oder vertikale Bildlaufleisten aufgrund der Konstanten *ssNone*, *ssHorizontal*, *ssVertical* und *ssBoth* hinzugefügt werden.

Beispiel: Der folgende Code

```
with Memo1 do begin
 Clear;
 ScrollBars := ssBoth;
 Lines[0] := 'Das ist die 1. Zeile eines Memofeldes!';
 for i := 2 to 10 do
  Lines.Add('Das ist die ' + IntToStr(i) + '. Zeile!')
 end;
```

führt zu diesem Ergebnis:

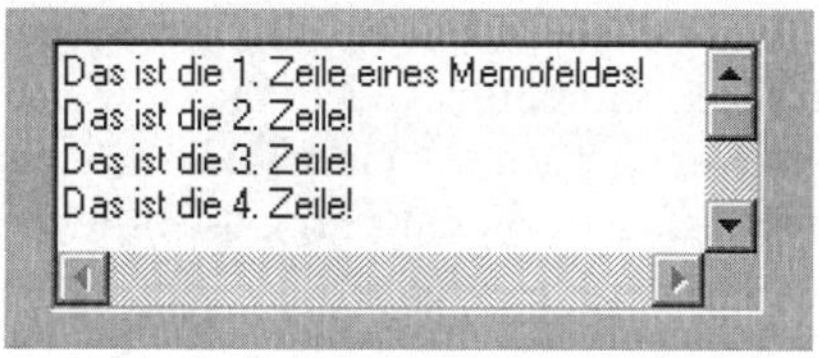

Hinweis: Hat *WordWrap* den Wert *True*, brauchen Sie keine horizontale Bildlaufleiste.

4.3.6 GroupBox

Die Funktionalität dieser Komponente ähnelt dem Panel. Mit der GroupBox umgibt man mehrere Steuerelemente mit einem Rahmen. So können diese quasi zu einer Einheit zusammengefaßt werden.

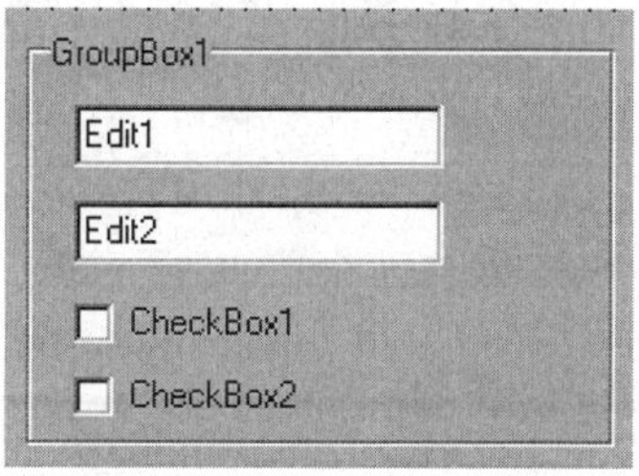

Hinweis: Beachten Sie beim Entwurf, daß zuerst der Rahmen angelegt werden muß und erst dann die Steuerelemente innerhalb der *GroupBox* abgelegt werden können.

4.3.7 CheckBox

Bei der *Checkbox* entscheidet die *Checked*-Eigenschaft (*True/False*) darüber, ob die Option gewählt wurde oder nicht. Für den Programmierer bietet sich zusätzlich die Möglichkeit, über *State* den dritten Zustand zu bestimmen (*cbGrayed*).

Beispiel:

```
CheckBox1.Checked := True;
if CheckBox1.State = cbGrayed then .....
```

4.3.8 RadioGroup und RadioButton

Beide Komponenten dienen zur Auswahl von Optionen innerhalb einer Anwendung. Während man mehrere RadioButtons meist mittels GroupBox (oder Panel) zu einer Optionsgruppe zusammengefaßt, kann man das gleiche Ergebnis auch mit einer RadioGroup erreichen. Letztere erhält ihre Optionen über die *Items*-Eigenschaft zugewiesen (Stringlisten-Editor). Die *ItemIndex*-Eigenschaft bestimmt, welcher Eintrag ausgewählt ist (-1 = keiner).

Beispiel:

```
with RadioGroup1 do begin
  with Items do begin
   Add('Schwarz'); Add('Weiss'); Add('Rot'); Add('Blau')
   end;
   ItemIndex := 0         // Schwarz ist aktiv
end;
```

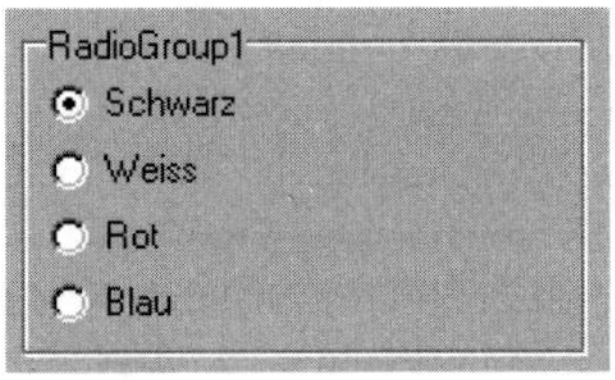

Letzte Unklarheiten werden im folgenden Rezept beseitigt:

☞ R50 ... eine RadioGroup erzeugen?

4.3.9 ListBox und ComboBox

In einem Listenfeld ist eine Auflistung von Einträgen enthalten von denen der Benutzer mittels Maus oder Tastatur einen oder mehrere auswählen kann. Ein Kombinationsfeld ist eine Mischung aus Text- und Listenfeld. Es erlaubt also Eingaben und kann, im Unterschied zum Listenfeld, "aufgeklappt" werden.

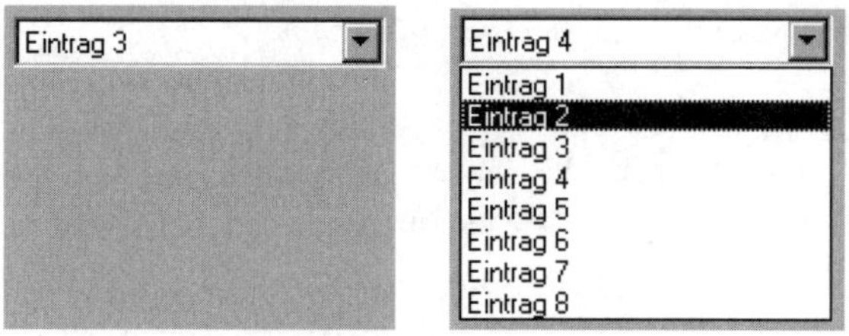

Ähnlich der RadioGroup ist auch der Inhalt einer List-/ComboBox als Stringliste organisiert, woraus sich ein nahezu identischer Zugriff ergibt.

Items

Diese Eigenschaft ermittelt bzw. setzt einen Zeichenkettenausdruck über einen *ItemIndex*. Der Index beginnt mit 0 (Null) für den ersten Eintrag. Gleichzeitig können über das *Items*-Objekt weitere Einträge hinzugefügt bzw. gelöscht werden.

Beispiel: Zuweisen des aktuell ausgewählten Eintrags, Hinzufügen, Löschen

```
Label1.Caption := Listbox1.Items[ListBox1.ItemIndex];
Listbox1.Items.Add('Eintrag 16');
Listbox1.Items.Clear;
```

Items.Count

... gibt die Anzahl von Einträgen zurück.

ItemIndex

... setzt bzw. ermittelt die Position (Index) des aktuellen Eintrags.

Sorted

... legt fest, ob die Einträge in alphabetischer Reihenfolge angeordnet werden sollen (*True* oder *False*).

Text

... setzt bzw. ermittelt den Eintrag für das aktivierte Element (*ComboBox*).

Aussagekräftige Programmierbeispiele sind enthalten in

☞ R2 ... mit Stringlisten arbeiten?

☞ R26 ... DragDrop verwenden?

Style

Damit können Sie festlegen, wie der Eingabe- und der Listenbereich angezeigt werden. Die Werte für *Style* haben für ComboBox und ListBox unterschiedliche Bedeutung:

Tabelle 4.11 Mögliche Werte der Style-*Eigenschaft für ComboBox*

Wert	Bedeutung
csDropDown	Die manuelle Eingabe von Text ist möglich. Alle Einträge sind Strings und haben dieselbe Höhe.
csSimple	Es entsteht ein Eingabefeld mit einem feststehenden Listenfeld. Die Länge der Liste wird über die Höhe des Kombinationsfeldes festgelegt.
csDropDownList	Es kann manuell kein Text eingegeben werden. Alle Einträge sind Strings und haben dieselbe Höhe.
csOwnerDrawFixed	Die manuelle Eingabe von Text ist möglich. Alle Einträge der Liste haben die Höhe, die in der Eigenschaft *ItemHeight* festgelegt ist.
csOwnerDrawVariable	Die manuelle Eingabe von Text ist möglich. Die Listeneinträge können unterschiedlich hoch sein.

Müssen die Listeneinträge angezeigt werden und hat *Style* den Wert *csOwnerDrawFixed* oder *csOwnerDrawVariable*, tritt das Ereignis *OnDrawItem* ein. Wenn *Style* den Wert *csOwnerDrawVariable* hat, tritt zusätzlich das Ereignis *OnMeasureItem* ein.

Tabelle 4.12 Mögliche Werte der Style-*Eigenschaft für ListBox*

Wert	Bedeutung
lbStandard	Die Einträge sind Strings mit gleicher Höhe.
lbOwnerDrawFixed	Die Höhe der Einträge ist mit der Eigenschaft *ItemHeight* festgelegt.
lbOwnerDrawVariable	Die Einträge können unterschiedlich hoch sein.

Mehr dazu erfahren Sie in

☞ R59 ... Grafiken in einem Listenfeld anzeigen?

bzw. in

☞ R39 ... die Existenz eines Eintrags in der Listbox feststellen?

☞ R40 ... Einträge in einer Listbox löschen?

4.3.10 ScrollBar

Die dafür übliche Bezeichnung "Bildlaufleiste" ist eigentlich etwas irreführend, denn Sie benutzen diese Komponente weniger zum Scrollen von Bild- bzw. Fensterinhalten (dazu haben diese Objekte meist eigene ScrollBars), sondern vielmehr als eine separate Einstellmöglichkeit im Sinne eines "Reglers" für unterschiedlichste Zwecke.

Folgende Eigenschaften sind hervorzuheben:

Kind

Durch Zuweisen von *sbHorizontal* bzw. *sbVertical* legen Sie fest, ob es sich um eine horizontale oder um eine vertikale ScrollBar handeln soll.

Max, Min, Position

Diese *Integer*-Eigenschaften legen den größten bzw. kleinsten Einstellungswert fest bzw. bestimmen den aktuellen Wert (zwischen *Max* und *Min*).

LargeChange, SmallChange

Klickt man ober- oder unterhalb des "Schiebers", so wird der aktuelle Wert (*Position*) um *LargeChange* geändert, beim Klicken auf die Begrenzungspfeile hingegen nur um *SmallChange*.

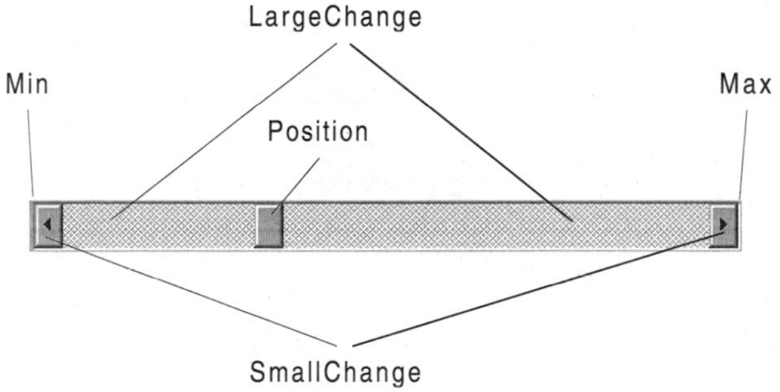

OnChange

Dieses Ereignis spielt eine zentrale Rolle, da es immer dann eintritt, wenn die Position des Schiebers verändert wurde.

Beispiel: Wenn Sie die Einstellung der ScrollBar ändern, soll in einem Label die aktuelle Position angezeigt werden.

```
procedure TForm1.ScrollBar1Change(Sender: TObject);
begin
 Label1.Caption := IntToStr(ScrollBar1.Position)
end;
```

Siehe auch

☞ R31 ... Bildlaufleisten am Fensterrand positionieren?

☞ R47 ... mit einem Schieberegler Werte einstellen?

4.3.11 Menüs

Die beiden Komponenten *MainMenu*  und *PopUpMenu*  sind zur Laufzeit unsichtbar. Es ist deshalb unwichtig, an welcher Stelle sie im Formular positioniert werden. Die eigentlichen Menüs nehmen erst nach ihrer Bearbeitung im Menüeditor (durch Doppelklick auf die Komponente aufrufen) die endgültige Gestalt an. Die dabei entstehenden Menüeinträge sind in Delphi ganz normale Objekte mit Eigenschaften und Ereignissen.

Beispiel: Ein Eventhandler für das *OnClick*-Ereignis eines Menüobjekts mit dem Namen *Beenden*:

```
procedure TForm1.BeendenClick(Sender: TObject);
begin
 Close
end;
```

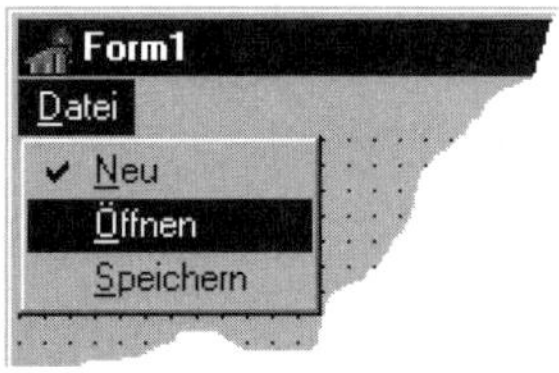

Checked

Diese Eigenschaft setzt ein Häkchen vor den Menüeintrag (*True/False*).

Enabled, Visible

... aktivieren/deaktivieren den Menüeintrag bzw. machen ihn sichtbar/unsichtbar.

ShortCut

... dient zur Auswahl einer Tastenkombination, über die das *OnClick*-Ereignis des Menüobjekts ausgelöst wird.

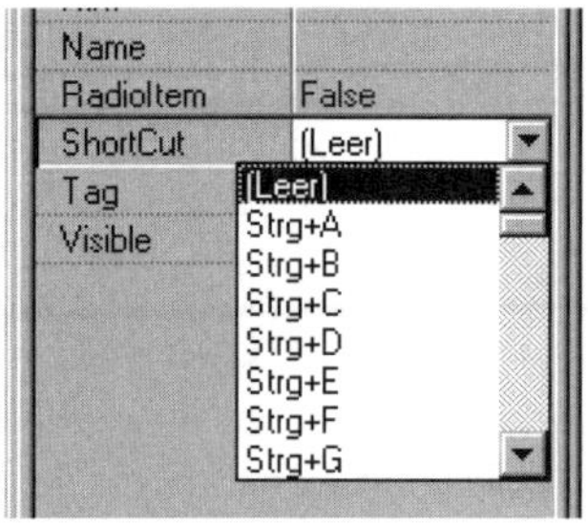

Die notwendige Praxis im Umgang mit dem Menüentwurf erhalten Sie in

☞ R51 ... eine Menüleiste erstellen?

☞ R52 ... PopUp-Menüs anzeigen?

☞ R21 ... auf mehrere Formulare zugreifen?

4.3.12 Timer

Obwohl der Timer nicht zu den Komponenten der "Standard"-Palette gehört (Sie finden Ihn auf der Seite "System"), soll er aufgrund seiner Wichtigkeit hier mit erwähnt werden. Diese (zur Laufzeit unsichtbare) Komponente ruft in bestimmten Zeitabständen das *OnTimer*-Ereignis auf.

Wesentlich ist die *Interval*-Eigenschaft, sie legt die Zeit (in Millisekunden) fest. Der Wert 0 (Null) sperrt den Zeitgeber.

Beispiel: Legen Sie die *Interval*-Eigenschaft mit 1000 fest, so wird im Sekundentakt die Uhrzeit angezeigt.

```
procedure TForm1.Timer1Timer(Sender: TObject);
begin
 Label1.Caption := TimeToStr(Time)
end;
```

Hinweis: Beachten Sie, daß das *Timer*-Ereignis abhängig vom Betriebssystem maximal 18,2 mal pro Sekunde aufgerufen werden kann! Einige Systemereignisse (z.B. *MouseDown* in der Kopfzeile) bewirken, daß der Timer angehalten wird.

Siehe auch:

☞ R9 ...eine Uhr einblenden?

☞ R84 ... Systemzeit freigeben?

Wenn Sie sich das Rezept

☞ R14 ... Klassen und Objekte verstehen?

und die vier darauf folgenden Rezepte näher anschauen, so werden Sie feststellen, daß die Animationen (fahrende Autos) ebenfalls mit Hilfe eines Timers realisiert wurden.

4.4 Weitere wichtige Objekte

Delphi hat weitaus mehr Objekte zu bieten, als jene, welche Sie auf der Komponentenpalette entdecken.

4.4.1 Application

Jedes Delphi-Programm benutzt automatisch das Objekt *Application*, welches das komplette Programm einkapselt. Die von Delphi deklarierte Variable *Application* vom Typ *TApplication* ist eine Instanz Ihres Programms.

Folgende Methoden bzw. Eigenschaften sind von besonderem Interesse:

Tabelle 4.13 Wichtige Eigenschaften und Methoden von Application

Eigenschaft/Methode	Erklärung
Run	Starten der Programmausführung
Terminate	Methode, die die Programmausführung beendet
ProcessMessages	Freigabe von Rechenzeit für andere Anwendungen
ExeName	Name der EXE-Datei
CreateForm	Methode, mit welcher ein Formular erzeugt wird
HelpFile	Eigenschaft zum Auswählen des Helpfiles

Siehe auch Hauptprogramm-Quellcode (Abschnitt 1.3.2) oder

☞ R84 ... Systemzeit freigeben?

☞ R79 ... die Projekteinstellungen für Formulare festlegen?

4.4.2 Clipboard

Das *Clipboard*-Objekt repräsentiert die Windows-Zwischenablage. Um damit arbeiten zu können, müssen Sie die Unit *Clipbrd* in die *uses*-clausel der Form-Unit aufnehmen.

AsText

Mit Hilfe dieser Eigenschaft können Sie Text in die Zwischenablage bringen und aus ihr abrufen.

Beispiel:

```
Clipboard.AsText := 'Hallo';            // Text in Zwischenablage kopieren
Label1.Caption := Clipboard.AsText;     // Text aus Zwischenablage einfügen
```

Assign

Um Bilder in der Zwischenablage zu plazieren oder daraus abzurufen, verwenden Sie diese Methode:

Beispiel:

```
Clipboard.Assign(Image1.Picture);      // Bild in Zwischenablage kopieren
Image2.Picture.Assign(ClipBoard);      // Bild aus Zwischenablage einfügen
```

Formats, FormatCount, HasFormat

Formats liefert eine Liste aller aktuellen Formate in der Zwischenablage, FormatCount gibt die Anzahl der Formate an. Durch die Methode *HasFormat* läßt sich feststellen, ob ein bestimmtes Format in der Zwischenablage enthalten ist.

Anwendungsbeispiele finden Sie im Kapitel 13 (Adressverwaltung) bzw. in

☞ R86 ... mit der Zwischenablage arbeiten?

4.4.3 Printer

Wenn Sie die Unit *Printers* einbinden, kann das Programm Druckerausgaben auf *Printer.Canvas* mit den gleichen Methoden vornehmen, wie z.B. auf das *Canvas*-Objekt eines Formulars (siehe Grafik-Kapitel 6.1).

Beispiel: Mit dem folgenden Code drucken Sie ein kleines Quadrat in die linke obere Ecke des Papiers.

```
Printer.BeginDoc;
Printer.Canvas.Rectangle(10,10,100,100);
Printer.EndDoc;
```

Weitere Informationen dazu im Kapitel 13 (WinCross) sowie in

☞ R92 ... einen Drucker auswählen?

☞ R63 ... eine Textdatei drucken?

4.4.4 Screen

Diese Komponente ist eine Objektklasse, die den gesamten Bildschirm wiedergibt. Für Koordinatenangaben sind folgende Eigenschaften von *Screen* von Interesse:

Tabelle 4.14 Grafikeigenschaften des Screen-Objekts

Eigenschaft	Erläuterung
Width	Breite des Bildschirms in Pixel
Height	Höhe des Bildschirms in Pixel
PixelsPerInch	Anzahl Pixel pro Zoll (abhängig vom Bildschirmtreiber)
Fonts	Schriftarten, die vom Bildschirm unterstützt werden

Hinweis: Alle *Screen*-Eigenschaften stehen nur zur Laufzeit zur Verfügung und können nicht zugewiesen, sondern nur gelesen werden (Read Only)!

Standardmäßig steht bereits beim Start von Delphi eine Variable *Screen* (Instanz von *TScreen*) zur Verfügung.

Beispiel: Die Anweisungen

```
Form1.Left:= (Screen.Width - Form1.Width) div 2;
Form1.Top:= (Screen.Height - Form1.Height) div 2;
```

plazieren ein Formular exakt in Bildschirmmitte.

Die Anweisung

```
a := Screen.Width / Screen.PixelsPerInch * 2.54;
```

setzt die (Real-) Variable *a* auf die Bildschirmbreite (in cm).

☞ R19 ... auf Bildschirmeigenschaften zugreifen?

Zur *Fonts*-Eigenschaft siehe auch Textausgabe (Kapitel 6).

4.5 Gitterelemente

Da es aus Gründen des Umfangs unmöglich ist, daß in diesem Kapitel sämtliche Delphi-Komponenten vorgestellt werden, sollen als exemplarische Beispiele *TDrawGrid* und *TStringGrid* herausgegriffen werden, die Sie auf der Registerseite "Zusätzlich" der Komponentenpalette finden (siehe Kapitel 2).

Mit diesen beiden Komponenten stellt Delphi zwei sehr komplexe und leistungsfähige Dialogelemente zur tabellenförmigen Datenanzeige und -eingabe zur Verfügung. Die Unit *Grids* enthält die entsprechenden Deklarationen. Bei Verwendung eines Gitterelements wird die *Grids*-Unit automatisch zur *uses*-Anweisung der Formular-Unit hinzugefügt.

Die Vielzahl von ineinander verzahnten Eigenschaften, die sich teilweise auf untergeordneter Ebene weiter aufsplitten (*Options*) bilden ein scheinbar heilloses Wirrwar, in dem man sich auf Anhieb nicht zurechtfindet. Die Konzentration auf das Wesentliche ist also vonnöten, damit der Überblick nicht gänzlich verloren geht.

4.5.1 Eigenschaften

Tabelle 4.15 Schlüsseleigenschaften (L = nur zur Laufzeit, S = schreibgeschützt)

Eigenschaft	Erläuterung	L	S
BorderStyle	... mit oder ohne Rahmen um das Gitter (*bsSingle*, *bsNone*)		
Col	... aktuelle Spalte (die Fokus besitzt)	x	
ColCount	... Anzahl der Spalten (Default = 5)		
ColWidths[i]	... Breite der i-ten Spalte (Pixel)	x	
DefaultColWidth	... Anfangsbreite aller Spalten (Default = 64 Pixel)		
DefaultDrawing	... legt fest, ob Zelle und ihr Inhalt automatisch gezeichnet werden (Default = *True*)		
DefaultRowHeight	... Anfangshöhe aller Zeilen (Default = 24 Pixel)		
EditorMode	... legt fest, ob sich Gitter im automatischen Editiermodus befindet (s.u.)	x	
FixedColor	... Farbe der unbeweglichen Zeilen und Spalten (s.u.)		
FixedCols	... Anzahl der unbeweglichen Spalten (Default = 1)		
FixedRows	... Anzahl der unbeweglichen Zeilen (Default = 1)		
GridHeight	... Gitterhöhe (Pixel, s.u.)	x	x
GridLineWidth	... Breite der Gitterlinien (Pixel)		
GridWidth	... Gitterbreite (Pixel, s.u.)	x	x
LeftCol	... welche Spalte ganz links erscheint	x	
Options	... Erscheinungsform des Gitters und Reaktion auf Benutzereingaben, wird aus verschiedenen Ja/Nein-Parametern gebildet		
Row	... aktuelle Zeile (die Fokus besitzt)	x	
RowCount	... Anzahl der Zeilen (Default = 5)		
RowHeights[i]	... Höhe der i-ten Zeile (Pixel)	x	
ScrollBars	... legt fest, ob Bildlaufleisten vorhanden sind (s.u.)		
Selection	... selektiert einen Ausschnitt (s.u.)	x	
TopRow	... welche Zeile ganz oben erscheint	x	
VisibleColCount	... Anzahl der sichtbaren Spalten	x	x
VisibleRowCount	... Anzahl der sichtbaren Zeilen	x	x

- Zeilen- bzw. Spaltenindizes beginnen mit Null (0).
- Für *DefaultDrawing = False* müssen Zellen und ihr Inhalt innerhalb des *OnDrawCell*-Ereignisses neu gezeichnet werden.

- Für *EditorMode = True* befindet sich das Gitter solange im Editiermodus, wie der Eigenschaftssatz *Options* den Wert *goEditing* enthält. Ist *goEditing = False,* bleibt das Setzen von *EditorMode* ohne Auswirkungen und der Anwender kann den Inhalt einer Zelle nicht editieren.
  Wenn *EditorMode= False* und *goEditing=True* und *goAlwaysShowEditor=False*, kann der Anwender durch Drücken von Enter (bzw. F2) in den Editiermodus gelangen und anschließend den Inhalt jeder Zelle bearbeiten.
- Eine Liste möglicher Werte für *FixedColor* finden Sie unter der *Color*-Eigenschaft.
- Die vier möglichen Werte für *Scrollbars* sind:
  scNone (Keine Bildlaufleiste),
  scHorizontal (Bildlaufleiste an der rechten Kante),
  scVertical (Bildlaufleiste an der unteren Kante),
  scBoth (Bildlaufleisten an der rechten und unteren Kante)
  Standardmäßig sind beide Bildlaufleisten vorhanden.

Für *Selection* ist der in der *Grids*-Unit enthaltene Typ *TGridRect* zu verwenden, der einen rechteckigen Bereich definiert.

Beispiel: Es wird ein Ausschnitt festgelegt, der die Zeilen 1 bis 3 sowie die Spalten 3 und 4 umfaßt:

```
var  SRct: TGridRect;
begin
 SRct.Top := 1; SRct.Bottom := 3; SRct.Left := 3; SRct.Right := 4;
 StringGrid1.Selection := SRct
end;
```

Options ist eine Menge von Boole'schen Werten, die sich auf den Typ *TGridOption* zurückführen lassen, der wiederum auf dem Typ *TGridOption* basiert:

```
TGridOptions = set of TGridOption;
```

Beispiel: Die folgende Anweisung erlaubt das Ändern der Zellengröße und das Editieren des Inhalts (alles andere bleibt auf *False*!):

```
DrawGrid1.Options := [goRowSizing, goEditing];
```

Diese Werte sollten Sie besser direkt im Objektinspektor zuweisen. Eine Zusammenstellung finden Sie in der Tabelle:

Tabelle 4.16 Die Werte der Options-Eigenschaft

Wert	Default	Wenn *True*, dann ...
goFixedHorzLine	*True*	... erscheint eine horizontale Linie zwischen den Zeilen, in denen kein Bildlauf durchgeführt werden kann.
GoFixedVertLine	*True*	... erscheinen vertikale Linien zwischen Spalten, in denen kein Bildlauf durchgeführt werden kann.

Wert	Default	Wenn *True*, dann ...
GoHorzLine	*True*	... erscheinen horizontale Linien zwischen den Zeilen.
GoVertLine	*True*	... erscheinen vertikale Linien zwischen den Spalten.
GoRangeSelect	*True*	... kann der Anwender eine Reihe von Zellen gleichzeitig auswählen. Wenn *goEditing = True*, kann der Anwender keine Reihe von Zellen mehr auswählen.
GoDrawFocusSelected	*False*	... wird die Fokus-Zelle in der gleichen Farbe dargestellt, mit der bereits andere Zellen in einem ausgewählten Block dargestellt sind. Bei *False*, behält die Fokus-Zelle die Farbe der nicht ausgewählten Zellen, welches die Farbe der *Color* - Eigenschaft ist.
GoRowSizing	*False*	... kann die Breite von nichtfixierten Zeilen geändert werden.
goColSizing	*False*	... kann die Höhe von nichtfixierten Spalten geändert werden.
goRowMoving	*False*	... kann der Anwender unter Verwendung der Maus eine Zeile an eine andere Stelle ziehen.
GoColMoving	*False*	... kann der Anwender unter Verwendung der Maus eine Spalte an eine andere Stelle ziehen.
GoEditing	*False*	... kann der Anwender den Gitterinhalt bearbeiten.
GoAlwaysShowEditor	*False*	... befindet sich das Gitter im automatischen Bearbeitungsmodus wenn *goEditing=True*. Dann braucht der Anwender nicht die Enter-Taste (oder F2) zu drücken, bevor er den Inhalt der Zelle bearbeitet (s.u.).
goTabs	*False*	... kann der Anwender mit Hilfe der Tab- und Umschalt-Tab-Tasten von einer Spalte zu der nächsten Spalte springen.
GoRowSelect	*False*	... lassen sich nur ganze Zeilen statt einzelner Zellen auswählen.
GoThumbTracking	*False*	... wird durch den Inhalt des Gitters geblättert, während der Anwender die Bildlaufleiste des Gitters betätigt, bei *False* wird solange nicht geblättert, bis er an der neuen Stelle angelangt ist .

Falls *goAlwaysShowEditor= False* und *goEditing= True*, muß der Anwender die Enter- oder F2-Taste drücken, bevor er den Inhalt einer Zelle editieren kann. Die Einstellung *goEditing = False* und *goAlwaysShowEditor = True* hat keinen Effekt.

Die zusätzlichen Eigenschaften des StringGrid

Die *StringGrid*-Komponente vereinfacht die Bearbeitung von Zeichenketten und zugehörigen Objekten unter Beibehaltung der gesamten Funktionalität der Komponente *DrawGrid*. Es kommen lediglich vier neue Eigenschaften hinzu:

Tabelle 4.17 Eigenschaften des StringGrid

Eigenschaft	Erläuterung
Cells[i,j]	... Zugriff auf den Inhalt einer bestimmten Zelle (s.u.)
Cols[i]	... Zugriff auf den Inhalt einer kompletten Spalte (s.u.)
Objects[i,j]	... Zugriff auf ein bestimmtes Objekt einer Zelle (s.u.)
Rows[i]	... Zugriff auf den Inhalt einer kompletten Zeile (s.u.)

Cells ist ein zweidimensionales Array von Strings, dessen Abmessungen durch die Eigenschaften *ColCount* und *RowCount* festgelegt sind. Die erste Spalte bzw. erste Zeile haben den Index Null!

Beispiel: Die folgenden Anweisungen tragen in jedes Feld eines String-Gitters den Zeilen- und den Spaltenindex ein:

```
with StringGrid1 do
 for i := 0 to ColCount - 1 do
  for j:= 0 to RowCount - 1 do
   Cells[i,j] := IntToStr(i)+','+IntToStr(j);
```

Alle Strings aus einer bestimmten Spalte bzw. Zeile (samt zugehöriger Objekte) kann man mit den Eigenschaften *Cols* bzw. *Rows* erreichen, die vom Typ *TStrings* ist.

Beispiel: Die folgende Anweisung knüpft an obigen Quelltext an und füllt eine Listenbox mit den Werten der zweiten Zeile:

```
ListBox1.Items := StringGrid1.Rows[1];
```

Alle mit den Strings verbundenen Objekte sind in der Eigenschaft *Objects* zu finden.

Beispiel: Eine Grafik (Typ *TBitmap*) wird mit der Gitterzelle der fünften Spalte und dritten Zeile verknüpft:

```
StringGrid1.Objects[5, 3] := TESTBMP;
```

4.5.2 Methoden

Hier haben wir es nur mit zwei typischen Schlüsselmethoden zu tun:

Tabelle 4.18 Methoden von StringGrid

Methode	Erklärung
CellRect	... erzeugt ein Rechteck vom Typ *TRect* (s.u.)
MouseToCell	... ermittelt Spalte und Zeile der Zelle, auf welcher sich Mauscursor befindet

Beispiel: Mit der Deklaration

```
var  Rectangle: TRect;
```

und der Anweisung

```
Rectangle := DrawGrid1.CellRect(3, 2);
```

enthalten die Recordvariablen *Rectangle.Top*, *Rectangle.Bottom*, *Rectangle.Left* und *Rectangle.Right* die Koordinaten der Zelle in der dritten Spalte und zweiten Zeile.

4.5.3 Ereignisse

Die meisten der Schlüsselereignisse sind von bestimmten Eigenschaften bzw. von Werten der *Options*-Eigenschaft abhängig.

Tabelle 4.19 Ereignisse

Ereignis	... tritt ein wenn
OnColumnMoved	... der Anwender mit der Maus eine Spalte verschiebt (nur wenn in *Option*-Eigenschaft *GoColMoving = True*)
OnDrawCell	... der Inhalt einer Zelle neu gezeichnet werden muß (nur für Eigenschaft *DefaultDrawing = False*)
OnGetEditMask	... der Inhalt einer Zelle unter Verwendung einer Editiermaske neu gezeichnet werden muß (nur wenn in *Option*-Eigenschaft *GoEditing = True*)
OnGetEditText	... der Text einer Zelle neu gezeichnet werden muß (nur wenn *GoEditing = True*)
OnRowMoved	... der Anwender mit der Maus eine Zeile verschiebt (nur wenn in *Option*-Eigenschaft *GoRowMoving = True*)
OnSelectCell	... der Anwender eine Zelle auswählt
OnSetEditText	... der Anwender Text im Gitter bearbeitet
OnTopLeftChanged	... wenn sich die Eigenschaften *TopRow* oder *LeftCol* ändern

Anwendungsbeispiele finden Sie in:

☞ R45 ... mit der Gitterkomponente arbeiten?

☞ R46 ... zwei Gitterkomponenten synchronisieren?

4.6 Entwurf der Benutzerschnittstelle

Nachdem wir uns in diesem Kapitel einen Überblick über die Bausteine unseres Programms, nämlich über Formulare und die wichtigsten Komponenten bzw. Objekte verschafft haben, wollen wir uns (in Ergänzung des Einführungsbeispiels 1.3.2) noch einmal den "Gesamtbauplan" betrachten, d.h., die von der Delphi-Entwicklungsumgebung unterstützte visuelle Programmierung der Benutzerschnittstelle.

4.6.1 Das Hauptprogramm schreibt Delphi für Sie!

Bereits nach dem Start von Delphi wird Ihnen, ohne daß Sie selbst eine einzige Zeile Code eingetippt haben, ein einsatzfähiges Programm angeboten, welches ein Leerformular (*Form1*) erzeugt.

Der gesamte Quelltext (Rahmencode) besteht aus dem Hauptprogramm (*Projekt1*) und einer Unit (*Unit1*). Der Entwickler steht vor der Aufgabe, den Rahmencode auszufüllen bzw. zu ergänzen.

Hauptprogramm

Am Hauptprogramm brauchen Sie im allgemeinen überhaupt nicht mehr herumzudoktern, das ist bereits fix und fertig. Delphi hat es auch gar nicht gerne, wenn man ihm da ins Handwerk pfuscht. Wir wollen trotzdem einen Blick darauf werfen und benutzen dazu den Menüpunkt *Ansicht|Projekt-Quelltext*:

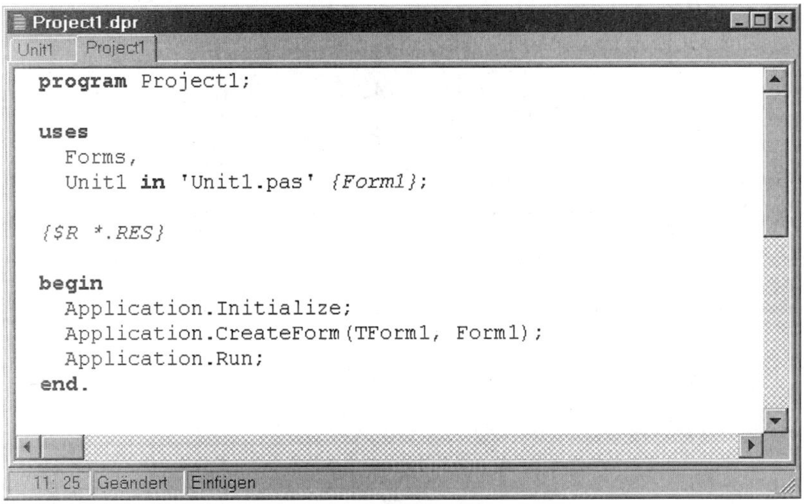

Abb. 4.6 Projektdatei

Beim Start von Delphi steht automatisch eine Instanz des *Application*-Objekts zur Verfügung und es wird eine neue Objektklasse *TForm1* abgeleitet und davon eine Instanz, also ein neues Formular (*Form1*), erzeugt.

Ressourcen

Mitten im Hauptprogramm tummelt sich die Compileranweisung

```
{$R *.RES},
```

um die Sie sich aber nicht weiter zu kümmern brauchen. Damit wird eine Ressourcendatei in das Programm eingebunden, die alle Angaben über den Aufbau der Fenstergrafik enthält. Die Extension für den Dateinamen ist .RES. Es muß sich hierbei um eine Windows-Ressourcendatei handeln. Wird im Dateinamen kein Verzeichnis angegeben, sucht der Compiler die Datei zuerst im aktuellen Verzeichnis und dann im Suchpfad.

Beim Linken eines Programms oder einer Bibliothek werden die .RES-Dateien aller Units und des Programms bearbeitet, jede Ressource wird in die erzeugte .EXE oder .DLL-Datei kopiert.

Bemerkungen:

- Der $R- Befehl erlaubt mehrere .RES-Dateien pro Unit. Es gibt während der Compilierung keine Bestätigung des Inhalts oder der Gültigkeit einer .RES-Datei (ob diese auch wirklich existiert).
- Auch die in die Formular-Unit (nächster Abschnitt) eingebundene .DFM-Bild-Datei ist eine Ressource, für die im Prinzip die gleichen Konventionen wie für .RES-Dateien gelten.

Formular-Unit

Der gesamte Rahmencode für die neue Objektvariable (*Form1*) wird in der *Unit1* bereitgestellt[3]:

```
unit Unit1;

interface

uses
  Windows, Messages, SysUtils, Classes, Graphics, Controls, Forms, Dialogs;

type
  TForm1 = class(TForm)                    (* Beginn der Typdeklaration von Form1 *)
  private
    { Private-Deklarationen }
  public
    { Public-Deklarationen }
  end;                                     (* Ende der Typdeklaration von Form1 *)

var
  Form1: TForm1;                  (* Objektvariable *)
```

[3] Auf das Unit-Konzept wurde ausführlich in Kapitel 3 eingegangen.

```
implementation

{$R *.DFM}                                    (* Bild-Ressourcendatei einbinden *)

end.
```

Der Objekttyp *TForm1* wird im *Interface*-Abschnitt als Objektklasse vom übergeordneten Objekttyp *TForm* abgeleitet und erbt automatisch dessen Struktur (Felder, Eigenschaften und Methoden). Obwohl die Typdeklaration "leer" erscheint, steckt da schon eine ganze Menge drin! Wir müssen lediglich die neuen Felder, Eigenschaften und Methoden hinzufügen (bzw. alte überschreiben). Den dazu erforderliche Code verpacken wir im *Implementation*-Abschnitt. Auf diese Weise entsteht aus *TForm1* tatsächlich ein neuer und unverwechselbarer Objekttyp. Der Zugriff auf das Objekt wird erst durch die Deklaration einer Objektvariablen möglich:

```
var Form1: TForm1;
```

Auch diesen Eintrag sowie die Instanzenbildung über *Create* hat der unermüdlich rackernde Delphi-Editor bereits automatisch (im Hintergrund) für uns erledigt.

Es ist natürlich möglich, mehrere Instanzen ein und desselben Objekttyps zu bilden. Ein solcher Fall könnte z.B. bei MDI-Applikationen vorliegen, siehe

☞ R22 ... MDI-Kindfenster aufrufen?

Datenfelder und Methoden von TForm

Objekttypen wie z.B. *TForm1* können andere Objekte (wie z.B. *Button1*) als Datenfelder enthalten. Immer wenn Sie eine neue Komponente in ein Formular plazieren, erscheint ein neues Feld mit dem Namen der Komponente in der Typdeklaration des Formulars.

Fügen Sie einen Eventhandler hinzu, so erscheint dessen Deklaration ebenfalls in der Typdeklaration, er ist damit zu einer sogenannten *Methode* von *TForm1* geworden. Der Rahmencode für das Standardereignis der entsprechenden Komponente (z.B. *OnClick* für einen Button, *OnCreate* für ein Formular) wird von Delphi automatisch generiert, wenn Sie auf die Komponente bzw. das Formular doppelklicken.

Beispiel: Setzen Sie einen Button und zwei Editierfelder auf das Formular und fügen Sie verschiedene Eventhandler hinzu, so erweitert sich die Typdeklaration von *TForm1*.

```
type
  TForm1 = class(TForm)
    Button1: TButton;
    Edit1: TEdit;
    Edit2: TEdit;
    procedure FormCreate(Sender: TObject);
    procedure Button1Click(Sender: TObject);
    procedure Edit1Change(Sender: TObject);
    procedure Edit1KeyPress(Sender: TObject; var Key: Char);
```

```
    procedure Edit2KeyUp(Sender: TObject; var Key: Word; Shift: TShiftState);
  private
  public
end;
```

4.6.2 Ereignisbehandlungen müssen Sie selbst programmieren!

Ihre Tätigkeit als Delphi-Programmierer wird sich zunächst schwerpunktmäßig auf das Schreiben von Ereignisbehandlungsroutinen (Eventhandler) konzentrieren. Wie Sie gesehen haben, werden die Methodenköpfe von Delphi automatisch in die Typdeklaration des Formulars eingefügt (*Interface*-Teil). Im *Implementations*-Teil erscheint nur der Rahmencode, den Sie vervollständigen müssen.

Ereignisbehandlungen (Event Handler)

Da es sich bei Eventhandlern gewissermaßen um spezielle Methoden handelt, erscheinen beim Zugriff der Name der Objektklasse und der Name der Methode, beide durch einen Punkt getrennt. Bei der Notation der Kopfzeile kann man auch von einer Kurzform Gebrauch machen, indem man die Parameterliste einfach wegläßt.

Beispiel: (siehe auch Einführungsbeispiel in Kapitel 1)

Wenn das Ereignis "Taste loslassen" für ein Editierfeld ausgewertet werden soll, erscheint im *interface*-Abschnitt, in der Objekttypdeklaration von *TForm1,* folgende Definition:

```
procedure EditKeyUp(Sender: TObject; var Key: Word; Shift: TShiftState);
```

Im *implementations*-Teil genügt die Kurzform:

```
procedure TForm1.EditKeyUp;
begin
 (* hier wird von Ihnen Quelltext eingefügt *)
end;
```

Der Sender-Parameter

Dieser ist Ihnen sicher bereits im obigen Beispiel aufgefallen. *Sender* ist vom allgemeinen Typ *TObjekt* und informiert darüber, welche Komponente das Ereignis ausgelöst und infolgedessen den Eventhandler aufgerufen hat. Dies ist sehr praktisch, denn Sie brauchen für die Ereignisse mehrerer Komponenten nur eine einzige Ereignisbehandlungsroutine zu schreiben.

Beispiel: (siehe auch Einführungsbeispiel in Kapitel 1)

```
procedure TForm1.EditKeyUp(Sender: TObject; var Key:Word; Shift:TShiftState);
begin
 if Sender = Edit3 then dollar_dm else dm_dollar
end;
```

Hier wurde in der Kopfzeile auf die Kurzform verzichtet. In Abhängigkeit davon, ob auf *Edit3* geklickt wurde oder nicht, werden unterschiedliche Prozeduren aufgerufen.

Siehe dazu auch

☞ R13 ... einen Taschenrechner programmieren?

Man kann unter Verwendung von *As* auch direkt auf das aufrufende Objekt zugreifen.

Beispiel:

```
TEdit(Sender).Color:= clYellow
```

oder

```
(Sender As TEdit).Color:= clYellow
```

färben das Editierfeld im vorherigen Beispiel gelb.

Wenn nur auf bestimmte Objekttypen (also keine bestimmten Objekte) reagiert werden soll, kann der *Is*-Operator zum Einsatz kommen:

Beispiel:

```
if Source is TEdit then .....
```

Konkretere Anwendungen finden Sie z.B. in

☞ R26 ... DragDrop verwenden?

Zuweisungen

Objektmethoden können nicht nur im Objektinspektor, sondern auch per Quelltext zugewiesen werden.

Beispiel:

```
Edit1.OnClick:= Edit1.OnKeyUp
```

veranlaßt, daß das Editierfeld auf einen Mausklick genauso reagiert wie beim Loslassen einer (Tastatur-) Taste.

Private und öffentliche Deklarationen

Der Rahmencode für einen neuen Objekttyp enthält auch die Abschnitte für die privaten und öffentlichen Deklarationen, die durch die Standardbezeichner *private* und *public* eingeleitet werden. Hier kann der Anwender das Formularobjekt um eigene Datenfelder und Methoden erweitern. Das sind solche, die nicht vom Delphi-Editor automatisch eingefügt werden, sich also nicht unmittelbar auf gezeichnete Komponenten der VCL (Visual Component Library) und deren Event-Handler beziehen.

Beispiel:

```
type
  TForm1 = class(TForm)
  { hier kümmert sich der Editor! }
  private
    { Private-Deklarationen }
   anzahl: Integer;
   procedure addieren(a,b,c: Real);
  public
    { Public-Deklarationen }
   function berechnen(x,y: Real): Real;
  end;
```

Natürlich müssen die selbstdefinierten Methoden dann noch im *implementation*-Abschnitt spezifiziert werden. Die Unterteilung in *private* und *public* hat etwas mit der Verfügbarkeit bzw. Zugänglichkeit zu tun. Sollen sie nur innerhalb des Objekts (der Unit) zugänglich sein, gehören sie in den *private*-, sonst in den *public*-Abschnitt.

Siehe

☞ R20 ... private und öffentliche Methoden verwenden?

Bemerkung

Das streng objektorientierte Konzept von Delphi macht bei den in diesem Kapitel betrachteten wichtigsten Komponenten der VCL nicht halt. Auch Sie als Programmierer haben die Möglichkeit, eigene Objekttypen bzw. Komponenten zu entwickeln. Die dazu notwendigen Grundlagen soll Ihnen das folgende Kapitel vermitteln. Wenn Sie nach dessen Lektüre hierher zurückblättern, wird Ihnen vieles, was momentan noch unklar ist, bekannt vorkommen, und Sie werden den von Delphi automatisch generierten Code nachvollziehen können.

4.7 Dialogfenster

Für Standardein/-ausgaben läßt sich ein Dialog am einfachsten mit den windowstypischen *MessageBox*- bzw. *InputBox*-Funktionen realisieren (Unit *Dialogs*). Allerdings handelt es sich hierbei um keine *Form*-Objekte wie im vorhergehenden Abschnitt, sondern um einen direkten Aufruf der entsprechenden API-Funktionen. Dadurch ist es ohne großen Programmieraufwand möglich, Zwischenergebnisse oder Warnungen anzuzeigen oder auch Werte einzugeben. Aus diesem Grund können diese Dialogfenster-Funktionen auch sehr gut für Testzwecke bzw. zur Fehlersuche eingesetzt werden.

4.7.1 ShowMessage

Mit dieser Prozedur kann eine Meldung ohne viel Federlesens auf den Bildschirm ausgegeben werden. Ein Dialog ist nicht möglich.

Beispiel:

```
ShowMessage('Das ist eine Demonstration über die Funktion eines einfachen' +
            'Meldungsfensters!');
```

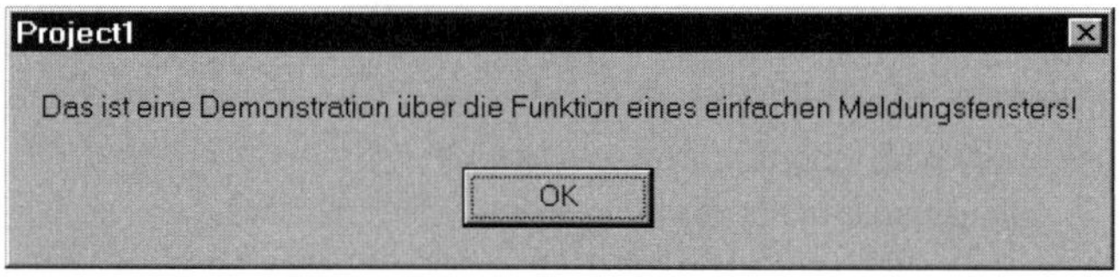

Um die Titelleiste brauchen Sie sich hier nicht zu kümmern, sie entspricht dem Namen der Projektdatei. Das Meldungsfenster erscheint exakt in Bildschirmmitte positioniert und ist so breit, wie es der Text erfordert.

Soll ein Zeilenumbruch realisiert werden, so ist das Zeichen *#13* einzufügen.

Beispiel: Schreiben Sie folgenden Code für das *OnClick*-Event eines Buttons.

```
procedure TForm1.Button1Click(Sender: TObject);
var i: Integer;

begin
 for i:= 1 to 5 do
       ShowMessage(IntToStr(i)+ ' Das ist eine Demonstration über die Funktion' +
       #13 +
      'eines einfachen Meldungsfensters!')
end;
```

Sie müssen insgesamt fünfmal den OK-Button des Meldungsfensters klicken, bis das Programm beendet ist. Am Textanfang steht die Nummer des jeweiligen Durchlaufs.

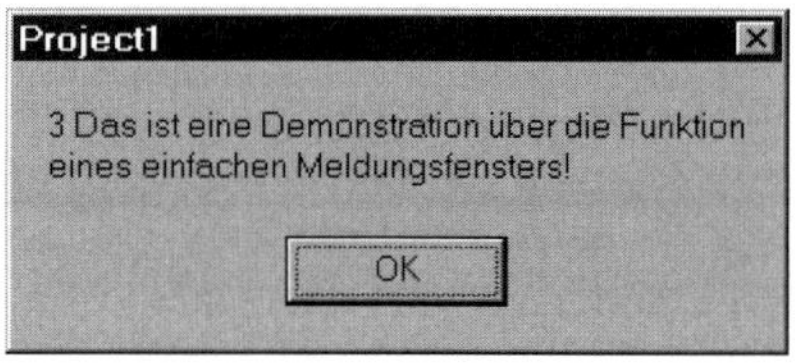

Sie erkennen an diesem Beispiel auch, wie man zu Testzwecken Zahlenwerte anzeigt. Übrigens könnten Sie mit #9 auch einen Tabulator einfügen.

ShowMessagePos

Hier handelt es sich lediglich um eine Erweiterung der *ShowMessage*-Prozedur, mit der man zusätzlich die genaue Position des Meldungsfensters festlegen kann.

Beispiel:

```
ShowMessagePos('Hallo',10,20);
```

plaziert die linke obere Ecke des Meldungsfensters 10 Pixel vom linken bzw. 20 Pixel vom oberen Bildschirmrand entfernt.

4.7.2 MessageBox

Diese Routine erlaubt ebenfalls vielgestaltige Dialogfenster und kapselt die gleichnamige API-Funktion *MessageBox* (Unit *Windows*).

Syntax: `function MessageBox(Text,Caption:PChar; Flags:Word): Integer;`

Die Funktion ist eine Methode von *TApplication*, was beim Aufruf beachtet werden muß.

Beispiel:

```
var button: Integer;                                    // Rückgabewert
...
button := Application.MessageBox('Klick auf die OK Schaltfläche!', 'Meldungsfenster', 49);
```

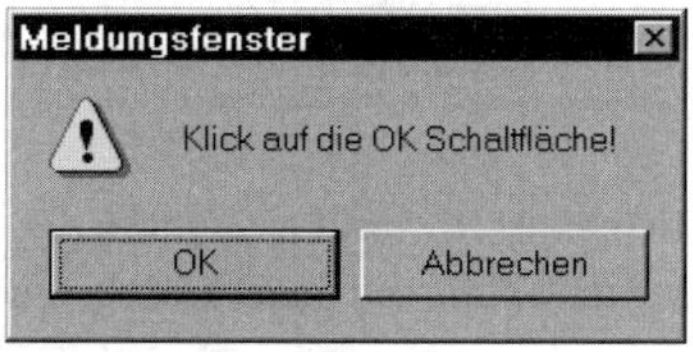

Wie leicht zu ersehen ist, bezeichnet *Text* den Inhalt und *Caption* die Titelleiste des Meldungsfensters. Nicht so einfach zu durchschauen ist der Wert von *Flags*, welcher das Aussehen (Schaltflächen, Symbol, Standardvorgabe) bestimmt und sich aus der Summe von mehreren Konstanten ergibt:

Flag : = Symbol + Schaltfläche + Standardvorgabe

Die Werte der Konstanten sind in den folgenden Tabellen zusammengefaßt, wobei wir uns allerdings nur auf die wichtigsten beschränken wollen.

Beispiel:

Für das Vorgängerbeispiel gilt 49 = 48 + 1 + 0.

Symbol

Tabelle 4.20 Konstanten für Symbole

Konstante	Wert	Symbol
	0	ohne
MB_ICONSTOP	16	
MB_ICONQUESTION	32	
MB_ICONWARNING	48	
MB_ICONINFORMATION	64	

Schaltflächen

Tabelle 4.21 Konstanten für Schaltflächen

Konstante	Wert	Schaltfläche(n)
MB_OK	0	OK
MB_OKCANCEL	1	OK · Abbrechen
MB_ABORTRETRYIGNORE	2	Abbrechen · Wiederholen · Ignorieren
MB_YESNOCANCEL	3	Ja · Nein · Abbrechen
MB_YESNO	4	Ja · Nein
MB_RETRYCANCEL	5	Wiederholen · Abbrechen
MB_HELP	16384	Hilfe

Standardvorgabe

Diese Konstanten legen fest, welche Schaltfläche beim Erscheinen des Meldungsfensters den Fokus besitzt, bzw. welche Wirkung bei Betätigen der Enter-Taste erzielt wird.

Tabelle 4.22 Konstanten für Default-Buttons

Konstante	Wert	Standardvorgabe
MB_DEFBUTTON1	0	erste Schaltfläche
MB_DEFBUTTON2	256	zweite Schaltfläche
MB_DEFBUTTON3	512	dritte Schaltfläche

Beispiel: Einfaches Meldungsfenster ohne Prüfen des Rückgabewertes.

```
Application.MessageBox('Dateizugriff verweigert','Problem',16);
```

Rückgabewerte

Hier die möglichen Rückgabewerte der *MessageBox*-Funktion:

Tabelle 4.23 Konstanten für Rückgabewerte

Konstante	Wert	Bedeutung
	0	Fehler (zu wenig Speicher)
IDOK	1	Schaltfläche *OK* gedrückt
IDCANCEL	2	Schaltfläche *Abbrechen* gedrückt
IDABORT	3	Schaltfläche *Abbrechen* gedrückt
IDRETRY	4	Schaltfläche *Wiederholen* gedrückt
IDIGNORE	5	Schaltfläche *Ignorieren* gedrückt
IDYES	6	Schaltfläche *Ja* gedrückt
IDNO	7	Schaltfläche *Nein* gedrückt

Beispiel: Für eine Ja/Nein-Abfrage genügt der folgende Code:

```
if Application.MessageBox('Programm beenden?','Frage',36) = 6 then Close;     // 32 + 4
```

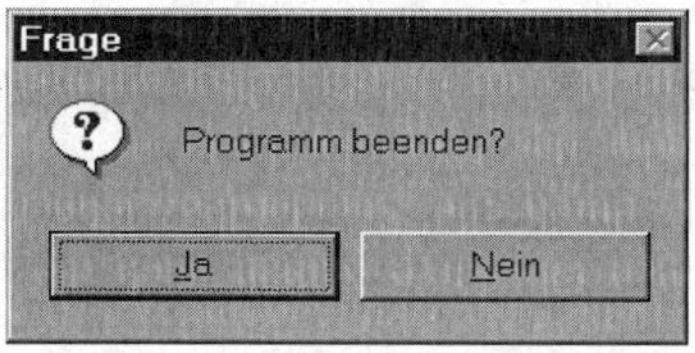

Beispiel: Ahnungslose Kollegen können Sie mit folgender "Meldung" in Angst und Schrecken versetzen:

```
var button: Integer;
...
button := Application.MessageBox('Achtung Ihre Festplatte wird formatiert!',
                                  Hinweis', 66);       // 64 + 2
 case button of
  3: ShowMessage('Abbruch');
```

```
    4: ShowMessage('Wiederholen');
    5: ShowMessage('Ignorieren')
  end;
```

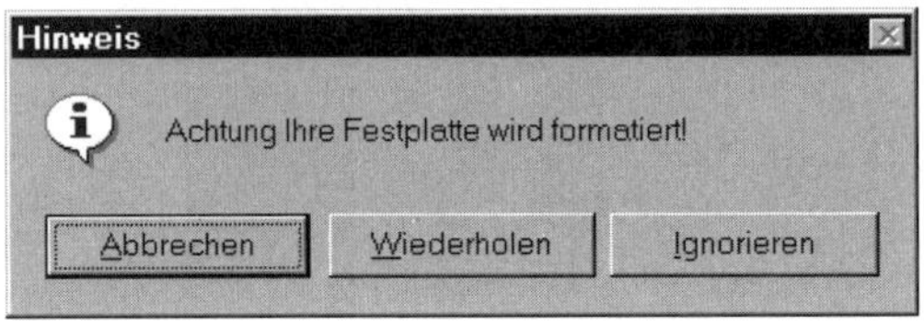

4.7.3 MessageDlg

Dies ist eine ähnliche Funktion wie *MessageBox*, hat aber einen grundsätzlich anderen Aufbau (keine Methode von *TApplication*!) und stammt (genauso wie *ShowMessage*) aus der Unit *Dialogs*.

Syntax:
```
function MessageDlg(const Msg: string; aType: TMsgDlgType;
    aButtons: TMsgDlgButtons; HelpCtx: LongInt): Word;
```

Wie Sie sehen, werden andere Konstanten (aus der VCL) als bei der *MessageBox*-Funktion verwendet. Zusätzlich kann eine Hilfeseite aufgerufen werden.

Beispiel: Der Code

```
if MessageDlg('Wollen Sie das Programm beenden?', mtInformation,[mbYes, mbNo], 0) = mrYes
 then  begin
   MessageDlg('Programm wird beendet!', mtWarning,[mbOk], 0);
   Close
 end;
```

erzeugt nacheinander folgende zwei Meldungsfenster:

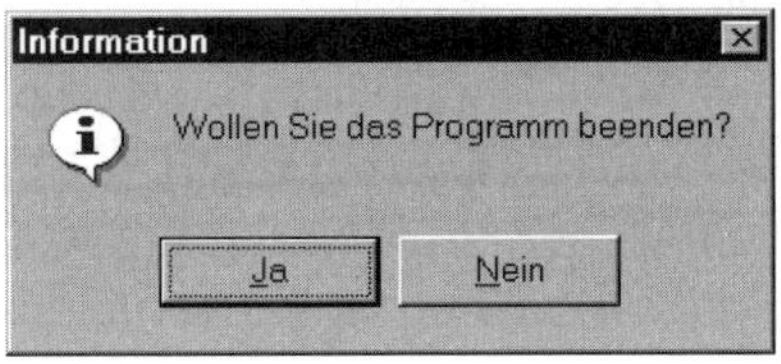

Parameter

aType legt den Typ des angezeigten Meldungsfensters fest. Daran ist die Beschriftung der Titelleiste automatisch gekoppelt (im Unterschied zu *MessageBox* haben Sie hier also keine individuellen Gestaltungsmöglichkeiten!):

Tabelle 4.24 Konstanten

Konstante	Symbol	Titelleiste
mtCustom	ohne	Name der Programmdatei
mtWarning		*'Warnung'*
mtError		*'Fehler'*
mtConfirmation		*'Bestätigung'*
mtInformation		*'Information'*

aButtons legt fest, welche Schaltflächen im Meldungsfenster angezeigt werden. Das können auch mehrere sein, da *aButtons* vom Mengen-Typ *TMsgDlgBtns* ist.

Die entsprechenden Konstanten sind eigentlich selbsterklärend und sollen deshalb hier (zusammen mit den zugehörigen Beschriftungen) nur aufgezählt werden: *mbYes* ('Ja'), *mbNo* ('Nein'), *mbOK* ('OK'), *mbCancel* ('Abbruch'), *mbHelp* (Hilfe), *mbAbort* (Abbruch), *mbRetry* (Wiederholen), *mbIgnore* (Ignorieren), *mbAll* (Alle).

Weiterhin gibt es die drei Konstanten *mbYesNoCancel*, *mbOkCancel*, *mbAbortRetryIgnore*, die vordefinierte Mengen für gebräuchlichen Schalterkombinationen darstellen. Da es sich bei diesen Konstanten um bereits vordefinierte Mengen handelt, sind die eckigen Klammern [ ] wegzulassen.

Beispiel:

```
MessageDlg('Fehler beim Lesen der Datei!', mtError, mbAbortRetryIgnore, 0)
```

HelpCtx zeigt eine kontextsensitive Hilfeseite an (F1) und entspricht der Eigenschaft *HelpContext*.

Rückgabewerte

Die von der *MessageDlg*-Funktion gelieferten Werte dürften ebenfalls selbsterklärend sein: *mrNone*, *mrAbort*, *mrYes*, *mrOk*, *mrRetry*, *mrNo*, *mrCancel*, *mrIgnore*, *mrAll*, so daß auf eine gesonderte Beschreibung verzichtet werden kann (siehe Online-Help).

MessageDlgPos

Während die Funktion *MessageDlg* das Meldungsfenster zentriert auf dem Bildschirm ausgibt, kann man mit *MessageDlgPos* zusätzlich auch noch die Position festlegen (vergleiche *ShowMessagePos*).

Beispiel:

```
MessageDlgPos('Programm wird beendet!', mtWarning,[mbOk], 0, 100, 200);
```

erzeugt ein Meldungsfenster, dessen linke obere Ecke sich 100 Pixel vom linken bzw. 200 Pixel vom oberen Bildschirmrand entfernt befindet.

Eine Möglichkeit zum Testen verschiedener Varianten von MessageBoxen finden Sie in

☞ R89 ... Meldungsfenster erzeugen?

4.7.4 InputBox und InputQuery

Wer ohne großen Aufwand etwas eingeben möchte und auf Schönheit keinen gesteigerten Wert legt, kann sich dieser beiden schlichten Dialogbox-Funktionen bedienen.

InputBox

In den meisten Fällen dürfte diese Funktion genügen.

Syntax: `function InputBox(const aCaption, aPrompt, aDefault: string): string;`

Parameter sind die Titelleiste (*aCaption*), eine Eingabeaufforderung (*aPrompt*) und der Anfangsinhalt (*aDefault*). Rückgabewert ist ein String (die Eingabezeile).

Beispiel:

```
Label1.Caption:= InputBox('Input Box', 'Geben Sie etwas ein!', 'Anfangswert');
```

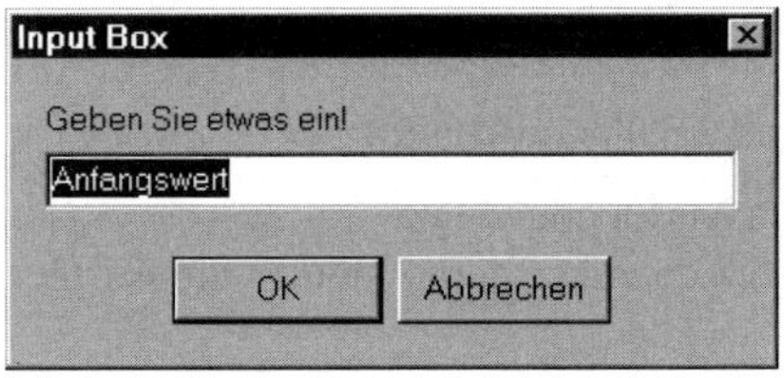

Nach OK wird der Inhalt der Eingabezeile dem *Label1* zugewiesen.

InputQuery

Diese etwas kompliziertere Funktion liefert keinen String, sondern einen Boole' schen Wert zurück, mit dem Sie überprüfen können, mit welcher Schaltfläche die Box verlassen wurde.

Syntax: `function InputQuery(const aCaption, aPrompt: string; var value: string): Boolean;`

Die ersten beiden Parameter (*aCaption* und *aPrompt*) entsprechen denen der *InputBox*-Funktion. Der Eingabestring wird nicht direkt zurückgegeben, sondern mit *value* geliefert. Der Rückgabewert ist *True*, wenn OK geklickt wurde, ansonsten *False* (bei "Abbrechen" oder bei Schließen der InputBox über das Systemmenü).

Beispiel:

```
var s: String;
...
s := 'Anfangswert';
if InputQuery('Input Box','Geben Sie etwas ein!', s) then Label1.Caption := s
else Label1.Caption := 'Es wurde nichts eingegeben!';
```

Es erscheint exakt die gleiche InputBox wie im Vorgängerbeispiel. Wenn Sie aber auf "Abbrechen" klicken, wird dem Label der Inhalt *'Es wurde nichts eingegeben!'* zugewiesen.

Eingabe von Zahlen

Häufig wollen Sie mit einer InputBox nicht Strings, sondern numerische Werte eingeben. Dann müssen Sie entsprechende Konvertierungsfunktionen (siehe Kapitel 3) einsetzen. Während dies bei Integer-Werten mittels *IntToStr* bzw. *StrToInt*-Funktionen noch relativ einfach ist, müssen bei Gleitkommawerten noch spezielle Formatierungsangaben bzw. Fehlercodeprüfungen hinzukommen.

Beispiel:

```
var wert: Double;          // einzugebende Gleitkommazahl
    code: Integer;         // Fehlercode
.....
Str(wert:3:2, s);          // Wert => String (3 Stellen, davon 2 Nachkommastellen)
s := InputBox('Personal-Eingabe','Körpergröße?', s);          // Anzeige/Eingabe
Val (s, wert, code);                        // String => Wert  (fehlerfrei: code = 0)
```

Siehe dazu auch

☞ R90 ... Werte mit einer InputBox eingeben?

Objektorientiertes Programmieren

- Allgemeine Einführung
- Delphi und OOP
- Praktischer Umgang mit Objekten

5 Objektorientiertes Programmieren

Delphi ist konsequent objektorientiert aufgebaut. Im Vorgängerkapitel wurde gezeigt, wie der Einsteiger bereits mit einem Minimum an Kenntnissen einfache Windows-Anwendungen entwickeln kann, indem er mit Formularen und Komponenten komplette Bedienoberflächen gestaltet. Auch dies war bereits Objektorientierte Programmierung. Das folgende Kapitel baut auf dem vorhergehenden auf und dringt tiefer in OOP ein, wobei der Bogen von relativ abstrakten Begriffen, wie Vererbung und Polymorphie, bis hin zu den konkreten OOP-spezifischen Werkzeugen, wie Objektablage und Objektbrowser, gespannt wird.

5.1 Eine allgemeine Einführung in OOP

Objektorientierte Programmierung (OOP, Object Oriented Programming) ist eines der grundlegenden Konzepte moderner Softwareentwicklung. Die folgenden Ausführungen gelten deshalb nicht nur für Delphi, sondern auch für jede andere Programmiersprache. Hier werden wir das Terrain vorbereiten, auf welchem Ihre OOP-Kenntnisse später wachsen und gedeihen sollen. Resignieren Sie nicht, wenn Sie von der Vielzahl neuer "objektorientierter" Begriffe, die jetzt auf Sie einstürmen, fast erschlagen werden. Erst später wird es Ihnen wie Schuppen von den Augen fallen, nämlich dann, wenn Sie praktische Erfahrungen in Delphi gesammelt haben. Wer es lieber gleich ganz konkret haben möchte, sollte sich im Kochbuchteil die folgende Rezeptserie durcharbeiten:

☞ R14 ... Klassen und Objekte verstehen?

☞ R15 ... Konstruktoren und Destruktoren einsetzen?

☞ R16 ... ReadOnly-Eigenschaften programmieren?

☞ R17 ... Eigenschaften mit Zugriffsmethoden kapseln?

☞ R18 ... Vererbung realisieren?

5.1.1 Was sind Objekte?

Der Programmierer versteht unter einem Objekt die Zusammenfassung (Kapselung) von Daten und zugehöriger Funktionalitäten. Ein solches Softwarekonstrukt wird oft benutzt, um Dinge des täglichen Lebens für Zwecke der Datenverarbeitung abzubilden:

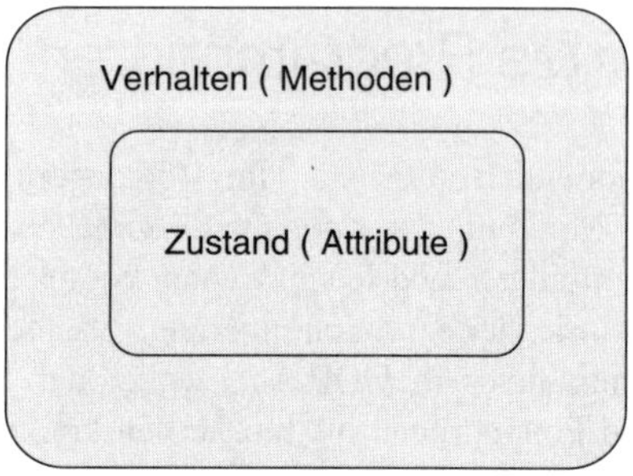

Abb. 5.1 Ein allgemeines Objekt

Das Konzept der objektorientierten Programmierung (OOP) überwindet den prozeduralen Ansatz der klassischen Sprachen zugunsten einer realitätsnahen Modellierung.

Attribute und Methoden

Daten (Attribute) beschreiben den Zustand oder die Eigenschaften eines Objekts, die Methoden entsprechen seinem Verhalten. Ein Objekt kann lediglich über eine Schnittstelle mit einem anderen Objekt kommunizieren, indem es dessen öffentliche (public) Methoden benutzt.

Kapselung

Das Verbergen der inneren Struktur eines Objekts nennt man Kapselung. Die internen Daten und einige verborgene Methoden sind geschützt, also von außen nicht zugänglich. Die Manipulation des Objekts kann lediglich über streng definierte, über die Schnittstelle zur Verfügung gestellte, öffentliche Methoden erfolgen.

Zustand des Objekts

Bei der Implementierung eines Objekts wird dessen Zustand durch Variablen definiert. Die Attribute eines Objekts werden auch Mitgliedsvariablen genannt.

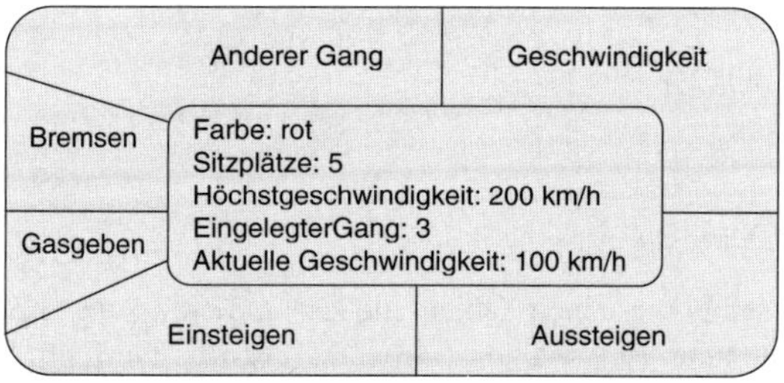

Abb. 5.2 Attribute und Methoden eines Objekts "Auto"

Im dargestellten Beispiel eines Auto-Objekts wird der Zustand in den Attributen "Höchstgeschwindigkeit", "Farbe" und "Eingelegter Gang" gespeichert. Die Zustandswerte sind "200 km/h", "rot" und "3".

Verhalten des Objekts

Die Methoden definieren das Objektverhalten und verändern die Objektvariablen. Letztere sind im allgemeinen von Objektmethoden gekapselt, d.h., Objektmethoden sollten die einzige Möglichkeit bieten, über welche andere Objekte auf die Variablen zugreifen können (Ausnahmen bestätigen auch hier die Regel).

Wie verhält sich dies bei unserem "Auto"-Objekt? Neben seinem Zustand hat es diverse Verhaltensweisen: anlassen, rutschen, Geschwindigkeit anzeigen, bremsen, Gas geben, ein- und aussteigen. Dieses Verhalten wird durch die Methoden bestimmt, welche die Attribute des Objektes umgeben (kapseln). So wird "Gas geben" dazu führen, daß sich der Wert von "Aktuelle Geschwindigkeit" entsprechend erhöht.

Zugriff auf Attribute

Objektvariablen können mit sogenannten Zugriffsmethoden zugänglich gemacht oder verborgen werden.

In unserem Auto-Objekt wird man den Wert von "Aktuelle Geschwindigkeit" nicht direkt einstellen wollen. Soll sich der Wert ändern, wird dies nur über die Methoden "Gas geben" und "Bremsen" möglich sein. Innerhalb dieser Methoden könnten dann auch alle weiteren notwendigen Anpassungen von Objektattributen vorgenommen werden (z.B. "Drehzahl"). Außerdem müßten diese Methoden für einen kontrollierten Zugriff sorgen, z.B. daß "Aktuelle Geschwindigkeit" eine ReadOnly-Eigenschaft ist und nicht den technisch möglichen Höchstwert überschreiten kann.

Ein weiteres Beispiel für den kontrollierten Zugriff auf Attribute wäre die Methode "Tanken", die den Wert des Attributs "Benzinvorrat" ändert. Diese Methode kann das Verändern des "Benzinvorrat"-Attributes dann ablehnen, wenn der Tank voll ist.

Sie erkennen daraus: Ist für ein Attribut ein direkter Zugriff erlaubt, muß man auch jedesmal sicherstellen, daß ein Verletzen seiner Wertegrenzen nicht eintritt.

5.1.2 Nachrichten

Auch in der Realität kommunizieren Menschen miteinander oder tauschen Nachrichten mit Objekten aus. "Objekt" und "Nachricht" gehören deshalb zu den zentralen Begriffen der OOP, denn Objekte können durch gegenseitige Methodenaufrufe miteinander in Verbindung treten.

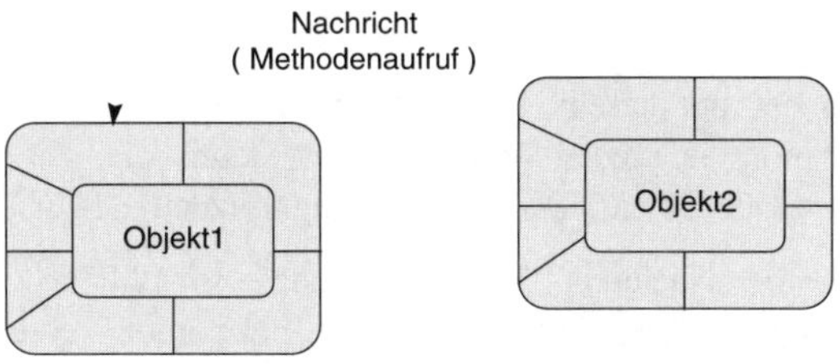

Abb. 5.3 Interaktion von Objekten

Ruft ein Objekt eine Methode eines anderen Objektes auf, nennt man diesen Vorgang "Senden einer Nachricht". Meist werden dem Objekt, das die Nachricht erhält (dessen Methode aufgerufen wird), in der Argumenteliste des Methodenaufrufs Werte übergeben, oder das Objekt, das die Nachricht schickt, möchte einen Wert zurückerhalten.

Eine Nachricht besteht aus drei Teilen:

- Name des Objekts, an das die Nachricht gerichtet ist,
- Name der Methode, die das Objekt ausführen soll,
- Argumente, die von der Methode benötigt werden.

Objekt sendet Nachricht

Beispielsweise könnte ein Objekt "Fahrer" eine Nachricht an das Objekt "Auto" senden, in welcher dessen Methode "Anderer Gang" aufgerufen wird:

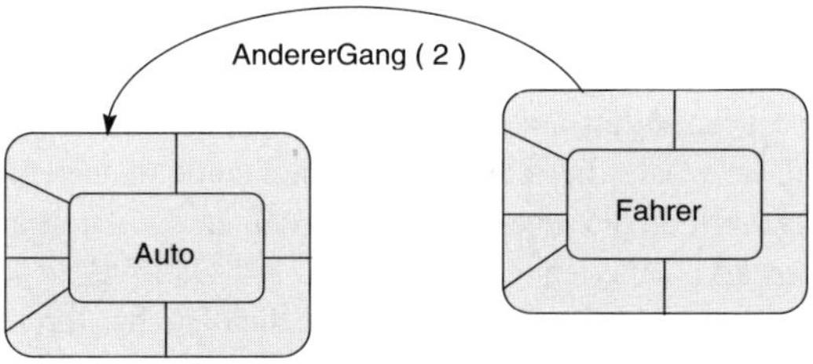

Abb. 5.4 Beispiel für Nachricht

"Fahrer" wird der Methode als Parameter mitgeben, in welchen Gang geschaltet werden soll, "Auto" wäre nun für die Ausführung der Aktion verantwortlich. Somit hätte die Methode "Anderer Gang" Auswirkungen auf die Attribute "Aktuelle Geschwindigkeit", "Drehzahl" oder auch "Tankinhalt".

Objekt antwortet auf Nachricht

Wenn der Fahrer vom Objekt "Auto" beispielsweise fordert, bei einer aktuellen Geschwindigkeit von 130 km/h in den Rückwärtsgang zu schalten, dann würde "Auto" die Ausführung verweigern und an "Fahrer" eine Nachricht zurücksenden, in der die Methode "RückwärtsgangSperre-Beachten" des "Fahrer"-Objektes aufgerufen wird.

Polymorphie

OOP macht es möglich, ein und dieselbe Nachricht an ganz verschiedene Objekte zu senden, man nennt dies dann Polymorphie. Jedes dieser Objekte kann die Ausführung unterschiedlich realisieren. Für das aufrufende Objekt bleibt der Vorgang trotzdem derselbe.

Beispielsweise könnte die Nachricht "Anderer Gang" sowohl an ein "Auto"-Objekt mit Verbrennungsmotor als auch an ein "Auto"-Objekt mit Elektromotor gesendet werden. Es ist klar, daß die internen Methoden beider Objekte unterschiedlich reagieren müssen.

Im Fachjargon sprechen wir dann von Polymorphie, wenn sich hinter dem gleichen Interface unterschiedliche Implementierungen einer Methode verbergen.

5.1.3 Klassen

Eine Klasse ist ein Softwarekonstrukt, das Mitgliedsvariablen und Methoden eines Objektes (beides auch oft als "Klassenmitglieder" bezeichnet) definiert. Die Klasse selbst ist kein Objekt, sie ist quasi nur eine Vorlage (Prägestempel), die definiert, wie das Objekt auszusehen hat und wie es sich verhalten soll. Oft wird anstatt "Klasse" mit völlig gleichwertiger Bedeutung auch der Begriff "Objekttyp" verwendet.

Damit nun beispielsweise nicht für jedes einzelne Objekt "Auto" die Definition der Variablen und Methoden programmiert werden muß, kann man eine Klasse "Auto" definieren, die die Deklarationen und Methoden enthält, die für alle Autos gelten sollen.

Diese Klasse kann benutzt werden, um alle "Auto"-Objekte zu erzeugen. Diesen Vorgang bezeichnet man auch als Bildung einer Instanz der Klasse "Auto".

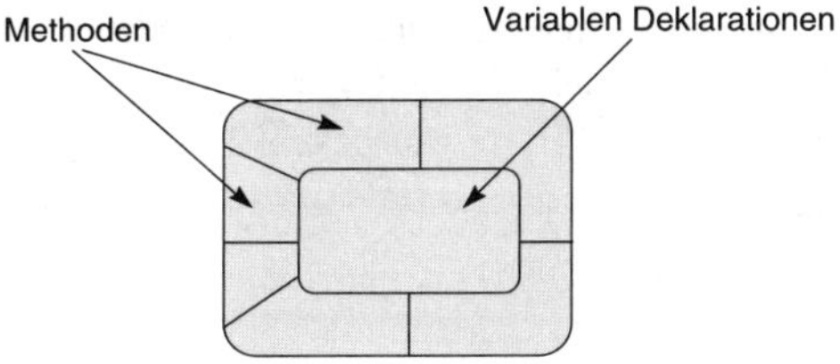

Abb. 5.5 Eine Klasse ist eine Vorlage und kein Objekt

Man erhält erst dann ein konkretes Objekt, indem man eine Instanz einer Klasse bildet. Man kann viele Objekte mit einer einzigen Klassendefinition erzeugen, so wie man zahlreiche Autos nach ein und denselben Konstruktionsvorschriften auf dem Montageband zusammenbaut.

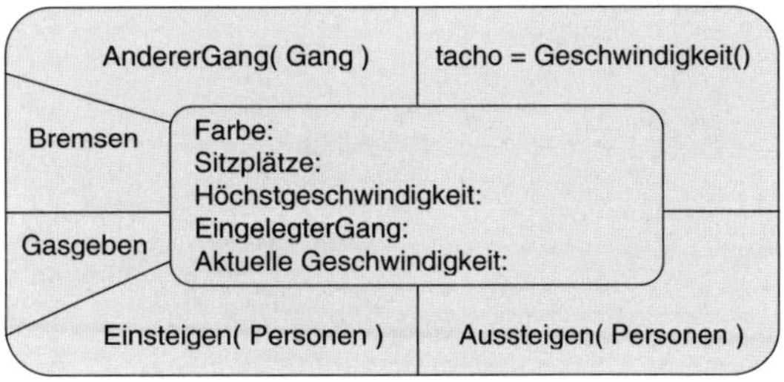

Abb. 5.6 Auto-Klasse

Vererbung

In der objektorientierten Programmierung ist es möglich, die Definition einer Klasse für weitere Klassen als Grundlage zu verwenden, man nennt das dann Vererbung.

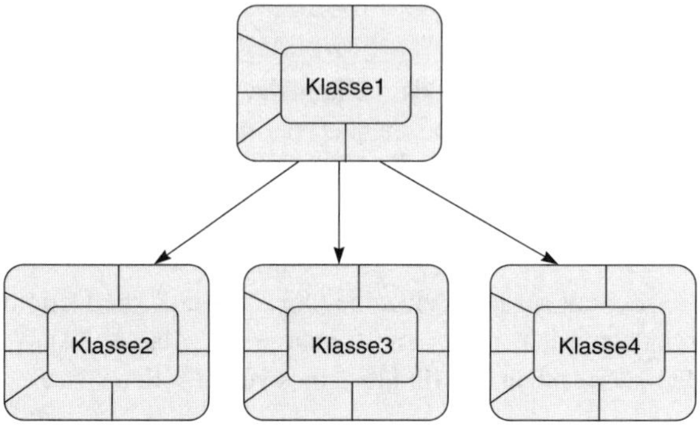

Abb. 5.7 Vererbung

Man kann eine Unterklasse bilden, die alle Attribute und Methoden ihrer Oberklasse (im folgenden auch oft als Vorfahre bezeichnet) erbt. Diese Unterklasse kann zu den geerbten Eigenschaften neue hinzufügen oder Eigenschaften der Oberklasse verstecken, indem es sie überschreibt.

Wird von einer solchen Unterklasse ein Objekt erzeugt (also eine Instanz der Unterklasse gebildet), dann dient für dieses Objekt sowohl die Ober- als auch die Unterklasse als Bauplan.

Abstrakte Klassen

Ein großer Vorteil der objektorientierten Programmierung ist die Möglichkeit, gleichartige Dinge zusammenfassen zu können, z.B. die Gemeinsamkeiten aller Fortbewegungsmittel in einer Klasse "Fahrzeug" :

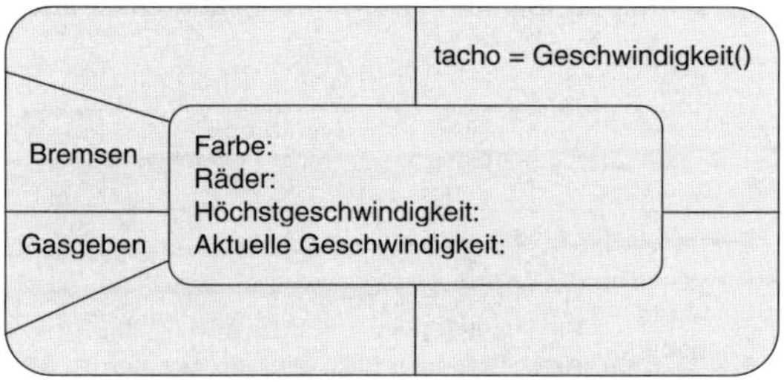

Abb. 5.8 Abstrakte Klasse "Fahrzeug"

Jedes Fahrzeug hat z.B. Räder, eine Farbe, eine Höchstgeschwindigkeit und eine aktuelle Geschwindigkeit. Ferner wird jedes Fahrzeug eine Methode zum Gas geben, zum Bremsen und zur Tachoanzeige brauchen. Wie diese Methoden arbeiten, wird in den Unterklassen konkreter Fahrzeuge meist unterschiedlich implementiert sein, die Art wie ein anderes Objekt (z.B. ein "Fahrer"-Objekt)diese Methoden aufruft, wird sich jedoch entsprechen (Polymorphie).

Es kann sogar so weit gehen, daß es nicht sinnvoll ist, von einer solch allgemeinen Klasse Objekte (Instanzen) zu bilden, weil wichtige Attribute und Methoden fehlen. Eine solche "Fahrzeug"-Klasse hat z.B. kein Attribut "Tankinhalt", weil dies für Elektrofahrzeuge nicht zutrifft. Eine Klasse, von der keine Instanz gebildet werden kann, bezeichnet man als abstrakt oder als Basisklasse.

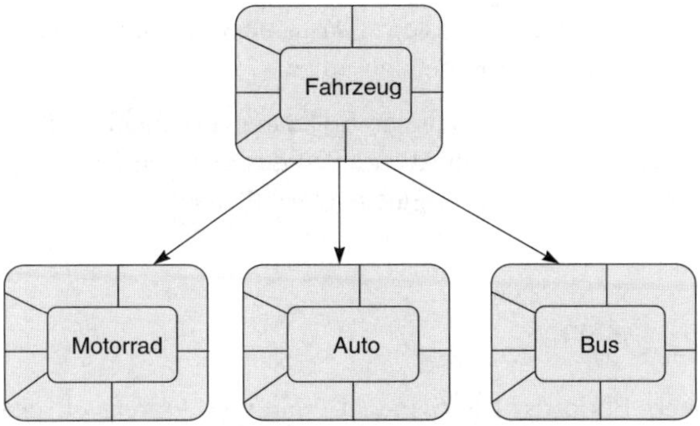

Abb. 5.9 Unterklassen "erben" von der abstrakten Klasse

Von einer Klasse "Fahrzeug" können die Klassen "Motorrad", "Auto" und "Bus" alle gemeinsamen Attribute und Methoden erben. Die Klasse "Auto" muß dann die Methode "Geschwindigkeit anzeigen" nicht mehr selbst definieren. Ein Objekt, das von der Klasse "Auto" abgeleitet wird, kann als Nachricht einen Methodenaufruf "Geschwindigkeit anzeigen" erhalten.

Die Vererbung ist nicht auf nur eine Stufe begrenzt, von der Klasse "Auto" könnten wiederum weitere Klassen abgeleitet werden, die dann die gesamten Definitionen, Deklarationen und Methoden der Klasse "Auto" erben würden.

Standardwerte

Die Klasse "Auto" wird die von der Klasse "Fahrzeug" geerbte Variable "Räder" mit "4" belegen, die Klasse "Motorrad" mit "2". Eine derartige Standard- bzw. Defaultbelegung kann in eine Klassendefinition eingebaut werden. Unterklassen erben auch diese Standardwerte von ihren Vorfahen.

5.1.4 Ein Plausibilitätsvergleich - der Mensch als Objekt

OOP ist extrem gewöhnungsbedürftig und (fast) schon eine Philosophie. In manchen Köpfen herrscht gerade deswegen ein heilloses Durcheinander! Wenn dem Leser die bisherigen Bemühungen, OOP mit Fahrzeug- und Autoklassen näherzubringen, nicht zugesagt haben, wie wäre es dann mit einer philosophischen Hilfskonstruktion[1]?

Gott hat den einmaligen Objekttyp "Mensch" geschaffen, die Natur hat daraus viele Objekttypen (= "Bauvorschriften" für z.B. Schwarze, Weiße etc.) abgeleitet, d.h., es wurden Objektklassen gebildet. Diese haben Attribute (Hautfarbe, ...) und Methoden (wie sie gehen, wie sie sprechen).

Jede Geburt ist vergleichbar mit einer Instanzenbildung - das konkrete Individium ist quasi die Objektvariable. Mit dem Tod verschwindet das Objekt, nicht aber der Objekttyp.

In jedem Menschen schlummern, bedingt durch Vererbung, bestimmte Charaktereigenschaften seiner Vorfahren. Die in den Genen abgespeicherten Informationen beschreiben eine Konstruk-

---

[1] Manche sagen dazu auch "Metapher", aber was soll dieser abschreckende Fachjargon?

tionsvorschrift, d.h., die Objektklasse (-typ). Das Überschreiben von Eigenschaften wäre vergleichbar mit dem Resultat konkreter Erziehungsarbeit.

Wie jeder Vergleich hinkt natürlich auch dieser. So kann man eigentlich nur bei Zwillingen (und da auch nur näherungsweise) von zwei Objektvariablen des gleichen Objekttyps sprechen. Genaugenommen hat jeder Mensch seine eigene originelle Objektklasse!

5.2 Delphi und OOP

Der Delphi Vorgänger, Borlands Turbo Pascal, war von Anfang an eine streng strukturierte Sprache, die systematisch weiterentwickelt wurde. Wesentliche Sprünge gab es beim Übergang von Version 3 zu 4 (z.B. Einführung des Unit-Konzepts) sowie von 5 zu 5.5 (Übergang zu OOP).

5.2.1 OOP-spezifische Sprachelemente

Die folgenden reservierten Wörter und Standardanweisungen beziehen sich unmittelbar auf die objektorientierte Programmierung unter Delphi. Sie ergänzen die entsprechenden Zusammenstellungen für die klassischen Sprachelemente im Kapitel 3 (Reservierte Wörter und Standardanweisungen, Abschitt 3.1.3).

Tabelle 5.1 OOP-spezifische Reservierte Wörter und Standardbezeichner

Bezeichner	Erklärung
abstract	... deklariert virtuelle bzw. dynamische Methode ohne Implementation
class	... deklariert Objekttyp (oder Klassenmethode)
constructor	... initialisiert Objekt
default	... gibt *Array*-Standardeigenschaft eines Objekts an
destructor	... gibt Objekt wieder frei
dynamic	... wie virtual, nur mit anderer Bearbeitung des Methodenaufrufs zur Laufzeit
inherited	... benennt den Vorfahren des Objekttyps der umschließenden Methode
is	dynamische Typüberprüfung bei Objekten
message	... ruft eine botschaftsverarbeitende Methode auf
object	Einheit aus Daten und Methoden (durch *class* abgelöst!)
property	Eigenschaftsdeklaration
protected	... kombiniert Vorteile von *public* und *private*-Komponenten
override	... definiert erneut (überschreibt) einer virtuelle (oder dynamische) Methode
private	objektbezogener Teil innerhalb einer Objekttypdeklaration
public	allgemeingültiger Teil innerhalb einer Objekttypdeklaration
published	... wie *public*, nur mit zusätzlichen Laufzeit-Typinformationen

Bezeichner	Erklärung
read	... für Lesen des Wertes von Objekteigenschaften
stored	... steuert, ob eine Eigenschaft in einer Datei abgelegt wird oder nicht
virtual	... deklariert eine virtuelle Methode
write	... für Schreiben des Wertes von Objekteigenschaften

Die für Sie weniger wichtigen Bezeichner wurden extra nicht fettgedruckt, um Sie nicht unnötig abzulenken. Eine Schlüsselrolle kommt dabei dem reservierten Wort class zu, mit welchem Sie eigene Objekttypen deklarieren können.

Hinweis: Halten Sie sich bei der Namensvergabe für nutzerdefinierte Klassen an die Konvention, diese mit dem Großbuchstaben *T* einzuleiten.

Beispiel: (einfach):

```
type TStudent = class(TMensch)
 name: String[20];
 geschlecht: Boolean;
 alter: Integer;
 augenFarbe: TColor;
 .....
```

Am obigen Beispiel erkennen Sie deutlich die Verwandtschaft zum strukturierten Datentyp *record* (siehe 3.2.4).

Beispiel: (etwas komplizierter):

Im *Interface*-Abschnitt einer Unit wird eine Unterklasse von *TEdit* (Editierfeld) abgeleitet und ein neuer (öffentlicher) Konstruktor zum Überschreiben der *Create*-Methode deklariert.

```
type  TEditBlack = class(TEdit)
       public
       constructor create(aOwner: TComponent); override;
      end;
```

Im *Implementation*-Abschnitt der Unit sieht das dann folgendermaßen aus:

```
constructor TEditBlack.Create;
begin
 inherited Create(aOwner);       // Aufruf des ererbten Konstruktors
 Color := clBlack;               // Setzen einer neuen Standardeigenschaft
 Font.Color := clWhite           // dto.
end;
```

Sie sind schockiert? Bitte nicht resignieren, denn Sicherheit im Umgang mit diesem komplexen OOP-Vokabular werden Sie erst durch die tägliche Programmierpraxis erhalten, so etwas kann man nicht auswendig lernen, geschweige denn auf Anhieb verstehen! Erleuchtung kommt z.B. mit

☞ R15 ... Konstruktoren und Destruktoren einsetzen?

5.2.2 Objekte deklarieren

Wie wir bereits gelernt haben, ist scharf zu trennen zwischen Begriffen wie "Objekttyp" bzw. "Objektklasse" und deren "Instanzen", den sogenannten "Objektvariablen". Nur letztere sind die eigentlichen Objekte! Aber langsam, lassen Sie uns gemeinsam Schritt für Schritt in diese abstrakte Begriffswelt in einen Zusammenhang mit dem Delphi-Objektmodell bringen.

Objekttyp und Klasse sind dasselbe

Das reservierte Wort *class* (ehemals *object*) ist von fundamentaler Bedeutung für die objektorientierte Programmierung in Delphi. Es dient vor allem der Deklaration von Objekttypen.

Die Begriffe Objektklasse und Objekttyp sind austauschbar, bezeichnen also ein und dasselbe. Eine Klasse wird vom übergeordneten Objekttyp abgeleitet und ist selbst wieder ein neuer Objekttyp.

Ein Objekttyp ist eine Datenstruktur, die eine feste Anzahl von Komponenten enthält. Diese Komponenten sind entweder

- ein Feld (das Daten eines bestimmten Typs enthält),
- eine Methode (die eine Operation für das Objekt durchführt),
- oder eine Eigenschaft (die mit internen Methoden auf Felder zugreift).

Die Deklaration eines Feldes enthält einen Bezeichner, der das Feld benennt und dessen Datentyp angibt. Für den Kenner des alten Pascal dürfte das Verständnis leichter fallen, da er mit den Strukturvariablen des *Record*-Datentyps (Kapitel 3, Abschnitt 3.2.4) bereits bestens vertraut ist. Auch diese bestehen aus mehreren Feldern unterschiedlichen Datentyps (*Integer*, *Double*,...). Der Objektdatentyp hat ebenfalls solche Felder, umfaßt aber zusätzlich Funktionen und Prozeduren (sogenannte *Methoden*) und weiterhin noch *Eigenschaften*, die voreingestellte Werte besitzen, welche zur Laufzeit erneut zugewiesen werden können.

Die Deklaration einer Methode enthält eine Kopfzeile für eine Prozedur oder Funktion bzw. für einen Konstruktor oder Destruktor. Die Definition einer Eigenschaft beinhaltet deren Zugriffsmethoden auf Objektfelder.

Ein Objekttyp kann Komponenten von einem anderen Objekttyp erben, das erbende Objekt ist ein Nachkomme und das vererbende Objekt ein Vorfahre. Der Geltungsbereich eines Objekttyps umfaßt sich selbst und alle seine Nachkommen.

Beispiel:

```
type TAuto = class(TFahrzeug)       // Nachkomme von TFahrzeug
  marke: string;                    // Feld: Auto-Hersteller
  va: Single;                       // Feld: aktuelle Geschwindigkeit
```

```
  procedure gasgeben;          // Methode, die auf va zugreift
end;
```

Objektvariablen und Instanzen

Um mit dem Objekt arbeiten zu können, muß eine Objektvariable als sogenannte *Instanz* des Objekttyps (bzw. der Objektklasse) gebildet werden. Im Unterschied zur normalen Variablendeklaration (siehe Abschnitt 3.2.1) geschieht dies in drei Schritten:

- Mit *var* wird zunächst eine Referenz auf ein Objekt des gewünschten Typs deklariert. Dies ist ein Zeiger, der momentan noch den Wert *nil* hat, also gewissermaßen "in die Luft" zeigt.
- Durch Aufruf eines sogenannten Konstruktors (meist ist dies die *Create*-Methode) wird eine Instanz des Objekttyps gebildet. Erst jetzt entsteht das eigentliche Objekt und der im ersten Schritt deklarierte Zeiger (Referenz) verweist auf einen konkreten Speicherbereich.
- Wenn das Objekt nicht mehr benötigt wird, sollte der von ihm belegte Speicherplatz wieder freigegeben werden. Dies geschieht durch Aufruf eines sogenannten Destruktors (i.a. ist dies die *Free*-Methode). Danach verweist der Zeiger (die Objektreferenz) wieder auf *nil*.

Beispiel:

```
var auto1: TAuto;          { Objektreferenz deklarieren}
...
auto1 := TAuto.Create;     { Objekt wird als Instanz der Klasse TAuto gebildet }
.....                      { Arbeiten mit dem Objekt }
auto1.Free;                { Objekt wieder freigeben}
```

Und weil dies alles so "einfach" ist, soll es nochmals mit anderen Worten wiederholt werden:

Die Instanz eines Objekttyps ist ein dynamisch reservierter Speicherbereich mit einer internen Struktur, die vom Objekttyp abhängt. Jedes Objekt besitzt eine mit eigenen Werten gefüllte Kopie der im Objekttyp deklarierten Felder, benutzt aber die Methoden unverändert mit anderen Objekten zusammen.

Eine Objektvariable ist lediglich eine Referenz auf ein bestimmtes Objekt des Objekttyps. Sie enthält also nicht das Objekt selbst, sondern stellt einen Zeiger (bzw. Pointer) auf den Speicherbereich des Objekts bereit. Es können sich so mehrere Objektvariablen auf ein- und dasselbe Objekt beziehen. Wenn eine Objektvariable den Wert *nil* enthält, bedeutet dies, daß sie momentan kein Objekt referenziert.

Falls Ihnen dies alles immer noch reichlich nebulös vorkommt, sollten Sie sich einen Ruck geben und umgehend folgendes Rezept nachvollziehen:

☞ R14 ... Klassen und Objekte verstehen?

Attribut, Feld oder Eigenschaft?

Eigenschaften (Properties) und Felder eines Objekts werden gemeinsam auch als dessen Attribute bezeichnet.

Felder belegen "normale" Speicherplätze (siehe Recordfelder) und können demnach direkt gelesen bzw. geändert werden.

Objekteigenschaften werden mit dem Schlüsselwort *property* deklariert und erscheinen für den Endbenutzer wie Objektfelder, allerdings kapseln sie intern nur Methoden zum Lesen (*read*) bzw. Schreiben (*write*) des Wertes eines oder mehrerer Felder und speichern selbst keine Werte. Innerhalb dieser mit *read* bzw. *write* spezifizierten sogenannten *Zugriffsmethoden* können auch Berechnungen ausgeführt werden. Durch Weglassen von write läßt sich beispielsweise der Schreibzugriff verwehren. Beachten Sie, daß der Lesezugriff immer über eine Funktion, der Schreibzugriff hingegen über eine Prozedur implementiert wird. Objektfelder und Zugriffsmethoden bringt man zweckmäßigerweise im *private*-Abschnitt der Typdeklaration unter, die *property*-Prozeduren hingegen im *public*-Abschnitt.

Genug der Worte, laßt uns endlich ein konkretes Beispiel betrachten!

Der Kreis als Beispiel

Ein benutzerdefinierter Objekttyp *TCircle* hat ein Feld (*F_Radius*) und drei Eigenschaften (*radius*, *umfang*, *flaeche*). Nur der Wert von *F_Radius* braucht gespeichert zu werden! Die Eigenschaften werden entweder direkt zugewiesen oder über Zugriffsmethoden berechnet:

$$radius = F\_Radius$$

$$umfang = 2*Pi*F\_Radius$$

$$flaeche = 2*Pi*(F\_Radius)^2$$

Da wir für unsere Klasse *TCircle* keinen geeigneten Vorfahren kennen, von dem etwas "geerbt" werden könnte, nehmen wir dafür kurzerhand den allgemeinsten Objekttyp *TObject*, welcher an der Spitze der Delphi-Objekthierarchie steht (siehe nächster Abschnitt).

Verpacken wir unsere Klasse *TCircle* in eine eigene Unit *kreis*, so hat diese folgenden Aufbau:

```
interface
type TCircle = class(TObject)              // unser neuer Objekttyp erbt von TObject
 private
 F_Radius: Single;                         // das einzige Feld speichert den Radius!
 function getPeriph: Single;               // Lese-Zugriffsmethode für umfang
 procedure setPeriph(periph: Single);      // Schreib-Zugriffsmethode für umfang
 function getArea: Single;                 // Lese-Zugriffsmethode für flaeche
 procedure setArea(area: Single);          // Schreib-Zugriffsmethode für flaeche
 public
 property radius: Single read F_Radius write F_Radius;      // Eigenschaftenprozedur für
radius
 property umfang: Single read getPeriph write setPeriph;    //  dto.  für umfang
 property flaeche: Single read getArea write setArea;       //  dto.  für flaeche
```

```
end;
implementation

function TCircle.getPeriph;
begin result := 2 * Pi * F_Radius end;

procedure TCircle.setPeriph(periph: Single);
begin F_Radius := periph/2/Pi end;

function TCircle.getArea;
begin result := Pi*F_Radius*F_Radius end;

procedure TCircle.setArea(area: Single);
begin F_Radius := Sqrt(area/Pi) end;
```

Die Unit *kreis* können Sie nun beispielsweise in ein Formular mit folgender Oberfläche einbinden:

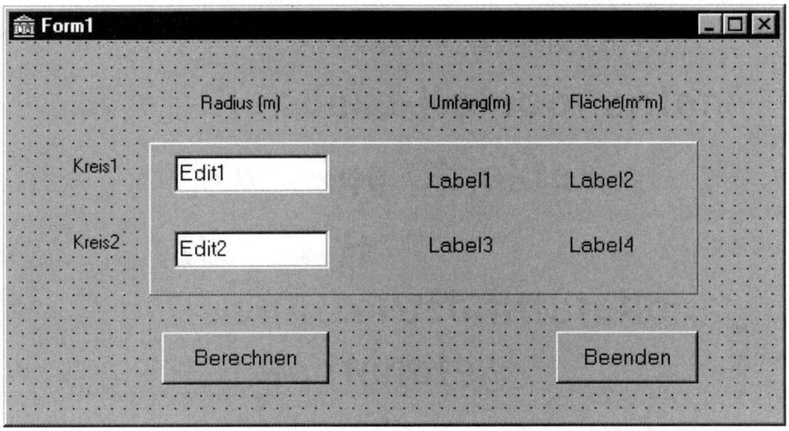

Abb. 5.10 Entwurfsansicht des Beispielprogramms

Um die Demo anschaulich zu gestalten, werden wir zwei Objekte, d.h. zwei Instanzen, von *TCircle* bilden. Hier der *implementation*-Abschnitt der Formular-Unit:

```
uses kreis;                               // Einbinden der Unit kreis
var meinKreis1, meinKreis2: TCircle;      // zwei Objektreferenzen

procedure TForm1.FormCreate(Sender: TObject);  // beide Instanzen werden beim Laden
                                               // des Formulars  erzeugt
begin     // ererbten Konstruktor aufrufen
 meinKreis1 := TCircle.Create; meinKreis2 := TCircle.Create
end;
procedure TForm1.Button1Click(Sender: TObject);     // Berechnen
```

```
var s: string; code:Integer; wert:Single;
begin
// für den ersten Kreis:
 Val(Edit1.Text, wert, code);
 meinKreis1.radius := wert;          // Schreibzugriff
 Str(meinKreis1.umfang:6:2, s);      // Lesezugriff
 Label1.Caption := s;
 Str(meinKreis1.flaeche:6:2, s);     // Lesezugriff
 Label2.Caption := s;
// für den zweiten Kreis:
 Val(Edit2.Text, wert, code);
 meinKreis2.radius := wert;
 Str(meinKreis2.umfang:6:2, s);
 Label3.Caption := s;
 Str(meinKreis2.flaeche:6:2, s);
 Label4.Caption := s
end;

procedure TForm1.FormClose(Sender: TObject; var Action: TCloseAction); // Objekte freigeben
begin
 meinKreis1.Free; meinKreis2.Free               // Destruktor aufrufen
end;
```

Nach dem Programmstart können Sie sich davon überzeugen, daß tatsächlich zwei voneinander unabhängige Kreis-Objekte existieren und daß der Lese-/Schreibzugriff auf deren Eigenschaften ordnungsgemäß funktioniert:

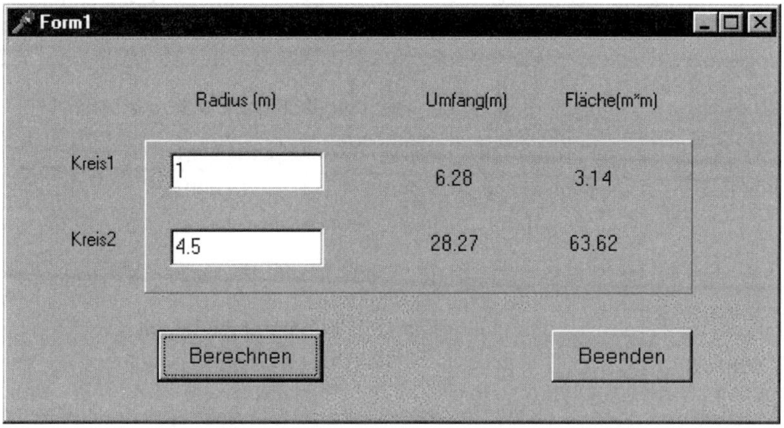

Abb. 5.11 Laufzeitansicht des Beispielprogramms

Natürlich könnten Sie nicht nur den Radius, sondern auch den Umfang oder die Fläche direkt eingeben. Die jeweils anderen Eigenschaften würden sich automatisch anpassen. Um das Beispiel überschaubar zu halten, wurde auf eine Demonstration dieser Möglichkeiten verzichtet.

Eine weitere Anwendung finden Sie in

☞ R17 ... Eigenschaften mit Zugriffsmethoden kapseln?

5.3 Praktischer Umgang mit Delphi-Objekten

In diesem abschließenden Abschnitt wollen wir die von der Delphi-Entwicklungsumgebung automatisch angelegten Klassen, Objekte und Methoden näher beleuchten, einen kleinen Abstecher in die Delphi-Objekthierarchie unternehmen und einen Blick auf die Werkzeuge der Entwicklungsumgebung werfen, die speziell einer objektorientierten Arbeitsweise gewidmet sind.

5.3.1 Der visuelle Oberflächenentwurf

Haben Sie erst einmal das Prinzip der unter Delphi praktizierten objekt- und ereignisorientierten Programmierung verstanden, so werden Ihnen bald auch all die Aktivitäten vertraut vorkommen, die Delphi für Sie automatisch erledigt, ohne daß Sie eine einzige Zeile Code eintippen müssen.

Beim Start eines neuen Projektes wird automatisch eine neue Fensterklasse (*TForm1*) von der Klasse *TForm* abgeleitet. Alle Komponenten, die Sie auf dem Formular plazieren, erscheinen als Mitglieder in der Typdeklaration von *TForm1*. Auch das Anlegen einer Fenstervariablen *Form1* und deren Instanzenbildung (*TForm1.Create*) nimmt Ihnen Delphi ab. Das gleiche gilt für den Rahmencode der Eventhandler. Sie erkennen, daß dies spezielle Methoden der Fensterklasse sind, die jeweils auf ein bestimmtes Windows-Ereignis reagieren können.

Dem Einsteiger empfehlen wir, jetzt noch einmal zum Kapitel 4 (Abschnitt 4.6, Entwurf der Benutzerschnittstelle) zurückzublättern. Ausgerüstet mit einem Grundverständnis der Objekt-orientierten Programmierung wird es Ihnen dann wie Schuppen von den Augen fallen, und über manche vorher noch nebulösen Zusammenhänge wird sich der Schleier heben.

Self-Parameter

Beim Aufruf von Methoden (vor allem Eventhandlern) kann dieser Parameter hilfreich sein. Er liefert einen Zeiger auf die aufrufende Instanz.

Beispiel: Nach Klick auf einen Button soll (stellvertretend für jeden beliebigen anderen Code) eine Ellipse gezeichnet werden.

```
procedure TForm1.Button1Click(Sender: TObject);
begin
 Canvas.Ellipse(50,20,400,200)            // auszuführender Code
end;
```

Die Ausführung dieses Eventhandlers (das Zeichnen der Ellipse) können Sie nun auch durch folgende Anweisung (die an beliebiger anderer Stelle der Formular-Unit stehen kann) erzwingen:

```
Form1.Button1Click(Self);
```

Die Anweisung ruft die *Button1Click*-Methode von *TForm1* auf. Als Referenz für den zu übergebenden *Sender*-Parameter dient *Self.*

Methoden hinzufügen

Sie brauchen sich nicht mit den von Delphi hinzugefügten Methoden (Eventhandlern) begnügen, sondern können die Typdeklaration des Formulars auch durch eigene Methoden ergänzen. In diesem Fall sind Sie selbst dafür verantwortlich, daß der Methodenkopf zur Typdeklaration hinzugefügt wird (*interface*-Abschnitt) und daß im *implementation*-Abschnitt die komplette Methode erscheint.

Beispiel: Unsere Formularklasse *TForm1* soll um eine Methode bereichert werden, die einen Textstring exakt in der Mitte des Formulars anzeigt. Zu Testzwecken erhält das Formular noch einen Button. Im folgenden wird der komplette Quelltext der Form-Unit angegeben. Die von Ihnen vorzunehmenden Ergänzungen sind fett hervorgehoben:

```
unit Unit1;
interface
uses Windows, Messages, SysUtils, Classes, Graphics, Controls, Forms, Dialogs, StdCtrls;

type
  TForm1 = class(TForm)
    Button1: TButton;
    procedure Button1Click(Sender: TObject);
  private
    { Private-Deklarationen }
  public
   procedure zentriereText(txt: string);
    { Public-Deklarationen }
  end;
var
  Form1: TForm1;

implementation
{$R *.DFM}
procedure TForm1.zentriereText(txt: string);
var x,y: Integer;
begin
  x := Trunc((ClientWidth - Canvas.TextWidth(txt))/2);
  y := Trunc((ClientHeight - Canvas.TextHeight(txt))/2);
  Canvas.TextOut(x, y, txt)
end;
```

```
procedure TForm1.Button1Click(Sender: TObject);
begin
  zentriereText('Äquator')
end;
```

Wie Sie sehen, funktioniert unsere selbstgebastelte Methode wunderbar (zu Details der Textausgabe informieren Sie sich bitte im Kapitel 6):

Abb. 5.12 Das Resultat

Schreibweise verkürzen

Es ist Ihnen sicher schon aufgefallen, daß sich die Prozedurköpfe der Methoden im *interface*- und im *implementation*-Abschnitt exakt wiederholen. Eine so intelligentes Werkzeug wie Delphi gibt sich aber auch mit einer einmaligen vollständigen Deklaration im *interface*-Abschnitt zufrieden. Im *implementation*-Abschnitt kann die Parameterleiste einfach weggelassen werden. Wir sprechen dann von einem verkürzten Prozedurkopf.

Beispiel: Die Implementierung der nutzerdefinierten Methode aus obigem Beispiel kann auch wie folgt aussehen:

```
procedure TForm1.zentriereText;        // Parameterleiste fehlt!
var x,y: Integer;
begin
  x := Trunc((ClientWidth - Canvas.TextWidth(txt))/2);
  y := Trunc((ClientHeight - Canvas.TextHeight(txt))/2);
  Canvas.TextOut(x, y, txt)
end;
```

Insbesondere bei Methoden mit langen Parameterlisten kann man sich so einiges an Schreibarbeit ersparen. Der Anfänger sollte jedoch vorerst keinen Gebrauch von dieser Vereinfachung machen.

Hinweis: Wenn Sie auch bei der Implementation die vollständigen Methodenköpfe verwenden, haben Sie stets einen exakten Überblick über die Namen und Typ der Parameter.

5.3.2 VCL und Komponentenentwicklung

Die VCL (Visual Components Library) enthält die in Delphi vordefinierten Objekttypen bzw. Komponenten. Das schließt deren Eigenschaften, Methoden und Ereignisse ein. Die folgende Abbildung zeigt die Objekthierarchie, wobei die für die Komponentenentwicklung maßgebenden Klassen fett hervorgehoben sind. Gewissermaßen als "Übervater" thront *TObject* über seiner zahlreichen Nachkommenschaft:

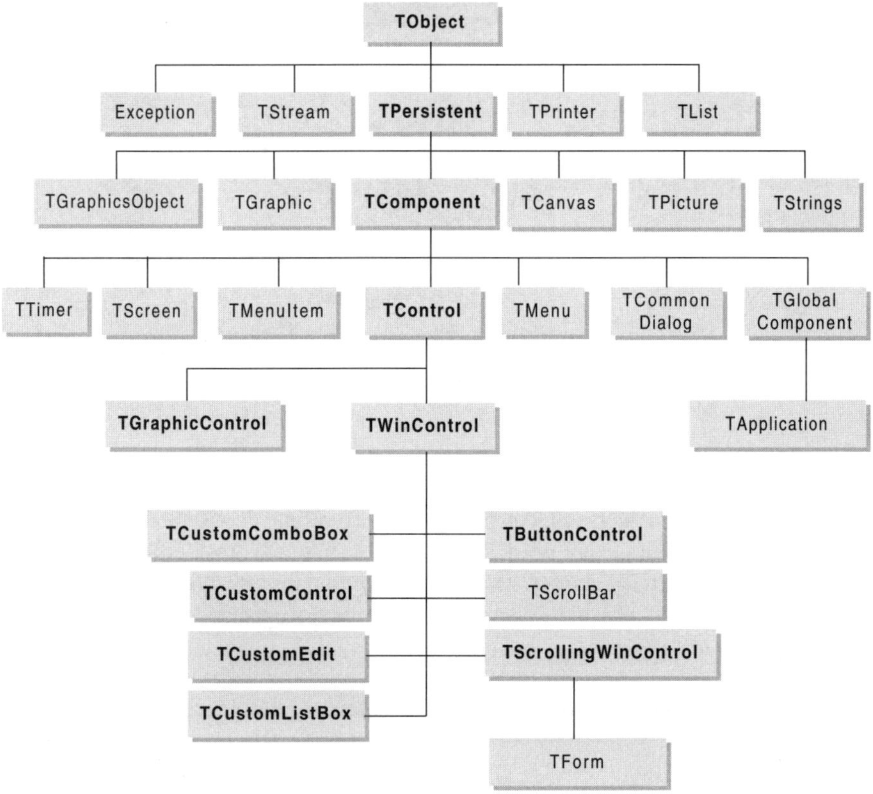

Abb. 5.13 Die Objekthierarchie der VCL

Die Objekttypen der VCL sind häufig lediglich Basisklassen, die als Vorfahren von Komponentengruppen dienen und diesen zahlreiche Eigenschaften, Methoden und Ereignisse vererben. Einige Objekte werden selbst nur zur Laufzeit verwendet, um unsichtbare Aktionen im Hintergrund durchzuführen. Zum Beispiel kapselt die Klasse *TPrinterObject* die Druckerschnittstelle für Windows ein oder *TBitmap* dient als Pufferspeicher für Grafiken.

Es gibt in der VCL kaum Objekte, die nicht auch Komponenten sind. Eine Komponente ist ein Objekt mit zusätzlichen Eigenschaften, Methoden und Ereignissen, die für die spezielle Verwendung benötigt werden. Von *TControl* abgeleitete Komponenten sind Dialogelemente, d.h. Komponenten, die zur Laufzeit sichtbar sind. Einige dieser Dialogelemente wiederum verfügen über Fenstereigenschaften (d.h. sie können den Eingabefokus erhalten) und andere verfügen nicht über Fenstereigenschaften (d.h. sie können, während sie angezeigt werden, nicht den Eingabefokus erhalten). Alle Dialogelemente mit Fenstereigenschaften sind von *TWinControl* abgeleitet; die Dialogelemente, die nicht über Fenstereigenschaften verfügen, von *TGraphicControl* .

Der obigen abgebildete "Stammbaum" bildet die Grundlage für die Entwicklung nutzerdefinierter Komponenten, die allerdings erst im [ProfiBuch] detailliert behandelt wird. Einige Anregungen finden Sie aber auch schon im vorliegenden Buch, z.B. in

☞ R24 ... vorhandene Komponenten modifizieren?

5.3.3 Der Objekt Browser

Der Objekt Browser ist ein universelles Hilfsmittel für die objektorientierte Programmierung unter Delphi. Insbesondere können Sie ihn für folgende Aufgabenstellungen einsetzen:

- grafische Anzeige der Objekthierarchien der Applikation
- Auflisten der verwendeten Units, Anzeige der Komponenten (Symbole), die im Interface- oder Implementations-Teil der Unit deklariert sind.[2]
- Auflisten aller globalen Komponenten (Symbole), Auflistung aller Deklarationen, direktes Verzweigen zu Symbolreferenzen im Quelltext.

Der Objektbrowser läßt sich über den leider ziemlich irreführenden Menünamen *Ansicht|Symbolanzeige* direkt öffnen, es erscheint die komplette Delphi-Objekthierarchie. Hier können Sie sich darüber informieren, welches Objekt Ihrer Applikation von welchem abstammt. Die oberste Hierarchieebene ist *TObject.*

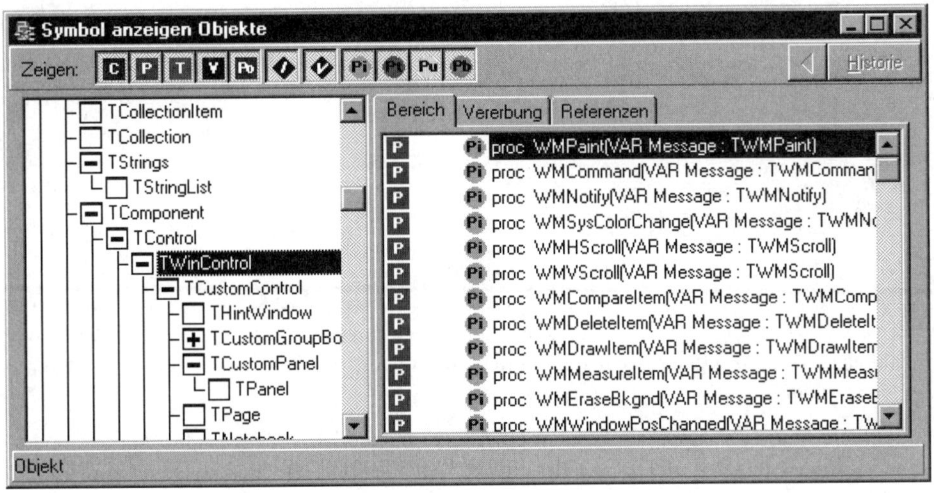

Abb. 5.14 Arbeit mit dem Objekt-Browser

[2] abhängig von den gewählten Compiler-Optionen

Obige Abbildung zeigt Ihnen als Beispiel einen Ausschnitt des zu *TWinControl* gehörenden Bereichs. Die Vielfalt der angezeigten Klassenmitglieder und der vorangestellten Symbole ist für den Einsteiger schon verwirrend. Mit Mühe und Not entdecken Sie die von Ihnen zum Formular hinzugefügten Komponenten und die besetzten Eventhandler wieder.

Etwas überschaubarer werden die Verhältnisse, wenn wir uns einer nutzerdefinierten Klasse zuwenden. Machen wir uns also auf die Suche nach dem im Beispiel des Abschnitts 5.2.2 von uns deklarierten Objekttyps *TCircle*. Voraussetzung ist allerdings, daß wir das entsprechende Projekt laden und starten. Am Ende der direkten Abstammungslinie von *TObject* werden wir schließlich fündig:

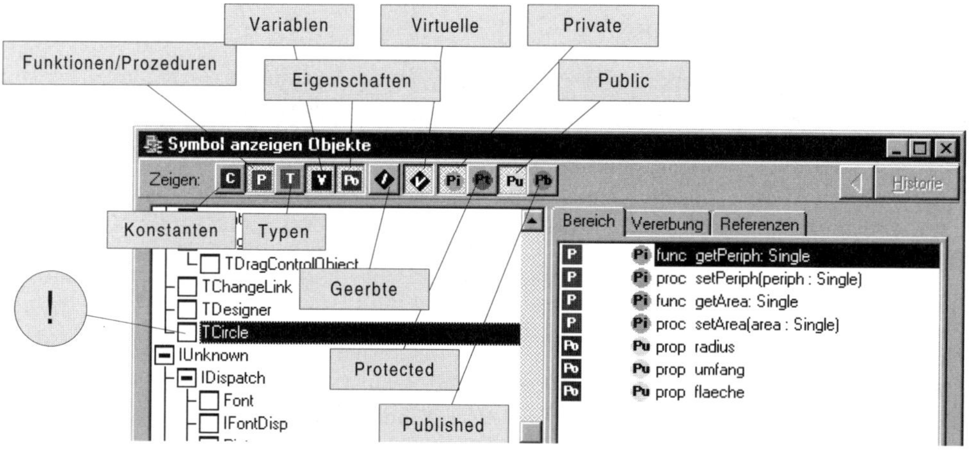

Abb. 5.15 Funktionen/Prozeduren und Eigenschaften als Klassenmitglieder eines nutzerdefinierten Objekttyps

Mit Hilfe der Button-Leiste können Sie sich ganz gezielt bestimmte Klassenmitglieder herausfiltern lassen, z.B. (wie in obiger Abbildung) nur die privaten Funktionen/Prozeduren oder nur die öffentlichen Eigenschaften.

5.3.4 Die Objektablage

Bei der Objektablage handelt es sich gewissermaßen um eine Art von "Zwischenablage", allerdings auf beachtlich höherem Niveau, denn hier können komplette Objekte (bis hin zu Projekten bzw. Projektschablonen) abgespeichert und anderen Anwendungen zugänglich gemacht werden. Die Objektablage ist eine editierbare (.INI-Format) Textdatei, die eine Liste von Formularen und Projekten enthält.

Das Dialogfeld "Objektablage" erscheint nach Klick auf das Menü *Tools|Objektablage*.

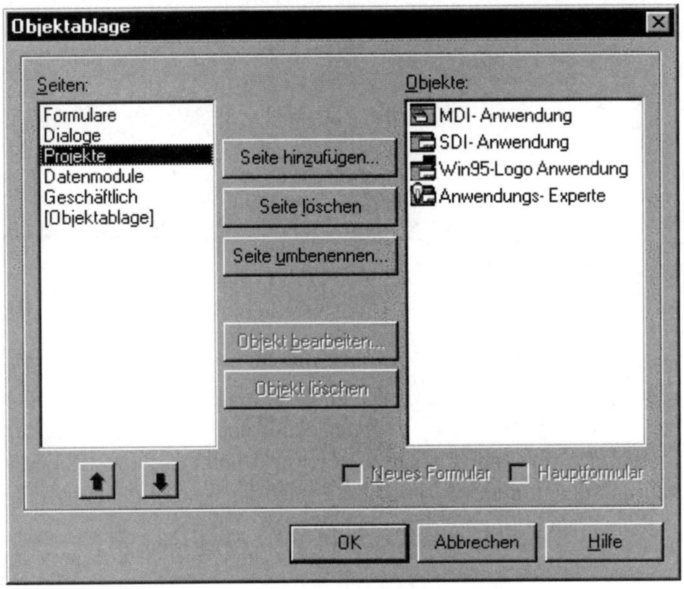

Abb. 5.16 Das Dialogfeld der Objektablage

Optionen

Unter Beachtung der seitenorientierten Struktur der Objektablage (eine Seite kann mehrere Objekte aufnehmen), stehen folgende Optionen zur Verfügung:

Tabelle 5.2 Optionen der Objektablage

Option	Beschreibung
Seiten	... zeigt die Seiten in der Objektablage an.
Objekte	... zeigt die Elemente auf der aktuellen Seite der Objektablage an.
Seite hinzufügen	... fügt der Objektablage eine neue, leere Seite hinzu.
Seite löschen	... entfernt eine markierte Seite aus der Objektablage (Seite muß leer sein).
Seite umbenennen	... benennt eine Seite in der Objektablage um.
Objekt bearbeiten	... verändert die Eigenschaften des markierten Elements.
Objekt löschen	... löscht ein markiertes Objekt aus der Objektablage.
Auf- und Abwärtspfeil	... ändert die Position der ausgewählten Seite (auch durch Ziehen möglich).

Hinzufügen von Objekten

Wenn Sie ein Objekt zu einer Seite hinzufügen wollen, haben Sie die Wahl zwischen drei Möglichkeiten:

- Im Fenster der Objektablage ziehen Sie ein Objekt aus der Spalte *Objekte* in die Spalte *Seiten.*
- Im PopUp-Menü eines Formulars wählen Sie *Der Objektablage hinzufügen.*
- Benutzen Sie das Menü *Projekt|Der Objektablage hinzufügen*

Einige detailliertere Informationen über den praktischen Einsatz der Objektablage vermittelt Ihnen das Rezept

☞ R87 ... die Objektablage benutzen?

Grafik-programmierung

- Canvas-Objekt
- Koordinatensystem
- Standard-Dialoge
- Grafikobjekte

6 Grafikprogrammierung

Windows ist Grafik pur. Einen Unterschied zwischen Text- und Grafikmodus, wie unter DOS, gibt es nicht mehr, da auch Text als eine spezielle Form von Grafik aufgefaßt wird. Delphi bietet für die Grafikprogrammierung drei grundsätzliche Varianten:

- Anzeige von "vorgefertigten" Grafikdateien (z.B. *.BMP, *.WMF) in speziellen Container-Komponenten (z.B. *Image*, *PaintBox, ...*),
- Verwendung von *Shape*-Komponenten (z.B. Rechteck, Ellipse,...),
- Einsatz von Grafikmethoden (z.B. *LineTo*, *Ellipse*, *Draw*,...) auf dem *Canvas* (Leinewand) einer Komponente (*Form, Image, Bitmap, Printer, ...*)[1].

Während bei den ersten beiden Varianten die Grafik bereits zur Entwurfszeit (Design Time) entsteht, wird sie bei der dritten Variante erst zur Laufzeit (Run Time) erzeugt. Erst hier kann man von eigentlicher "Grafikprogrammierung" sprechen, da diese ausschließlich per Quelltext (also ohne Zuhilfenahme der visuellen Entwicklungsumgebung von Delphi) vorgenommen wird. Das folgende Kapitel wird sich also schwerpunktmäßig mit dieser Variante beschäftigen und auf die übrigen Möglichkeiten erst zum Schluß eingehen.

6.1 Das Canvas-Objekt

Der von DOS kommende Umsteiger ist es gewohnt, daß sich Grafikanweisungen stets auf den gesamten Bildschirm beziehen. Von dieser Vorstellung müssen Sie sich trennen. Unter Delphi haben wir es mit Grafikmethoden zu tun, die sich immer nur auf die Zeichenfläche (*Canvas*) eines bestimmten Objekts[2] beziehen, z.B.:

- Formulare
- Image-Komponenten
- Paintbox-Komponenten
- Drucker (Printer)

Dies hat unter anderem zur Folge, daß ein und dieselbe Grafikanweisung, auf unterschiedlichen Objekten ausgeführt, zu unterschiedlichen Ergebnissen führen kann.

Hinweis: Beachten Sie, daß ein *Canvas*-Objekt weitere Objekte enthalten kann. Dazu zählen unter anderem *Pen-*, *Brush-* und *Font*-Objekte, die wiederum eigene Properties haben.

Die folgende Abbildung soll diesen Sachverhalt am Beispiel des *Canvas* eines *Image*-Objekts verdeutlichen:

[1] Die Anwendung von GDI-Funktionen haben wir in unser [ProfiBuch] verlagert.

[2] Diese Objekte können auch unsichtbar sein, z. B. *TBitmap*.

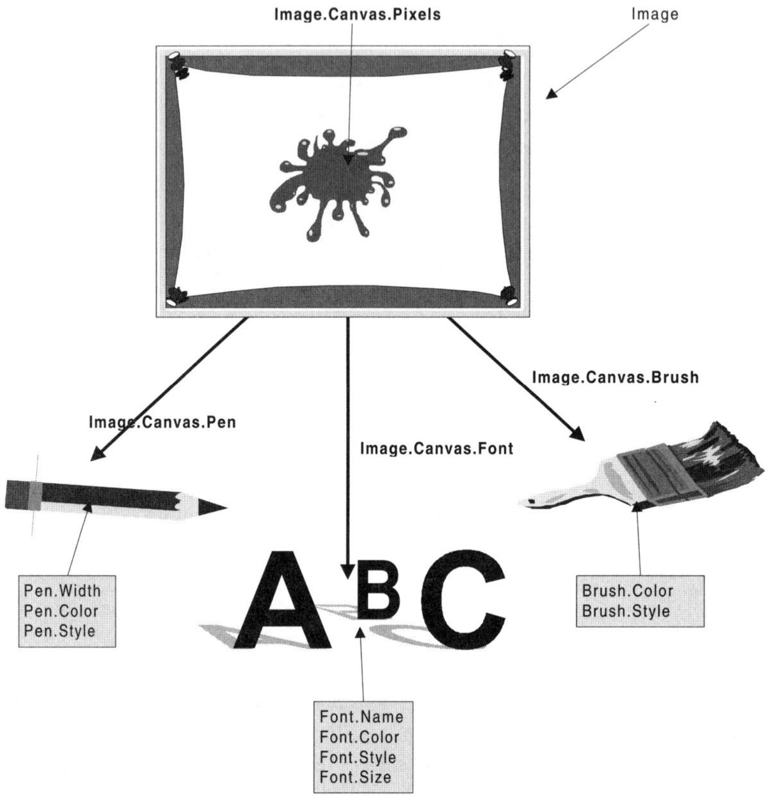

Abb. 6.1 Canvas und untergeordnete Objekte

Während *Pen* Ihr "Stift" ist, mit dem Sie auf dem *Canvas* zeichnen und für den Sie die Eigenschaften *Width* (Linienstärke), *Color* (Farbe) und *Style* (Linienart) einstellen können, versteht man unter *Brush* die "Bürste", mit welcher man geschlossene Flächen mit Farbe und Muster ausfüllt. Hierfür und auch um z.B. eine andere Schriftfarbe einzustellen, müssen Sie wissen, für welches Objekt (*Form*, *Image*, *Printer*) diese Änderungen vorgenommen werden sollen.

Beispiel: So weisen Sie dem *Canvas* eines Formulars das "Malerwerkzeug" zu, d.h., einen roten Stift und eine gelbe Bürste.

```
Form1.Canvas.Pen.Color := clRed;
Form1.Canvas.Brush.Color := clYellow;
```

oder auch einfacher

```
Canvas.Pen.Color := clRed;
Canvas.Brush.Color := clYellow;
```

wenn sich der Quellcode in einem Eventhandler von *Form1* befindet.

Beispiel: Die Zuweisung einiger Eigenschaften für ein Bildfeld:

```
Form1.Image1.Canvas.Font.Color := clRed;        // rote Schrift
Form1.Image1.Canvas.Font.Size := 12;            // 12 dpI
Form1.Image1.Canvas.Pen.Color := clBlack;       // schwarzer Zeichenstift
Form1.Image1.Canvas.Brush.Style := bsClear;     // transparente Füllung
```

Ziemlich aufwendig, nicht wahr? Wenn Sie mehrere Properties festlegen wollen, ist mit diesen "Bandwurmeigenschaften" schon eine ganze Menge an Tipparbeit verbunden. Aber vielleicht erinnern Sie sich noch an die *with*-Anweisung (Kapitel 3, Abschnitt 3.2.4, Strukturierte Typen).

Beispiel: Obiges Beispiel kann kürzer so formuliert werden:

```
with Form1.Image1.Canvas do begin
   Font.Color := clRed;
   Font.Size := 12;
   Pen.Color  := clBlack;
   Brush.Style := bsClear
end;
```

Das sieht doch schon etwas freundlicher aus, aber nun der Reihe nach.

6.1.1 Koordinatensystem

In einem Delphi-Programm beziehen sich Koordinaten stets auf ein bestimmtes Objekt, d.h. auf ein Formular, auf eine Komponente oder auf den Drucker. Maßeinheit ist immer das Pixel, was allerdings beim Drucker etwas sinnlos erscheint. Wer möchte schon, daß ein Bild auf einem 150dpi Drucker viermal so groß wie auf einem 600dpi Drucker ist? Wie Sie dieses Problem elegant umgehen, lesen Sie in:

☞ R63 ... eine Textdatei drucken?

Eine weitere Schwierigkeit bereitet dann Kopfzerbrechen, wenn ein Programm auf Bildschirmen mit unterschiedlicher Grafikauflösung laufen soll, z.B. 640 x 480, 800 x 600 und 1024 x 768 Pixel. Zwar gibt es die Eigenschaften *PixelsPerInch* und *Scaled* (letztere muß *True* gesetzt werden, damit *PixelsPerInch* wirksam wird) und man kann durch diverse Umrechnungen für eine leidliche Anpassung sorgen, doch erfahrungsgemäß ist man auf der absolut sicheren Seite erst dann, wenn man das Brett an der dünnsten Stelle bohrt und seine Fenster nicht größer als die niedrigstmögliche Auflösung (640x480) entwirft bzw. unterschiedliche Versionen herausgibt[3].

Es gibt noch eine Reihe weiterer Vorsorgemaßnahmen, die der Programmierer treffen kann, um seine Applikation weniger anfällig gegenüber unterschiedlichen Grafikauflösungen zu machen, z.B.

☞ R27 ... ein Formular zentrieren?

---

[3] Eine plattformunabhängige Sprache wie Java löst dieses Problem durch sogenannte Layoutmanager.

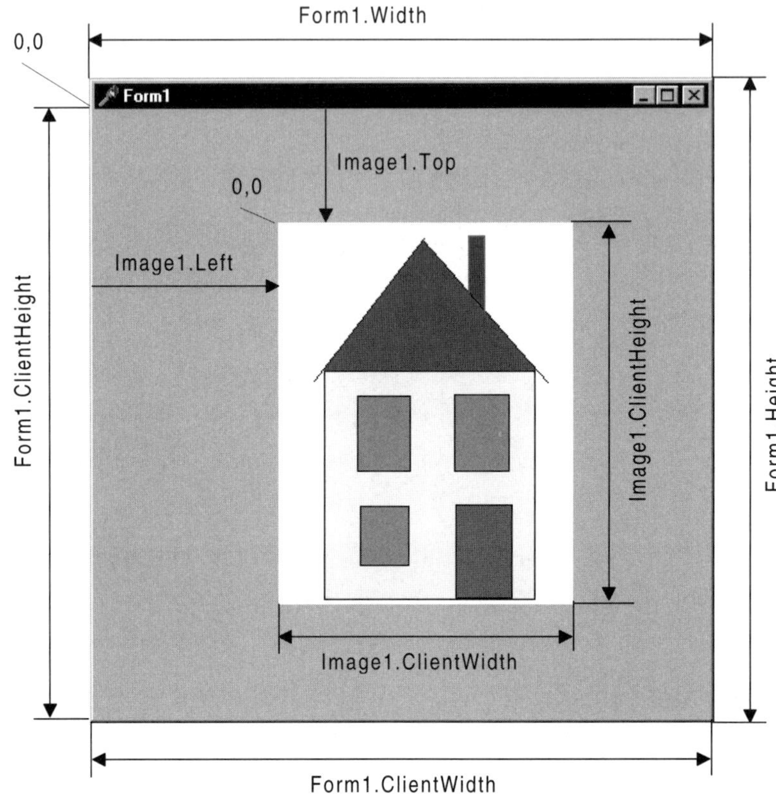

Abb. 6.2 Abmessungen und Koordinaten

Die Objekt-Eigenschaften *Left* und *Top* bezeichnen den Abstand der linken bzw. oberen Kante des Objekts zur linken bzw. oberen Kante des umgebenden Objekts (Clientbereich). *Width* und *Height* bezeichnen die äußeren Abmessungen eines Objekts. Beachten Sie, daß im vorliegenden Koordinatensystem die Y-Achse gekippt ist, d.h., positive Y-Werte werden nach unten abgetragen.

Wenn auch in obiger Abbildung *ClientWidth* und *Width* nahezu identisch erscheinen, so wird der Unterschied dann deutlich, wenn z.B. ein dickerer Rahmen oder eine vertikale Bildlaufleiste hinzukommen.

6.1.2 Grundlegende Zeichenfunktionen

Die Zeichenfunktionen unter Delphi sind meist Methoden und nur ausnahmsweise Eigenschaften des *Canvas*-Objekts. Die zu übergebenden Koordinaten sind i.a. vom *Integer*-Datentyp.

Punkt

Auf einen Punkt greifen Sie über die *Pixels*-Eigenschaft zu.

Syntax: `Canvas.Pixels[x,y:Integer]`

Beachten Sie die eckigen Klammern!

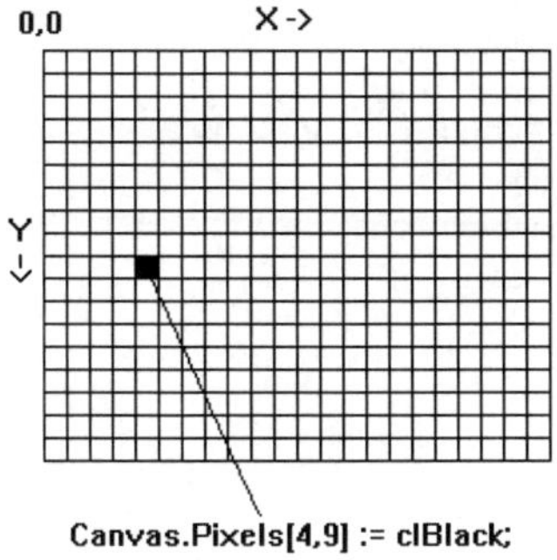

Der Vorteil einer Eigenschaft anstatt einer Methode ist, daß Sie damit die Farbe eines Punktes nicht nur setzen, sondern auch lesen können.

Beispiel:

```
var farbe: TColor;
...
farbe := Canvas.Pixels[300,50];
```

Linie

Linien können Sie nicht mit einem einzigen Befehl zeichnen. Legen Sie zuerst den Startpunkt mit der Methode *MoveTo* fest. Gezeichnet wird von dieser Position aus mit der Methode *LineTo*, die den Endpunkt bestimmt:

Syntax: `Canvas.MoveTo(x1,y1:Integer); Canvas.LineTo(x2,y2:Integer)`

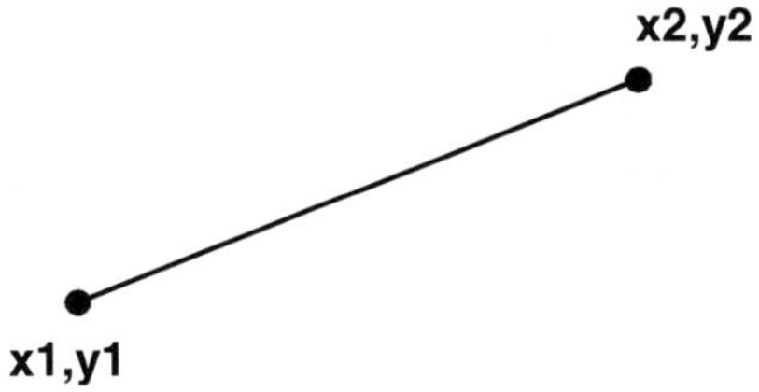

Beispiel:

```
Image1.Canvas.MoveTo(10,10); Image1.Canvas.LineTo(100,100);
```

Hinweis: Der Endpunkt gehört nicht mehr mit zur Linie!

Aktuelle Stiftposition

Die Eigenschaft *PenPos* widerspiegelt die gegenwärtige Position des Stifts.

Syntax: `Canvas.PenPos: TPoint`

Der (von Delphi bereitgestellte) Datentyp *TPoint* hat folgende Struktur:

Syntax:
```
TPoint = record
           X: LongInt;
           Y: LongInt;
         end;
```

Beispiel:

```
var ecke: TPoint; links: LongInt;
...
links := Canvas.PenPos.X;
ecke  := Canvas.PenPos;
```

Kreis, Ellipse

Eine direkte Funktion zum Zeichnen eines Kreises gibt es nicht. Der Kreis wird als Spezialfall der Ellipse angesehen. Als Koordinatenangaben dienen die linke obere und die rechte untere Ecke des umrahmenden Rechtecks.

Syntax: `Canvas.Ellipse(x1,y1,x2,y2:Integer)`

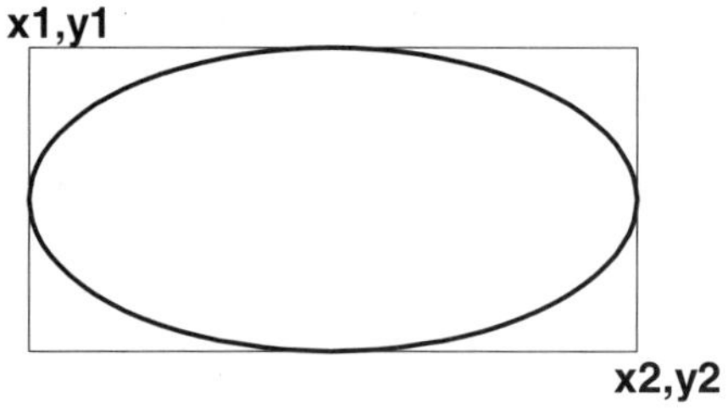

Beispiel:

```
Canvas.Ellipse(25,67,143,231);
```

Rechteck

Das Zeichnen von Rechtecken bedarf wohl keiner besonderen Erläuterung.

Syntax: `Canvas.Rectangle(x1,y1,x2,y2:Integer)`

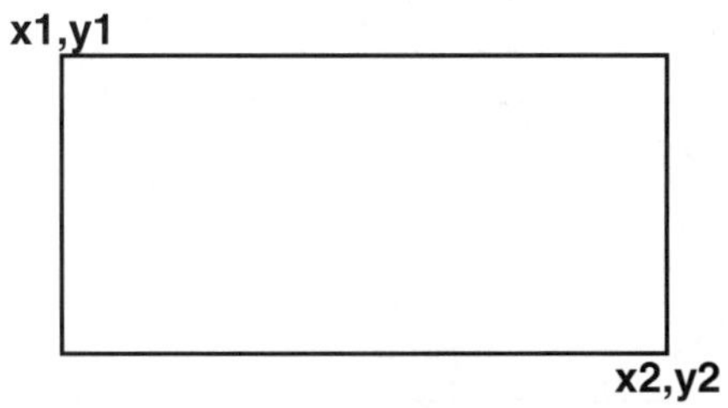

Beispiel:

```
Image1.Canvas.Rectangle(10,10,100,100);
```

Abgerundetes Rechteck

Diese Figur wird wie ein Rechteck gezeichnet, die Ecken werden jedoch als Ellipsenviertel der Breite *X3* und der Höhe *Y3* dargestellt. Ist *Brush.Style* <> *bsClear* wird das Rechteck mit dem aktuellen Pinsel gefüllt.

Syntax: `Canvas.RoundRect(X1, Y1, X2, Y2, X3, Y3: Integer)`

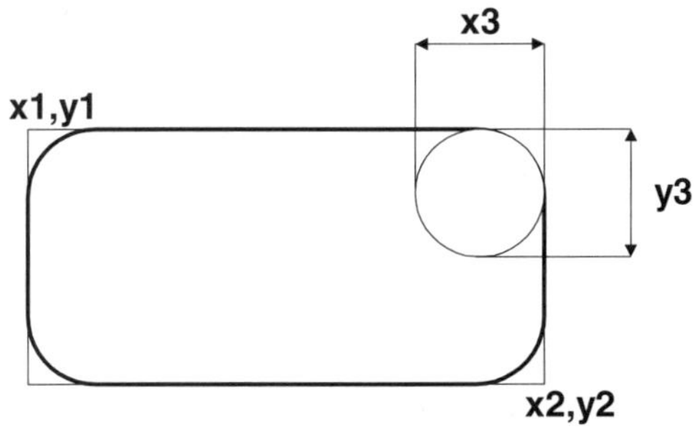

Beispiel:

```
Canvas.RoundRect(10,10,100,100,10,5);
```

Tortenstück

Die Methode *Pie* zeichnet ein Segment, das durch eine Ellipse und zwei Linien begrenzt ist. Für *Brush.Style* <> *bsClear* wird das Segment mit dem aktuellen Pinsel gefüllt.

Syntax: `Canvas.Pie(X1, Y1, X2, Y2, X3, Y3, X4, Y4: LongInt)`

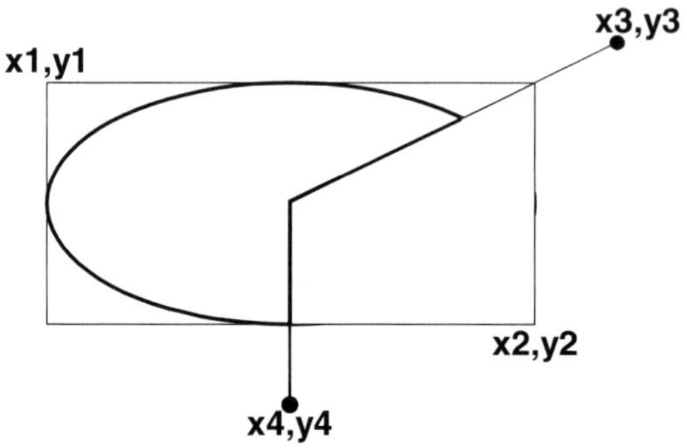

Beispiel:

```
Canvas.Pie(0,0,500,400, 500, 0, 250, 400);
```

Bogenstück

Die Methode *Arc* zeichnet im Gegensatz zur Methode *Pie* nur den Bogen, nicht die Verbindungen zum Ellipsenmittelpunkt. Aus diesem Grund kann die Figur auch nicht gefüllt werden.

Syntax: `Canvas.Arc(x1,y1,x2,y2,x3,y3,x4,y4:Integer)`

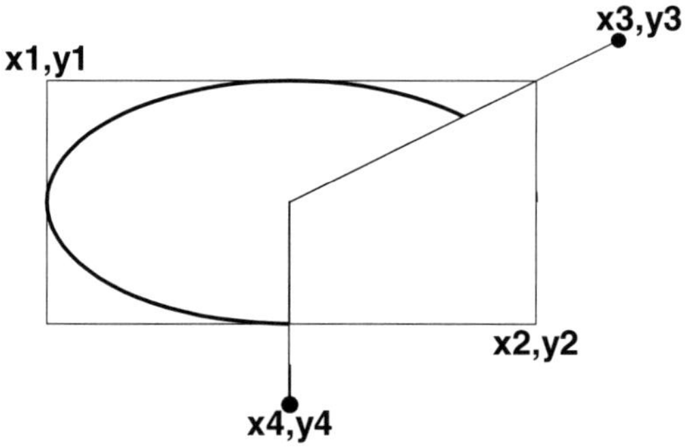

Beispiel:

```
Canvas.Pie(0,0,500,400, 500, 0, 250, 400);
```

Kreisstück

Mit Hilfe der Methode *Chord* können Sie den Teil eines Kreises zeichnen, der durch eine Sehne abgeteilt ist.

Syntax: `Canvas.Chord(x1,y1,x2,y2,x3,y3,x4,y4:Integer)`

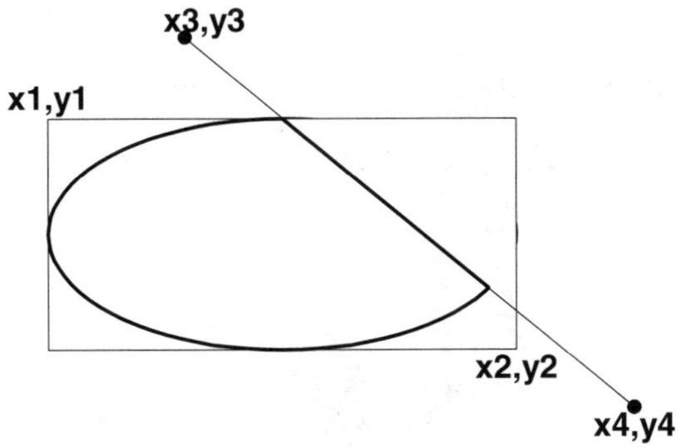

Beispiel:

```
Canvas.Chord(0,0,500,400, 500, 0, 250, 400);
```

Mehrfachlinie

Die *PolyLine*-Methode arbeitet ähnlich wie *MoveTo* und *LineTo*, Sie können jedoch mehrere Punkte auf einmal übergeben.

Syntax: `Canvas.PolyLine([Point(x1,y1),Point(x2,y2),Point(x3,y3), ...])`

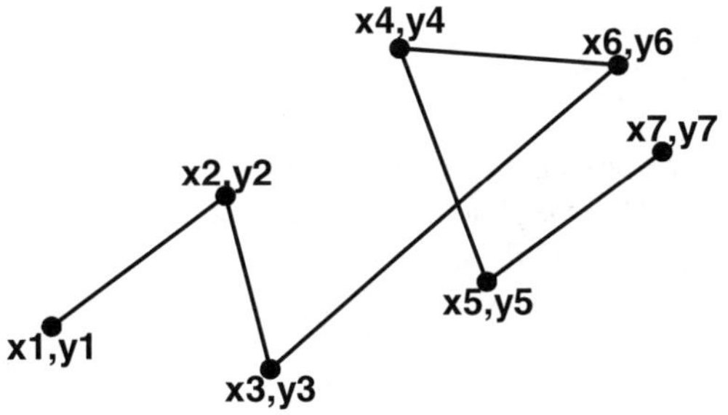

Beispiel:

```
Canvas.PolyLine([Point(10,15),Point(100,200),Point(300,150)]);
```

oder etwas umständlicher:

```
var punkte: array[1..3] of TPoint;
...
punkte[1].x := 10; punkte[1].y := 15;
punkte[2].x := 100; punkte[2].y := 200;
punkte[3].x := 300; punkte[3].y := 150;
Canvas.PolyLine(punkte);
```

Polygon

Möchten Sie ein gefülltes N-Eck zeichnen, müssen Sie auf die *Polygon*-Methode zurückgreifen.

Syntax: `Canvas.Polygon([Point(x1,y1),Point(x2,y2),Point(x3,y3), ...])`

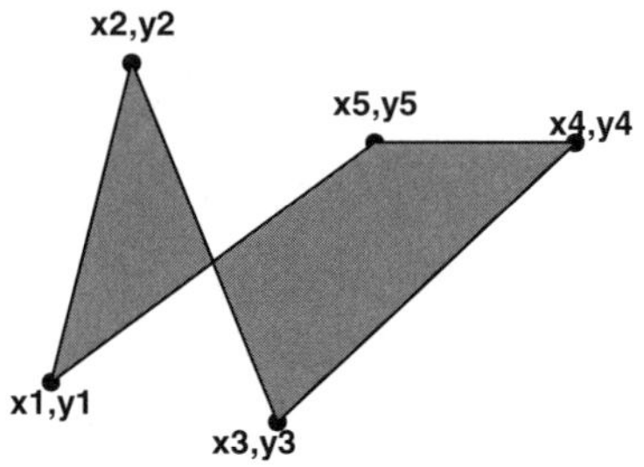

Füllfarbe und -muster entsprechen der aktuellen *Brush*-Eigenschaft des Canvas.

Beispiel:

```
Canvas.Polygon([Point(10,10),Point(100,200),Point(300,150)]);
```

Hinweis: Die Linie vom letzten Punkt zum ersten wird automatisch gezogen und schließt den Umriß.

6.1.3 Farben

Farben setzen sich unter Windows aus der additiven Überlagerung der drei Grundfarben Rot, Grün und Blau zusammen (RGB). Da jeder Farbanteil in 256 Farbstufen unterteilt ist, ergibt sich eine maximale Anzahl von ca. 16 Mio. Farben. Bei dieser Auflösung ist das menschliche Auge nicht mehr in der Lage, einzelne Abstufungen wahrzunehmen, man spricht von Echtfarben.

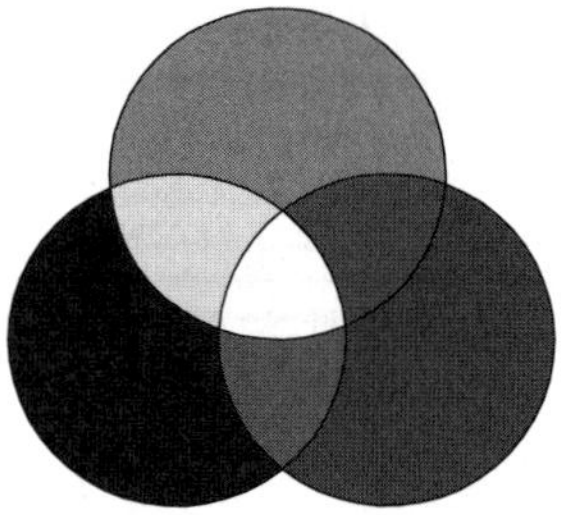

Abb. 6.3 Das RGB-Farbmodell

Hinweis: Beachten Sie, daß eine additive Farbmischung auf einem Drucker nicht sinnvoll ist. Rot + Blau + Grün ergeben Schwarz und nicht Weiß, aber dies nur nebenbei, da Windows uns weitergehende Überlegungen dieser Art abnimmt.

Unter Delphi werden Farbwerte als Datentyp *TColor* abgespeichert.

Beispiel:

```
var hColor : TColor;
...
hColor := Canvas.Brush.Color;
```

Hinweis: Brauchen Sie eine Variable zum Zwischenspeichern von Farbwerten, kann diese vom Typ *TColor* oder *LongInt* sein.

Für das Zuweisen von Farbwerten gibt es zwei prinzipielle Möglichkeiten:

- Benutzen der in der Unit *Graphics* definierten Farbkonstanten
- Verwenden einer 4-Byte-Hexadezimalzahl

Beispiel: Zwei Möglichkeiten, um die Farbe Rot zuzuweisen:

```
Canvas.Brush.Color := clRed;
```

oder

```
Canvas.Brush.Color := $000000FF;
```

Im folgenden wollen wir uns jede der beiden Varianten näher anschauen.

Siehe dazu auch:

☞ R54 ... ein Testbild programmieren?

RGB-Farben

Um zu verstehen, wie Farbwerte als 4 Byte-Hexadezimalzahl gespeichert werden können, müssen wir wissen, daß zur Darstellung eines Bytes zwei Hexziffern benötigt werden. Eine einzelne Hexziffer wird durch eines der 16 Zeichen 0, 1, 2, 3, 4, 5, 6, 7, 8, 9, A, B, C, D, E, F dargestellt. Die drei niederwertigen Bytes geben die RGB-Farbintensität für Blau, Grün und Rot an (siehe folgende Abbildung).

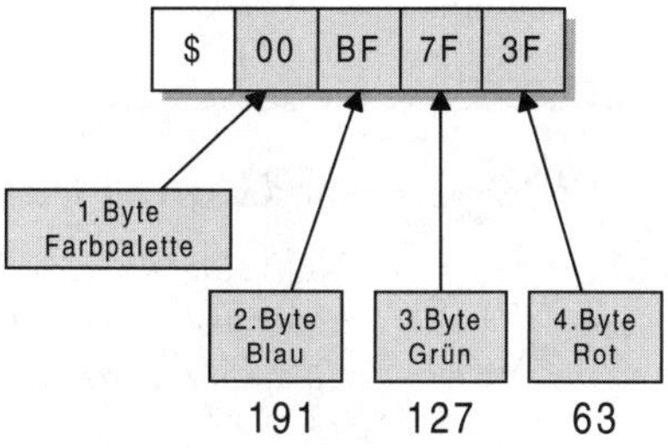

Abb. 6.4 Beispiel einer 4-Byte Hexadezimalzahl für RGB-Farbwerte (mit entsprechenden Dezimalzahlen)

Da pro Byte 256 Werte gespeichert werden können, entspricht der Wert $00FF0000 einem reinen Blau mit voller Intensität, der Wert $0000FF00 einem reinen Grün und der Wert $000000FF einem reinen Rot. $00000000 gibt Schwarz und $00FFFFFF Weiß an. In obiger Abbildung wird eine graublaue Farbe definiert.

Wenn das höchstwertige Byte den Wert Null ($00) hat, sind die Farben denen in der Systempalette am ähnlichsten. Ist es Eins ($01), entspricht die Farbe etwa derjenigen in der aktuell realisierten Palette. Zwei ($02) bedeutet, der Wert wird an die ähnlichste Farbe in der logischen Palette des aktuellen Gerätekontexts angepaßt.

Um sich die lästige Umrechnerei in Hexadezimalzahlen zu ersparen, kann man auch eine Funktion schreiben, welcher die einzelnen Farbanteile als Prozentwerte zwischen 0 und 100 übergeben werden:

```
function RGB(rot,gruen,blau:Integer):TColor;
begin
  result := StrToInt('$' + '00' + IntToHex(blau*255 div 100,2)
 + IntToHex(gruen*255 div 100,2) + IntToHex(rot*255 div 100,2));
end;
```

Beispiel: Um einen Kreis zu zeichnen, der mit einer graublauen Mixfarbe (75% Blau-, 50% Grün- und 25% Rotanteil) ausgefüllt ist, genügt unter Benutzung obiger *RGB*-Funktion folgender Code:

```
Canvas.Brush.Color := RGB(25,50,75);   Canvas.Ellipse(100,100,300,300);
```

Farbkonstanten

In der Unit *Graphics* sind zahlreiche Konstanten für *TColor* definiert. Diese Konstanten unterteilen sich in zwei Gruppen:

- Die Farbkonstanten werden direkt der ähnlichsten Farbe in der Systempalette zugeordnet (z.B. *clRed* für die Farbe Rot) .
- Die Farbkonstanten werden der entsprechenden Systemfarbe für Desktop-Elemente zugeordnet, die im Dialogfeld "Farben" der Windows-Systemsteuerung definiert ist (z.B. *clBtnFace* für Schaltflächen) .

Hier eine Zusammenstellung:

Tabelle 6.1 Farbkonstanten

Konstanten für ähnlichste Systemfarben	**Konstanten für Desktop-Farben**
clAqua, clBlack, clBlue, clDkGray, clFuchsia, clGray, clGreen, clLime, clLtGray, clMaroon, clNavy, clOlive, clPurple, clRed, clSilver, clTeal, clWhite, clYellow.	*clActiveBorder, clActiveCaption, clAppWorkSpace, clBackground, clBtnFace, clBtnHighlight, clBtnShadow, clBtnText, clCaptionText, clGrayText, clHighlight, clHighlightText, clInactiveBorder, clInactiveCaption, clInactiveCaptionText, clMenu, clMenuText, clScrollBar, clWindow, clWindowFrame clWindowText*

6.1.4 Linienfarbe, Muster und Pinsel

Farbeigenschaften

Für die Ausgabe von Linien, Mustern und Texten sind für uns vor allem folgende Eigenschaften und Objekte interessant:

Tabelle 6.2 Farbeigenschaften

Eigenschaft	Objekt	Bemerkungen
Linienfarbe	*Pen.Color*	... ist gleichzeitig Rahmenfarbe für Kreise, Rechtecke etc.
Füllfarbe	*Brush.Color*	... wird nur berücksichtigt, wenn *Brush.Style* <> *bsClear*.
Füllmuster	*Brush.Style*	Die Farbe des Füllmusters hängt von *Brush.Color* ab. Die möglichen Füllmuster finden Sie in der folgenden Abbildung.
Textfarbe	*Font.Color*	Abhängig von der Farbauflösung kann nicht jede Farbe zugewiesen werden.

Füllmuster

Beachten Sie in der folgenden Zusammenstellung, daß die Konstante *bsClear* die Füllfarbe *Brush.Color* außer Kraft setzt und quasi den Hintergrund "durchscheinen" läßt (transparente Füllung). Der Standardwert ist *bsSolid*:

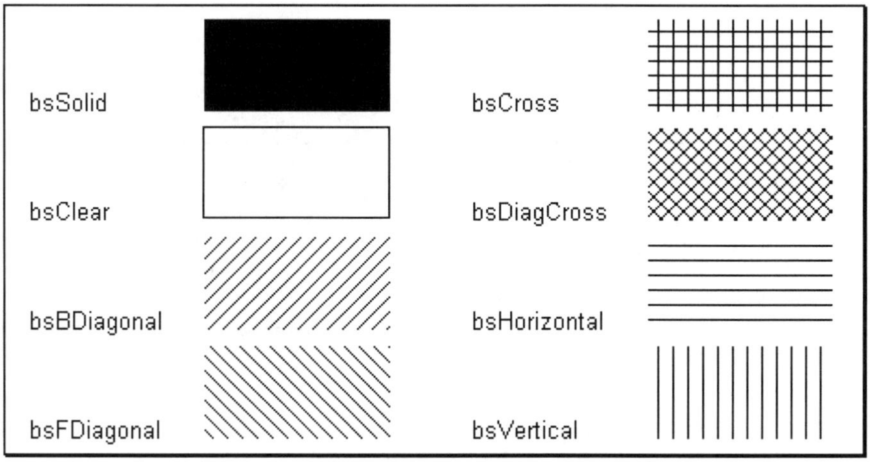

Abb. 6.5 Werte für die Brush.Style-Eigenschaft

6.1.5 Linien und Stifte

Linieneigenschaften

Im wesentlichen bietet Delphi nur drei Eigenschaften, um Linienart und -form zu beeinflussen:

Tabelle 6.3 Linieneigenschaften

Eigenschaft	Objekt	Beschreibung
Linienbreite	*Pen.Width*	... in Pixeln, die Linien-Enden werden abgerundet.
Linientyp	*Pen.Style*	... nur wenn *Pen.Width = 1*, siehe nächste Abbildung.
Zeichenmodus	*Pen.Mode*	... Farbverknüpfung mit dem Hintergrund, siehe zugehörige Abbildung.

Linientypen

Der *Pen.Style*-Eigenschaft des *Canvas*-Objekts können Sie die folgenden Konstanten zuweisen:

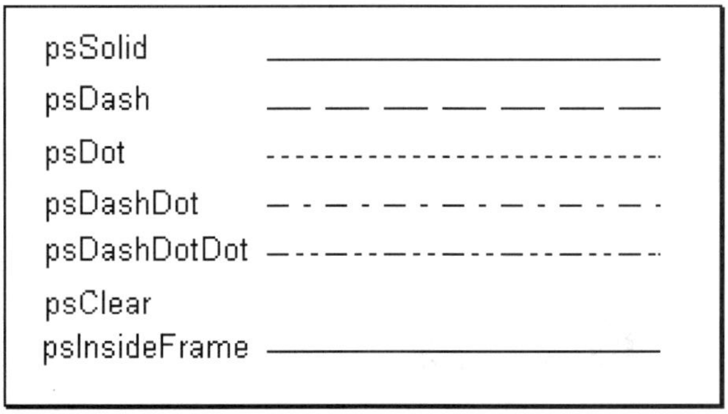

Abb. 6.6 Werte für Pen.Style

Siehe auch

☞ R61 ...einen Markierungsrahmen erzeugen?

Zeichenmodus

Mit *Pen.Mode* legen Sie fest, in welcher Farbe eine Linie bzw. ein Pixel erscheint. Wird dies nicht bereits mit der Eigenschaft *Pen.Color* entschieden? - werden Sie erstaunt fragen. Die Antwort ist ein klares Jein, denn die resultierende Linienfarbe entspricht nur dann der Stiftfarbe, wenn *Pen.Mode* auf seinen Standardwert *pmCopy* gesetzt ist. In allen anderen Fällen kann eine völlig neue Farbe als Resultat einer bestimmten Verknüpfung mit dem Hintergrund entstehen. In der folgenden Abbildung wird der verzweifelte, weil farblose Versuch unternommen, die insgesamt 16 verschiedenen Werte der Eigenschaft *Pen.Mode* zu erläutern:

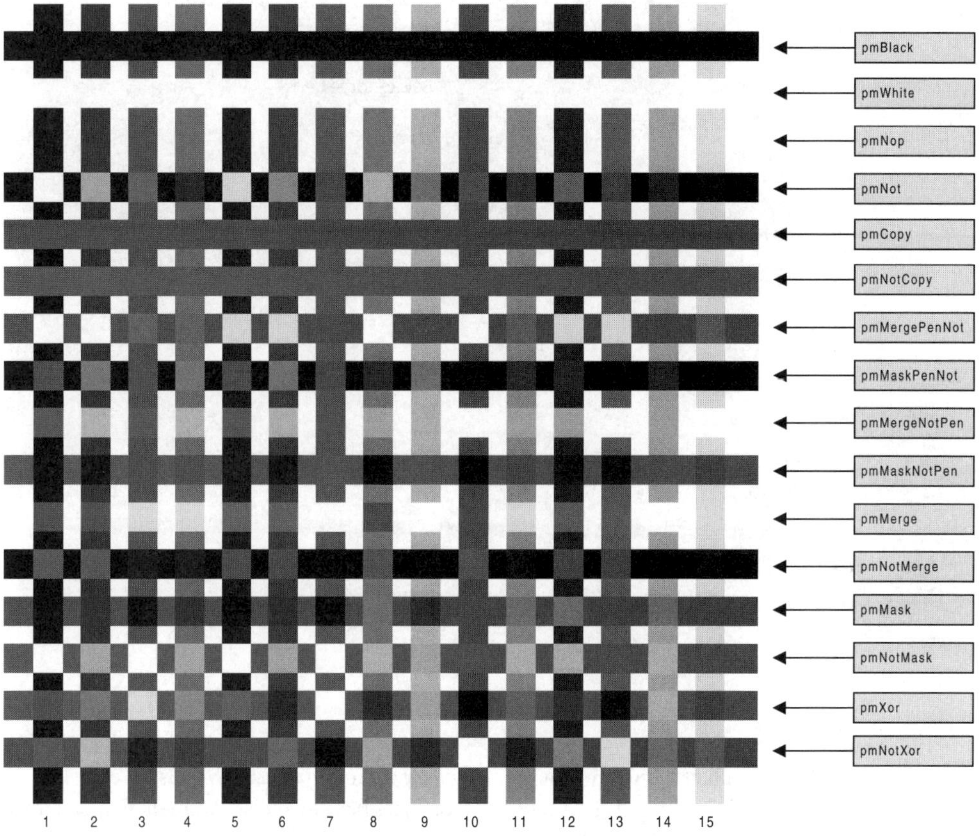

Abb. 6.7 Die verschiedenen Varianten des Zeichenmodus

Die senkrechten Balken sind in den 16 Standard-Farben (2 = *clRed*), die waagerechten Balken hingegen immer mit *Pen.Color* = *clRed* gezeichnet. Nur bei *Pen.Mode* = *pmCopy* entsteht aber tatsächlich ein roter waagrechter Balken.

Beispiel: Das Farbgitter in obiger Abbildung wird durch folgenden Code erzeugt:

```
function qbColor(i:Integer):TColor;    // generiert 16 Farben
begin
 case i of
   0: result:=clBlack;    1: result:=clMaroon; 2: result:=clGreen;   3: result:=clOlive;
   4: result:=clNavy;     5: result:=clPurple; 6: result:=clTeal;    7: result:=clGray;
   8: result:=clSilver;   9 :result:=clRed;   10: result:=clLime;   11: result:=clBlue;
  12: result:=clFuchsia; 13: result:=clAqua;  14: result:=clYellow; 15: result:=clWhite
 end; end;
procedure TForm1.FormPaint(Sender: TObject);    // Farbgitter wird erzeugt
var i:Integer;
```

```
begin
 with Canvas do begin
        Pen.Width := 25;                          // Balkenbreite
        // vertikale Farbbalken zeichnen:
        for i := 0 to 15 do begin
              MoveTo((i+1)*40,0);
              Pen.Color := qbColor(i);            // neue Zeichenfarbe
              LineTo((i+1)*40,ClientHeight)
        end;
        // horizontale Farbbalken zeichnen:
        Pen.Color := clRed;
        for i := 0 to 15 do begin
              Pen.Mode := TPenMode(i);           // neuer Zeichenmodus
              MoveTo(0,(i+1)*40);
              LineTo(ClientWidth,(i+1)*40)
        end
    end
 end;
```

Animationen

In der Praxis haben neben *pmCopy* vor allem *pmXOR* und *pmNotXOR* als Werte für die Eigenschaft *Pen.Mode* Bedeutung. Damit lassen sich auf einfachste Weise Animationen erzeugen, da eine zweifache Anwendung der XOR- Verknüpfung die Originalfarbe wiederherstellt und damit der Hintergrund quasi restauriert wird.

Beispiel: Für ein Formular mit einem Timer (*Interval* = 100) erzeugt der folgende Code einen sich langsam von links nach rechts bewegenden Kreis. Dieser wandert auch durch ein gefülltes Rechteck, ohne dieses zu verletzen.

```
var x1:Integer = 10; y1:Integer = 100;  // initialisierte Variablen legen Anfangsposition
    x2:Integer = 60; y2:Integer = 150;  // des Kreises fest

procedure TForm1.Timer1Timer(Sender: TObject);
begin
 Canvas.Ellipse(x1,y1,x2,y2);           // Löschen der alten Position durch Überzeichnen
 Inc(x1,2); Inc(x2,2);                  // neue Position einstellen
 Canvas.Ellipse(x1,y1,x2,y2)            // auf neuer Position zeichnen
end;
procedure TForm1.FormPaint(Sender: TObject);
begin
 Canvas.Pen.Mode := pmCopy;                   // Standardeinstellung
```

```
 Canvas.Brush.Color := clRed;                // rote Füllfarbe
 Canvas.Rectangle(200,50,400,200);           // ein rot gefülltes Rechteck
 Canvas.Pen.Mode := pmXOR;                   // XOR-Verknüpfung der Pixel
 Canvas.Ellipse(x1,y1,x2,y2);                // Anfangsposition zeichnen
 Timer1.Enabled := True                      // Animation starten
end;
```

Nach Programmstart sehen Sie, daß die Füllfarbe des Kreises nicht *Brush.Color = clRed* entspricht, sondern in Abhängigkeit von der Farbe des Untergrunds zwischen Türkis und Schwarz wechselt. Wen das stört, der sollte es einmal mit *Pen.Mode := pmNotXOR* oder *Brush.Style := bsClear* versuchen.

Keine Frage, daß Sie auf diese Weise auch Männchen quer über den Canvas sprinten lassen oder gar ein richtiges Autorennen programmieren können. Siehe dazu auch

☞ R14 ... Klassen und Objekte verstehen?

Eine weitere Anwendung finden Sie in

☞ R61 ... einen Markierungsrahmen erzeugen?

6.1.6 Textausgabe

Auch die Ausgabe von Text wird in Delphi mit Grafikmethoden realisiert.

TextOut

Diese Methode ist die einfachste Möglichkeit, einen Text auf den Bildschirm bzw. auf Papier zu bringen. Als Schriftart wird dabei der aktuelle Wert von *Font* verwendet.

Syntax: `Canvas.TextOut(X,Y:Integer,Text:String);`

X und *Y* bezeichnen die linke obere Ecke des Ausgabe-Rechtecks.

Beispiel:

```
Canvas.TextOut(100,100,'Äquator');
```

TextRect

Wenn Sie nur denjenigen Teil eines Textes ausgeben wollen, der innerhalb eines Clipping-Rechtecks liegt, verwenden Sie diese Methode.

Syntax: `Canvas.TextRect(Rect: TRect; X, Y: Integer; Text: string)`

Die Maße des begrenzenden Rechtecks müssen Sie in einer Variablen vom Typ *TRect* übergeben:

Syntax:
```
TRect = record
        case Integer of
         0: (Left, Top, Right, Bottom: Integer);
         1: (TopLeft, BottomRight: TPoint);
        end;
```

Hinweis: Typen wie *TRect* oder *TPoint* brauchen Sie nicht zu deklarieren, sie werden von Delphi bereitgestellt!

Sie können die Zuweisung der Einzelwerte für das Rechteck vereinfachen, wenn Sie die Funktion *Bounds* verwenden.

Beispiel:

```
var rec: TRect;
...
rec := Bounds(40,40,100,100);
Canvas.TextRect(Rec,10,10,'Hallo');
```

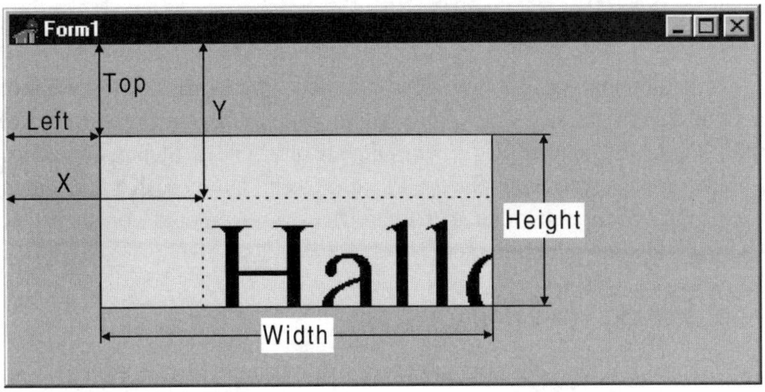

TextWidth und TextHeight

Beide Methoden erlauben das Feststellen von Breite und Höhe eines auszugebenden Strings.

Syntax: `Canvas.TextWidth(text:String):Integer`

Beispiel: Folgende nutzerdefinierte Methode, die Sie der Typdeklaration des Formulars hinzufügen, erlaubt das exakte Positionieren eines auszugebenden Textstrings in Formularmitte.

```
procedure TForm1.zentriereText(txt: String);
var x,y: Integer;
begin
  x := (ClientWidth - Canvas.TextWidth(txt)) div 2;
  y := (ClientHeight - Canvas.TextHeight(txt)) div 2;
  Canvas.TextOut(x, y, txt)
end;
```

Hinweis: *TextWidth* liefert denselben Wert zurück wie der Aufruf von *TextExtent(Text).cx*. Analoges gilt für *TextHeight* und *TextExtend(Text).cy*.

Fontabmessungen

Die Texthöhe in <u>Pixeln</u> können Sie auch mit *Font.Height* ermitteln:

In einigen Fällen ist es allerdings günstiger, die Texthöhe in Punkten anzugeben. Verwenden Sie dazu die Eigenschaft *Font.Size*.

6.2 Standarddialoge

Jeder, der mit der Bedienung von Windows-Programmen vertraut ist, kennt diese modalen Dialogboxen. Auch Delphi stellt sie zur Verfügung, indem einfach die entsprechenden Ressourcen der Windows-Bibliothek (API) angezapft werden. Die entsprechenden Steuerelemente finden Sie auf der "Dialoge"-Seite der Komponentenpalette. Es ist typisch, daß diese Komponenten zur Laufzeit ein völlig anderes Aussehen annehmen. Für Grafikanwendungen sind vor allem der Font-Dialog und der Farbauswahl-Dialog von Interesse.

6.2.1 Standarddialog zur Schriftauswahl

Für die Auswahl einer Schriftart kann zur Laufzeit der Standarddialog "Schriftauswahl" verwendet werden. Dazu ist die Komponente *Fontdialog* auf dem Formular zu plazieren.

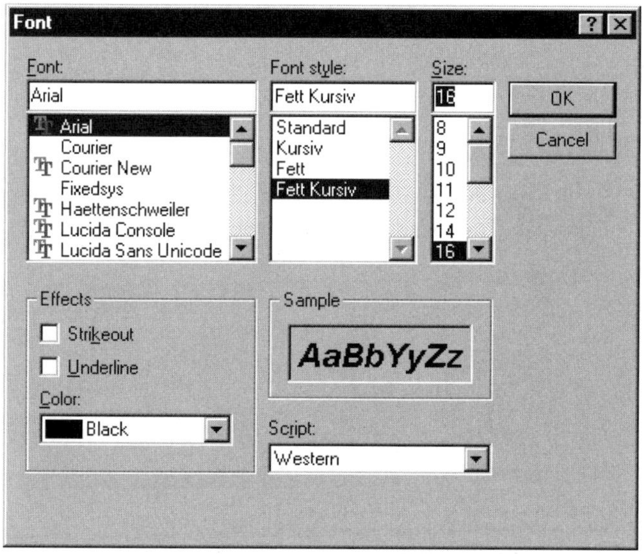

Abb. 6.8 Standard-Schriftartendialog

Programmierung

Die Aktivierung erfolgt erst zur Laufzeit mittels *Execute*-Methode:

```
procedure TForm1.Button1Click(Sender: TObject);
begin
  fontDialog1.Execute
end;
```

Nach der Ausführung können Sie über die *Font*-Eigenschaft (Type *TFont*) alle Schriftparameter abfragen:

```
var schriftfarbe : TColor;
schriftfarbe := Fontdialog1.Font.Color;
```

bzw. Sie weisen diese Schriftart einem Ausgabegerät zu[4].

```
Image1.Canvas.Font := FontDialog1.Font;
```

Weitere Eigenschaften

Außer der *Font*-Eigenschaft sind noch folgende Properties von Bedeutung:

Tabelle 6.4 Eigenschaften für den Fontdialog

Eigenschaft	Beschreibung
Device	Anzeige der Schriftarten für: Drucker, Bildschirm, Drucker/Bildschirm
MaxFontSize *MinFontSize*	Ist die Option *fdLimitSize* gesetzt, werden nur Schriftarten angezeigt, die in diesem Bereich liegen.

Optionen

Die wichtigsten Werte für die Eigenschaft *Options* finden Sie in der Tabelle:

Tabelle 6.5 Einige Werte für Options

Option	Beschreibung
fdAnsiOnly	nur ANSI-Schriftarten
fdEffects	Anzeige der Optionen für: ▪ Unterstrichen ▪ Durchgestrichen ▪ Farbe
fdFixedPitchOnly	nur Bitmap-Fonts
fdForceFontExist	Fehlermeldung aktivieren wenn Schriftattribut nicht existiert
fdLimitSize	nur Schriften größer *Min* und kleiner *Max*
fdNoVektorfonts	keine Vektorschriften
fdNoOEMFonts	nur skalierbare Schriftarten
fdShowHelp	Help-Button anzeigen
fdTrueTypeOnly	nur True Type-Fonts
fdWysiwyg	nur Schriften die auf Drucker und Bildschirm gleichzeitig verfügbar sind

---

[4] Ex-Visual-Basic-Programmierer werden das sehr zu schätzen wissen, da in VB jede Eigenschaft einzeln ausgelesen werden mußte.

6.2.2 Standarddialog zur Farbauswahl

Für die Auswahl von Farben können Sie während der Laufzeit den Standarddialog "Farben" verwenden. Plazieren Sie dazu die Komponente *ColorDialog* auf dem gewünschten Fenster.

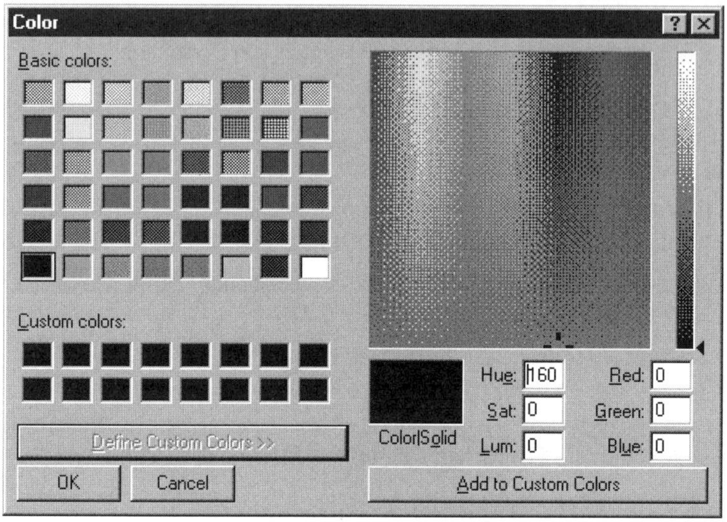

Abb. 6.9 Standard-Farbdialog

Programmierung

Der Dialog wird zur Laufzeit über die *Execute*-Methode aktiviert:

```
procedure TForm1.Button1Click(Sender: TObject);
begin
  ColorDialog1.Execute
end;
```

Den Rückgabewert können Sie mit der Eigenschaft *Color* auswerten:

```
Image1.Canvas.Brush.Color := ColorDialog1.Color;
```

Möchten Sie die Farbdefinition verhindern, müssen Sie die Eigenschaft *Options* wie folgt festlegen:

```
[cdPreventFullOpen]
```

6.3 Grafikobjekte

Die wichtigsten grafischen Ausgabeobjekte sind das *Form*-Objekt, die *Paintbox*- und die *Image*-Komponente. Alle verfügen natürlich als wichtigstes gemeinsames Merkmal über die *Canvas*-Eigenschaft[5], d.h. zur Laufzeit können Bilder (Zeichnungen) mittels Grafikmethoden erzeugt und angezeigt werden. Außerdem sollen in diesem Abschnitt auch noch das quasi "unsichtbare" *Bitmap*-Objekt, sowie die *Shape*-Komponente betrachtet werden.

6.3.1 Form und Paintbox

Man kann die *PaintBox*-Komponente ohne Übertreibung als die "kleine Schwester" des Formulars bezeichnen, zumindest was die Grafikfähigkeiten betrifft. Die folgenden Ausführungen beziehen sich zwar auf das *Form*-Objekt, lassen sich aber auch ohne weiteres auf die *PaintBox* übertragen (auf Besonderheiten wird zum Schluß eingegangen).

Grafik zeichnen

Es ist ein Windows-typisches Merkmal, daß diese Objekte (vor allem Fenster) durch den Benutzer oder das Programm ständig manipuliert werden (verschieben, verdecken, vergrößern, verkleinern). Sehr häufig muß deshalb der Inhalt des Canvas auf dem Bildschirm neu aufgebaut werden, z.B. nach dem Freilegen eines vorher verdeckten Fensters.

Beispiel:

```
procedure TForm1.Button1Click(Sender: TObject);    // Zeichnen
begin  Canvas.Ellipse(50,20,400,200) end;
```

Überdecken Sie die Ellipse vorübergehend mit einem anderen Fenster, so kann Ihr Werk sehr schnell beschädigt werden und ist nur durch erneutes Klicken des Button "Zeichnen" wieder zu reparieren:

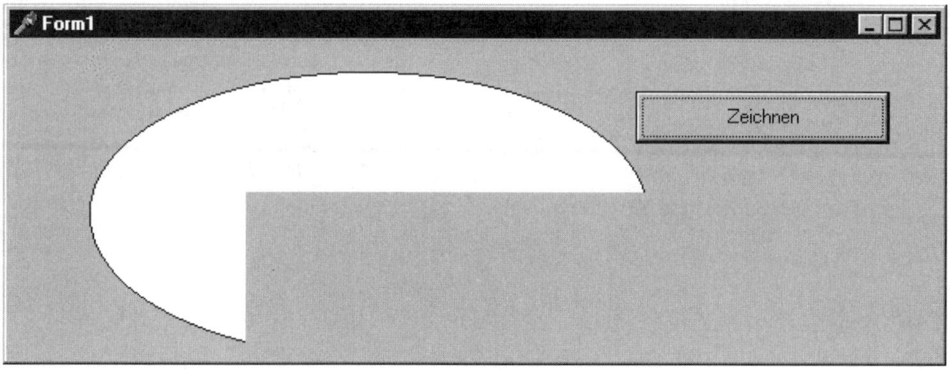

[5] Diese Eigenschaft ist gleichzeitig auch ein Objekt.

Um einen automatischen Wiederaufbau der Fenstergrafik zu gewährleisten, nutzen Sie das *OnPaint*-Ereignis. Es wird immer dann ausgelöst, wenn die Grafik oder Teile davon neu gezeichnet werden müssen. In den zugehörigen Eventhandler schreiben Sie einfach die Anweisungen zum Neuzeichnen der Grafik hinein.

Beispiel:

```
procedure TForm1.FormPaint(Sender: TObject);
begin
 Canvas.Ellipse(50,20,400,200)
end;
```

Auf einen Button "Zeichnen" können Sie verzichten, die Grafik ist bereits bei Programmstart präsent und durch kein anderes Fenster mehr zu beschädigen.

Grafik löschen

Durch einen Aufruf der *Refresh*-Methode wird ein Formular (und auch jedes andere Steuerelement) sofort von Windows neu gezeichnet. Damit verschwindet auch die Fenstergrafik (Buttons etc. bleiben).

```
procedure TForm1.Button2Click(Sender: TObject);
begin
 Refresh
end;
```

Allerdings funktioniert das Löschen nicht, wenn Sie (wie oben beschrieben) den Aufbau der Fenstergrafik im *OnPaint*-Eventhandler erledigen. Ein Aufruf von *Refresh* löst nämlich ebenfalls *OnPaint* aus und die Grafik ist sofort wieder da. Doch durch Einführen eines Zustandsflags bekommen wir dieses Problem in den Griff. Wir erreichen damit, daß ein Neuzeichnen der Grafik nur dann stattfindet, wenn wir dies auch wünschen.

Beispiel: Unser Testbeispiel hat jetzt zwei Buttons ("Zeichnen" und "Löschen").

```
var flag: Boolean = False;                          // initialisierte Zustandsvariable

procedure TForm1.FormPaint(Sender: TObject);
begin
 if flag then Canvas.Ellipse(50,20,400,200)        // bedingtes Neuzeichnen
end;

procedure TForm1.Button1Click(Sender: TObject);        // Grafik zeichnen
begin flag := True; Refresh end;

procedure TForm1.Button2Click(Sender: TObject);        // Grafik löschen
begin flag := False; Refresh end;
```

Zeichnen und Löschen der Grafik können jetzt gezielt gesteuert werden:

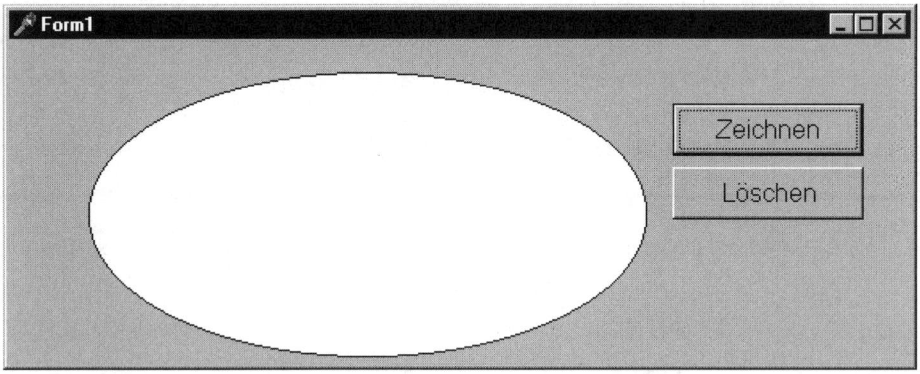

Besonderheiten der PaintBox

Diese "Miniaturausgabe" eines Formulars finden Sie auf der "System"-Seite der Komponentenpalette. Verwenden Sie die *PaintBox* dann, wenn Sie die Grafikausgaben auf einen bestimmten Bereich des Formulars begrenzen möchten anstatt den gesamten Clientbereich dafür zu verwenden. Auch bei der *PaintBox* müssen Sie das *OnPaint*-Ereignis nutzen, um die angezeigte Grafik nach einem Verdecken durch andere Fenster neu aufzubauen.

Beispiel:

```
procedure TForm1.PaintBox1Paint(Sender: TObject);
begin
  PaintBox1.Canvas.Ellipse(10,10,100,100)
end;
```

Hinweis: Ein *Refresh* des Formulars löscht auch den Inhalt der *PaintBox*!

6.3.2 Image

Die *Image*-Komponente, die Sie auf der Seite "Zusätzlich" der Komponentenpalette finden, ist um einiges komfortabler als die *PaintBox*.

Grafik zeichnen

Bezüglich der Ausführung von Zeichenoperationen scheint es keinerlei Unterschiede zu geben.

Beispiel:

```
procedure TForm1.FormClick(Sender: TObject);
begin
  Image1.Canvas.Ellipse(10,10,100,100)
end;
```

Der entscheidende Unterschied offenbart sich im Bildaufbau: Die *Image*-Komponente regeneriert die Grafik mit Hilfe einer Hintergrundbitmap (Speicherbitmap). Wird ein verdeckter Ausschnitt freigelegt, kopiert die Komponente diesen automatisch aus der Speicherbitmap in den Vordergrund. Ein *OnPaint*-Ereignis werden Sie deshalb hier vergeblich suchen, man braucht es einfach nicht!

Dieser Komfort wird allerdings teuer erkauft: *Image*-Komponenten sind teilweise langsamer als eine *PaintBox* und verbrauchen auch deutlich mehr Ressourcen.

Siehe dazu:

☞ R53 ... den Unterschied zwischen Paintbox und Image verstehen?

Grafiken aus Datei laden bzw. in Datei abspeichern

Sie sollten ein *Image* immer dann verwenden, wenn es darum geht, Bilder (WMF, BMP, ICO) aus Dateien zu laden bzw. in Dateien zu speichern. Verantwortlich dafür ist die *Picture*-Eigenschaft (eigentlich auch ein Objekt), die Sie bei *Form* und *PaintBox* vergeblich suchen. Bereits zur Entwurfszeit können Sie der *Picture*-Property per Objektinspektor ein Bild zuordnen. Mit der Methode *LoadFromFile* lassen sich Grafikdateien aber auch erst zur Laufzeit laden.

Beispiel:

```
Image1.Picture.LoadFromFile('c:\test.bmp');
```

Auch das Abspeichern des Bildinhalts ist dank *SaveToFile*-Methode kein Problem.

Beispiel:

```
Image1.Picture.SaveToFile('c:\test.bmp');
```

Einfügen und Kopieren aus/in Zwischenablage

Der Arbeit mit der Zwischenablage sind jetzt (dank *Assign*-Methode) Tür und Tor geöffnet.

Beispiel:

```
Image1.Picture.Assign(Clipboard);        // Bild aus Zwischenablage einfügen
Clipboard.Assign(Image1.Picture);        // Bild in Zwischenablage kopieren
```

Ein ausführliches Beispiel finden Sie in

☞ R60 ... Grafiken in die Zwischenablage kopieren?

Grafik in eine andere Grafik kopieren

Die Inhalte von Image-Komponenten (*Picture.Bitmap*-Eigenschaft) können Sie bequem über die *Canvas.Draw*-Methode zuweisen, wobei auch noch die Koordinaten der linken oberen Ecke übergeben werden.

Beispiel: Der Inhalt des linken Bildes (*Image1*) wird mit einem Versatz von x = 30 und y = 50 in das rechte Bild (*Image2*) kopiert.

```
procedure TForm1.Button1Click(Sender: TObject);
begin
 Image2.Canvas.Draw(30,50,Image1.Picture.Bitmap)
end;
```

Das Ergebnis:

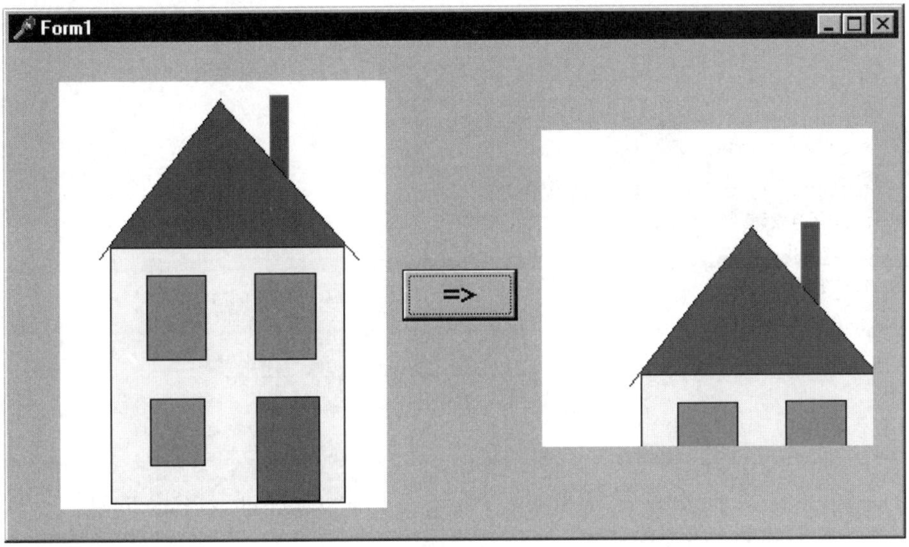

6.3.3 Bitmap

Alle bisherigen Ausführungen bezogen sich auf sichtbare Komponenten. Delphi unterstützt jedoch auch Grafik-Objekte, die nicht sichtbar sind. Dazu zählen Objekte vom Typ:

- *TBitmap*
- *TMetafile*
- *TIcon*

Am interessantesten dürfte das Objekt *Bitmap* sein. Dieses können Sie z.B. als Pufferspeicher bzw. als Speicherbitmap für eine *PaintBox*-Komponente einsetzen, um damit einige Nachteile gegenüber der aufgemotzten *Image*-Schwester wettzumachen. Eine Verwendung für Animationen wäre ebenfalls denkbar, Sie kopieren dazu einfach in eine *PaintBox*-Komponente Ausschnitte der Hintergrundbitmap.

Objekt erzeugen

Beim Erzeugen eines Bitmap-Objekts sollten Sie sich auf Ihr OOP-Handwerkszeug aus Kapitel 6 besinnen und dabei beachten, daß Sie sich um die Erzeugung von Objekten, die nicht in der visuellen Entwicklungsumgebung (Komponentenpalette) von Delphi enthalten sind, komplett selbst kümmern müssen. Allein mit der Definition einer Variablen vom Typ *TBitmap* ist es aber nicht getan ist. Die Variable muß auch mit der Methode *Create* initialisiert werden! Erst danach können Sie die Abmessungen der Bitmap festlegen, Grafikmethoden auf dem *Canvas* ausführen, in die Zwischenablage oder in Dateien speichern.

Beispiel:

```
var bild : TBitmap;          // definieren
...
bild := TBitmap.Create;      // initialisieren
bild.Width := 200;           // Größe festlegen
bild.Height := 250;
bild.Canvas.Rectangle(10,10,30,30);       // Grafik zeichnen
Clipboard.Assign(bild);                   // in Zwischenablage speichern
bild.SaveToFile('c:\bild1.bmp');           // in Datei abspeichern
bild.Free;                                // zum Schluß Objekt freigeben
```

Bitmap in Canvas kopieren

Es dürfte jetzt auch kein Problem mehr sein, was vorher unlösbar erschien: Eine Pixelgrafik in den Canvas eines Formulars kopieren.

Beispiel: Im folgenden Eventhandler wollen wir es ausnahmsweise mal wie die Profis machen und das Laden der Bilddatei in einem *try-finally*-Block erledigen.

```
procedure TForm1.Button1Click(Sender: TObject);
var  bild1: TBitmap; i:Integer;
 begin
  bild1 := TBitmap.Create;
  try                               // der Versuch, die Bilddatei zuzuweisen und anzuzeigen:
    with bild1 do begin
     LoadFromFile('Haus.bmp');      // Bilddatei befindet sich im Projektverzeichnis
     Transparent := True;           // Hintergrundfarbe (weiß) ist standardmäßig transparent
     for i := 1 to 4 do Form1.Canvas.Draw(i * 60, i* 10, bild1);      // viermal kopieren
    end;
  finally
    bild1.Free                      // am Ende und wenn Bilddatei nicht gefunden wurde
  end
 end; end.
```

Das Ergebnis kann sich doch sehen lassen, oder?

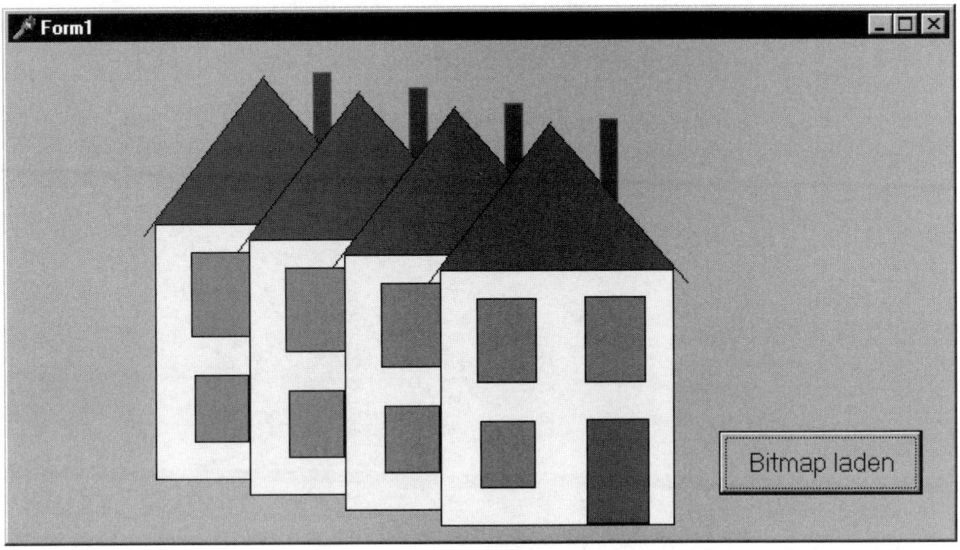

Ein weiteres komplettes Demobeispiel zur PaintBox finden Sie in

☞ R62 ... Bitmaps zur Laufzeit zuweisen?

6.3.4 Shape-Komponenten

Mit der *Shape*-Komponente (Seite "Zusätzlich" der Komponentenpalette) können Sie Linien, Ellipsen und Kreise, sowie normale und abgerundete Rechtecke, erstellen. Eigentlich handelt es sich hierbei mehr um ein "gewöhnliches" Steuerelement mit Ereignissen (Drag&Drop, sowie *MouseDown*, *MouseMove*, *MouseUp*), das seinen Platz wohl besser im Kapitel 4 gefunden hätten. Da aber diese Komponente den (falschen) Eindruck erweckt, daß sie eine gängige Alternative zu den Grafikmethoden des *Canvas*-Objekts bietet, soll sie an dieser Stelle kurz vorgestellt werden. Die folgende Abbildung zeigt die Auswirkungen verschiedener Werte der *Shape*-Eigenschaft sowie verschiedener Füllmuster (*Brush.Style*).

Wie alle Komponenten können auch *Shape*-Komponenten mit *Refresh* nicht gelöscht werden. Sie zeigen prinzipiell das gleiche Verhalten wie z.B. ein Button, der unberührt an seinem Platz stehen bleibt, wenn sich der Hintergrund ändert.

Eine *Shape*-Komponente verbraucht natürlich mehr Ressourcen, als wenn Sie die gleiche Grafik z.B. mit den *Canvas*-Methoden *Rectangle*, *Ellipse* usw. erzeugen würden. Setzen Sie diese Komponenten deshalb nur für kleinere Grafiken bzw. Hervorhebungen ein.

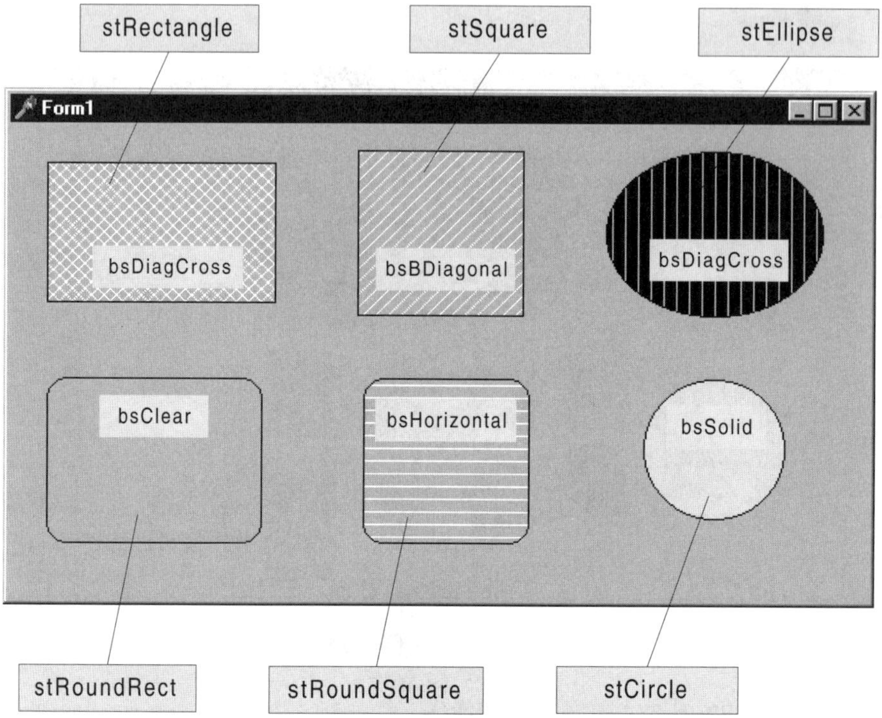

Abb. 6.10 Die Verwandlungskünste der Shape-Komponente

Eine nützliche Anwendung: Durch geschickte Wahl von *Pen* und *Brush* können Sie die Komponente quasi "unsichtbar" machen (entspricht nicht *Visible* = *False*). Die Komponente reagiert aber weiterhin auf Nutzereingaben (Maus). Diese Möglichkeit können Sie z.B. in Grafikprogrammen nutzen.

☞ R57 ... Hotspots auf Grafiken erzeugen?

Arbeiten mit Datenbanken

- Einführung
- Einführungsbeispiel
- Datenbank-Entwurf
- Komplexbeispiel

7 Arbeiten mit Datenbanken

Der komfortable Zugriff auf relationale Datenbanken unterschiedlicher Formate ist wohl eines der wesentlichsten Merkmale von Delphi. Dieses Kapitel vermittelt Ihnen die für den erfolgreichen Einstieg notwendigsten Grundkenntnisse, wobei allerdings nur ein Bruchteil der in Delphi 3 insgesamt zur Verfügung stehenden Möglichkeiten abgedeckt werden kann. So wurde z.B. auf SQL (Structured Query Language) sowie auf Datenzugriffsobjekte weitestgehend verzichtet, jedoch finden Sie an verschiedenen Stellen des Kochbuchkapitels 11 dazu ebenfalls konkrete Informationen. Wer noch tiefer in die Problematik der Datenbankprogrammierung eindringen möchte, sollte sich die ausführlich dokumentierten Quelltexte der Beispielapplikationen des Kapitels 13 (ADRESSVERWALTUNG, BAUFINANZIERUNG, WINCROSS) zu Gemüte führen oder sich unser [ProfiBuch] zulegen.

7.1 Einführung

Unter Anwendung des Prinzips der visuellen Oberflächenprogrammierung lassen sich jetzt auch durch den Delphi-Anwender leistungsfähige Datenbank-Applikationen entwickeln, ohne daß dieser z.B. über ein spezielles Datenbanksystem (Paradox) bzw. über Kenntnisse von ObjektPAL (der Programmiersprache von Paradox) verfügen muß.

Wir beschränken uns in diesem Einsteigerkapitel auf folgende Themen:

- Allgemeine Grundbegriffe der Datenbanktheorie und einfache Entwurfsprinzipien.
- Bedienung des Dienstprogramms "Datenbankoberfläche" und Anlegen von Paradox 7-Tabellen.
- Anwendungsbeispiele für einfache Applikationen mit dem Schwerpunkt "Visuelle Programmierung", d. h., unter Verwendung der von der Delphi-VCL (Visual Components Library) zur Verfügung gestellten Bounded-Komponents für Datensteuerung und Datenzugriff unter gleichzeitiger Anwendung von Local-SQL auf niedrigem Level.

Größere Applikationen (Adressenverwaltung; Baufinanzierung und Kreuzworträtselgenerator) finden Sie im Kapitel 13.

Das in diesen Anwendungen sowie im vorliegenden Kapitel nach dem Prinzip "learning by doing" vermittelte Know-how dürfte bereits ausreichen, um mit Delphi 3 Paradox-Datenbanken niedriger bis mittlerer Komplexität programmieren zu können. Alles was über diesen Anspruch hinaus geht (Netzwerkumgebungen, InterBase-SQL-Server, Datenbankobjekte...) ist Gegenstand des in der Reihe "Hanser Programmierpraxis" von den gleichen Autoren verfaßten Titels "Borland Delphi 3 für Profis". Wer mehr über das Datenbanksystem Paradox (und dessen Programmiersprache ObjectPAL) erfahren möchte, dem sei das ebenfalls in dieser Reihe erschienene Buch "Paradox 7" von D.Staas empfohlen.

7.1.1 Datenbankformate

Durch Delphi 3.0 werden folgende Datenbankformate unterstützt:

- Paradox 7
- Paradox 5.0 für Windows
- Paradox 4, Paradox 3.5
- Visual dBASE
- dBASE für Windows
- dBASE III+, dBASE IV
- INTERBASE (SQL-Server)

In diesem Kapitel werden wir uns vorrangig auf das Paradox 7-Format beziehen. Das ist die gegenwärtig modernste Version des von Borland ständig weiterentwickelten Datenbanksystems. Paradox-Dateien (Tabellen) erkennen Sie an der Extension *.DB. Im Unterschied dazu haben dBASE-Tabellen die Extension *.DBF.

Gegenüber den anderen Formaten, vor allem gegenüber dem älteren dBASE, hat Paradox 7 entscheidende Vorzüge, z.B. können in einem Memofeld unterschiedliche Schriftarten vorkommen, Grafiken und OLE-Objekte lassen sich in die Tabellen einbinden, auch eine Eingabekontrolle auf Tabellenebene ist vorgesehen. Außerdem ist die Sicherstellung der sogenannten "Referenziellen Integrität" (siehe 7.3.5) möglich.

Um eigene Paradox-Datenbanken unter Windows 95 erstellen zu können, bzw. vorhandene zu modifizieren, ist im Delphi-Lieferumfang das Hilfsprogramm "Datenbankoberfläche" (Borland Database Desktop, Version 7.0) enthalten, eine quasi abgerüstete Variante des Programms "Paradox 7" (siehe Abschnitt 7.2).

7.1.2 Umstieg von Access

Noch ein Wort zu dem von Access/Visual Basic kommenden Umsteiger. Er wird kaum größere Probleme haben, da auch Access ein Relationales Datenbanksystem ist. Allerdings muß er sich daran gewöhnen, daß unter Access alle Datenbankobjekte (Tabellen, Abfragen, Formulare, Berichte, Module, ...) in einer einzigen Datei (*.MDB) gekapselt sind, während Paradox-/dBase-Datenbanken aus mehreren einzelnen "lose herumflatternden" Dateien bestehen (*.DB für Tabellen), die über einen Alias zusammengehalten werden können (siehe 7.2.4).

Unter Delphi trifft der Umsteiger auf ein strenger objektorientiertes und damit flexibleres Konzept der datensensitiven (Bounded) Komponenten. Auch die einzelnen Datenfelder von Tabellen und Abfragen sind Objekte.

7.1.3 Was sind relationale Datenbanken?

Datenbanken lassen sich als Sammlung von Informationen bzw. Daten definieren. Ziel ist eine möglichst effiziente Verwaltung dieser Daten. Dies schließt die Aufnahme, Manipulation und Integritätssicherung sowie weitere Funktionen ein.
Zu diesem Zweck wurden verschiedene Konzepte (Netzwerkmodell, hierarchisches, relationales Modell, ...) entwickelt, von denen sich in den letzten Jahren das relationale Modell durchgesetzt hat.
In *relationalen* Datenbanken speichern Sie Ihre Daten in gleichartig aufgebauten Datensätzen, die wiederum in *Tabellen* organisiert sind. Zwischen mehreren derartigen Tabellen können Beziehungen bestehen (Relationen).

Das Aktenschrank-Prinzip

Vergleichen Sie eine relationale Datenbank am besten mit einem Aktenschrank. Die einzelnen Fächer für die Kunden und die Mitarbeiter entsprechen den Tabellen, die Karteikarten den einzelnen Datensätzen einer Datenbank. Die Funktion des Registers wird in der Datenbank durch den *Index* übernommen.

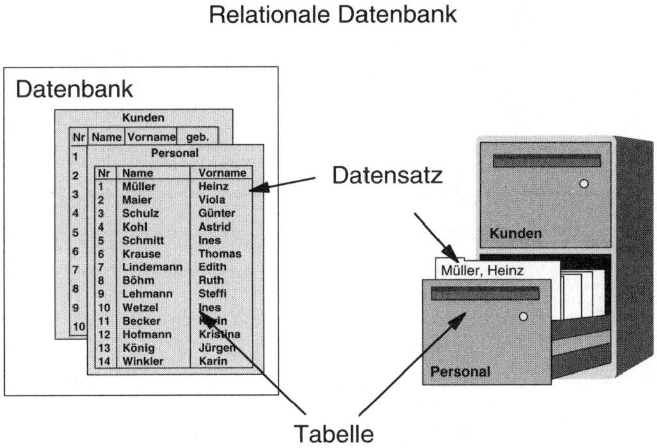

Abb. 7.1 Prinzip einer relationalen Datenbank

In der Literatur finden Sie für die genannten Begriffe auch andere Bezeichnungen, die folgende Aufzählung listet alle verwandten bzw. gleichbedeutenden Begriffe auf:

- **Tabelle**, Relation, Datei, File
- **Datensatz**, Tupel, Zeile, Rekord
- **Feld**, Spalte, Attribut.

Lassen Sie sich durch die Vielzahl der verwendeten Begriffe nicht verwirren, im folgenden werden einheitlich nur die fettgedruckten Bezeichnungen benutzt. Etwas tiefer in die Theorie Relationaler Datenbanken werden wir im Abschnitt 7.3.1 eindringen.

Die Database Engine

Die Verwaltung einer Delphi-Datenbank übernimmt die Borland Database Engine (BDE), in deren Geheimnisse Sie allerdings nicht tiefer einzudringen brauchen. Vorerst genügt es, wenn Sie die Funktion der BDE mit der Arbeit einer Sekretärin vergleichen, die Karteikarten sortiert, Einträge vornimmt und löscht, Abfragen ("Welcher Kunde hat seine Rechnungen nicht bezahlt?") für den Chef ausführt usw.

7.1.4 Paradox-Datentypen

Die in einer Paradox-Datenbank abgelegten Informationen können verschiedene Darstellungsformate aufweisen, die durch spezielle Datentypen repräsentiert werden.

Tabelle 7.1 Datentypen für Paradox

Paradox-Typ	Kürzel	Pascal-Typ	Beschreibung
Alpha	A	*TStringField*	Texte / Zeichenfolgen mit einer maximalen Länge von 255 Zeichen.
Numerisch	N	*TFloatField*	Fließkommafeld mit Werten zwischen 10^{-307} und 10^{308} mit maximal 15-16 signifikanten Stellen.
DM(Währung)	$	*TCurrencyField*	Numerisches Feld mit maximal 6 signifikanten Stellen. In den Bounded-Components wird die entsprechende Währung (DM) angezeigt.
Integer(kurz)	S	*TSmallintField*	Ganze Zahlen von -32768 bis 32767
Integer(lang)	I	*TIntegerField*	Ganze Zahlen von -2,147,483,648 bis 2,147,483,647
#(BCD)	#	*TBCDField*	Gleitkommazahlen mit fester Anzahl Nachkommastellen, bis auf 18 Ziffern genau. Der Bereich hängt von der Anzahl der Nachkommastellen ab
Datum	D	*TDateField*	Datumswerte zwischen 1. Januar 9999 v. Chr. bis 31. Dezember 9999. Die Datenbank prüft auf korrekte Werte, d. h., auch Schaltjahre werden berücksichtigt.
Zeit	T	*TTimeField*	Zeit in Millisekunden ab 0 bis max. 24 Uhr.
Datum/Zeit	@	*TDateTimeField*	Zeit und Datumsfeld in einem
Memo	M	*TMemoField*	Texte / Zeichenfolgen, die nicht in ein Feld vom Typ *Alpha* passen. Felder dieses Typs lassen sich nicht indizieren, Sie können jedoch in Memofeldern nach Begriffen oder Zeichenfolgen suchen.
Formatiertes Memo	F	*TBlobField*	siehe Memo, zusätzlich lassen sich Formatierungen wie Fett, Kursiv, Schriftgröße und -typ festlegen.

Paradox-Typ	Kürzel	Pascal-Typ	Beschreibung
Grafik	G	*TGraphicField*	... zum Speichern von Grafiken, Delphi unterstützt die automatische Anzeige in einer *DBImage*-Komponente.
OLE	O	*TBlobField*	... zum Speichern von OLE-Dokumenten, Delphi unterstützt bisher nicht diesen Typ durch ein Bounded- Component (Lösung siehe [ProfiBuch]).
Logisch	L	*TBooleanField*	Ja/Nein/NULL bzw. True/False/NULL, kann mit einer *TDBCheckbox*-Komponente verbunden werden, Standardwert ist NULL. Felder diesen Typs können nicht indiziert werden.
±(Zähler)	+	*TAutoIncField*	*LongInt*-Wert, der beginnend mit 1 automatisch inkrementiert wird (Zähler). Das Feld ist schreibgeschützt. Pro Tabelle läßt sich nur ein Zählerfeld definieren.
Binär	B	*TBlobField*	... zum Speichern binärer Informationen z. B. eine Datei. Ein Bounded-Component wird von Delphi nicht zur Verfügung gestellt (Lösung siehe [ProfiBuch]). Die Daten werden in einer externen Datei gespeichert.
Binär(intern)	Y	*TBlobField*	... wie Binär, die Daten werden jedoch im Gegensatz zu Binär in der Haupttabelle gespeichert.

Lassen Sie sich durch diese Vielfalt nicht verwirren, konzentrieren Sie sich vorerst nur auf die in obiger Tabelle fettgedruckten Typen, die für die meisten praktischen Anwendungen ausreichend sein dürften.

Bemerkungen:

- Wie Sie sehen, ist jedem Datentyp unter Delphi der Typ einer Feldkomponente zugeordnet, diese wiederum hat Eigenschaften und Methoden.
- BLOB ist die Abkürzung für "Binary Large OBject" (in Memos, formatierten Memos, Grafiken, OLE und BinaryField Types).
- Wollen Sie Tabellen aus anderen Datenbanksystemen in Ihre Delphi-Applikation einbinden, müssen Sie sich vorher darüber informieren, welche Datentypen kompatibel sind bzw. womit Sie bestimmte Typen emulieren können.

7.1.5 dBASE-Datentypen

Wesentlich bescheidener gegenüber Paradox nehmen sich die für das mittlerweile leicht angestaubte dBASE-Format (*.DBF-Tabellen) zur Verfügung stehenden Datentypen aus, die wir vollständigkeitshalber hier mit erwähnen wollen:

Tabelle 7.2 Datentypen für dBASE

dBase-Typ	Beschreibung
Zeichen	Texte / Zeichenfolgen mit einer maximalen Länge von 255 Zeichen.
Gleitkomma	Gleitkommawert, für den Sie Stellenanzahl und Nachkommastellen angeben können. Nicht für genaue Berechnungen geeignet, da Werte gerundet werden können.
Zahl	Zahlen im BCD-Format (siehe obige Tabelle)
Datum	Datum, wie in der Ländereinstellung von Windows definiert.
Logisch	Ja/Nein/NULL (siehe obige Tabelle)
Memo	Texte, die größer als 255 Zeichen sind. Im Gegensatz zu Paradox-Datenbanken wird immer das gesamte Memofeld in einer externen Tabelle gespeichert.
OLE	... zum Speichern von OLE-Daten (keine Unterstützung durch Delphi)
Binär	(siehe obige Tabelle)

Wenn Sie auf dBASE-Tabellen nicht verzichten wollen oder können, sollten Sie das dBASE IV-Format bevorzugen. Das antiquierte dBASE III-Format ergibt eigentlich nur dann einen Sinn, wenn Sie noch über ältere Datenbankprogramme verfügen, mit denen Sie auf Ihre unter Delphi neu erstellten Tabellen zugreifen wollen.

7.1.6 Komponenten für Datenzugriff und Datensteuerung

Delphi verfolgt das Konzept der visuellen Programmierung nicht nur konsequent bei Oberflächenelementen, sondern auch bei Datenbank-Objekten. Diese werden als Komponenten auf der Fensteroberfläche abgelegt und lassen sich über Eigenschaften und Methoden steuern. Auf Änderungen kann über Ereignisse reagiert werden.

Datenzugriffs-Komponenten

Komponenten dieses Typs sind zur Laufzeit unsichtbar. Sie stellen die Verbindung zur Datenbank her. Jedem realen Objekt ist ein virtuelles Objekt zugeordnet, z.B.:

Datenbank	→	*TDatabase*
Tabelle	→	*TTable*
Feld	→	*TField*

Die verfügbaren Komponenten entnehmen Sie der Seite "Datenzugriff" der Komponentenpalette (siehe auch Kapitel 2), wir wollen hier nur die wichtigsten vorstellen:

Tabelle 7.3 Wichtige Komponenten für Datenzugriff

	Name	Verwendung / Beschreibung
	*Database*	... faßt Client-Server-Verbindung zu einer einzelnen Datenbank zusammen
	*Session*	... repräsentiert einzelne Sitzung in einer mehrfach zusammenhängenden Datenbankanwendung
	***Table***	... bildet eine physische Tabelle inklusive Indizes ab. Über dieses Objekt können Such- und Sortiervorgänge ausgelöst werden.
	***Query***	... Schnittstelle zur SQL-Sprache, Realisierung von Abfragen.
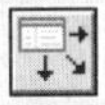	***DataSource***	... Bindeglied zwischen Datenzugriffs- und datensensitiven Komponenten.
	*BatchMove*	... verarbeitet Daten (Kopieren, Exportieren, Löschen, Aktualisieren etc.)
	*StoredProc*	... führt "Stored Procedures" aus, die auf dem Server abgelegt sind.
	*UpdatesSQL*	... repräsentiert SQL-Anweisungen zum Aktualisieren von Abfrageergebnissen

In diesem Buch werden vorrangig nur die fett hervorgehobenen Komponenten zum Einsatz kommen, mehr erfahren Sie im [ProfiBuch].

Datensteuerungs-Komponenten

Die Komponenten dieser zweiten wichtigen Kategorie bleiben auch zur Laufzeit sichtbar. Sie fallen unter verschiedene gleichwertige Bezeichnungen: Bounded-Components, datensensitive Komponenten, visuelle Dialogelemente, Datendialogelemente. Derartige Controls lassen sich über Eigenschaften (*DataSource, DataField, ...*) an bestimmte Datenquellen (Tabelle, Abfrage) anbinden, wobei eine *TDataSource*-Komponente als Verbindungsglied dient. Veränderungen der Satzzeigerposition wirken sich auch auf den Inhalt des Steuerelements aus.

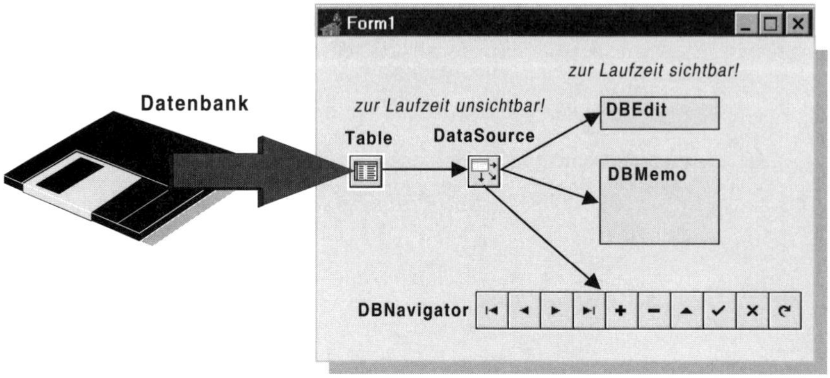

Abb. 7.2 Konzept der Bounded-Components

Welche Datendialog-Komponenten Delphi bietet, sehen Sie auf der Seite "Datensteuerung" der Komponentenpalette. Die wichtigsten davon zeigt die folgende Tabelle:

Tabelle 7.4 Komponenten für Datensteuerung

	Name	**Verwendung / Beschreibung**
	DBNavigator	Steuertasten für Datensatzzeiger (Vor, Zurück, Löschen, Neu, Abbrechen ...)
	DBGrid	Anzeige und Bearbeitungsmöglichkeit von Datensätzen in einem Tabellengitter
	DBEdit	Anzeige- und Eingabefeld für eine Textzeile
	DBMemo	Anzeige und Eingabefeld für Mehrfachzeilen oder BLOB-Text (Binary Large Object)
	DBText	Anzeige eines Feldes als Label
	DBImage	Anzeige und Bearbeitungsmöglichkeit für Grafik (oder binäre BLOB-Daten)
	DBListbox	Listenfeld, der gewählte Eintrag wird in der Tabelle gespeichert.
	DBComboBox	Kombinationsfeld, der gewählte Eintrag wird in der Tabelle gespeichert.
	DBCheckbox	Kontrollkästchen, *True/False* in Abhängigkeit eines Tabellenfeldes
	DBRadioGroup	Radiobutton, Wert in Abhängigkeit eines Tabellenfeldes

	Name	Verwendung / Beschreibung
	*DBLockupListBox*	Listenfeld, der gewählte Eintrag (*ItemIndex*) wird in der Tabelle gespeichert. Im Unterschied zu *TDBListbox* werden die Listeneinträge aus einer zweiten Tabelle geladen!
	*DBLookupComboBox*	Combobox, der gewählte Eintrag (*ItemIndex*) wird in der Tabelle gespeichert. Im Unterschied zu *TDBCombobox* werden die Listeneinträge aus einer zweiten Tabelle geladen!

Die wohl mit Abstand am häufigsten verwendeten Datensteuereungskomponenten sind *DBEdit, DBText, DBMemo, TDBGrid*, und *TDBNavigator*.

Aber auch für die meisten übrigen finden Sie konkrete Anwendungsmöglichkeiten in den folgenden Beispielen dieses Kapitels, sowie in vielfältiger Form im Kochbuchteil (Kapitel 11).

7.1.7 Datenmodule

Der Begriff "Datenmodul" ist erst mit der 32-Bit Version von Delphi neu hinzugekommen. Es handelt sich hierbei um einen speziellen "unsichtbaren" Formulartyp, der als Quelle für alle übrigen Formulare der Anwendung die Verbindungen zu externen Datenbanken und Funktionen bereitstellt.

Ein solches Modul dient gewissermaßen als Container für die Datenzugriffskomponenten der Applikation, wie *Table*, *Query, Stored* und *DataSource*. Datenmodule können, müssen aber nicht, eine oder mehrere *Database*-Komponenten beinhalten.

Schon zuviel der Theorie? Also Schluß damit, hier im Einsteigerbuch wollen und brauchen wir nicht tiefer in diese Details einzudringen. Damit es aber wenigstens für einen groben Überblick ausreicht, soll die folgende Abbildung verdeutlichen, wie Datenzugriffskomponenten und visuelle Dialogelemente mit der Anwenderschnittstelle einer Delphi-Datenbankapplikation in Beziehung stehen.

Wer gleich mit der Praxis beginnen möchte, sollte sich das folgende Rezept vorknöpfen:

☞ R78 ... ein Datenmodul einsetzen?

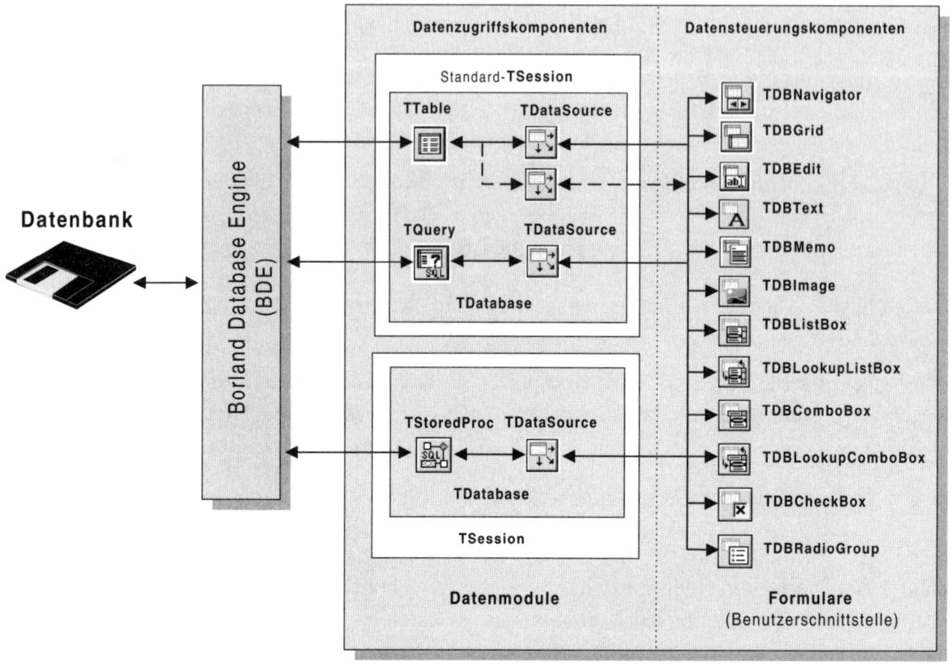

Abb. 7.3 Beziehungen zwischen den Datenbank-Komponenten

Wie Sie sehen, besteht eine Datenbankapplikation im Normalfall aus einem oder mehreren Datenmodulen und Formularen. Letztere beinhalten die datensensitiven Dialogelemente (Datensteuerungskomponenten bzw. Bounded Components).

7.2 Einführungsbeispiel "Kundentabelle"

Der Worte sind genug gewechselt, laßt uns endlich T(D)aten(banken) sehen! In der Literatur bzw. in den Handbüchern wird meist davon ausgegangen, daß bereits eine fertig strukturierte Datenbank vorliegt, die von Delphi nur noch mit einer attraktiven Oberfläche auszurüsten ist und an deren Daten dann nach Belieben herumgedoktert werden kann. In der Praxis sieht dies aber meist etwas anders aus. Hier haben wir, beginnend mit dem Stand Null, mehrere Etappen zu bewältigen:

- Problemanalyse und Entwurf der Datenbankstruktur
- Tabellenentwurf (Datenbankoberfläche, Paradox, SQL...)
- Oberflächenentwurf für den Datenzugriff (Delphi)
- Zusammenstellen und Ausdruck von Berichten (ReportSmith)

Ganz zu Beginn (erste Etappe) sind lediglich ein klarer Kopf sowie Papier und Bleistift gefragt. Dann folgt das Dienstprogramm "Datenbankoberfläche" (zweite Etappe). Mit Delphi kommen wir erst in der dritten Etappe so richtig zum Zug (Erstellen von Eingabemasken für die Daten, bildschirmorientierte interaktive Abfragen und Auswertungen). Zum Schluß soll meistens etwas auf Papier ausgedruckt werden (z.B. Rechnungen), dazu kann ein weiteres Dienstprogramm, der "ReportSmith", Verwendung finden.

Wir wollen uns bei den Beispielen dieses Kapitels auf eine fiktive Firma "Visual Data AG" beziehen, die sich mit dem Verkauf von Softwareprodukten mehr schlecht als recht über Wasser hält. Das Einsteigerbeispiel soll das Brett an der dünnsten Stelle bohren und mit der wohl primitivste Form einer Relationalen Datenbank, einer einzigen Tabelle, beginnen. Darin sollen alle Kunden unserer Firma erfaßt werden.

7.2.1 Datenbankstruktur

Da wir es nur mit einer einzigen Tabelle zu tun haben, brauchen wir uns keinen quälenden Überlegungen bezüglich der Datenbankstruktur hinzugeben. Wir einigen uns lediglich darüber, daß pro Person eine laufende Nummer, deren Namen, Anschrift (Straße, Ort, PLZ) und Telefonnummer abzuspeichern sind. Damit hätte unsere Tabelle folgenden Aufbau:

Kunden		
Feldname	**Datentyp**	**Größe**
Nr	Zähler	
Name	Alpha	50
Straße	Alpha	50
Ort	Alpha	50
PLZ	Alpha	5
Telefon	Alpha	30

Das Zählerfeld *Nr* ist kompatibel zum Datentyp *Integer (lang)*, nur daß es sich immer automatisch um Eins erhöht, wenn Sie einen neuen Kunden in die Tabelle aufnehmen. Wie Sie sehen, handelt sich bei den übrigen Feldern um Text (Datentyp *Alpha*). Hier ist es erforderlich, sich vorher über die Feldgröße zu einigen (die maximale Anzahl von Zeichen). Vielleicht wundern Sie sich jetzt, daß für PLZ und Telefon kein numerischer Datentyp (*Integer*) verwendet wurde. Der Grund liegt in den späteren Auswertemöglichkeiten für diese Felder unter Delphi. Um beispielsweise die ersten fünf Ziffern der Telefonnummer zu ermitteln, benötigt man für eine *Alpha*-Variable (in Delphi *String*-Datentyp) nur die *Copy*-Funktion. Die Zerlegung eines numerischen Wertes ist hingegen weitaus komplizierter. Ein weiterer Grund ist die Tatsache, daß innerhalb einer Telefonnummer Trennstriche auftreten können bzw. daß der Postleitzahl ein Buchstabe zur Länderkennung vorangestellt sein kann.

7.2.2 Tabellenentwurf

Das Gerüst unserer (vorerst leeren) Datenbank entwerfen wir mit der zu Delphi mitgelieferten "Datenbankoberfläche" (DBD = DataBase Desktop). Dieses Hilfsprogramm entspricht etwa einer abgerüsteten Version des "Paradox 7"-Datenbanksystems. Wir starten es durch Doppelklick auf die entsprechende Ikone in der Borland Delphi 2.0-Programmgruppe. Wählen Sie anschließend den Menüpunkt *Datei|Neu|Tabelle...*:

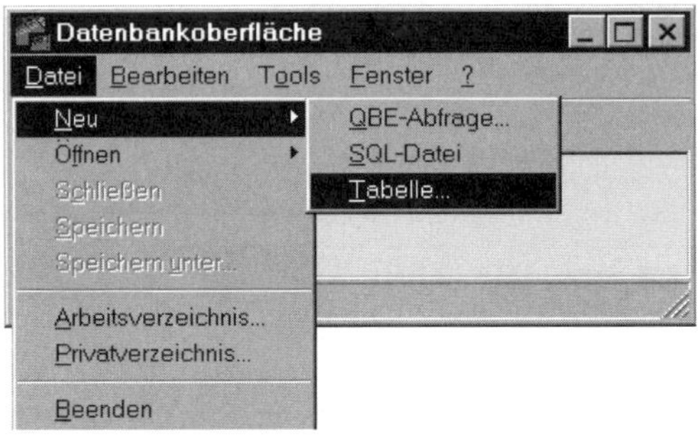

Abb. 7.4 Öffnen der Datenbankoberfläche

In dem sich dann öffnenden Dialogfenster sollten Sie sich für das modernste Format (Paradox 7) entscheiden:

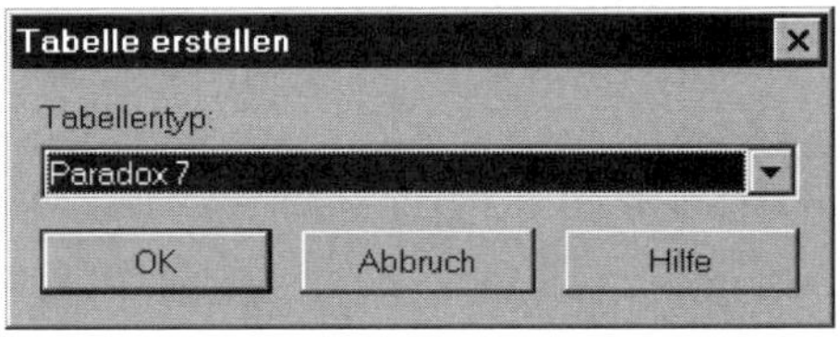

Abb. 7.5 Tabellen-Dialogbox

Nun sind wir schon mittendrin im Entwurfsfenster. Wir beginnen mit der Eingabe des ersten Feldnamens (*Nr*) und der Zuweisung des entsprechenden Datentyps (*Zähler*). Das Auswahl-Popup-Menü öffnet sich nach Klick mit der rechten Maustaste auf die Typ-Spalte (siehe Tabelle 7.1):

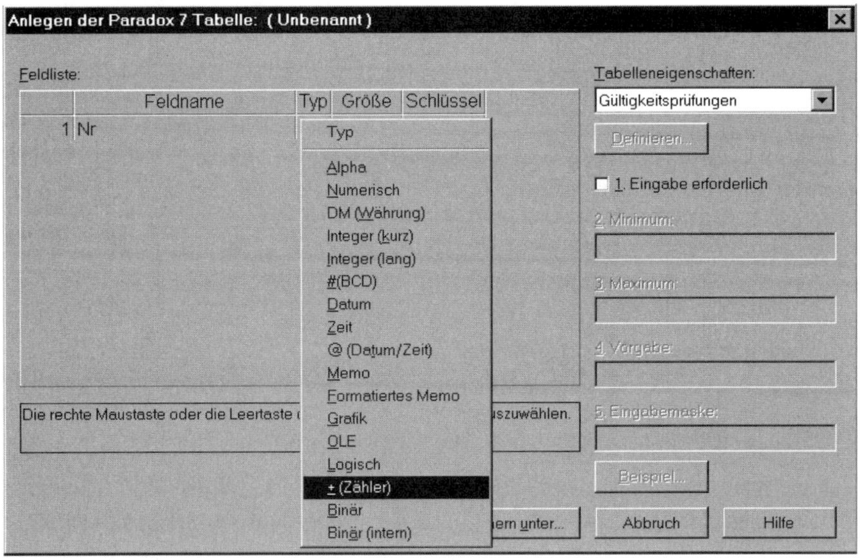

Abb. 7.6 Tabellenentwurf

Wenn Sie einen Kunden später löschen, wird die nun freigewordene Nummer nicht wieder von einem neuen Kunden verwendet, sondern bleibt für immer und ewig gesperrt. Wundern Sie sich also nicht, wenn dann Lücken in der Zählreihenfolge auftreten. Beachten Sie auch, daß ein Zählerfeld nur einmal pro Tabelle vergeben werden darf.

Fügen Sie nun auf analoge Weise die anderen Felder hinzu, schließen Sie die Definition eines jeden Feldes mit [Enter] ab.

Die Festlegung der Tabellenstruktur schließt nicht aus, daß eine spätere Umstrukturierung möglich ist, z.B. Typänderungen oder das Hinzufügen weiterer Felder. Dazu rufen Sie den Menüpunkt *Tabelle|Umstrukturieren...* auf.

Um die Definition von Schlüsseln und um die weiteren Einstellmöglichkeiten im rechten Teil des Fensters (Indezes u. a.) wollen wir uns jetzt noch nicht kümmern. Lediglich das Optionskästchen "Eingabe erforderlich" dürfte uns in diesem pupertären Frühstadium unserer Datenbank-Kenntnisse bereits interessieren. Wir sollten diese Option bei den Feldern aktivieren, für die später unbedingt ein Wert einzugeben ist. Das könnte zum Beispiel beim Namen des Kunden sinnvoll sein, denn was nützen alle übrigen Adressenangaben, wenn wir nicht wissen, wie der gute Mann heißt?

Die komplette Feldliste (das ist die Datenbankstruktur!) sollte folgenden Anblick bieten:

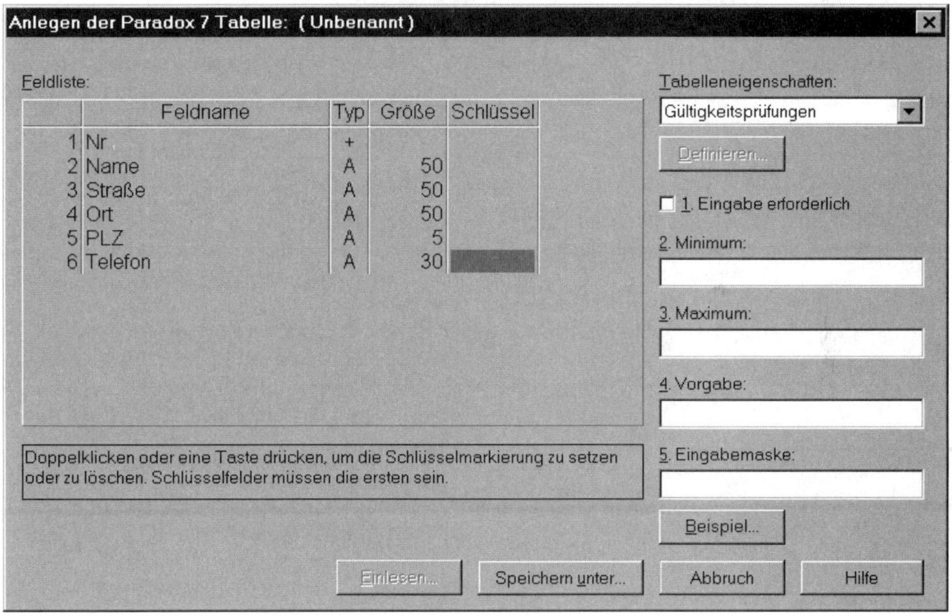

Abb. 7.7 Die komplette Feldliste

Klicken Sie jetzt die Schaltfläche "Speichern unter". Geben Sie als Dateinamen den Namen der Tabelle (*Kunden*) ein und wählen Sie ganz oben das Zielverzeichnis. Wir setzen voraus, daß Sie sich bereits vorher ein extra Verzeichnis (Ordner) für die Datenbank angelegt haben (in unserem Beispiel *Firma*). Wenn nicht, können Sie das auch jetzt noch nachholen.

Im Verzeichnis tummelt sich eine einsame neue Datei *Kunden.db*:

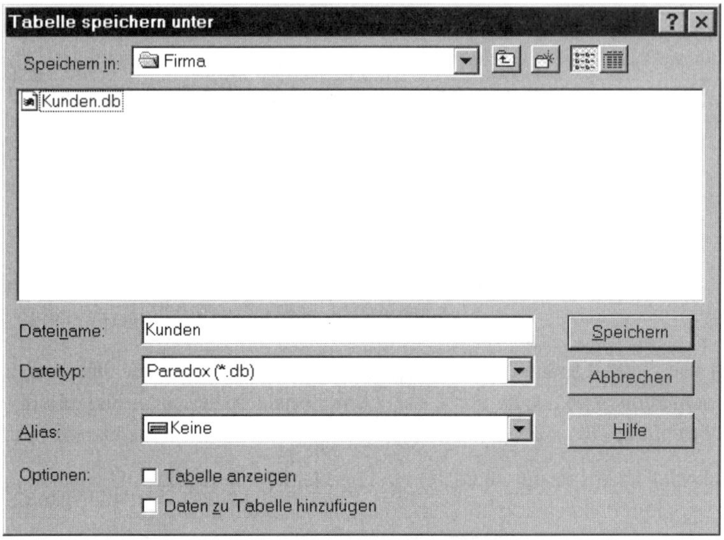

Abb. 7.8 Abspeichern der Tabelle

Mitleid ist allerdings fehl am Platz, denn unsere Tabelle wird später noch Gesellschaft bekommen. Vorerst aber wollen wir das Programm "Datenbankoberfläche" verlassen und uns dem Datenzugriff unter Delphi zuwenden.

7.2.3 Oberfläche mit Einzelkomponenten

Die einfachste Möglichkeit, sofort zu einer anwendungsbereiten Datenbankapplikation zu kommen, wäre der Einsatz einer einzigen *DBGrid*-Komponente (siehe Kapitel 17). Weitaus individuellere Bedienoberflächen lassen sich aber mit Einzelkomponenten gestalten.

Entwurf

Bestücken Sie ein neues Formular mit den Datensteuerungskomponenten *DBText1*, *DBEdit1* ... *DBEdit5* und *DBNavigator1* und mit den Datenzugriffskomponenten *Table1* und *DataSource1*. Hinzu kommen einige Labels zur Beschriftung.

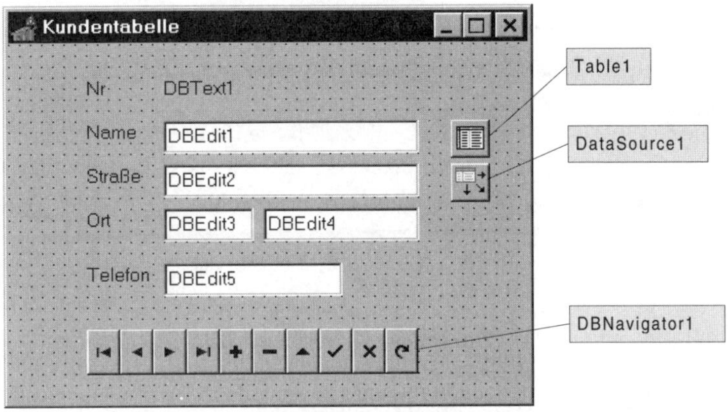

Abb. 7.9 Bedienoberfläche mit Einzelkomponenten

Die Anbindung an die Datenbank ist mit wenigen Mausklicks im Objektinspektor erledigt. Beginnen Sie mit der *TTable*-Komponente. Von der Vielzahl der Eigenschaften sind vorerst für Sie nur drei interessant (*Active*, *DatabaseName*, *TableName*), die übrigen belassen Sie auf den Standardwerten:

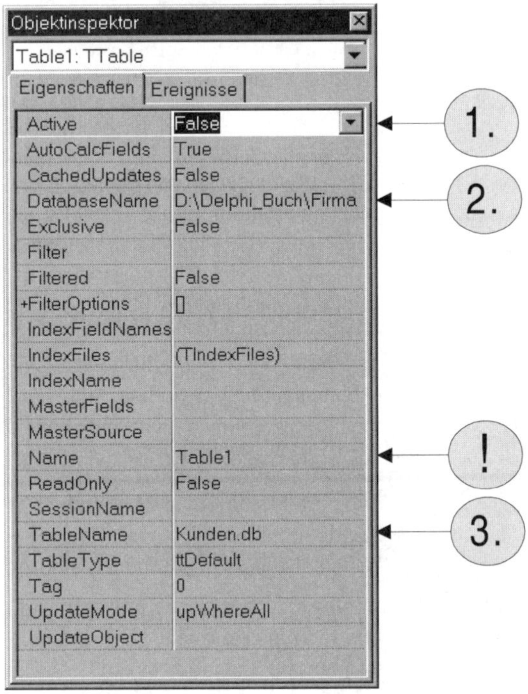

Abb. 7.10 Anbinden einer Tabelle

Als erstes sollten Sie die *Active*-Property auf *False* setzen, zu ihrer Bedeutung kommen wir erst am Schluß dieses Abschnitts.

DatabaseName und TableName

Nun ist die Zuweisung der *DatabaseName*-Eigenschaft vorzunehmen. Geben Sie hier den Namen des Verzeichnisses ein, in welchem die Tabelle *Kunden.DB* abgespeichert wurde (z.B. *D:\Firma*, siehe vorhergehender Abschnitt). Anschließend weisen Sie die *TableName*-Property zu. Klicken Sie dazu auf das leere Feld in der rechten Spalte des Objektinspektors und öffnen Sie die kleine Rollbox. Es werden Ihnen alle im Datenbankverzeichnis befindlichen Tabellen-Namen angezeigt, in unserem Fall wählen Sie *Kunden.DB*.

DataSet

Als nächstes müssen wir die Komponente *DataSource1* an *Table1* ankoppeln. Das ist kein Akt, denn das Zuweisen der *DataSet*-Property ist mit einem einzigen Mausklick erledigt:

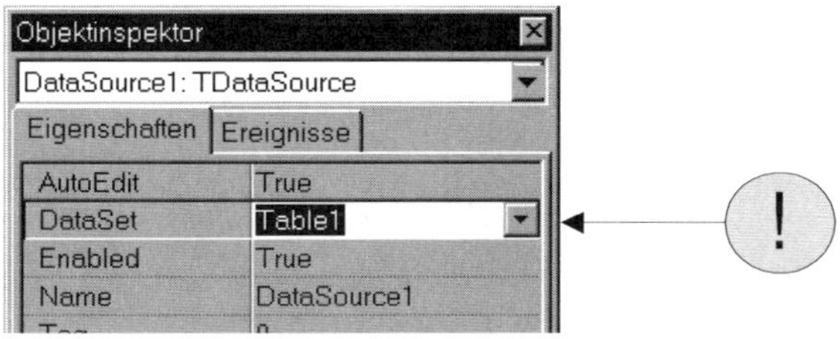

Abb. 7.11 Ankoppeln einer DataSource-Komponente

DataSource und DataField

Jede der Datensteuerungskomponenten (*DBText1, DBEdit1 ... DBEdit5*) können wir nun an das entsprechende Feld von *Table1* anbinden, wobei *DataSource1* gewissermaßen eine Art "Brückenfunktion" übernimmt. Setzen Sie also die *DataSource*-Properties aller Komponenten auf *DataSource1* und weisen Sie anschließend die entsprechende *DataField*-Eigenschaft zu:

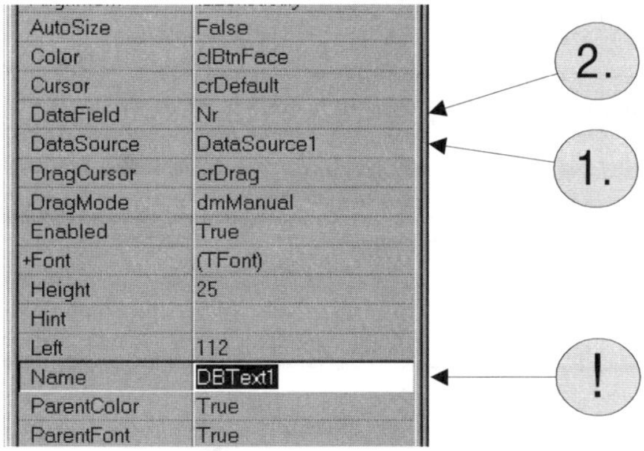

Abb. 7.12 Zuweisen datenspezifischer Eigenschaften im Objektinspektor

Vergessen Sie nicht, zum Schluß auch noch die *DataSource*-Eigenschaft von *DBNavigator1* auf gleiche Weise über *DataSource1* an *Table1* anzubinden.

Active

Setzen Sie jetzt die *Active*-Property von *Table1* wieder auf *True*. Obwohl das Programm noch nicht gestartet ist, sollte der erste Datensatz bereits angezeigt werden.

Die *Active*-Property erlaubt es, bereits zur Entwurfszeit Verbindungen zur Datenbank herzustellen, um damit die korrekte Funktion zu testen. Ist diese Eigenschaft *False*, so sind diese Verbindungen geschlossen, anderenfalls (*True*) sind sie geöffnet. Immer wenn Sie später *DatabaseName* oder *TableName* ändern wollen, sollten Sie vorher *Active* auf *False* setzen, da sonst eine Fehlermeldung erscheint.

Ein Bewegen durch die Datenbank mit den Navigatorschaltflächen ist allerdings noch nicht möglich.

Test

Starten Sie das Programm durch Klick auf den ▷-Button (oder F9-Taste). Mit dem Datensatznavigator können Sie sich nun durch die Datenbank bewegen. Aber allein damit ist es nicht getan, es lassen sich auch Datensätze editieren (bearbeiten), löschen oder neu hinzufügen:

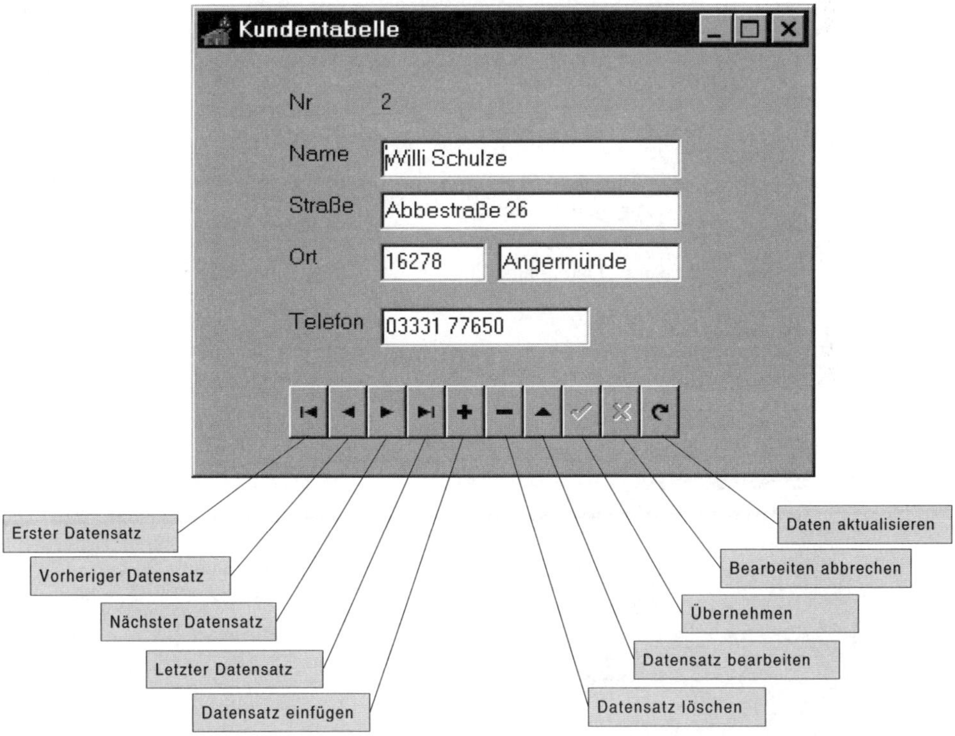

Abb. 7.13 Unser Programm in Aktion

Wenn Sie zur Entwurfszeit die *ShowHint*-Eigenschaft von *DBNavigator1* auf *True* gesetzt haben, erscheinen die in obiger Abbildung gezeigten, kleinen gelben Hinweisschildchen immer dann, wenn Sie mit dem Mauszeiger einen kleinen Moment auf der entsprechenden Schaltfläche verweilen.

Sie werden feststellen, daß bestimmte Schaltflächen in Abhängigkeit vom momentanen Bearbeitungszustand aktiviert oder deaktiviert sind (der Navigator "denkt" mit). So werden z.B. die "Übernehmen"- und die "Bearbeiten abbrechen"-Schaltflächen erst dann freigegeben, wenn Sie einen Eintrag editiert oder neu hinzugefügt haben. Statt mit der Schaltfläche "Datensatz bearbeiten" erreichen Sie den Editiermodus auch dann, wenn Sie einfach die Einfügemarke im entsprechenden Feld plazieren und dort etwas ändern. Vergessen Sie das "Übernehmen", so bleiben die vorgenommenen Änderungen wirkungslos.

7.2.4 Alias verwenden

Der Begriff des "Alias" gehört zum Standardvokabular eines jeden Paradox/dBase-Datenbankprogrammierers. Höchste Zeit, hier und jetzt und für immer dieses Mysterium zu lüften.

Im vorangegangenen Beispiel haben Sie als *DatabaseName*-Eigenschaft von *Table1* das Verzeichnis eingegeben, in welchem sich die Datenbanktabelle befindet. Der Nachteil dieser Vorgehensweise ist offenkundig: Soll Ihre Datenbankapplikation später auf einem Fremdrechner installiert werden, so funktioniert sie dort höchstwahrscheinlich nicht mehr ("Datenbank nicht gefunden!"), da die Datenbanktabellen in ein anderslautendes Verzeichnis kopiert wurden. Ein nachträgliches Ändern von *DataBaseName* ist nicht möglich, da Sie ja im Normalfall nicht die einzelnen Projektfiles, sondern nur die compilierte EXE-Datei weitergeben.

Ein Alias ist nichts weiter als ein Synonym für das Verzeichnis, in welchem sich die Datenbank befindet. Benutzen Sie zur Definition den Alias-Manager im Dienstprogramm "Datenbankoberfläche" (Menü *Tools|Alias-Manager...*). Klicken Sie dort zuerst die Schaltfläche "Neu". Tragen Sie in das Fenster "Datenbankalias:" einen schlüssigen Begriff für die Datenbank (*Firma* oder *FirmaDB*) ein.

Wenn Sie den Pfadnamen nicht direkt eingeben wollen oder ihn gar vergessen haben, wählen Sie als nächstes die "Durchsuchen"-Schaltfläche und selektieren Sie dort das entsprechende Verzeichnis:

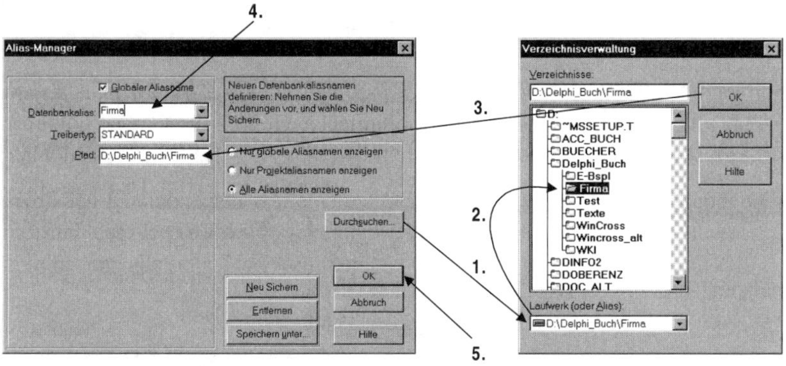

Abb. 7.14 Zuweisen eines neuen Alias

Die BDE (Borland Database Engine) "kennt" jetzt eine Datenbank namens "Firma" und "weiß", in welchem Verzeichnis diese zu finden ist. Bezugnehmend auf unser obiges Beispiel können Sie also jetzt als *DatabaseName*-Eigenschaft von *Table1* anstatt des Verzeichnisses auch den Alias verwenden. Wenn Sie die zugehörige kleine Rollbox öffnen, werden Sie neben anderen Aliasnamen (die zu anderen Datenbanken gehören) auch "unseren" Alias entdecken und diesen auswählen:

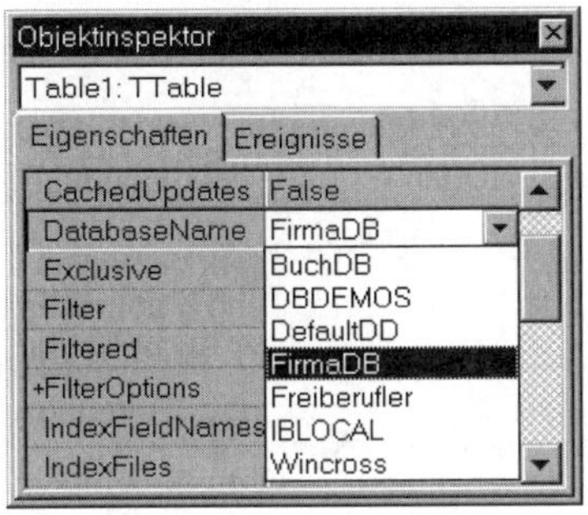

Abb. 7.15 Der neue Alias

Eine spätere Weitergabe der Datenbankapplikation dürfte nun kein Problem mehr sein, wenn dem Endanwender der Aliasname bekannt ist und er über einen Alias-Manager verfügt ("Datenbankoberfläche", "Paradox 7").

Wem das Anlegen eines Alias zu umständlich ist, der sollte sich das folgende Rezept anschauen:

☞ R69 ... auf den Alias verzichten?

7.3 Datenbank-Entwurf

Will man eine "richtige" Datenbankapplikation entwerfen, geht das nicht ohne ein Minimum an theoretischen Vorkenntnissen. Wer trotzdem leichtfertig und unbeschwert an die Datenstrukturierung herangeht, riskiert Redundanzen und Inkonsistenzen mit zum Teil verheerenden Auswirkungen. Zieht man die Tatsache in Betracht, daß die Lebensdauer der Stammdaten eines Unternehmens im allgemeinen weit über die von Hard- und Software hinausgeht, können die aus einem dilletantischen Entwurf resultierenden Verluste gewaltig sein.

7.3.1 Relationales Modell

Dieses Datenbankmodell ist der Klasse der sogenannten ER-Modelle (Entity Relationship Models) zuzuordnen und basiert auf Begriffen wie "Entitäten" und "Entitätsbeziehungen". Entitäten sind Objekte der realen Welt, wie z. B. Kunden, Abteilungen, Rechnungen etc. Ein ER-Modell soll nicht nur diese Objekte, sondern auch die Beziehungen zwischen ihnen abbilden.

Entitätsmengen sind Tabellen

In der Regel haben wir es mit mehreren Objekten innerhalb einer Entität zu tun, wir sprechen dann von einer Entitätsmenge, z.B. "Kunden", die in einer Tabelle abgespeichert wird. Wir wissen bereits aus dem Einführungsbeispiel, daß eine solche Tabelle aus gleichartig aufgebauten Tupeln (Datensätzen, Records) besteht, welche sich wiederum aus einer Menge von Merkmalen (Attributen) zusammensetzen. Diese bezeichnen wir im allgemeinen als Felder bzw. Spalten.

Entitätsbeziehungen sind Relationen

Wir wollen annehmen, daß wir in unserer Firma die Entitätsmengen "Kunden" und "Rechnungen" haben. Die Entitätsbeziehungen zwischen diesen beiden Tabellen könnten rein theoretisch wie folgt aussehen:

- Jedem Kunden ist genau eine Rechnung zugeordnet (1 : 1-Relation).
- Jedem Kunden ist keine, eine oder sind mehrere Rechnungen zugeordnet (1 : n-Relation).

Obwohl das ER-Modell noch weitere Typen kennt, verwenden wir unter Paradox in der Regel nur diese zwei Relationen. Davon ist die 1 : n-Beziehung die eindeutig dominierende, da sich Tabellen mit 1 : 1-Relation auch zu einer einzigen zusammenfassen lassen und nur dann einen Sinn ergeben, wenn nebensächliche Informationen ausgelagert werden sollen.

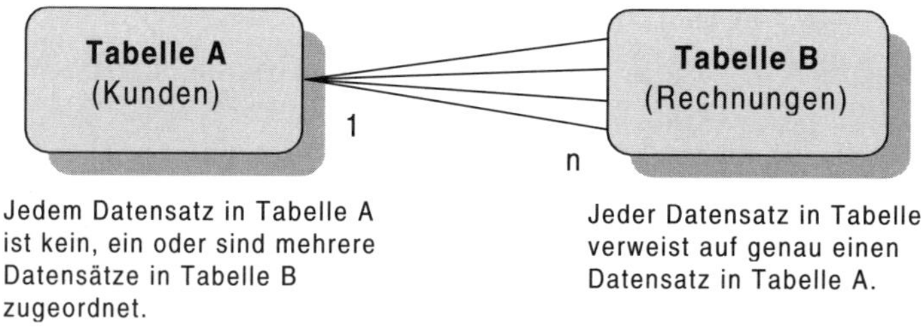

Abb. 7.16 1: n-Relation

Schlüssel

Da in jedem relationalen Modell nur die Daten, nicht aber die Beziehungen (Relationen) zwischen diesen Daten abgespeichert werden, sind zusätzliche Maßnahmen zur Herstellung der Verknüpfungen zwischen den Tabellen erforderlich. Eine zentrale Rolle spielt dabei der sogenannte *Identifikationsschlüssel* oder kurz *Schlüssel*. Ein solcher Schlüssel (manchmal auch als Hauptschlüssel, Primärschlüssel oder Hauptindex bezeichnet) kann einer Tabelle als Attribut (Feld) zugeordnet sein und muß folgende Bedingungen erfüllen:

- Jeder Datensatz muß durch den Schlüssel eindeutig identifizierbar sein.
- Der Schlüssel darf durch Datenbankzugriffe nicht überschrieben werden.

Exakt sind diese Forderungen meist nur mit einem *Künstlichen Schlüssel* erfüllbar, z.B. einer laufenden Nummer. Warum?

Attribute (Felder) wie *Name*, *Ort* ... in einer Kunden-Tabelle eignen sich z.B. nicht immer, da sie der ersten Forderung widersprechen, denn es gibt mit Sicherheit mehrere Kunden, die Müller heißen oder aus Berlin stammen.

Allerdings sind auch zusammengesetzte Schlüssel möglich, die zwei oder noch mehr Attribute zusammenfassen. Aber leider ist auch hier die Eindeutigkeit nicht 100%-ig gegeben, da die Wahrscheinlichkeit, daß es nur einen Müller aus Berlin gibt, alles andere als Null ist.

Nun zur zweiten der oben genannten Forderungen. Was würde passieren, wenn Sie den Inhalt eines Schlüssels (z.B. Kunden-Nummer in der Kunden-Tabelle) nachträglich ändern? Ein Chaos würde entstehen, denn die in der Rechnungen-Tabelle erfaßten Kunden-Nummern würden nicht mehr stimmen. Also darf, wie bereits im Einsteigerbeispiel demonstriert, an den Kunden-Nummern nicht herummanipuliert werden. Auch die Nummer eines gelöschten Kunden bleibt für die weitere Verwendung tabu.

Fazit: Als Indentifikationsschlüssel sollten grundsätzlich eindeutige Künstliche Schlüssel verwendet werden, die keine weiteren Informationen beinhalten. In Paradox-Datenbanken (*.DB) verwenden Sie für einen Künstlichen Schlüssel am besten ein Zählerfeld, das durch die Datenbank automatisch inkrementiert (erhöht) wird.

7.3.2 Normalisierung von Tabellen

Die optimale Aufteilung einer Datenbank in mehrere Tabellen ist ein schrittweiser Prozeß, der auch als *Normalisierung* bezeichnet wird. Wir wollen diesen Vorgang am Beispiel einer Datenbank unserer Firma VISUAL DATA-AG erläutern. Ziel ist das Abspeichern von Rechnungsdaten.

Ausgangstabelle

Wir notieren zunächst einmal aus dem Stegreif eine erste Version einer Tabelle mit dem Namen "Rechnungen", in welche wir alle benötigten Informationen hineinpacken (Rechnungsdatum, Rechnungsbetrag, Kundennummer, Kundenname, Kundenort, Artikelnummer, Artikelname):

Rechnungen							
ReNr	**ReDatum**	**ReBetrag**	**KuNr**	**KuName**	**KuOrt**	**ArtNr**	**ArtName**
1	12.9.95	1.500,-	2	Müller	Berlin	2, 4, 11	Delphi 2.0, VB 4.0, Paradox 7.0
2	15.10.95	950,-	5	Schultze	München	5, 4	Word 7.0, VB 4.0
3	17.11.95	1.025,-	1	Mayer	Hamburg	2, 5	Delphi 2.0, Word 7.0

Aus Übersichtlichkeitsgründen bleiben in unserem Beispiel diese Informationen auf das absolute Minimum reduziert (Artikelpreis und -anzahl fehlen zum Beispiel, könnten aber später problemlos ergänzt werden).

Nach näherem Hinsehen sticht uns bereits ein gravierender Mangel ins Auge:

In den Feldern *ArtNr* und *ArtName* sind *mehrfache Merkmalswerte* eingetragen. Wenn ein Kunde viele Artikel kauft, passen diese möglicherweise nicht mehr alle in das entsprechende Feld. Wir müssen die Tabelle umstrukturieren, um die Erste Normalform zu erreichen:

Erste Normalform

Eine Tabelle hat dann die Erste Normalform (1NF), wenn sie nur einfache Merkmalswerte enthält.

Durch einfaches Umgruppieren der Daten erreichen wir die 1NF:

Rechnungen

ReNr	ReDatum	ReBetrag	KuNr	KuName	KuOrt	ArtNr	ArtName
1	12.9.95	1.500,-	2	Müller	Berlin	2	Delphi 3.0
1	12.9.95	1.500,-	2	Müller	Berlin	4	VB 5.0
1	12.9.95	1.500,-	2	Müller	Berlin	11	Paradox 7.0
2	15.10.95	950,-	5	Schultze	München	5	Word 7.0
2	15.10.95	950,-	5	Schultze	München	4	VB 5.0
3	17.11.95	1.025,-	1	Mayer	Hamburg	2	Delphi 3.0
3	17.11.95	1.025,-	1	Mayer	Hamburg	5	Word 7.0

Mit diesem Anblick sollten wir uns aber keinesfalls zufriedengeben, da die gleichen Daten (Adresse des Kunden, Artikelname) mehrfach abgespeichert sind, es liegen also viele überflüssige Informationen vor, man spricht von *Redundanz*. Abgesehen von der Speicherplatzverschwendung stellen Sie sich bitte vor, ein Kunde wechselt seinen Wohnort. Sie müßten dann möglicherweise sehr viele Datensätze ändern und wehe, Sie haben dabei einen vergessen! Wir müssen also etwas gegen diese lästige Redundanz unternehmen.

Zweite Normalform

Eine Tabelle weist dann die Zweite Normalform (2NF) auf, wenn sie sich in der 1NF befindet und wenn jedes Merkmal (außer dem Schlüssel) unmittelbar vom Schlüssel abhängt.

Wie wir sehen, sind z.B. die Merkmale *KuNr*, *KuName*, *KuOrt*, *ArtNr* und *ArtName* vom Wert des Schlüssels (*ReNr*) unabhängig, sie widersprechen also der 2NF. Sie glauben es nicht? Dann überzeugen Sie sich bitte selbst davon, daß es zu jeder Rechnungsnummer nur ein bestimmtes Rechnungsdatum gibt, der Inhalt der übrigen (unabhängigen) Felder aber beliebig sein könnte und mit der Rechnungsnummer nicht unmittelbar gekoppelt ist.

Offenbar genügt eine einzige Tabelle nicht mehr, um die Forderungen der 2NF zu erfüllen. Wie wir im folgenden sehen, erzwingt die 2NF die Aufteilung unserer Ausgangstabelle in mehrere Einzeltabellen (Entitäten), die bestimmten "Sachgebieten" entsprechen:

Kunden		
KuNr	**KuName**	**KuOrt**
1	Mayer	Hamburg
2	Müller	Berlin
5	Schultze	München

Rechnungen			
ReNr	**KuNr**	**ReDatum**	**ReBetrag**
1	2	12.9.95	1.500,-
2	5	15.10.95	950,-
3	1	17.11.95	1.025,-

Artikel		
ReNr	**ArtNr**	**ArtName**
1	2	Delphi 3.0
1	4	VB 5.0
1	11	Paradox 7.0
2	5	Word 7.0
2	4	VB 5.0
3	2	Delphi 3.0
3	5	Word 7.0

Lange können wir uns aber auch an diesen drei Tabellen nicht ergötzen, zumindest die "Artikel"-Tabelle dürfte zunehmend Ärgernis erregen. Nach längerem Hinsehen entdecken wir nämlich wieder untrügliche Spuren von Redundanz: Der gleiche Artikelname taucht mehrfach auf. Der Einwand "Ach lassen wir das doch so stehen ..." kann schnell vom Tisch gewischt werden: Haben Sie vielleicht Lust, jede Menge Einträge nachträglich zu korrigieren, wenn sich z.B. später die Bezeichnung "Word für Win95" in "Word für Win97" ändern sollte? Also knöpfen wir uns wohl oder übel noch einmal die "Artikel"-Tabelle vor (die "Kunden"- und die "Rechnungen" - Tabelle bleiben unverändert).

Dritte Normalform

Die Dritte Normalform (3NF) einer Tabelle liegt dann vor, wenn sie sich in der 2NF befindet und wenn ihre Merkmale (außer Schlüssel) untereinander unabhängig sind, d.h., es dürfen keine transitiven Abhängigkeiten bestehen.

Dem Sinn dieser Definition kommt man erst nach längerem Grübeln auf die Spur. Was versteht man unter "transitiven Abhängigkeiten"? Aber halt, zäumen wir doch besser das Pferd von hinten auf und betrachten wir erst einmal ein Gegenbeispiel anhand der Tabelle "Kunden", die offenbar über den Verdacht transitiver Abhängigkeiten völlig erhaben ist. In der Tat, der Kundenort ist nicht abhängig vom Kundennamen, denn der Kunde kann den Ort wechseln, oder es können mehrere Kunden im gleichen Ort wohnen. Anders sieht es bei der "Artikel"-Tabelle aus. Der Name des Artikels ist fest an die Artikelnummer gekoppelt, mehrere Artikel dürfen nicht die gleiche Nummer haben, es besteht also eine transitive Abhängigkeit der Merkmale *ArtNr* und *ArtName*, die es zu beseitigen gilt.

Dazu splitten wir die ursprüngliche "Artikel"-Tabelle in zwei Tabellen ("Rechnungsdaten" und "Artikel") auf:

Rechnungsdaten	
ReNr	**ArtNr**
1	2
1	4
1	11
2	5
2	4
3	2
3	5

Eine Tabelle, wie die obige, bezeichnet man auch als *Interselektionstabelle*.

Artikel	
ArtNr	**ArtName**
2	Delphi 3.0
4	VB 5.0
5	Word 7.0
11	Paradox 7.0

Nunmehr besteht unsere Datenbank aus insgesamt vier Tabellen ("Kunden", "Rechnungen", "Artikel", "Rechnungsdaten"), die alle die Dritte Normalform (3NF) aufweisen, die Datenbasis ist quasi normalisiert.

Zwar kennt die Theorie noch weitere Normalformen, aber dies ist eine Angelegenheit der Spezialliteratur. Für die überwiegende Mehrheit praktischer Einsatzfälle dürfte das Erreichen der 3NF ausreichend sein.

Hinweis: Hüten Sie sich vor einem "Normalisierungswahn", der zu einer unüberschaubaren Vielzahl kleiner Tabellen (und der dafür erforderlichen Künstlichen Schlüssel!) führen kann.

Einen kleinen Vorgeschmack vermittelt die "Rechnungsdaten"-Tabelle, die quasi nur noch aus Schlüsselverweisen (Fremdschlüssel) besteht und ansonsten keine "echten" Felder enthält. Auch die Performance des Datenbanksystems (Antwortverhalten) leidet unter einer Übernormalisierung, die Fehleranfälligkeit wächst als Folge der Komplexität. Leider liefern auch die zu vielen Datenbanksystemen mitgelieferten "Experten" in der Regel eine übernormalisierte Tabellenaufteilung. Verzichten Sie deshalb besser auf derlei "Bärendienste". Angestrebtes Ziel des Normalisierungsprozesses sollte stets ein optimaler Kompromiß zwischen Systemleistung und Redundanzfreiheit sein.

7.3.3 Verknüpfen von Tabellen

Durch die Normalisierung unserer Datenbank ist deren Struktur verlorengegangen, und die ursprünglichen Beziehungen zwischen den Daten existieren nicht mehr. Indem wir die Tabellen miteinander verknüpfen, wollen wir die alten Beziehungen restaurieren. Aber Moment, vorher ist es sinnvoll, sich noch einmal einen Gesamtüberblick über die grundlegenden Beziehungen zwischen allen Tabellen zu verschaffen:

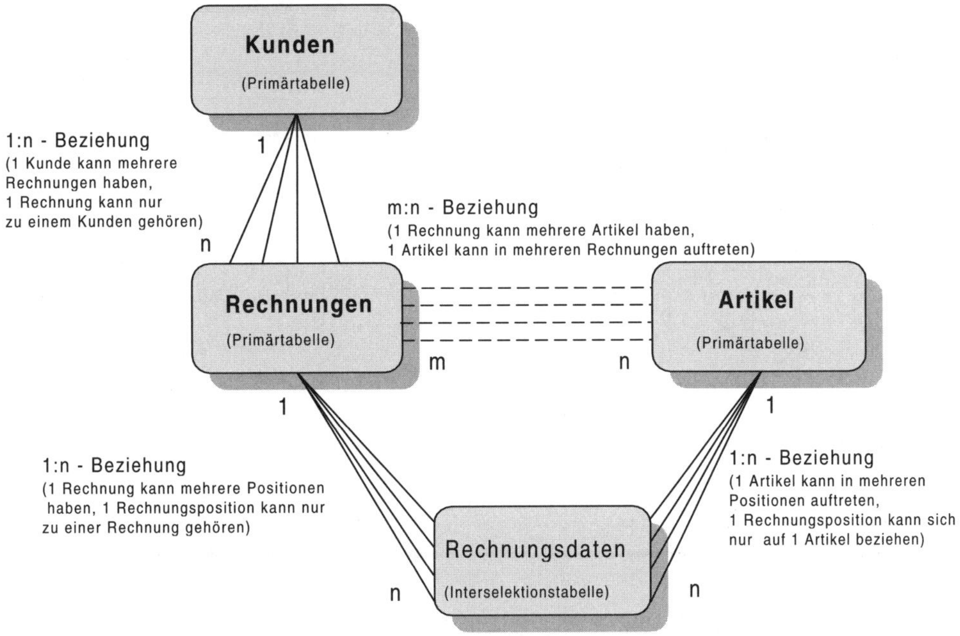

Abb. 7.17 Die Relationen zwischen den Tabellen

Aus obigem Verknüpfungsdiagramm gewinnen wir folgende allgemeingültigen Erkenntnisse, die auch als Resultat der einzelnen Normalformen zu interpretieren sind:

- Eine m : n-Beziehung, wie sie zwischen den Tabellen "Rechnungen" und "Artikel" besteht, kann so nicht nachgebildet werden. Sie muß mit Hilfe einer *Interselektionstabelle* ("Rechnungsdaten") in zwei 1 : n-Beziehungen aufgelöst werden. Dies ist unter anderem Ergebnis der 1NF und 3NF.

- Nur Primärtabellen, wie "Kunden", "Artikel" und "Rechnungen" müssen einen (Künstlichen) Schlüssel haben. Die Entstehung dieser Tabellen kann man als Ergebnis der 2NF betrachten.
- Fremdschlüssel verweisen auf den Primärschlüssel einer anderen Tabelle. In unserem Beispiel haben die Tabellen "Rechnungen" und "Rechnungsdaten" einen bzw. zwei Fremdschlüssel.

Als Verknüpfungsziele dienen die Schlüsselfelder der Tabellen, in unserem Fall sind dies die Künstlichen Schlüssel *ReNr*, *KuNr* und *ArtNr*. Alle Felder mit Fremdschlüsseln (*ReNr* und *ArtNr* in "Rechnungsdaten" und *KuNr* in "Rechnungen") sollten hingegen einen Sekundärindex (siehe nächster Abschnitt) zwecks Beschleunigung des Zugriffs erhalten.

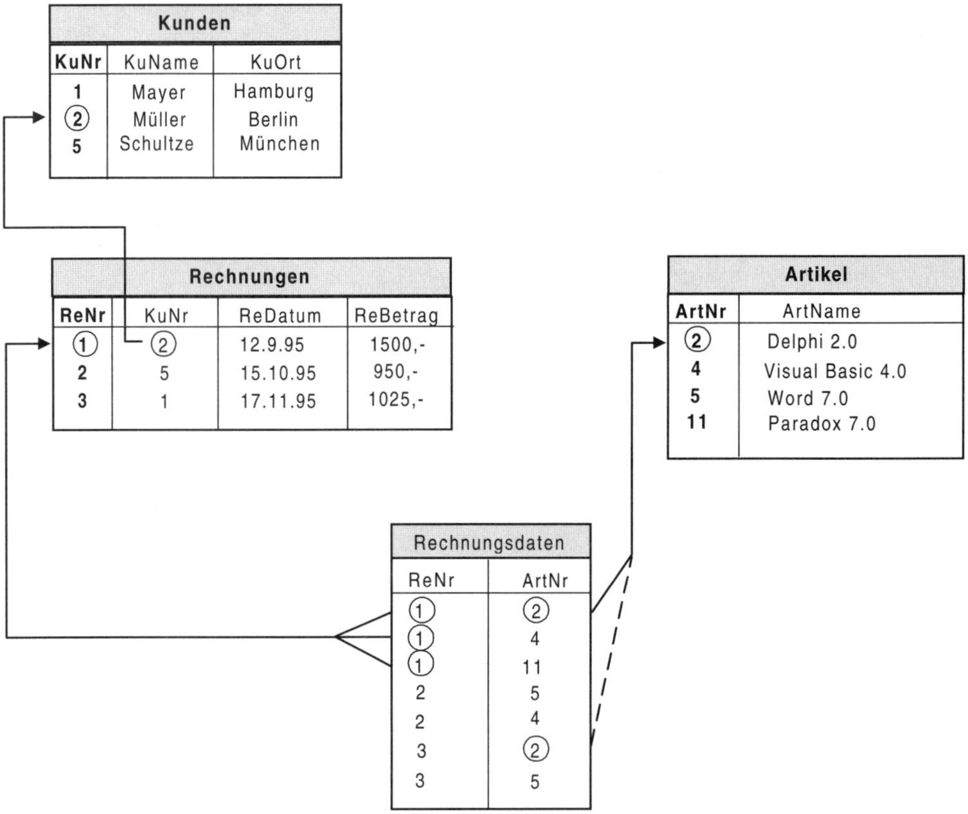

Abb. 7.18 Das Verknüpfen der Tabellen über Schlüsselfelder

Da in der Datenbank nur die Tabellen abgespeichert werden, erfolgt die konkrete Umsetzung der abgebildeten Verknüpfungen erst in der Delphi-Applikation über Datenzugriffselemente bzw. SQL-Anweisungen, siehe

☞ R76 ... die Eingabemaske für ein Rechnungsformular programmieren?

Weniger komplizierte und ausführlich kommentierte Beispiele zum Entwerfen und Verknüpfen von Tabellen finden Sie auch in Kapitel 13 (ADRESSVERWALTUNG, HAUSFINANZIERUNG).

7.3.4 Sekundärindex

Normalerweise sind die Datensätze einer Tabelle ungeordnet, d.h., sie sind in der Reihenfolge so abgelegt, wie sie durch den Anwender eingegeben wurden. Das Suchen nach einer bestimmten Information, zum Beispiel der Name eines Kunden in der Tabelle "Kunden", erfordert deshalb das Durchlaufen des gesamten Datenbestandes. Werden nun einige Spalten der Tabelle indiziert, kann der Suchvorgang drastisch beschleunigt werden.

Die folgende Abbildung soll Ihnen dies verdeutlichen. Da sehr häufig nach dem Namen eines Kunden gesucht wird, ist das entsprechende Feld (*KuName*) der Tabelle indiziert. Das Datenbanksystem legt dazu eine neue Indextabelle mit einer Liste der Namen an. Diese Tabelle ist alphabetisch geordnet und besitzt einen Querverweis auf den eigentlichen Datensatz in der Kundentabelle. Werden Daten über einen bestimmten Kunden benötigt, genügt die Suche in der geordneten Indextabelle, um über den Querverweis an die Information zu gelangen.

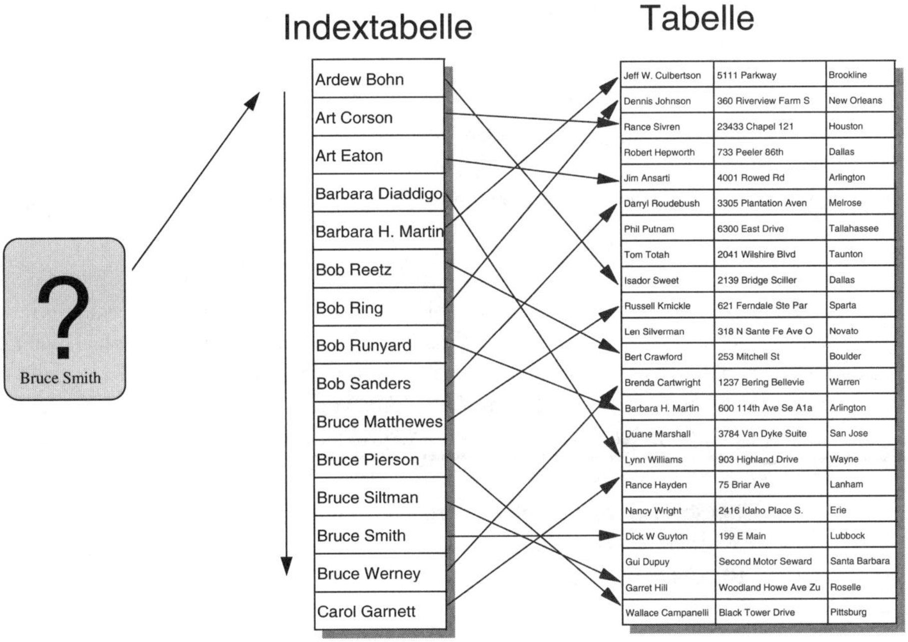

Abb. 7.19 Prinzip der Tabellenindizierung

In der Praxis werden Indextabellen allerdings nicht linear hintereinander, sondern als Baumstruktur realisiert, was den Zugriff erheblich beschleunigt.

Hinweis: Ein Index läßt sich auch für das Sortieren von Tabellen verwenden. Alle Tabellenfelder, nach denen häufig sortiert (bzw. gesucht) werden muß, sollten deshalb indiziert sein.

Den Vorteilen einer Indizierung stehen auch mehrere Nachteile gegenüber:

- Das Einfügen von Datensätzen erfordert nicht nur ein Ändern der Tabelle, sondern auch die Änderung aller enthaltenen Indizes. Dies kann unter Umständen die Bearbeitung verlangsamen.
- Ist ein Schlüssel festgelegt, muß das Datenbanksystem beim Einfügen alle vorhandenen Datensätze auf Eindeutigkeit überprüfen.
- Jeder Index stellt eine redundante (überflüssige) Information dar, d.h., es wird zusätzlicher Plattenspeicher benötigt.

Paradox unterscheidet zwischen mehreren Indextypen:

- Primärindex (Schlüssel, Hauptindex) einer Tabelle
- Sekundärindex (Index, auch zusammengesetzt möglich)

Jeder Schlüssel ist automatisch indiziert, während Sekundärindizes vom Nutzer selbst anzulegen sind.

Folgende Indexoptionen können Sie unter Paradox einstellen:

- **Eindeutig:** Diese Einstellung verbietet, daß mehrere Datensätze den gleichen Wert in einem Sekundärindexfeld aufweisen dürfen. Wenn ein Wert doppelt vorhanden ist, wird das Feld nicht indiziert und eine Warnung angezeigt. Nach Entfernen der Duplikate können Sie das Feld erneut indizieren lassen.
- **Gewartet (Standard)**: Diese (nur für Tabellen mit Schlüssel verfügbare) Einstellung bestimmt, ob der Sekundärindex nach jeder Veränderung der Tabelle automatisch aktualisiert wird. Das bedeuted eine Beschleunigung bestimmter Operationen, wie z.B. Abfragen. Ist die Option deaktiviert, so aktualisiert die Datenbankoberfläche den Index nur wenn er verwendet wird, etwa beim Verknüpfen von Tabellen oder Ausführen von Abfragen. Ungewartete Indizes sollten vorzugsweise bei schreibgeschützten Tabellen zum Einsatz kommen.
- **Groß-/Kleinschreibung beachten**: Normalerweise ist diese Option deaktiviert, so daß in der Sortierreihenfolge kein Unterschied z.B. zwischen den Einträgen "Borland Delphi" und "BORLAND DELPHI" festzustellen ist (Reihenfolge entspricht dann der Stellung in der Tabelle).
  Einfachen Indizes mit aktivierter Groß-/Kleinschreibung wird automatisch der Feldnamen zugewiesen. Andererseits müssen Sie Indizes, bei denen die Schreibweise nicht berücksichtigt wird, beim Speichern selbst mit einem Namen benennen.
- **Absteigend:** Auch diese Option ist im Normalfall deaktiviert, so daß Einträge in alphabetischer Reihenfolge (beginnend mit A) sortiert werden. Anderenfalls würde, beginnend mit Z, abwärts sortiert.

Einen Sekundärindex können Sie z.B. mit dem Hilfsprogramm "Datenbankoberfläche" zuweisen. Siehe dazu

☞ R70 ... einen Sekundärindex anlegen?

7.3.5 Referentielle Integrität

Was passiert, wenn Sie einen Kunden aus der "Kunden"-Tabelle löschen? Dann existieren möglicherweise noch "verwaiste" Datensätze in der Tabelle "Rechnungen", die mit ihrem Fremdschlüssel (*KuNr*) auf einen nun nicht mehr vorhandenen Kunden zeigen. Auch die Tabelle "Rechnungsdaten" enthält nun viele sinnlose Einträge. Stellen Sie sich die verheerenden Auswirkungen in umfangreichen Datenbanken großer Unternehmungen vor! Im Insider-Jargon heißt das: "Die Referentielle Integrität wurde verletzt". Das Problem *Referentielle Integrität* wird umso akuter, je mehr Tabellen in Ihrer Datenbank miteinander verknüpft sind. Mit dieser Erkenntnis lernen wir eine weitere Schattenseite einer "Übernormalisierung" kennen, die ja bekanntlich eine Vielzahl kleiner Einzeltabellen zur Folge hat.

In Paradox haben Sie aber die Möglichkeit, mit den im folgenden erläuterten Optionen (*Verhindern, Weitergeben, Strikte Referenzintegrität*) die Referentielle Integrität zu berücksichtigen:

- **Verhindern:** Sie können keine Schlüssel der übergeordneten Tabelle verändern oder löschen, wenn Datensätze mit übereinstimmenden Werten in der untergeordneten Tabelle vorhanden sind. Falls beispielsweise ein Datensatz der Tabelle "Rechnungen" im Feld *KuNr* den Wert 2 enthält, können Sie diesen Wert im Feld *KuNr* der Tabelle "Kunden" nicht verändern. Sie könnten das nur dann tun, wenn vorher alle Datensätze mit diesem Wert aus der Tabelle "Rechnungen" gelöscht worden wären.
- **Weitergeben (Standard)**: Alle Wertänderungen im Schlüsselfeld der übergeordneten Tabelle werden automatisch auch in der untergeordneten Tabelle vorgenommen. Wenn Sie einen Wert aus dem Schlüsselfeld der übergeordneten Tabelle löschen, werden auch die Datensätze der untergeordneten Tabelle, die auf diesen Wert verweisen, entfernt. Wenn Sie jetzt z. B. in der Tabelle "Kunden" die *KuNr* mit dem Wert 2 löschen, werden auch alle Datensätze aus "Rechnungen" und "Rechnungsdaten" eliminiert, die mit diesem Kunden zusammenhängen.
- **Strikte Referenzintegrität (Standard):** Paradox kann die Referentielle Integrität nur dann berücksichtigen, wenn mit neueren Paradox-Tabellen gearbeitet wird (nicht dBASE und nicht bis Paradox 4.0). Wenn Sie Beschädigungen Ihrer Tabellen durch ältere Datenbanksysteme verhindern wollen, sollten Sie deshalb diese Option aktiviert belassen.

Beispiel: Wir wollen an Hand der (untergeordneten) Tabelle "Rechnungen" erläutern, wie eine Referenzintegrität zur (übergeordneten) Tabelle "Kunden" hergestellt wird (siehe Komplexbeispiel "Rechnungen" in Abschnitt 7.4).

1. Starten Sie das Hilfsprogramm "Datenbankoberfläche" und stellen Sie über das Menü *Datei*|*Arbeitsverzeichnis...* zunächst das Verzeichnis der Datenbank ein (oder, falls vorhanden, den entsprechenden Alias). Alle Tabellen müssen sich im gleichen Verzeichnis befinden!

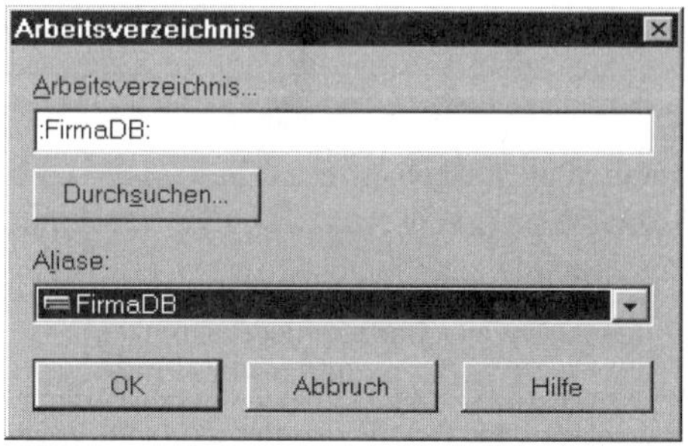

Abb. 7.20 Verzeichnis der Datenbank einstellen

2. Öffnen Sie über das Menü *Datei|Öffnen|Tabelle* die Tabelle *Rechnungen.DB*

3. Wählen Sie den Menüpunkt *Tabelle|Umstrukturieren ...*

4. In der Rollbox "Tabelleneigenschaften:" klicken Sie den Eintrag "Referenzintegrität" und anschließend die Schaltfläche "Definieren".

5. Sie befinden sich nun im Dialogfenster "Referenzintegrität":

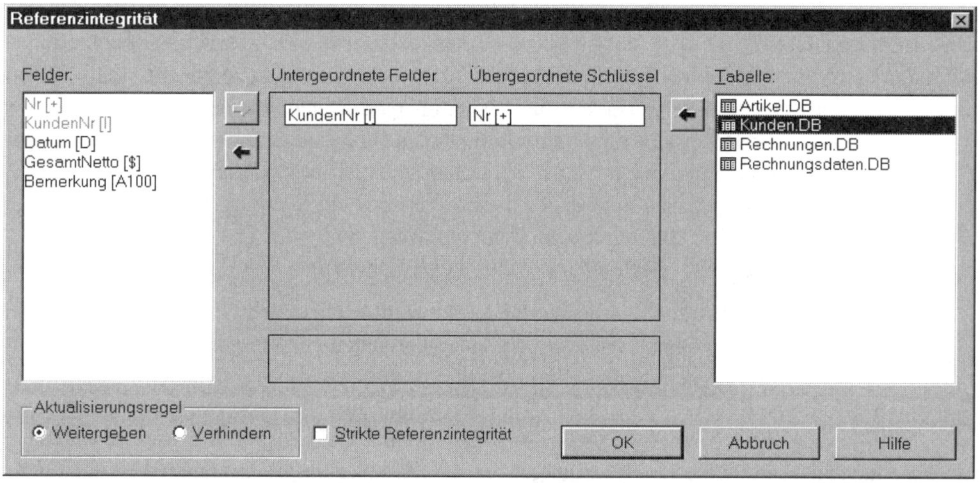

Abb. 7.21 Einstellen der Referentiellen Integrität

6. Im linken Listenfeld selektieren Sie das Feld *KundenNr* und kopieren es nach rechts in den Bereich "untergeordnete Felder" (Doppelklick oder Pfeiltaste).

7. Im rechten Listenfeld selektieren Sie die Tabelle *Kunden.DB* und klicken auf die nach links weisende Pfeiltaste. Im Bereich "übergeordnete Schlüssel" erscheint automatisch der Schlüssel *Nr* (nur dieser kommt in Frage).

8. Wählen Sie jetzt noch eine Option für die *Aktualisierungsregel* bzw. die *Strikte Referenzintegrität* (Erläuterungen siehe oben).

9. Wählen Sie OK und vergeben Sie im Dialogfeld "Referenzintegrität speichern unter" einen plausiblen Namen, z.B. *RechnungenKunden*.

10. Um die erfolgreiche Zuweisung der Referenzintegrität zu kontrollieren, öffnen Sie die Tabelle *Kunden.DB* und ebenfalls den Menüpunkt *Tabelle|Umstrukturieren...* Wenn Sie in der Rollbox "Tabelleneigenschaften" den Eintrag "Abhängige Tabellen" klicken, muß dort der Eintrag *Rechnungen.DB* erscheinen:

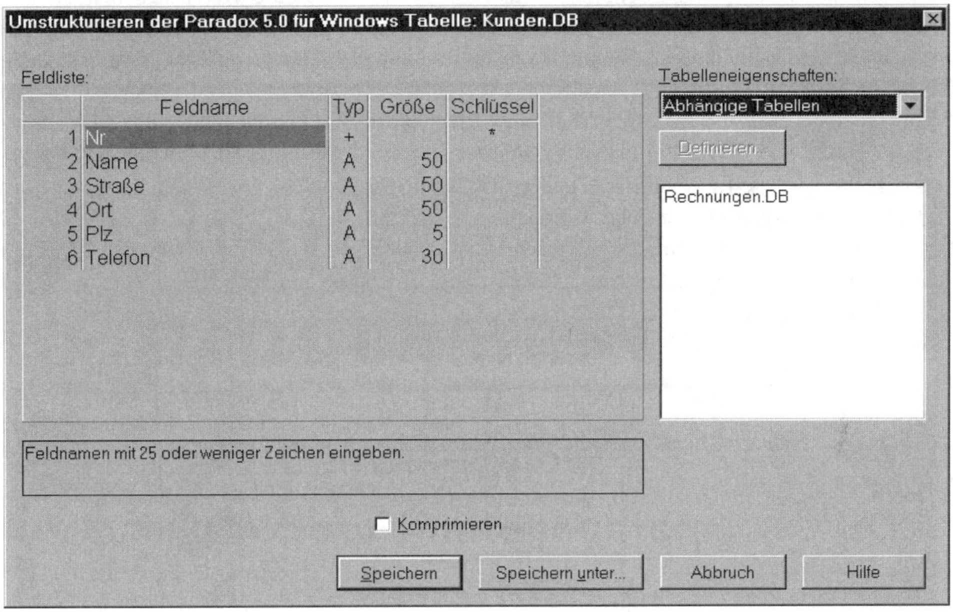

Abb. 7.22 Kontrolle der Referenzintegrität

11. Versuchen Sie jetzt einmal spaßeshalber, einen Kunden zu löschen (Menü *Tabelle|Daten editiern* und *Datensatz|Löschen*).

Es passiert ... nichts. Kaum bemerkt, erscheint unten in der Statuszeile eine Fehlermeldung.

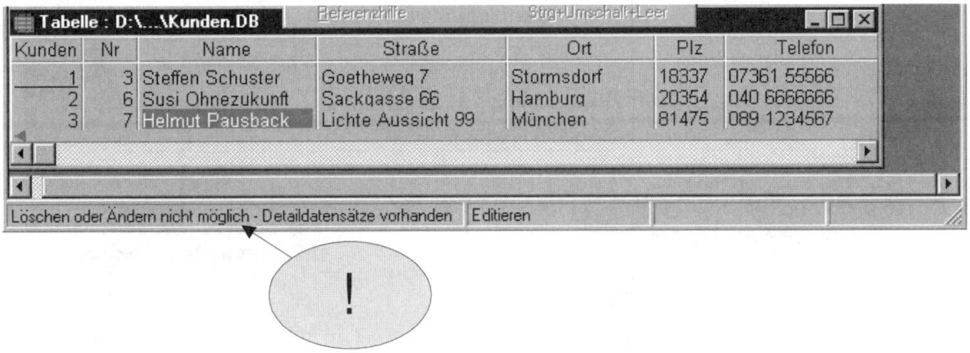

Abb. 7.23 Fehlermeldung bei dem Versuch, die Referentielle Integrität zu verletzen

Durch nochmaliges Klicken auf den Eintrag in der Statuszeile können Sie die Fehlermeldung auch in einem extra Fenster betrachten und eine kontextbezogene Hilfe aufrufen.

7.4 Komplexbeispiel "Rechnungen"

Nach so viel Trockenschwimmen sind Sie endlich fit genug, um Ihr Licht in der Firma heller strahlen zu lassen. Fataler Ausgangspunkt sind die längst überfälligen Überlegungen von Geschäftsführer Maxhelm Müller, endlich etwas für die Rationalisierung der Firmenverwaltung von "Visual Data-AG" zu tun, um damit dem drohenden Konkurs vielleicht doch noch ein Schnippchen zu schlagen. Das Rechnungswesen, jahrelang von ihm in mühevoller Handarbeit gepäppelt, ist ihm nun endgültig über den Kopf gewachsen und soll deshalb jetzt und in allerhöchster Not dem Computer überlassen werden. Der Chef weiß, daß Sie bereits heimlich eine Kundendatenbank angelegt haben (siehe 7.2, Einführungsbeispiel) und auch über Grundkenntnisse beim Paradox-Datenbankentwurf verfügen. Kein Wunder, daß ausgerechnet Sie nun mit der Aufgabe betraut werden, in einer Art Software-Feuerwehraktion die Firma zu retten. Der verzweifelte Chef erklärt Ihnen, wie ein Rechnungsformular auszusehen hat, mehr an konkreten Informationen können Sie von ihm nicht erwarten. Machen Sie sich sofort an die Arbeit, denn auch für Sie steht einiges auf dem Spiel (Probezeit!!!).

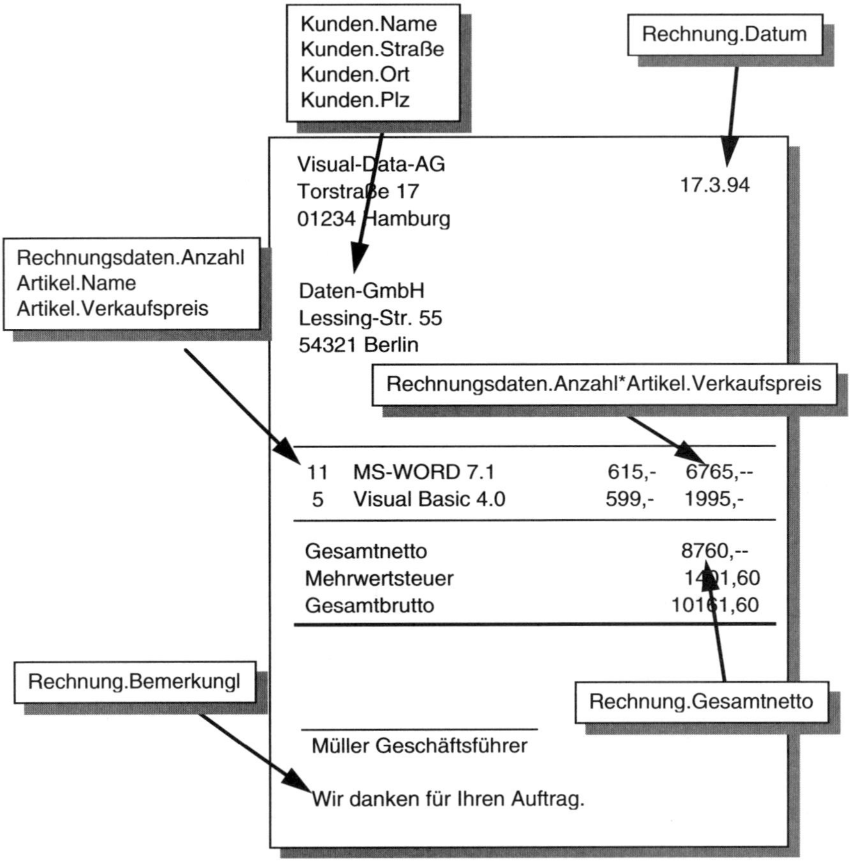

Abb. 7.24 Rechnungsbogen mit Anmerkungen

7.4.1 Datenbankstruktur

Nach dem ersten Schreck wittern Sie Morgenluft, denn im Prinzip ist Ihnen die Datenbankstruktur bereits bekannt. So können die Tabellen "Kunden", "Rechnungen", "Artikel" und "Rechnungsdaten" (fast) komplett übernommen werden. Lediglich ein paar neue Felder sind zu den einzelnen Tabellen hinzuzufügen, einige andere Felder werden Sie umbenennen. Den Rechnungsbogen haben Sie bereits mit entsprechenden Anmerkungen versehen und dafür die typische Schreibweise:

<Tabellenname>.<Feldname>

verwendet (siehe obige Abbildung).

In Windeseile starten Sie nun das Hilfsprogramm "Datenbankoberfläche" und entwerfen die Struktur der einzelnen Tabellen.

Kunden-Tabelle

Was diese Tabelle betrifft, so können Sie voll auf die Ausführungen des Abschnittes 7.2 bauen. Die *Kundennummer* wird als Schlüssel benutzt und bekommt den Datentyp *Zähler*. Um den Schlüssel (Hauptindex) zuzuweisen, genügt ein Doppelklick. Als Markierung erscheint dann ein Sternchen (*). Die Daten für *Name*, *Straße*, *Ort*, *Plz* und *Telefon* werden in Textfeldern (*Alpha*) gespeichert.

	Feldname	Typ	Größe	Schlüssel
1	Nr	+		*
2	Name	A	50	
3	Straße	A	50	
4	Ort	A	50	
5	Plz	A	5	
6	Telefon	A	30	

← Hauptindex
← Sekundärindex

Abb. 7.25 Feldliste für Kunden.DB

Der *Name* wird indiziert, um eventuell nötige Suchvorgänge zu beschleunigen. Dies trifft jedoch nur auf die Anwenderschnittstelle zu, programmintern werden Kunden immer anhand ihrer Nummer unterschieden und demzufolge auch gesucht. Siehe dazu

☞ R70 ... einen Sekundärindex anlegen?

Rechnungen-Tabelle

Das Feld *KundenNr* ist vom Typ *Integer (lang)*. Es speichert einen sogenannten Fremdschlüssel, den Sie indizieren. Wenn die *Bemerkungen* mehr als 255 Zeichen brauchen, sollten Sie anstatt *Alpha* den Datentyp *Memo* nehmen (die anzugebende Länge bezieht sich aber nur auf den im Speicher zu haltenden Teil, der Rest wird auf die Platte ausgelagert, was eine Beschleunigung des Suchvorgangs bewirkt!).

	Feldname	Typ	Größe	Schlüssel	
1	Nr	+		*	← Hauptindex
2	KundenNr	I			← Sekundärindex
3	Datum	D			
4	GesamtNetto	$			
5	Bemerkung	A	100		

Abb. 7.26 Feldliste für Rechnungen.DB

Da sich die Brutto- aus der Nettosumme berechnen läßt, können Sie auf den Bruttobetrag verzichten. Auch der Gesamtnettobetrag könnte als Summe der Einzelpreise berechnet werden. Für eine schnelle Übersicht, z.B. Umsatz in einem bestimmten Monat, belassen Sie aber dieses Feld in der Tabelle, obwohl dies eigentlich ein Verstoß gegen die Normalisierungsregeln ist (Redundanz!).

Artikel-Tabelle

Wie schon erwähnt, verwenden Sie für die Artikelnummer aus Gründen der Eindeutigkeit ein Zählerfeld (*). Das Feld *Name* bekommt den Datentyp *Alpha* und wird indiziert, um Suchvorgänge in der Artikelliste zu beschleunigen. Sowohl *Einkaufs-* als auch *Verkaufspreis* erhalten sinnvollerweise den Datentyp *Währung*. Für den *Bestand* wird *Integer (kurz)* ausreichen, Sie wollen ja kein Großlager einrichten. Das Indizieren der drei letzten Felder dürfte keinen Sinn haben (Wer sortiert schon Datensätze nach dem Preis, oder sucht einen Artikel, der 27,43 DM kostet ... oder etwa doch?).

	Feldname	Typ	Größe	Schlüssel	
1	Nr	+		*	← Hauptindex
2	Name	A	30		← Sekundärindex
3	Einkaufspreis	$			
4	Verkaufspreis	$			
5	Bestand	S			

Abb. 7.27 Feldliste für Artikel.DB

Rechnungsdaten-Tabelle

Sowohl das Feld *RechnungsNr* als auch das Feld *ArtikelNr* müssen einen Verweis (Fremdschlüssel) auf die entsprechenden Datensätze in den Tabellen *Rechnungen.DB* bzw. *Artikel.DB* aufnehmen und erhalten aus diesem Grund den Datentyp *Integer (lang)*. Da die Tabelle *Rechnungsdaten* sämtliche Rechnungen umfaßt, kann die Suche nach den zusammengehörigen Artikeln einige Zeit dauern. Ein (zusammengesetzter) Index auf die entsprechenden Felder dürfte also nicht schaden.

	Feldname	Typ	Größe	Schlüssel	
1	RechnungsNr	I			← Sekundärindex
2	ArtikelNr	I			← Sekundärindex
3	Artikelzahl	S			

Abb. 7.28 Feldliste für Rechnungsdaten.DB

Hinweis: Tabellen-Namen niemals direkt ändern (nur im Dienstprogramm "DB-Oberfläche")!

7.4.2 Die Not ist groß – wie Datensätze in verknüpfte Tabellen eingeben?

Nachdem Sie in Windeseile die Datenbankstruktur erstellt haben, beginnen Sie mit der Eingabe von Datensätzen. Mangels anderer Ideen und unter enormen Zeitdruck stehend verwenden Sie dazu das Hilfsprogramm "Datenbankoberfläche".

Pfiffig, wie Sie nun mal sind, haben Sie nicht vergessen, die jeweilige Tabelle in den Editiermodus zu versetzen (Menü *Tabelle|Daten editieren* oder den entsprechenden Button in der Symbolleiste klicken):

Abb. 7.29 Button "Daten editieren"

Beim Füllen von *Kunden.DB* und *Artikel.DB* geht es noch relativ zügig vorwärts. Bei *Rechnungen.DB* und spätestens bei *Rechnungsdaten.DB* kommen Sie mehr und mehr ins Schwitzen. Woher die Werte für die einzutragenden Fremdschlüssel nehmen?

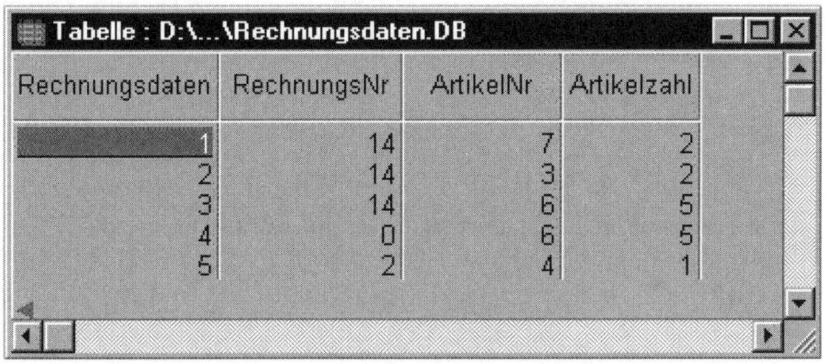

Tabelle : D:\...\Rechnungsdaten.DB

Rechnungsdaten	RechnungsNr	ArtikelNr	Artikelzahl
1	14	7	2
2	14	3	2
3	14	6	5
4	0	6	5
5	2	4	1

Abb. 7.30 Beispieldatensätze der Tabelle Rechnungsdaten.DB

Langsam merken Sie, daß Sie sich übernommen haben. Auch der Chef wird jeden Tag ungeduldiger. Keine Frage, zum Eingeben/Editieren von Datensätzen ist das Hilfsprogramm "Datenbankoberfläche" mehr als ungeeignet. Ein ordentliches Delphi-Programm mit einem auch für Sekretärinnen geeigneten Eingabeformular muß her! Nach einer Woche erfolgloser Experimente mit abenteuerlichen Verknüpfungen von Datenzugriffs- und Datensteuerungskomponenten merken Sie, daß hier trotz vollmundiger Borland-Versprechungen ("Im Handumdrehen erstellen Sie ...") auf die Schnelle nichts zu gewinnen ist. In höchster Not (der Chef hat Sie für den nächsten Tag zu einer Aussprache über Ihre weitere Zukunft in der Firma vorgeladen) werden Sie doch noch im Kochbuchteil dieses Buches fündig:

☞ R76 ... die Eingabemaske für ein Rechnungsformular programmieren?

☞ R77 ... eine Rechnung mit QuickReport ausdrucken?

Wie kann ich ...?
Grundlagen

R1 ... eine eigene Unit definieren und einbinden?

Zuerst gilt es, folgende Frage zu beantworten: Wann sollte man eine eigene Unit entwickeln? Hier die Antwort: Der Aufwand lohnt sich nur dann, wenn man bestimmte Datentypen, Prozeduren und Funktionen wiederholt in verschiedenen Programmen benötigt und eventuell den entsprechenden Quelltext "unsichtbar" machen möchte.

Im folgenden Beispiel wollen wir uns eine Unit schaffen, die für das Rechnen mit komplexen Zahlen zu gebrauchen ist. Sie soll neben einem komplexen Datentyp die Funktionen für Addition, Multiplikation und Division zur Verfügung stellen. Eine detaillierte Erläuterung der zugrundeliegenden mathematischen Algorithmen ist hier nicht vorgesehen und würde nur vom eigentlichen Anliegen ablenken[1].

Quelltext für Unit erstellen

Unmittelbar nach dem Start von Delphi klicken wir den Menüpunkt *Datei|Neu...*, wählen *Unit* und sehen ein Fenster mit einem sehr mageren Rahmencode für eine Unit namens *Unit2* vor uns:

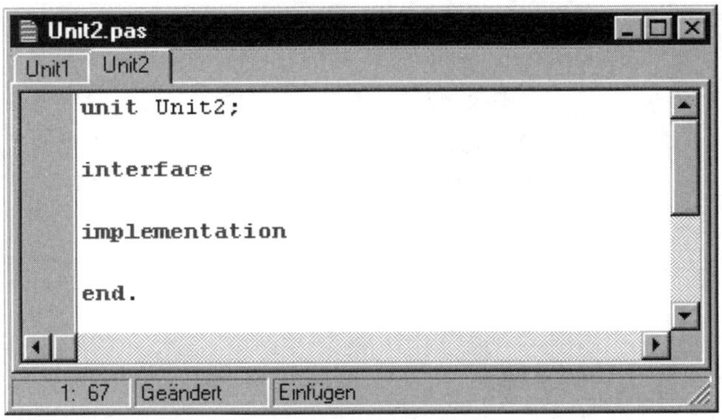

In den *Interface*-Abschnitt tragen wir die Typdeklaration für *TKomplex* sowie die Kopfzeilen für die mit diesem Datentyp operierenden komplexen Funktionen *addK*, *multK* und *divK* ein. Nur diese insgesamt vier Bibliothekselemente sollen für den späteren Nutzer der Unit "sichtbar" sein.

```
unit Unit2;              (* Komplexe Grundrechenoperationen, W.D. 6/97 *)

interface
 type                    (* Datentyp für komplexe Zahl in kartesischen Koordinaten *)
  TKomplex = record
   re,im : Real;         (* Real- und Imaginärteil *)
  end;
```

---

[1] Komplexe Zahlen sind wesentlicher Bestandteil der Elektrotechnik (Wechselstromlehre).

```
function addK(a,b: TKomplex): TKomplex;    (* Addition kompl. Z. *)
function multK(a,b: TKomplex): TKomplex;   (* Multiplikation kompl. Z. *)
function divK(a,b: TKomplex): TKomplex;    (* Division kompl. Z. *)
```

Im *implementation*-Abschnitt werden die drei Funktionen mit Leben erfüllt. Für die Notation der Kopfzeilen findet die Kurzform[2] Verwendung:

```
implementation
var kx: TKomplex;         (* interne Zwischenvariable *)

 function addK;           (* Addition *)
 begin
  kx.re := a.re + b.re;
  kx.im := a.im + b.im;
  result := kx
 end;

 function multK;          (* Multiplikation *)
 begin
  kx.re := a.re*b.re - a.im*b.im;
  kx.im := a.re*b.im+a.im*b.re;
  result := kx
 end;

 function divK;           (* Division *)
 begin
  kx.re := (a.re*b.re+a.im*b.im)/(b.re*b.re+b.im*b.im);
  kx.im := (a.im*b.re-a.re*b.im)/(b.re*b.re+b.im*b.im);
  result := kx
 end;
end.
```

Hinweis: Falls Ihnen bei einem eventuellen Neustart des Projekts die *Unit2* verloren gegangen sein sollte, können Sie diese über den Menüpunkt *Ansicht|Units...* (Strg+F12) wieder herbeizaubern.

[2] Dabei wird die Parameterleiste einfach weggelassen.

Oberfläche für Testprogramm

Um uns von der Funktionsfähigkeit der *Unit2* zu überzeugen, brauchen wir ein kleines Testprogramm, welches die Ein- und Ausgabe von komplexen Zahlen und die Auswahl der Rechenoperation ermöglicht.

Wir benutzen dazu das bereits vorhandene Startformular *Form1*, auf das wir 6 Editierfelder (*Edit1...Edit6*), eine Gruppe von 3 RadioButtons (*RadioButton1... RadioButton3*) und einen Schalter (*Button1*) plazieren:

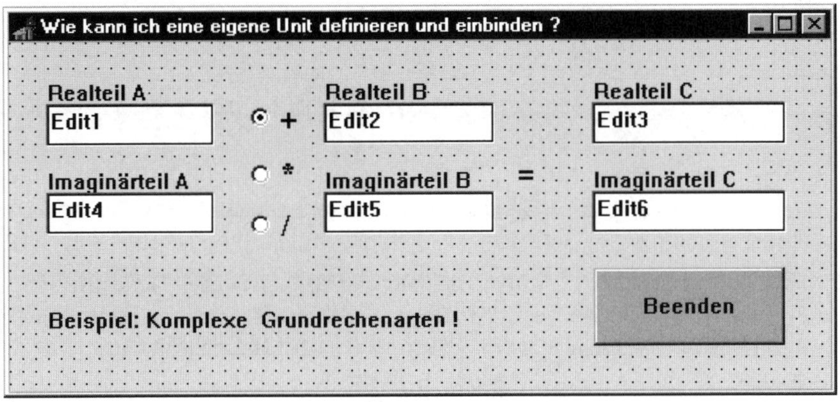

Setzen Sie *ReadOnly* für *Edit3* und *Edit6* auf *True*, da wir diese Felder nur zur Ergebnisanzeige brauchen.

Quelltext für Testprogramm

Die *Unit1* ist mit dem Laden von *Form1* bereits vorhanden. Der Quelltext des *Interface*-Abschnitts wurde (bzw. wird noch) vom Editor automatisch angefügt, so daß wir uns darum nicht weiter zu kümmern brauchen:

```
unit Unit1;          (* Wie kann ich eine eigene Unit definieren und einbinden? *)

interface

uses
  Windows, Messages, SysUtils, Classes, Graphics, Controls, Forms, Dialogs,
  StdCtrls, ExtCtrls;
type
  TForm1 = class(TForm)
    Button1: TButton;
    Edit1: TEdit;  Edit2: TEdit; Edit3: TEdit;
    Edit4: TEdit;  Edit5: TEdit; Edit6: TEdit;
```

```
    Panel1: TPanel;
    RadioButton1: TRadioButton; RadioButton2: TRadioButton;
    RadioButton3: TRadioButton;
    Label1: TLabel; Label2: TLabel; Label3: TLabel;
    Label4: TLabel; Label5: TLabel; Label6: TLabel;
    Label7: TLabel; Label8: TLabel;

    procedure Button1Click(Sender: TObject);
    procedure FormCreate(Sender: TObject);
    procedure ClickRadioB(Sender: TObject);
    procedure EditKeyPress(Sender: TObject; var Key: Char);
    procedure EditKeyUp(Sender: TObject; var Key: Word; Shift: TShiftState);
   end;

var
  Form1: TForm1;
```

Im folgenden Implementationsteil wird *Unit2* eingebunden und reger Gebrauch von den zur Verfügung gestellten Sprachelementen (*TKomplex, addK, multK, divK*) gemacht. Die Ausgabeformatierung erfolgt mit insgesamt 8 Stellen, davon zwei nach dem Dezimaltrenner.

```
implementation
{$R *.DFM}
uses Unit2;                    (* Unit2 einbinden! *)
var code: Integer;
    zk1, zk2, zk3: TKomplex; (* komplexe Zwischenvariablen *)
```

Die folgende Prozedur ist die entscheidende Routine:

```
procedure displayResult;     (* Berechnung und Anzeige *)
var s: string;
begin
 with Form1 do
 begin
  Val(Edit1.Text, zk1.re, code); Val(Edit4.Text, zk1.im, code);
  Val(Edit2.Text, zk2.re, code); Val(Edit5.Text, zk2.im, code);
  if RadioButton1.Checked then zk3:= addK(zk1, zk2);
  if RadioButton2.Checked then zk3:= multK(zk1, zk2);
  if RadioButton3.Checked then if (zk2.re <> 0) or (zk2.im <> 0) then
                               zk3:= divK(zk1, zk2);
  Str(zk3.re:8:2,s); Edit3.Text:= s;  (* Anzeige Realteil *)
  Str(zk3.im:8:2,s); Edit6.Text:= s   (* Anzeige Imaginärteil *)
 end
end;
```

Nun zu den Eventhandlern:

```
procedure TForm1.FormCreate;              (* Formular laden *)
begin
 Edit1.Text:= '1'; Edit2.Text:= '1'; Edit3.Text:= '2';
 Edit4.Text:= '1'; Edit5.Text:= '1'; Edit6.Text:= '2'
end;
```

Für das *OnClick*-Event der RadioButtons wurden, genauso wie für *OnKeyPress* und *OnKeyUp* der Editierfelder, jeweils gemeinsame Ereignisbehandlungen geschrieben:

```
procedure TForm1.ClickRadioB;       (* Wechsel des Operators *)
begin displayResult end;


procedure TForm1.EditKeyPress;      (* Komma in Dezimalpunkt verwandeln *)
begin if key = ',' then Key:= '.' end;


procedure TForm1.EditKeyUp;         (* Eingabe *)
begin displayResult end;


procedure TForm1.Button1Click;      (* Beenden *)
begin
  Close
end;

end.
```

Die Prozedur *displayResult* ist <u>keine</u> Methode von *Form1*. Sie muß deshalb an den Anfang des Implementationsteils gesetzt werden, damit sie noch <u>vor</u> den Methoden, die sie aufrufen, deklariert ist (sonst erfolgt Compiler-Fehlermeldung!).

Test

Starten Sie das Programm und überzeugen Sie sich von der Funktionsfähigkeit der *Unit2*. Eine Ergebnistaste brauchen Sie nicht - das Resultat wird sofort nach jeder Tastatureingabe aktualisiert. Wenn als Beispiel die Aufgabe

$$(2.5 + 3j) / (-2 + j)$$

gelöst werden soll, erhalten Sie als Ergebnis die komplexe Zahl -0.4 -1.7j .

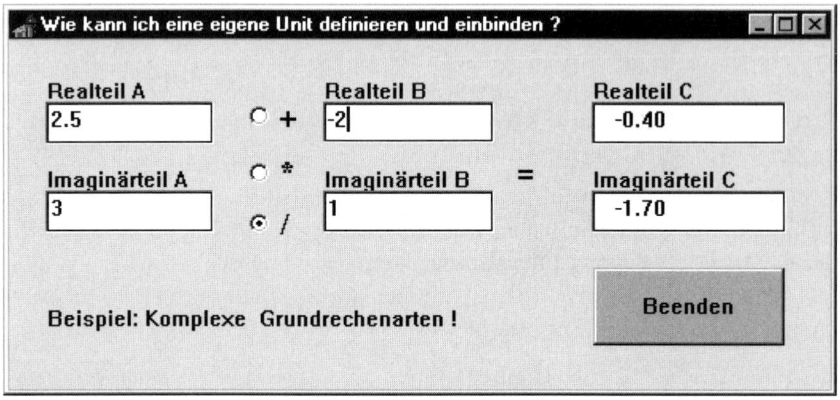

Sie brauchen sich auch nicht mehr darum zu kümmern, ob Sie als Dezimaltrenner Komma oder Punkt verwenden. Wie von Geisterhand wird jede Kommaeingabe in einen Punkt umgewandelt. Siehe dazu

☞ R32 ... Dezimalkomma in Dezimalpunkt umwandeln?

Bemerkungen

- Um *Unit2* in anderen Programmen zu verwenden, können Sie auch sie über den Menüpunkt *Datei|Dem Projekt hinzufügen...* zum Projekt hinzuladen.
- Die hier ausschließlich verwendeten sogenannten Kartesischen- bzw. Rechteck-Koordinaten sind nicht die einzige Darstellungsmöglichkeit für komplexe Zahlen. Für ernsthaftere Anwendungen sollte man die Unit noch um Funktionen zur Transformation in Polar- bzw. Zeigerkoordinaten ergänzen, eine Funktionalität, wie sie z.B. auch jeder moderne wissenschaftliche Taschenrechner aufweist (P => R bzw. R => P Umwandlungen). Näheres dazu finden Sie im [ProfiBuch].

R2 ... mit Stringlisten arbeiten?

Viele Eigenschaften von Delphi-Komponenten sind vom Typ *TStrings*, so z.B. *Lines* (*TMemo*), *Items* (*TListBox*, *TComboBox*) oder *SQL* (*TQuery*).

TStrings ist eine abstrakte Basisklasse für Objekte, die eine Liste mit Strings darstellen und wird von der Unit *classes* geliefert. Die Eigenschaften und Methoden von *TStrings* bieten zahlreiche Möglichkeiten zur String-Listenbearbeitung an:

- Einfügen bzw. Löschen von Strings können in die bzw. aus der Liste
- Ändern der Reihenfolge der String-Einträge
- Ansprechen von Strings können über ihre Listenposition
- Lesen bzw. Schreiben von Strings aus bzw. in eine Datei

Das folgende Experimentierprogramm soll Ihnen einige dieser wichtige Arbeitstechniken demonstrieren.

Dabei wollen wir ein eigenes *TStrings*-Objekt erzeugen, dessen Inhalt mit den Stringlisten eines Memofeldes und einer Listbox wechselseitig ausgetauscht werden kann.

Oberfläche

Plazieren Sie auf das Formular ein Memofeld (links) und eine Listbox (rechts) sowie eine ganze Reihe Buttons gemäß folgender Abbildung. Hinzu kommen eine *OpenDialog*- und eine *SaveDialog*-Komponente, die Sie auf der Seite "Dialoge" der Komponentenpalette finden.

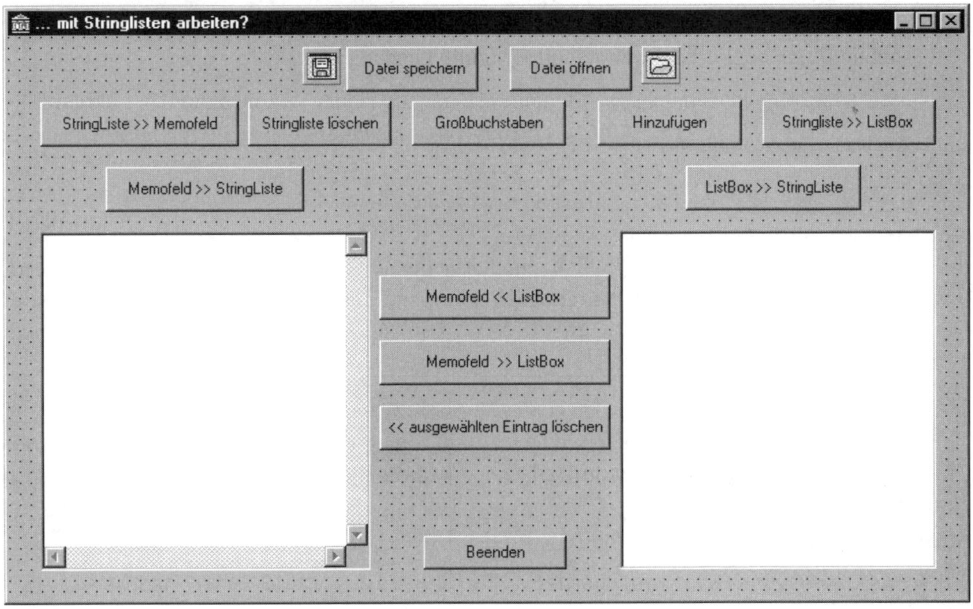

Quelltext

Wir beginnen mit einem Eintrag im *public*-Abschnitt der Typdeklaration von *TForm1*:

```
public
   meineListe: TStrings              // Listenfeld deklarieren
end;
```

Beim Laden des Formulars wird eine Instanz vom Typ *TStringList* (ein Nachkomme von *TStrings*) erzeugt:

```
procedure TForm1.FormCreate(Sender: TObject);
begin
 meineListe := TStringList.Create     // Listenfeld erzeugen
end;
```

Wer das Eintippen einer Stringliste per Hand scheut, kann sich eine auf der Festplatte abgespeicherte Textdatei laden:

```
procedure TForm1.Button5Click(Sender: TObject);     // Öffnen
begin
 with OpenDialog1 do
 begin
  Filter := 'Textdateien (*.TXT)|*.TXT';
  DefaultExt := 'TXT';
  if Execute then meineListe.LoadFromFile(Filename)
 end
end;
```

Anschließend kann man die Stringliste in das Memo- oder in das Listenfeld kopieren und sich dort den Inhalt betrachten:

```
procedure TForm1.Button7Click(Sender: TObject);       // StringListe >> Memofeld
begin
 Memo1.Lines := meineListe
end;

procedure TForm1.Button3Click(Sender: TObject);       //  Stringliste >> ListBox
begin
 ListBox1.Items := meineListe
end;
```

Es steht Ihnen nun frei, an den beiden Kopien herumzudoktern, d.h., den Inhalt des Memofelds zu ändern oder einen bestimmten Eintrag im Listenfeld zu markieren, um ihn dann im Memofeld zu löschen:

```
procedure TForm1.Button2Click(Sender: TObject);   // ausgewählten Eintrag löschen
begin
 Memo1.Lines.Delete(ListBox1.ItemIndex)
end;
```

So werden die Inhalte gegenseitig ausgetauscht:

```
procedure TForm1.Button1Click(Sender: TObject);    // Memofeld >> ListBox
begin
 ListBox1.Items := Memo1.Lines
end;

procedure TForm1.Button8Click(Sender: TObject);    // Memofeld >> Stringliste
begin
 meineListe := Memo1.Lines
end;
```

```
procedure TForm1.Button11Click(Sender: TObject);      // ListBox >> Stringliste
begin
  meineListe := ListBox1.Items
end;
```

Die Umwandlung aller Zeichen in Großbuchstaben soll als Beispiel für das iterative Durchlaufen einer Stringliste und den indizierten Zugriff auf deren Elemente dienen:

```
procedure TForm1.Button13Click(Sender: TObject);     // Großbuchstaben
var i: Integer;
begin
 for i := 0 to meineListe.Count - 1 do meineListe[i] := UpperCase(meineListe[i])
end;
```

So werden Strings (Zeilen) an das Ende der Liste anhängt:

```
procedure TForm1.Button9Click(Sender: TObject);     // Hinzufügen
begin
 with meine Liste do
 begin
  Add('Mit freundlichen Grüßen'); Add(''); Add('Gregor Größenwahn')
 end
end;
```

Der gesamte Inhalt kann wie folgt gelöscht werden:

```
procedure TForm1.Button10Click(Sender: TObject);     // Stringliste löschen
begin
 meineListe.Clear
end;
```

Fast hätten wir es vergessen, das Abspeichern der Stringliste in eine Datei (siehe auch nachfolgende Abbildung):

```
procedure TForm1.Button4Click(Sender: TObject);     // Speichern
begin
 with SaveDialog1 do
 begin
  Filter := 'Textdateien (*.TXT)|*.TXT';
  FileName := 'Firmenbrief';
  DefaultExt := 'TXT';
  Options := [ofOverwritePrompt;             // Sicherheitsabfrage wegen Überschreiben
  if Execute then meineListe.SaveToFile(Filename)
 end
end;
```

Beim Schließen des Formulars muß der belegte Speicherplatz wieder freigegeben werden:

```
procedure TForm1.FormDestroy(Sender: TObject);
begin
 meineListe.Free
end;
```

Test

Starten Sie das Programm, öffnen Sie eine vorhandene Datei (oder legen Sie eine neue an) und überzeugen Sie sich von der Wirksamkeit der Stringlistenoperationen.

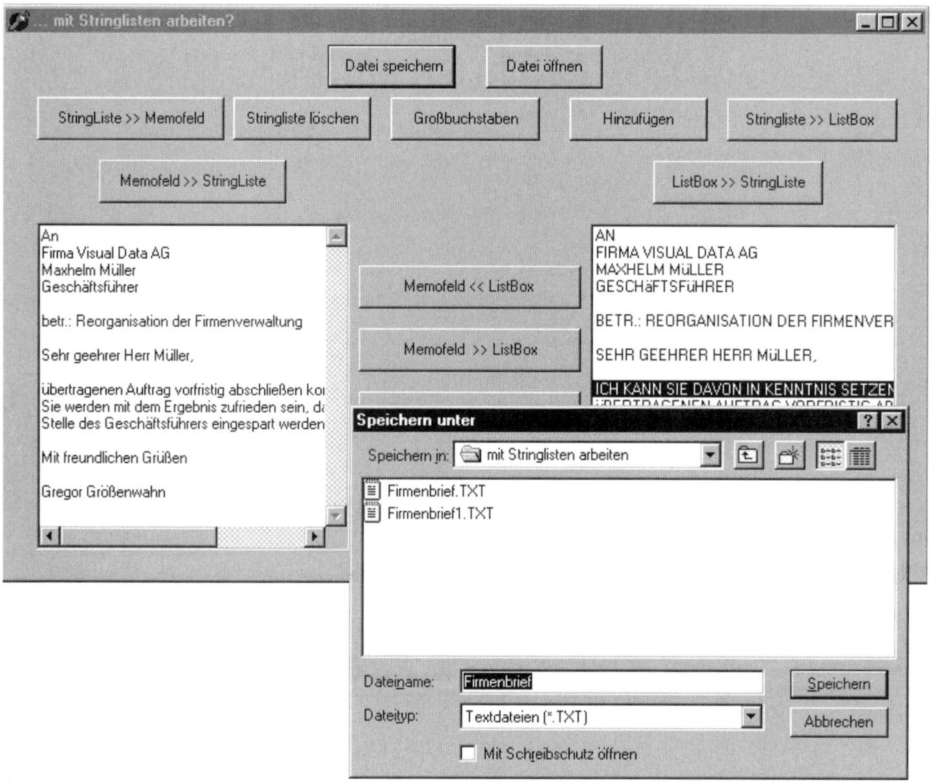

Vergleichen Sie parallel den Quellcode im entsprechenden Eventhandler. Denken Sie immer daran, daß die per Code erzeugte Stringliste (*meineListe*) quasi "unsichtbar" ist, und erst durch Kopieren in das Memo- oder Listenfeld betrachtet werden kann.

Ergänzungen

- Wenn Sie *TStrings*-Eigenschaften von Komponenten im Objektinspektor zuweisen, so erscheint nach Doppelklick der Stringlisten-Editor (beispielsweise für *Lines*-Eigenschaft eines Memo-Feldes oder *Items* bei ListBox). Da hier das Objekt von Delphi verwaltet wird, brauchen Sie sich im Quelltext um das Erzeugen bzw. Entfernen nicht zu kümmern.
- Die *Text*-Eigenschaft eines *TStrings*-Objekts liefert keine Liste, sondern einen normalen String (*TString*) zurück, in welchem die Zeichen für Wagenrücklauf und Zeilenschaltung eingebettet sind.
- Über weitere Eigenschaften und Methoden von *TStrings*-Objekten (*Insert*, *Move*, *IndexOf etc.*) informieren Sie sich in der Online-Hilfe. Das gleiche gilt für das Hinzufügen von Objekten.
- Eine erweiterte Anwendung von Stringlisten und Dateidialogen finden Sie im Applikationskapitel (Abschnitt 13.1, TEXTVERARBEITUNG).

R3 ... ein dynamisches Array erzeugen?

Normalerweise müssen in Object Pascal die Abmessungen eines Arrays bereits zur Entwurfszeit feststehen, d.h., der Compiler muß über die Struktur und die Größe und damit über den zu reservierenden Speicherplatz genau "Bescheid wissen" (siehe 3.2.5). Der weniger versierte Programmierer muß sich also mit diesen sogenannten statischen Arrays zufriedengeben. Ein gravierender Nachteil von Delphi ist deshalb das Fehlen echter dynamischer Arrays, wie sie z.B. in Visual Basic selbstverständlich sind und die es gestatten, die Array-Abmessungen zur Laufzeit zu ändern. Auch die in Delphi ab der Version 2 neu eingeführten Variant-Arrays schaffen diesbezüglich keine zufriedenstellende Lösung. Wie wäre es aber, wenn wir uns des Heap-Speicherplatzes bedienen, der ab der Delphi 2.0 Version reichlich zur Verfügung steht? Das setzt allerdings voraus, daß wir keinerlei Berührungsängste mit Pointer haben.

Quellcode Unit dynVarAr

Um eine leichte Wiederverwendbarkeit des Codes zu ermöglichen, verpacken wir das Reservieren und das Freigeben sowie den Lese- und Schreibzugriff in eine separate Unit.

Fügen Sie über *Datei|Neu...* das Gerüst einer leeren Unit hinzu, der Sie den Namen *dynVarAr* geben und in welche Sie folgenden Quelltext eintragen:

```
unit dynVarAr;                          (* Dynamisches Array, W.D. 6/97 *)
```

In den *interface*-Abschnitt tragen wir die Köpfe der zu exportierenden Prozeduren/Funktionen ein:

```
interface
 procedure dimArray (z,s:Integer);
 procedure freeArray;
 procedure wrA(z,s:Integer; w:Integer);
 function  rdA(z,s:Integer):Integer;
```

Wir beschränken uns auf ein zweidimensionales dynamisches Variant-Array, das wir wie folgt implementieren:

```
implementation
```

Auf diesen Datentyp soll der Pointer zeigen:

```
type dArray = array[1..1] of Variant;
```

Der Pointer:

```
var  dA: ^dArray;
```

Die Indizes für die maximale Zeilen- bzw. Spaltenanzahl:

```
     zmax, smax: Integer;
```

Nun zur Implementierung der zu exportierenden Prozeduren/Funktionen:

```
procedure dimArray;          (* dyn. Speicher für smax, zmax reservieren *)
begin
 smax := s; zmax := z;
 GetMem(dA, SizeOf(dA^[1])* zmax * smax)
end;

procedure freeArray;         (* dyn. Speicher wieder freigeben *)
begin
 FreeMem(dA,SizeOf(dA^[1])* zmax * smax)
end;

procedure wrA;               (* Schreibzugriff auf Zeile z und Spalte s *)
begin
 dA^[(z-1)* smax + s] := w
end;

function rdA;                (* Lesezugriff auf Zeile z und Spalte s *)
begin
 Result := dA^[(z-1)* smax + s]
end;
```

Zu Beginn soll das kleinstmögliche Array initialisiert werden (1 Zeile, 1 Spalte):

```
initialization
 zmax:=1;
 smax:=1;
 dimArray(1,1)
end.
```

Vergessen Sie nicht, die Unit exakt unter ihrem Namen *dynVarAr* abzuspeichern!

Oberfläche

Zum Austesten unserer dynamischen Arrays verwenden wir eine Oberfläche, die zur Laufzeit folgenden Anblick bieten soll:

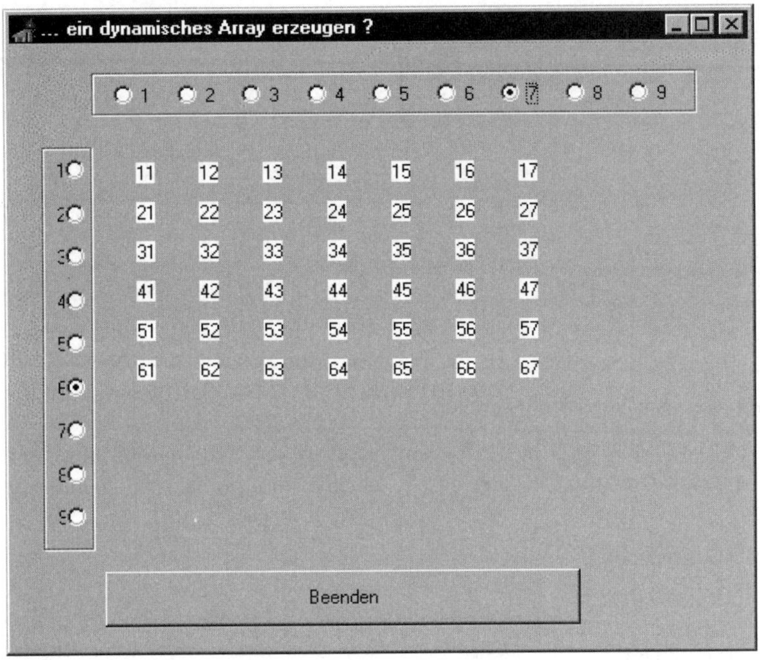

Mit den *RadioButtons* stellen wir die gewünschte Zeilen- und Spaltenanzahl ein, die obiger Abbildung sechs bzw. sieben beträgt.

Quellcode Formular-Unit

Zum Austesten unserer Unit *dynVarAr* fügen wir dem *Implementation*-Abschnitt der Formular-Unit (*Unit1*) folgenden Code hinzu:

```
uses dynVarAr;                  // Einbinden der Unit
var zmax, smax: Integer;
```

Das Füllen des Arrays mit Beispieldaten (der Einfachheit halber nehmen wir dafür den Zeilen- und Spaltenindex):

```
procedure writeArray;
var i,j,z: Integer;
begin
 for i := 1 to zmax do
  for j := 1 to smax do begin
   z := StrToInt(IntToStr(i) + IntToStr(j));
```

```
   wrA(i,j,z)                  // Schreibzugriff auf das Array
  end
end;
```

Das Anzeigen des Array-Inhalts:

```
procedure displayArray;
var i,j,z: Integer;
begin
 Form1.Refresh;
 for i := 1 to zmax do
  for j := 1 to smax do
  begin
   z := rdA(i,j);                  // Lesezugriff auf das Array
   Form1.Canvas.TextOut(40+j*40, 50 + i*25, IntToStr(z))
  end
end;
```

Das passiert beim Ändern der Dimension:

```
procedure TForm1.RadioButtonClick(Sender: TObject);
begin
 freeArray;                      // Speicherplatz freigeben
```

Die maximale Spaltenzahl setzen:

```
 if Sender = RadioButton1 then smax := 1;
 if Sender = RadioButton2 then smax := 2;
```

und so weiter ...

```
 if Sender = RadioButton9 then smax := 9;
```

Nun die maximale Zeilenzahl:

```
 if Sender = RadioButton10 then zmax := 1;
 if Sender = RadioButton11 then zmax := 2;
```

und so weiter ...

```
 if Sender = RadioButton18 then zmax := 9;
```

Nun kann das neue Array dimensioniert, gefüllt und angezeigt werden:

```
 dimArray(zmax,smax);            // Speicherplatz belegen
 writeArray;
 displayArray
end;
```

Der Start:

```
procedure TForm1.FormCreate(Sender: TObject);
begin
  zmax:=1; smax:=1
end;
```

Test

Starten Sie das Programm und stellen Sie durch Klick auf die RadioButtons die Dimensionen des zu erzeugenden dynamischen Arrays ein. bedenken Sie, daß jeweils immer nur soviel Speicher belegt wird, wie er der aktuellen Größe des angezeigten Arrays entspricht.

Bemerkungen

- Der Aufbau des Arrays mit *Variant*-Datentypen gestattet zwar das Abspeichern unterschiedlichster Datentypen, bedeutet allerdings eine erhebliche Speicherplatzverschwendung (siehe 3.2.2, 3.2.8). Es wird deshalb empfohlen, statt dessen lieber mit konkreten Datentypen wie *Integer* oder *Single* zu arbeiten.
- Das Modifizieren des Quelltextes für andere Dimensionen (ein-, drei-, vierdimensional) dürfte für den routinierten Programmierer keine Schwierigkeiten bedeuten.
- Eine umfassende Anwendung finden Sie im Programm GAUSS ([ProfiBuch]), wo mathematische Gleichungssysteme in dynamischen Arrays abgespeichert werden.

R4 ... die Format-Funktion verstehen?

Sollten Sie immer noch Schwierigkeiten mit dem Verständnis der vielen verschiedenen Formatstrings aus Kapitel 3, Abschnitt 3.5.4 haben, probieren Sie doch einfach folgendes kleines Testprogramm aus.

Oberfläche

Neben einer Textbox (Eingabe der numerischen Werte) und einer Combobox (Eingabe bzw. Auswahl des Formatstrings) brauchen Sie lediglich ein *Panel* für die Anzeige.

In die *Items*-Eigenschaft der Combobox tragen Sie mit Hilfe des Stringlisten-Editors z.B. folgende Werte für diverse Formatierungsstrings ein:

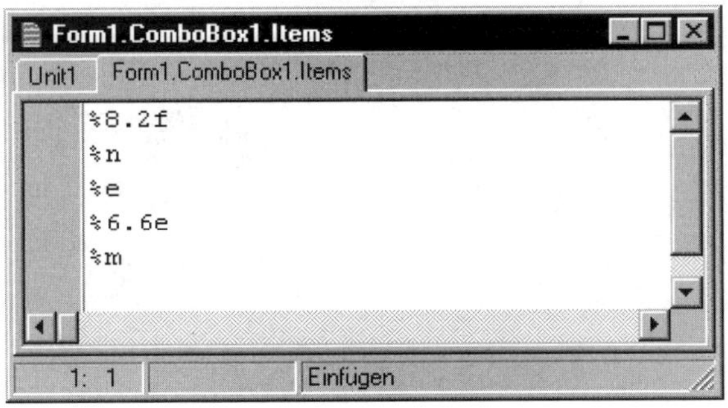

Quelltext

Wir wollen den Ergebnisstring immer dann neu anzeigen, wenn wir in das Editierfeld eine andere Zahl eingegeben haben (*OnChange*-Event auswerten):

```
procedure TForm1.Edit1Change(Sender: TObject);
var n    : Double;
  code : Integer;
begin
  Val(Edit1.Text,n,code);
  if i = 0 then Panel1.Caption := Format(ComboBox1.Text,[n])
  else Panel1.Caption := 'Fehler'
end;
```

Test

Nach Programmstart können Sie sich nun von der Wirksamkeit unterschiedlichster Formatstrings überzeugen. Um ein Ergebnis wie das unten angezeigte zu erreichen, wäre folgende Anweisung nötig:

```
Panel1.Caption := Format("%8.2f",[12345678.066]);
```

Hinweis: Informieren Sie sich im Kapitel 3 (Abschnitt 3.5.3) über Aufbau und Bedeutung der einzelnen Formatierungsstrings und ergänzen Sie die *Items*-Eigenschaft der Combobox um weitere Einträge!

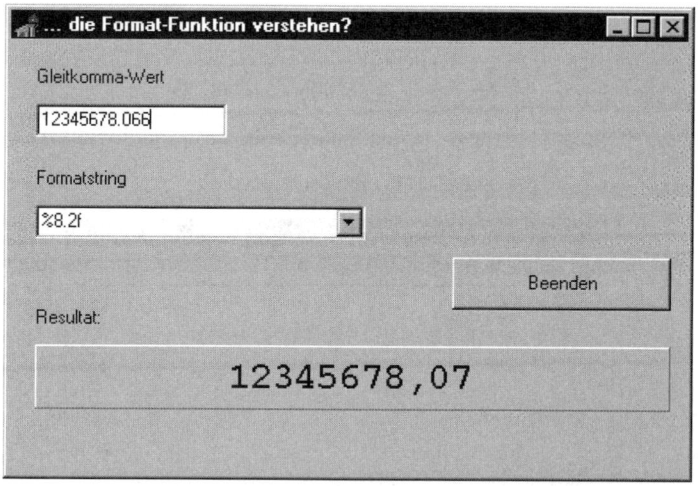

R5 ... Währungen formatieren?

Wie bereits das Vorgängerrezept zeigt, existiert unter Delphi eine fast schon erdrückende Vielfalt von Möglichkeiten, um Zahlen im gewünschten Format darzustellen.

Wie man Währungen eingibt und wie man bei der Ausgabe gleichzeitig formatieren und rechnen kann, soll das folgende Demo-Beispiel zeigen.

Oberfläche

Es dürfte Ihnen keine Probleme bereiten, auf dem Startformular (*Form1*) in Windeseile die folgende Oberfläche "zusammenzuschieben", die im wesentlichen aus einem Editierfeld (*Edit1*), zwei Radiobuttons (*RadioButton1* und *RadioButton2*) sowie zwei Schaltflächen (*Button1*, *Button2*) besteht:

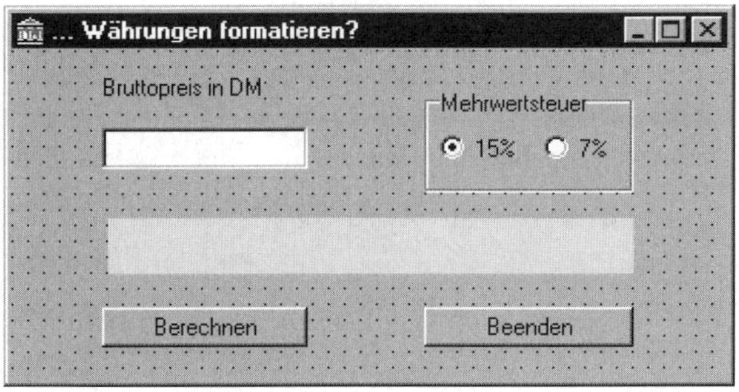

Setzen Sie die *Text*-Eigenschaft des Editierfeldes sowie die *Caption*-Eigenschaft des Anzeigefeldes auf einen Leerstring. Außerdem kann es nichts schaden, die *AutoSize*-Eigenschaft von *Label1* auf *False* und *WordWrap* auf *True* umzustellen. Beide *OptionButtons* werden innerhalb einer *GroupBox* plaziert und die *Checked*-Eigenschaft eines von beiden auf *True* gesetzt.

Quelltext

Da der *Interface*-Abschnitt der Formular-Unit keinerlei Besonderheiten bietet, beschränken wir uns auf den *Implementation*-Abschnitt:

```
implementation
var mwst, brutto: Single;
    fstr:String;            // Formatstring
    code:Integer;

procedure TForm1.RadioButtonClick(Sender: TObject);
begin
 Label1.Caption := ''                              // Anzeige löschen
end;
```

Die wesentlichen Aktivitäten:

```
procedure TForm1.Button1Click(Sender: TObject);        // Click auf "Berechnen"
begin
// Mwst-Satz lesen:
 if RadioButton1.Checked then mwst := 0.15;
 if RadioButton2.Checked then mwst := 0.07;
 Val(Edit1.Text, brutto, code);                    // Eingabe lesen
 // formatierte Ausgabe:
 Label1.Caption := Format(fstr,[brutto/(1+mwst), brutto/(1+1/mwst)])
end;
```

Da wir nur einen einzigen Formatierungsstring verwenden, können wir ihn gleich zu Beginn zuweisen:

```
procedure TForm1.FormCreate(Sender: TObject);
begin
// Formatstring zuweisen:
fstr := 'Der Nettopreis beträgt %m, ' +
        'die entrichtete Steuer %m!';
end;
end.
```

Test

Geben Sie verschiedene Werte ein und kontrollieren Sie die Ausgabe:

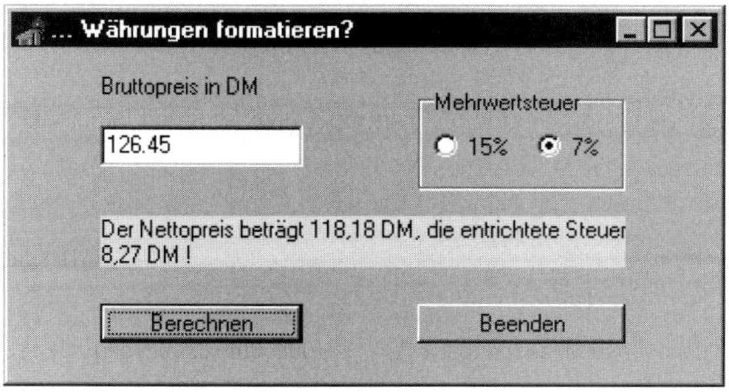

Siehe auch:

☞ R32 ... Dezimalkomma in Dezimalpunkt umwandeln?

R6 ... mit Datums-/Zeitfunktionen umgehen?

Wer hatte nicht schon das Problem, Zeit- oder Datumsdifferenzen zu berechnen? Das folgende Beispielprogramm zeigt, wie Sie Datums- und Zeitwerte ermitteln und wie Sie damit rechnen können. Es vermittelt gleichzeitig nützliche Erkenntnisse über den Sinn von *try...except*-Blöcken.

Oberfläche

Erstellen Sie folgende Eingabemaske:

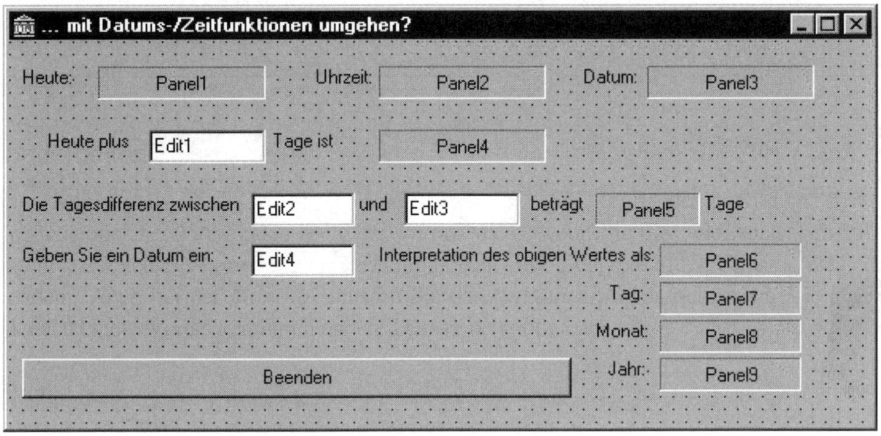

Quelltext

Initialisierung der Eingabefelder mit den aktuellen Datumswerten:

```
procedure TForm1.FormCreate(Sender: TObject);
begin
   Panel1.Caption :=  DateTimeToStr(Now);
   Panel2.Caption :=  TimeToStr(Time);
   Panel3.Caption :=  DateToStr(Date);
   Edit2.Text := DateToStr(Date);
   Edit3.Text := DateToStr(Date)
end;
```

Die folgenden Eventhandler haben wir mit *try-except*-Blöcken so geschützt, daß bei fehlerhaften Datumseingaben kein Programmabbruch stattfindet.

Berechnung eines Datumswertes:

```
procedure TForm1.Edit1Change(Sender: TObject);       // Heute plus ... Tage ist ...
begin
 try
  Panel4.Caption := FormatDateTime('dd.mm.yyyy',date + StrToInt(Edit1.Text))
```

```
 except
  Panel4.Caption := 'Fehler'
 end
end;
```

Ermitteln einer Datumsdifferenz:

```
procedure TForm1.Edit2Change(Sender: TObject);     // Die Tagesdifferenz zwischen ...
begin
 try
   Panel5.Caption := IntToStr(Round(StrToDate(Edit2.Text) - StrToDate(Edit3.Text)))
 except
   Panel5.Caption := 'Fehler!';
 end
end;
```

Zerlegen von Datumswerten:

```
procedure TForm1.Edit4Change(Sender: TObject);     // Geben Sie ein Datum ein ...
var dat:TDateTime;
begin
   try
      dat := StrToDate(Edit4.Text);
      Panel6.Caption := FormatDateTime('dd.mm.yyyy',dat);
      Panel7.Caption := FormatDateTime('dddd',dat);
      Panel8.Caption := FormatDateTime('mmmm',dat);
      Panel9.Caption := FormatDateTime('yy',dat)
   except
      Panel6.Caption := 'Fehler';
      Panel7.Caption := 'Fehler';
      Panel8.Caption := 'Fehler';
      Panel9.Caption := 'Fehler'
   end
end;
```

Falls im *try*-Abschnitt ein Fehler auftritt, wird im *except*-Abschnitt weitergemacht und eine gezielte Fehlerbehandlung durchgeführt.

Über die Bedeutung der Formatierungsstrings informieren Sie sich bitte im Kapitel 3 (Abschnitte 3.5.4 und 3.5.5).

Test

Starten Sie das Programm und experimentieren Sie. Das ist der beste Weg, um Klarheit über den Sinn der einzelnen Datums-/Zeitroutinen zu erlangen.

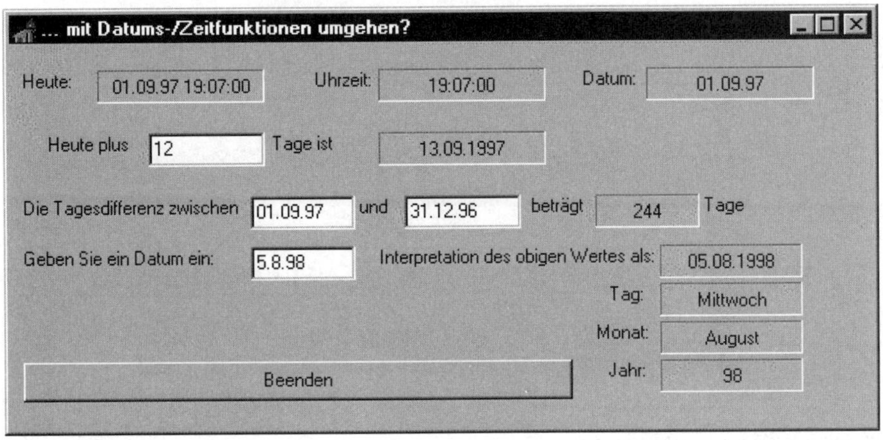

Bemerkung

- Dank *try...except* wird es Ihnen nicht gelingen, die Applikation durch Eingabe sinnloser Datumswerte zum Absturz zu bringen. Voraussetzung dafür ist allerdings, daß Sie im Menü *Tools|Umgebungsoptionen...* auf der "Vorgaben"-Seite die Option "Bei Exceptions anhalten" deaktiviert haben. Ansonsten sind Ihre schönen *try-except*-Blöcke für die Katz, und Sie werden mit den üblichen Delphi-Fehlermeldungen genervt. Dies passiert Ihnen allerdings nur zur Entwurfszeit. Die fertige EXE-Datei berücksichtigt *try-except*-Blöcke in jedem Fall, die Einstellungen der Umgebungsoptionen bleiben ohne Einfluß.
- Ein ähnlich gelagertes Rezept finden Sie in

☞ R7 ... auf Datum oder Zeit testen?

R7 ... auf Datum oder Zeit testen?

Für die Überprüfung von Eingaben in ein Textfeld ist in vielen Fällen auch der Test auf Datum oder Zeit erforderlich. Eine entsprechende Funktion, die *True* oder *False* zurückgibt, werden Sie in Delphi nicht finden, in anderen Programmiersprachen gibt es aber so etwas. Wir wollen die Funktionen *IsDate* und *IsTime* von Visual Basic nachbilden.

Oberfläche

Außer drei Buttons und einer Editier-Komponente brauchen Sie nichts weiter:

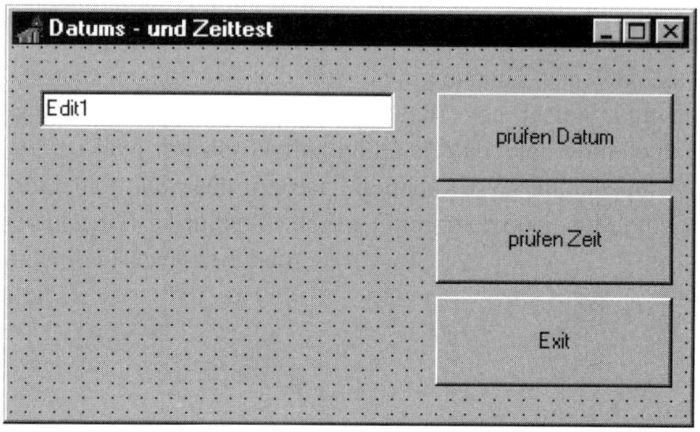

Quelltext

Grundlage unserer "selbstgebastelten" Funktionen ist der Versuch, einen String in ein Datum oder eine Zeit umzuwandeln. Schlägt dieser fehl, handelt es sich eben nicht um ein Datum oder eine Zeit. Um den auftretenden Fehler abzufangen, verwenden wir eine Exception-Behandlung mit *Try-Except*:

```
function IsDate(s:string):Boolean;
var dummy :TDateTime;
begin
    result := True;
    try
      dummy := StrToDate(s);
    except
      result := False;
    end
end;
```

```
function IsTime(s:string):Boolean;
var dummy : TDateTime;
begin
    result := True;
    try
      dummy := StrToTime(s);
    except
      result := False
    end
end;
```

Die Belegung der Buttons und ein Test der obigen Funktionen:

```
procedure TForm1.Button1Click(Sender: TObject);      // prüfen Datum
begin
   if not IsDate(Edit1.Text) then
      MessageBox(0,'Das soll ein Datum sein?','Problem',16)
end;
```

```
procedure TForm1.Button2Click(Sender: TObject);      // prüfen Zeit
begin
   if not IsTime(Edit1.Text) then
      MessageBox(0,'Das soll eine Uhrzeit sein?','Problem',16)
end;
```

Test

Geben Sie verschiedene fehlerhafte Datums- und Zeitwerte ein und lassen Sie diese durch das Programm prüfen. Sie werden erstaunt sein, was alles noch als Datum interpretiert wird. Beispielsweise ist '1.1' auch schon ein Datum, nämlich der 1.1. des aktuellen Jahres. Der String '1.1.5' ist aber nicht der 1.1.1995, sondern der 1.1.1905!

Bemerkung

Bezüglich der Wirksamkeit von *Try-Except* innerhalb der Entwicklungsumgebung siehe Bemerkung zu

☞ R06 ... mit Datums-/Zeitfunktionen umgehen?

R8 ... die Zeit auf eine viertel Stunde genau runden?

Finden Sie es auch lächerlich, wenn ein Programm den Beginn eines Termins mit 12:07 Uhr berechnet? Dieses Rezept schafft Abhilfe!

Oberfläche

Ein Editierfeld und ein Label genügen.

Quelltext

Eine Lösung ergibt sich durch Zerlegen in Stunden und Minuten, Rundung und anschließendes Rückkonvertieren.

Hinweis: Sowohl 60min als auch 24h bedürfen einer gesonderten Behandlung!

```
function RoundTime(time : TDateTime): TDateTime;     // Rundungsfunktion
var h,m,s,ms : Word;
begin
   DecodeTime (Time,h,m,s,ms);
   s  := 0;
   ms := 0;
   m := Round(m/15)*15;
   if m = 60 then begin
      m := 0;
      Inc(h);
      if h = 24 then h := 0
   end;
   Result := EncodeTime(h,m,s,ms)
end;
```

Der Test der Funktion:

```
procedure TForm1.Edit1KeyPress(Sender: TObject; var Key: Char);
var zeit : TDateTime;
begin
     if key = #13 then begin
        key := #0;
        zeit := StrToTime(Edit1.Text);
        zeit := RoundTime(zeit);
        Label1.Caption := TimeToStr(zeit)
     end
end;
```

Test

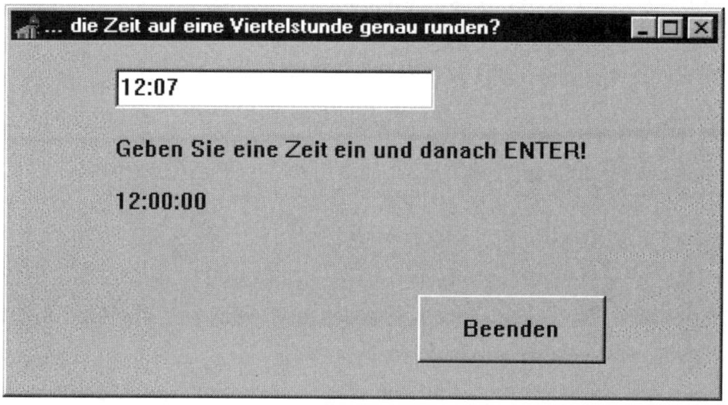

R9 ... eine Uhr einblenden?

Eigentlich lohnt es sich kaum, ein "Wie kann ich ...?" über dieses Thema zu schreiben, ist doch mit Hilfe eines *Timers* und einer *Label-* bzw. *Panel*-Komponente in wenigen Sekunden eine derartige Funktion realisiert. Wir wollen dennoch darauf eingehen und zusätzlich noch eine Datumsanzeige hinzufügen.

Oberfläche

Obwohl ein *Timer* und ein *Panel* (oder gar ein *Label*) genügen, haben wir zusätzlich noch eine *Statusbar-* und eine *Trackbar*-Komponente eingefügt. So lernen Sie als nützlichen Nebeneffekt auch gleich noch die Programmierung dieser Controls kennen.

Setzen Sie die *Interval*-Eigenschaft des Timers auf 1000 (1 sek) und die Eigenschaft *Max* der Trackbar auf 60 (Anzahl der Sekunden).
Sie wundern sich über das digitalgrüne Techno-Outfit der Panel-Komponente? Kein Problem, setzen Sie die *Color*-Eigenschaft auf *clBlack* und weisen Sie *Font* die folgenden Werte zu:

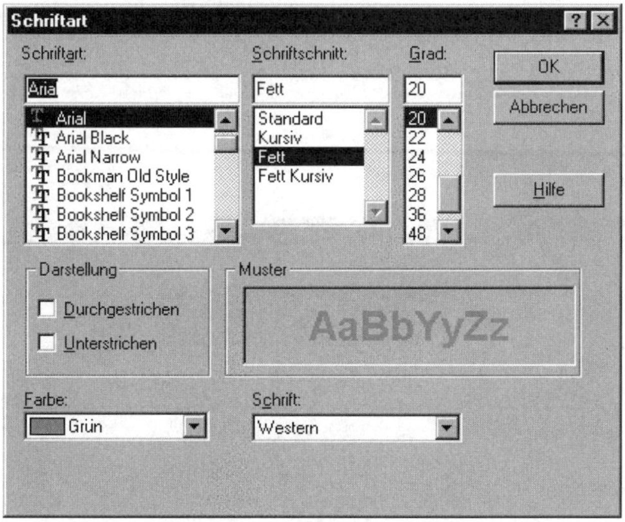

Der *Statusbar* müssen Sie zwei *Panel*-Objekte hinzufügen (Eigenschaft *Panels*), auf die Sie später über den Index zugreifen können:

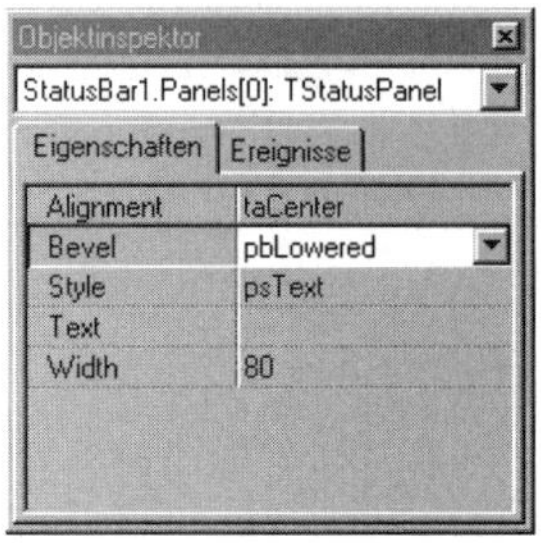

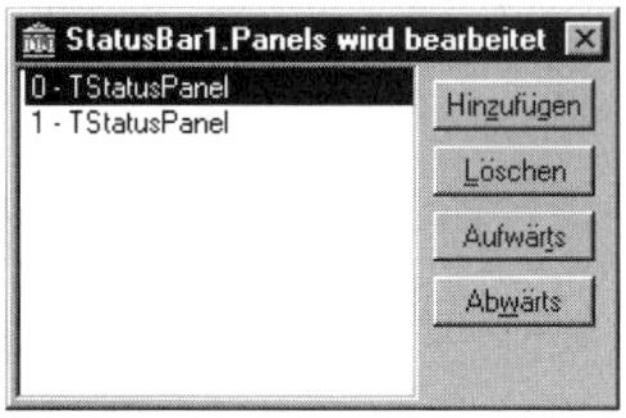

Quelltext

Die aktuelle Zeit soll zum einen in der *Panel*-Komponente, zum anderen in der *Statusbar* (linkes Panel-Objekt) angezeigt werden. Im rechten Panel-Objekt der Statusbar erfolgt eine ausführliche Datumsanzeige:

```
procedure TForm1.Timer1Timer(Sender: TObject);
var  Hour, Min, Sec, mSec: Word;
begin
  Panel1.Caption:= TimeToStr(Time);
  StatusBar1.Panels[0].Text:= TimeToStr(Time);
  StatusBar1.Panels[1].Text:= FormatDateTime('"Heute ist "dddd," der "d.mmmm yyyy"', Date)
  DecodeTime(time, Hour, Min, Sec, mSec);
  Trackbar1.Position := Sec
end;
```

Die FormatDateTime-Funktion bietet weitaus individuellere Gestaltungsmöglichkeiten als die alternativ einsetzbare *DateToStr*-Funktion.
Um im *Trackbar* die aktuelle Sekunde anzuzeigen, mußten wir den Datumswert in seine Einzelbestandteile zerlegen (*DecodeTime*).

Test

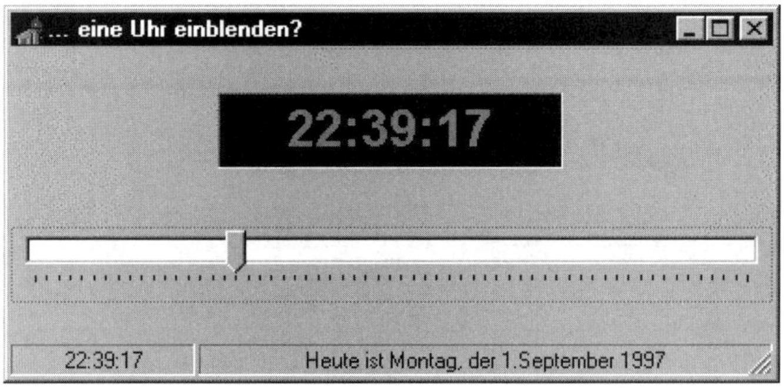

R10 ... einen Wert schätzen?

Insbesondere bei der Arbeit mit Gleitkommawerten (*Real*, *Single*, *Double*) sollte der direkte Vergleich zweier Werte vermieden werden, da durch Rundungsfehler geringfügige Abweichungen auftreten können.

Um dieses Problem zu vermeiden, verwenden Sie eine Funktion, die die Übereinstimmung zweier Werte in Abhängigkeit von einer von Ihnen festzulegenden Fehlerschranke bestimmt.

Oberfläche

Wir brauchen zum Austesten zwei Editierfelder, eine Combobox, ein Label und zwei Buttons:

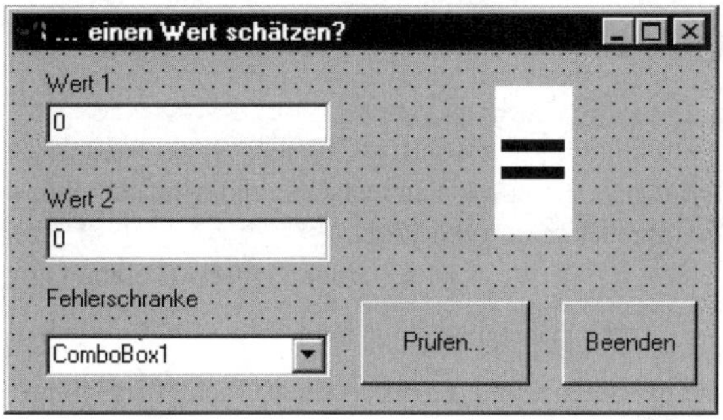

Der *Items*-Eigenschaft der Combobox weisen Sie über den Stringlisten-Editor mehrere Fehlerschranken zu:

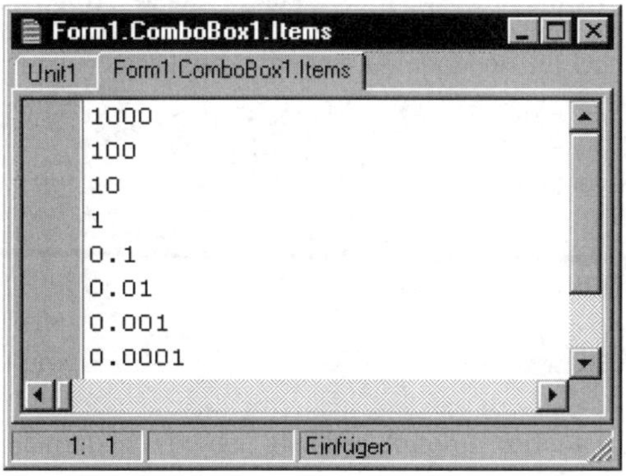

Quelltext

Die Funktion:

```
function circa(istwert,sollwert,schranke : Double): Boolean;
begin
```

```
    result := Abs(istwert - sollwert) < Abs(schranke)
end;
```

Beim Programmstart soll die Combobox den dritten Eintrag anzeigen:

```
procedure TForm1.FormCreate(Sender: TObject);
begin
    ComboBox1.ItemIndex := 3
end;
```

Das OnClick-Ereignis des Prüfbuttons:

```
procedure TForm1.Button1Click(Sender: TObject);
var wert1,wert2,schranke : Double;  i : Integer;
begin
    { Konvertieren in Double Datentyp }
    Val(Edit1.Text,wert1,i); Val(Edit2.Text,wert2,i);
    Val(ComboBox1.Items.Strings[ComboBox1.ItemIndex],schranke,i);
    { Schätzen der Werte }
    if circa(wert1,wert2,schranke) then Label4.Caption := '=' else Label4.Caption := '<>'
end;
```

Test

Wählen Sie eine Fehlerschranke aus und geben Sie zwei Werte ein und klicken Sie "Prüfen...". Das übergroße Symbol in der Label-Komponente informiert Sie, ob der Schätzwert stimmt.

Bemerkung

Falls Sie sich über den Zugriff auf Comboboxen informieren wollen:

☞ R2 ... mit Stringlisten arbeiten?

R11 ... physikalische Werte in verschiedenen Maßeinheiten anzeigen?

Auswahl und Umrechnen von physikalischen Maßeinheiten ist höchst lästig und eine häufige Fehlerquelle. Dabei ist es egal, ob Sie mit Papier und Bleistift oder mit einem normalen Taschenrechner hantieren. Wieviel Liter Wasser passen beispielsweise in einen kugelförmigen Behälter mit 0.85m Durchmesser oder wieviel mal ist die Erdoberfläche größer als die des Mondes?

Die Lösung für solche oder ähnliche Fragen finden Sie im vorliegenden Rezept. Es zeigt einen Weg, wie die zu einer Zahl passende Maßeinheit automatisch ermittelt werden kann, und bietet außerdem wichtige Hinweise für die Verwendung der *Format*-Funktion.

Oberfläche

Wie Sie folgender Abbildung entnehmen können, brauchen Sie im wesentlichen eine Textbox (*Edit1*) für die Eingabe des Kugel-Radius, eine Schaltfläche (*Button1*) für das Auslösen der Berechnung, sowie ein Anzeigefeld (*Label1*).

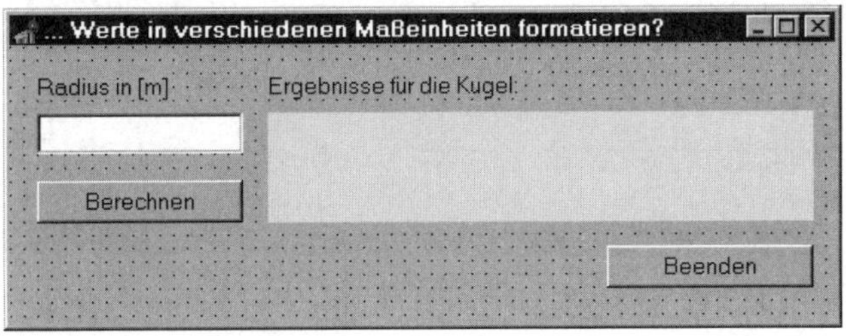

Quelltext

Auch hier beziehen wir uns nur auf den interessanten Teil der Formular-Unit, auf den *Implementation*-Abschnitt:

```
var fk: Double;      // Maßstabsfaktor
    ms: String;      // Maßstabseinheit
    wert: Double;
    code: Integer;
```

Die folgende Prozedur sucht, in Abhängigkeit von der Größe des Radius, eine geeignete Maßeinheit sowie den entsprechenden Umrechnungsfaktor aus:

```
procedure setRadius(radius: Double);        // Faktor und Maßeinheit bestimmen
begin
 if radius >= 500 then  begin              // für Himmelskörper etc.
  fk := 0.001; ms := 'Kilometer'
 end else if radius >= 0.5 then begin
```

```
  fk := 1; ms := 'Meter'
 end else if radius >= 0.005 then begin  // für alle möglichen Bälle
  fk := 100; ms := 'Zentimeter'
 end else if radius >= 0.0005 then begin
  fk := 1000; ms := 'Millimeter'
 end else if radius >= 5e-7 then begin    // für Staubkörnchen
  fk := 1e6; ms := 'Mikrometer'
 end
end;
```

```
procedure TForm1.Button1Click(Sender: TObject);    // Berechnen
var fstr: String;
begin
 Val(Edit1.Text, wert, code);
 setRadius(wert);
 wert := wert*fk;
```

Der im Label angezeigte Formatstring wird stückweise aus drei Bestandteilen zusammengesetzt:

```
 fstr := Format('Der Radius beträgt %.3f '+ms+'!' + #13,[wert]);
 wert := wert * wert;
 fstr := fstr + Format('Die Oberfläche beträgt %.2n Quadrat-'+ms+'!' + #13,[4 * Pi * wert]);
 wert := wert*wert*wert;
 fstr := fstr + Format('Das Volumen beträgt %.3n Kubik-'+ms+'!'+ #13,[4/3 * Pi * wert]);
 Label1.Caption := fstr                    // Anzeige
end;
```

Beachten Sie, daß im Open-Array[] des Formatierungsstrings auch gerechnet werden kann.

Test

Grundsätzlich ist der Radius in der Maßeinheit "Meter" einzugeben. Das folgende Berechnungsbeispiel analysiert einen alten Bekannten, den Mond:

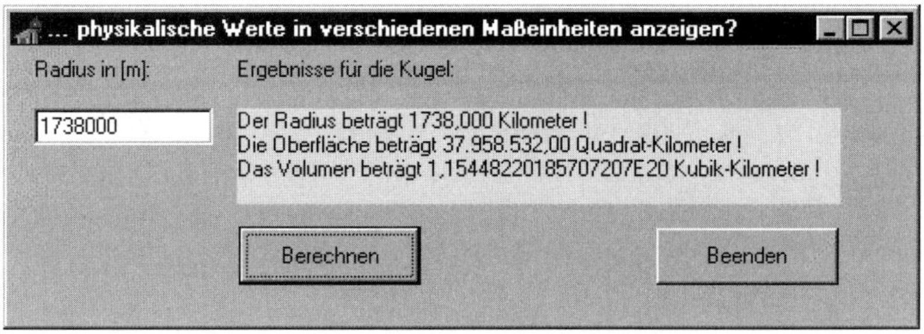

Experimentieren Sie auch einmal mit sehr kleinen Kugeln, benutzen Sie dazu für die Eingabe das Wissenschaftliche Format, z.B. 6.365E-6 m.

Bemerkungen

- Der Zeilenumbruch im Label wird durch Einfügen von #13 in den Formatstring erzeugt.
- Wenn Sie anstatt *f*- oder *n*- den *g*-Datentyp nehmen, wird die jeweils kürzeste Zahlendarstellung gewählt.
- Bei der Eingabe gebrochener Radien wird nur der Dezimalpunkt akzeptiert, siehe auch

☞ R32 ... Dezimalkomma in Dezimalpunkt verwandeln?

R12 ... Kollegen mit einem IQ-Tester ärgern?

Wollten auch Sie es schon immer mal Ihrem Kollegen Besserwisser heimzahlen? Mit einem kleinen Intelligenz-Test ist das schnell erledigt. Bauen Sie in ein Delphi-Projekt einfach folgende Dialogbox zum Beenden ein.

Oberfläche

Ohne viele Worte:

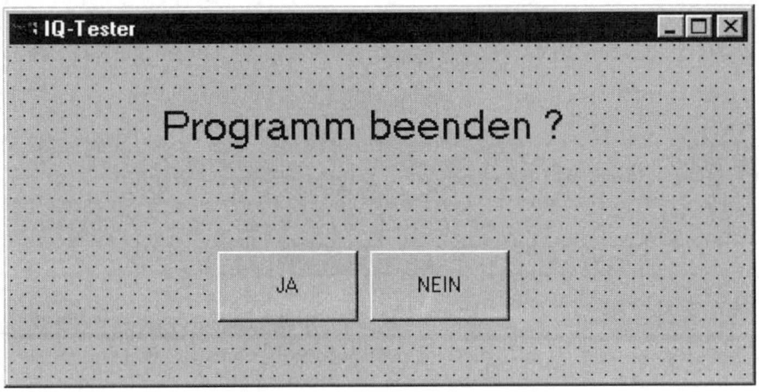

Quelltext

In das *MouseMove*-Event (für beide Buttons!) tragen Sie folgenden Code ein:

```
procedure TForm1.ButtonMouseMove(Sender: TObject; Shift: TShiftState; X, Y: Integer);
var s:string;
begin
   // Buttons zufällig verschieben:
    Button1.Top := Random(ClientHeight - Button1.Height);
```

```
    Button1.Left := Random(ClientWidth - Button1.Width);
    Button2.Top := Random(ClientHeight - Button2.Height);
    Button2.Left := Random(ClientWidth - Button2.Width);
    // Beschriftung vertauschen:
    s:= Button1.Caption;
    Button1.Caption := Button2.Caption;
    Button2.Caption := s
end;

procedure TForm1.Button1Click(Sender: TObject);
begin
  Close
end;
```

Test

Es ist zum Verrücktwerden: Die Buttons weichen bei Annäherung mit der Maus plötzlich aus und widersetzen sich hartnäckig jeglichem Klickversuch.

Als "intelligent" zählt ein Kollege, der dem Spuk mit der Enter-Taste ein Ende bereitet.

R13 ... einen Taschenrechner programmieren?

Wie Sie eine etwas komplexere Programmieraufgabe unter Delphi lösen, soll am Beispiel eines einfachen Taschenrechners demonstriert werden. Zwar läßt dessen Funktionalität noch einiges zu wünschen übrig, doch für den Einsteiger ist dies eher von Vorteil, da der Algorithmus dadurch leichter zu durchschauen ist.

Oberfläche

Eröffnen Sie ein neues Projekt und bestücken Sie das Startformular (*Form1*) wie folgt:

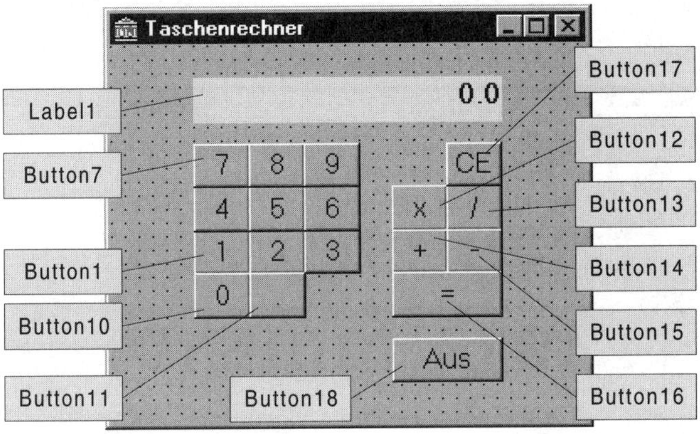

Ändern Sie im Objektinspektor die folgenden Eigenschaften:

Name der Komponente	Eigenschaft	neuer Wert
Form1	*Caption*	'Taschenrechner'
	BorderStyle	bsSingle
Label1	*Caption*	'0.0'
	Alignment	taRightJustify
	AutoSize	False
	Color	clYellow
	Font.Size	12
Button1 ... Button18	*Caption*	'0', '1', ... '+', '-', ... 'Aus'

Quelltext

Wir beschränken uns auf die Wiedergabe des *Implementation*-Abschnitts von *Unit1*:

```
implementation

{$R *.DFM}
```

Das Ergebnis einer Operation (Addition, Subtraktion, Multiplikation, Division) entsteht durch die Verknüpfung von zwei Operanden, die jeweils in einem String abgespeichert werden (*strBuff1*, *strBuff2*). Die Art der Operation wird durch die Zeichenvariable *op* festgelegt:

```
var strBuff1, strBuff2: string;   // Operanden- u. Ergebnisspeicher
    op: Char;                     // Operation (+,-,*,/)
```

Damit das Programm "weiß", welchen der beiden Operanden Sie gerade eingeben, wird eine sogenannte "Zustandsvariable" *mode* eingeführt. Sie hat den Wert 1, wenn der erste Operand eingegeben wird, und den Wert 2 beim zweiten Operanden.

```
var mode: Byte = 1;          // initialisierte Variable
```

Beginnen wir mit dem einfachsten Problem, dem Löschen der Anzeige:

```
procedure TForm1.Button17Click(Sender: TObject); // Anzeige löschen
begin
 if mode = 1 then StrBuff1 := ''
             else StrBuff2 := '';
 Label1.Caption := ''
end;
```

Den Schaltflächen des Ziffernblocks (*Button1* bis *Button11*) wird über den Objektinspektor ein gemeinsamer Eventhandler für das *OnClick*-Ereignis zugewiesen[3]:

```
procedure TForm1.ZeiButtonClick(Sender: TObject);        // Zahleneingabe
var zei: Char;      // eingegebenes Zeichen
begin
 if Sender = Button10 then zei := '0';
 if Sender = Button1 then zei := '1';
 if Sender = Button2 then zei := '2';
 if Sender = Button3 then zei := '3';
 if Sender = Button4 then zei := '4';
 if Sender = Button5 then zei := '5';
 if Sender = Button6 then zei := '6';
 if Sender = Button7 then zei := '7';
 if Sender = Button8 then zei := '8';
 if Sender = Button9 then zei := '9';
 if Sender = Button11 then zei := '.';
 if mode = 1 then
 begin
  strBuff1 := strBuff1 + zei;            // Zeichen wird an ersten Operanden angehängt
  Label1.Caption := strBuff1             // Operand anzeigen
 end else
 begin
  strBuff2 := strBuff2 + zei;            // Zeichen wird an zweiten Operanden angehängt
  Label1.Caption := strBuff2             // Operand anzeigen
 end
end;
```

[3] Wie dabei vorzugehen ist, wurde im Einführungsbeispiel 1.3.2 ausführlich erläutert.

Nach Klicken einer der vier Operationstasten erhält *op* das Zeichen der Operatiom und *mode* wird auf den Wert 2 gesetzt. Auch hier weisen Sie dem *OnClick*-Ereignis der vier Buttons einen gemeinsamen Eventhandler zu:

```
procedure TForm1.OpButtonClick(Sender: TObject);      // Operation auswählen
begin
 if mode = 1 then
 begin
  if Sender = Button14 then op:= '+';
  if Sender = Button15 then op:= '-';
  if Sender = Button12 then op:= '*';
  if Sender = Button13 then op:= '/';
  StrBuff2:='';
  mode := 2
 end
end;
```

Das passiert nach Klicken der Ergebnistaste (=):

```
procedure TForm1.Button16Click(Sender: TObject);    // Ergebnis berechnen
var res, op1, op2: Double;
    code: Integer;
    s: string;
begin
 if mode = 2 then begin
  Val(strBuff1, op1, code);      // StringBuffer1 in Zahl verwandeln
  Val(strBuff2, op2, code);      // StringBuffer2 in Zahl verwandeln
  case op of                     // Operation auswählen und  durchführen
   '+': res:= op1 + op2;
   '-': res := op1 - op2;
   '*': res := op1 * op2;
   '/': res := op1 / op2
  end;
  s:= Format('%g',[res]);       // Ergebnis formatieren
  Label1.Caption := s;          // ... und anzeigen
  mode := 1;
  strBuff1 := ''
 end
end;
```

Schließlich soll auch der Ausschalter funktionieren:

```
procedure TForm1.Button18Click(Sender: TObject);
begin
 Close
end;
```

Test

Starten Sie das Programm (F9) und testen Sie die Funktionsfähigkeit des Rechners:

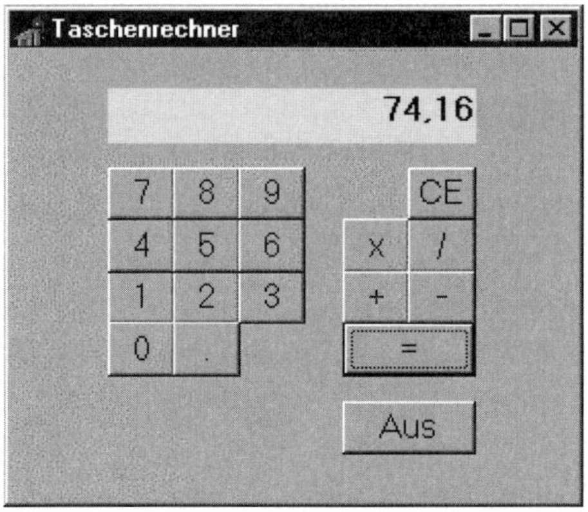

Sie werden noch einige Mängel feststellen. So erscheint zwar bei der Eingabe ein Dezimalpunkt, im Ergebnis allerdings ein Dezimalkomma. Eine Vorzeichenumkehr ist nicht möglich. Auch erfolgt keinerlei Fehlerbehandlung, eine Division durch Null wird von Delphi allerdings mit einem ordnungsgemäßen Hinweis quittiert und führt nicht zum Programmabsturz:

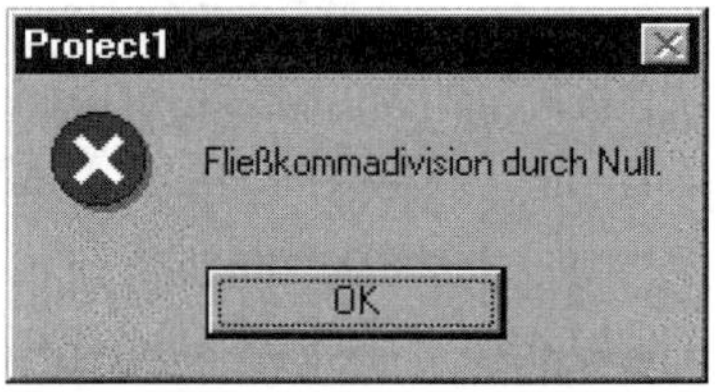

Bemerkungen

- Um eine einheitliche Eingabe bzw. Anzeige des Dezimaltrennzeichens zu erreichen, siehe

  ☞ R32 ... Dezimalkomma in Dezimalpunkt umwandeln?

- Zur Zahlenformatierung siehe

  ☞ R04 ... die Formatfunktion verstehen?

- Wie Sie den Taschenrechner durch eine Hilfefunktion ergänzen können, erfahren Sie in

  ☞ R97 ... eine Hilfedatei einbinden?

R14 ... Klassen und Objekte verstehen?

Dieses Rezept ist das erste einer Serie von fünf Demoprogrammen, die systematisch aufeinander aufbauen und die sich wohl am besten unter der Überschrift "Kleiner OOP-Crashkurs" zusammenfassen lassen. Damit haben Sie eine sinnvolle praktische Ergänzung zu den allgemeinen theoretischen Ausführungen des Kapitels 5 (Objektorientiertes Programmieren), die bekanntlich nicht jedermanns Sache sind. Damit auch der Spaß nicht zu kurz kommt, soll das Ganze dann als Formel1-Rennen in Szene gesetzt werden. Dabei lernen Sie auch noch so ganz nebenbei etwas über das Programmieren von Animationen mittels selbstauslöschender Vektorgrafiken.

Wir wollen zunächst eine Klasse *TAuto* (das ist die "Konstruktionsvorschrift") definieren, von welcher wir dann drei verschiedene Objekte (*Auto1*, *Auto2*, *Auto3*) ableiten werden.

Oberfläche

Öffnen Sie eine neue Anwendung. Etwa in der Mitte von *Form1* plazieren Sie die Start-/Ziellinie als breiten senkrechten Strich (*TShape*-Komponente mit *Shape*-Eigenschaft = *stRectangle*, *Pen.Style* = *psClear*):

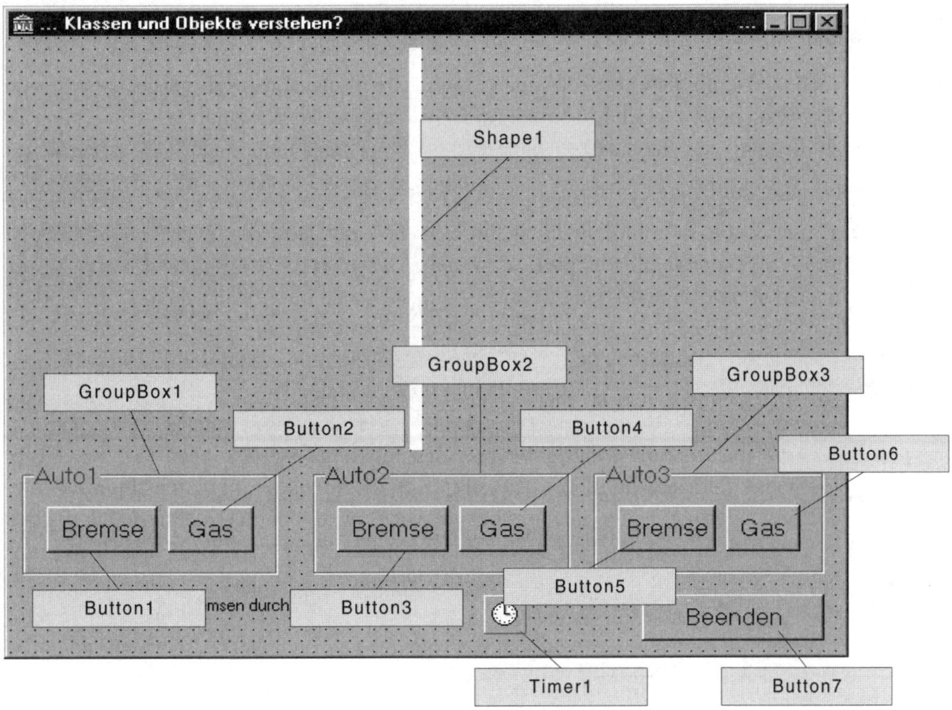

Auf *Form1* richten Sie drei "Cockpits" für die noch zu erzeugenden Auto-Objekte ein[4]. Unterhalb Plazieren Sie in drei Rahmen (*GroupBox1*, *GroupBox2*, *GroupBox3*) jeweils 2 Schaltflächen (*Button1* ... *Button6*). Auch ein Zeitgeber-Control (*Timer1*) ist erforderlich:

Weisen Sie der *Interval*-Eigenschaft des Timers einen Wert von ca. 10 bis 30 zu[5].

Klassendefinition "TAuto"

Jetzt müssen wir definieren, wie unsere Auto-Objekte aussehen sollen (Eigenschaften) und wie sie funktionieren (Methoden). Die entsprechende Klassendeklaration könnten wir zwar auch noch mit in *Unit1* unterbringen, da wir aber wollen, daß die *TAuto*-Klasse zur allgemeinen Verfügung stehen soll, also später auch von beliebigen anderen Programmen benutzt werden kann, werden wir sie in einer separaten Unit unterbringen.

Fügen Sie also über *Datei|Neu...* eine neue Unit hinzu. Sie heißt zwar standardmäßig *Unit2*, wir werden Sie aber aus naheliegenden Gründen auf den Namen *Auto* umtaufen.

```
unit Auto;                    // stellt die TAuto-Klasse zur Verfügung

interface
uses Graphics;
```

Unsere neu zu definierende Klasse *TAuto* hat vier Eigenschaften (*x*, *y*, va, *farbe*) und drei Methoden (*Gasgeben*, *Bremsen*, *Zeichnen*):

```
 type TAuto = class(TObject)      // Klassendeklaration von TAuto
  // Felder:
  x:Integer;            // x - Position
  y: Integer;           // y - Position
  va: Single;           // aktuelle Geschwindigkeit
  farbe: LongInt;       // Lackierung
  // Methoden:
  procedure Gasgeben(dv:Single);      // erhöht va um dv
  procedure Bremsen(dv:Single);       // verringert va um dv
  procedure Zeichnen(canv: TCanvas; colr: LongInt); // zeichnet Auto in Farbe colr
 end;
```

Im *implementation*-Abschnitt müssen die drei Methoden definiert werden:

```
implementation

procedure TAuto.Gasgeben(dv:Single);
 begin
```

[4] In unserem Fall gehört das Cockpit nicht mit zum Auto-Objekt, es ist als separates Bedienpult zu verstehen, ähnlich wie bei einem ferngesteuerten Modell.

[5] ...muß später gegebenenfalls noch korrigiert werden.

```
 va := va + dv;
 if va > 100 then va := 100          // Geschwindigkeitsbegrenzung
end;

procedure TAuto.Bremsen(dv:Single);
begin
 va := va - dv;
 if va <= 0 then va := 0             // Rückwärtsrollen verhindern
end;

procedure TAuto.Zeichnen(canv:TCanvas; colr: LongInt);
begin
  with canv do begin
   Pen.Color := colr;                       // Stiftfarbe zuweisen
   Rectangle(x+10, y+5, x+30, y+20);        // linkes Hinterrad
   Rectangle(x+10,y+70,x+30,y+85);          // rechtes Hinterrad
   Rectangle(x+80,y+10,x+100,y+20);         // linkes Vorderrad
   Rectangle(x+80,y+70,x+100,y+80);         // rechtes Vorderrad
   MoveTo(x+20, y+20); LineTo(x+20,y+30);   // linke Hinterachse
   MoveTo(x+20, y+60); LineTo(x+20,y+70);   // rechte Hinterachse
   MoveTo(x+90, y+20); LineTo(x+90,y+35);   // linke Vorderachse
   MoveTo(x+90, y+55); LineTo(x+90,y+70);   // rechte Vorderachse
   MoveTo(x, y+30); LineTo(x+70,y+30);      // linke Karosserieseite
   LineTo(x+110, y+40); LineTo(x+110,y+50);
   LineTo(x+70, y+60); LineTo(x,y+60);      // rechte Karosserieseite
   LineTo(x,y+30);
   Ellipse(x+45,y+35,x+65,y+55)             // Cockpit
  end
 end;
end.
```

Speichern Sie die fertige Unit unter dem neuen Namen *Auto.pas* ab.

Formular-Unit

Nun wenden wir uns der Programmierung von *Unit1* zu, für welche bereits die Oberfläche (*Form1*) existiert. Der *interface*-Abschnitt wurde von Delphi automatisch generiert und bedarf unsererseits keiner weiteren Ergänzungen. Widmen wir uns also dem *implementation*-Abschnitt:

```
implementation
```

Die *Auto*-Unit muß hier eingebunden werden:

```
uses Auto;                          // Einbinden der TAuto-Unit
{$R *.DFM}
```

Nun zu den Objektvariablen (den Autos), die zunächst deklariert werden müssen, bevor sie mittels *Create* tatsächlich erzeugt werden können (siehe weiter unten):

```
var Auto1, Auto2, Auto3: TAuto;      // drei Auto-Objekte deklarieren
```

Auch einen Parameter der Rennstrecke legen wir hier fest:

```
    xb: Integer;            // außerhalb des Sichtbereichs liegender Streckenabschnitt
```

Beim Laden von *Form1* werden die drei neue Instanzen (Objekte) der *TAuto*-Klasse erzeugt:

```
procedure TForm1.FormCreate(Sender: TObject);
begin
 Auto1 := TAuto.Create;
 Auto2 := TAuto.Create;
 Auto3 := TAuto.Create;
```

Anschließend werden die Eigenschaften jedes einzelnen Objekts auf die Anfangswerte eingestellt:

```
 with Auto1 do                // der rote Ferrari
 begin
  x := Shape1.Left -100;      // an Startlinie ausrichten
  y := 10;                    // obere Fahrbahn
  farbe := clRed              // rot
 end;

 with Auto2 do                // der blaue Williams Renault
 begin
  x := Shape1.Left -100;  y := 110; farbe := clBlue
 end;

 with Auto3 do                // der grüne Exote
 begin
  x := Shape1.Left -100;  y := 210; farbe := clGreen
 end;
```

Und schließlich ist noch ein programmtechnischer Parameter zuzuweisen:

```
 Form1.Canvas.Brush.Style := bsClear   // Füllmuster ist transparent
end;
```

Nun programmieren wir die einzelnen Gas- und Bremspedale. Damit das Rennen interessant wird, erhalten alle drei Autos jeweils unterschiedliche Motorstärken bzw. Bremsverzögerungen als Übergabeparameter.

Gas und Bremse für den roten Ferrari:

```
procedure TForm1.Button2Click(Sender: TObject);
begin
 Auto1.Gasgeben(0.5)
end;
```

```
procedure TForm1.Button1Click(Sender: TObject);
begin
 Auto1.Bremsen(1)
end;
```

Gas und Bremse für den blauen Williams Renault:

```
procedure TForm1.Button4Click(Sender: TObject);
begin Auto2.Gasgeben(1.8) end;

procedure TForm1.Button3Click(Sender: TObject);
begin Auto2.Bremsen(1.5) end;
```

Gas und Bremse für den grünen Exoten:

```
procedure TForm1.Button6Click(Sender: TObject);
begin  Auto3.Gasgeben(5) end;

procedure TForm1.Button5Click(Sender: TObject);
begin Auto3.Bremsen(4) end;
```

Nun müssen wir uns noch um die Anzeige der drei Autos kümmern:

```
procedure anzeigen(auto:TAuto);                    // Anzeigeroutine für ein TAuto-Objekt
begin
   auto.Zeichnen(Form1.Canvas, Form1.Color);       // alte Position übermalen
   auto.x := auto.x + Trunc(auto.va);              // Verschieben der x-Position
   if auto.x >= Form1.ClientWidth then auto.x := -xb;  // Rand erreicht => zurücksetzen
   auto.Zeichnen(Form1.Canvas, auto.farbe)         // an neuer Position zeichnen
end;
```

Übergabeparameter für obige Prozedur ist ein komplettes Auto-Objekt!

Für den periodischen Aufruf obiger Prozedur nach dem Prinzip "Flimmerkiste" ist der Timer zuständig:

```
procedure TForm1.Timer1Timer(Sender: TObject);  // periodisches Anzeigen
begin
 anzeigen(auto1); anzeigen(auto2); anzeigen(auto3)
end;
```

Durch Auseinanderziehen des Fensters können wir auch den unsichtbaren Abschnitt der Rennstrecke ändern:

```
procedure TForm1.FormResize(Sender: TObject);
begin
 xb := 3 * Form1.ClientWidth;     // unsichtbare Strecke ist 3mal so lang wie sichtbare
 Timer1Timer(Self)                // Anzeige durch Aufruf von TForm1.Timer1Timer
end;
```

Das Ende des Autorennens:

```
procedure TForm1.Button7Click(Sender: TObject);         //  Beenden
begin Form1.Close end;
```

Dann sollte man den von den Objekten belegten Speicherplatz auch wieder freigeben[6]:

```
procedure TForm1.FormClose(Sender: TObject; var Action: TCloseAction);
begin
 Auto1.Free; Auto2.Free; Auto3.Free
end;

end.
```

Test

Nach Programmstart stehen die drei bunten Flitzer exakt ausgerichtet an der Start-/Ziellinie:

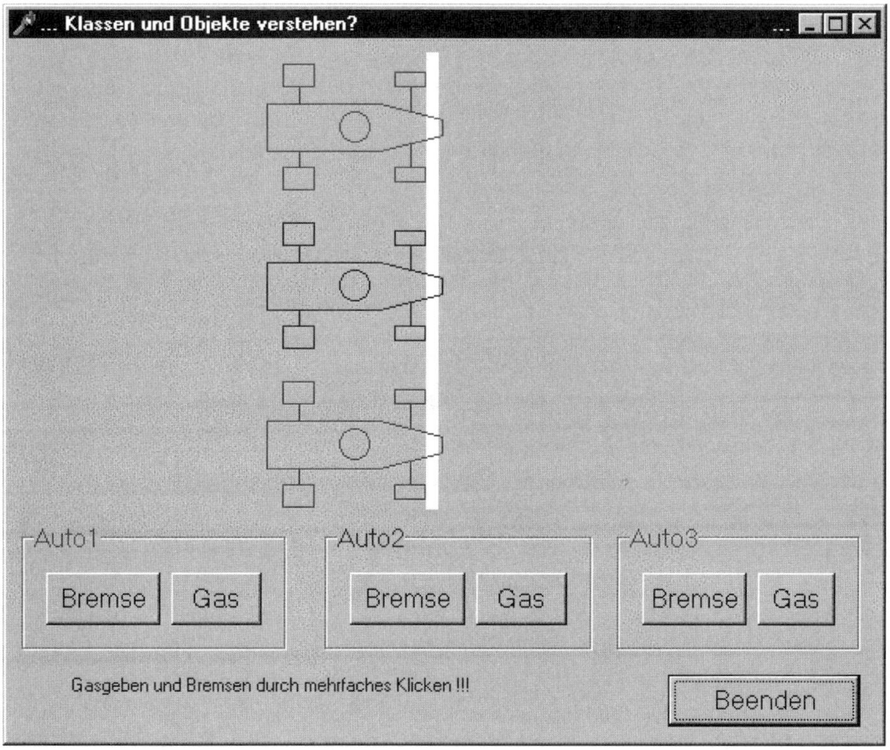

---

[6] Das geschieht zwar automatisch beim Schließen des Projekts, aber man sollte es sich trotzdem zur Gewohnheit werden lassen, da ein Projekt ja auch aus mehreren Formularen bestehen kann.

Stören Sie sich nicht am fehlenden Lenkrad, wagen Sie trotzdem ein kleines Rennen. Sie müssen dazu jedes Auto einzeln beschleunigen. Klicken Sie immer mehrmals hintereinander auf das Gaspedal[7]. Ebenso verhält es sich mit dem Bremsen, was ähnlich einer "Stotterbremsung" funktioniert[8]:

Bemerkungen

- Sie werden feststellen, daß entsprechend der den Methoden *Gasgeben* und *Bremsen* übergebenen Parameter, alle Autos unterschiedlich auf Gas bzw. Bremse reagieren.
- Ein leichtes Flackern der Fahrzeuge ist aufgrund der verwendeten ungepufferten Vektorgrafiken normal. Eventuell ist durch Ändern der *Interval*-Eigenschaft des Timers eine bessere Darstellung zu erreichen.
- Verlängern Sie den sichtbaren Bereich der Rennstrecke, indem Sie das Fenster während der Programmausführung einfach auseinanderziehen!

R15 ... Konstruktor und Destruktor verwenden?

Eine objektorientierte Sprache wie Delphi realisiert das Erzeugen und Entfernen von Objekten mit sogenannten Konstruktoren und Destruktoren. Beides sind spezielle Methoden innerhalb der Klassendeklaration.

"Welchen Konstruktor und welchen Destruktor haben wir denn beim Vorgängerrezept eingesetzt?", werden Sie nun zu Recht fragen. Hier die Antwort: "Es war der von *TObject* ererbte *Create*-Konstruktor bzw. der *Free*-Destruktor!".

Grund unserer Unzufriedenheit ist vor allem der *Create*-Konstruktor, der alle Eigenschaften auf Nullwerte bzw. Leerstrings initialisiert. Anschließend mußten die Werte mühsam über einzelne Befehle zugewiesen werden.

Beispiel: (aus dem Quelltext von *Unit1* des Vorgängerrezepts)

```
Auto1 := TAuto.Create;
with Auto1 do
 begin
  x := Shape1.Left -100;  y := 10; farbe := clRed
 end;
...
```

Laßt es uns diesmal besser machen! Wir wollen unsere *TAuto*-Klasse mit einem "selbstgestrickten" Konstruktor nachrüsten und auch auf einen extra Destruktor nicht verzichten!

---

[7] Nicht die Schaltfläche dauerhaft niederdrücken, denn dann passiert ... nichts.

[8] Denken Sie an Glatteisgefahr!

Erweiterung der Klassendefinition "TAuto"

Wir öffnen die Unit *Auto.pas* des Vorgängerrezepts und doktern ein wenig an der Klassendeklaration herum. Die beiden neu einzufügenden Methodenköpfe sind unterstrichen hervorgehoben:

```
type TAuto = class(TObject)
   // Eigenschaften:
   x:Integer;            // x - Position
   y: Integer;           // y - Position
   va: Single;           // aktuelle Geschwindigkeit
   farbe: LongInt;       // Lackierung
   // Methoden:
   constructor Erzeugen(xpos,ypos: Integer; colr: LongInt);
   destructor Entfernen;
   procedure Gasgeben(dv:Single);
   procedure Bremsen(dv:Single);
   procedure Zeichnen(canv:TCanvas; colr: LongInt);

  end;
```

Den *implementation*-Abschnitt ergänzen Sie wie folgt:

```
  constructor TAuto.Erzeugen(xpos,ypos: Integer; colr: LongInt);
  begin
   x := xpos; y := ypos;
   farbe := colr
  end;

  destructor TAuto.Entfernen;
  begin
   // bleibt leer!
  end;
```

Vereinfachen der Formular-Unit

Öffnen Sie nun *Unit1.pas* und vereinfachen Sie den *FormCreate*-Eventhandler wie folgt:

```
procedure TForm1.FormCreate(Sender: TObject);
begin
 Auto1 := TAuto.Erzeugen(Shape1.Left-100, 10, clRed);
 Auto2 := TAuto.Erzeugen(Shape1.Left-100, 110, clBlue);
 Auto3 := TAuto.Erzeugen(Shape1.Left-100, 210, clGreen);
 Form1.Canvas.Brush.Style := bsClear
end;
```

Dieser Quelltext ist doch wesentlich kürzer und übersichtlicher, oder?

Wie im obigen Code sind auch im folgenden *FormClose*-Eventhandler die geänderten Anweisungen unterstrichen hervorgehoben:

```
procedure TForm1.FormClose(Sender: TObject; var Action: TCloseAction);
begin
  Auto1.Entfernen;
  Auto2.Entfernen;
  Auto3.Entfernen
end;
```

Test

Wenn Sie das Programm starten werden Sie keinerlei Unterschied zum Vorgängerrezept feststellen.

R16 ... Read-Only-Eigenschaften programmieren?

Mit den Eigenschaften *x*, *y*, *va* und *farbe* unserer *TAuto*-Klasse haben wir im Vorgängerrezept bereits erfolgreich gearbeitet, wozu also dann noch Eulen nach Athen tragen?

Die Antwort: Mit dem Deklarieren von Eigenschaften als öffentliche Felder von *TAuto* haben wir das Brett an der dünnsten Stelle gebohrt, denn dies ist nicht der sauberste und oft auch nicht der effektivste Weg. Warum? Die "hohe Kunst" der OOP verbietet das direkte Herumdoktern an Variablen und verlangt, daß diese durch Methoden zu kapseln sind, um sich dadurch einem kontrollierten Lese-/Schreibzugriff zu unterwerfen. Delphi stellt dazu sogenannte "Eigenschaftsprozeduren" (*Property-Procedures)* zur Verfügung, die wir im vorliegenden Rezept anwenden wollen.

Ziel der folgenden Demo ist das Ergänzen der Fahrzeug-Cockpits aus dem Vorgängerrezept um eine Tachometeranzeige. "Nichts einfacher als das!", werden Sie denken, denn man kann ja auf die Eigenschaft *va* (aktuelle Geschwindigkeit) auch direkt zugreifen. Doch gerade das macht die Sache so gefährlich. Warum? Jeder Fahrschulanfänger weiß, daß man bei einem realen Auto-Objekt die Eigenschaft "Geschwindigkeit" nicht direkt, sondern nur über die Methoden "Gasgeben" und "Bremsen" beeinflussen kann. Es gilt also, den Zugriff auf die Eigenschaft *va* als Read-Only zu deklarieren, um damit ein Schreiben ein für allemal zu verhindern. Dies aber erreicht man nur durch "Verstecken" von *va* in den *private*-Abschnitt von *TAuto* und durch Einfügen einer speziellen *property-get-* Zugriffsmethode, die wir *tacho* nennen wollen.

Änderungen in Klassendeklaration "TAuto"

Die Änderungen gegenüber dem Vorgängerrezept sind durch Unterstreichung hervorgehoben:

```
type TAuto = class(TObject)
   private              // privater Bereich
```

```
  va: Single;                  // speichert aktuelle Geschwindigkeit
 public              // öffentlicher Bereich
  x: Integer;                  // x-Position
  y: Integer;                  // y-Position
 farbe: LongInt;               // Lackierung
   // Objektmethoden:
 constructor Erzeugen(xpos,ypos: Integer; colr: LongInt);
 procedure Gasgeben(dv:Single);
 procedure Bremsen(dv:Single);
 procedure Zeichnen(canv:TCanvas; colr:LongInt);
 property tacho:Single read va;           // ReadOnly-Objekteigenschaft!
end;
```

Auf einen Destruktor haben wir diesmal verzichtet, da der ererbte (*Free*) genügt. Im *implementation*-Abschnitt sind, bis auf die fehlende *destructor*-Methode, keine Änderungen erforderlich.

Geänderte Oberfläche

Aus Übersichtlichkeitsgründen brauchen wir diesmal nur Platz für zwei Autos. Beide Cockpits ergänzen wir durch Bezeichnungsfelder für die Tachoanzeige (*Label1* und *Label2*), so daß sich zur Laufzeit etwa der folgende Anblick bieten sollte:

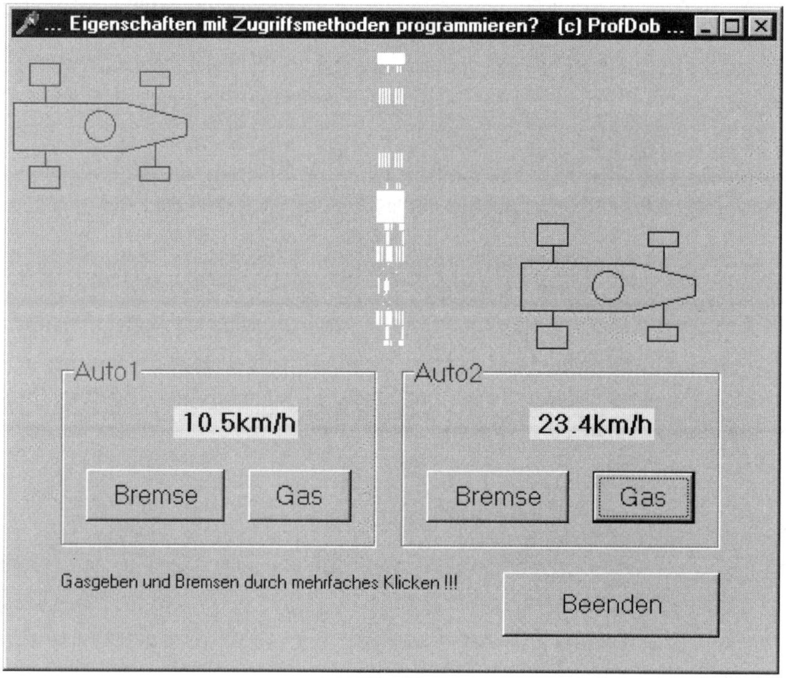

Modifizieren der Formular-Unit

Modifizieren Sie den *implementation*-Abschnitt, so daß nur noch zwei Autos angezeigt werden. Weiterhin ist die neue Eigenschaft *tacho* anstatt *va* zu verwenden. Auch in den folgenden Codeauszügen wird auf die entsprechenden Änderungen durch Unterstreichung hingewiesen:

```
var Auto1, Auto2: TAuto;

procedure TForm1.FormCreate(Sender: TObject);
begin
 Auto1 := TAuto.Erzeugen(Shape1.Left-100, 10, clRed);
 Auto2 := TAuto.Erzeugen(Shape1.Left-100, 110, clBlue);

 Form1.Canvas.Brush.Style := bsClear
end;

procedure anzeigen(Auto:TAuto);
begin
  Auto.Zeichnen(Form1.Canvas, Form1.Color);
  Auto.x := Auto.x + Trunc(Auto.tacho);
  If Auto.x >= xb then Auto.x := -xb;
  Auto.Zeichnen(Form1.Canvas, Auto.farbe)
end;

procedure TForm1.Timer1Timer(Sender: TObject);
var s: string;
begin
 anzeigen(Auto1);  anzeigen(Auto2);
 Str(Auto1.tacho:5:1,s); Label1.Caption := s + 'km/h';     // Tachometer für Auto1
 Str(Auto2.tacho:5:1,s); Label2.Caption := s + 'km/h'      // dto. für Auto2
end;

procedure TForm1.FormClose(Sender: TObject; var Action: TCloseAction);
begin
 Auto1.Free; Auto2.Free                                      // Speicherplatz freigeben
end;
```

Test

Das fehlende grüne Auto werden Sie leicht verschmerzen, dafür haben rotes und blaues Auto jetzt eine Geschwindigkeitsanzeige. Ansonsten werden Sie bei der Bedienung keinerlei Unterschiede zum Vorgängerbeispiel feststellen.

Bemerkung

Wenn Sie in *Unit1* an irgendeiner Stelle eine Anweisung wie z.B.

```
Auto1.tacho :=  85;
```

verwenden wollen, werden Sie durch eine Fehlermeldung darauf hingewiesen, daß es sich bei *tacho* um eine ReadOnly-Eigenschaft handelt.

R17 ... Eigenschaften mit Zugriffsmethoden kapseln?

Im Vorgängerrezept hatten wir demonstriert, wie mit einer *property-get*-Prozedur der Zugriff auf die private Mitgliedsvariable *va* der *TAuto*-Klasse kontrolliert werden kann. Jetzt wollen wir noch eins draufsetzen und zeigen, wie man *property*-Prozeduren durch sogenannte Zugriffsmethoden ergänzen kann. Als Beispiel dient uns diesmal eine neue Eigenschaft *Alter*, die aus der neuen privaten Mitgliedsvariablen *bj* (Baujahr) mit Hilfe von von Zugriffsmethoden berechnet wird. Im Unterschied zum Vorgängerrezept soll diesmal sowohl Lese- als auch Schreibzugriff erlaubt sein.

Änderungen in Klassendeklaration "TAuto"

Diesmal wird der *interface*-Abschnitt komplett wiedergegeben, die Änderungen sind unterstrichen. Wichtig ist das Einbinden der Unit *sysUtils*, welche die *Date*-Funktion zwecks Ermittlung des aktuellen Systemdatums bereitstellt:

```
interface
uses Graphics, sysUtils;                    // notwendig wegen Date-Funktion
   type TAuto = class(TObject)
   private
    va: Single;
    bj: Integer;                             // speichert Baujahr
    function liesAlter: Integer;             // Lese-Zugriffsmethode für Alter-Prop
    procedure schreibAlter(a: Integer);      // Schreib-Zugriffsmethode  ...

   public
    x: Integer;
    y: Integer;
    farbe: LongInt;
    constructor Erzeugen(xpos,ypos: Integer; colr: LongInt; bauj: Integer);
    procedure Gasgeben(dv:Single);
    procedure Bremsen(dv:Single);
    procedure Zeichnen(canv:TCanvas; colr:LongInt);
    property Tacho: Single read va;
    property Alter: Integer read liesAlter write schreibAlter;  // neue Prop-Prozedur
  end;
```

Im *implementation*-Abschnitt müssen wir zunächst eine geringfügige Änderung am Konstruktor vornehmen:

```
implementation
constructor TAuto.Erzeugen(xpos,ypos: Integer; colr: LongInt; bauj: Integer);
begin
 x := xpos; y := ypos; farbe := colr; bj := bauj
end;
```

Neu hinzukommen die Definitionen der beiden Zugriffsprozeduren. Wie Sie sehen, muß *Alter* aus der Differenz des aktuellen Jahrs (Formatierung *'yyyy'*) und des Baujahrs *bj* berechnet werden. Der Lesezugriff ist dabei stets als Funktion, der Schreibzugriff hingegen als Prozedur zu realisieren:

```
function TAuto.liesAlter: Integer;
begin
 result := StrToInt(FormatDateTime('yyyy', Date)) - bj
end;

procedure TAuto.schreibAlter(a: Integer);
begin
 bj := StrToInt(FormatDateTime('yyyy', Date)) - a
end;
```

Die übrigen Methodendefinitionen bleiben unverändert.

Änderungen der Bedienoberfläche

In die beiden Cockpits fügen wir jeweils noch ein Label ein (*Label3* und *Label4*). Beide dienen uns zur Anzeige der neuen Eigenschaft *Alter*.

Änderungen der Formular-Unit

Beim Laden des Formulars wird jedem Auto per Konstruktoraufruf ein Baujahr zugewiesen (in unserem Beispielcode *1985* bzw. *1992*). Anschließend erfolgt die Anzeige des Alters:

```
procedure TForm1.FormCreate(Sender: TObject);
 begin
  Auto1 := TAuto.Erzeugen(Shape1.Left-100, 10, clRed, 1985);
  Auto2 := TAuto.Erzeugen(Shape1.Left-100, 110, clBlue, 1992);
  Label3.Caption := 'Ich bin ' + IntToStr(Auto1.Alter) + ' Jahre alt!';
  Label4.Caption := 'Ich bin ' + IntToStr(Auto2.Alter) + ' Jahre alt!';

  Form1.Canvas.Brush.Style := bsClear
 end;
```

Test

Beim Programmstart erscheint in beiden Labels die Selbstauskunft der Autos, z.B. "Ich bin 12 Jahre alt!" bzw. "Ich bin 5 Jahre alt!" (in Abhängigkeit von *baujahr* und aktuellem Systemdatum).

Bemerkungen

- Obwohl im Beispielcode nur das Lesen der Eigenschaft *Alter* demonstriert wurde, funktioniert natürlich das Schreiben ebenfalls, z.B.:

  ```
  Auto1.Alter := 15;
  ```

- Beachten Sie, daß *Alter* in der Klassendeklaration von *TAuto* nicht direkt gespeichert wird. Stattdessen sorgen die beiden (privaten!) Zugriffsmethoden *liesAlter* und *schreibAlter* dafür, daß der Wert (in Abhängigkeit vom Systemdatum) auf die private Mitgliedsvariable *bj* (Baujahr) zurückgeführt wird.
- Obwohl der Direktzugriff auf die private Mitgliedsvariable *bj* unmöglich ist, läßt sie sich durch Aufruf des Konstruktors trotzdem manipulieren.

R18 ... Vererbung realisieren?

Die Objektorientierte Programmierung unter Delphi gibt dem Programmierer noch weitaus mehr Trümpfe in die Hand, als wir sie bisher kennengelernt haben. Nehmen wir spaßeshalber einmal an, daß auf unserer Rennstrecke nicht nur Autos, sondern auch Fahrräder unterwegs sein sollen. Sicher wäre es möglich, eine neue Klasse *TFahrrad* zu definieren und dabei genauso vorzugehen, wie wir es bisher mit *TAuto* praktiziert haben. Siehe

☞ R14 ... Klassen und Objekte verstehen?

Sehr schnell werden Sie aber feststellen, daß sowohl Autos als auch Fahrräder gleichlautende Eigenschaften *farbe*, *alter*, *tacho* haben oder eine gleichlautende Methode *Bremsen*. Kar ist, daß trotz gleichen Namens diese Eigenschaften/Methoden für jede Klasse unterschiedlich zu implementieren sind. Das nennt man dann Polymorphie. Ganz deutlich wird die Polymorphie, wenn Sie sich die Methode *Zeichnen* der *TAuto*-Klasse aus den Vorgängerrezepten betrachten. Auch für eine *TFahrrad*-Klasse hätte diese Methode den gleichen Namen, müßte aber intern völlig anders programmiert (sprich implementiert) werden. Aber es gibt auch Unterschiede. So wäre z.B. eine Methode *Gasgeben* bei einer *TFahrrad*-Klasse völlig fehl am Platze. Wir müßten ihr einen anderen Namen geben, beispielsweise *Strampeln*.

All diese Probleme können wir mit Vererbung elegant, übersichtlich und zeitsparend programmieren, d.h., wir bilden eine abstrakte Klasse *TFahrzeug*[9], in welche wir all die Eigen-

---

[9] Sie entsinnen sich: Von abstrakten Klassen werden keine Instanzen gebildet, sie sind nur dazu da, ihre Eigenschaften/Methoden an die Nachkommen weiterzugeben.

schaften/Methoden hineinpacken, die für die Nachkommen *TAuto* und *TFahrrad* gleichermaßen von Interesse sind. Der Rest kann später in den Unterklassen hinzugefügt werden.

Für das folgende Demoprogramm brauchen wir außer der Formularunit *Unit1* noch drei weitere Units: *Fahrzeug*, *Auto* und *Fahrrad*. Im Unterschied zu den Vorgängerrezepten werden wir in diesem abschließenden Beispiel die Listings vollständig drucken.

Hinweis: Versuchen Sie insbesondere, am Quelltext die Bedeutung der OOP-spezifischen Schlüsselwörter *virtual*, *override* und *inherited* zu verstehen!

Oberfläche

Wir brauchen Bedienpulte für zwei Autos und zwei Fahrräder. Nur die beiden Autos sollen über Geschwindigkeitsanzeigen verfügen.

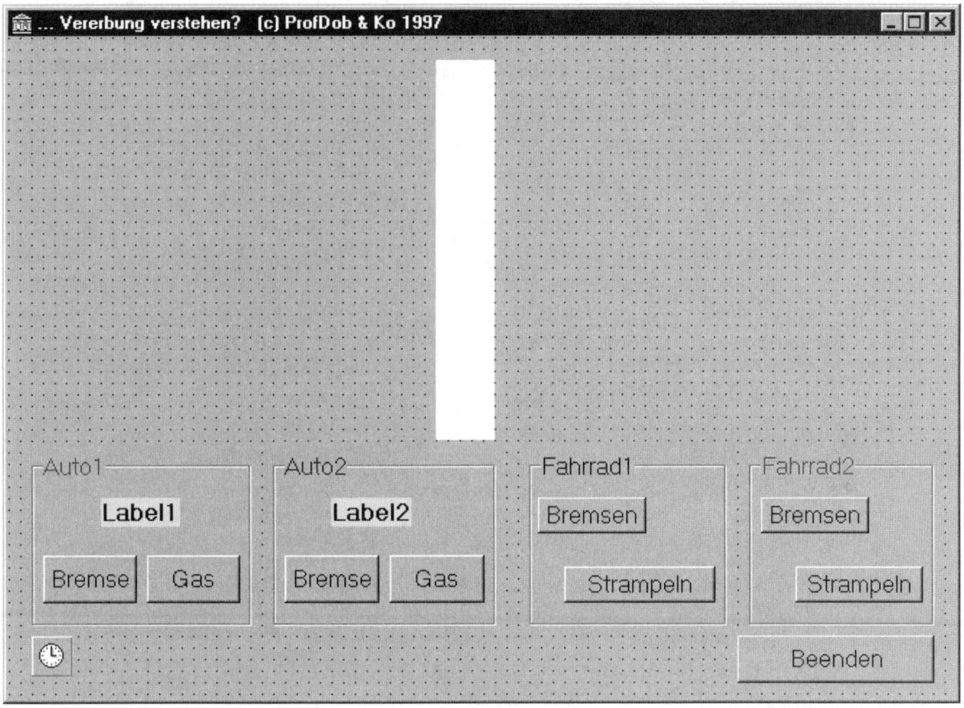

Klassendefinition "TFahrzeug"

Auf besonders wichtige Stellen im Quelltext wird durch Unterstreichung hingewiesen.

```
unit Fahrzeug;
interface
uses Graphics;
```

```
// ------------ eine abstrakte Klasse TFahrzeug

  type TFahrzeug = class(TObject)
   private
    va: Single;    // Feld
   public          // die öffentlichen Klassenmitglieder:
   x: Integer;             // Feld
   y: Integer;             //  dto.
   farbe: LongInt;         //  dto.
    // Methoden:
   constructor Erzeugen(xpos,ypos: Integer; colr: LongInt);
   procedure Schneller(dv:Single);
   procedure Bremsen(dv:Single);
   procedure Zeichnen(canv:TCanvas; colr: LongInt); virtual; // wird vom Nachkommen
                                                              // überschrieben
   property tacho:Single read va;      //  ReadOnly- Eigenschaft
  end;

implementation
  constructor TFahrzeug.Erzeugen;
  begin
   x := xpos; y := ypos;
   farbe := colr
  end;

  procedure TFahrzeug.Schneller; // abstrakte Methode
  begin
   va := va + dv
  end;

  procedure TFahrzeug.Bremsen;
  begin
   va := va - dv;
   if va < 0 then va := 0        // verhindert Rückwärtsrollen des Fahrzeugs
  end;

  procedure TFahrzeug.Zeichnen;  //  virtuelle Methode (Polymorphie!)
  begin
   canv.Pen.Color := colr;
  // Rest bleibt leer, wird von Nachkommen ergänzt
  end;
end.
```

Klassendefinition "TAuto"

```
unit Auto;

interface
uses Graphics, Fahrzeug;

  // ------------ eine eigene Klasse TAuto als Nachkomme von TFahrzeug

  type TAuto = class(TFahrzeug)
   // zusätzliche eigene Methoden:
   procedure Gasgeben(dv:Single);
   // polymorphe Methoden:
   procedure Zeichnen(canv:TCanvas; colr: LongInt); override;
  end;

implementation

// ------------ Methoden implementieren

 procedure TAuto.Gasgeben;
 begin
  if tacho < 100 then Schneller(dv)  // abstrakte Methode von TFahrzeug verwenden
 end;

 procedure TAuto.Zeichnen;
 begin
  inherited Zeichnen(canv, colr);   // gleichnamige Methode des Vorfahren aufrufen
  with canv do begin
   Rectangle(x+10, y+5, x+30, y+20);          // linkes Hinterrad
   Rectangle(x+10,y+70,x+30,y+85);            // rechtes Hinterrad
   Rectangle(x+80,y+10,x+100,y+20);           // linkes Vorderrad
   Rectangle(x+80,y+70,x+100,y+80);           // rechtes Vorderrad
   MoveTo(x+20, y+20); LineTo(x+20,y+30);     // linke Hinterachse
   MoveTo(x+20, y+60); LineTo(x+20,y+70);     // rechte Hinterachse
   MoveTo(x+90, y+20); LineTo(x+90,y+35);     // linke Vorderachse
   MoveTo(x+90, y+55); LineTo(x+90,y+70);     // rechte Vorderachse
   MoveTo(x, y+30); LineTo(x+70,y+30);        // linke Karosserieseite
   LineTo(x+110, y+40); LineTo(x+110,y+50);
   LineTo(x+70, y+60); LineTo(x,y+60);        // rechte Karosserieseite
   LineTo(x,y+30);
   Ellipse(x+45,y+35,x+65,y+55)               // Cockpit
```

```
   end
  end;
end.
```

Klassendefinition "TFahrrad"

```
unit Fahrrad;    // ------------ eine eigene Klasse TFahrrad als Nachkomme von TFahrzeug

interface
uses Graphics, Fahrzeug;

  type TFahrrad = class(TFahrzeug)
   public
    // eigene Methoden:
   procedure Strampeln(dv:Single);
   procedure Zeichnen(canv:TCanvas; colr:LongInt); override;
  end;

implementation

 // ------------ Methoden implementieren

 procedure TFahrrad.Strampeln;
 begin
  if tacho < 10 then Schneller(dv)      // eine Methode des Vorfahren verwenden
 end;

 procedure TFahrrad.Zeichnen;           // virtuelle Methode (Polymorphie!)
 begin
  inherited Zeichnen(canv, colr);       // gleichnamige Methode des Vorfahren
  with canv do begin
   MoveTo(x, y+20); LineTo(x+20,y+20);          // Hinterrad
   Rectangle(x+20, y+11, x+40,y+29);            // Oberkörper
   Ellipse(x+36,y+16,x+44,y+24);                // Kopf mit Helm
   MoveTo(x+40, y+10); LineTo(x+50,y+10);       // linker Arm
   MoveTo(x+40, y+30); LineTo(x+50,y+30);       // rechter Arm
   MoveTo(x+50, y+5); LineTo(x+50,y+35);        // Lenker
   MoveTo(x+45, y+20); LineTo(x+70,y+20)        // Vorderrad
  end
 end;
end.
```

Formular-Unit

Wie immer genügt es, wenn wir uns auf den *Implementation*-Abschnitt beschränken:

```
implementation
```

Nicht nur die Klassen *TAuto* und *TFahrrad* werden benötigt, sondern auch die abstrakte Klasse *TFahrzeug*. Letztere wegen der Prozedur *anzeigen* (siehe weiter unten). Deshalb sind alle drei Units einzubinden:

```
uses Fahrzeug, Auto, Fahrrad;

{$R *.DFM}

var Auto1, Auto2: TAuto;
    Fahrrad1, Fahrrad2: TFahrrad;
    xb: Integer;        // nicht einsehbarer Streckenbereich

procedure TForm1.FormCreate(Sender: TObject);
 begin
  Auto1 := TAuto.Erzeugen(Shape1.Left-100, 10, clRed);
  Auto2 := TAuto.Erzeugen(Shape1.Left-100, 110, clBlue);
  Fahrrad1 := TFahrrad.Erzeugen(Shape1.Left-100, 200, clGreen);
  Fahrrad2 := TFahrrad.Erzeugen(Shape1.Left-100, 240, clBlack);

  Form1.Canvas.Brush.Style := bsClear
 end;
```

Die folgenden Methodenaufrufe widerspiegeln die einzelnen Bedienfunktionen der Fahrzeuge und erfolgen mit unterschiedlichen Werten der Übergabeparameter, weil natürlich ein Auto eine andere Beschleunigung und Bremsverzögerung hat als ein Fahrrad:

```
procedure TForm1.Button2Click(Sender: TObject);
begin Auto1.Gasgeben(0.5)end;

procedure TForm1.Button1Click(Sender: TObject);
begin Auto1.Bremsen(1) end;

procedure TForm1.Button4Click(Sender: TObject);
begin Auto2.Gasgeben(1.8) end;

procedure TForm1.Button3Click(Sender: TObject);
begin Auto2.Bremsen(1.5) end;

procedure TForm1.Button5Click(Sender: TObject);
begin Fahrrad1.Bremsen(0.5) end;
```

```
procedure TForm1.Button6Click(Sender: TObject);
begin
  Fahrrad1.Strampeln(0.3)
end;

procedure TForm1.Button8Click(Sender: TObject);
begin
  Fahrrad2.Bremsen(0.5)
end;

procedure TForm1.Button9Click(Sender: TObject);
begin
  Fahrrad2.Strampeln(0.7)
end;
```

Was jetzt kommt ist keine Methode von *TForm1*, sondern eine ganz normale Prozedur, die es allerdings in sich hat. Sie zeigt ein Fahrzeug auf dem Bildschirm an, egal ob ihr Übergabeparameter ein Fahrrad oder ein Auto ist.

```
procedure anzeigen(fhzg:TFahrzeug);                    // zeigt Autos und Fahrräder an!
 begin
   fhzg.Zeichnen(Form1.Canvas, Form1.Color);
   fhzg.x := fhzg.x + Trunc(fhzg.tacho);
   if fhzg.x >= Form1.ClientWidth then fhzg.x := -xb;
   fhzg.Zeichnen(Form1.Canvas, fhzg.farbe)
 end;
```

Der Rest dürfte Ihnen aus den Vorgängerrezepten bekannt vorkommen:

```
procedure TForm1.Timer1Timer(Sender: TObject);
var s:string;
begin
 anzeigen(Auto1); anzeigen(Auto2);
 anzeigen(Fahrrad1); anzeigen(Fahrrad2);
 // Tachometeranzeige nur für die Autos:
 Str(Auto1.tacho:5:1,s); Label1.Caption := s + 'km/h';
 Str(Auto2.tacho:5:1,s); Label2.Caption := s + 'km/h'
end;
```

Während der Laufzeit können Sie die Fensterbreite verändern:

```
procedure TForm1.FormResize(Sender: TObject);
begin
 xb := 3 * ClientWidth;   // Länge der Rennstrecke anpassen
 Timer1Timer(Self)        // Aufruf der Anzeige (im Timer-Event)
end;
```

Beim Beenden des Programms müssen die von unseren Objekten belegten Ressourcen wieder freigegeben werden:

```
procedure TForm1.FormClose(Sender: TObject; var Action: TCloseAction);
begin
 Auto1.Free; Auto2.Free;
 Fahrrad1.Free; Fahrrad2.Free
end;
```

Test

Endlich ist es geschafft und das ungleiche Rennen kann beginnen:

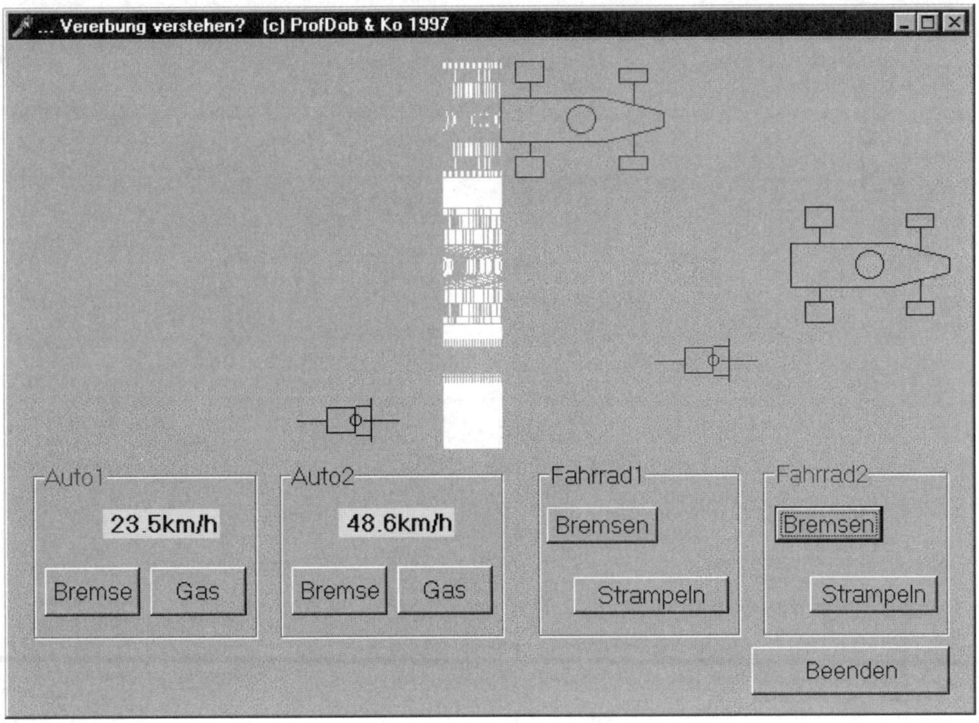

Bemerkung

Eine zentrale Rolle spielt die Vererbung beim Entwurf nutzerdefinierter Komponenten. Auf diese Problematik wird ausführlich im [ProfiBuch] eingegangen. Einen kleinen Vorgeschmack vermittelt Ihnen:

☞ R24 ... neue Komponenten entwickeln?

Wie kann ich ...?
Oberfläche

R19 ... auf Bildschirmeigenschaften zugreifen?

Nach dem Start von Delphi steht eine Variable *Screen* (als einzige Instanz von *TScreen*) zur Verfügung, die den Zugriff auf die Eigenschaften des Bildschirms (Abmessungen, verfügbare Schriftarten, aktives Formular bzw. aktive Komponente u.a.) ermöglicht (siehe Abschnitt 4.4.4). Das folgende kleine Testprogramm zeigt am Beispiel, wie man mit diesen Eigenschaften umgehen kann und demonstriert gleichzeitig die Einsatzmöglichkeiten einer ListBox-Komponente.

Oberfläche

Auf dem Startformular (*Form1*) plazieren wir 5 Bezeichnungsfelder (*Label1* ... *Label5*), ein Listenfeld (*ListBox1*) und zwei Schaltflächen (*Button1*, *Button2*):

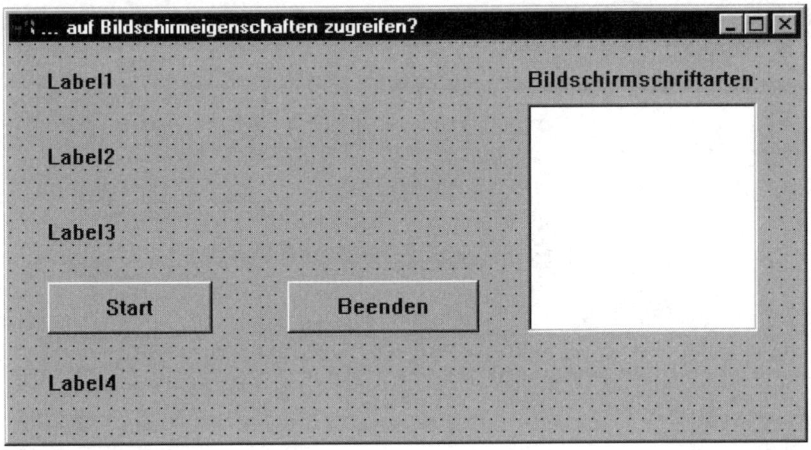

Quelltext

In den Implementationsteil von *Unit1* kopieren Sie folgenden Code:

```
var a: Single;
    s: string;

procedure TForm1.Button1Click(Sender: TObject);    // Start
begin
 // Fenster zentrieren:
 Left:= (Screen.Width - Width) div 2;
 Top:= (Screen.Height - Height) div 2;

 // Breite und Höhe des Bildschirms in cm :
 a := Screen.Width / Screen.PixelsPerInch * 2.54;
 Str(a:4:2,s);
```

```
 Label1.Caption:= 'Bildschirmbreite(cm) = '+s;
 a := Screen.Height / Screen.PixelsPerInch * 2.54;
 Str(a:4:2,s);
 Label2.Caption:= 'Bildschirmhöhe(cm) = '+s;

 // Bildschirmschriftarten anzeigen:
 with ListBox1 do
 begin
   Clear;
   Sorted := True;
   Items := Screen.Fonts
 end;
 // Zugriff auf aktive Komponente bzw. Formular:
 Label4.Caption:='Aktives Formular = '+Screen.ActiveForm.Caption;
 Label3.Caption:='Aktive Komponente = '+Screen.ActiveControl.Name;
end;
 // ändert Schriftart bei Klick auf Eintrag:
 procedure TForm1.ListBox1Click(Sender: TObject);
 begin
  Label8.Font.Name := ListBox1.Items[ListBox1.ItemIndex]
 end;
```

Test

Starten Sie das Programm und betätigen Sie anschließend dessen Start-Button! Das Formular wird genau zentriert und könnte, in Abhängigkeit von den verwendeten Gerätetreibern, z.B. folgenden Anblick bieten:

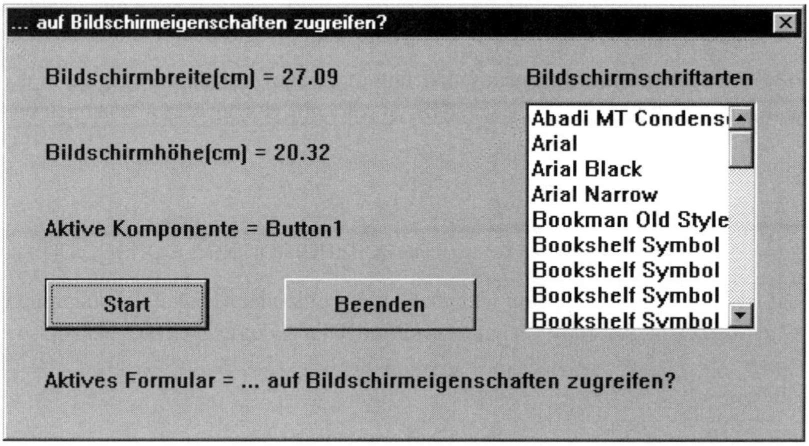

Die Bildschirmabmessungen stimmen in etwa mit denen eines 17" Monitors überein. Bei anderen Monitoren ist ein Korrekturfaktor einzuführen.

Wenn Sie auf einen bestimmten Eintrag in der Listbox klicken, ändert sich die Schriftart im darüberliegenden Label entsprechend.

Bemerkungen

- Die Eigenschaften von *TScreen* können nur gelesen werden.
- Die hier aus Platzgründen nicht mit erfaßte *Cursors*-Eigenschaft von *TScreen* erlaubt das Zuweisen von Mauszeiger-Ressourcen.
- Im Unterschied zum Namen einer Komponente kann die *Name*-Eigenschaft eines Formulars nicht zugewiesen werden. Stattdessen wurde der Zugriff auf die *Caption*-Eigenschaft demonstriert.
- Gewissermaßen als "Nebenprodukt" haben Sie in diesem Beispiel auch erfahren, wie man den aktiven (angeklickten) Eintrag einer Listbox auslesen kann. Das gleiche Prinzip gilt übrigens auch für die *Memo*-Komponente. Siehe dazu

☞ R2 ... mit Stringlisten arbeiten?

R20 ... private und öffentliche Formularmethoden verwenden?

Normalerweise braucht man sich um den *Interface*-Abschnitt einer Formular-Unit nicht zu kümmern, da der Delphi Editor die Datenfelder (das sind Komponenten) und Methodendeklarationen (das sind die Kopfzeilen der Event-Handler) automatisch hinzufügt. Was verbirgt sich aber hinter den mit *private* und *public* gekennzeichneten Abschnitten?

Ein simples Testbeispiel wird für Erleuchtung sorgen. Eine *Public*-Methode kann auch von einem anderen Formular aus aufgerufen werden, während die *Private*-Methoden außerhalb der Unit tabu sind.

Oberfläche

Wir brauchen zwei Formulare mit ein paar Buttons. Hier das Startformular (*Form1*):

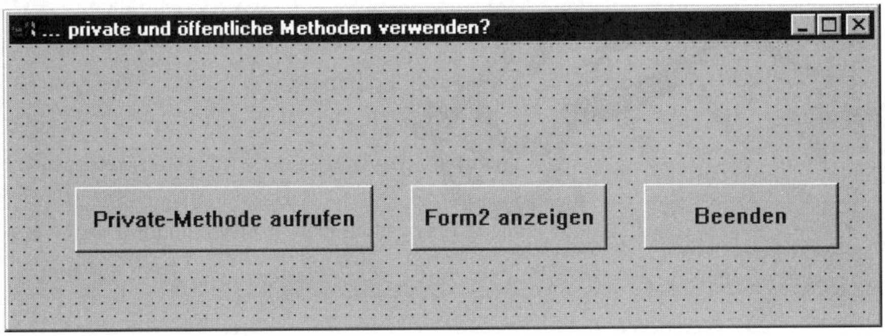

Über das Menü *Datei|Neues Formular* fügen wir *Form2* hinzu:

Quelltext für Unit1

```
unit Unit1;

interface
uses SysUtils, Windows, Messages, Classes, Graphics, Controls, Forms, Dialogs, StdCtrls;

type
  TForm1 = class(TForm)
    Label1: TLabel;
    Button1: TButton;
    Button2: TButton;
    Button3: TButton;
    procedure Button1Click(Sender: TObject);
    procedure Button2Click(Sender: TObject);
    procedure Button3Click(Sender: TObject);
  private
    { Private-Deklarationen }
    procedure setLabelA(s: string);
  public
    { Public-Deklarationen }
    procedure setLabelB(s: string);
  end;

var  Form1: TForm1;

implementation

{$R *.DFM}

uses Unit2;                      (* Zugriff auf Form2 *)
procedure TForm1.SetLabelA;      (* Privat-Methode, Kurzform *)
begin Label1.Caption:= s end;
```

```
procedure TForm1.SetLabelB;        (* Public-Methode, Kurzform *)
begin Label1.Caption:= s end;

procedure TForm1.Button2Click;     (* Formular2 anzeigen! *)
begin Form2.Show end;

procedure TForm1.Button3Click;     (* Private Methode aufrufen *)
begin
 setLabelB('Hallo, das ist ein Private-Methode von Form1!')
end;

procedure TForm1.Button1Click;     (* Beenden *)
begin Close end;

end.
```

Quelltext für Unit2

```
unit Unit2;
interface
uses
  SysUtils, Windows, Messages, Classes, Graphics, Controls, Forms, Dialogs, StdCtrls;
  type
   TForm2 = class(TForm)
    Button1: TButton;
    procedure Button1Click(Sender: TObject);
  end;
 var Form2: TForm2;

 implementation
{$R *.DFM}
 uses Unit1;                        (* Zugriff auf Form1 *)

 procedure TForm2.Button1Click;     (* Öffentliche Methode in Form1 aufrufen *)
 begin
  Form1.setLabelB('Hallo, das ist eine Public-Methode von Form1!')
 end;
end.
```

Im *Implementation*-Abschnitt wurde von der Kurzform der Prozedurköpfe Gebrauch gemacht (Parameterleiste weggelassen).

Test

Starten Sie das Programm, zeigen Sie *Form2* an und vergewissern Sie sich, daß Sie tatsächlich von *Form2* aus Zugriff auf die *Public*-Methode von *Form1* haben:

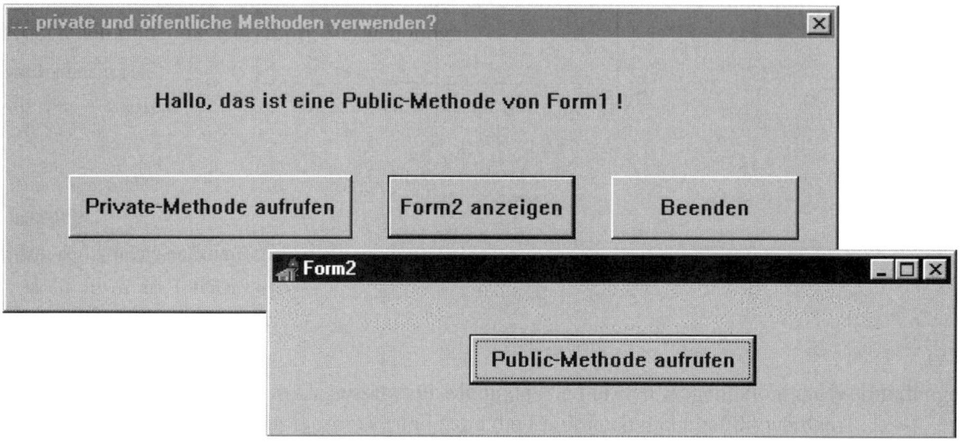

R21 ... auf mehrere Formulare zugreifen?

Möchten Sie Eigenschaften in mehreren Formularen gleichzeitig ändern oder Methoden aufrufen, können Sie sich der *Forms*-Eigenschaft bedienen.

Oberfläche

Für das Startformular (*Form1*) brauchen wir zwei Schaltflächen (*Button1* und *Button2*). Über den Menüpunkt *Datei|Neues Formular* fügen wir ein zweites Formular (*Form2*) hinzu, auf welchem wir ebenfalls zwei Schaltflächen (*Button1* und *Button2*) plazieren (siehe unten).

Erster Test

Wir starten die Applikation und stellen fest, daß nur ein Formular (*Form1*) erscheint, obwohl uns ein Blick in die Projektdatei (*Ansicht|Projekt Quelltext*) belehrt, daß beide Formulare vorhanden sind:

```
program Project1;
uses
  Forms,
  Unit1 in 'UNIT1.PAS' {Form1},
  Unit2 in 'UNIT2.PAS' {Form2};
{$R *.RES}
begin
```

```
  Application.CreateForm(TForm1, Form1);
  Application.CreateForm(TForm2, Form2);
  Application.Run;
end.
```

Aber: Nur das Hauptformular (*Form1*) wird beim Start automatisch angezeigt, bei allen weiteren Formularen muß die *Show*-Methode nachhelfen.

Quelltext für Form1

In den Implementation-Abschnitt von *Form1* kopieren Sie folgenden Code:

```
implementation
{$R *.DFM}
uses Unit2;       (* sonst ist die Variable Form2 unbekannt! *)

procedure TForm1.Button1Click(Sender: TObject);  (* Form2 laden *)
begin Form2.Show end;

procedure TForm1.Button2Click(Sender: TObject);  (* Beenden *)
begin  Close end;

end.
```

Zweiter Test

Sie können jetzt durch Klick auf *Button2* das zweite Formular anzeigen. Wenn *Unit2* nicht eingefügt wurde, erfolgt eine Fehlermeldung des Compilers (Variable *Form2* unbekannt)!

Sie können die *Unit2* auch weiter oben, also in der *Uses*-Klausel des *Interface*-Abschnitts anführen, würden aber dadurch auch allen anderen eventuellen Nutzern der *Unit1* Tür und Tor zur *Unit2* öffnen, was in unserem Beispiel weder beabsichtigt noch notwendig ist.

Quelltext für Form2

Um weitere Möglichkeiten zu demonstrieren, wollen wir mit dem *Screen*-Objekt arbeiten (siehe Abschnitt 4.4.4). Dessen *FormCount*-Eigenschaft erfaßt die Gesamtanzahl von Formularen, die sich auf dem Bildschirm befinden. Als Beispiel, wie man auf alle geöffneten Formulare der Applikation zugreifen kann (also auch, falls vorhanden, *Form3*, *Form4*,...), werden diese nach Klick auf *Form2.Button2* gelb gefärbt. Mit Hilfe der Eigenschaft *Forms* (nur zum Lesen und nur zur Laufzeit verfügbar) kann auf dem Bildschirm auf ein bestimmtes Formular zugegriffen werden, indem man dessen Position als Index angibt. Das erste Formular hat den Indexwert 0, das zweite den Indexwert 1 usw.

```
procedure TForm2.Button2Click(Sender: TObject);  (* alles gelb *)
var i: Integer;
begin
  for i := 0 to Screen.FormCount-1 do Screen.Forms[i].Color := clYellow;
```

```
end;

procedure TForm2.Button1Click(Sender: TObject);    (* Beenden *)
begin Close end;
```

Test

Nachdem Sie *Form2* von *Form1* aus geladen haben, können Sie von *Form2* aus beide Formulare gelb einfärben:

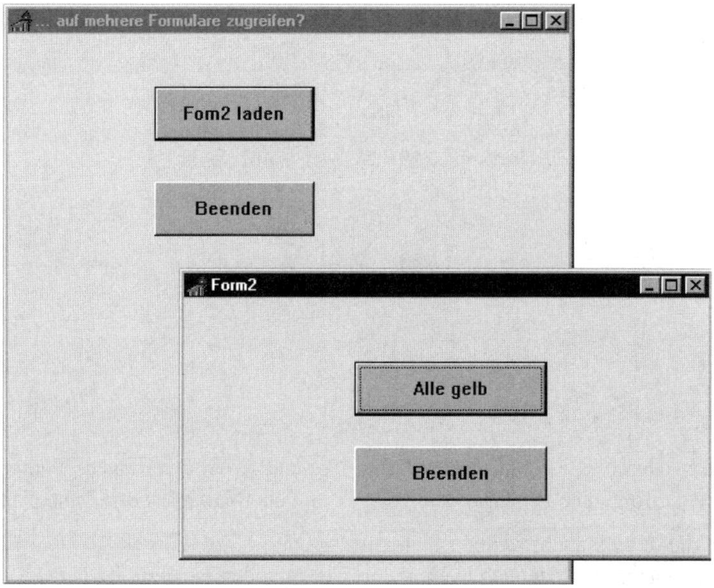

Bemerkung

Beim Ausprobieren werden Sie mit folgender Frage konfrontiert: Wieso bewirkt die gleiche Anweisung (*Close*) bei *Form1* das Schließen der gesamten Applikation und bei *Form2* nur das Schließen des einzelnen Formulars? Antwort: *Form1* ist standardmäßig das sogenannte *Hauptformular*. Sie können das aber jederzeit ändern, indem Sie den Menüpunkt *Ansicht|Projektverwaltung* wählen und in dem sich öffnenden Fenster über die *Optionen*-Taste ein weiteres Fenster (Projektoptionen) aufrufen. Mittels Rollbox läßt sich dort ein beliebiges anderes Formular zum Hauptformular küren.

Siehe dazu auch

☞ R79 ... die Projekteinstellungen für Formulare festlegen?

R22 ... MDI-Kindfenster aufrufen?

Meist arbeitet eine MDI-Applikation mit einer variablen Anzahl von Kindfenstern (Dokumenten), die je nach Bedarf zur Laufzeit hinzugefügt werden können (*Create*-Methode, siehe Kapitel 5).

Weniger bekannt sind solche MDI-Applikationen, die eine konstante Anzahl von Kindfenstern aufweisen, welche jeweils unterschiedliche Aufgaben zu erfüllen haben.

Oberfläche

Die *FormStyle*-Eigenschaft des Rahmenfensters *(Form1)* setzen wir auf *fsMDIForm*. Als Container für die Speedbar dient ein Panel (*Panel1*), dessen *Align*-Property den Wert *alTop* erhält. Auf *Panel1* plazieren wir vier Schaltflächen (*Button1 ... Button4*). Über den Menüpunkt *Datei|Neues Formular* laden wir drei neue Formulare (*Form2, Form3, Form4*) hinzu, deren *FormStyle*-Eigenschaft auf *fsMDIChild* geändert wird. Um den drei Kindfenstern ein unverwechselbares Outfit zu geben, erhält jedes neben einem Button zum Schließen ein Label mit eindeutiger Beschriftung.

Erster Test

Ohne eine einzige Quelltextzeile geschrieben zu haben, sehen wir nach dem Programmstart bereits eine typische MDI-Applikation vor uns:

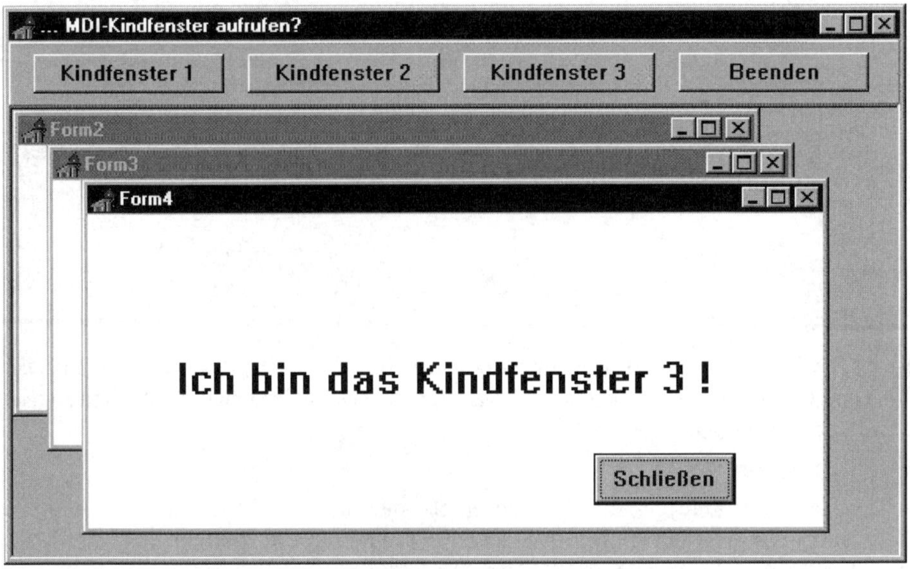

Die im Entwurfsmodus noch lose herumflatternden Kindfenster haben sich unter die Fuchtel des Rahmenfensters begeben. Sie lassen sich nur noch innerhalb dessen Grenzen verschieben.

Quelltext

Wir wollen nun erreichen, daß jeweils ein bestimmtes Kindfenster per Knopfdruck erscheint und hinterlegen den vier Buttons den folgenden Ereigniscode:

```
procedure TForm1.Button1Click(Sender: TObject); (* Aufruf Kindfenster 1 *)
begin Form2.Show end;

procedure TForm1.Button2Click(Sender: TObject); (* Aufruf Kindfenster 2 *)
begin Form3.Show end;

procedure TForm1.Button3Click(Sender: TObject); (* Aufruf Kindfenster 3 *)
begin Form4.Show end;

procedure TForm1.Button4Click(Sender: TObject);  (* Beenden *)
begin Close end;
```

Ach so, fast hätten wie die "Schließen"-Buttons der vier Kindfenster vergessen:

```
procedure TForm2.Button1Click(Sender: TObject);
begin Close end;
```

Analog verfahren Sie mit den "Schließen "-Buttons von *Form3* und *Form4*.

Zweiter Test

Wir starten unser Programm erneut und werden von Delphi freundlich darauf hingewiesen, daß die Objektvariablen *Form2, Form3 und Form4* innerhalb der *Unit1* noch unbekannt sind:

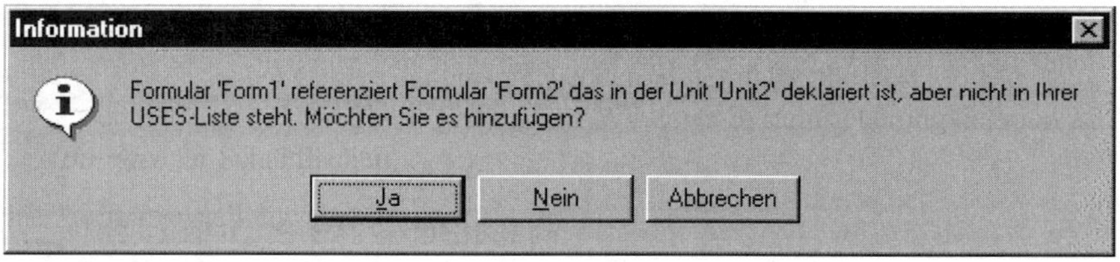

Lasssen Sie Delphi diese Arbeit erledigen (klicken Sie also "Ja") . Nachdem Sie das auch für *Form3* und *Form4* erledigt haben, dürfte sich am Anfang des Implementation-Abschnitts von *Unit1* die folgende Anweisung befinden:

```
uses Unit2, Unit3, Unit4;
```

Nachdem das Programm gestartet ist, können Sie die einzelnen Kindfenster wahlweise durch Aufruf in den Vordergrund bringen. Wenn Sie ein Kindfenster auf Vollbild vergrößern, erscheint dessen Titel (*Caption*) innerhalb der Titelleiste des Rahmenfensters (in eckigen Klammern). Wenn Sie mittels Maus die Fenstergröße verändern, passen sich die Abmessungen des aktiven Kindfensters automatisch an.

Stutzig werden Sie spätestens dann, wenn Sie ein Kindfenster schließen wollen. Es verschwindet nicht von der Bildfläche, sondern schrumpft lediglich in sich zusammen, um dann am Boden des Rahmenfensters ein kümmerliches Dasein zu fristen:

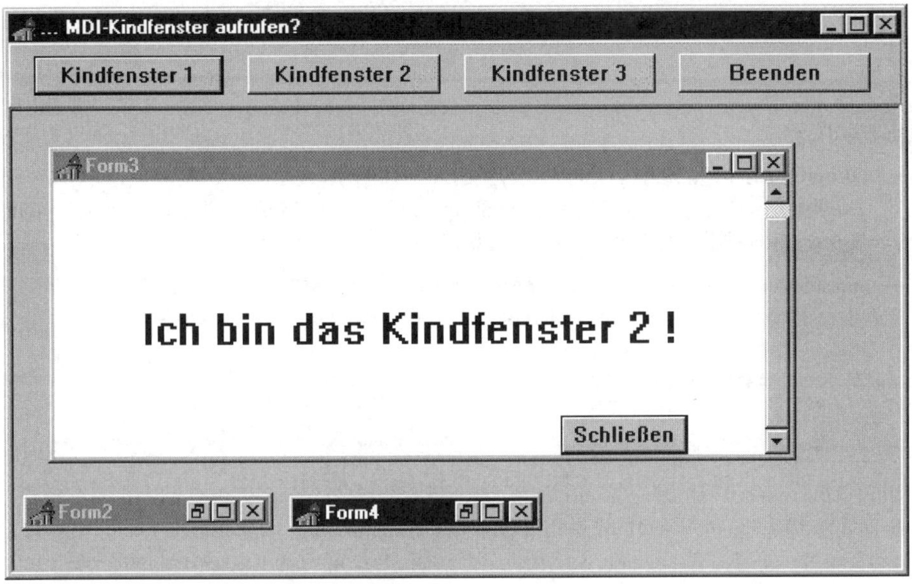

Auch wenn Sie über den "Schließen"-Button der Kindfenster die *Hide*-Methode anstatt *Close* aufrufen wollen, bringt dies lediglich die folgende Meldung:

Wenn Sie sich nicht mit diesem traurigen Zustand abfinden wollen, so sorgen Sie dafür, daß das jeweils aktive Kindfenster das Rahmenfenster vollständig ausfüllt. Setzen Sie also die *WindowState*-Eigenschaft aller Kindfenster auf *wsMaximized*.

Um die Kindfenster vollständig zu entfernen, müßten Sie deren *OnClose*-Event wie folgt besetzen:

```
procedure TForm3.FormClose(Sender: TObject; var Action: TCloseAction);
begin
 Action := caFree
end;
```

Die Sache hat allerdings einen Haken: Ein erneuter Aufruf des Kindfensters mittels *Show* wird mit einer Fehlermeldung quittiert, denn es ist quasi nicht mehr vorhanden und müßte erst mittels

Create-Methode neu erzeugt werden. Und schon sind wir bei einer "richtigen" MDI-Applikation, wie sie z.B. in

☞ R79 ... die Projekteinstellungen für MDI-Formulare festlegen?

vorgestellt wird.

Ergänzungen

- Wenn Sie den "normalen" Schaltertyp (*TButton*) durch den speziellen Speedbarbutton (*TSpeedButton*) ersetzen, können Sie durch Ändern der *GroupIndex*-Eigenschaft von 0 auf 1 erreichen, daß der jeweils gedrückte Button optisch hervorgehoben wird.
- Rüsten Sie die Kindfenster mit eigenen Menüleisten aus! Das Hauptmenü entspricht dann dem Menü des jeweils aktiven Kindfensters. Siehe dazu

  ☞ R51 ... eine Menüleiste erstellen?

R23 ... die wichtigsten Komponenten abfragen und einsetzen?

Gerade der Einsteiger läuft Gefahr, sich von der funktionellen und gestalterischen Vielfalt der zahlreichen Delphi-Komponenten verwirren zu lassen. Deshalb ist es wichtig, daß er sich zunächst auf die am häufigsten benötigten Komponenten konzentriert. Im folgenden Demoprogramm wollen wir diese kurz vorstellen. Es handelt sich um

- Editierfeld (*TEdit*)
- Memofeld (*TMemo*)
- ComboBox (*TComboBox*)
- CheckBox (*TCheckBox*)
- RadioGroup (*TRadioGroup*)
- Schaltfläche (*TButton*)

Die Abfrage soll auf einfachste Weise mittels Meldungsfenster (*ShowMessage*) erfolgen.

Oberfläche

Die verwendeten Komponenten haben keine weitere Funktion:

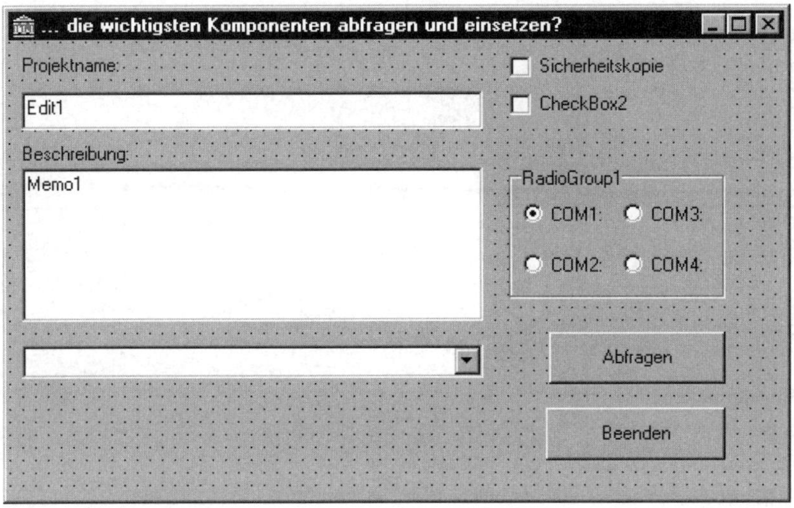

Weisen Sie irgendwelche Beschriftungen bzw. Inhalte zu, diese haben nur dekorativen Charakter. Um die *ComboBox* zur Entwicklungszeit zu füllen, müssen Sie die *Items*-Eigenschaft verwenden. Geben Sie in der sich öffnenden Dialogbox (Stringlisteneditor) für jeden Eintrag eine neue Zeile ein. Ähnlich verfahren Sie bei der *RadioGroup*, jeder Radiobutton ist ein Eintrag in der Eigenschaft *Items*.

Hinweis: Bei der Eigenschaft *Items* handelt es sich um ein *TStrings*-Objekt, das zuweisungskompatibel mit anderen *TStrings*-Objekten (z.B. die *Printers*-Eigenschaft des *Printer*-Objekts) ist. Sie können auf diese Weise recht schnell ein Listenfeld oder eine Combobox füllen.

Quelltext

Für den Programmierer viel interessanter ist die Auswertung der Komponenteninhalte zur Laufzeit. Was hat der Anwender markiert oder eingegeben?

Beim Programmstart soll der erste Eintrag in der ComboBox angezeigt werden:

```
procedure TForm1.FormCreate(Sender: TObject);
begin
    ComboBox1.ItemIndex := 0
end;
```

Hinter dem "Abfragen"-Button finden Sie Quellcode, der die einzelnen Komponenteninhalte ausliest und auswertet:

```
procedure TForm1.Button1Click(Sender: TObject);      // Abfragen
var s:string;
   kopie:Boolean;
   com:Integer;
```

```
    mess:Integer;

begin
    s := Edit1.Text;
    ShowMessage('Inhalt der Eingabezeile: ' + s);

    s := Memo1.Text;
    ShowMessage('Inhalt des Memofeldes: ' + s);

    kopie := CheckBox1.checked;
    if kopie then
       ShowMessage('CheckBox1: True')
    else
       ShowMessage('CheckBox1: False');

    kopie := CheckBox2.Checked;
    if kopie then
       ShowMessage('CheckBox2: True')
    else
       ShowMessage('CheckBox2: False');

    com := RadioGroup1.ItemIndex+1;
    ShowMessage('RadioGroup: ' + Format('COM%d',[com]));

    mess := ComboBox1.ItemIndex;
    ShowMessage('ComboBox: ' + ComboBox1.Items[mess])
end;
```

Das Programm schließen:

```
procedure TForm1.Button2Click(Sender: TObject);        // Beenden
begin
 Close
end;
```

Test

Nach Programmstart und diversen Eingaben können Sie sich nacheinander per Messagebox die Inhalte der einzelnen Komponenten anzeigen lassen:

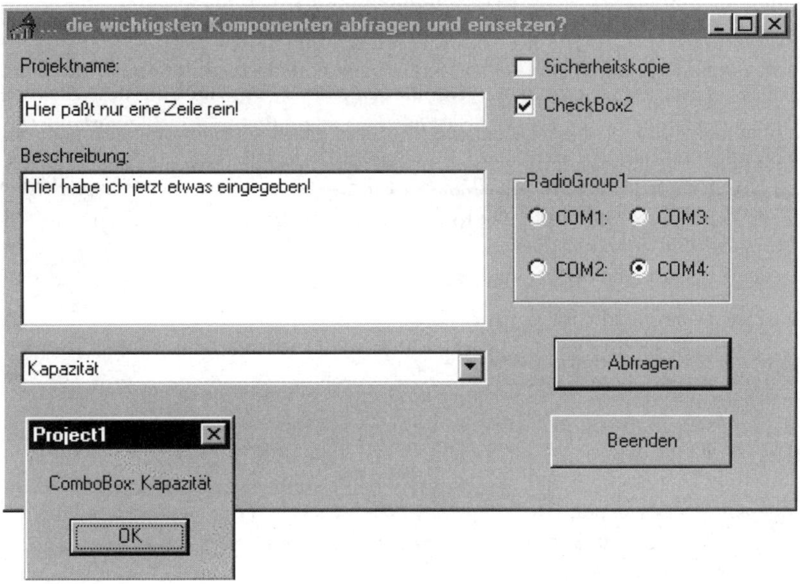

Bemerkungen

- Informativer als die *Text*-Eigenschaft der Memo-Komponente wäre deren *Lines*-Eigenschaft gewesen. Da diese aber vom Datentyp *TStrings* ist, kann sie nicht im Meldungsfenster angezeigt werden. Siehe dazu

  ☞ R2 ... mit Stringlisten arbeiten?

- Detailliertere Informationen als dieser Grobüberblick vermitteln Ihnen die weiteren Rezepte dieses Kapitels, wie z.B.:

  ☞ R34 ... in ein Editierfeld nur Ziffern eingeben?

  ☞ R35 ... die Zeilenzahl eines Memofeldes bestimmen?

  ☞ R40 ... Einträge in einer ListBox löschen?

  ☞ R50 ... eine RadioGroup programmieren?

R24 ... neue Komponenten entwickeln?

Delphi ermöglicht es Ihnen, eigene Komponenten zu entwickeln, um diese dann der Komponentenpalette hinzuzufügen. Was Sie dabei erleben können, ist objektorientierte Programmierung (OOP) pur, und Sie sollten schon einigermaßen sattelfest in Begriffen wie Klassen, Vererbung, Konstruktor usw. sein, um nicht Schiffbruch zu erleiden (siehe Kapitel 5). Weiterhin empfehlen wir dem Einsteiger, vorher die folgende Rezepteserie durchzuarbeiten:

☞ R14 ... Klassen und Objekte verstehen

bis

☞ R18 ... Vererbung realisieren?

Ein bequemer Einstieg in die Komponentenentwicklung bietet sich Ihnen, wenn Sie als Basis zunächst auf in Delphi bereits vorhandene Komponenten zurückgreifen, um aus dieser "Erbmasse" neue Komponenten entwickeln. Hier reichen bereits bescheidene Kenntnisse in OOP aus, um zu ersten Erfolgserlebnissen zu kommen und einen Aha-Effekt auszulösen, der Mut macht für nachfolgende gewagtere Experimente.

Im folgenden soll das Prinzip der Komponentenentwicklung an einem simplen Beispiel demonstriert werden: Ein neuer Editierfeld-Typ *TEditBlack* und ein neuer Label-Typ *TLabelBlack* sind als "Nachkommen" von *TEdit* und *TLabel* zu kreieren und der Seite "Beispiele" der Komponentenpalette hinzuzufügen. Im Unterschied zu ihren "Vorfahren" haben *TEditBlack* und *TLabelBlack* standardmäßig weiße Schrift auf schwarzem Hintergrund[1].

Vorbereitungen

Neue Komponenten werden nicht, wie bisherige Anwendungen, visuell auf der Basis von Formularen entwickelt, sondern als reiner Quelltext, der in speziellen nutzerdefinierten Units verpackt ist. Eine solche Unit kann den Code für eine oder auch mehrere Komponenten enthalten. Aus diesem Grund brauchen wir für unser Demobeispiel auch keine Bedienoberfläche, auch die Projektdatei ist uninteressant. Wir müssen nur nach einer Möglichkeit suchen, unter Delphi eine neue Unit zu erstellen und diese dann abzuspeichern, siehe

☞ R1 ... eine eigene Unit definieren und einbinden?

Starten Sie also die Delphi-Entwicklungsumgebung wie gewohnt und wählen Sie dann den Menüpunkt *Datei|Neu*. Im Dialogfenster "Neue Einträge" klicken wir <u>nicht</u> die *Komponente*-[2], sondern die *Unit*-Ikone:

---

[1] Der praktische Nutzen solcher neuer "Komponenten" ist natürlich fragwürdig, da man den gleichen Effekt auch durch Setzen von Eigenschaften der bereits vorhandenen Komponenten erreichen kann. Aber hier geht es lediglich um die Demonstration des Prinzips.

[2] Das wäre nicht falsch, ist aber für den Lernenden wenig hilfreich. Auf diese Variante wollen wir deshalb erst am Schluß zurückkommen!

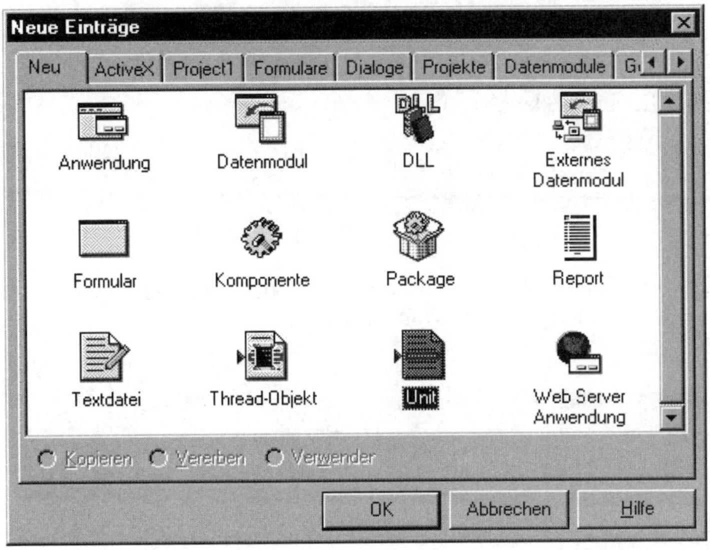

Quelltext

Es hat sich ein Editierfenster mit dem extrem mageren Rahmencode einer "Allerwelts"-Unit geöffnet:

```
unit Unit2;
interface
implementation
end.
```

Unsere erste Aufgabe sollte es sein, unserer neuen Unit einen aussagekräftigeren Namen zu verpassen und anschließend die *uses*-Klausel durch eine Auflistung von Units zu ergänzen:

```
unit UnitSchwarz;    // schwarze Editier- und Label Komponenten, W.D. 6/97
interface
uses Windows, Messages, SysUtils, Classes, Graphics, Controls, Forms, Dialogs, StdCtrls;
```

Woher weiß man denn nun, welche Units überhaupt benötigt werden? Grübeln Sie jetzt bitte nicht darüber nach, entweder man weiß es oder es hilft einem der "Komponenten-Experte" auf die Sprünge (siehe am Schluß).

Nun kommen die entscheidenden Typdeklarationen:

```
type
  TEditBlack = class(TEdit)
   public
   constructor create(aOwner: TComponent); override;
  end;
```

TEditBlack wurde als Unterklasse von *TEdit* abgeleitet. Das Überschreiben der geerbten *Create*-Methode ist notwendig, da wir ja einige Standardeigenschaften verändern wollen[3].

Analog gehen wir bei der Deklaration von *TLabelBlack* zu Werke:

```
TLabelBlack = class(TLabel)
   public
     constructor create(aOwner: TComponent); override;
  end;
```

Keinesfalls fehlen darf die (parameterlose) *register*-Prozedur, die für das Registrieren der neuen Komponenten in der Delphi IDE verantwortlich zeichnet:

```
procedure register;
```

Nun zu den Implementierungen[4]:

```
implementation
constructor TEditBlack.Create;
begin
  inherited Create(aOwner);
  Color := clBlack;
  Font.Color := clWhite
end;

constructor TLabelBlack.Create;
begin
  inherited Create(aOwner);
  Color := clBlack;
  Font.Color := clWhite
end;
```

Wie allgemein üblich, wurde der (ererbte) Konstruktor für die Objektreferenz in Verbindung mit dem Schlüsselwort *inherited* aufgerufen, um zunächst alle Felder des Vorfahren zu initialisieren. Erst danach werden die zu modifizierenden Felder des Nachkommen initialisiert.

Im folgenden sorgt die Anweisung *RegisterComponents* dafür, daß beide Neulinge später auf der Seite "Beispiele" der Komponentenpalette ihren Platz finden:

```
procedure register;
begin
  RegisterComponents('Beispiele', [TEditBlack, TLabelBlack]);
end;
```

---

[3] Initialisierungen der Eigenschaften erfolgen grundsätzlich im Konstruktor (sowohl zur Entwurfs- als auch zur Laufzeit!)

[4] Aus Gründen der Einfachheit wurde bei den Prozedurköpfen von der verkürzten Schreibweise Gebrauch gemacht (Parameterliste weggelassen).

Speichern Sie nun die Unit unter dem Namen *UniBlack.pas* in einem extra Verzeichnis ab (Menüpunkt *Datei|Speichern* bzw. Strg+S).

Bitmaps

Unsere beiden Neuen, *TEditBlack* und *TLabelBlack*, sehnen sich nach einem standesgemäßen Outfit, in welchem sie sich auf der Komponentenpalette präsentieren können und welches sie von ihren Vorfahren *TEdit* und *TLabel* unterscheidet. Wenn Sie hier aus Bequemlichkeitsgründen untätig bleiben, behalten die Neulinge die von ihren Vorfahren vererbten Buttons.

Da man aber diese Paletten-Bitmaps nur in der Entwicklungsumgebung benötigt, wäre es Verschwendung, sie zusammen mit *UniBlack.pas* zu compilieren. Stattdessen verpacken wir die Bitmaps in eine Ressourcendatei, die die Extension *.DCR ("Dynamic Component Resource") trägt.

Folgende Konventionen sind zu beachten:

- Die Paletten-Bitmap muß den gleichen Namen wie die Komponenten-Unit tragen, in unserem Fall also *UniBlack.DCR*.
- Die Paletten-Bitmap muß sich im gleichen Verzeichnis wie die Unit befinden.
- Den einzelnen Bitmaps innerhalb der Palette muß der gleiche Namen zugewiesen werden, wie ihn die entsprechende Komponente trägt, in unserem Fall also *TEditBlack* und *TLabelBlack*.

Wie Sie mit dem in Delphi integrierten Bild-Editor die gewünschte Ressource anfertigen, wird ausführlich beschrieben in

☞ R63 ... eine Bitmap-Ressourcendatei erstellen?

Installieren

Wählen Sie nun den Menüpunkt *Komponente|Komponente installieren...*. Es erscheint ein Dialogfenster mit zwei Seiten, die Ihnen die Wahl geben, die Komponente zu einem bereits existierenden Package hinzuzufügen oder ein neues Package dafür anzulegen. Wir bleiben auf der ersten Seite und wählen über die "Durchsuchen"-Schaltfläche unsere *UniBlack.pas*. Die beiden übrigen Einträge (Suchpfad und Dateiname) belassen wir unverändert. Letzterer bezeichnet das Package, dem unsere neuen Komponenten hinzugefügt werden sollen (*dclusr30.dpk*).

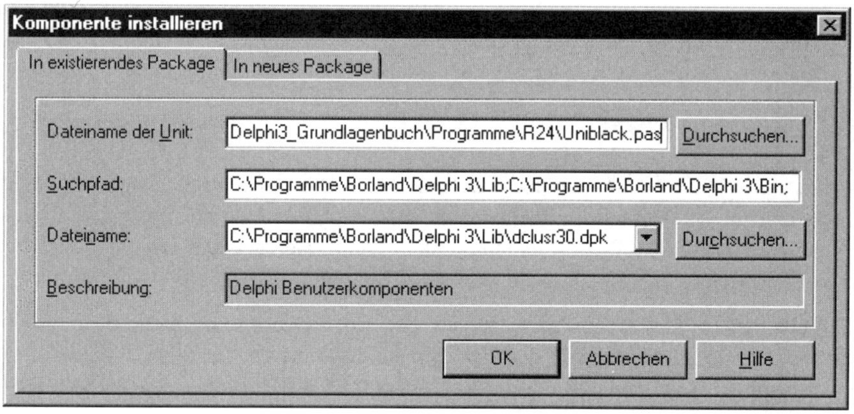

Klicken Sie OK und holen Sie tief Luft.

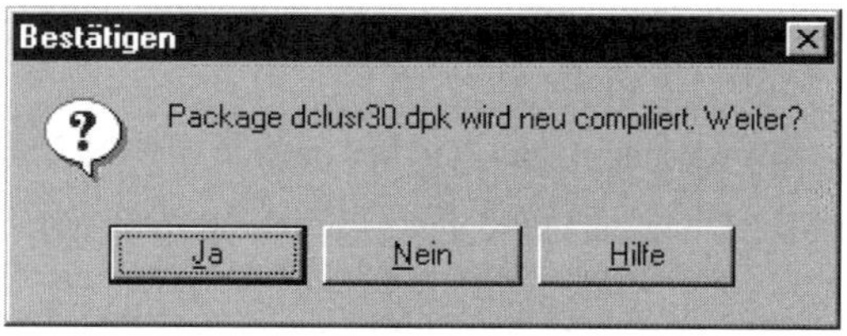

Nach dem "Ja" hören Sie für einige Sekunden die Festplatte bedrohlich rasseln. Schauen Sie nun auf der "Beispiele"-Seite der Komponentenpalette nach und lassen Sie sich überraschen!

Wie man sieht, das Gelbe vom Ei ist das Outfit der beiden neu hinzugekommenen Ikonen nicht gerade, lediglich der schwarze Rahmen unterscheidet sie von ihren Vorfahren:

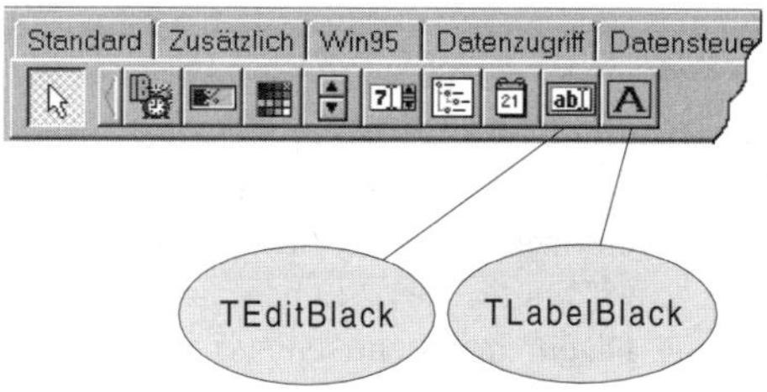

Falls Sie sich mit dem trostlosen Outfit der beiden Neulinge nicht abfinden wollen, können sie es ja immer noch mit Hilfe des Bildeditors aufpeppen. Siehe dazu

☞ R63 ... eine Bitmap-Ressourcendatei erstellen?

Test

Der Rest ist normaler Entwickler-Alltag. Sie starten ein neues Projekt und können die neu hinzugekommenen "schwarzen Schafe" so wie jede andere Komponente verwenden:

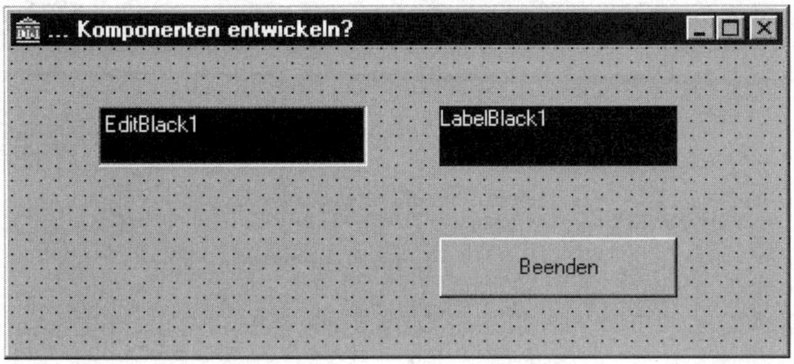

Im Objektinspektor sehen Sie die geänderten Komponentennamen und auch die modifizierten Standardeigenschaften *Color* und *Font.Color*:

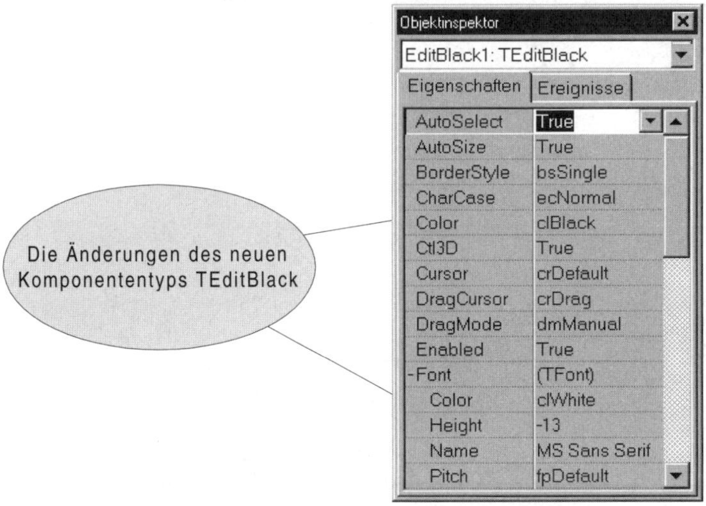

Der Komponenten-Experte

Sie hoffen, daß er Ihnen einiges an Arbeit abnehmen kann. Lassen Sie sich überraschen! Das Tool läßt sich auf zweierlei Weise starten:

- *Datei|Neu*
  Suchen Sie dann die Ikone "Komponente".
- Komponente|Neue Komponente...

In beiden Fällen erscheint eine Dialogbox, welche Sie zu einer Handeingabe (Klassenname) und zur Auswahl des Vorfahrens und der Palettenseite auffordert:

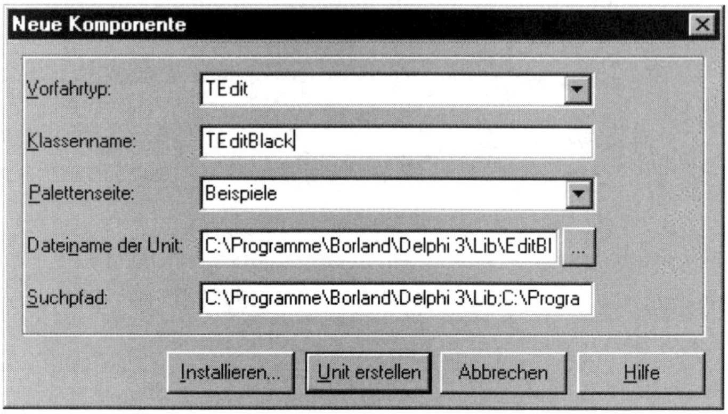

Nach dem Klick auf "Unit erstellen" hat der Experte in Windeseile ein Unit-Gerüst erstellt, in Abhängigkeit vom Typ des Vorfahren die *uses*-Klausel komplettiert, die Typdeklaration vorgenommen und schließlich auch die Registrierung besorgt:

```
unit Edit1;

interface

uses
  Windows, Messages, SysUtils, Classes, Graphics, Controls, Forms, Dialogs,  StdCtrls;

type
  TEditBlack = class(TEdit)
  private
    { Private-Deklarationen }
  protected
    { Protected-Deklarationen }
  public
    { Public-Deklarationen }
  published
    { Published-Deklarationen }
  end;

procedure Register;

implementation

procedure Register;
```

```
begin
  RegisterComponents('Beispiele', [TEditBlack]);
end;

end.
```

Sie erkennen schon jetzt die Schwachstelle des sogenannten "Experten": Nur eine einzige Komponente pro Unit ist jeweils möglich, auch um das Überschreiben der ererbten *Create*-Methode müssen Sie sich selbst kümmern.

Wenn Sie, wie in unserem Beispiel, mehrere Komponenten in eine Unit packen und auch noch neue Standardeigenschaften setzen wollen, ist noch ein gerüttelt Maß an Handarbeit fällig. Benutzen Sie also den Experten nur für die erste Komponente und ergänzen Sie dann den Code für eventuelle weitere Komponenten per Hand.

Bemerkungen

- Delphi erstellt immer eine Sicherungskopie (*.~DC) der Komponentenbibliothek. Wenn Sie also voreilig Komponenten entfernt haben und später feststellen, daß Sie diese doch noch brauchen, können Sie den vorherigen Zustand wieder herstellen.
- Wenn Sie einer bestehenden Unit eine Komponente hinzufügen, sollten Sie sich vergewissern, daß diese Unit nur Komponenten-Code enthält. Enthält die Unit beispielsweise auch ein Formular, wird dies zu Fehlern in der Komponentenpalette führen.
- Sie können in Delphi nur dann an einem Projekt arbeiten, wenn in der Komponentenbibliothek (standardmäßig *cmplib32.dcl*) alle im Projekt verwendeten Komponenten enthalten sind. Beim Versuch, ein Projekt mit momentan nicht installierten Komponenten zu laden, gibt Delphi eine Fehlermeldung aus.
- Mehr über Komponentenprogrammierung erfahren Sie im [ProfiBuch].

R25 ... Komponenten zur Laufzeit erzeugen bzw. entfernen?

Normalerweise ist man es gewöhnt, die Bedienoberfläche seines Programms bereits im Entwurfsmodus "zusammenzuschieben". Aber es gibt eine Reihe von Anwendungsfällen, wo die Anzahl der Komponenten variabel ist, zur Laufzeit müssen also welche hinzugefügt bzw. wieder entfernt werden.

Aber auch dann, wenn eine große Anzahl gleichartiger Komponenten (z.B. in Matrixform) nebeneinander bzw. untereinander anzuordnen ist, kann man sich viel Zeit und millimetergenaue Filigranarbeit mit der Maus sparen, wenn man diese Angelegenheit vom Programm erledigen läßt.

Für das Erzeugen bzw. Entfernen von Komponenten werden von Delphi die Methoden *Create* und *Destroy* (bzw. *Free*) zur Verfügung gestellt, aber allein damit ist es nicht getan. Im folgenden Demonstrationsbeispiel werden wir den kompletten Rahmencode erörtern und dabei unter anderem auch noch die Erkenntnis gewinnen, daß sich mit Objektvariablen eine ganze Menge anstellen läßt.

Oberfläche

Auf einem Formular (*Form1*) plazieren wir ein Anzeigefeld (*Label1*) mit einem feststehenden Informationstext und vier Schaltflächen (*Button1 ... Button4*):

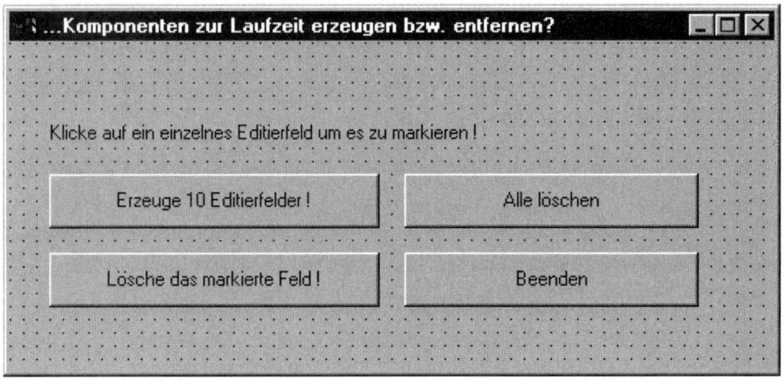

Quelltext

```
unit Unit1;
interface
...
var                          (* globale Variablen *)
  Form1: TForm1;
  edField: TEdit;            (* Objektvariable für Editierfeld *)

implementation
{$R *.DFM}

 procedure TForm1.Button1Click(Sender: TObject);     (* Erzeuge 10 Editierfelder! *)
 var links, oben, breit, hoch, i: Integer;           (* lokale Variablen *)
 begin
```

Position und Abmessungen des ersten Editierfeldes (Schablone) festlegen:

```
  links:=20;  oben:=20;  breit:=40;  hoch:=20;
  for i := 1 to 10 do
```

Nur ausführen, wenn i-tes Editierfeld nicht da ist:

```
  if TEdit(FindComponent('ed_'+IntToStr(i)))= nil then begin
   edField:=TEdit.Create(Self);            (* neues Editierfeld wird erzeugt, *)
   edField.Parent := Self;                 (* ... dem Formular zugeordnet *)
   edField.Name := 'ed_'+IntToStr(i);      (* ... und erhält Namen:ed_1, ed_2, ...*)
   edField.SetBounds(links+(i-1) * breit, oben, breit, hoch); (* Position und
                                                          Abmessungen neu setzen *)
```

```
  edField.Text := IntToStr(i);              (* Beschriftung mit Index *)
  edField.OnClick := EditClick              (* gemeinsamer Event-Handler *)
 end
end;

procedure TForm1.Button2Click(Sender: TObject); (* Lösche alle 10 wieder! *)
begin
 for i:=1 to 10 do begin
  edField:=TEdit(FindComponent('ed_'+IntToStr(i)));      (* sucht den Namen *)
  edField.Free                                   (* ... und entfernt Komponente *)
 end
end;

procedure TForm1.EditClick(Sender: TObject);        (* gemeinsamer Event-Handler
                                                       für alle Editierfelder *)
begin
 edField:=TEdit(Sender);                 (* auf dieses Feld wurde geklickt! *)
 edField.Color:=clYellow                 (* gelbe Markierung *)
end;

procedure TForm1.Button4Click(Sender: TObject);   (* Lösche das markierte Feld! *)
begin
 (* lösche nur, wenn das Editierfeld wirklich existiert, 0...4 sind die
    bereits vorhandenen Komponenten: Button1...Button4 u. Label1 *)
 if edField.ComponentIndex > 4 then edField.Free
end;

procedure TForm1.FormCreate(Sender: TObject);      (* Formular laden *)
(* bereits beim Start werden auch alle 10 Editierfelder geladen! *)
begin
 Button1Click(Sender)    (* Aufruf eines Event-Handlers! *)
end;
```

Test

Bereits nach Programmstart erscheinen wie "von Geisterhand" die 10 Editierfelder, die Sie anklicken, löschen und neu erzeugen können:

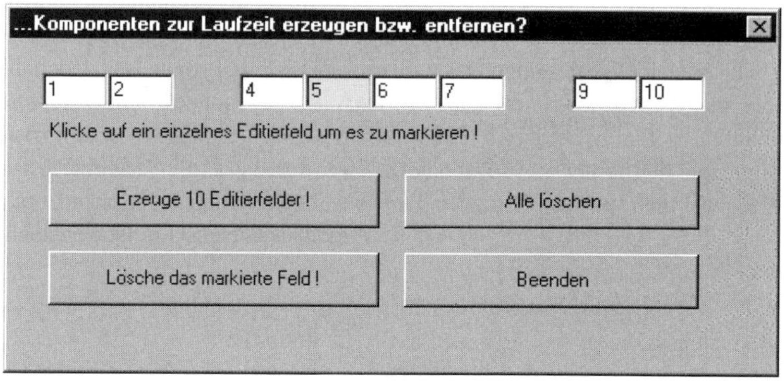

Da im Quelltext alle möglichen Fehler (Laden eines bereits vorhandenen bzw. Löschen eines nicht mehr vorhandenen Editierfeldes) abgefangen wurden, können Sie hemmungslos die einzelnen Buttons betätigen und versuchen, deren Wirkung am Quelltext nachzuvollziehen bzw. durch eigene Änderungen das Programm zum Absturz zu bringen.

Bemerkungen

- Die *Create*-Methode weist Speicher für das Erzeugen einer Komponente zu und initialisiert deren Daten. Als Argument benötigt sie den Besitzer der Komponente. Der entfernt die Komponente, wenn er selbst entfernt wird. Wenn man, wie im vorliegenden Fall, nicht wünscht, daß eine andere Komponente Besitzer ist, muß man *Self* verwenden.
- Man beachte die *FindComponent*-Methode! Sie benötigt als Argument den Namen der aufzusuchenden Komponente.
- Die Verwendung der *Free*- anstelle der *Destroy*-Methode erhöht die Robustheit des Programms erheblich, da auch der Entladeversuch nicht vorhandener Komponenten keinen Fehler verursacht.
- Die *ComponentIndex*-Eigenschaft bezieht sich auf alle Komponenten des Formulars. Falls also mehr oder weniger als die vier "festinstallierten" Komponenten (*Label1*, *Button1* ... *Button4*) vorhanden sein sollten, ist die entsprechende Anweisung im *Button4Click*-Ereignis anzupassen.
- Die *SetBounds*-Methode ist schneller als das einzelne Setzen der Eigenschaften *Left*, *Top*, *Width* und *Height*.

Ergänzung

Im Zusammenhang mit der *ComponentIndex*-Eigenschaft dürften die Eigenschaften *Components* und *ComponentCount* Anlaß zu Verwechslungen geben. Klarheit schafft eine kleine Programmerweiterung. Plazieren Sie eine zusätzliche Schaltfläche (*Button5*) auf dem Formular und ergänzen Sie folgenden Ereigniscode:

```
procedure TForm1.Button5Click(Sender: TObject);
var i:Integer;
 begin
  for i := 0 to ComponentCount -1 do
   if Components[i] is TEdit then TEdit(Components[i]).Color := clGreen
 end;
```

Die Farbe aller vorhandenen Editierfelder ändert sich nach Betätigen dieses Buttons in grün.

R26 ... DragDrop verwenden?

Das Ziehen und Loslassen von Objekten ist ein typisches Windows-Feature, welches man natürlich auch unter Delphi einsetzen kann. Wie Sie z.B. in Kapitel 4 erfahren haben, verfügen dazu fast alle visuellen Steuerelemente über diverse Eigenschaften (*DragMode, DragCursor*), Methoden (*BeginDrag, Dragging*) und Ereignisse (*OnDragDrop*, *OnDragOver*, *OnStartDrag, OnEndDrag*). Statt umständlicher Erklärungen wollen wir der DragDrop-Problematik an Hand einer einfachen Demo zu Leibe rücken.

Oberfläche

Laßt uns ganz einfach beginnen und zunächst zeigen, wie man den Inhalt eines Editierfeldes in ein Bezeichnungsfeld ziehen und ablegen kann.

Plazieren Sie deshalb auf dem Formular ein Editierfeld und ein Label.

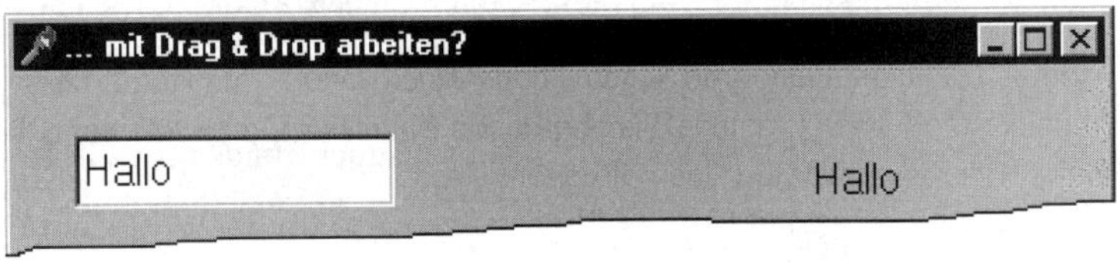

Quelltext

Das Programmieren eines vollständigen DragDrop-Zyklus verlangt das Besetzen von vier Eventhandlern, welche gleichzeitig die vier Etappen des Ziehens und Ablegens demonstrieren:

1. Start der DragDrop-Operation (BeginDrag-Methode der Quelle aufrufen)

Der einfachste Weg wäre es, im Objektinspektor die *DragMode*-Eigenschaft von *Edit1* auf *dmAutomatic* zu ändern. Dann beginnt der Ziehvorgang automatisch nach einem Mausklick. Allerdings bekommen Sie dann Schwierigkeiten, wenn Sie in *Edit1* ganz normal nur Text eingeben wollen. Ohne daß Sie es wollen, würde dann ungefragt auch eine DragDrop-Operation gestartet werden. Es ist deshalb günstiger, *DragMode* auf *dmManual* zu belassen (Standardeinstellung) und statt dessen eine Ereignisbehandlungsroutine für das *OnMouseDown*-Event zu schreiben:

```
procedure TForm1.Edit1MouseDown(Sender: TObject; Button: TMouseButton;
  Shift: TShiftState; X, Y: Integer);
begin
 if Button = mbLeft then  Edit1.BeginDrag(False)    // Immediate-Parameter = False
end;
```

Der Aufruf der *BeginDrag*-Methode mit dem Parameter *False* bewirkt, daß das Ziehen nicht sofort beginnt, sondern erst nach einer winzigen Mausbewegung. Damit ist es möglich, auf normale Mausklicks zu reagieren. Ein Aufruf mit *True* würde hingegen zum gleichen Ergebnis führen wie das Setzen der Eigenschaft *BeginDrag = dmAutomatic*.

2. Akzeptieren des gezogenen Elements (OnDragOver-Event des Ziels auswerten)

Label1 empfängt ein *OnDragOver*-Ereignis, wenn der Inhalt von *Edit1* über *Label1* gezogen wird. Durch Ändern der Form des Mauszeigers soll die Bereitschaft zum Ablegen signalisiert werden. Das erreichen Sie durch Setzen des Variablenparameters *Accept* auf *True*:

```
procedure TForm1.Label1DragOver(Sender, Source: TObject; X, Y: Integer;
  State: TDragState; var Accept: Boolean);
begin
 if Source is TEdit then Accept := True
end;
```

Beachten Sie, daß obiger Code beliebige Editierfelder als Quelle der DragDrop-Operation akzeptiert. Soll nur *Edit1* ablegen dürfen, ändern Sie die Anweisung wie folgt:

```
if Source = Edit1 then Accept := True;
```

Durch Auswerten des *State*-Parameters könnten Sie unterscheiden, ob das gezogene Element in das Zielobjekt hineinbewegt wird (*state = dsDragEnter*), sich über diesem bewegt (*state = dsDragMove*) oder dieses verläßt (*state = dsDragLeave*). Damit lassen sich z.B. auch eindrucksvolle grafische Animationen realisieren. Im [ProfiBuch] finden Sie ein Rezept, wo sich das Fach eines Aktenschrankes öffnet bzw. schließt, wenn aus einem Dateilistenfeld eine bestimmte Datei hineingezogen und abgelegt wird.

3. Ablegen des Elements (OnDragDrop-Event des Ziels auswerten)

Ein akzeptiertes Element kann durch Loslassen der Maustaste abgelegt werden. Was dabei konkret passieren soll, schreiben Sie in den Eventhandler für das *OnDragDrop*-Ereignis der Zielkomponente (*Label1*):

```
procedure TForm1.Label1DragDrop(Sender, Source: TObject; X, Y: Integer);
 if Source is TEdit then Label1.Caption := Edit1.Text
end;
```

4. Beenden der DragDrop-Operation (OnEndDrag-Event der Quelle auswerten)

Die Quelle des Ziehvorgangs (*Edit1*) erhält nach Loslassen der Maustaste über ihr *OnEndDrag*-Ereignis eine Benachrichtigung, ob der Ziehvorgang erfolgreich abgeschlossen werden konnte:

```
procedure TForm1.Edit1EndDrag(Sender, Target: TObject; X, Y: Integer);
begin
 if Target = nil then  MessageBeep(0)     // kein Drag & Drop
end;
```

In unserem Fall soll ein Piepton erzeugt werden, wenn das DragDrop mißlungen ist[5]. Im Erfolgsfall enthält der Variablenparameter *Target* das Objekt, in welches das gezogene Element abgelegt wurde.

Hinweis: Beachten Sie, daß alle DragDrop-Eventhandler die Parameter X,Y übergeben, d.h., auch die aktuellen Mauskoordinaten könnten während des Ziehens und Loslassens ausgewertet werden.

Test

Nach dem Programmstart versuchen Sie, in das Editierfeld etwas einzugeben und es dann per DragDrop (also bei gedrückt gehaltener linker Maustaste) in das Label zu verschieben. Achten Sie auf die unterschiedlichen Formen des Mauszeigers während des Ziehvorgangs. Ein einfacher Klick in das Editierfeld wird mit einem Piepton quittiert.

Listenfeld als Quelle für DragDrop

Nachdem Sie die Grundlagen von Ziehen und Loslassen verstanden haben, können wir eine etwas kompliziertere Aufgabe in Angriff nehmen. Fügen Sie als weitere DragDrop-Quelle ein Listenfeld (*ListBox1*) hinzu.

Um die Listbox möglichst bequem mit irgendwelchen Einträgen zu füllen, greifen wir etwas tiefer in die Trickkiste von Object Pascal und deklarieren gleich zu Beginn des *implementation*-Abschnitts eine Array-Konstante, die wir bei Programmstart auslesen:

```
const monate: array[1..12] of string = ('Januar', 'Februar', 'März', 'April',
                                        'Mai', 'Juni', 'Juli', 'August', 'September',
                                        'Oktober', 'November', 'Dezember');


procedure TForm1.FormCreate(Sender: TObject);
var i: Integer;

begin
 for i := 1 to High(monate) do ListBox1.Items.Add(monate[i])
end;
```

Befähigen Sie die Listbox, als Quelle für DragDrop zu fungieren (dabei spielen eventuelle Zielobjekte keine Rolle!):

[5] Haben Sie schon einmal einen Brief mit dem Aufdruck "Empfänger unbekannt!" zurückbekommen?

```
procedure TForm1.ListBox1MouseDown(Sender: TObject; Button: TMouseButton;
  Shift: TShiftState; X, Y: Integer);

begin
 if Button = mbLeft then  ListBox1.BeginDrag(False)
end;
```

Diese beiden bereits vorhandenen Eventhandler des Zielobjekts *Label1* müssen erweitert werden:

```
procedure TForm1.Label1DragOver(Sender, Source: TObject; X, Y: Integer;
  State: TDragState; var Accept: Boolean);
begin
 if (Source is TListBox) or (Source is TEdit) then Accept := True
end;

procedure TForm1.Label1DragDrop(Sender, Source: TObject; X, Y: Integer);
var i:Integer;
begin
 if Source is TListBox then
 begin
  i := (Source as TListBox).ItemIndex;
  Label1.Caption := (Source as TListBox).Items[i]
 end;
 if Source is TEdit then Label1.Caption := Edit1.Text
end;
```

Für das Beenden des Ziehvorgangs nutzen wir den bereits vorhandenen Eventhandler von *Edit1*, wir benennen ihn im Objektinspektor lediglich von *Edit1EndDrag* in *EndDrag* um:

```
procedure TForm1.EndDrag(Sender, Target: TObject; X, Y: Integer);
begin
 if Target = nil then  MessageBeep(0)    // kein Drag & Drop
end;
```

Weisen Sie auch dem *OnEndDrag*-Event von *ListBox1* diesen Handler zu!

Test

Sie können diesmal sowohl den Inhalt des Editierfeldes als auch den in der Listbox ausgewählten Eintrag nach rechts in das Label ziehen:

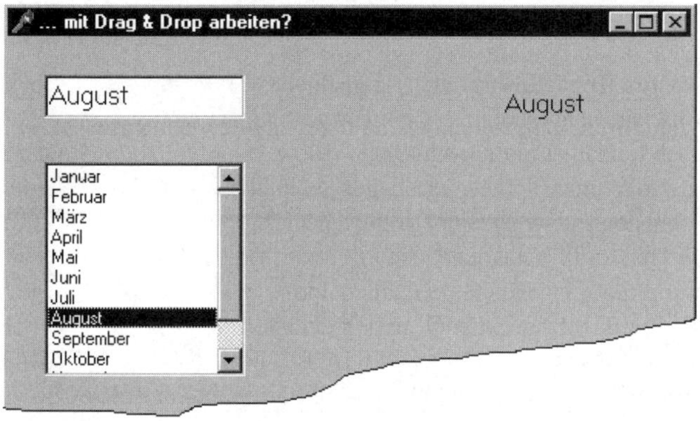

Wenn Sie das Beispiel von der Buch-CD ausprobieren, werden Sie als Unterschied feststellen, daß Sie dort alle drei Objekte beliebig hin und her verschieben können, denn jede Komponente ist gleichzeitig Quelle und Ziel von DragDrop. Aus Übersichtlichkeitsgründen haben wir aber hier auf den Abdruck des kompletten Listing verzichtet.

R27 ... ein Formular automatisch zentrieren?

Für die Anzeige einer Dialogbox ist es günstig, wenn diese (unabhängig von der Grafikauflösung) in der Mitte des Bildschirms erscheint. Ohne viele Worte: Ändern Sie im Objekt-Inspektor den Wert der Eigenschaft *Position* auf *poScreenCenter*.

Um ein Formular bezüglich eines anderen Fensters zentriert auszurichten, müssen Sie sich selbst etwas einfallen lassen.

Oberfläche

Sie brauchen zwei Formulare mit folgendem Aufbau:

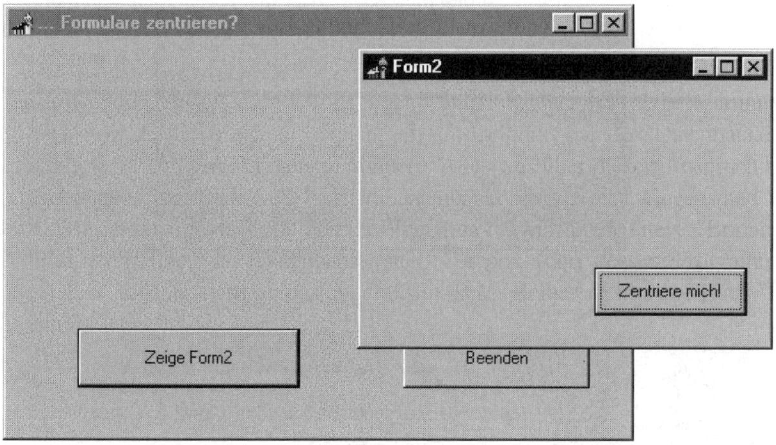

Quelltext

Zum Zentrieren können Sie die nachfolgende Prozedur verwenden:

```
procedure zentriere(f1,f2 : TForm);
begin
      f1.Left := (f2.Width  - f1.Width) div 2 + f2.Left;
      f1.Top  := (f2.Height - f1.Height) div 2 + f2.Top
end;
```

f1 ist das zu zentrierende Formular, das sich auf *f2* bezieht.

Hinweis: Voraussetzung für die korrekte Ausführung: *f2* muß größer als *f1* sein!

Der Aufruf von *Form2*:

```
procedure TForm1.Button2Click(Sender: TObject);   // Zeige Form2
begin
 Form2.Show
end;
```

Das Zentrieren:

```
procedure TForm2.Button1Click(Sender: TObject);   // Zentriere mich
begin
 zentriere(Self, Form1)
end;
```

Es wird vorausgesetzt, daß sich die Prozedur *zentriere* im *Implementation*-Abschnitt von *Unit2* befindet.

Test

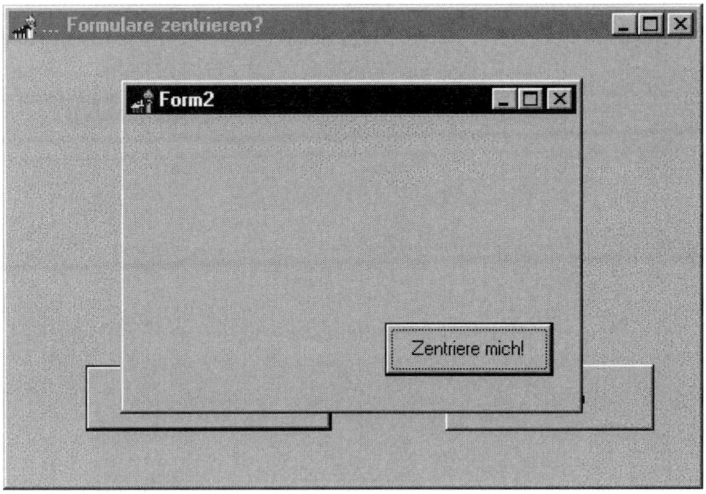

R28 ... ein Formular automatisch entfernen?

Viele Programme (auch Delphi!) zeigen nach dem Start ein sogenanntes Eröffnungsfenster, welches nach einer bestimmten Zeit von selbst wieder verschwindet.

Oberfläche

Plazieren Sie auf dem Formular einen *Timer* und legen Sie die Eigenschaft *Interval* zum Beispiel mit 5000 (Zeit in 1/1000 Sekunden) fest.

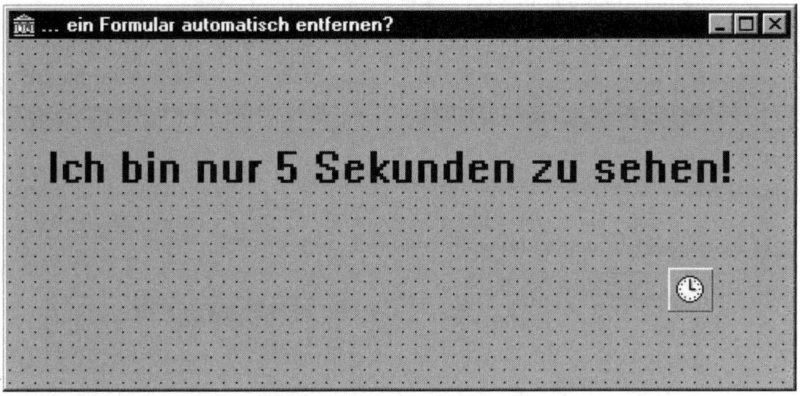

Quelltext

In die Ereignisprozedur des Timers tragen Sie ein:

```
procedure TForm1.Timer1Timer(Sender: TObject);
begin
  Close
end;
```

Test

Nach Programmstart können Sie sich 5 Sekunden am Anblick des Fensters erfreuen.

Bemerkungen

- Eventuell können Sie das Formular mit

  ```
  Form1.ShowModal
  ```

  laden, um zu verhindern, daß während der Anzeige ein anderes Fenster aktiviert wird.

- Möchten Sie auf den Timer verzichten, können Sie es auch mit einer Pause versuchen:

  ☞ R85 ... eine Pause realisieren?

R29 ... ein Formular ohne Titelleiste erzeugen?

Um Fenster zu erzeugen, die aus dem "Rahmen fallen", d.h., die über keinerlei Umrandung verfügen, müssen Sie die *BorderStyle*-Eigenschaft auf *bsNone* setzen. Das erledigen Sie normalerweise im Objektinspektor.

Die Schattenseite: Leider dürfen solche Fenster keine Menüleiste haben. Für das Entfernen des Formulars müssen Sie also programmtechnisch vorsorgen, zum Beispiel mit extra "Schließen"-Button oder mit einem Timer. Siehe dazu

☞ R28 ... ein Formular automatisch entfernen?

Im folgenden Testprogramm wollen wir zeigen, wie die *BorderStyle*-Eigenschaft zur Laufzeit zugewiesen werden kann und die Gelegenheit auch dazu nutzen, um die anderen wichtigen *BorderStyle*-Einstellungen zu demonstrieren (siehe Kapitel 4, Abschnitt 4.2.1).

Oberfläche

Plazieren Sie eine *RadioGroup* und einen *Button* auf dem Formular.

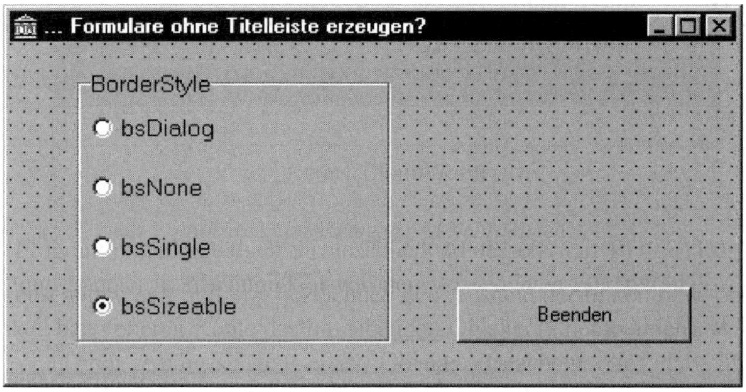

Weisen Sie der *Items*-Eigenschaft der *RadioGroup* die Einträge gemäß der Abbildung zu. Siehe dazu auch

☞ R50 ... eine RadioGroup programmieren?

Quelltext

```
procedure TForm1.RadioGroup1Click(Sender: TObject);
begin
 case RadioGroup1.ItemIndex of
  0: BorderStyle := bsDialog;
  1: BorderStyle := bsNone;
  2: BorderStyle := bsSingle;
```

```
  3: BorderStyle := bsSizeable
 end
end;
```

Test

Nach Programmstart können Sie das Outfit des Formulars beliebig ändern. Hier der mitleidserregende Anblick eines Formulars ohne Titelleiste und Rand:

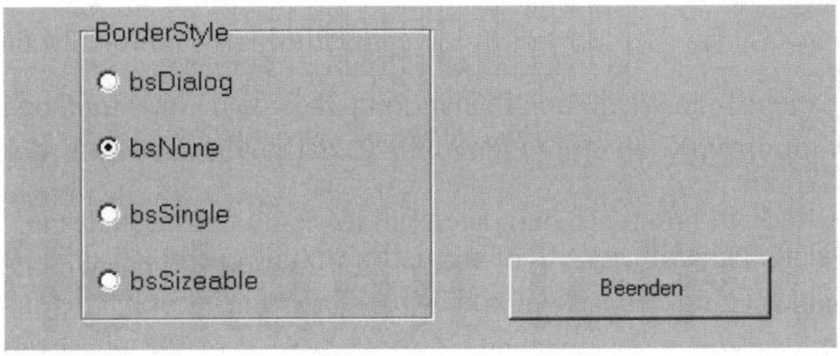

R30 ... ein Formular an oberster Position einblenden?

"Sich ja nicht unterkriegen lassen...", müßte der eigentliche Untertitel lauten. Um ein Fenster immer an oberster Position zu halten (zum Beispiel eine Toolbox), setzen Sie dessen *FormStyle*-Eigenschaft im Objektinspektor auf *fsStayOnTop*. Leider schließt dies die Verwendung eines MDI-Fensters aus. In diesem Fall müssen Sie mit der API-Funktion *SetWindowPos* nachhelfen.

Quelltext

```
procedure TForm1.FormCreate(Sender: TObject);
begin
  SetWindowPos(handle,HWND_TOPMOST,Left,Top,Width,Height,SWP_SHOWWINDOW);
end;
```

Test

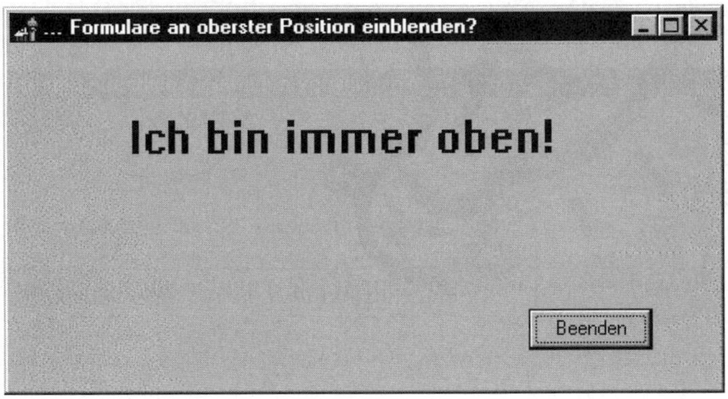

R31 ... Bildlaufleisten am Fensterrand positionieren?

Um eine Applikation an verschiedene Grafikmodi anzupassen ist es nötig, die Lage bestimmter Komponenten von der Größe des Fensters abhängig zu machen[6]. Am Beispiel der Bildlaufleisten soll dies demonstriert werden. Bitte verwechseln Sie die *ScrollBar*-Komponente nicht mit den Bildlaufleisten, die Sie über die *AutoScroll-Eigenschaft* eines Formulars (*True/False*) einblenden können und die nur dann angezeigt werden, wenn eine Komponente außerhalb der sichtbaren Fläche liegt.

Oberfläche

Auf dem Formular plazieren Sie an beliebiger Stelle zwei *ScrollBar*-Komponenten, denen Sie die *Kind*-Eigenschaft *sbHorizontal* bzw. *sbVertical* zuweisen.

Quelltext

Das *OnResize*-Event ist der richtige Platz, um die Lage der Komponenten den aktuellen Fensterabmessungen anzupassen:

```
procedure TForm1.FormResize(Sender: TObject);
begin
// Die horizontale Scrollbar anpassen:
 ScrollBar1.Top    := Form1.ClientHeight - ScrollBar1.Height;
 ScrollBar1.Width  := Form1.ClientWidth  - ScrollBar2.Width;
 ScrollBar1.Left := 0;
// Die vertikale ScrollBar anpassen:
 ScrollBar2.Left   := Form1.ClientWidth  - ScrollBar2.Width;
```

[6] In einer plattformunabhängigen Sprache, wie z.B. Java, wird das durch sogenannte Layoutmanager erledigt.

```
  ScrollBar2.Height := Form1.ClientHeight - ScrollBar1.Height;
  ScrollBar2.Top := 0
end;
```

Test

Nach Programmstart "kleben" beide Komponenten am unteren bzw. rechten Rand. Das bleibt auch so, wenn Sie die Größe des Formulars verändern.

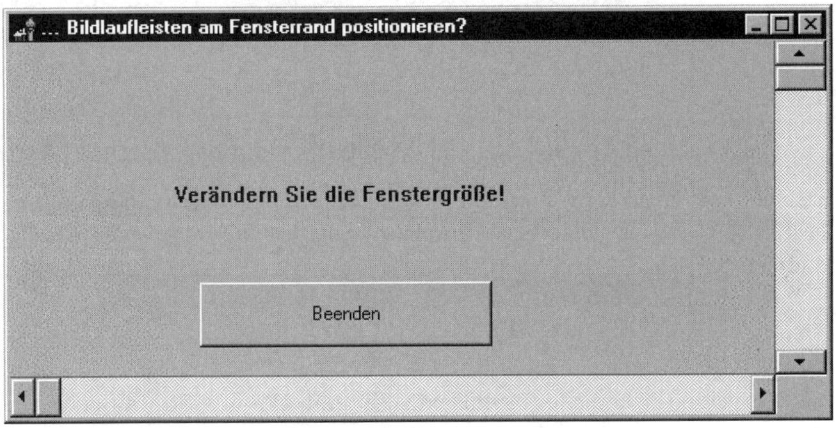

R32 ... Dezimalkomma in Dezimalpunkt umwandeln?

Komma oder Punkt als Dezimaltrenner? Wer kennt es nicht, das leidige Problem bei der Eingabe von Gleitkommazahlen, das mit der deutschen Ländereinstellung im Windows-Desktop zusammenhängt (siehe Einführungsbeispiel 1.3.2 in Kapitel 1). Radikale Abhilfe läßt sich schaffen, wenn wir in einem Tastatur-Event-Handler das Komma "herausfiltern" und in einen Punkt verwandeln.

Oberfläche

Auf das Formular plazieren Sie ein Editierfeld und einen Button.

Quelltext

Das Problem ist mit einer einzigen Anweisung im *OnKeyPress*-Event aus der Welt geschafft:

```
procedure TForm1.Edit1KeyPress(Sender: TObject; var Key: Char);
begin
   if key = ',' then key:= '.'
end;
```

Test

Geben Sie ein Komma ein, wir daraus wie "von Geisterhand" ein Punkt.

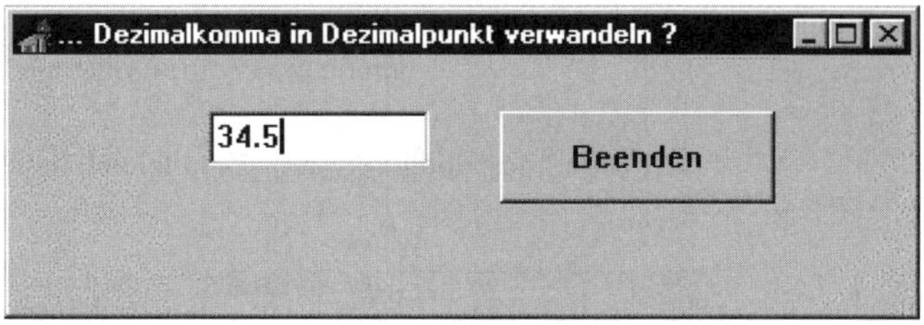

R33 ... den lästigen Piepton abstellen?

Drücken Sie in einer Textbox die Entertaste, wird automatisch ein Piepton ausgegeben. Auf die Dauer kann diese "Fehlermeldung" nerven. Abhilfe bringt ein "Filter", das den Tastencode der Enter-Taste einfach löscht.

Oberfläche

Für unsere kleine Demo brauchen wir ein Editierfeld, eine CheckBox und einen Button.

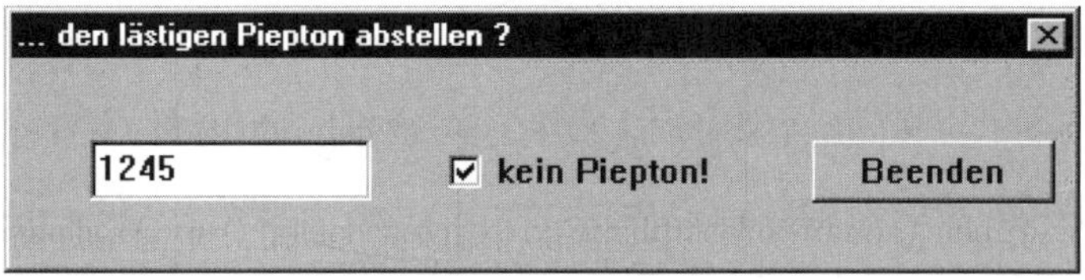

Quelltext

Normalerweise würde der folgende Eventhandler genügen:

```
procedure TForm1.Edit1KeyPress(Sender: TObject; var Key: Char);
begin
   if  key = #13 then key := #0
end;
```

Da wir jedoch wahlweise den Piepton aktivieren oder deaktivieren wollen:

```
procedure TForm1.Edit1KeyPress(Sender: TObject; var Key: Char);
begin
    if CheckBox1.Checked then if key = #13 then key := #0
end;
```

R34 ... in ein Editierfeld nur Ziffern eingeben?

In Datenbankanwendungen oder mathematischen Programmen ist es häufig erforderlich, nur Zahlen mit definiertem Wertebereich für die Eingabe zuzulassen. Im einfachsten Fall kann man alle Zeichen außer 0, 1, ... 9, dem Dezimalpunkt und der Backspace-Taste unterdrücken:

```
procedure TForm1.Edit1KeyPress(Sender: TObject; var Key: Char);
begin
   if Key = #13 then
      Key := #0
   else
     if not (Key in [#8,#46,#48 .. #57]) then Key:= #0
end;
```

Wir wollen im folgenden aber eine wesentlich komfortablere Möglichkeit vorschlagen, die eine detaillierte Prüfung des Zahlentyps und seines Wertebereichs gestattet. Damit ein praktischer Sinn erkennbar ist, soll das Prinzip an Hand der simplen Addition zweier Gleitkommazahlen erläutert werden.

Oberfläche

Auf dem Formular plazieren Sie drei Editierfelder und zwei Buttons.

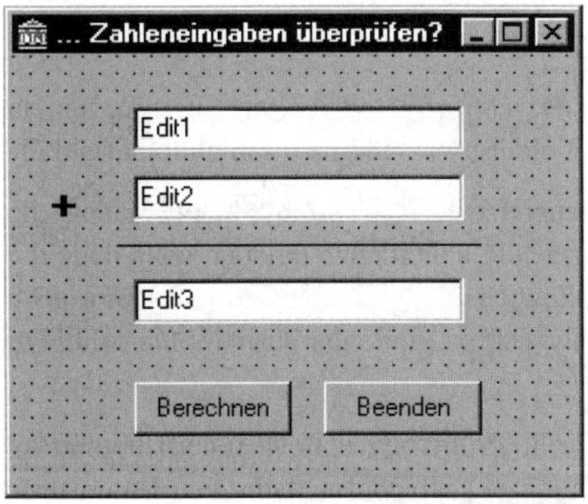

Da *Edit3* nur zur Ergebnisanzeige dient, sollten Sie hier *ReadOnly* auf *True* setzen.

Quelltext

Die folgenden Anweisungen werden beim Verlassen eines Editierfeldes ausgeführt:

```
procedure testSingle(e: TEdit);    // Übergabeparameter ist ein Editierfeld!
var n: Single;
    code : Integer;
    s    : string;
```

```
begin
   s := e.text;
   try
     Val(s,n,code);
   except
       MessageBox(0,'Wertebereich überschritten','Problem',16);
       e.SetFocus
   end;
   if code <> 0 then begin
     MessageBox(0,'Fehler im Ausdruck','Problem',16);
     e.SetFocus
   end
end;
```

Die Fehlerbehandlung mit *Try-Except* ist unbedingt notwendig, da die Anweisung *Val* eine Wertebereichsverletzung nicht "verkraftet" und das Programm zum Absturz bringt.

Der Aufruf von *testSingle* erfolgt in einem *OnExit*-Eventhandler, der von *Edit1* und *Edit2* gemeinsam benutzt wird:

```
procedure TForm1.EditExit(Sender: TObject);
begin
    testSingle((Sender as TEdit))
end;
```

Test

Sobald Sie ein Editierfeld verlassen, in welchem keine gültige Single-Zahl steht, werden Sie durch ein Meldungsfenster gezwungen, die Eingabe zu korrigieren:

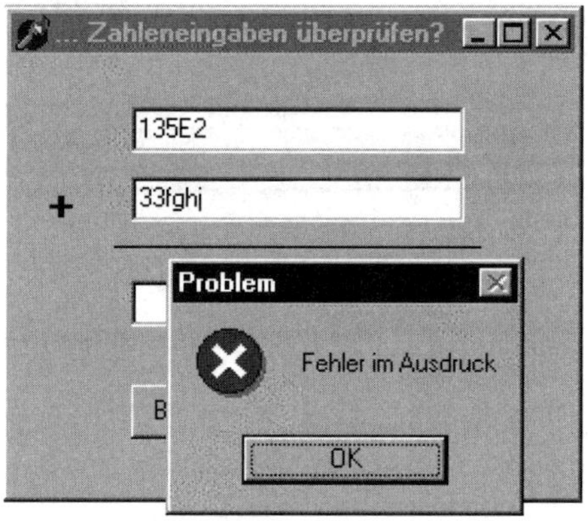

Ein Schließen des Formulars über den "Beenden"-Button ist erst dann möglich, wenn in den beiden Eingabefeldern keine fehlerhaften Werte stehen.

R35 ... die Zeilenzahl eines Memofeldes bestimmen?

Das Memofeld verfügt leider über keine Eigenschaft, mit der sich die Zeilenzahl direkt bestimmen läßt. Über die *Lines*-Eigenschaft (Objekt vom Typ *TString*) ist es dennoch möglich.

Siehe auch

☞ R2 ... mit Stringlisten arbeiten?

Oberfläche

Auf dem Startformular plazieren Sie eine Memo-Komponente, ein Label und zwei Buttons.

Quelltext

```
procedure TForm1.Button1Click(Sender: TObject);
begin
 Label1.Caption := 'Das Memofeld hat ' + IntToStr(Memo1.Lines.Count) + ' Zeilen!'
end;
```

Test

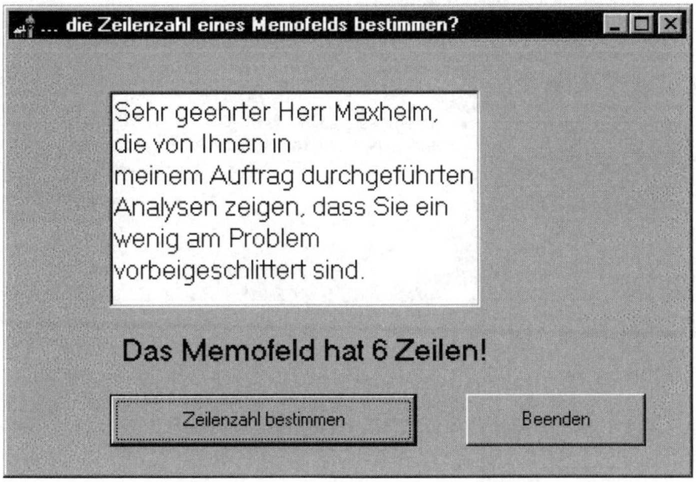

R36 ... einen Zeilenumbruch erzwingen?

Um überlange Zeilen in einem Memofeld zu vermeiden, können Sie den Text durch Einfügen der Steuerzeichen für Wagenrücklauf (13) und Zeilenvorschub (10) umbrechen.

Oberfläche

Auf dem Formular plazieren Sie eine Memo-Komponente und zwei Buttons. Setzen Sie die Eigenschaft *WordWrap* des Memofeldes auf *False*.

Quelltext

```
procedure TForm1.Button1Click(Sender: TObject);   // Zeile umbrechen
begin
 Memo1.SelText := #13#10
end;
```

Test

Wenn Sie nach Programmstart etwas in das Memofeld hineinschreiben, können Sie einen Zeilenumbruch entweder mittels Enter-Taste oder durch Klicken auf den Button herbeiführen.

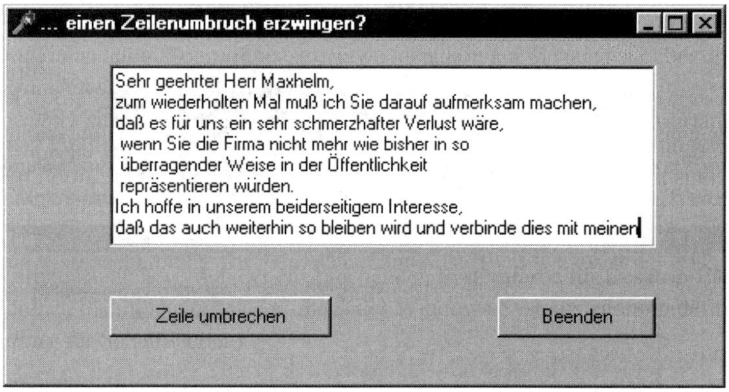

Bemerkungen

- Auf die gleiche Weise läßt sich ein Zeilenumbruch auch für Labels oder für Messageboxen herbeiführen.

  Beispiel:

  ```
  Label1.Caption := 'Hallo' + #10 + 'User';
  ```

- Editierfelder sind und bleiben einzeilig und deshalb nicht auf die beschriebene Weise zu einem Zeilenumbruch zu bewegen.

R37 ... ein einzelnes Zeichen eingeben und zuweisen?

Haben Sie mit

```
var zeichen: Char;
```

eine Zeichenvariable deklariert und wollen Sie deren Wert über ein Editierfeld eingeben, so erzeugt folgende Zeile eine Fehlermeldung "Inkompatible Typen 'Char und 'TCaption':

```
zeichen := Edit1.Text;
```

Richtig ist die Anweisung

```
zeichen := Edit1.Text[1];
```

Wenn Sie es nicht glauben, so probieren Sie einfach die folgende kleine Demo aus.

Oberfläche

Wir brauchen ein Editierfeld, zwei Labels und einen Button. Da das Editierfeld nur ein Zeichen aufnehmen soll, ist ihre *MaxLength*-Eigenschaft zweckmäßigerweise auf Eins zu setzen.

Quelltext

```
procedure TForm1.Button1Click(Sender: TObject);   // Zuweisen
begin
 zeichen := Edit1.Text[1];
 Label2.Caption := 'Es wurde das Zeichen ' + zeichen + ' zugewiesen!'
end;
```

Test

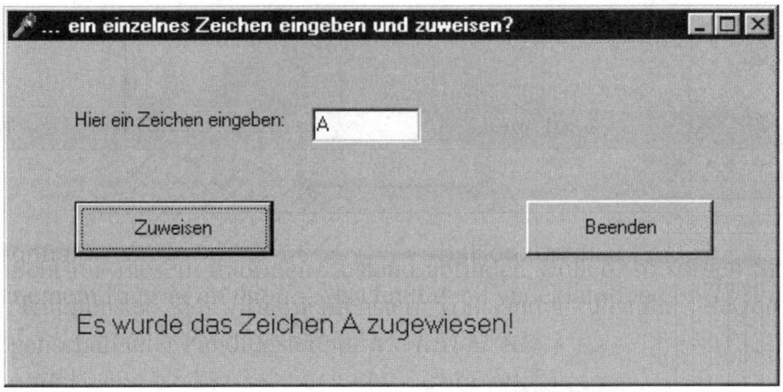

Bemerkungen

- Wenn die *MaxLength*-Eigenschaft des Editierfeldes den Wert 0 hat (Standardwert für unbegrenzte Länge), so wird quasi das erste Zeichen "herausgeschnitten".
- Eine praktische Anwendung finden Sie in

☞ R81 ... das Währungsformat ändern?

R38 ... die Anzahl markierter Einträge in einer Listbox ermitteln?

Die Anzahl der markierten Einträge in einer Listbox läßt sich problemlos über die *SelCount*-Eigenschaft abfragen. Eine kleine Demo soll dies verdeutlichen und gleichzeitig auch zeigen, wie Sie eine ListBox zur Entwurfszeit mit Werten füllen können.

Wie auch in den folgenden vier Rezepten, gelten die Ausführungen in analoger Weise auch für ComboBoxen.

Oberfläche

Im Wesentlichen brauchen wir eine ListBox, ein Label und einen Button. Setzen Sie die MultiSelect-Eigenschaft der ListBox auf *True*! Anschließend füllen Sie die *ListBox* mit Einträgen, indem Sie mit Hilfe des Stringlisteneditors die *Items*-Eigenschaft zuweisen:

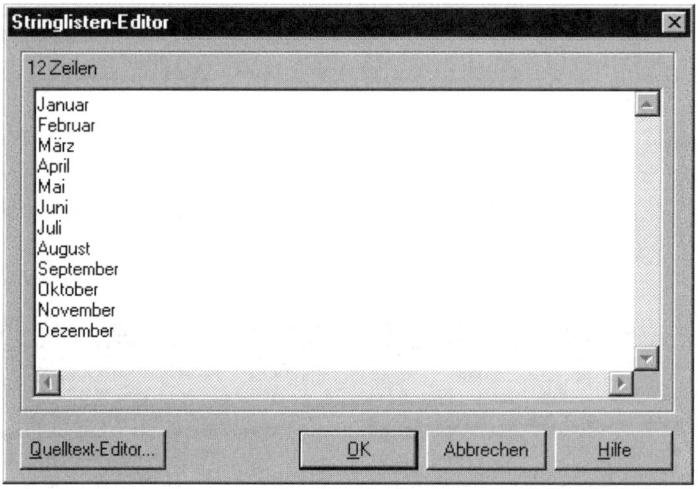

Quelltext

```
procedure TForm1.Button1Click(Sender: TObject);  // markierte Einträge ermiteln
begin
 Label1.Caption := IntToStr(ListBox1.SelCount) + ' markierte Einträge!'
end;
```

Test

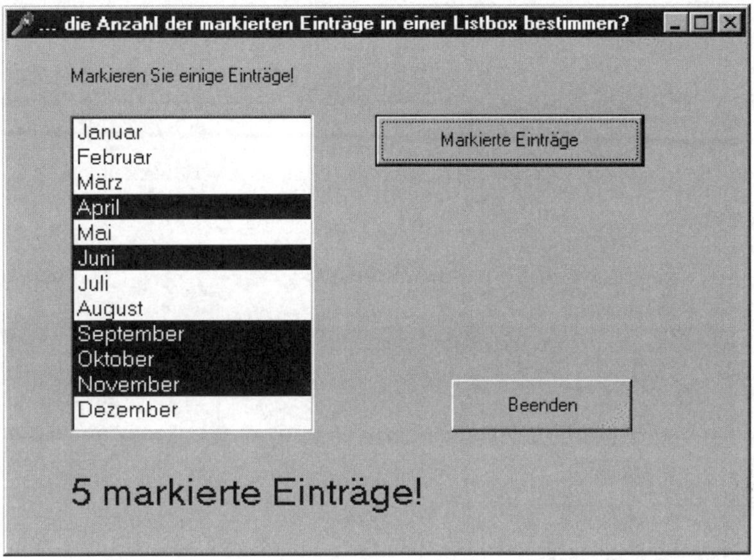

Bemerkung

- Wie Sie einem Listenfeld zur Laufzeit Werte zuweisen, erfahren Sie in

☞ R2 ... mit Stringlisten arbeiten?

R39 ... die Existenz eines Listboxeintrags bestimmen?

Um zu prüfen, ob ein bestimmter Eintrag (zum Beispiel ein Name) in der Listbox existiert, können Sie eine Funktion einsetzen, die wir Ihnen im folgenden kurz vorstellen.

Oberfläche

Neben der ListBox brauchen wir ein Editierfeld, ein Label und zwei Buttons.

Quelltext

Die Funktion bringen Sie im *Implementation*-Abschnitt von Unit1 unter:

```
function vorhanden (lBox: TListBox; eintrag: string): Boolean;
var i : Integer;
begin
 Result := True;
 for i := 0 To lBox.Items.Count-1 do if lBox.Items[i] = eintrag then
```

```
 begin lBox.ItemIndex := i; Exit end;                    // Eintrag markieren und raus
 Result := False
end;
```

Der Aufruf:

```
procedure TForm1.Button1Click(Sender: TObject);     // Suche starten
begin
 if vorhanden(ListBox1,Edit1.Text) then Label1.Caption := Edit1.Text + ' ist vorhanden!'
end;
```

Test

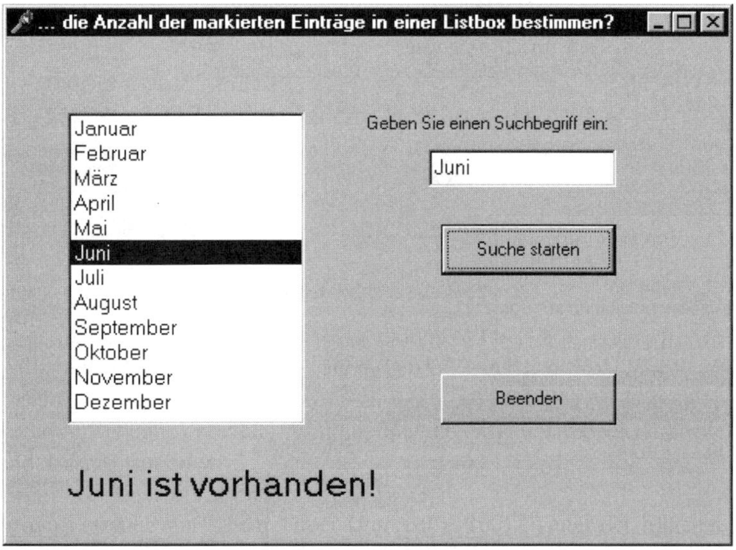

Bemerkung

- Wenn ein gefundener Eintrag nicht markiert wird, dann müssen Sie die *MultiSelect*-Eigenschaft von *ListBox1* auf Ihren Standardwert (*False*) zurücksetzen.

R40 ... Einträge in einer Listbox löschen?

Über *Delete* haben Sie zwar die Möglichkeit, Listeneinträge zu löschen, Sie müssen jedoch deren Nummer bzw. Index angeben. In einigen Fällen ist es sinnvoller, den entsprechenden Eintrag über seine Bezeichnung zu löschen.

Ein kleiner "Schönheitsfehler" dieses Verfahrens soll nicht verschwiegen werden: Name bzw. Bezeichnung dürfen natürlich nur einmal vorhanden sein.

Oberfläche

Für unser Testprogramm genügen neben der *ListBox* ein Editierfeld und ein Button. Weisen Sie der *Items*-Eigenschaft per Stringlisten-Editor ein paar Werte zu.

Quelltext

```
procedure entferne (lBox: TListBox; eintrag : string);
var i : Integer;
begin
 for i := 0 To lBox.Items.Count-1 do
 if lBox.Items[i] = eintrag then begin lBox.Items.Delete(i); Exit end
end;
```

Der Aufruf:

```
procedure TForm1.Button1Click(Sender: TObject);      // Löschen
begin
 entferne(ListBox1,Edit1.Text)
end;
```

Test

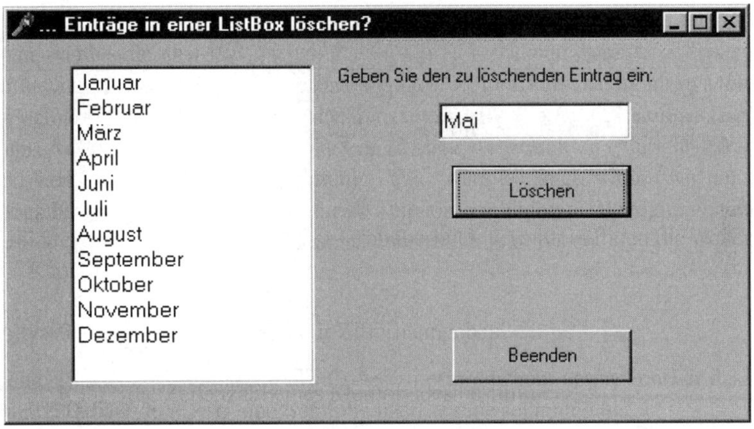

R41 ... in Listenfeldern suchen?

Für die Suche bieten sich zwei Wege an:

- ... ähnlich wie in der Windowshilfe (Suche ersten Buchstaben, dann den zweiten ...)
- ... allgemeine Suche mit Platzhaltern (in unserem Fall der Stern "*")

Unser "Suchalgorithmus" in *Edit1Change* vereinigt beide Möglichkeiten.

Nach der Prüfung auf den Platzhalter (*) werden die folgenden zwei Fälle unterschieden:

- Im ersten Fall genügt ein Vorkommen des Suchstrings im Listenfeldeintrag (*If Pos ...*),
- im zweiten Fall wird linksseitig auf das Vorkommen geprüft (*UpperCase(Copy ...*).

Ist das Suchergebnis positiv, wird die Prozedur mit *Exit* sofort verlassen.

Hinweis: Zum Testen der folgenden Routine finden Sie auf der Buch-CD eine Datei *daten.dat*, in der über 400 Namen gespeichert sind. Über den Button "Liste füllen" wird diese Datei mit Hilfe der Methode *LoadFromFile* in das Listenfeld geladen.

Oberfläche

Für unseren Test brauchen wir eine *ListBox*, ein Editierfeld und einen Button. Voraussetzung für die Realisierung des Algorithmus ist ein sortiertes Listenfeld (*Listbox1.Sorted = True*).

Quelltext

Das Füllen der ListBox:

```
procedure TForm1.Button1Click(Sender: TObject);  //   Liste füllen
begin
  // Datei wird im aktuellen Verzeichnis gesucht:
  Listbox1.Items.LoadFromFile(ExtractFilepath(ParamStr(0)) + 'daten.dat')
end;
```

Die Suche beginnt bei jeder Änderung im Eingabefeld:

```
procedure TForm1.Edit1Change(Sender: TObject);   // Eingabe
var s : string;
    i : Integer;
begin
    s := Edit1.Text;
    if Copy(s,1,1) = '*' then begin           // * als Platzhalter vorn
        s := Copy(s, 2, Length(s) - 1);
        for i := 0 To ListBox1.Items.Count - 1 do
        if Pos(s, ListBox1.Items[i]) <> 0 then
        begin
           ListBox1.ItemIndex := i;           // Eintrag markieren
           Exit
        end
    end else begin                            // sonst
        for i := 0 to ListBox1.Items.Count - 1 do
        if UpperCase(s) = UpperCase(Copy(ListBox1.Items[i],1, Length(s))) then
        begin
          ListBox1.ItemIndex := i;            // Eintrag markieren
```

```
          Exit
        end
    end
end;
```

Test

Nach Programmstart füllen Sie zunächst die Liste. Experimentieren Sie nun mit verschiedenen Suchbegriffen:

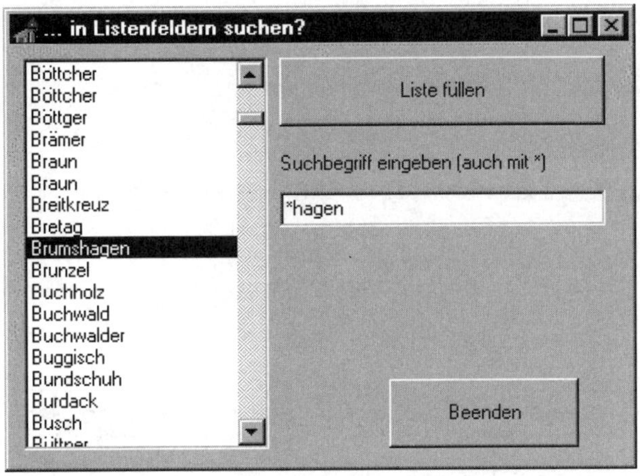

Bemerkung

- Die Suche wird mit jeder Änderung im Editfeld ausgelöst, dies kann bei langen Listenfeldern (und langsamen Computern) zu nicht unerheblichen Verzögerungen bei der Eingabe führen. Ändern Sie in diesem Fall die Prozedur dahingehend, daß Sie unter *KeyPress* die Enter-Taste abfangen (*Key=#13*) und erst damit die Suche einleiten.

R42 ... den Anfangswert in einer Listbox setzen?

Lange Frage – kurze Antwort: Setzen Sie nach dem Füllen der Combo- oder Listbox die Eigenschaft *ItemIndex* auf den gewünschten Wert (das erste Listenelement hat die Nummer Null). Soll kein Eintrag markiert werden, übergeben Sie den Wert -1.

Hinweis: Das Setzen eines Anfangswertes funktioniert nur, wenn *MultiSelect*-Eigenschaft *False* ist!

Oberfläche

Außer einer *ListBox* brauchen wir diesmal nichts!

Auf das Zuweisen der *Items*-Eigenschaft im Stringlisten-Editor wollen wir diesmal bewußt verzichten und statt dessen das Füllen der *ListBox* zur Laufzeit demonstrieren.

Quelltext

Die Einträge sind in einem typisierten Konstanten-Array abgelegt:

```
const tage: array[1..7] of string = ('Montag','Dienstag','Mittwoch', 'Donnerstag',
                                     'Freitag','Samstag','Sonntag');
```

Beachten Sie, daß die Indizierung in einer ListBox mit 0 beginnt.

```
procedure TForm1.FormCreate(Sender: TObject);
var i: Integer;
begin
 for i := 1 to High(tage) do ListBox1.Items.Add(tage[i]);   // Füllen der Listbox
 ListBox1.ItemIndex := 3        // Anfangswert = vierter Eintrag => Donnerstag
end;
```

Test

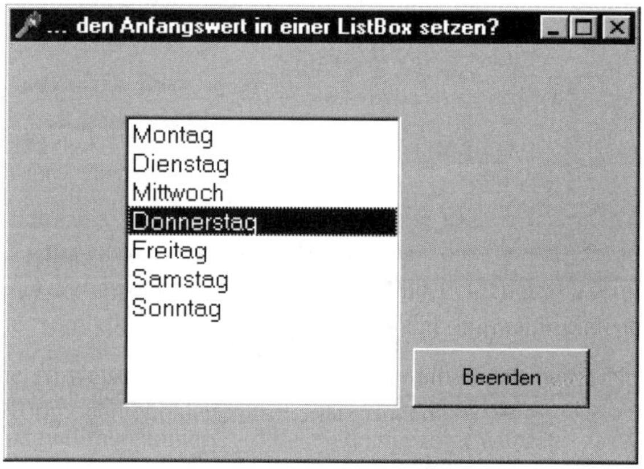

R43 ... den Mauszeiger ausblenden?

Sie möchten ein Zeichenprogramm schreiben, das den Mauszeiger als Schnittpunkt zweier Achsen darstellt? Dazu blenden Sie einfach den Cursor weg und zeichnen eine vertikale und eine horizontale Linie. Zum Ausblenden des Cursors nutzen Sie die *Cursor*-Eigenschaft. Setzen Sie diese auf -1, verschwindet der Cursor.

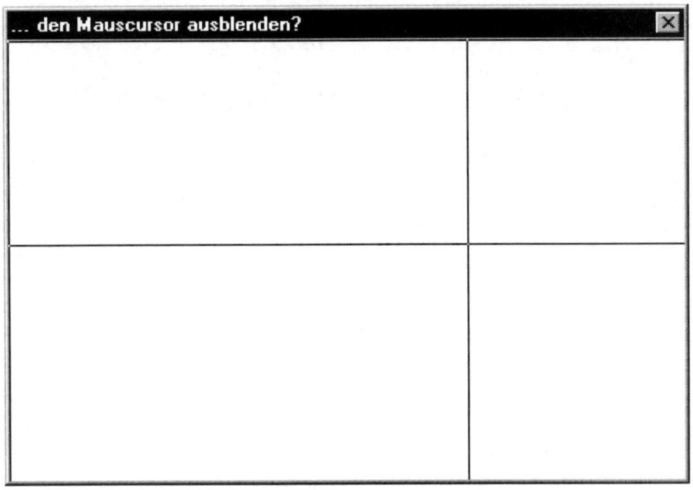

Quelltext

```
procedure TForm1.FormCreate(Sender: TObject);
begin
    Cursor := -1;
    xa :=0;
    ya :=0;
    Form1.Canvas.Pen.Mode:=pmnotxor
end;

procedure TForm1.FormMouseMove(Sender: TObject;Shift:TShiftState;X,Y:Integer);
begin
    with Form1.Canvas do begin
        MoveTo(xa, 0);
        LineTo(xa, ClientHeight);
        MoveTo(0, ya);
        LineTo(ClientWidth, ya);
        MoveTo(x, 0);
        LineTo(x,ClientHeight);
        MoveTo(0, y);
        LineTo(ClientWidth, y);
        xa :=x;
        ya :=y
    end
end;
```

R44 ... die Mauskoordinaten anzeigen?

Das folgende Beispiel zeigt bei jedem Mausklick die Koordinaten und den Klickpunkt an.

Quelltext

```
procedure TForm1.FormMouseDown(Sender: TObject; Button: TMouseButton;
  Shift: TShiftState; X, Y: Integer)
begin
     Canvas.TextOut(x,y,' '+IntToStr(x)+':'+IntToStr(y));
     Canvas.MoveTo(x-2,y); Canvas.LineTo(x+3,y);
     Canvas.MoveTo(x,y-2); Canvas.LineTo(x,y+3)
end;
```

Test

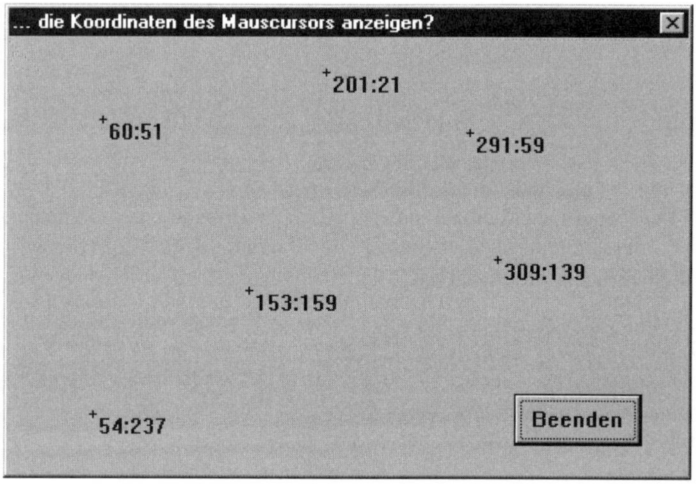

R45 ... mit der Gitter-Komponente arbeiten?

Zur tabellenförmigen Datenanzeige stellt Delphi die beiden Komponenten *DrawGrid* und *StringGrid* zur Verfügung. Beide sind eng miteinander verwandt, wobei das *StringGrid* die leistungsfähigere Variante ist. Es entspricht vollständig dem *DrawGrid* und besitzt darüber hinaus zusätzliche Eigenschaften für einen vereinfachten indizierten Zugriff auf die Zellen (siehe Kapitel 4, Abschnitt 4.5).

Das folgende kleine Demoprogramm ermöglicht die Eingabe von max. 10 Personennamen und deren Geburtsjahr und berechnet daraus deren Alter. Es benutzt dazu eine repräsentative Auswahl der wichtigsten Funktionen der *StringGrid*-Komponente. Angesichts des undurchschaubaren

Wirrwarrs der teilweise miteinander verzahnten über 50(!) Schlüsseleigenschaften, -methoden und -ereignisse ist eine solche Beschränkung dringend erforderlich, um Licht in das Dunkel zu bringen.

Oberfläche

Wir plazieren auf dem Formular (*Form1*) eine Gitter-Komponente (*StringGrid1*), eine Listenbox (*Listbox1*) und eine Schaltfläche (*Button1*).

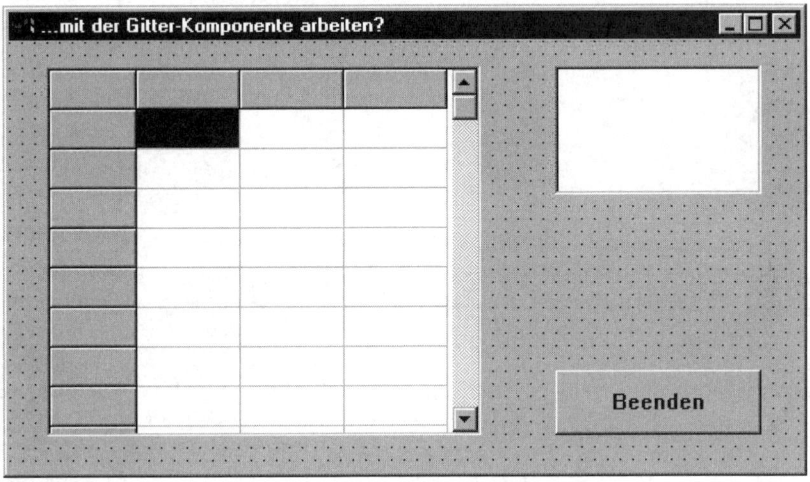

Für *StringGrid1* werden im Objektinspektor nur folgende, von den Standardwerten abweichende, Eigenschaften geändert:

RowCount = 11; ColCount = 4, ScrollBars = ssVertical.

Die restlichen Eigenschaften werden per Quelltext zugewiesen.

Quelltext

```
unit Unit1;

interface

uses
  SysUtils, Windows, Messages, Classes, Graphics, Controls,
  Forms, Dialogs, StdCtrls, Grids, ExtCtrls;

type
  TForm1 = class(TForm)
    StringGrid1: TStringGrid;
    ListBox1: TListBox;
    Button1: TButton;
```

```
    procedure Button1Click(Sender: TObject);
    procedure FormCreate(Sender: TObject);
    procedure StringGrid1Click(Sender: TObject);
    procedure StringGrid1KeyPress(Sender: TObject; var Key: Char);

    procedure calcYears;    // selbst hinzufügen!
  end;

var
  Form1: TForm1;

implementation

{$R *.DFM}

procedure TForm1.FormCreate(Sender: TObject);          // Programm starten
var i:Integer;

begin
// Aussehen und Eigenschaften des Gitters festlegen:
 with StringGrid1 do
 begin
  ColWidths[0] := 30;                      // Breite der Fixspalte verringern
  Cells[0,0] := 'Nr.';
  Cells[1,0] := 'Name';
  Cells[2,0] := 'Geburtsjahr';
  Cells[3,0] := 'Alter';
 // Fixspalte mit Zeilennummern ausfüllen:
  for i := 1 to RowCount-1 do Cells[0,i] := IntToStr(i);
  // alle True-Optionseinstellungen zuweisen:
  Options := [goFixedVertLine, goFixedHorzLine, goHorzLine, goVertLine,
             goRowMoving, goColSizing, goEditing, goTabs]
  end
end;

procedure TForm1.calcYears;     // Alter berechnen
var heute: TDateTime;
    geb, jahr, monat, tag: Word;
    i,code: Integer;
```

```
begin
 heute := Now;                                  // aktuelles Datum ermitteln
 DecodeDate(heute, jahr, monat, tag);           // aktuelle Jahreszahl berechnen
 with StringGrid1 do
 begin
  EditorMode := True;                      // sonst keine Zuweisung möglich!
  if Cells[2,row] <> '' then               // nur, wenn Geburtsjahr eingetragen ist
  begin
   Val(Cells[2,row], geb, code);           // Geburtsjahr in Zahl umwandeln
   Cells[3,row] := IntToStr(jahr-geb)      // Differenz berechnen und zuweisen
  end
 end
end;

procedure TForm1.StringGrid1KeyPress(Sender: TObject; var Key: Char);
// Tastatureingaben auswerten:
begin
 with stringGrid1 do begin
  // Alter nach Eingabe des Geburtsjahrs berechnen:
  if col = 2 then if key = Chr(13) then calcYears;    // Enter-Taste
  // Eingaben in Alter-Spalte sperren:
  if col = 3 then EditorMode := False else EditorMode := True
 end
end;

procedure TForm1.StringGrid1Click(Sender: TObject);   // Mausklick auswerten
begin
 with stringGrid1 do listBox1.Items := Rows[Row]      // aktuelle Zeile übernehmen
end;
```

Test

Wir starten das Programm und versuchen erst einmal, die Breite der Spalten unseren Wünschen anzupassen. Dazu müssen wir mit der Maus auf die senkrechten Trennlinien innerhalb der oberen (fixierten) Zeile klicken und diese (bei gedrückt gehaltener Maustaste) auseinanderziehen (*GoColSizing*). Dabei stellen wir fest, daß die Korrektur der Fixspalten-Breite zur Laufzeit (per Maus) nicht möglich ist. Aus diesem Grund wurde dies bereits im *OnFormCreate*-EventHandler mittels *ColWidths*-Zuweisung erledigt.

Nun füllen wir das Gitternetz aus, wobei alle Eingaben mit Enter abzuschließen sind. Das Alter erscheint automatisch nach Eingabe des Geburtsjahres. Danach kann mit Cursor- oder Tab-Taste (*GoTabs*) zur nächsten Zelle "gewandert" werden. Die Anzeige rechts im Listenfeld erfolgt synchron dazu.

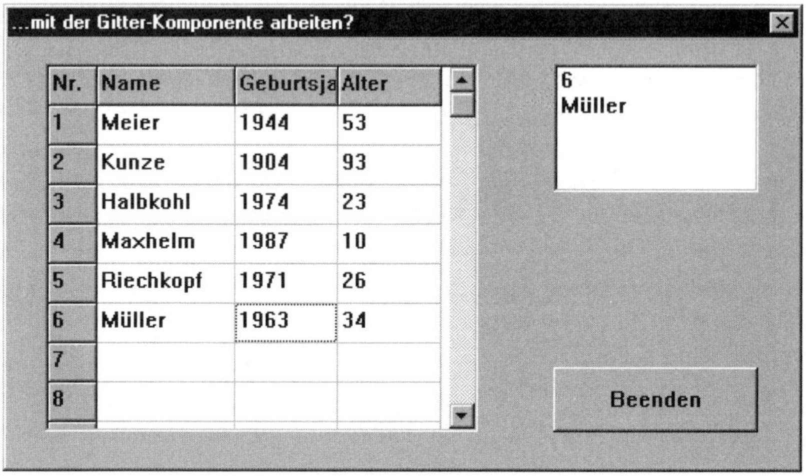

Hinweis: Lassen Sie sich nicht irritieren, daß im obigen Screenshot die Zeilen 3 und 4 vertauscht sind. Sie können das selbst nachvollziehen, indem Sie die entsprechende Zeilennummer (auf der Fixspalte) anklicken und mit der Maus verschieben (*GoRowMoving*).

Bemerkungen

- Erst im *OnCreate*-Ereignis von *Form1* werden endgültiges Aussehen und Eigenschaften des Gitters festgelegt.
- Die Zuweisung der *Options*-Einstellungen führt zu einer ziemlich langen Quelltextzeile, da man die Voreinstellungen im Objektinspektor überschreibt und alle *True*-Werte berücksichtigen muß. Man kann sich das auch sparen, wenn man diese Einstellungen bereits im Objektinspektor vornimmt (dazu auf die *Option*-Zeile doppelklicken!).
- Das Alter wird nicht per Hand eingegeben, sondern aus der Differenz von aktuellem Datum und Geburtsjahr ermittelt. Dazu wird dem *TForm1*-Objekttyp eine extra Methode *calcYears* hinzugefügt.
- *ListBox1* dient eigentlich nur dem Zweck, eine sinnvolle Zuweisung für die *Rows*-Eigenschaft von *StringGrid1* zu ermöglichen. Diese ist vom Typ *TStrings,* dem gleichen Typ also, wie die *Items*-Eigenschaft der Listenbox. Die angeklickte Zeile (diese entspricht der *Row*-Eigenschaft von *StringGrid1*, man beachte den feinen Unterschied!) soll automatisch in *ListBox1* angezeigt werden. Dazu wird das *OnClick*-Ereignis von *StringGrid1* besetzt.
- Eingaben in die letzte Spalte sollen unterbunden werden, was sich am besten im *OnKeyPress*-Event von *StringGrid1* realisieren läßt.

R46 ... zwei Gitter-Komponenten synchronisieren?

Stellen Sie sich vor, Sie haben zwei Anzeigegitter nebeneinander plaziert, aber nur das erste verfügt über Bildlaufleisten. Sie wollen erreichen, daß das zweite Gitter quasi automatisch "mitläuft", also immer genau den gleichen Ausschnitt wie das erste anzeigt.

Oberfläche

Sie brauchen für *Form1* nur zwei *StringGrids* und einen *Button*. Belassen Sie die *ScrollBars*-Eigenschaft von *StringGrid1* auf ihrem Defaultwert (*ssBoth*) und ändern Sie nur die seines Nachbarn (*StringGrid2*) in *ssNone*.

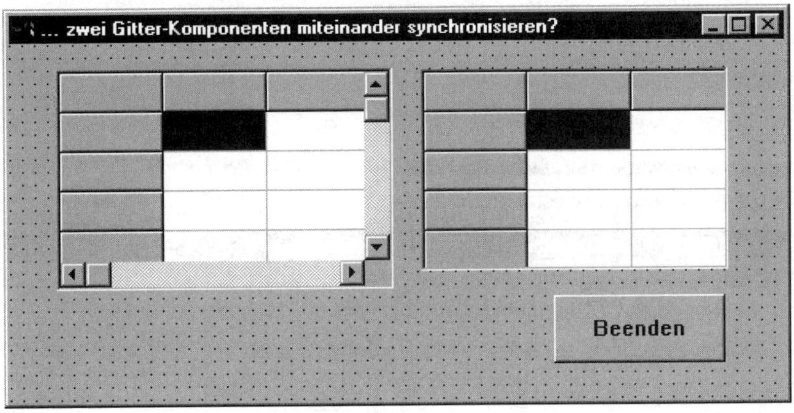

Quelltext

```
procedure TForm1.FormCreate(Sender: TObject);
var i,j: Integer;        (* Zeilen- bzw. Spaltenzähler *)
const n=10;              (* Anzahl Zeilen bzw. Spalten *)

begin
 StringGrid1.RowCount:= n;
 StringGrid1.ColCount:= n;
 StringGrid2.RowCount:= n;
 StringGrid2.ColCount:= n;
 for i:= 0 to StringGrid1.RowCount-1 do   (* für alle Zeilen *)
  for j:=0 to StringGrid1.ColCount-1 do   (* für alle Spalten *)
  begin
   StringGrid1.Cells[j,i]:= IntToStr(i)+','+IntToStr(j);
   StringGrid2.Cells[j,i]:= StringGrid1.Cells[j,i]
  end;
 end;
```

Beim Laden des Formulars werden beide Gitter mit je 10 Zeilen und Spalten ausgestattet. Jede Zelle wird mit Zeilen- und Spaltenindex beschriftet:

Knackpunkt ist die Ausnutzung des *OnTopLeftChanged*-Ereignisses von *StringGrid1,* welches immer dann auftritt, wenn sich obere Zeilennummer oder linke Spaltennummer verändert haben. Im entsprechenden Event-Handler werden dann die Eigenschaften *TopRow* (oberste Zeile) und *LeftCol* (linke Spalte) des zweiten Gitters denen des ersten angepaßt:

```
procedure TForm1.StringGrid1TopLeftChanged(Sender: TObject);
begin
 StringGrid2.TopRow := StringGrid1.TopRow;
 StringGrid2.LeftCol:= StringGrid1.LeftCol
end;
```

Test

Nach Programmstart werden Sie feststellen, daß "wie von Geisterhand" das zweite Gitter die Ausschnittsverschiebungen seines Nachbarn mitmacht:

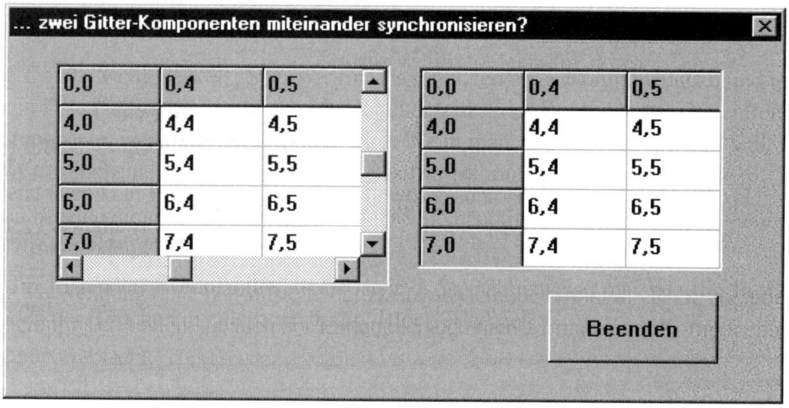

R47 ... mit einem Schieberegler Werte einstellen?

Gewissermaßen als Alternative zum *SpinButton* können Sie auch mit einer simplen Bildlaufleiste diskrete Werte einstellen.

Oberfläche

Auf dem Formular (*Form1*) plazieren Sie eine ScrollBar (*ScrollBar1*), einen Panel (*Panel1*) und (nicht unbedingt nötig) einen Button (*Button1*):

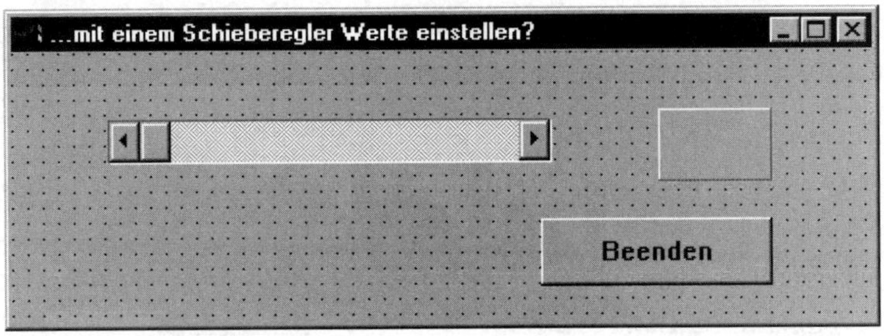

Wünscht man eine vertikale ScrollBar, so ist die *Kind*-Property von *ScrollBar1* in *sbVertical* zu ändern. Obwohl sich auch alle anderen Schlüsseleigenschaften im Objektinspektor einstellen lassen, erfolgt hier aus Übersichtlichkeitsgründen deren Festlegung erst im Quelltext.

Quelltext

```
procedure TForm1.FormCreate(Sender: TObject);
var mini, maxi, pos: Integer;
begin
 mini:= 0;         // unterer Skalenwert
 maxi:= 100;       // oberer Skalenwert
 pos:= 50;         // aktuelle Position
 Panel1.Caption:= IntToStr(pos);  // Anzeige
 with ScrollBar1 do
 begin
  SetParams(pos,mini,maxi);  // Werte zuweisen
  LargeChange:= 10;          // Grobabstufung
  SmallChange:= 1            // Feinabstufung
 end
end;

procedure TForm1.ScrollBar1Scroll(Sender: TObject; ScrollCode: TScrollCode;
  var ScrollPos: Integer);
begin
 Panel1.Caption:= IntToStr(ScrollPos)                // Anzeige
end;
```

Test

Starten Sie das Programm und überzeugen Sie sich von der einfachen Handhabung des Schiebereglers! Wenn Sie mit der Maus direkt auf die Leiste (also ober- bzw. unterhalb des Schiebereglers) klicken, ergeben sich sprunghafte Änderungen (*LargeChange*-Eigenschaft).

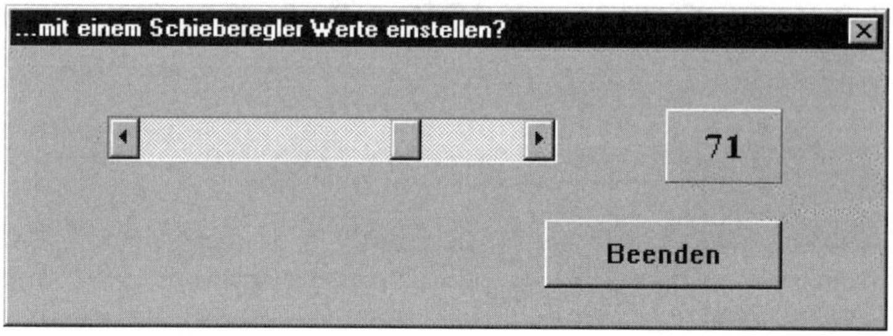

Bemerkungen

- Statt des *OnScroll*-Ereignisses kann auch *OnChange*-verwendet werden.
- Die Methode *SetParams* dient der Einsparung von drei Einzelanweisungen. In unserem Beispiel läßt sie sich ersetzen durch

```
Position:= pos; Min:= mini; Max:= maxi;
```

- Obige Werte können (soweit sinnvoll) auch ein negatives Vorzeichen haben. Gleitkommazahlen sind allerdings nicht möglich. Werden sie dennoch benötigt, so müssen sie nachträglich berechnet werden, z.B.

```
wert:= ScrollBar1.Position / 10;
```

- Alternativ können Sie für das Einstellen von Werten auch *SpinEdit* (Seite "Beispiele" der Komponentenpalette) einsetzen. Weitere Möglichkeiten sind *TrackBar* und *UpDown* (Seite "Win32").

R48 ... verknüpfte und rastende Schalter realisieren?

Die "normalen" Buttons (*TButton*, *TBitBtn*) bleiben nur solange gedrückt, wie Sie die Maustaste niederhalten. Außerdem ist es nicht ohne weiteres möglich, damit Schalterfelder zu realisieren, deren Tasten voneinander abhängig sind (immer nur eine Taste ist gedrückt, wie z.B. bei einer Werkzeugpalette). Zum Glück gibt es da noch den Schaltertyp *TSpeedButton.* Dieser hat ein sehr breites Anwendungsspektrum, welches wohl kaum noch Wünsche offen läßt. Neben seinen Grafikfähigkeiten, auf die an anderer Stelle (s.u.) näher eingegangen wird, erlaubt er auch das Gruppieren bzw. Erstellen von Verknüpfungen innerhalb von Schalterfeldern. Das folgende Testprogramm demonstriert die wichtigsten Einsatzvarianten.

Oberfläche

Auf dem Formular (*Form1*) plazieren Sie insgesamt zehn Speed-Buttons und fünf Labels (im weiteren unbedeutend):

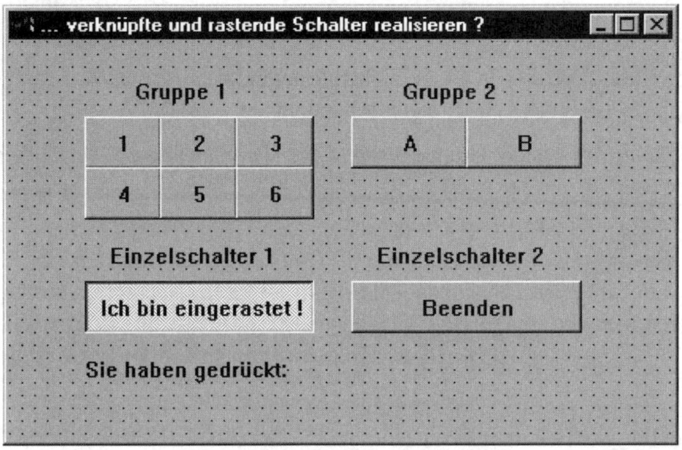

Eine Zusammenfassung aller zu verändernden Standardeigenschaften zeigt folgende Tabelle:

Komponente	Eigenschaften	Wert	Bemerkung
SpeedButton1 ... SpeedButton6	*Caption* *GroupIndex*	1,2,3,4,5,6 1	Gruppe1 (verknüpft)
SpeedButton7, SpeedButton8	*Caption* *GroupIndex* *AllowAllUp* *Tag*	A, B 2 *True* 1, 2	Gruppe2 (einrastend, nicht verknüpft, indiziert)
SpeedButton9	*Caption* *GroupIndex* *AllowAllUp* *Down*	Ich bin eingerastet! 3 *True* *True*	Einzelschalter 1 (einrastend, eingedrückt)
SpeedButton10	*Caption*	Beenden	Einzelschalter 2 (normal)

Weiterhin ist zu beachten:

- Am letzten Button (*SpeedButton9*) wird nicht "herumgedoktert". Er behält demnach den *GroupIndex*-Defaultwert 0 und wird sich deshalb im folgenden durch keinerlei besondere Fähigkeiten hervorheben, sich also wie ein "stinknormaler" Button verhalten.
- Wenn Sie die *AllowAllUp*-Eigenschaft für die Gruppe2 (A, B) in *True* ändern, genügt es, dies für einen einzelnen SpeedButton zu tun, der andere erhält dann diesen Wert automatisch.

Quelltext

Um möglichst viele Informationen zu möglichen Programmiervarianten zu vermitteln, erhalten die einzelnen Gruppen unterschiedliche Ereignisbehandlungen.

Den sechs Buttons der ersten Gruppe wird folgende gemeinsame *OnClick*-Ereignisprozedur zugewiesen:

```
procedure TForm1.SpeedButton1Click(Sender: TObject);     // Gruppe 1
var txt: string;
begin
 txt:= 'Gruppe 1 => ';
 Canvas.TextOut(180,200,txt+TSpeedButton(Sender).Name);
end;
```

Ausgewertet und angezeigt wird der Name des gedrückten Button (*String*!).

Bei der zweiten Gruppe wird die *Tag*-Eigenschaft (*Integer*!) quasi als Selektor für den aktivierten Button verwendet:

```
procedure TForm1.SpeedButton2Click(Sender: TObject);     // Gruppe 2
var txt:string;
begin
 case TSpeedButton(Sender).Tag of
  1: txt:= 'Der A-Button!';
  2: txt:= 'Der B-Button!'
 end;
 txt:= 'Gruppe 2 => ' + txt;
 Canvas.TextOut(180,200,txt)
end;
```

Bei der nur aus einem einzigen Button bestehenden dritte Gruppe (Einzelschalter1) wird die *Down*-Eigenschaft zum Abfragen des momentanen Zustandes (gedrückt/nicht gedrückt) und zur Änderung der Beschriftung ausgenutzt:

```
procedure TForm1.SpeedButton9Click(Sender: TObject);  // Einzelschalter 1
begin
 // überstehenden Text löschen:
 Canvas.TextOut(240,200,'                                    ');
 // Ausgabe:
 with SpeedButton9 do
 if Down then Caption:= 'Ich bin eingerastet'
        else Caption:= 'Ich bin ausgerastet';
  Canvas.TextOut(180,200,TSpeedButton(Sender).Caption)
end;
```

Nichts besonderes leistet der letzte Button (Einzelschalter2):

```
procedure TForm1.SpeedButton10Click(Sender: TObject);  // Beenden
begin
 Close
end;
```

Test

Starten Sie das Programm und lernen Sie die Auswirkungen der *GroupIndex*, *AllowAllUp* und *Down*-Eigenschaft in der Praxis kennen!

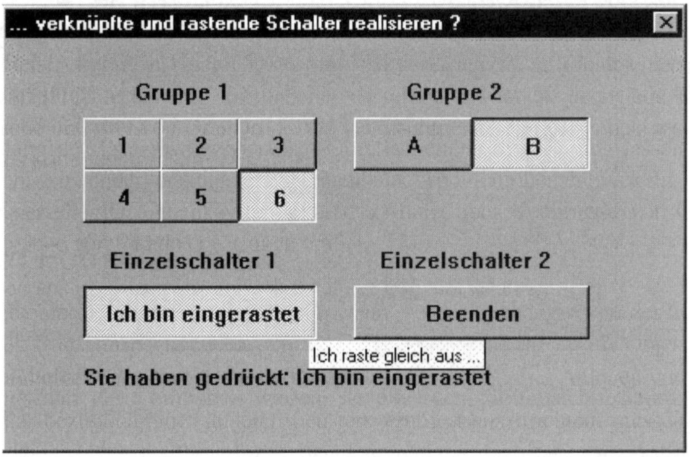

In der Abbildung sehen Sie auch eine QuickInfo (*Hint*-Eigenschaft von *SpeedButton9*).

Bemerkungen

- Eine Einzelabfrage innerhalb eines Schalterfeldes ist z.B. auch möglich mit *f Sender = SpeedButton5 then ... Case* geht nicht, da *Sender* kein ordinaler Datentyp ist.
- Zu *Glyph* und anderen damit zusammenhängenden Eigenschaften informieren Sie sich in

☞ R49 ... Grafiken in Schaltflächen einsetzen?

R49 ... Grafiken in Schaltflächen einsetzen?

Schluß mit dem tristen Einerlei der *TButton*-Typen! Sowohl mit dem Typ *TBitBtn* als auch mit *TSpeedButton* kann man neben Text auch Grafiken innerhalb von Schaltflächen anzeigen.

Standardmäßig ist die Eigenschaft *NumGlyphs* auf 1 gesetzt, d.h., für jede Schalterstellung (oben, unten, gesperrt) steht nur eine Grafik zur Verfügung, die durch Setzen der *Glyph*-Eigenschaft zur Entwurfs- oder auch zur Laufzeit (s.u.) zugewiesen werden kann.

Grafiken erstellen

In einem pixelorientierten Zeichenprogramm, z.B. Paintbrush, erstellen wir pro Schalter eine einzige Bitmap, welcher im gleichmäßigen Abstand nebeneinander (am besten auf weißem Hintergrund) die Symbole für die Zustände "Taste oben", "Taste gesperrt" und "Taste unten" enthält (ohne Beschriftung und ohne Rand!). Die Datei wird (am besten als 16-Farben-Bitmap) im Arbeitsverzeichnis abgespeichert (z.B. als TEST.BMP).

oben gesperrt unten

Die Wahl eines weißen Hintergrundes hat den Vorteil, daß dieser später gewissermaßen transparent erscheint und damit durch das Grau der Schaltflächen ersetzt wird.

Oberfläche

Auf dem Formular (*Form1*) plazieren wir links einen SpeedButton (*SpeedButton1*) und rechts einen Bitmap-Button (*BitBtn1*).

Die folgende Tabelle zeigt eine Zusammenstellung der zu ändernden Eigenschaften von *SpeedButton1*.

Eigenschaft	Wert	Bemerkung
Caption	*Die Fratze*	Beschriftung
Glyph	*TEST.BMP*	Bitmap-Datei, wird im Dialogfenster zugewiesen
Layout	*blGlyphBottom*	Bild erscheint unten
NumGlyphs	*3*	drei Bitmaps
Spacing	*0*	Abstand Bild-Text
Margin	*-1 (Standardwert)*	zentriert, sonst Abstand Bild-Schalterkante

Für *BitBtn1* brauchen wir kaum etwas umzustellen, lediglich für die *Kind*-Eigenschaft wird (entsprechend der geplanten Verwendung als Exit-Button) die "vorgefertigte" Variante *bkClose* ausgewählt. Wer es möchte, kann auch noch durch den *Layout*-Wert *blGlyphRight* erreichen, daß die standardmäßig vorhandene Bitmap rechts neben der ebenfalls automatisch gelieferten Beschriftung erscheint:

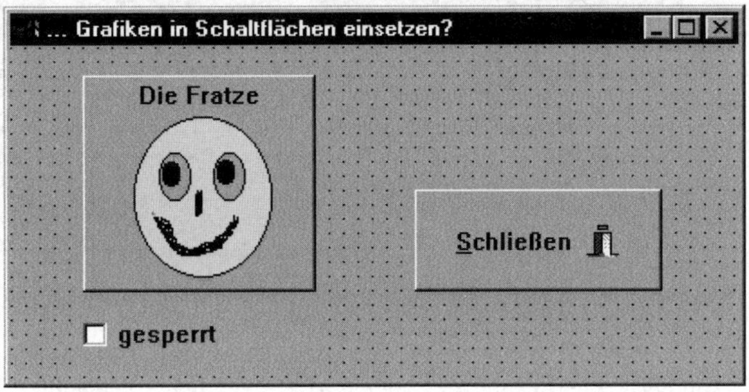

Quelltext

Irgend etwas muß passieren, wenn der Button gedrückt wird, und sei es nur ein kläglicher Piepton:

```
procedure TForm1.SpeedButton1MouseDown(Sender: TObject;
  Button: TMouseButton; Shift: TShiftState; X, Y: Integer);
begin
 MessageBeep(0)
end;
```

Die Checkbox dient lediglich dazu, den Button zu sperren bzw. freizugeben:

```
procedure TForm1.CheckBox1Click(Sender: TObject);
begin
 if CheckBox1.Checked then
  SpeedButton1.Enabled:= False
                      else
  SpeedButton1.Enabled:= True
end;
```

Ein Ereigniscode für das Schließen des Formulars ist nicht notwendig, da dafür bereits die *Kind*-Eigenschaft von *BitBtn1* sorgt.

Test

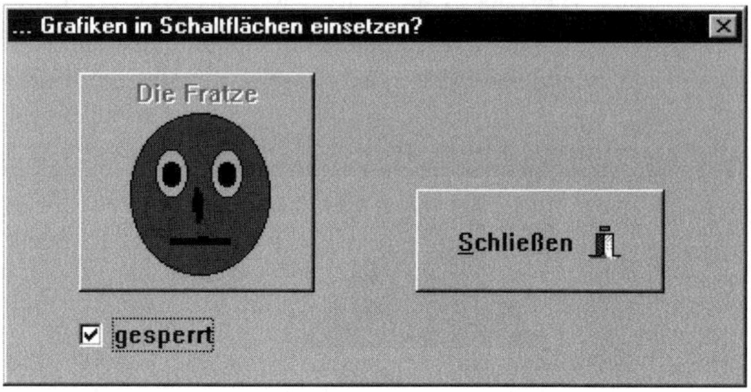

Bemerkungen

- Ein Zuweisen der Bitmap-Datei zur Laufzeit ist z.B. mit der Anweisung

  `Glyph.LoadFromFile('c:\delphi\demo\test.bmp')`

  möglich.
- Die *NumGlyphs*-Eigenschaft kann maximal den Wert 4 annehmen. Dann aber sind vier Grafiken nebeneinander zu zeichnen, die letzte bezieht sich auf die Schalterstellung "dauernd gedrückt". In der Praxis dürfte dieser Zustand höchst selten sinnvoll sein, da er im allgemeinen durch die "unten"-Position ausreichend nachgebildet wird.
- Wenn Sie die *Kind*-Eigenschaft von *BitBtn1* auf *bkCustom* setzen, kann dieser Button in unserem Beispiel genauso eingesetzt werden wie sein linker Nachbar (*SpeedButton1*).

R50 ... eine RadioGroup programmieren?

Dieses Steuerelement, das Sie auf der Standardseite der Komponentenpalette finden, hat es in sich: Mit wenigen Mausklicks können Sie ein Optionsfeld erstellen. Gegenüber der üblichen Programmierung mit einzelnen RadioButtons ergeben sich nicht nur Erleichterungen beim Entwurf, sondern auch erheblich verbesserte Zugriffsmöglichkeiten zur Laufzeit. Das folgende kleine Demoprogramm soll Ihnen den Unterschied verdeutlichen, indem wir die *Color*-Eigenschaft des Formulars einmal mittels RadioGroup und ein anderes Mal mittels RadioButtons verändern.

Oberfläche

Auf dem Formular plazieren Sie links zwei *RadioGroups* und rechts eine *GroupBox*:

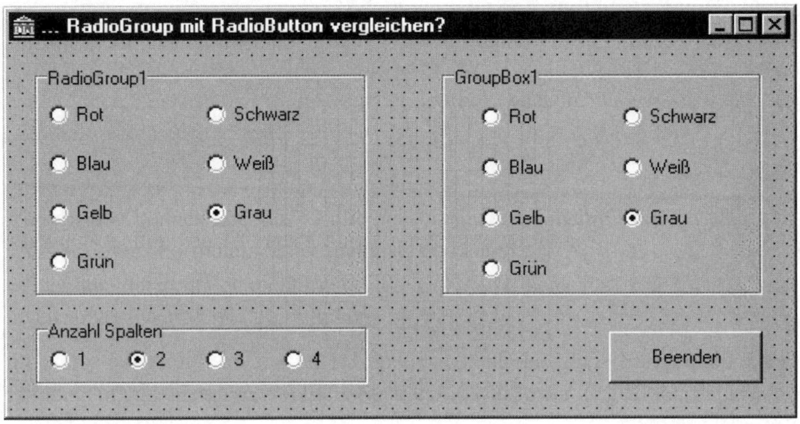

Während Sie in *GroupBox1* (rechts) sieben einzelne RadioButtons (*RadioButton1 ... RadioButton7*) einsetzen müssen, brauchen Sie bei *RadioGroup1* bzw. *RadioGroup2* nur die *Items*-Eigenschaft zu klicken und im Stringlisteneditor die entsprechenden Einträge vorzunehmen, wie hier für *RadioGroup1*:

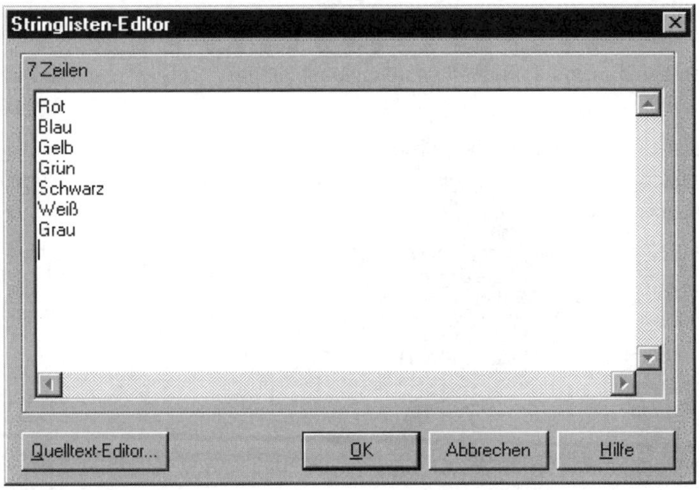

Damit gleich zu Beginn die Farbe "Grau" aktiviert ist, setzen Sie die *ItemIndex*-Eigenschaft von *GroupBox1* auf 6 und die *Checked*-Eigenschaft von *RadioButton7* auf *True*. Stellen Sie für *Columns* von *RadioGroup1* den Wert 2 ein, für *ItemIndex* von *RadioGroup2* den Wert 1.

Hinweis: Die *ItemIndex*-Eigenschaft einer RadioGroup bezeichnet den momentan aktiven Feldindex. Die Zählung beginnt mit Null (0).

Oberfläche

Der *implementation*-Abschnitt von *Form1* beginnt mit einer kleinen Überraschung: Eine initialisierte Array-Konstante!

```
const farbe: array[1..7] of TColor = (clRed,clBlue, clYellow, clGreen,
                                      clBlack, clWhite, clBtnFace);
```

Die Programmierung von *RadioGroup1*:

```
procedure TForm1.RadioGroup1Click(Sender: TObject);
var i: Integer;
begin
 i := RadioGroup1.ItemIndex + 1;
 Color := farbe[i];                 // Formularfarbe ändert sich!
```

Das war es eigentlich schon! Doch wir wollen noch dafür sorgen, daß die aktive Farbauswahl auch in der GroupBox mit angezeigt wird. Sie sehen, daß sich der Schreibzugriff ziemlich umständlich gestaltet:

```
 case i of
  1: RadioButton1.Checked := True;  2: RadioButton2.Checked := True;
  3: RadioButton3.Checked := True;  4: RadioButton4.Checked := True;
  5: RadioButton5.Checked := True;  6: RadioButton6.Checked := True;
  7: RadioButton7.Checked := True;
 end end;
```

Nun zur Programmierung des gleichen Problems mit RadioButtons. Wir verwenden für alle sieben RadioButons einen gemeinsamen Eventhandler (auf "Ereignisse"-Seite des Objektinspektors dem *OnClick*-Event zuweisen!):

```
procedure TForm1.RadioButtonClick(Sender: TObject);
var i: Integer;
begin
 if Sender = RadioButton1 then i := 1; if Sender = RadioButton2 then i := 2;
 if Sender = RadioButton3 then i := 3; if Sender = RadioButton4 then i := 4;
 if Sender = RadioButton5 then i := 5; if Sender = RadioButton6 then i := 6;
 if Sender = RadioButton7 then i := 7;
 Color := farbe[i];
```

Das Synchronisieren der Anzeige in *RadioGroup1* gestaltet sich wieder sehr einfach:

```
 RadioGroup1.ItemIndex := i- 1
end;
```

Gewissermaßen als "Zugabe" soll über *RadioGroup2* die Spaltenanzahl der größeren Schwester eingestellt werden:

```
procedure TForm1.RadioGroup2Click(Sender: TObject);
begin
 RadioGroup1.Columns := RadioGroup2.ItemIndex + 1
end;
```

Test

Starten Sie das Programm, so werden Sie keinerlei Unterschiede in der Arbeitsweise der beiden Optionsfelder feststellen, obwohl der Programmieraufwand bei der RadioGroup wesentlich geringer ist.

Bemerkungen

- Die *Items*-Eigenschaft einer RadioGroup können Sie anstatt im Stringlisten-Editor auch per Quellcode zuweisen, siehe

  ☞ R2 ... mit Stringlisten arbeiten?

- Über das Programmieren von initialisierten Arrays informieren Sie sich bitte in Kap. 3 bzw. in der Online-Help.

R51 ... eine Menüleiste erstellen?

Zu jedem "richtigen" Windows-Programm gehört die obligatorische Menüleiste. Mit dem Menüentwurfsfenster (Menu-Designer) stellt Delphi Ihnen dazu ein komfortables Werkzeug zur Verfügung. Die folgende kleine "Textverarbeitung" erläutert die wichtigsten Schritte im Umgang damit.

Oberfläche

Auf das Startformular (*Form1*) setzen Sie ein Memofeld (*Memo1*) und eine, nur zur Entwurfszeit sichtbare, *MainMenu*-Komponente (*MainMenu1*), die gleich ganz vorn auf der *Standard*-Seite der Werkzeugpalette zu finden ist. Durch Doppelklick auf dieses Objekt öffnet sich das Menüentwurfsfenster. Klicken Sie auf das blaue Feld und tippen Sie die Hauptüberschrift des ersten Menüpunktes ("Datei") ein. Sie erkennen, daß diese in das *Caption*-Feld des Objektinspektors eingetragen wird, der automatisch eine Komponente mit dem Namen *Datei1* anzeigt[7]. Auf diese Weise erstellen Sie die weiteren Hauptmenüpunkte "Ansicht", "Bearbeiten" und "Hilfe". Sie brauchen dazu nur mit der Maus auf die entsprechende Stelle des Menü-Designers zu klicken und wie beschrieben fortzufahren.

Um die Untermenüpunkte anzubringen, müssen Sie auf die entsprechenden Stellen unterhalb der Leiste klicken. Für die Trennungslinie geben Sie das Zeichen "-" ein (nur ein einziges!). Schließlich wird Ihnen das Menüentwurfsfenster folgenden Anblick bieten:

---

[7] Die *Name*-Property wird automatisch aus der *Caption*-Eigenschaft gebildet.

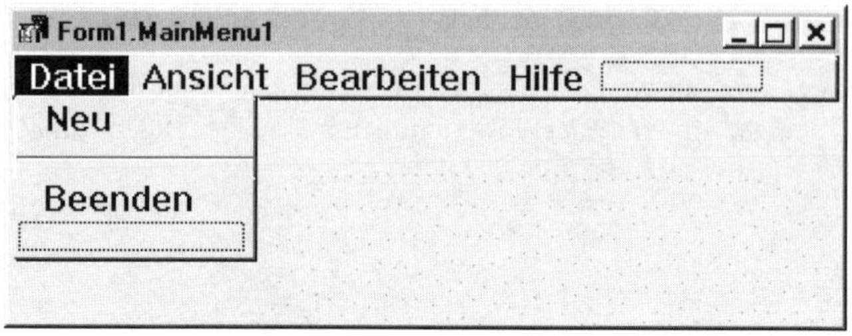

Ein Editieren dieser Einträge (Einfügen, Löschen,...) ist möglich, wenn Sie die rechte Maustaste drücken und die gewünschte Option wählen.

Ergänzen Sie nun die übrigen Menüeinträge wie folgt:

Ansicht: *Schriftart, Vordergrund, Hintergrund*

Bearbeiten*: Kopieren, Einfügen*

Hilfe*: Info*

Das *Ansicht*-Menü soll nun noch weiter aufgesplittet werden. Über die rechte Maustaste erreichen Sie die Option *Untermenü erstellen*. Im Fenster wird eine weitere Menüebene eingeblendet, die auf analoge Weise auszufüllen ist:

Schriftart: *Times, Courier, Arial*

Vordergrund*: schwarz, gelb, grün, blau*

Hintergrund*: weiß, gelb, grün*

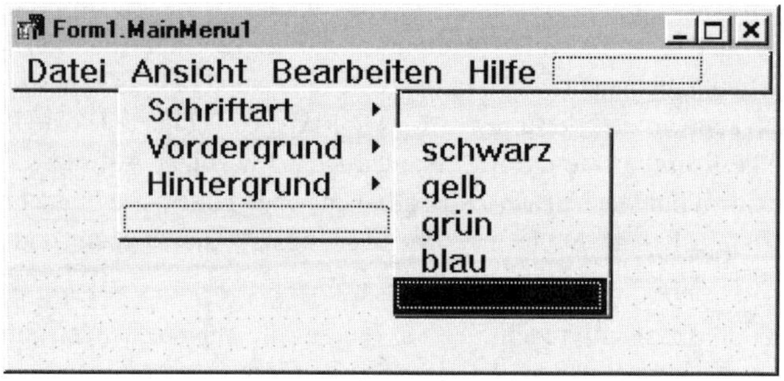

Bereits jetzt können Sie sich von der Funktionsfähigkeit des Menüs überzeugen. Sie brauchen dazu nicht einmal das Programm zu starten:

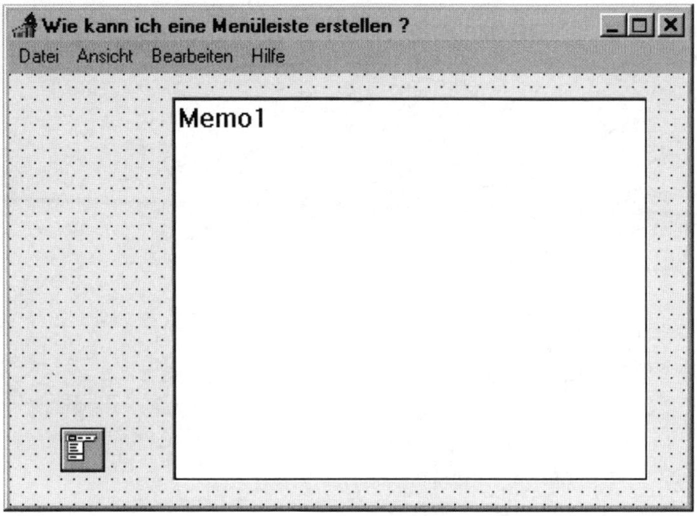

Quelltext

Da eine Menge unbekannter Objekte zu begutachten ist und weil wegen der beiden Zwischenablage-Funktionen die Unit *ClipBrd* der *uses*-Klausel hinzugefügt werden muß, gönnen wir uns diesmal das vollständige Listing von Unit1:

```
unit Unit1;
interface
uses
  SysUtils, Windows, Messages, Classes, Graphics, Controls,
  Forms, Dialogs, Menus, StdCtrls, Clipbrd;
```

Die restlichen Deklarationen des *Interface*-Abschnitts werden von Delphi automatisch erstellt:

```
type
  TForm1 = class(TForm)
    MainMenu1: TMainMenu;
    Memo1: TMemo;
```

Ab jetzt folgen die einzelnen, vom Menu-Designer erstellten, Menüobjekte:

```
    Datei1: TMenuItem;
    Ansicht1: TMenuItem;
    Bearbeiten1: TMenuItem;
    Hilfe1: TMenuItem;
    Beenden1: TMenuItem;
    Schriftart1: TMenuItem;
    Farben1: TMenuItem;
    Hintergrund1: TMenuItem;
    Kopieren1: TMenuItem;
```

```
    Einfgen1: TMenuItem;
    Neu1: TMenuItem;
    N1: TMenuItem;
    Times1: TMenuItem;
    Courier1: TMenuItem;
    System1: TMenuItem;
    Arial1: TMenuItem;
    gelb1: TMenuItem;
    grn1: TMenuItem;
    schwarz1: TMenuItem;
    wei2: TMenuItem;
    gelb2: TMenuItem;
    grn2: TMenuItem;
```

Nun die Deklarationen der Ereignisroutinen:

```
    procedure Info1Click(Sender: Tobject);
    procedure Beenden1Click(Sender: TObject);
    procedure schwarz1Click(Sender: TObject);
    procedure gelb1Click(Sender: TObject);
    procedure grn1Click(Sender: TObject);
    procedure blau1Click(Sender: TObject);
    procedure wei2Click(Sender: TObject);
    procedure gelb2Click(Sender: TObject);
    procedure grn2Click(Sender: TObject);
    procedure Neu1Click(Sender: TObject);
    procedure Times1Click(Sender: TObject);
    procedure Courier1Click(Sender: TObject);
    procedure Arial1Click(Sender: TObject);
    procedure Kopieren1Click(Sender: TObject);
    procedure Einfgen1Click(Sender: TObject);
  end;

var  Form1: TForm1;
```

Nach Doppelklick auf die entsprechenden Menüeinträge im Menu-Designer öffnet sich der Rahmencode für die Ereignisbehandlungen:

```
implementation

{$R *.DFM}
```

Im *Datei|Neu* - Menü beschränken wir uns auf das Löschen des Memofelds:

```
procedure TForm1.Neu1Click(Sender: TObject);                (* Datei|Neu *)
begin Memo1.Text := '' end;
```

Vorder- und Hintergrundfarbe ändern:

```
procedure TForm1.schwarz1Click(Sender: TObject); (*Ansicht|Vordergrund|schwarz*)
begin Memo1.Font.Color := clBlack end;

procedure TForm1.gelb1Click(Sender: TObject);    (*Ansicht|Vordergrund|gelb *)
begin Memo1.Font.Color := clYellow end;

procedure TForm1.grn1Click(Sender: TObject);     (*Ansicht|Vordergrund|grün *)
begin Memo1.Font.Color := clGreen end;

procedure TForm1.blau1Click(Sender: TObject);      (*Ansicht|Vordergrund|blau*)
begin Memo1.Font.Color := clBlue end;

procedure TForm1.wei2Click(Sender: TObject);       (*Ansicht|Hintergrund|weiß*)
begin Memo1.Color := clWhite end;

procedure TForm1.gelb2Click(Sender: TObject);      (*Ansicht|Hintergrund|gelb*)
begin  Memo1.Color := clYellow end;

procedure TForm1.grn2Click(Sender: TObject);       (*Ansicht|Hintergrund|grün*)
begin Memo1.Color := clGreen end;
```

Schriftarten ändern:

```
procedure TForm1.Times1Click(Sender: TObject); (* Ansicht|Schriftart|Times *)
begin Memo1.Font.Name := 'Times' end;

procedure TForm1.Courier1Click(Sender: TObject); (*Ansicht|Schriftart|Courier*)
begin Memo1.Font.Name := 'Courier' end;

procedure TForm1.Arial1Click(Sender: TObject); (* Ansicht|Schriftart|Arial *)
begin Memo1.Font.Name := 'Arial' end;
```

Das Menü für die Zwischenablage:

```
procedure TForm1.Kopieren1Click(Sender: TObject);   (* Bearbeiten|Kopieren *)
begin ClipBoard.AsText := Memo1.Text end;

procedure TForm1.Einfgen1Click(Sender: TObject);    (* Bearbeiten|Einfügen *)
begin
    Memo1.Text := Clipboard.AsText
end;
```

Die Programminfo beschränkt sich auf eine einfache Dialogbox:

```
procedure TForm1.Info1Click(Sender: TObject);                    (* Hilfe|Info *)
begin
 MessageDlg('Menüentwurf mit Borland Delphi', mtInformation,[mbOK],0)
end;
```

Und schließlich der Abgesang:

```
procedure TForm1.Beenden1Click(Sender: TObject);              (* Datei|Beenden *)
begin Close end;
end.
```

Test

Nach Programmstart können Sie sich von der Funktionsfähigkeit der einzelnen Menüpunkte überzeugen:

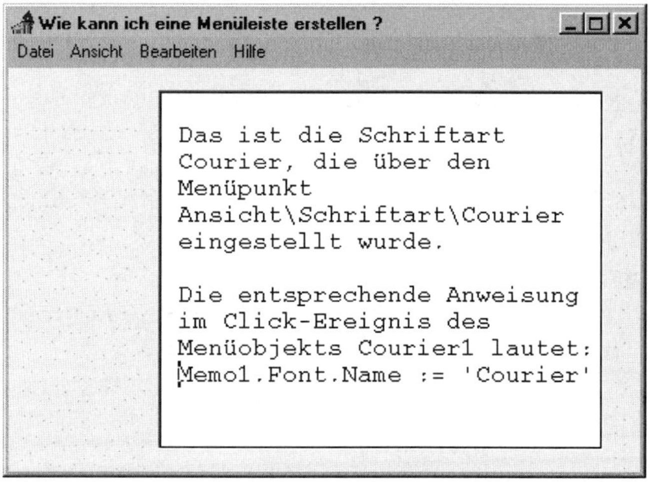

Bemerkungen

- Da die *Text*-Eigenschaft der *Memo*-Komponente max. 255 Zeichen speichert (String!), sollten Sie für ernsthaftere Anwendungen die Clipboard-Funktionen über die *Assign*-Methode abwickeln (siehe [ProfiBuch]).
- Um das Programmchen zu einer vollwertigen kleinen Textverarbeitung auszubauen, müßte vor allem der Dateidialog qualifiziert werden (siehe Kapitel 13, TEXTVERARBEITUNG).

Weitere Informationen zum Menüentwurf siehe

☞ R52 ... PopUp-Menüs anzeigen?

☞ R86 ... mit der Zwischenablage arbeiten?

R52 ... PopUp-Menüs anzeigen?

Jede zeitgemäße Windows-Applikation stellt kontextsensitive PopUp-Menüs bereit. Diese erscheinen nach Klick mit der rechten Maustaste auf ein bestimmtes Objekt der Bedienoberfläche. Das folgende kleine Testprogramm zeigt, wie Sie mit Delphi im Handumdrehen Ihre eigenen Programme mit PopUp-Menüs "nachrüsten" können.

Oberfläche

Auf dem Startformular (*Form1*) plazieren Sie außer einem Editierfeld (*Edit1*) und einer Schaltfläche (*Button1*) auch eine PopUp-Menü-Komponente (*PopupMenu1*), die Sie auf der Standardseite der Werkzeugleiste finden:

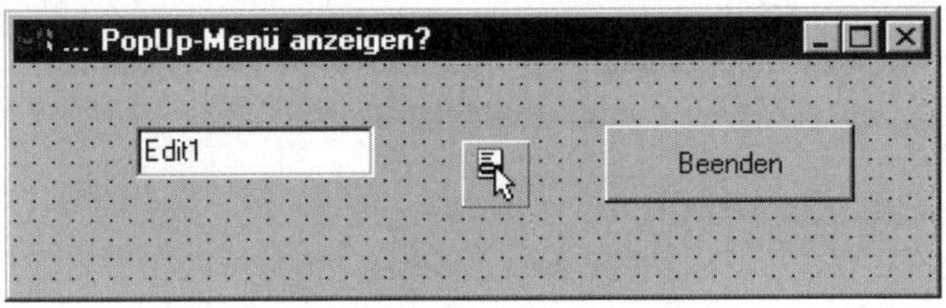

Klicken Sie einmal auf die *PopupMenu*-Komponente und anschließend im Objektinspektor auf den *Items*-Eintrag. Es erscheint ein neues Fenster: der Menu-Designer. Klicken Sie dort auf das leere eingerahmte Feld und tragen Sie die erste Menüzeile ein ("*Text schwarz*"):

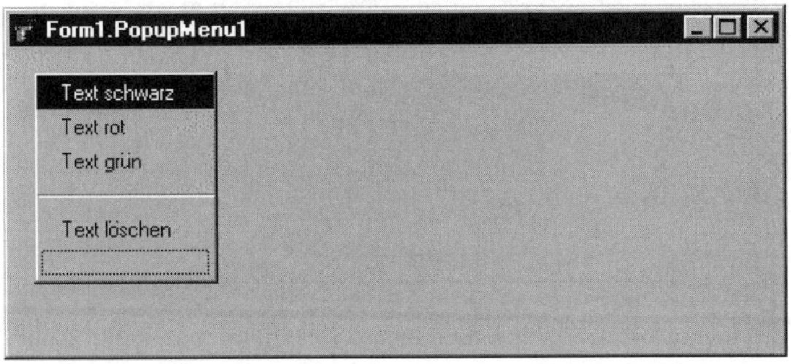

Parallel taucht dieser Eintrag auch als *Caption*-Eigenschaft im Objektinspektor auf, so daß Sie dort editieren können. Auf diese Weise wird das komplette Menü fertiggestellt. Für die Trennlinie verwenden Sie einen Trennstrich (-).

Was aber, wenn Ihnen ein Menüeintrag nicht gefällt, Sie zwischen zwei Menüzeilen eine weitere einfügen oder gar ein Submenü erstellen möchten? Kein Problem, drücken Sie über dem Menü-Entwurfsfenster die rechte Maustaste. Das diesmal "in eigener Sache" erscheinende Popup-Menü bietet Ihnen unter anderem auch die Optionen *Einfügen*, *Löschen* und *Untermenü erstellen* an.

Quelltext

Jeder Menüeintrag ist genauso ein Objekt wie jede andere Komponente und verfügt über Eigenschaften und Methoden. Allerdings gibt es nur ein Ereignis, das *OnClick*-Event.

Wir wollen aus Übersichtlichkeitsgründen nur eine einzige Ereignisbehandlungsroutine schreiben, die wir *PopUp1Click* nennen. Entfernen Sie aus der Typdeklaration von *Form1* die nicht benötigten Ereignismethoden und fügen Sie die für *PopUp1Click* hinzu:

```
type
  TForm1 = class(TForm)
    Edit1: TEdit;
    Button1: TButton;
    PopupMenu1: TPopupMenu;
    Textschwarz1: TMenuItem;
    Textrot1: TMenuItem;
    Textgrn1: TMenuItem;
    N1: TMenuItem;
    Textlschen1: TMenuItem;
    procedure Button1Click(Sender: TObject);
    procedure PopUp1Click(Sender: TObject);    (* hinzufügen! *)
   end;
```

Da wir aus Bequemlichkeitsgründen auf eine Namensänderung der Menüeinträge verzichtet haben, hat der Editor die Namen selbst auf Grundlage der *Caption*-Property nach bestem Wissen und Gewissen "zusammengebastelt". Dabei werden Umlaute einfach ignoriert.

Die Ereignisbehandlung müssen wir komplett neu erstellen, die Herkunft des Menüklicks ergibt sich aus der allgemeinen *Sender*-Objektvariablen:

```
procedure TForm1.PopUp1Click(Sender: TObject);
begin
 with Edit1 do
 begin
  if Sender=TextSchwarz1 then Font.Color := clBlack;
  if Sender=TextRot1 then Font.Color := clRed;
  if Sender=TextGrn1 then Font.Color := clGreen;
  if Sender=TextLschen1 then Text := ''
 end
end;
```

Wenn Sie diese Methode hinzugefügt haben, müssen Sie das Menüentwurfsfenster öffnen, auf den entsprechenden Eintrag klicken und dann die *Ereignisse*-Seite des Objektinspektors aufschlagen. Dort weisen Sie dem *OnClick*-Ereignis den Bezeichner *PopUp1Click* zu.

Test

Starten Sie das Programm und drücken Sie über dem Editierfeld die rechte Maustaste. Es passiert - nichts! Kein Wunder, denn woher soll die Komponente *Edit1* denn von ihrem Glück wissen, daß ihr ein Popup-Menü zugeordnet wurde?

Deshalb: Setzen Sie die *PopupMenu*-Eigenschaft von *Edit1* auf *PopupMenu1!* Dieser Bezeichner wird in der kleinen Rollbox daneben ausgewählt.

Über die *PopupMenu*-Eigenschaft verfügen Formulare und (fast) alle sichtbaren Komponenten. Falls Sie diese Property nicht besetzen, dürfen Sie sich später nicht wundern, wenn die rechte Maustaste keine Wirkung zeigt.
Haben Sie das Versäumte nachgeholt, können Sie über das Popup-Menü die Schriftfarbe der Textbox ändern sowie deren Inhalt löschen:

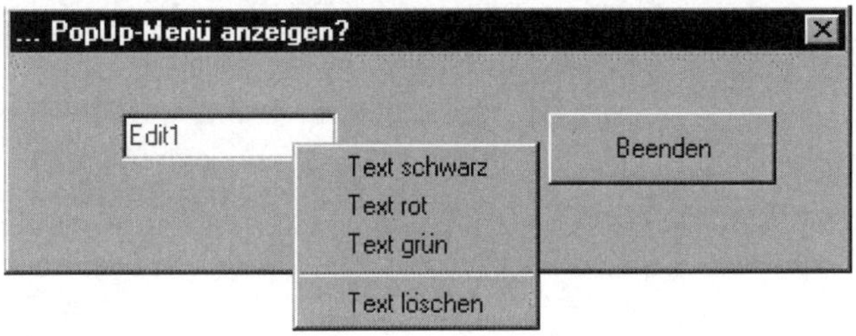

Bemerkungen

- Durch Setzen der Properties *Visible*, *Enabled*, *Checked* u.a. (siehe Objektinspektor) zur Laufzeit können Sie Menüeinträge verschwinden lassen, sperren oder mit einem Häkchen versehen.
- Hinter dem Namensbezeichner *N1* verbirgt sich der unverdienterweise in den Status eines "Objekts" erhobene Menü-Trennstrich.

Weitere Informationen finden Sie in

☞ R51 ... eine Menüleiste erstellen?

Wie kann ich ...?

Grafik

R53 ... den Unterschied zwischen PaintBox und Image verstehen?

Was ist eigentlich der Unterschied zwischen einer *Paintbox* und einem *Image*? Beide verfügen doch über ein *Canvas*-Objekt über dessen Methoden Sie Grafiken ausgeben können. Die Antwort auf die Frage soll das folgende kleine Testprogramm liefern, welches die theoretischen Ausführungen des Abschnitts 6.3.1. ergänzt.

Oberfläche

Wie sicher nicht anders zu erwarten, brauchen wir zuerst einmal eine *Image*- und eine *Paintbox*-Komponente. Zusätzlich fügen wir noch einige Buttons ein, über die wir einen Zeitvergleich starten und außerdem eine Möglichkeit schaffen, die Grafik zu sichern bzw. zu laden.

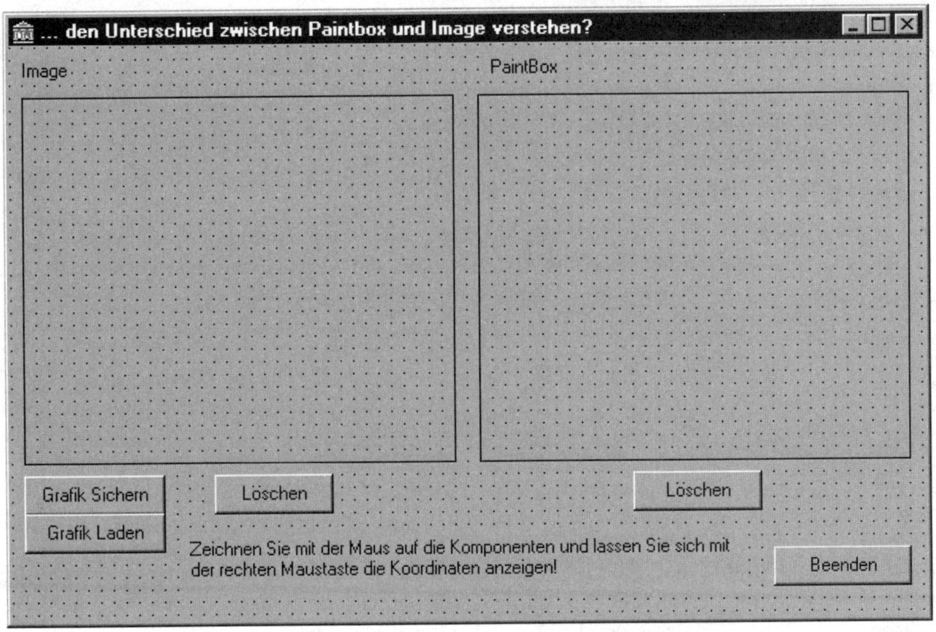

Quelltext

Als erstes werden wir etwas Leben in die Sache bringen. Dazu erweitern wir die Ereignisse *MouseDown* und *MouseMove* :

```
procedure TForm1.Image1MouseDown(Sender: TObject; Button: TMouseButton;
  Shift: TShiftState; X, Y: Integer);
begin
    if Shift = [ssright] then begin
```

```
      Image1.Canvas.TextOut(x,y,IntToStr(x) + ':' + IntToStr(y))
    end
end;


procedure TForm1.Image1MouseMove(Sender: TObject; Shift: TShiftState; X,
  Y: Integer);
begin
    if Shift = [ssleft] then Image1.Canvas.LineTo(x,y)
end;
```

Drücken Sie auf die linke Taste und bewegen Sie die Maus, wird eine Linie gezeichnet. Ein Druck auf die rechte Maustaste zeigt die aktuellen Mauskoordinaten an.

Soll die Grafik gelöscht werden, müssen Sie den rechteckigen Bereich mit der Hintergrundfarbe füllen. Wir verwenden dazu die Methode *FillRect*:

```
procedure TForm1.Button4Click(Sender: TObject);       // Löschen
var rect: TRect;
begin
  rect:= Bounds(0,0,Image1.Width,Image1.Height);
  Image1.Canvas.Brush.Color := clWhite;
  Image1.Canvas.FillRect(rect)
end;
```

Die *Image*-Komponente bietet über das *Picture*-Objekt die Möglichkeit, eine Bitmap zu sichern bzw. zu laden:

```
...
Image1.Picture.SaveToFile('c:\test.bmp');       // Grafik sichern
...
Image1.Picture.LoadFromFile('c:\test.bmp');     // Grafik laden
```

Test

Starten Sie das Programm und führen Sie zunächst normale Grafikmethoden aus, indem Sie Linien ziehen bzw. sich mit der rechten Maustaste die Koordinaten anzeigen lassen. Wenn Sie jetzt vorübergehend beide Grafiken durch andere Fenster überdecken, so können Sie bereits einen Hauptunterschied zwischen beiden Komponenten feststellen. Während das *Image* seinen Inhalt automatisch regeneriert, klaffen bei der *PaintBox* erbärmliche Lücken:

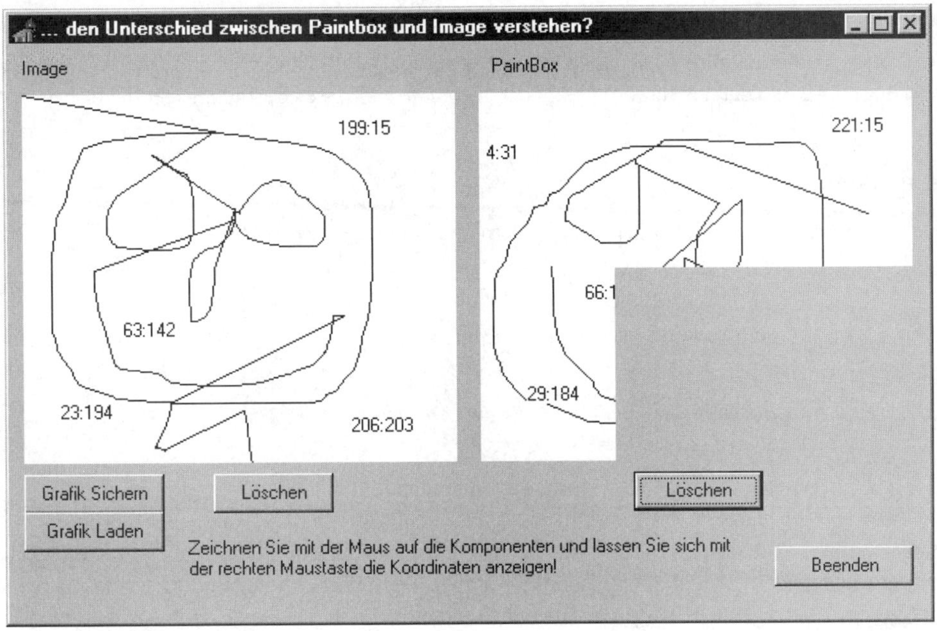

Anschließend können Sie einen weiteren Vorzug der *Image*-Komponente kennenlernen. Klicken Sie auf "Grafik laden":

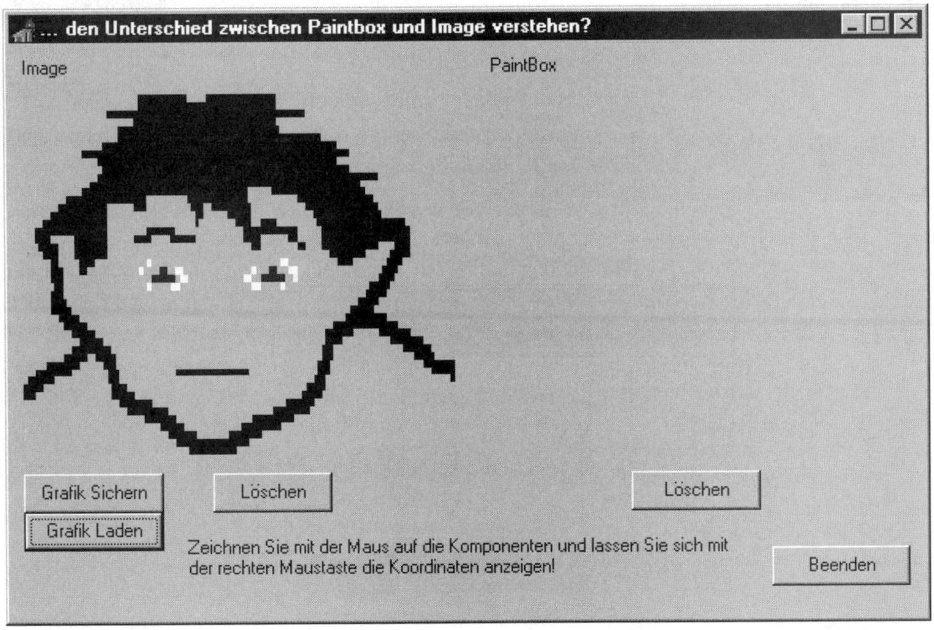

Sie können das Bild mit Linien "verschönern" und wieder abspeichern. Leider verfügt die *PaintBox* nicht über Methoden zum Laden und Abspeichern von Grafikdateien (siehe Bemerkungen bzw. Abschnitt 6.3.2), so daß bei diesem Vergleich die rechte Hälfte des Formulars leer bleibt.

Bemerkungen

Testen Sie auch die Möglichkeiten zum Sichern und Laden der *Image*-Bitmap.

Siehe dazu auch:

☞ R62 ... Bitmaps zur Laufzeit zuweisen?

☞ R58 ... die ImageList einsetzen?

R54 ... ein Testbild programmieren?

Vielleicht haben Sie sich endlich eine neue Grafikkarte gekauft und den dazu passenden Monitor und möchten beides optimal aufeinander abstimmen. Dann dürfte dieser Beitrag genau der richtige für Sie sein. Statt irgendein Testprogramm zu bemühen, schreiben Sie sich doch einfach selbst eins! Der Aufwand ist relativ gering, mit Delphi läßt sich schon nach ein paar Minuten ein Testbild auf den Monitor zaubern:

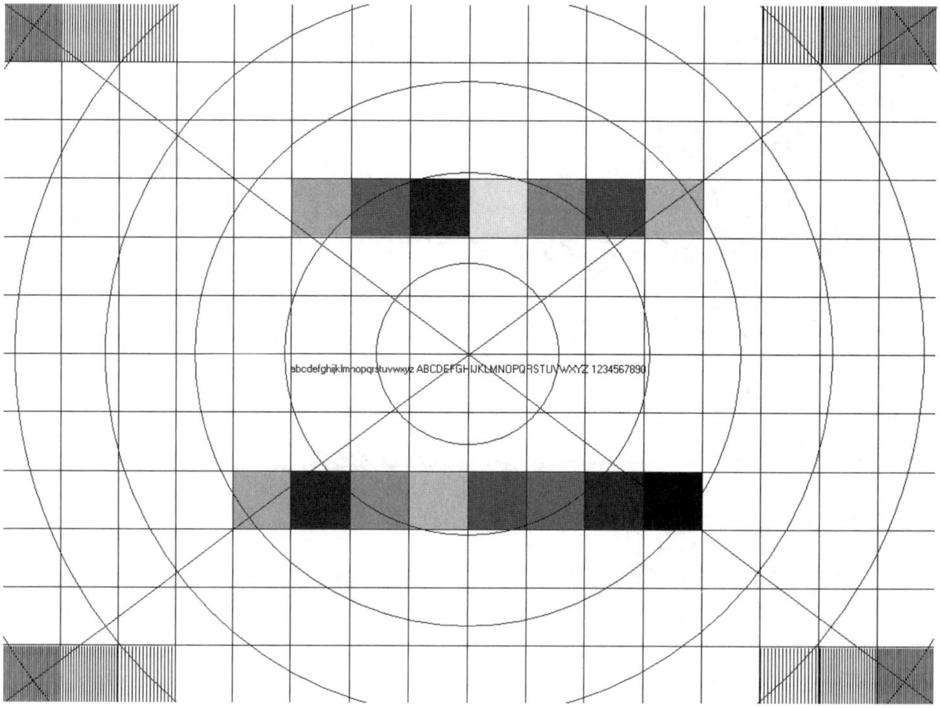

Die Geschwindigkeit spielt eine untergeordnete Rolle. Eine Forderung an unser Programm soll jedoch nicht vergessen werden: Automatische Größenanpassung, unabhängig von der Bildschirmauflösung.

Oberfläche

Der Aufwand ist minimal: Setzen Sie die *Color*-Eigenschaft des Formulars auf *clBlack* und *BorderStyle* auf *bsNone* (im Gegensatz zu obiger Abbildung sollte der Bildschirmhintergrund schwarz sein, das Formular hat weder Titelleiste noch Rand). Außer einer *PopupMenu*-Komponente brauchen wir noch einen *Timer* für den Pump-Test.

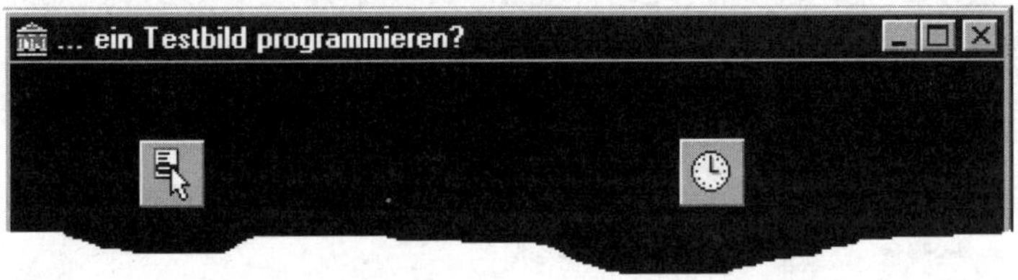

Quelltext

```
var
  Form1: TForm1;
  x,y,i,hoehe,breite,h,abstand : integer;
  n     :boolean;
```

Eine Größenänderung des Formulars verändert unsere Eck-Koordinaten:

```
procedure TForm1.FormResize(Sender: TObject);
begin
    hoehe := ClientHeight-1;
    breite := ClientWidth-1;
    with canvas do begin
        pen.color := clwhite;  brush.style := bsclear;
    end;
end;
```

Ein Gitter einblenden:

```
procedure gitter;
begin
    with form1.canvas do begin
         For x := 0 To 16 do begin
             MoveTo (x * breite div 16, 0);
             Lineto (x * breite div 16, hoehe);
         end;
         For y := 0 To 12 do begin
```

```
          MoveTo (0, y * hoehe div 12);
          LineTo (breite, y * hoehe div 12);
        end;
        MoveTo (0,0);
        LineTo (breite,hoehe);
        MoveTo (breite,0);
        LineTo (0,hoehe);
    end
end;
```

Kreise zeichnen:

```
procedure kreise(n:byte);
begin
   with form1.canvas do begin
        brush.style := bsClear;
        for i := 1 to hoehe div n do begin
                h := i * n;
                ellipse (breite div 2 -h,hoehe div 2 -h,breite div 2 + h,hoehe div 2 +h);
        end;
   end
end;
```

Ein Interferenzbild erzeugen:

```
procedure TForm1.Interferenz1Click(Sender: TObject);
begin
   inc(abstand);
   if abstand > 5 then abstand := 2;
   form1.refresh;
   with form1.canvas do begin
        for x := 0 to breite div abstand do begin
          MoveTo (x*abstand, 0); Lineto (x*abstand, hoehe);
        end;
   end;
end;
```

Die Weißfläche testen:

```
procedure TForm1.Weissflche1Click(Sender: TObject);
begin
     form1.refresh;
     with form1.canvas do begin
         brush.style := bssolid;
         rectangle(0,0,breite,hoehe);
         brush.style :=bsclear;
```

```
    end;
end;
```

16 Grundfarben festlegen:

```
function qbcolor(i:integer):longint;
begin
    case i of
        0 : qbcolor:=clblack;
        1 : qbcolor:=clMaroon;
        2 : qbcolor:=clGreen;
        3 : qbcolor:=clOlive;
        4 : qbcolor:=clNavy;
        5 : qbcolor:=clPurple;
        6 : qbcolor:=clTeal;
        7 : qbcolor:=clGray;
        8 : qbcolor:=clSilver;
        9 : qbcolor:=clRed;
        10: qbcolor:=clLime;
        11: qbcolor:=clBlue;
        12: qbcolor:=clFuchsia;
        13: qbcolor:=clAqua;
        14: qbcolor:=clyellow;
        15: qbcolor:=clWhite;
    end;
end;
```

Die Grundfarben darstellen:

```
procedure farben;
begin
   form1.canvas.brush.style := bssolid;
   For i := 0 To 7 do with form1.canvas do begin
      brush.color := qbcolor(i);
      pen.color   := qbcolor(i);
      rectangle(round((i + 4) * breite / 16), hoehe div 4,
                round((i + 4) * breite / 16)+
                breite div 16,hoehe div 4+ hoehe div 12);
      brush.color := qbcolor(i*2+1);
      pen.color := qbcolor(i*2+1);
      rectangle(round((i + 4) * breite / 16), round(hoehe * 8 / 12),
                round((i + 4) * breite / 16)+breite div 16,
                round(hoehe * 8 / 12) +hoehe div 12);
   end
end;
```

Das Pumpbild darstellen:

```
procedure TForm1.Timer1Timer(Sender: TObject);
begin
      form1.refresh;
      if n then begin
            with form1.canvas do begin
                brush.style := bssolid;
                rectangle(0,0,breite,hoehe);
                brush.style :=bsclear
            end
      end
      n := not n
end;
```

Das komplette Testbild anzeigen:

```
procedure TForm1.Alles1Click(Sender: TObject);
var i :integer;
    s : string;
begin
     form1.refresh;
     farben;
     gitter;
     kreise(100);
     i := 0;
     while i <= round(breite / 16) do begin
        canvas.moveto(i, 0);canvas.lineto(i, hoehe div 12);
        canvas.moveto(breite - i, 0);canvas.moveto(breite - i, hoehe div 12);
        canvas.moveto(i, hoehe);canvas.moveto(i, hoehe - hoehe div 12);
        canvas.moveto(breite - i, hoehe);canvas.moveto(breite - i,
                       hoehe - hoehe div 12);
        inc(i,2);
     end;
     i := 0;
     while i <= round(breite / 16) do begin
        canvas.moveto(i, 0);canvas.lineto(i, hoehe div 12);
        canvas.moveto(breite - i, 0);canvas.lineto(breite - i, hoehe div 12);
        canvas.moveto(i, hoehe);canvas.lineto(i, hoehe - hoehe div 12);
        canvas.moveto(breite - i, hoehe);canvas.lineto(breite - i,
                       hoehe - hoehe div 12);
        inc(i,2);
     end;
     i := round(breite / 16);
```

```
    while i <=  round(breite / 8) do begin
      canvas.moveto(i, 0);canvas.lineto(i, hoehe div 12);
      canvas.moveto(breite - i, 0);canvas.lineto(breite - i, hoehe div 12);
      canvas.moveto(i, hoehe);canvas.lineto(i, hoehe - hoehe div 12);
      canvas.moveto(breite - i, hoehe);canvas.lineto(breite - i,
                    hoehe - hoehe div 12);
      inc(i,3)
    end;
    i := round(breite / 8);
    while i <= round(breite * 3 / 16) do begin
      canvas.moveto(i, 0);canvas.lineto(i, hoehe div 12);
      canvas.moveto(breite - i, 0);canvas.lineto(breite - i, hoehe div 12);
      canvas.moveto(i, hoehe);canvas.lineto(i, hoehe - hoehe div 12);
      canvas.moveto(breite - i, hoehe);canvas.lineto(breite - i,
                    hoehe - hoehe div 12);
      inc(i,4)
    end;
    canvas.brush.style:=bsClear;
    s := 'abcdefghijklmnopqrstuvwxyz ABCDEFGHIJKLMNOPQRSTUVWXYZ 1234567890';
    canvas.textout((breite-canvas.textwidth(s)) div 2,hoehe div 2+10,s)
end;
```

Test

Starten Sie das Programm und klicken Sie mit der rechten Maustaste auf den Bildschirm. Wählen Sie im PopUp-Menü eine Option aus.

Das Ergebnis (siehe oben) zeigt recht anschaulich die Verwendung der verschiedenen Grafikmethoden sowie die in diesem Zusammenhang interessanten Eigenschaften von Screen und Formular.

R55 ... eine 2D-Vektorgrafik rotieren?

Vektorgrafiken brauchen weniger Speicherplatz und sind schneller im Bildaufbau als Pixelgrafiken. Ein einzelnes Grafiksymbol braucht nur einmal in "Normalposition" definiert zu werden, um dann für alle nur möglichen gedrehten bzw. gespiegelten Raumlagen gleichermaßen gültig zu sein.

Oberfläche

Auf einer Form (*Form1*) werden ein Timer (*Timer1*) und vier Befehlsschaltflächen (*Button1* bis *Button4*) plaziert (siehe Abbildung am Ende). Der Timer wird auf ca. 10 (10 ms) eingestellt.

Quelltext

```
...
implementation
{$R *.DFM}

var alf,                      { Drehwinkel }
    si,co,                    { Sinus und Kosinus }
    mf,                       { Maßstabsfaktor }
    x0,y0    : single;        { absolute Bezugskoordinaten }
    sf       : integer;       { Spiegelungsfaktor }
    dirFlg   : boolean;       { Richtungsflag }

procedure dwc (dx1,dy1,R : single);  { zeichnet relativen Kreis }
var x1,y1 : single;
begin
 dx1 := mf * dx1;
 dy1 := mf * dy1;
 R := mf * R;
 x1 := x0 + dx1 * co - sf * dy1 * si;
 y1 := y0 - sf * dy1 * co - dx1 * si;
 form1.canvas.ellipse(round(x1-r),round(y1-r),round(x1+r),round(y1+r));
End;

procedure dwl (dx1,dy1 : single); { zeichnet relative Linie }
var x1,y1 : single;
begin
 dx1 := mf * dx1;  dy1 := mf * dy1;
 x1 := x0 + dx1 * co - sf * dy1 * si;
 y1 := y0 - sf * dy1 * co - dx1 * si;
 form1.canvas.Lineto(round(x1),round(y1));
End;

procedure dwp (dx1,dy1:single);  { zeichnet relativen Punkt }
var x1,y1 : single;
begin
 dx1 := mf * dx1;
 dy1 := mf * dy1;
 x1 := x0 + dx1 * co - sf * dy1 * si;
 y1 := y0 - sf * dy1 * co - dx1 * si;
 form1.canvas.moveto(round(x1),round(y1));
End;
```

```
procedure drawHouse;  { zeichnet Haus }
begin
 dwp(0, 10);         { Frontseite }
 dwl(10, 10); dwl(10, 0); dwl(0, 0); dwl(0, 10);
 dwp(1, 8);          { Fenster }
 dwl(4, 8); dwl(4, 4); dwl(1, 4); dwl(1, 8);
 dwp(6, 0);          { Tür }
 dwl(6, 8); dwl(9, 8); dwl(9, 0); dwl(6, 0);
 dwp(-1, 9);         { Dachgiebel }
 dwl(5, 15); dwl(11, 9);
 dwc(5, 12, 1);      { Giebelfenster }
 dwp(7, 13);         { Schornstein }
 dwl(7, 16); dwl(9, 16); dwl(9, 11)
end;

procedure TForm1.FormCreate(Sender: TObject);        // Programmstart
begin
 x0 := clientWidth / 2;
 y0 := clientHeight / 2;
 alf := 0;
 sf := 1;
 mf := 20;
 canvas.brush.style:= bsclear
end;

procedure TForm1.Button1Click(Sender: TObject);       // Vergrößern
begin
 mf := mf + 1
end;

procedure TForm1.Button2Click(Sender: TObject);       // Verkleinern
begin
 mf := mf - 1
end;

procedure TForm1.Button4Click(Sender: TObject);       // Spiegeln
begin
 sf := -sf
end;
```

```
procedure TForm1.Button3Click(Sender: TObject);          // Richtung
begin
 dirFlg := Not dirFlg
end;

procedure TForm1.Timer1Timer(Sender: TObject);           // Anzeige
begin
 form1.refresh;
 If dirFlg Then
    alf := alf + Pi / 100 { im Uhrzeigersinn }
 Else
    alf := alf - Pi / 100; { entgegen Uhrzeigersinn }
 si := Sin(alf);
 co := Cos(alf);
 drawHouse
end;
```

Test

Nach Programmstart sollte die Grafik entgegen dem Uhrzeigersinn rotieren (1/8 Grad-Schritte). Über die Befehlsschaltflächen können Sie weitere Manipulationen quasi Online vornehmen.

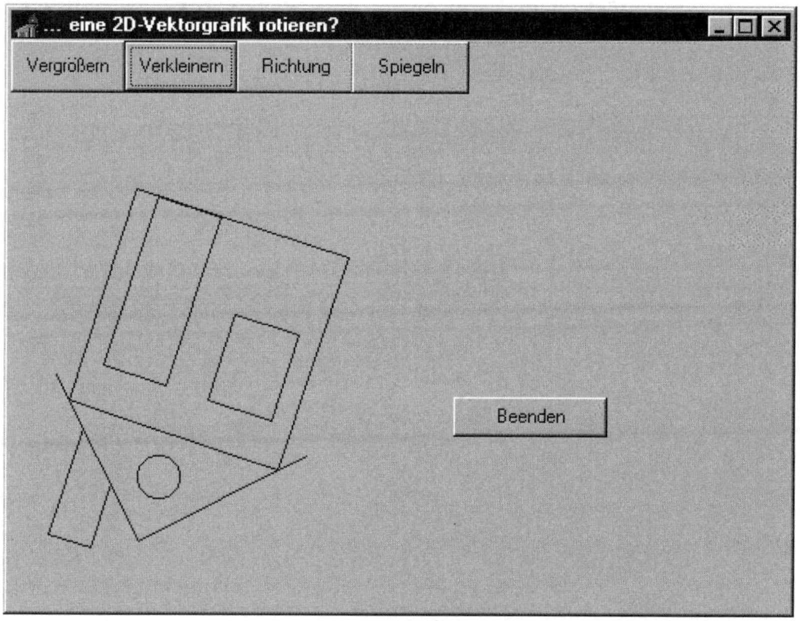

Bemerkungen

- Die Darstellung von Rechtecken ist mit *LineTo* relativ langsam. Für häufig benötigte Rechtecke bzw. Polygone lohnen sich eigene Routinen, die intern auf *PolyLine* aufbauen.
- Es sei nahegelegt, das Prográmmchen auch einmal mit selbstdefinierten Symbolen in kleineren und größeren Winkelschritten auf einem bereits vorhandenen Hintergrundbild auszuprobieren. Um dieses nicht zu verletzen, müssen Sie auf *Refresh* verzichten und statt dessen mit einem XOR-Mode überschreiben. Gleichzeitig dürften Sie damit den lästigen Flackereffekt vermeiden.
- Nach dem gleichem Prinzip der Koordinatentransformation können Sie übrigens auch 3D-Objekte rotieren lassen, z.B. Drahtmodelle, was sehr eindrucksvoll ist (siehe [ProfiBuch])..

Siehe dazu auch:

☞ R61 ... einen Markierungsrahmen erzeugen?

R56 ... mit der ChartFX-Komponente arbeiten?

Zum Darstellen unterschiedlichster Diagramme und Graphen hat der Delphi-Programmierer die Qual der Wahl zwischen mehreren Controls. Wir wollen uns in diesem Rezept mit einem kleinen Beispiel an die sehr komplexe und leistungsfähige *ChartFX*-Komponente heranwagen.

Hinweis: Es handelt sich nicht um die *Chart*-Komponente auf der Seite "Zusätzlich", sondern um *ChartFX* auf "ActiveX"-Seite der Komponentenpalette!

"Die Möglichkeiten der ChartFX-Komponente sind phantastisch, die Bedienung ist mittelalterlich!". Mit diesen Worten läßt sich die Komponente wohl am besten beschreiben. Statt die sowieso vorhandenen Eigenschaften zur Laufzeit nutzen zu können, muß alles über umständliche Steueranweisungen abgewickelt werden. Ein mit dem Komfort von Delphi nicht zu vereinbarender Widerspruch!

Oberfläche

Die Oberfläche wird über ein *PageControl* (Seite "Win32") in einen Diagramm- und einen Tabellenbildschirm aufgeteilt, wie? Über den Eintrag "Neue Seite" des PopUp-Menüs fügen Sie zwei Seiten hinzu (*TabSheet1* und *TabSheet2*), denen Sie im Objektinspektor neue *Caption*-Eigenschaften zuweisen "Daten editieren" und "Diagramm").

Auf *TabSheet1* plazieren Sie eine *StringGrid*-Komponente und zwei *SpinEdit*-Komponenten.

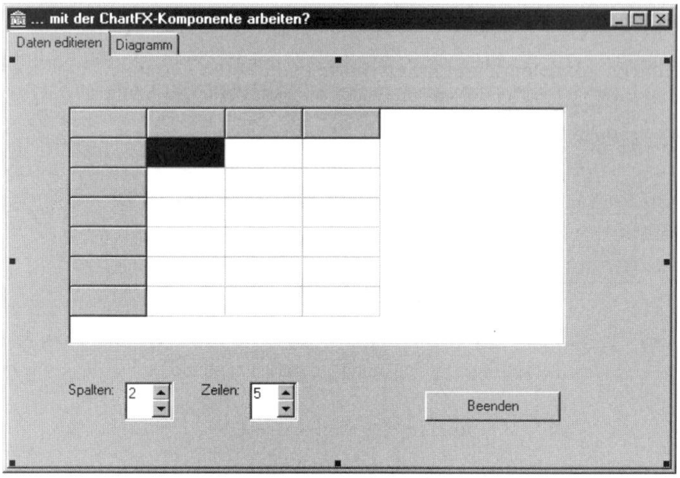

Hinweis: Innerhalb der *Options*-Eigenschaft des *StringGrid* müssen Sie *goEditing* = *True* setzen, anderenfalls können Sie nichts in das Gitter eingeben (siehe 4.5)!

Siehe auch

☞ R45 ... mit der Gitter-Komponente arbeiten?

Setzen Sie nun die *Chart*-Komponente auf *TabSheet2*.

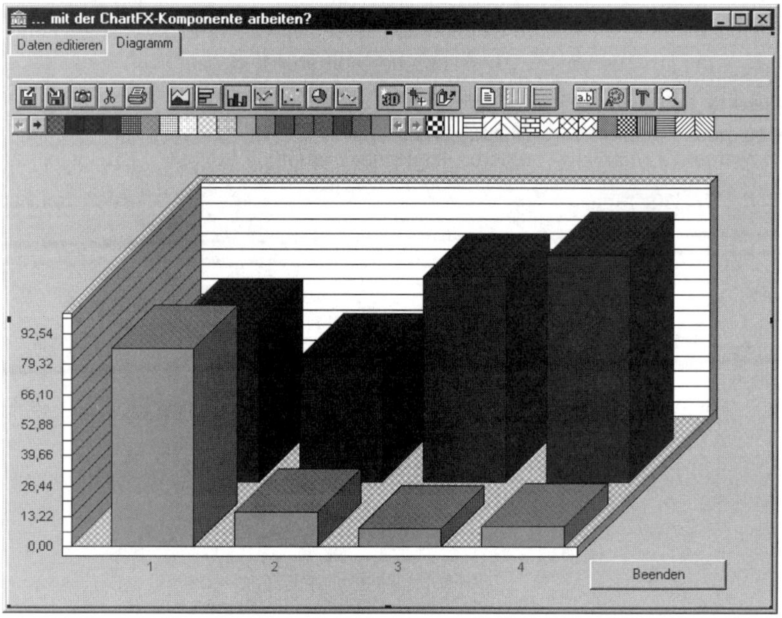

Um die in der obigen Grafik angezeigten Toolbars zu erhalten, müssen Sie diese zur Entwurfszeit einblenden. Die Eigenschaften *PaletteBar*, *PatternBar* und *ToolBar* setzen Sie dazu auf *True*.

Über die *Align*-Eigenschaft des *PageControl* kann die Komponente im Formular ausgerichtet werden (*alClient*).

Quelltext

Das *StringGrid* wird über die *SpinEdit*-Komponenten zur Laufzeit angepaßt:

```
procedure TForm1.SpinEditChange(Sender: TObject);
var i: Integer;
begin
 StringGrid1.ColCount := SpinEdit1.Value+2;
 StringGrid1.RowCount := SpinEdit2.Value+2;
 for i := 2 to StringGrid1.ColCount do StringGrid1.Cells[i,0] := IntToStr(i-1);
 StringGrid1.Cells[1,0] := 'Beschriftung';
 for i := 2 to StringGrid1.RowCount do StringGrid1.Cells[0,i] := IntToStr(i-1);
 StringGrid1.Cells[0,1] := 'Beschriftung';
 ChartFX1.OpenDataEX(COD_VALUES, SpinEdit1.Value-1, SpinEdit2.Value-1);
 ChartFX1.CloseData(COD_VALUES)
end;
```

Hinweis: Weisen Sie dem *OnChange*-Event beider *SpinEdit*-Komponenten im Objektinspektor den obigen Eventhandler zu!

Zum Anpassen der Diagrammgröße verwenden wir das *FormResize*-Event:

```
procedure TForm1.FormResize(Sender: TObject);
begin
  ChartFX1.Width := TabSheet2.Width;
  ChartFX1.Height := TabSheet2.Height
end;
```

Mit dem Verlassen der Tabelleneingabe (Umschalten zum Diagramm) werden alle Daten ins Diagramm übernommen. Dazu müssen Sie mit *OpenDataEx* den Übertragungskanal öffnen.

Vergessen Sie nicht, den Kanal wieder zu schließen[1].

```
procedure TForm1.StringGrid1Exit(Sender: TObject);
var d:    Double;
    i,x,y : Integer;
begin
 MessageBeep(0);
 ChartFX1.Visible := False;
```

[1] Properties hätten an dieser Stelle die Bedienung wesentlich vereinfacht ...

```
ChartFX1.OpenDataEx(COD_VALUES, SpinEdit1.Value-1, SpinEdit2.Value-1);    // Öffnen
for x:=2 to StringGrid1.ColCount-1 do
begin
 ChartFX1.ThisSerie := x-2;                              // Welcher Balken?
 for y:= 2 to StringGrid1.RowCount-1 do
 begin
  Val(StringGrid1.Cells[x,y],d,i);
  ChartFX1.Value[y-2] := d                               // Länge des Balkens
 end
end;
ChartFX1.CloseData(COD_VALUES);                                           // Schließen
ChartFX1.Visible := True
end;
```

Test

Hinweis: Vor dem Compilieren bringen Sie die Seite mit dem Diagramm in den Vordergrund (oder stellen Sie die *ActivePage*-Eigenschaft des *Page*-Controls auf *TabSheet2* ein), ansonsten kann es nach der Dateneingabe zu einer Fehlermeldung kommen!

Nach Programmstart schalten Sie um auf "Daten editieren"

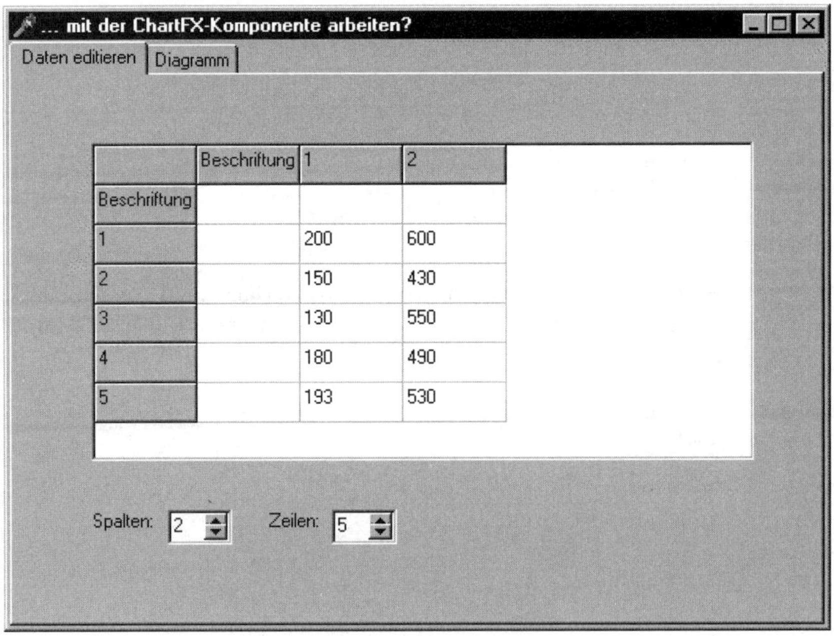

Die Vielfalt der Darstellungsmöglichkeiten, die man in der Menüleiste wählen kann, ist schon beeindruckend und erst durch längeres Experimentieren annähernd zu erschließen:

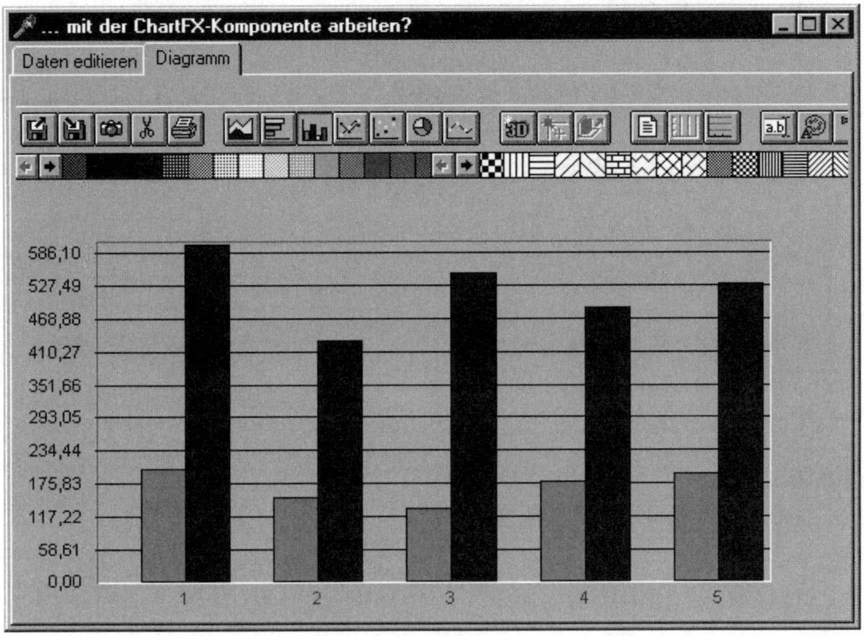

R57 ... Hotspots auf Grafiken erzeugen?

Für Informationssysteme, Electronic Books oder Spiele braucht man häufig "aktive Flächen", die reagieren, wenn sie mit der Maus angeklickt oder berührt werden. Die Abfrage der Mauskoordinaten zu diesem Zweck ist meist umständlich und langwierig. Viel einfacher geht es mit einer *Shape*-Komponente, deren *Brush.Style auf bsClear* festgelegt ist.

Oberfläche

Auf dem Formular plazieren Sie eine *Image*-Komponente mit Grafik und Text. Mit mehreren *Shape*-Komponenten werden die maussensitiven Flächen eingerahmt.

Soll auch noch der verbleibende Rahmen entfallen, setzen Sie die Eigenschaft *Pen.Style* auf *psClear*.

Quelltext

Im *MouseDown*- oder *MouseMove*-Ereignis können Sie dann auf die Maus reagieren:

```
procedure TForm1.Shape3MouseDown(Sender: TObject; Button: TMouseButton; // Beenden ...
  Shift: TShiftState; X, Y: Integer);
begin
    Close
end;

procedure TForm1.Shape4MouseDown(Sender: TObject; Button: TMouseButton;  // Inhaltsverz.
  Shift: TShiftState; X, Y: Integer);
begin
    Form2.Show          // irgendein Formular aufrufen
end;
...
```

Test

Starten Sie das Programm und testen Sie die Reaktion auf Mausklicks.

Weiterhin lassen sich die Hints der einzelnen Shapes zur Anzeige von Zusatzinformationen verwenden. Im Demo-Programm auf der Buch-CD wird z.B. bei Klick auf die Grafik eine Copyrightmeldung ausgegeben:

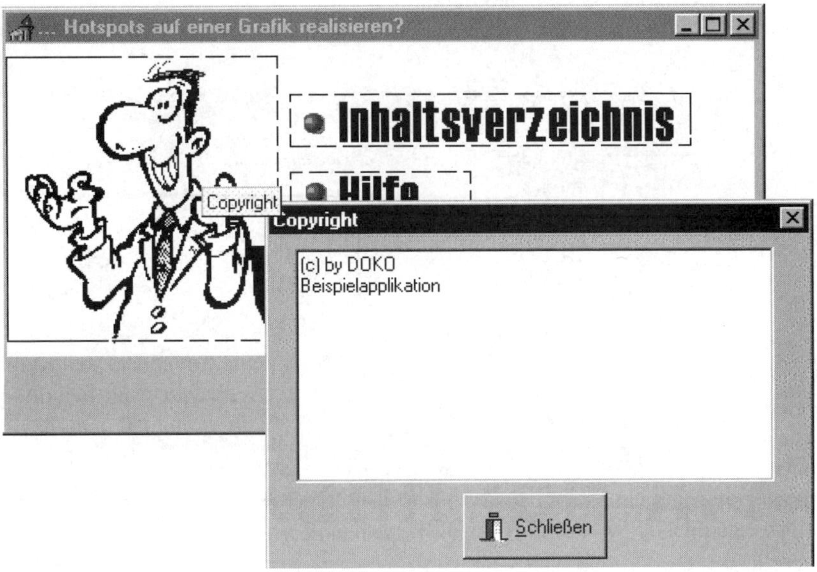

R58 ... die ImageList einsetzen?

Geht es darum, mehrere gleich große Grafiken sinnvoll zu verwalten, ist die *ImageList*-Komponente die erste Wahl. Ein kleines Beispiel zeigt, wie Sie zur Laufzeit auf die enthaltenen Grafiken zugreifen können.

Oberfläche

Binden Sie eine *ImageList*- sowie eine *PaintBox*-Komponente zur Anzeige der Grafiken ein. Weiterhin brauchen wir einen *Timer*, eine *Trackbar* und zwei *Button*s.

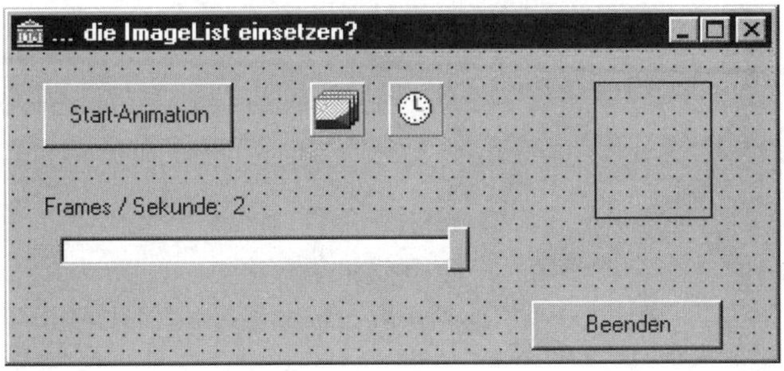

Bestimmen Sie mit Hilfe der *Height*- und *Width*-Eigenschaft die Größe der Grafiken in der *ImageList*. Nach einem Doppelklick auf die Komponente können Sie geeignete einzelne Grafiken in die Komponente laden. Gleichzeitig können Sie die Reihenfolge und den Hintergrund bestimmen.

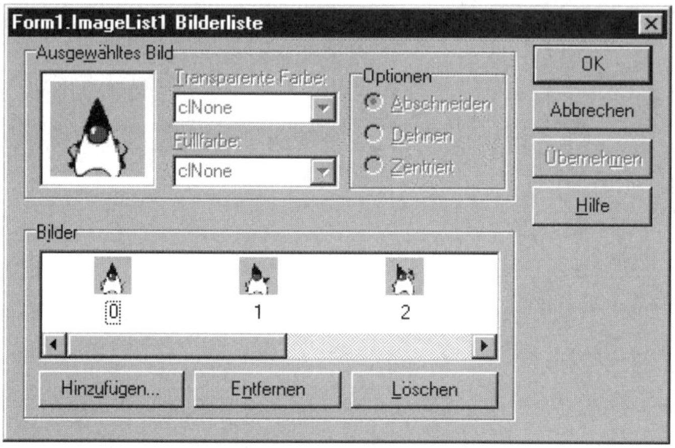

Über eine *Timer*-Komponente blenden Sie zur Laufzeit jeweils eine Bitmap in die *PaintBox* ein. Durch die Aufeinanderfolge von Grafiken entsteht der Eindruck einer Animation.

Quelltext

Die Ausgabe erfolgt mit der *Draw*-Methode, der Sie neben dem Ziel-Canvas auch die Zielkoordinaten und den Index der Grafik übergeben müssen (siehe 6.3.1):

```
procedure TForm1.Timer1Timer(Sender: TObject);
begin
    ImageList1.Draw(PaintBox1.Canvas,0,0,i);
    Inc(i);                                 // i := i+1
    if i = 7 then i := 0
end;
```

Einfacher geht es wohl nicht mehr!

So regeln Sie die Geschwindigkeit des "Flimmerkinos":

```
procedure TForm1.TrackBar1Change(Sender: TObject);
begin
    timer1.interval:= trackbar1.position;
    label2.caption := inttostr(1000 div timer1.interval);
end;
```

Test

Lassen Sie sich von der fröhlich winkenden Witzfigur erheitern!

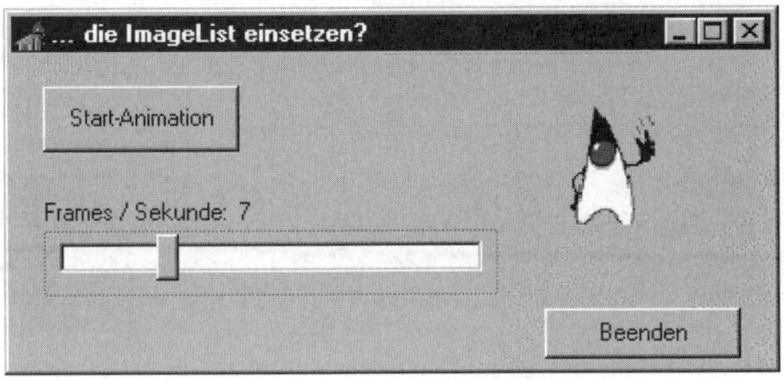

R59 ... Grafiken in einem Listenfeld anzeigen?

Daß sich List- und Comboboxen unter Windows 95 nicht nur für die Anzeige von Text, sondern auch von Grafiken eignen, ist Ihnen sicher schon aufgefallen. Im folgenden wollen wir Ihnen eine Realisierungsmöglichkeit vorstellen.

Oberfläche

Für unser Beispiel brauchen wir natürlich auf alle Fälle eine *Listbox*. Legen Sie über die *ItemHeight*-Eigenschaft die Zeilenhöhe fest. Wollen Sie normale Icons anzeigen, sollten Sie hier 38 eingeben (ein Icon ist 32 Pixel hoch, den Rest nutzen wir als Rand). Weiterhin müssen Sie die *Style*-Eigenschaft anpassen (*lbOwnerDrawFixed*). Über die *Items*-Eigenschaft bestimmen Sie die Anzahl und den Inhalt der einzelnen Zeilen innerhalb der Listbox.

Da alle Bilder gleich groß sind, können wir eine *ImageList*-Komponente zum Speichern der Grafiken verwenden. Bestimmen Sie die Grafikgröße mit *Height* und *Width*. Klicken Sie danach doppelt auf die *ImageList*. Im folgenden Dialog können Sie die Reihenfolge und die Anzahl der Grafiken bestimmen:

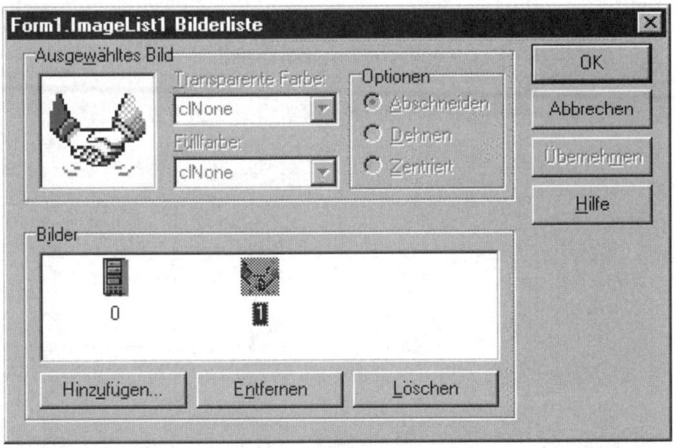

Quelltext

Haben Sie die Eigenschaft *Style* auf *lbOwnerDrawFixed* festgelegt, sind Sie selbst dafür verantwortlich, die Listbox bei allen Veränderungen (Scrollen, Auswahl etc.) neu zu zeichnen. Was sich so kompliziert anhört ist relativ einfach bewerkstelligt. Ihre Aufgabe besteht lediglich darin, im *DrawItem*-Ereignis auf entsprechende Anforderungen der Komponente zu reagieren. In unserem Fall geht es zum einen darum, den Text anzuzeigen (bei Auswahl soll der Text vergrößert dargestellt werden), zum zweiten sollen zwei Icons eingeblendet werden, von denen eins nur bei Auswahl sichtbar ist.

```
procedure TForm1.ListBox1DrawItem(Control: TWinControl; Index: Integer;
  Rect: TRect; State: TOwnerDrawState);
begin
    listbox1.canvas.brush.color := clwhite;
    listbox1.canvas.fillrect(rect);
    if listbox1.selected[index]  then begin
       imagelist1.draw(listbox1.canvas,rect.left,rect.top+3,1);
       listbox1.canvas.font.size := -15; listbox1.canvas.font.style := [fsbold];
       listbox1.canvas.font.color := clblue;
    end;
    imagelist1.draw(listbox1.canvas,rect.left + 32,rect.top+3,0);
    listbox1.canvas.textout(64,rect.top+11,listbox1.items[index])
end;
```

Gezeichnet wird auf dem *Canvas* der Komponente, der betreffende Ausschnitt wird durch den Parameter *Rect* gekennzeichnet. Die eigentliche Grafikausgabe erfolgt mittels *Draw*-Methode. Auch der Ausgabetext muß über eine Methode angezeigt werden.

Test

Nach Programmstart sind alle Ikons gleich. Klicken Sie nun auf einzelne Einträge!

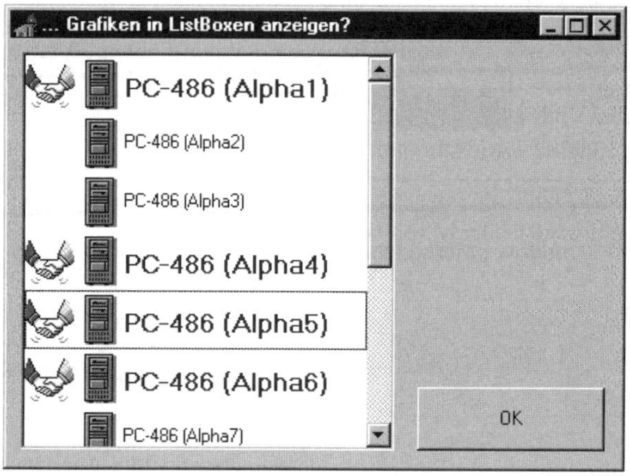

Bemerkung

- Sollten Sie viele Schriftarten in der Listbox anzeigen wollen, ist es sinnvoll, diese vorher zu erstellen und in einem *Bitmap*-Array oder einer *ImageList*-Komponente abzulegen.

R60 ... Grafiken in die Zwischenablage kopieren?

Für die Arbeit mit der Zwischenablage stellt Delphi das Objekt *TClipboard* zur Verfügung (Unit *Clipbrd*). Sie brauchen davon keine Instanz abzuleiten, da bereits bei Programmstart eine Variable *Clipboard* standardmäßig vorhanden ist. Die *Assign*-Methode erlaubt einen Datenaustausch in beiden Richtungen.

Mit dem folgenden kleinen Testprogramm können Sie das Kopieren und Einfügen von Grafiken (*TPicture*) nachvollziehen[2].

Oberfläche

Auf dem Startformular (*Form1*) plazieren Sie drei *Image*-Komponenten (*Image1*, *Image2* und *Image3*). Weisen Sie der *Picture*-Eigenschaft jeweils ein Bildchen zu, daß Sie vorher z.B. mit Paintbrush gezeichnet haben. Die *AutoSize*-Property der *Image*-Komponenten setzen Sie auf *True*, damit passen sich deren Abmessungen automatisch der Größe der Bildchen an. Unterhalb plazieren Sie drei RadioButtons (*RadioButton1*, *RadioButton2* und *RadioButton3*) und drei Schaltflächen (*Button1*, *Button2*, *Button3*). Die *Checked*-Property von *RadioButton1* ändern Sie auf *True*.

Quelltext

Fügen Sie den Eintrag *ClipBrd* ans Ende der *Uses*-Klausel von *Unit1* an! Anschließend weisen Sie den drei Buttons folgenden Ereigniscode zu:

```
procedure TForm1.Button1Click(Sender: TObject);  (* Kopieren *)
begin
 if RadioButton1.Checked then Clipboard.Assign(Image1.Picture);
 if RadioButton2.Checked then Clipboard.Assign(Image2.Picture);
 if RadioButton3.Checked then Clipboard.Assign(Image3.Picture)
end;

procedure TForm1.Button2Click(Sender: TObject); (* Einfügen *)
begin
 if RadioButton1.Checked then Image1.Picture.Assign(Clipboard);
 if RadioButton2.Checked then Image2.Picture.Assign(Clipboard);
 if RadioButton3.Checked then Image3.Picture.Assign(Clipboard)
end;
```

[2] Weiterhin sind die von *TGraphic, TBitmap und TMetafile* abgeleiteten Grafikobjekte möglich.

Test

Nach dem Programmstart können Sie nach Belieben in die Zwischenablage kopieren bzw. von dort einfügen. Die Operationen beziehen sich immer auf das mit dem Radiobutton markierte Bild. Man braucht keine Bedenken zu haben, daß die in den *Image*-Komponenten eingelagerten Bitmaps durch das Überschreiben verlorengehen. Nach einem erneuten Programmstart ist der ursprüngliche Zustand wiederhergestellt.

Bemerkungen

- Mit der Anweisung *Clipboard.Clear* können Sie die Zwischenablage löschen.
- Testen Sie den Grafikaustausch mit anderen gleichzeitig geöffneten Windows-Applikationen, z.B. Word oder Paintbrush! Sie können z.B. mit Paintbrush eine Grafik entwerfen, diese dort in die Zwischenablage kopieren und anschließend in unser Prográmmchen einfügen.

R61 ... einen Markierungsrahmen erzeugen?

In fast jedem Zeichenprogramm ist folgendes praktisches Problem anzutreffen: Durch Klick auf die Maustaste und anschließendes Bewegen der Maus öffnet sich ein Rechteck, das man bei gedrückt gehaltener Maustaste auf die gewünschte Größe zieht, um damit irgendein Objekt einzurahmen oder zu kennzeichnen. Das Rechteck muß also an der alten Position gelöscht und an der neuen Position neu gezeichnet werden.

Oberfläche

Zur Oberfläche ist nicht viel zu sagen, außer einem *Panel* zur Anzeige der aktuellen Mauskoordinaten brauchen Sie keinerlei Komponenten.

Quelltext

Grundlage des Verfahrens ist die Tatsache, daß die zweimalige XOR-Verknüpfung zweier Werte (in diesem Fall handelt es sich um Farben) den ursprünglichen Zustand wiederherstellt (siehe Abschnitt 6.1.3). Den XOR-Zeichenmodus erreichen Sie über die *Mode*-Eigenschaft des *Pen*-Objekts. Dies kann zum Beispiel beim Erzeugen des Fensters geschehen:

```
procedure TForm1.FormCreate(Sender: TObject);
begin
    mausTaste := False;                    // Zustandsvariable!
    Canvas.Pen.Mode := pmNotXor;
    Canvas.Pen.Style := psdash;
end;
```

Innerhalb der Unit deklarieren Sie die folgenden Variablen:

```
var x1,y1,
    x2,y2      : Integer;
    mausTaste : Boolean;

procedure TForm1.FormMouseDown(Sender: TObject; Button: TMouseButton;
  Shift: TShiftState; x, y: Integer);

begin
     Canvas.Brush.Style:=bsClear;
     x1 := x;
     y1 := y;
     x2 := x;
     y2 := y;
     Canvas.Rectangle (x1, y1,x2, y2);
     mausTaste := True
end;
```

In den Variablen *x1,y1,x2,y2* werden die Koordinaten zwischengespeichert, da die Grafikausgabe zweimal vorgenommen werden muß. Die Zustandsvariable *mausTaste* spezifiziert die Reaktionen des Programms beim Bewegen der Maus:

```
procedure TForm1.FormMouseMove(Sender: TObject; Shift: TShiftState; X, Y: Integer);
begin
     Panel1.Caption := IntToStr(x)+ ':' + IntToStr(y);
     if not mausTaste then exit;
     Canvas.Rectangle (x1, y1,x2, y2);
     x2 := x; y2 := y;
     Canvas.Rectangle (x1, y1,x2, y2)
end;

procedure TForm1.FormMouseUp(Sender: TObject; Button: TMouseButton;
  Shift: TShiftState; X, Y: Integer);
begin
   mausTaste := False
end;
```

Test

Bei gedrückt gehaltener linker Maustaste können Sie den Rahmen aufziehen:

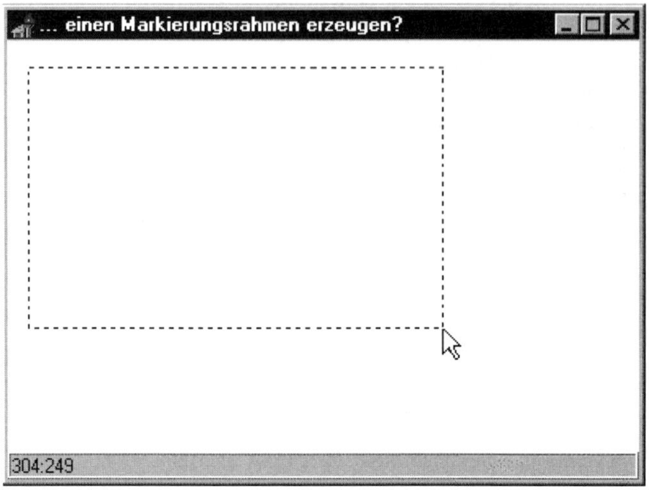

Bemerkungen

- Statt eines Rechtecks können Sie auch Linien oder Kreise zeichnen.
- Im [ProfiBuch] wird gezeigt, wie Sie mittels XOR-Techniken eine Animation realisieren können.

R62 ... Bitmaps zur Laufzeit zuweisen?

Die kurze Antwort: Verwenden Sie die *LoadFromFile*-Methode, mit der Sie verschiedenen Objekten eine Bilddatei zuweisen können. Das folgende Beispiel erläutert dies für zwei Varianten und liefert gleichzeitig noch eine Demo für den Einsatz des (unsichtbaren!) *TBitmap*-Objekttyps.

Oberfläche

Auf dem Startformular plazieren Sie eine *Paintbox* (Seite "System") und einen Bitmap-Schalter (Seite "Zusätzlich"). Zoomen Sie den Rahmen der Paintbox genügend weit auf, so daß die komplette Bitmap später darin Platz finden kann, ansonsten wird nur ein Ausschnitt angezeigt. Analoges gilt für den Schalter.

Quelltext

Voraussetzung für die Funktion dieses Programms ist das Vorhandensein der beiden Bitmapdateien *Bild1.BMP* und *Bild2.BMP* im Projektverzeichnis.

```
procedure TForm1.PaintBox1Paint(Sender: TObject);
var
  Bitmap1: TBitmap;
```

```
begin
  Bitmap1 := TBitmap.Create;
  Bitmap1.LoadFromFile('bild1.bmp');
  PaintBox1.Canvas.Draw(0, 0, Bitmap1);
  Bitmap1.Free
end;
```

```
procedure TForm1.FormCreate(Sender: TObject);
begin
 BitBtn1.Glyph.LoadFromFile('bild2.bmp')
end;
```

```
procedure TForm1.BitBtn1Click(Sender: TObject);
begin
 Form1.Close
end;
```

Test

Das Ergebnis ohne viele Worte:

Bemerkungen

- Statt in den *Canvas* der *Paintbox* könnte man nach dem gleichen Prinzip natürlich auch direkt in den *Canvas* des Formulars zeichnen. Die Paintbox bietet allerdings den Vorteil, daß der Zeichenbereich begrenzbar ist.
- Verwenden Sie statt der *Painbox*- eine *Image*-Komponente (Achtung, Ressourcenfresser!), ist die Syntax etwas einfacher (ohne *Canvas* und *TBitmap*):

  ```
  Image1.Picture.LoadFile('bild1.bmp')
  ```
- Wenn Sie das fertige Programm später als EXE-Datei starten wollen, müssen Sie gegebenenfalls eine Anpassung des Pfadnamens im Argument von *LoadFile* vornehmen.

Siehe auch:

☞ R53 ... den Unterschied zwischen Paintbox und Image verstehen?

R63 ... eine Bitmap-Ressourcendatei erstellen?

Es gibt unter Delphi bekanntlich verschiedene Arten von Ressourcendateien, die mit dem integrierten Bildeditor bearbeitet werden können:

- Ressourcen-Datei (*.*res*)
- Delphi-Komponenten-Ressourcendatei (*.*dcr*)
- Bitmap-Datei (*.*bmp*)
- Symbol Datei (*.*ico*)
- Cursor Datei (*.*cur*)

Die folgende Demonstration soll sich auf das Erstellen einer DCR-Datei beschränken, wie man sie für die Schaltflächen der Komponentenpalette benötigt. Der Name der entsprechenden Komponenten-Unit lautet *UniBlack.pas*.

Als konkreter Hintergrund dient das Rezept

☞ R24 ... neue Komponenten entwickeln?

Aufbau der Dateistruktur

Der Aufruf des Bildeditors erfolgt über das Menü *Tools|Bildeditor*:

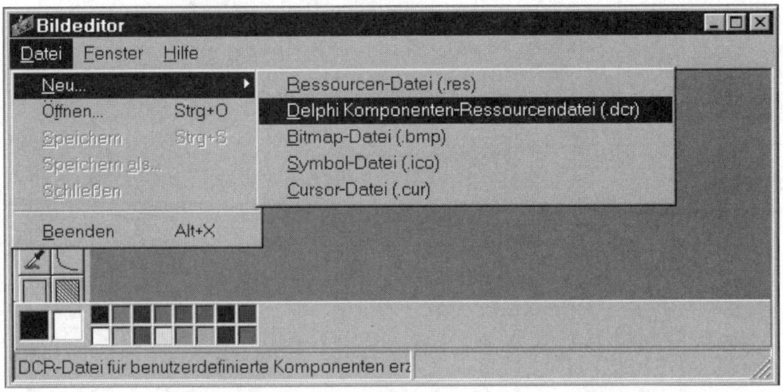

Als nächstes fügen wir über den Menüpunkt *Ressource|Neu* zwei Bitmaps zu:

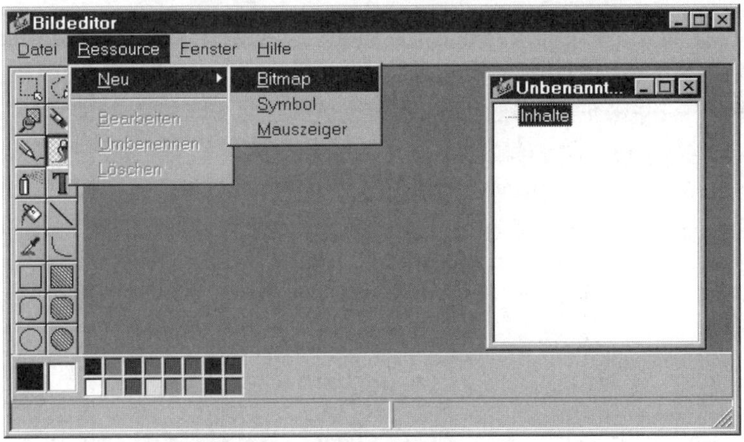

Jede dieser Bitmaps hat die Abmessungen 24x24 Pixel:

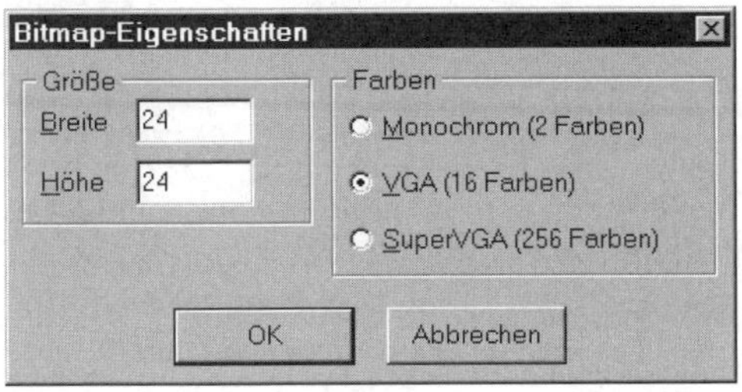

Bei späteren Problemen mit der Grafikkarte sollten Sie es anstelle der hier empfohlenen 16 Farben mal mit 256 Farben versuchen.

Über *Ressource|Umbenennen* muß der Namen der Bitmap auf den der entsprechenden Komponente gesetzt werden:

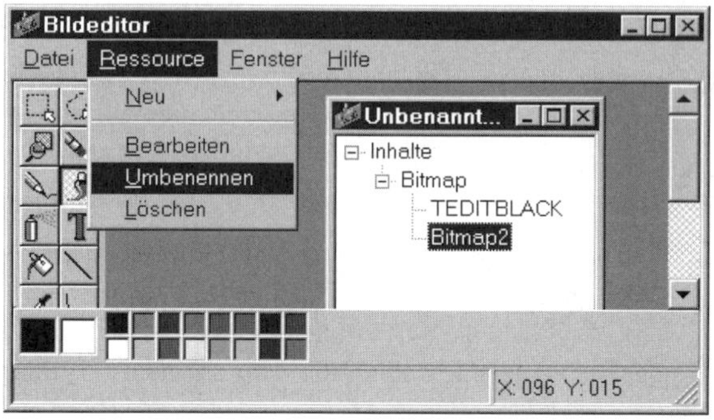

In unserem Beispiel heißen die zugehörigen Komponentenklassen *TEditBlack* und *TLabelBlack*.

Zeichnen

Nun kann es an die Arbeit gehen! Doppelklicken Sie auf den Namen der Bitmap und stellen Sie Ihre künstlerischen Fähigkeiten unter Beweis!

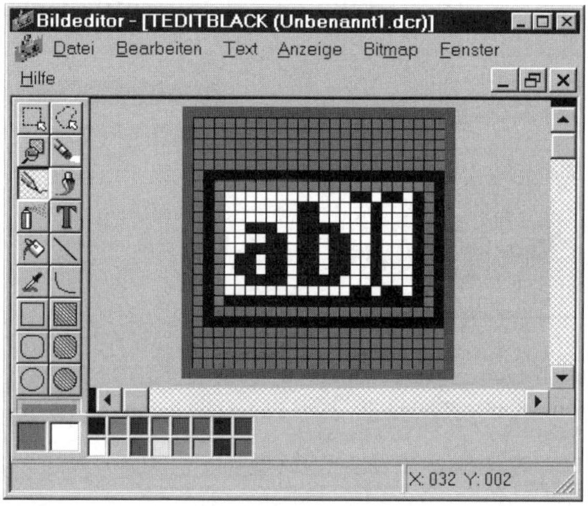

In unserem Fall haben wir ein klein wenig getrickst und versucht, das Brett an der dünnsten Stelle zu bohren, es wurden einfach die fertigen Bitmaps der Vorfahren *TEdit* und *TLabel* über *Bearbeiten|Einfügen* hereinkopiert und lediglich mit einem schwarzen Rahmen "nachbearbeitet". Woher die Altvorderen nehmen? Alle .DCR-Dateien der Delphi-Komponentenpalette befinden sich im Verzeichnis *Borland\Delphi2.0\Lib*. Öffnen Sie am besten eine zweite Instanz des Bildeditors und laden Sie die Datei *StdReg.DCR* (entspricht der Seite "Standard"). Sie kopieren nacheinander TEDIT und TLABEL in die Zwischenablage und fügen diese dann in die noch leeren Bitmaps TEDITBLACK und TLABELBLACK der ersten Instanz des Bildeditors ein.

Abspeichern

DCR-Dateien müssen in das gleiche Verzeichnis kopiert werden, in welchem sich auch die (compilierte) Komponenten-Unit (.DCU) befindet. Auch der Name muß (bis auf die Extension) exakt dem der Unit entsprechen. Wählen Sie deshalb im Menü des Bildeditors *Datei|Speichern als* und geben Sie als Dateinamen *UniBlack.DCR* ein.

Damit wäre die Ressourcendatei fertig. Um die Früchte der Arbeit in der Komponentenpalette zu bewundern, müssen beide Komponenten erst noch installiert werden (Menü *Komponente|-Komponente installieren...*).

R64 ... eine Farbauswahl-Komponente programmieren?

Nachdem Sie im Rezept

☞ R59 ... Grafiken in Listboxen anzeigen

die Vorgehensweise bei Grafikausgaben in Listboxen bzw. Comboboxen kennengelernt haben, wollen wir jetzt eine Combobox so modifizieren, daß später ohne zusätzlichen Programmieraufwand die 16 Grundfarben angezeigt und über eine *Color*-Eigenschaft zugewiesen werden können (Farbauswahl).

Sie werden feststellen, daß bereits mit wenigen Quelltextzeilen eine "selbstgestrickte" Komponente programmiert ist. Wer noch keinerlei Erfahrungen auf diesem Gebiet hat, der sollte sich zunächst ein einfacheres Rezept anschauen:

☞ R24 ... neue Komponenten entwickeln?

Quelltext

Erster Schritt zur fertigen Komponente ist das Ableiten von einer bereits vorhandenen. Starten Sie dazu den "Komponenten-Experten" (*Komponente|Neue Komponente...*):

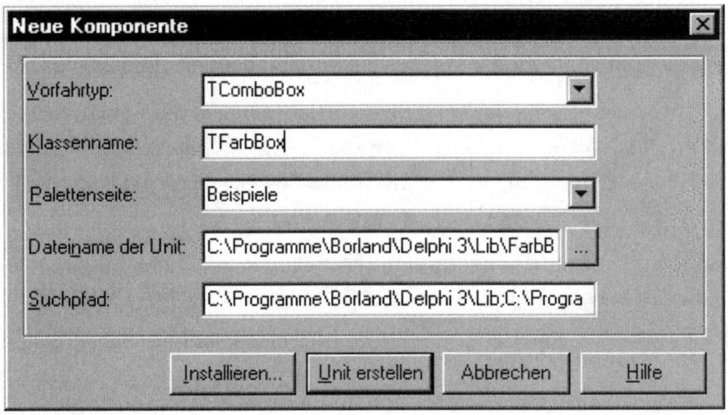

Vergeben Sie einen eindeutigen Bezeichner für die neue Klasse (*TFarbBox*) und wählen Sie den gewünschten Typ des Vorfahren (*TComboBox*) aus.

Der "Experte" erzeugt danach folgendes Programmgerüst:

```
unit FarbBox;

interface

uses
  Windows, Messages, SysUtils, Classes, Graphics, Controls, Forms, Dialogs, StdCtrls;

type
  TFarbBox = class(TComboBox)
  private
    { Private-Deklarationen }
  protected
    { Protected-Deklarationen }
  public
    { Public-Deklarationen }
  published
    { Published-Deklarationen }
  end;

procedure Register;

implementation

procedure Register;
begin
  RegisterComponents('Beispiele', [TFarbBox]);
end;

end.
```

Würden Sie jetzt diese Komponente in Delphi einbinden, stünde die gesamte Funktionalität der Vorfahren-Klasse *TComboBox* zur Verfügung, ohne daß Sie auch nur eine Zeile Quellcode geschrieben haben.

Wir wollen diese Komponente so verändern, daß die *Combobox* die 16 Grundfarben anzeigt. Erster Schritt ist das Überschreiben der Initalisierungsmethode *Create*. Diese wird in Delphi ausnahmsweise nicht als *Procedure* sondern als *Constructor* bezeichnet, was auch in der Deklaration zum Ausdruck kommt (es handelt sich jedoch quasi um eine Prozedur).

Erweitern Sie den *Public*-Abschnitt der Klassendefinition wie folgt:

```
...
public
   constructor Create(AOwner: TComponent);override;
```

Die Umsetzung im *Implementations*-Abschnitt der Unit:

```
constructor TFarbBox.Create(AOwner: TComponent);
begin
    inherited Create(AOwner);        // Aufruf der Vorfahr-Methode
    Style := csOwnerDrawFixed;       // festlegen der Style-Eigenschaft
end;
```

Bei jeder Initialisierung der Komponente wird jetzt automatisch der *Style csOwnerDrawFixed* festgelegt.

Da zu diesem Zeitpunkt die Komponente noch nicht komplett initalisiert ist, können wir auch noch nicht die benötigten 16 Einträge hinzufügen. Dazu müssen wir eine weitere Methode überschreiben bzw. erweitern: *CreateWnd*.

Die Deklaration:

```
protected
    { Protected-Deklarationen }
    procedure CreateWnd; override;
```

Die Umsetzung:

```
procedure TFarbBox.CreateWnd;
var i: Integer;
begin
  inherited CreateWnd;                // Aufruf der Vorfahr-Methode
    Items.Clear;
    for i := 0 to 15 do Items.Add('');
    ItemIndex := 0
end;
```

Für die Abfrage der gewählten Farbe erzeugen wir eine neue Eigenschaft, über die ein *TColor*-Wert abgefragt werden kann. Der Wert wird jedoch nicht direkt gespeichert, sondern über ein Array abgefragt. Verantwortlich dafür ist die Funktion *getColor*:

```
...
private
  function getColor: TColor;
```

Das Array mit den Farbwerten (Index = Farbwert):

```
const qbColor : array [0..15] of TColor = (0, 8388608, 32768, 8421376, 128,
                                            8388736, 32896, 12632256, 8421504,
                                            16711680, 65280, 16776960, 255,
                                            16711935, 65535, 16777215);
```

Die Umsetzung von *getColor*:

```
function TFarbBox.getColor:TColor;
begin
   result:= qbColor[ItemIndex]
end;
```

ItemIndex ist die Nummer des ausgewählten *ComboBox*-Eintrags. Die Deklaration der neuen Read-Only Eigenschaft:

```
published
  property color : TColor read getColor;
```

Alles was jetzt noch bleibt ist das Erweitern der *DrawItem*-Methode:

```
protected
  { Protected-Deklarationen }
   procedure DrawItem(Index: Integer; Rect: TRect; State: TOwnerDrawState); override;
```

Die Umsetzung erfolgt wie im Rezept:

☞ R59 ... Grafiken in einem Listenfeld anzeigen?

```
procedure TFarbBox.DrawItem(Index: Integer; Rect: TRect; State: TOwnerDrawState);
begin
   Canvas.brush.Color := qbColor[Index];
   Canvas.FillRect(rect)
end;
```

Damit ist sie auch schon fertig, unsere neue Komponente. Sie müssen jetzt lediglich die Komponente in ein Delphi-Package aufnehmen (*Komponente|Komponente installieren...*), damit sie in der Toolbar angezeigt wird (Seite "Beispiele").

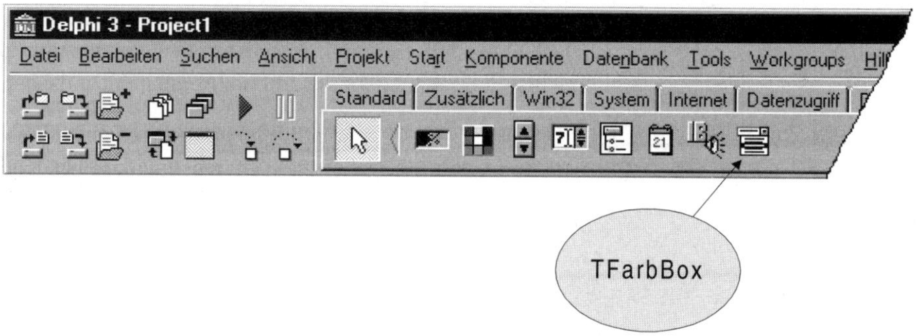

Wie Sie dem Neuling ein originelleres Erscheinungsbild als das von seinem Vorfahren *TComboBox* ererbte Paletten-Outfit geben können, siehe

☞ R63 ... eine Bitmap-Ressourcendatei erstellen?

Test

Unsere neue Komponente ist uns noch den Beweis ihrer Funktionsfähigkeit schuldig geblieben. Öffnen Sie eine neue Anwendung und plazieren Sie auf dem Startformular eine *TFarbBox*-Komponente. Beim Blick in den Objekt-Inspektor sind Sie jetzt vielleicht etwas enttäuscht, fehlt doch die neue Eigenschaft *Color*. Der Grund ist schnell gefunden: Da es sich um eine *ReadOnly*-Eigenschaft handelt, hat es wenig Sinn, wenn sie im Objektinspektor angezeigt wird. Zur Laufzeit steht die Eigenschaft natürlich zur Verfügung.

Besetzen Sie das *OnClick*-Event der FarbBox wie folgt:

```
procedure TForm1.FarbBox1Click(Sender: TObject);
begin
 Color := FarbBox1.Color
end;
```

Nachdem Sie das Programm gestartet haben, können Sie durch Klick auf einen Eintrag für den Formularhintergrund eine von 16 Farben auswählen:

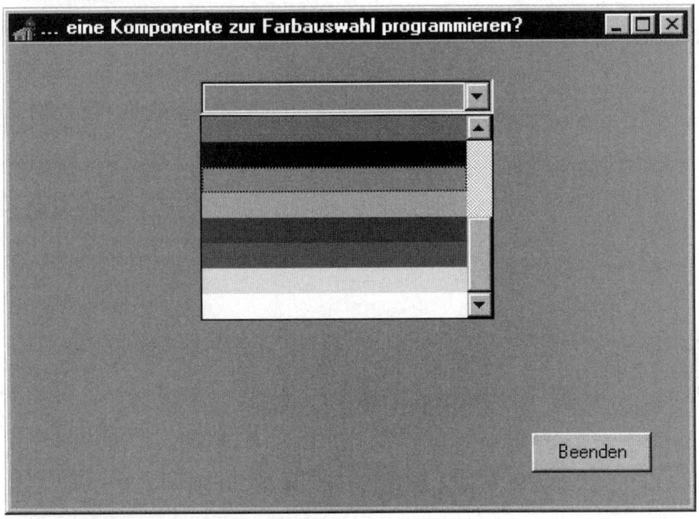

Wie kann ich ...?
Datenbanken

R65 ... eine Textdatei drucken?

Geht es darum, lediglich ein paar Textzeilen zu Papier zu bringen, dürften Sie mit den QuickReport-Komponenten "mit Kanonen nach Spatzen schießen". Ein paar Methodenaufrufe genügen, um eine Textdatei auszudrucken (es könnte sich auch um eine Stringliste oder um ein Array handeln).

Oberfläche

Außer den zwei Buttons brauchen wir *OpenDialog*-Komponente (Seite "Dialoge" der Komponentenpalette):

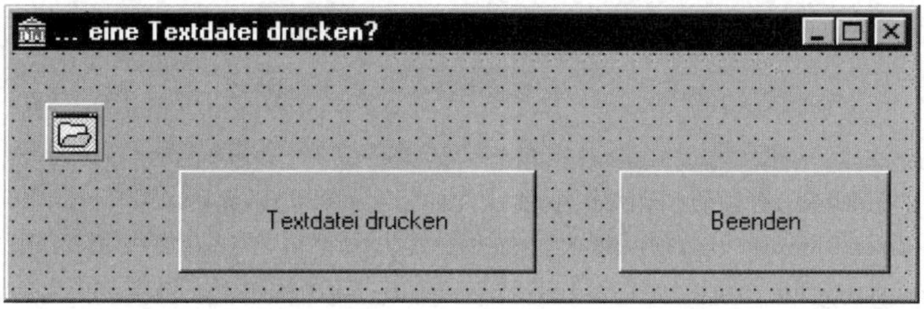

Quelltext

Binden Sie zu Beginn des *Implementation*-Abschnitts als erstes die Unit *Printers* ein, sonst haben Sie keinen Zugriff auf das *Printer*-Objekt.

```
uses Printers;
{$R *.DFM}
```

Einige Vorgaben für die Formatierung:

```
const maxZeilen  = 60;   // Zeilen pro Seite
      textHoehe  = 40;   // 4 mm
      linkerRand = 200;  // 20 mm

procedure TForm1.Button1Click(Sender: TObject);
var w,v : TSize;
    OUTDC : HDC;
    f     : Textfile;
    zeile : Integer;
    txt   : string;
```

Das folgende Listing fällt etwas umfangreicher aus, da wir uns die Mühe machen, das Druckerkoordinatensystem anzupassen (1/10 Millimeter). Doch bevor es soweit ist, wählen wir mit Hilfe der Datei-Dialogbox eine Datei aus:

```
begin
  if OpenDialog1.execute then begin AssignFile(f,OpenDialog1.Filename);
```

Öffnen der Datei:

```
Reset(f);
```

Initialisieren des Druckers (Millimeter):

```
Printer.BeginDoc;
outDC := Printer.Canvas.Handle;
SetMapMode(OutDC,mm_lometric);       // 1/10 mm aber Y geht nach oben
GetWindowExtEx(OutDC,w);             // Auflösung ermitteln
GetViewportExtEx(OutDC,v);
SetMapMode(OutDC,MM_ANISOTROPIC);          // neuer Abb.-Modus
SetWindowExtEX(OutDC,w.cx,w.cy,nil);       // Skalierung ...
SetViewPortExtEx(OutDC,v.cx,-v.cy,nil);
```

Einstellen der Schriftart, -farbe und -größe:

```
Printer.Canvas.Font.Name := 'Courier New';
Printer.Canvas.Brush.Color := clWhite;    // Hintergrundfarbe
Printer.Canvas.Font.Height:= textHoehe;
zeile := 0;
```

Für alle Zeilen in der Datei:

```
while not Eof(f) do begin
    Inc(zeile);
    Readln(f,txt);
    if zeile = maxZeilen then begin
       zeile := 1;
```

Eventuell Seitenvorschub auslösen, wenn die maximale Zeilenanzahl erreicht wurde:

```
       Printer.Newpage
    end;
```

Die Kopfzeile drucken:

```
    if zeile = 1 then begin             // Kopfzeile erzeugen
       Printer.Canvas.Font.Style := [fsBold];
       Printer.Canvas.TextOut(linkerRand,0,OpenDialog1.filename +
       ' / Seite: ' + IntTostr(Printer.PageNumber));
       Printer.Canvas.Font.Style := []
    end;
```

Die eigentliche Ausgabezeile:

```
    Printer.Canvas.TextOut(linkerRand, zeile * (textHoehe + 3), txt)
  end;
  closefile(f);
  Printer.EndDoc
 end
end;
```

Test

Starten Sie das Programm, öffnen Sie eine *.TXT-Datei und schon wird Ihr Drucker loslegen!

Bemerkungen

- Das Programm an andere Aufgabenstellungen anzupassen dürfte nicht allzu schwierig sein, zumal das neue Koordinatensystem eine vollständig systemunabhängige Ausgabe garantiert.
- Um auch anderen Applikationen diese schnelle und bequeme Druckmöglichkeit zur Verfügung zu stellen, empfiehlt sich dafür das Anlegen einer eigenen Unit.

R66 ... einen Dateibetrachter realisieren?

Geht es Ihnen auch so, Sie haben dutzende Grafiken auf diversen Festplatten und in verschiedenen Unterverzeichnissen abgespeichert und finden nicht die richtige?

Um diesem Mißstand abzuhelfen, wurde das Programm "Fileviewer" geschrieben, das neben den oben erwähnten Funktionen zum Betrachten auch das gezielte Löschen bzw. den Datenaustausch über die Zwischenablage unterstützt.

Angezeigt werden folgende Dateitypen: WMF, BMP, ICO, TXT, INI, PAS, BAS, BAT, CMD.

Oberfläche

Der grundsätzliche Aufbau der Oberfläche läßt sich der folgenden Abbildung entnehmen:

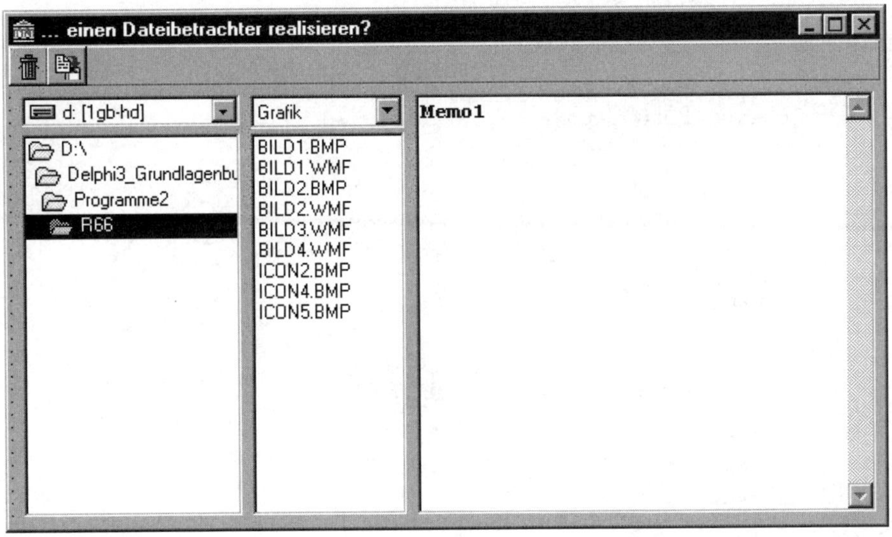

Sie brauchen eine *FileListbox*, eine *DirectoryListbox* und eine *DriveCombobox*. Verknüpfen Sie diese über die Eigenschaften *FileList* und *DirList*. Zur Anzeige verwenden Sie eine *Image*-Komponente (*AutoSize=False*, *Stretch=True*) oder ein *Memofeld* (*ScrollBars=ssVertical*, *WordWrap=True*). Die *Image*-Komponente schließen Sie in eine *Scrollbox* ein, um auch größere Grafiken darstellen zu können. Da *Memofeld* und *Image* übereinanderliegen, muß eine Komponente zeitweilig ausgeblendet sein. Setzen Sie die *Visible*-Eigenschaft des Memofeldes auf *False*. Für die Werkzeugleiste benötigen Sie zwei *SpeedButtons* (Seite "Zusätzlich" der Komponentenpalette), mit denen wir Dateien löschen bzw. Inhalte in die Zwischenablage kopieren können.

Quelltext

Mit dem Klick auf einen Eintrag in der *FileListbox* soll die Datei angezeigt werden. Je nach Typ laden wir die Datei in das *Image* bzw. in das *Memo*.

```
procedure TForm1.FileListBox1Click(Sender: TObject);
var FileExt: string[4];
begin
  FileExt := UpperCase(ExtractFileExt(FileListBox1.Filename));
  if (FileExt='.BMP')or(FileExt='.ICO')or(FileExt='.WMF') then begin
    Memo1.Visible := False;
    try
      Image1.Picture.LoadFromFile(FileListBox1.Filename);
      if (FileExt = '.BMP') then Form1.Image1.Picture := Image1.Picture;
      if FileExt = '.ICO' then Icon := Image1.Picture.Icon;
      if FileExt = '.WMF' then Form1.Image1.Picture.Metafile := Image1.Picture.Metafile;
```

Auf eine Fehlerbehandlung können wir auf keinen Fall verzichten, da beim Laden der Grafikdateien reichlich Fehlermöglichkeiten vorhanden sind.

```
    except
      MessageBox(0,'Grafik fehlerhaft','Problem',16)
    end
  end;
  if (FileExt='.TXT') Or (FileExt='.PAS') Or (FileExt='.INI') Or
    (FileExt='.BAT') Or (FileExt='.CMD') Or (FileExt='.BAS') then begin
    Memo1.Visible := True;
    try
      Memo1.Lines.Clear;
      Memo1.Lines.LoadFromFile(FileListBox1.Filename)
    except
       MessageBox(0,'Datei fehlerhaft','Problem',16)
    end
  end
end;
```

Beim Kopieren aus dem Memofeld ist zu beachten, daß entweder schon Text markiert ist (dann wird nur dieser kopiert) oder daß alles kopiert werden soll (keine Auswahl).

```
procedure TForm1.SpeedButton2Click(Sender: TObject);  // Kopieren im Zwischenablage
begin
   if Memo1.Visible then begin  { Text }
     if Memo1.SelLength= 0 then Memo1.SelectAll;
     Memo1.CopyToClipboard;
   end else begin  { grafik }
     Clipboard.Assign(Image1.Picture)
   end
end;
```

Das Löschen von Dateien gestaltet sich naturgemäß etwas aufwendiger. Ist die Frage nach dem Löschen mit *Ja* beantwortet worden, wird die gesamte Dateiliste durchlaufen. Jeder markierte Eintrag (*Selected[i] = True*) kann gelöscht werden.

Hinweis: Verzichten Sie nicht auf die Fehlerprüfung, die Datei kann auch schreibgeschützt sein.

```
procedure TForm1.SpeedButton1Click(Sender: TObject);    // Dateien löschen
var i : Word;
    f : File;
    verz : string;
begin
   verz := DirectoryListBox1.Directory;
   if verz[Length(verz)] <> '\' then verz := verz + '\';
   if MessageBox(0,'Alle markierten Dateien löschen?','Frage',36)= 6 then begin
       for i:= 0 to FilelistBox1.Items.Count-1 do begin
           if FileListBox1.Selected[i] then begin
              AssignFile(F, verz + FileListBox1.Items.strings[i]);
              try
                  Erase(F)
              except
                 MessageDlg('File I/O error.', mtError, [mbOk], 0)
              end
           end
       end;
       FileListBox1.Update
    end
 end;
end.
```

Test

Besichtigen Sie nicht nur diverse Text- und Grafikdateien, sondern probieren Sie auch das Kopieren von Grafiken bzw. selektiertem Text in die Zwischenablage:

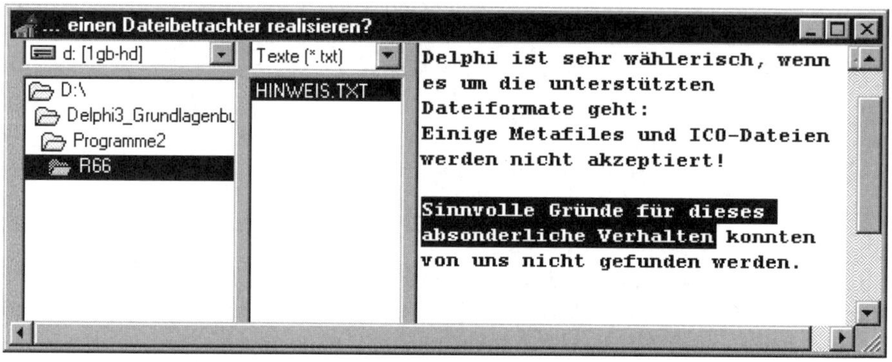

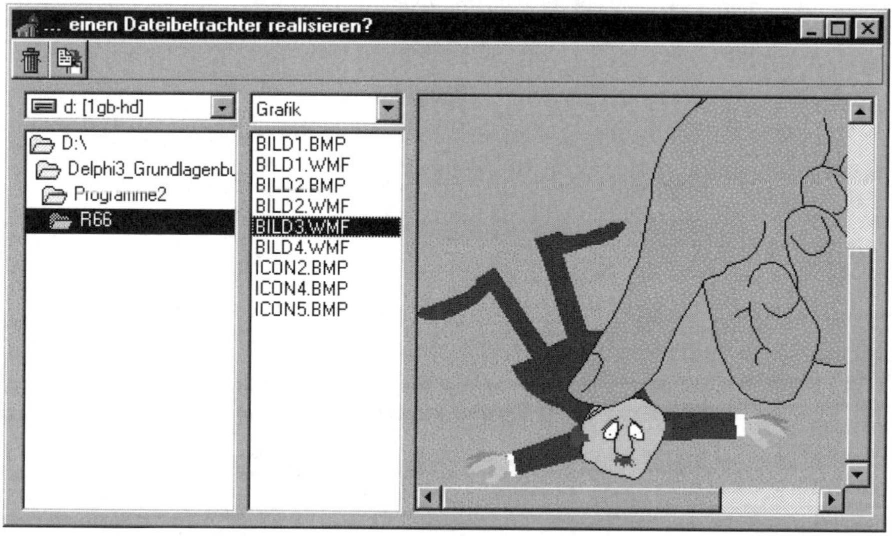

R67 ... den freien Diskettenspeicher ermitteln?

Für den Datenbankprogrammierer ist häufig auch der frei verfügbare Festplattenspeicher interessant. Das folgende kleine Beispielprogramm zeigt, wie Sie sowohl den gesamt verfügbaren, als auch den freien Speicher bestimmen und anzeigen können.

Oberfläche

Die Oberfläche besteht aus einer *DriveComboBox* zur Auswahl des aktuellen Laufwerks, zwei *Labeln* zur Anzeige der Meßwerte, sowie einer *Gauge*-Komponente.

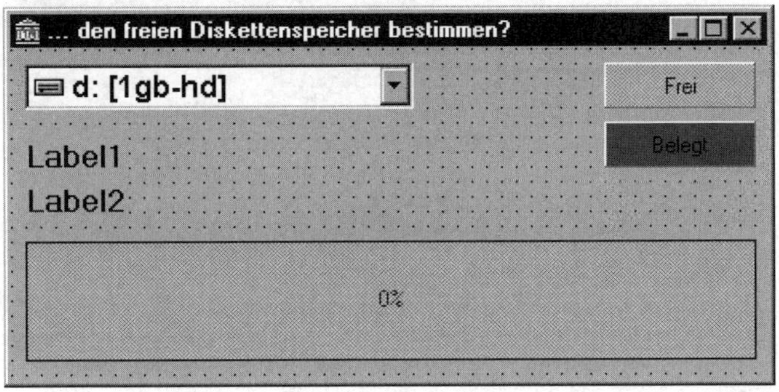

Quelltext

Der einzige Quelltext, den Sie hinzufügen müssen, ist mit dem *DriveComboBox-Click*-Event verknüpft.

Im wesentlichen geht es darum, den ersten Buchstaben (den Laufwerksbuchstaben) aus dem zurückgegebenen String zu extrahieren.

Diesen wandeln Sie mit der Funktion *Ord* in den ANSI-Wert um, da die Funktionen *DiskFree* und *DiskSize* als Übergabewert die Nummer des Laufwerks benötigen (0 = aktuelles Laufwerk, 1 = Lw. A:, 2 = Lw. B: ...).

```
procedure TForm1.DriveComboBox1Click(Sender: TObject);
var s:string[255];
    frei,gesamt: Double;

begin
     s := UpperCase(DriveCombobox1.Drive);
     frei := DiskFree(Ord(s[1])-64);
     gesamt:= DiskSize(Ord(s[1])-64);
     Label1.Caption := Format('Frei      : %12.0n',[frei]);
     Label2.Caption := Format('Gesamt: %12.0n',[gesamt]);
     Gauge1.Progress :=Round((gesamt-frei)/gesamt*100)
end;
```

Für die Ausgabe wurden die Werte in Prozent umgerechnet.

Test

Starten Sie das Programm und probieren Sie die Funktion aus.

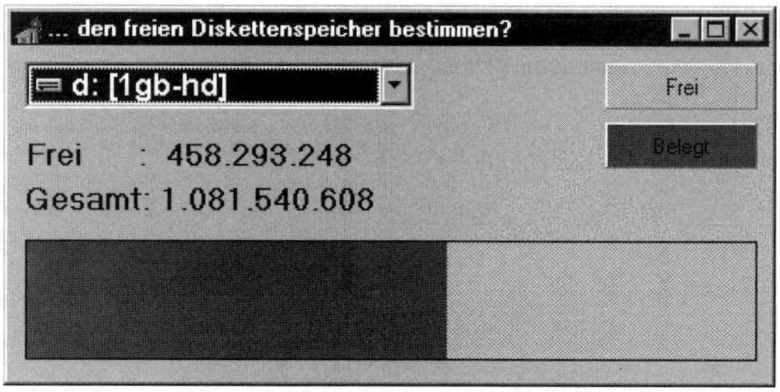

Testen Sie was passiert, wenn Sie auf ein nicht verfügbares Laufwerk zugreifen.

R68 ... das Anwendungsverzeichnis bestimmen?

Mit der Prozedur *GetDir* (Unit *System*) läßt sich dieses Problem in den Griff bekommen.

Oberfläche

Auf einem Formular plazieren Sie ein Label.

Quelltext

```
procedure TForm1.FormCreate(Sender: TObject);
var verz: string;
begin
 GetDir(0, verz);
 Label1.Caption := 'Das aktuelle Verzeichnis ist ' + verz
end;
```

Der erste Parameter, welcher der Funktion *GetDir* übergeben wird, kann außer 0 (aktuelles Laufwerk) auch einen der folgenden Werte annehmen: 1 = Laufwerk A, 2 = Laufwerk B, 3 = Laufwerk C.

Hinweis: *GetDir* führt keine Fehlerprüfung durch!

Test

Bei Programmstart wird das aktuelle Verzeichnis angezeigt:

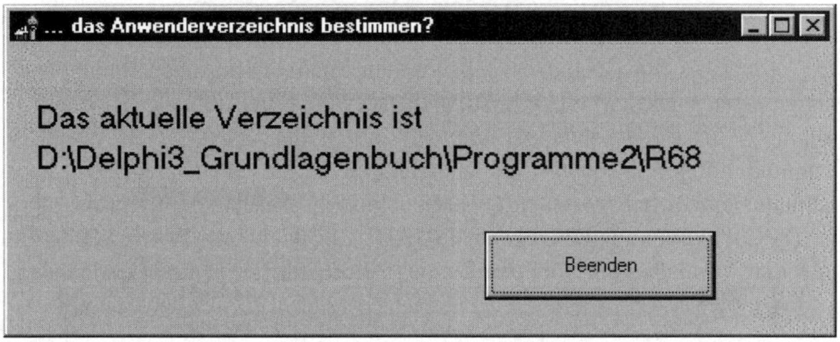

Bemerkung

- Eine weitere Variante zur Bestimmung des aktuellen Verzeichnisses ist der Einsatz der Funktion *ExtractFilePath*, siehe dazu

☞ R69 ... auf den Alias verzichten?

R69 ... auf den Alias verzichten?

Wollen Sie eine Datenbankapplikation an Dritte weitergeben, dann kann es dort böse Überraschungen geben, da sich das Verzeichnis der Datenbank geändert hat. Aus diesem Grund sollten Sie absolute Pfadangaben für die *DatabaseName*-Eigenschaft der Datenzugriffskomponenten vermeiden und statt dessen einen Alias zuweisen (siehe Kapitel 7). Allerdings muß der Drittanwender dann ebenfalls diesen Alias einrichten, was für ihn äußerst lästig sein kann (Alias-Manager etc.). Im folgenden einfachen Beispiel wollen wir das Problem nachvollziehen und einen Lösungsvorschlag aufzeigen. Voraussetzung ist, daß sich die Datenbanktabellen im gleichen Verzeichnis wie die Projekt.EXE-Datei befinden oder in einem Unterverzeichnis davon. Wir benutzen die Tabelle *Kunden.DB* aus der *Firma*-Datenbank.

Oberfläche

Bevor Sie die folgende Oberfläche "zusammenschieben", sollten Sie die Tabelle *Kunden.DB* in das Projektverzeichnis kopieren.

Für den Newcomer: Das Anbinden der Komponenten an die Datenbank wurde ausführlich im Abschnitt 7.2.4 (Oberfläche mit Einzelkomponenten) beschrieben.

Sie werden feststellen, daß Sie die *DatabaseName*-Eigenschaft von *Table1* nicht zuzuweisen brauchen, sie kann quasi "leer" bleiben.

Test

Alles wird wunderbar funktionieren, bis Sie die Projekt-EXE in ein anderes Verzeichnis Ihres Rechners verschieben und von dort starten: Nichts geht mehr!

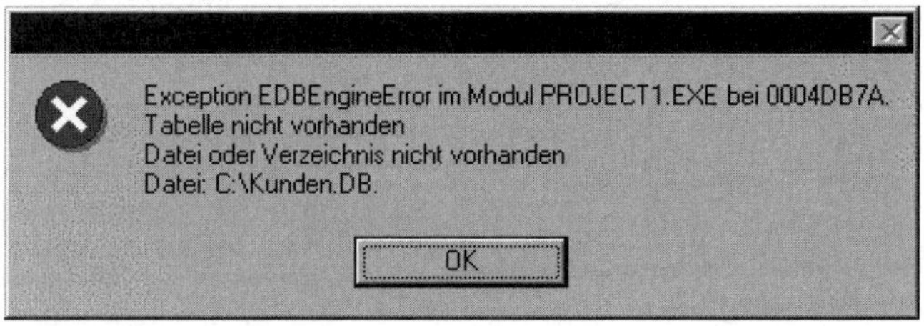

Abhilfe schaffen Sie erst dann, wenn Sie auch die Tabelle *Kunden.DB* im gleichen Verzeichnis abspeichern und folgenden Code ergänzen:

Quelltext

```
procedure TForm1.FormCreate(Sender: TObject);
var verz: string;
begin
 verz := ExtractFilePath(ParamStr(0));
 Table1.Active := False;
 try
  Table1.DatabaseName := verz;
  Table1.TableName := 'Kunden.DB';
```

```
  Table1.Active := True
 except
  MessageBeep(0);
  ShowMessage('Die Tabelle Kunden.DB befindet' + #10#13 +
              ' sich nicht im aktuellen Verzeichnis!')
 end
end;
```

Bemerkungen

- Die Verwendung der *ExtractFilePath*-Funktion ist bei Datenbankapplikationen dem Einsatz von *GetDir* vorzuziehen, siehe

  ☞ R68 ... das Anwendungsverzeichnis ermitteln?

- Wir haben hier vorausgesetzt, daß auf dem Zielrechner ebenfalls Delphi installiert ist (oder zumindest die BDE). Anderenfalls gestaltet sich die Weitergabe von Applikationen etwas aufwendiger, siehe

  ☞ R93 ... Installationsdisketten erstellen?

- In der Entwicklungsphase Ihres Programms sollten Sie allerdings auf den Alias nicht verzichten, da Sie damit bereits zur Entwurfszeit die Verbindung zur Datenbank herstellen können.

R70 ... einen Sekundärindex anlegen?

In Kapitel 7 (Abschnitt 7.3.4) wurde erläutert, wie man durch Indizieren von bestimmten Feldern den Such- bzw. Sortiervorgang innerhalb einer Tabelle beschleunigen kann. Wir wollen an Hand der Tabelle "Kunden" aus der *Firma*-Datenbank zeigen, wie ein Sekundärindex für den Namen des Kunden angelegt werden kann:

1. Starten Sie das Hilfsprogramm "Datenbankoberfläche" und öffnen Sie über das Menü *Datei|Öffnen|Tabelle* die Tabelle *Kunden.DB.*

2. Wählen Sie den Menüpunkt *Tabelle|Umstrukturieren ...*

3. In der Rollbox "Tabelleneigenschaften:" klicken Sie den Eintrag "Sekundärindizes" und anschließend die Schaltfläche "Definieren":

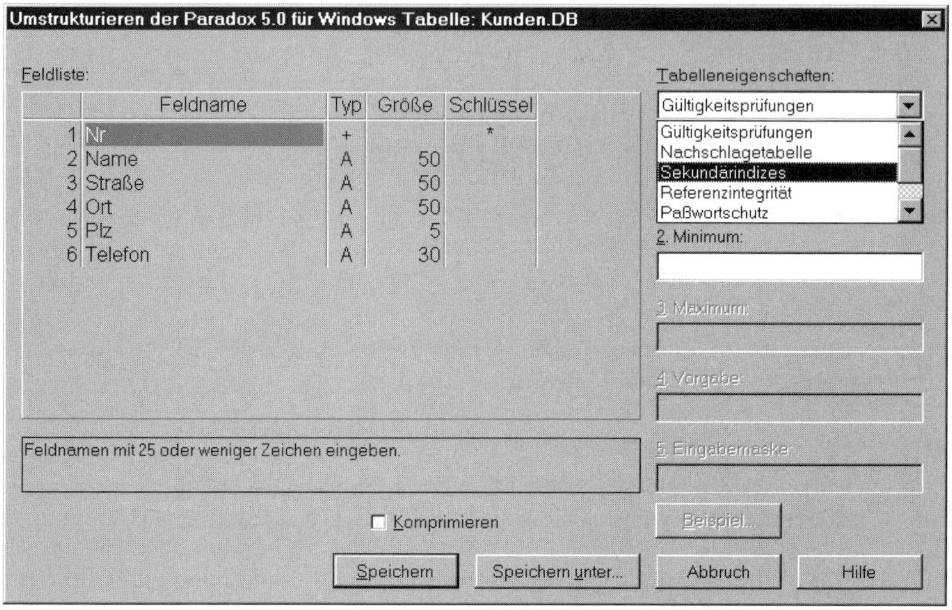

4. Sie befinden sich nun im Dialogfenster "Sekundärindex definieren":

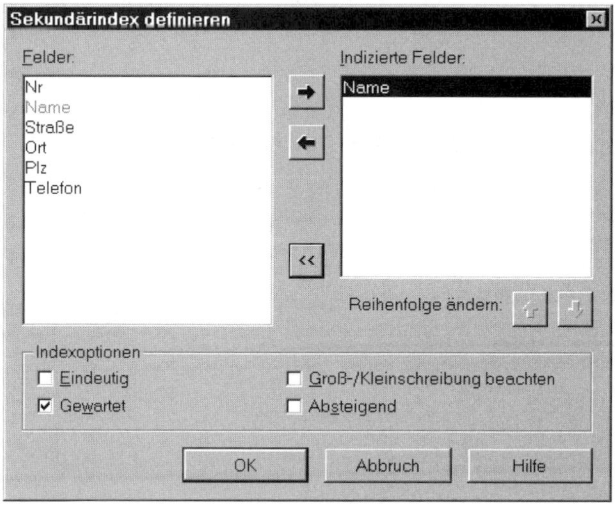

5. Im linken Listenfeld selektieren Sie das Feld *Name* und kopieren es nach rechts in den Bereich "Indizierte Felder" (Doppelklick oder Pfeiltaste →).

6. Stellen Sie die entsprechenden Indexoptionen ein (in unserem Fall belassen wir es bei den Standardeinstellungen).

7. Falls Sie noch andere Felder indizieren wollen (zusammengesetzter Index), fügen Sie auf die beschriebene Art weitere Felder hinzu bzw. machen Sie die Aktion rückgängig (Pfeiltaste ←).

8. Klicken Sie die OK-Schaltfläche und vergeben Sie im Dialogfenster einen Namen:

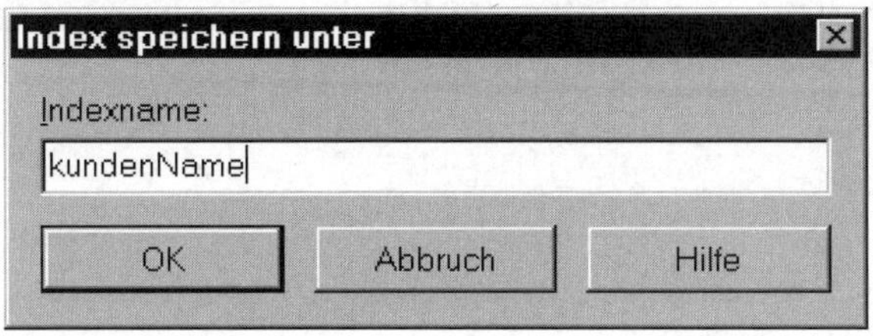

9. Klicken Sie auf "Speichern" und verlassen Sie das Programm.

Eine Anwendung indizierter Felder finden Sie z.B. in

R71 ... die Sortierreihenfolge in einer Tabelle ändern?

R71 ... die Sortierreihenfolge einer Tabelle ändern?

Normalerweise werden alle Datensätze in der Reihenfolge angezeigt, in der sie in die Tabelle eingegeben wurden (entspricht im allgemeinen dem Primärschlüssel, soweit vorhanden). Will man die Anzeigereihenfolge ändern, dann muß das Feld, nach welchem sortiert werden soll, indiziert sein. Siehe dazu

R70 ... einen Sekundärindex anlegen?

Anschließend stellen Sie im Objektinspekor die *IndexName*-Eigenschaft des *Table*-Objekts auf den gewünschten Sekundärindex ein.

Um z.B. in der Tabelle *Kosten.DB* der *Baufinanz*-Datenbank (Abschnitt 13.3) die Anzeige nach aufsteigendem Datum zu sortieren, legen Sie zunächst für das Feld *Datum* einen Sekundärindex an, dem Sie z.B. den Namen *DatumIndex* geben.

Oberfläche

Wir brauchen eine *Table*- und eine *DataSource*-Komponente sowie ein Datengitter (*DBGrid*), die wir auf die übliche Weise mit der *Kosten.DB*-Tabelle verbinden. Außerdem benötigen wir eine *CheckBox* zum An- und Abschalten des Index.

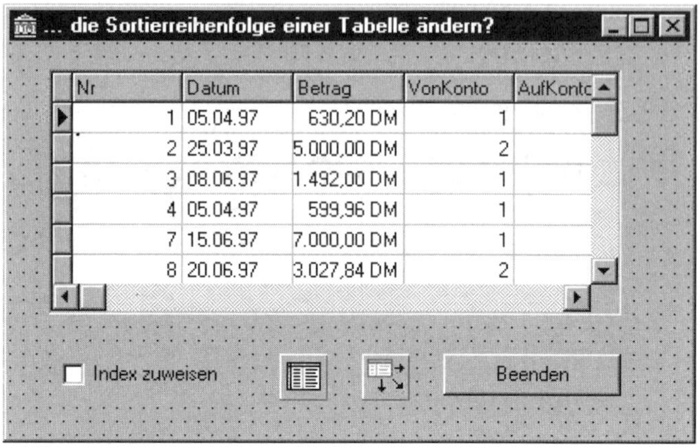

Zuweisen im Objektinspektor

Für die *IndexName*-Eigenschaft des *Table*-Objekts werden im Objektinspektor alle verfügbaren Sekundärindizes angezeigt. Wählen Sie den gewünschten Index (*DatumIndex*) aus:

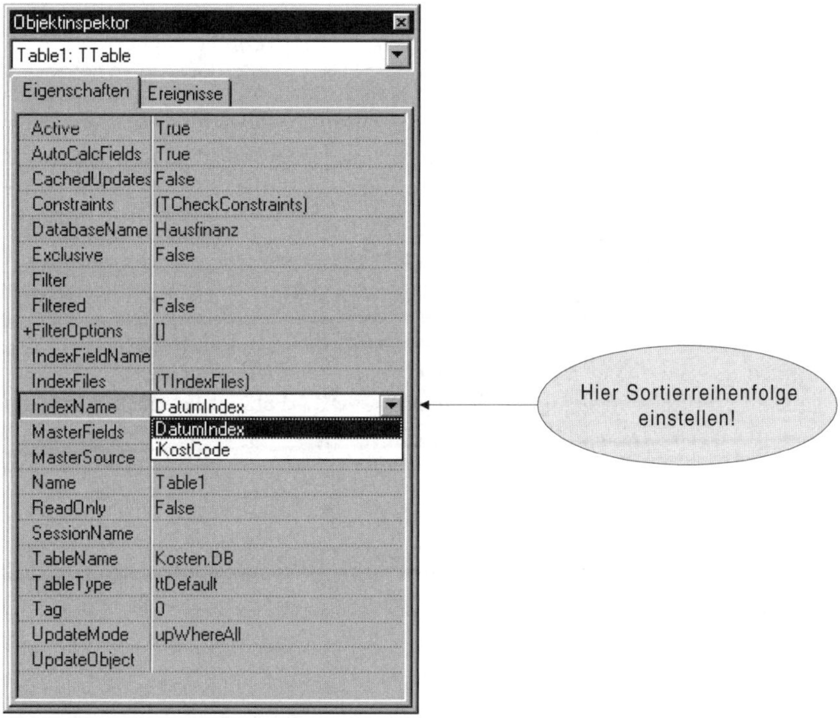

Bereits zur Entwurfszeit werden Sie feststellen, daß sich mit dem Zuweisen des Index die Sortierreihenfolge im Datengitter nach aufsteigendem Datum ordnet.

Zuweisen per Quelltext

Wenn Sie die Sortierreihenfolge per Code ändern wollen, dann fügen Sie z.B. in das *OnClick*-Event der CheckBox die folgenden Anweisungen ein:

```
procedure TForm1.CheckBox1Click(Sender: TObject);
begin
 if CheckBox1.Checked then Table1.IndexName := 'DatumIndex' else  Table1.IndexName := ''
end;
```

Test

Nach dem Programmstart können Sie die Sortierreihenfolge beliebig umschalten:

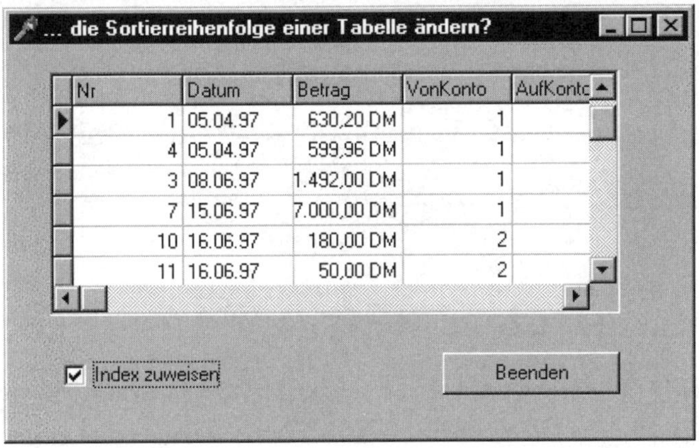

Bemerkung

- Wenn Sie nach fallendem Datum sortieren wollen, müssen Sie den Index im Programm "Datenbankoberfläche" in "Absteigend" ändern, oder Sie fügen einen weiteren Index zu, den Sie alternativ zuordnen können.

R72 ... die Spalteneigenschaften eines DBGrid ändern?

Über die *DataSource*-Eigenschaft können Sie bekanntlich im Handumdrehen ein *DBGrid* mit einer Datenquelle verbinden und sich bereits zur Entwurfszeit vom Erfolg Ihrer Bemühungen überzeugen. Ehe Sie sich aber darüber ärgern, daß die Spaltenbreite zu groß ist oder daß das Schreibrecht für bestimmte Spalten nicht eingeschränkt werden kann, sollten Sie einen Blick hinter die Kulissen der *Columns*-Eigenschaft werfen, die im Objektinspektor gern übersehen wird. Diese Property enthält die sogenannten *persistenten* Spalten des DBGrid (standardmäßig sehen Sie die *dynamischen* Spalten). *Columns* kann während des Entwurfs mit dem Spalteneditor, aber auch zur Laufzeit im Programm eingestellt werden. Wir wollen die Vorgehensweise an Hand eines Datengitters, das mit der Tabelle *Kosten.DB* aus der Baufinanz-Datenbank (siehe Abschnitt 13.3) verbunden ist, erläutern:

Persistente Spalten mit dem Spalteneditor hinzufügen

Klicken Sie rechts auf den *Columns*-Eintrag im Objektinspektor und es öffnet sich das (vorerst noch leere) Fenster des Spalteneditors. Wählen Sie den Button "Alle Felder hinzufügen". Nun können Sie eine bestimmte persistente Spalte auswählen und deren spezifische Eigenschaften im Objektinspektor einstellen.

Beispiel: Spaltenbreite ändern

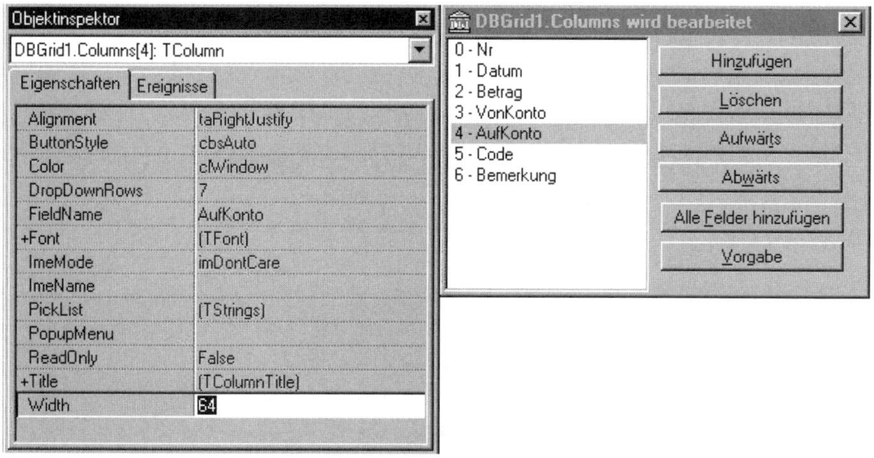

Durch Ändern der *Width*-Eigenschaft kann so z.B. die Spaltenbreite angepaßt werden (Maßeinheit Pixel). Das können Sie aber auch direkt im Entwurfsmodus tun.

Beispiel: Schreibzugriff unterbinden

Setzen Sie *ReadOnly* auf *True*, so bleibt der Schreibzugriff verwehrt (siehe folgende Abbildung).

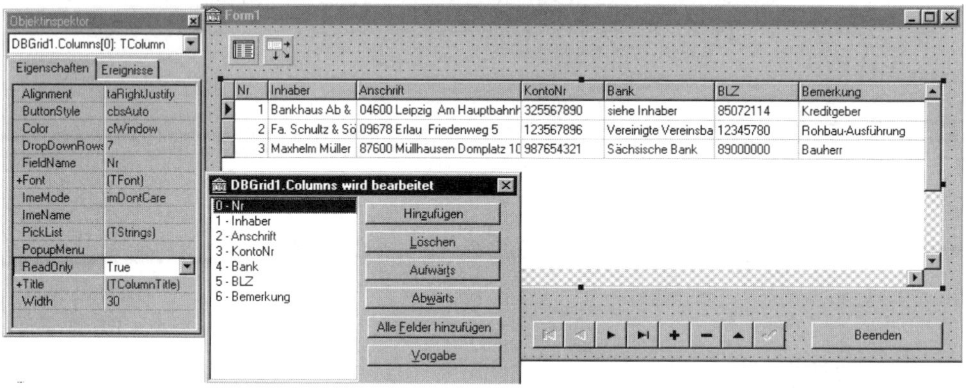

Beispiel: Spalte ausblenden

Da die *Nr*-Spalte (Primärschlüssel!) keinerlei Informationswert für Sie besitzt, können Sie diese auch aus dem DBGrid ausblenden. Klicken Sie im Objektinspektor auf den Editor der *Columns*-Eigenschaft (rechts) und gehen Sie so vor, wie in der folgenden Abbildung gezeigt:

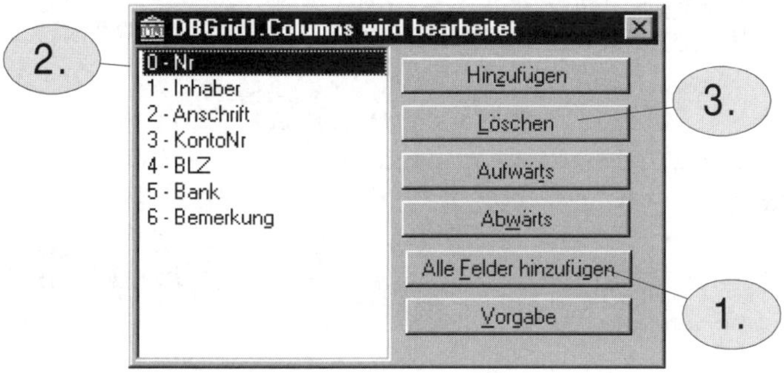

Das gleiche Ergebnis wie zur Entwurfszeit mit dem Spalteneditor, könnten Sie auch per Codeprogrammierung erreichen. Allerdings werden dann die Änderungen erst zur Laufzeit sichtbar.

Oberfläche

Verbinden Sie eine *DBGrid*-Komponente auf gewohnte Weise über ein *Table*- und eine *DataSource*-Komponente mit der Tabelle *Kosten.DB* aus der Datenbank *Baufinanz*. Fügen Sie vier *CheckBox*-Controls hinzu, drei davon umrahmen Sie mit einer *GroupBox*, deren *Visible*-Eigenschaft Sie auf *False* setzen:

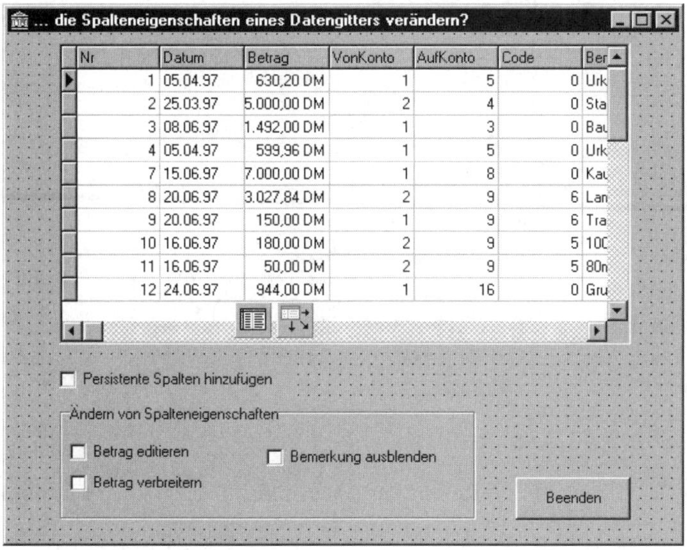

Quelltext

```
procedure TForm1.CheckBox1Click(Sender: TObject);  // Persistente Spalten hinzufügen
begin
 with DBGrid1 do begin
  if CheckBox1.Checked then begin
   Columns.Add; Columns[0].FieldName := 'Datum';
   Columns.Add; Columns[1].FieldName := 'Betrag';
   Columns[1].ReadOnly := True;           // Schreibschutz einstellen
   Columns.Add; Columns[2].FieldName := 'Bemerkung';
   GroupBox1.Visible := True
  end else begin
   Columns.State := csDefault;        // es werden nur noch dynamische Spalten angezeigt
   GroupBox1.Visible := False
  end
 end
end;

procedure TForm1.CheckBox2Click(Sender: TObject);              // Betrag editieren
begin
 if CheckBox3.Checked then DBGrid1.Columns[1].ReadOnly := False
 else DBGrid1.Columns[1].ReadOnly := True
end;

procedure TForm1.CheckBox3Click(Sender: TObject);    // Betrag-Spalte verbreitern
begin
 if CheckBox2.Checked then DBGrid1.Columns[1].Width :=  DBGrid1.Columns[1].Width + 30
 else DBGrid1.Columns[1].RestoreDefaults             // auf Standardwert zurücksetzen
end;

procedure TForm1.CheckBox4Click(Sender: TObject);    // Bemerkung ausblenden
begin
 if CheckBox4.Checked then DBGrid1.Columns[2].Free
                      else
 begin DBGrid1.Columns.Add; DBGrid1.Columns[2].FieldName := 'Bemerkung' end
end;
```

Test

Nach Programmstart fügen Sie die persistenten Spalten hinzu und doktern ein wenig an den Eigenschaften herum:

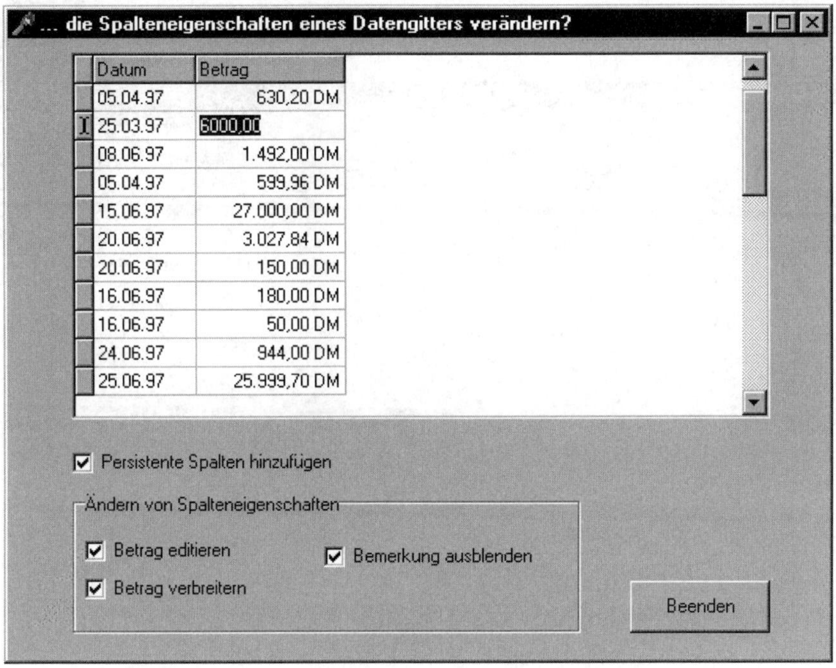

R73 ... den DBNavigator einsparen?

Gründe, die dafür sprechen, den DBNavigator durch eine Eigenproduktion zu ersetzen, gibt es mehrere.

- Die DBNavigator-Komponente bietet neben den Bewegungstasten noch mehrere andere Tasten, die teilweise für Verwirrung sorgen können (ohne *ShowHints* kaum verständlich).
- Beim Öffnen der Tabelle kann man sofort editieren, also auch versehentlich löschen. Das vermeidet man, wenn man grundsätzlich die Tabelle schreibgeschützt öffnet.

Im vorliegenden Rezept soll an Hand der Tabelle *Kunden.DB* (aus der *Firma*-Datenbank) gezeigt werden, wie man einen "handgestrickten" Navigator programmieren kann.

Oberfläche

Orientieren Sie sich an der folgenden Abbildung, und weitere Erklärungen dürften sich erübrigen:

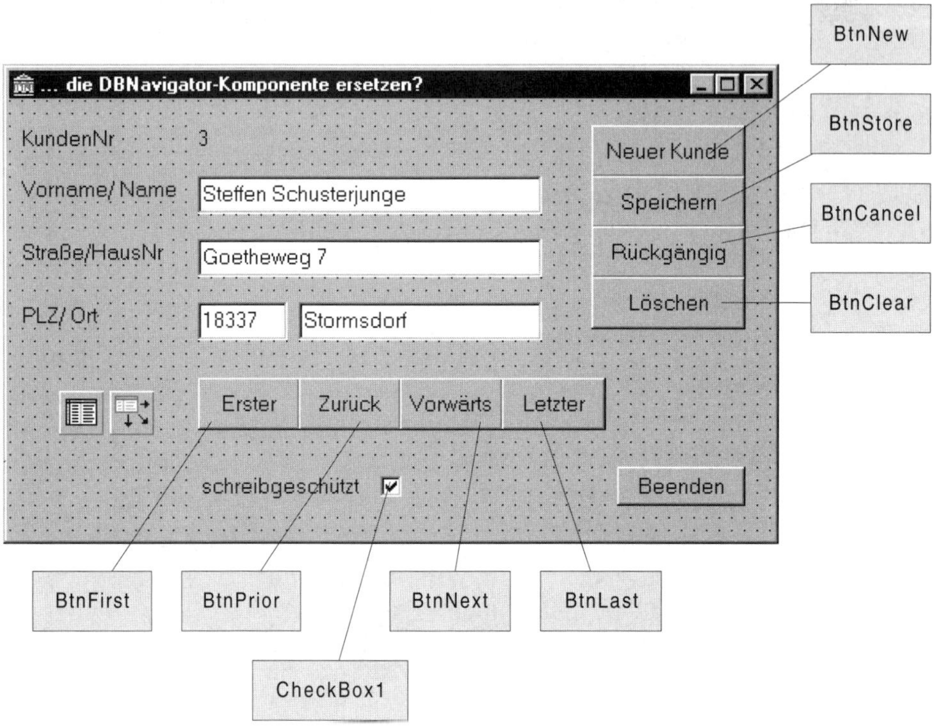

Den Platz des *DBNavigator*s haben 8 Buttons eingenommen, die wir im Objektinspektor entsprechend obiger Abbildung umbenannt haben.

Eine *CheckBox* sorgt für das Ein- und Ausschalten des Schreibschutzes.

Das Anbinden der diversen Datensteuerungskomponenten *DBText*- und *DBEdit* an die Tabelle *Kunden.DB* mit Hilfe der Datenzugriffskomponenten *Table1/DataSource1* wird als bekannt vorausgesetzt (siehe 7.2.4). Einzige Besonderheit: Setzen Sie *ReadOnly* von *Table1* auf *True*!

Quelltext

Zunächst kümmern wir uns um die vier Bewegungstasten, die wir mit den Methoden *First*, *Prior*, *Next* und *Last* des *TTable*-Objekts nachbilden:

```
procedure TForm1.BtnFirstClick(Sender: TObject);        // Erster
begin
 Table1.First;
 BtnLast.Enabled := True; BtnNext.Enabled := True;
 BtnPrior.Enabled := False; BtnFirst.Enabled := False
end;
```

```
procedure TForm1.BtnPriorClick(Sender: TObject);      // Zurück
begin
 Table1.Prior;
 BtnLast.Enabled := True; BtnNext.Enabled := True;
 if Table1.BOF then BtnFirstClick(Self)
end;

procedure TForm1.BtnNextClick(Sender: TObject);       // Vorwärts
begin
 Table1.Next;
 BtnFirst.Enabled := True; BtnPrior.Enabled := True;
 if Table1.EOF then BtnLastClick(Self)
end;

procedure TForm1.BtnLastClick(Sender: TObject);       // Letzter
begin
 Table1.Last;
 BtnFirst.Enabled := True; BtnPrior.Enabled := True;
 BtnLast.Enabled := False; BtnNext.Enabled := False
end;
```

Bereits jetzt können Sie den Quelltext erstmals compilieren und die Funktionsfähigkeit der Bewegungstasten testen.

Etwas komplizierter gestaltet sich die Programmierung der vier Bearbeitungstasten "Neuer Kunde", "Speichern", "Rückgängig" und "Löschen".

Zur Klassendeklaration von *TForm1* fügen wir zunächst eine neue Methode *setButtons* hinzu:

```
type
  TForm1 = class(TForm)
    ...
    procedure FormClose(Sender: TObject; var Action: TCloseAction);
  private
    procedure setButtons(m: Byte);          // neue Methode!
  public
    { Public-Deklarationen }
  end;
```

Diese neu hinzugefügte Methode muß von uns implementiert werden. Weiterhin wird eine Variable vom Typ *TBookmark* benötigt:

```
implementation
{$R *.DFM}

var pos: TBookmark;                    // Lesezeichen
```

```
procedure TForm1.setButtons(m: Byte);
begin
 case m of
  0: begin BtnNew.Enabled := False; BtnStore.Enabled := False;
     BtnCancel.Enabled := False;  BtnDelete.Enabled := False end;
  1: begin BtnNew.Enabled := True; BtnStore.Enabled := False;
     BtnCancel.Enabled := False;  BtnDelete.Enabled := True end;
  2: begin BtnNew.Enabled := False; BtnStore.Enabled := True;
     BtnCancel.Enabled := True; BtnDelete.Enabled := False end
 end
end;
```

Das folgende Zustandsüberführungsdiagramm soll den Übergang zwischen den drei möglichen Aktivierungen der Buttons verdeutlichen:

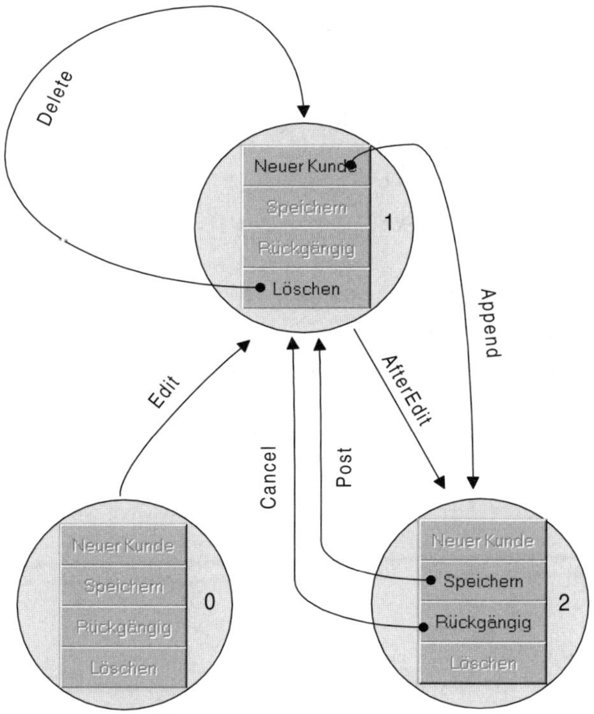

Der Zustand 0 (links unten) liegt beim Aufrufen des Formulars vor. Hier sind die vier Bewegungstasten gesperrt, da der Schreibschutz noch nicht aufgehoben ist:

```
procedure TForm1.FormCreate(Sender: TObject);
begin  setButtons(0) end;
```

Nach Klick auf die *CheckBox* ist der Schreibzugriff erlaubt:

```
rocedure TForm1.CheckBox1Click(Sender: TObject);   // Lese-/Schreibzugriff
begin
 pos := Table1.GetBookmark;                        // Position merken
 Table1.Active := False;
 if CheckBox1.Checked = True then                  // Schreibschutz
 begin
  Table1.ReadOnly := True;
  setButtons(0)
 end                          else                // Lesen und Schreiben
 begin
  Table1.ReadOnly := False;
  setButtons(1)
 end;
 Table1.Active := True;
 Table1.GotoBookmark(pos)                           // Position wiederherstellen
end;
```

Eine spezielle Bearbeitungstaste ist nicht mehr notwendig. Haben Sie in eine der *DBEdit*-Komponenten eine Änderung vorgenommen, so wird das *OnAfterEdit*-Ereignis ausgewertet, um zum Zustand 2 zu gelangen:

```
procedure TForm1.Table1AfterEdit(DataSet: TDataSet);    // irgendwas eingegeben
begin
 setButtons(2)
end;
```

Nach *Post* wird abgespeichert, sicherheitshalber stellen wir mit *Edit* den Editiermodus wieder her:

```
procedure TForm1.BtnStoreClick(Sender: TObject);        // Speichern
begin
 Table1.Post; setButtons(1); Table1.Refresh
end;
```

Das Löschen kann mit der *Cancel*-Methode leider nicht rückgängig gemacht werden, deshalb empfiehlt sich dringend das Zwischenschalten eines Meldungsfensters, siehe dazu

☞ R89 ...Meldungsfenster erzeugen?

```
procedure TForm1.BtnDeleteClick(Sender: TObject);     // Löschen
begin
 if MessageDlg('Wollen Sie den Kunden wirklich löschen?',
    mtWarning,[mbYes, mbNo], 0) = mrYes then
 begin  Table1.Delete; Table1.Edit end
end;
```

Test

Nach Programmstart können Sie sich davon überzeugen, daß die Navigatortasten übersichtlich zu bedienen sind und zuverlässig funktionieren:

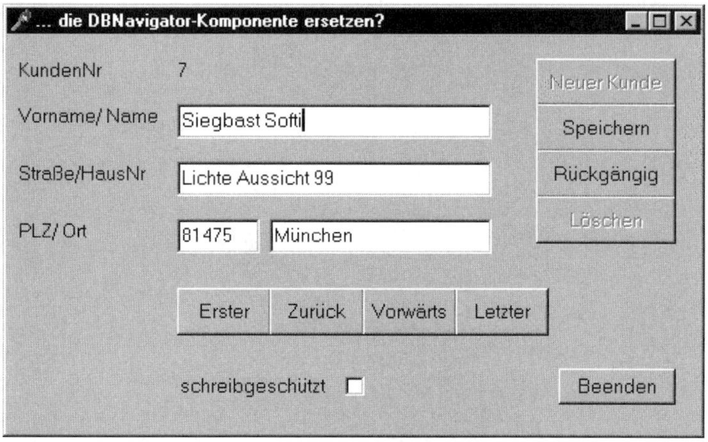

R74 ... DBLookupCombo- und DBLookupListBox einsetzen?

Eine komfortable Möglichkeit der Anzeige/Eingabe von verknüpften Detaildaten bieten die Datensteuerung-Komponenten *DBLookupComboBox* bzw. *DBLookupListBox*. Sie werden sehen, daß wir es hier mit einer ausgereiften Lösung zu tun haben, die ohne eine Zeile Quellcode auskommt.

Grundlage unseres Demobeispiels sind die Verknüpfungen zwischen den Tabellen *Kosten.db*, *Konten.db* und *SollKosten.db* unserer *Baufinanz*-Datenbank:

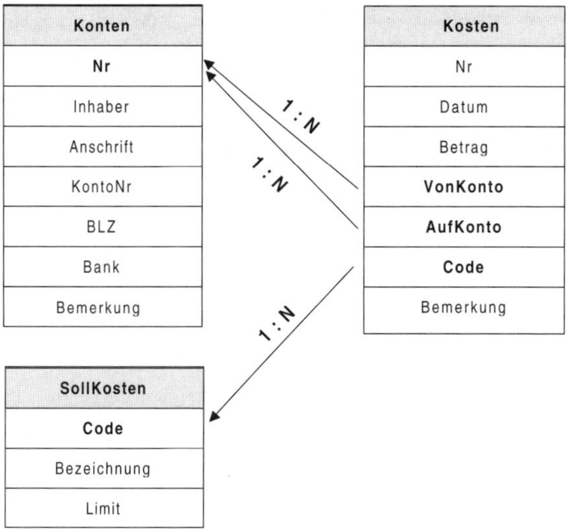

Oberfläche

Das Eingabeformular erhält das folgende Outfit (siehe Abbildung):

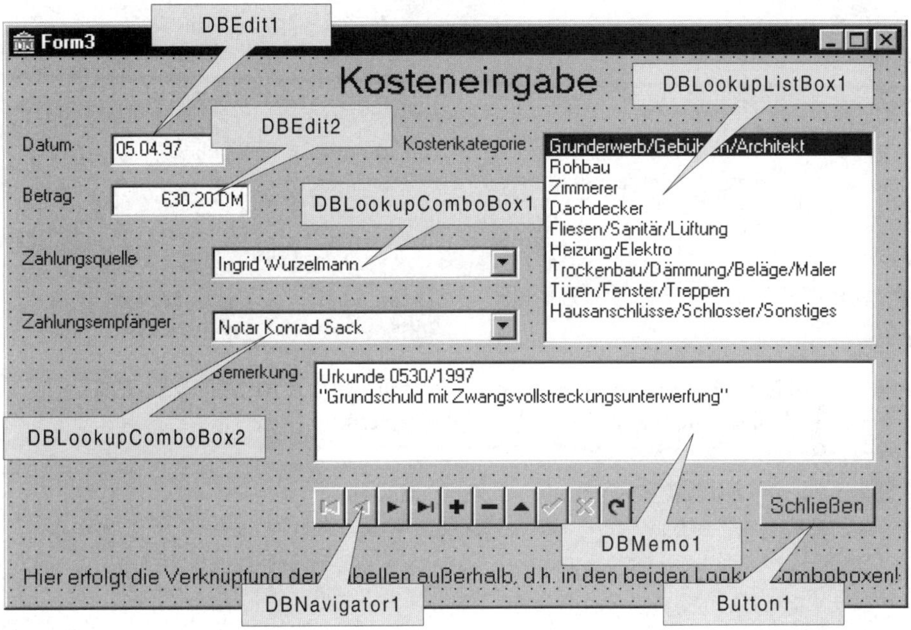

Die Datenzugriffskomponenten *KostenTbl/KostenSource*, *KontenTbl/KontenSource* und *SollTbl/-SollSource* sind in einem Datenmodul *HausModul* untergebracht:

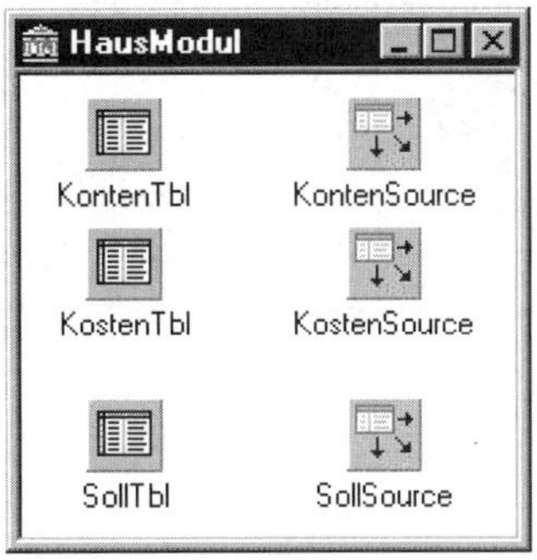

Siehe dazu auch

☞ R75 ... ein Datenmodul einsetzen?

Relativ unproblematisch dürfte für Sie das Zuweisen der datenspezifischen Eigenschaften von *DBEdit1*, *DBEdit2* und *DBMemo* sein: Setzen Sie *DataSource* auf *Hausmodul.KostenSource* und *DataField* auf *Datum*, *Betrag* bzw. *Bemerkung*.

Wesentlich verzwickter gestaltet sich das Zuordnen der Eigenschaften für die drei Lookup-Komponenten:

Name	DataSource	DataField	ListSource	ListField	KeyField
DBLookup-ComboBox1	Hausmodul. KostenSource	VonKonto	Hausmodul. KontenSource	Inhaber	Nr
DBLookup-ComboBox1	dto.	AufKonto	dto.	dto.	dto.
DBLookup-ListBox1	dto.	Code	Hausmodul. SollSource	Bezeichnung	Code

Was diese Eigenschaften im einzelnen bedeuten und in welcher Reihenfolge Sie diese über den Objektinspektor einstellen, soll die folgende Abbildung verdeutlichen:

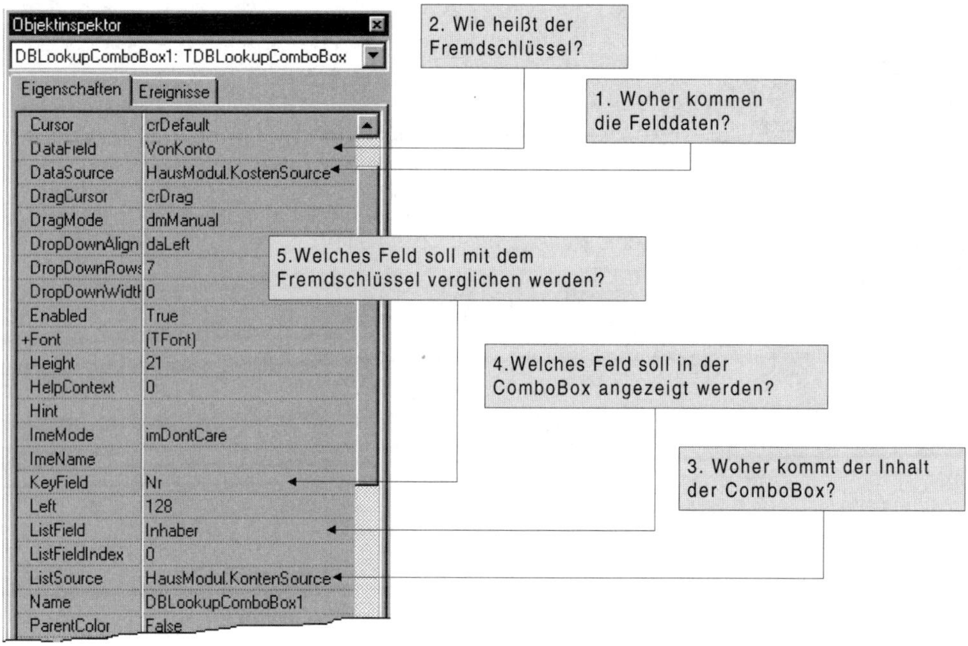

Test

Starten Sie die Anwendung und Sie werden erleichtert feststellen: Endlich eine bequeme, überschaubare und narrensichere Eingabemaske für verknüpfte Tabellen!

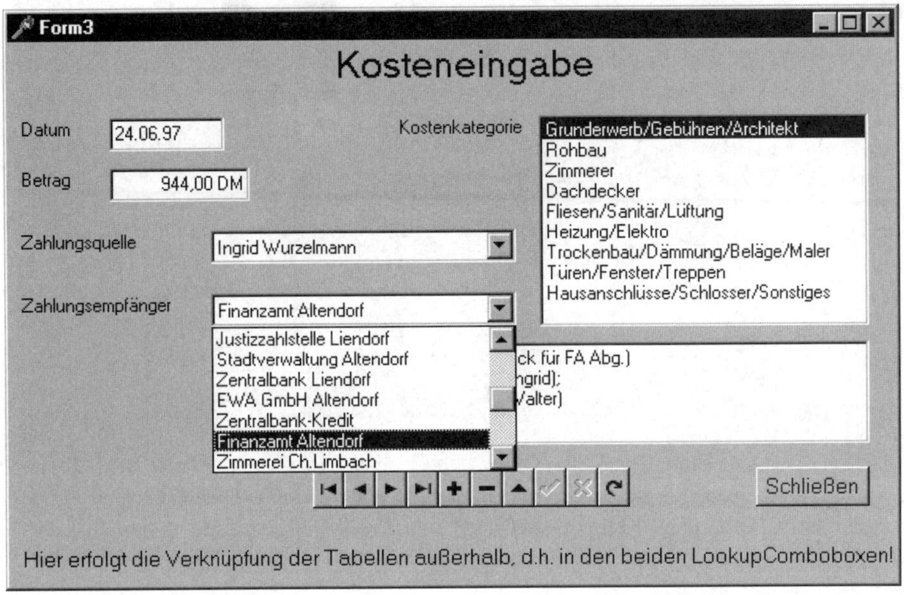

Bemerkungen

- In der Applikation BAUFINANZ (13.3) werden zwei weitere Verknüpfungsmöglichkeiten zur Anzeige von Detaildaten in der Tabelle *Kosten.DB* demonstriert: Das Verwenden von Lookaup-Feldern innerhalb der *Table*-Objekte und das Anwenden von Master-Eigenschaften.
- Weitere Möglichkeiten bieten sich mit dem *TQuery*-Objekt. Da hierzu aber SQL-Kenntnisse erforderlich sind, verweisen wir auf das [ProfiBuch].

R75 ... ein Datenmodul einsetzen?

Wenn von mehreren Formularen aus auf eine gemeinsame Datenbank zugegriffen werden soll ist es zweckmäßig, die Datenquellen in einem sogenannten Datenmodul zusammenzufassen. Dies ist ein ab Delphi 2 eingeführter neuer Unit-Typ, welcher als Container für die quasi "unsichtbaren" Datenzugriffskomponenten *TTable*, *TQuery* *...TDataSource* dient. Insbesondere im Zusammenhang mit der Objektablage ergeben sich vielfältige Einsatzmöglichkeiten. Wir wollen im folgenden am Beispiel der *Baufinanz*-Datenbank zeigen, wie Formulare von einem Datenmodul "versorgt" werden können.

Hinzufügen eines Datenmoduls

Wählen Sie *Datei|Neues Datenmodul*. Was Sie anschließend sehen, ähnelt Das Datenmodul einem Formular, lediglich der Hintergrund ist weiß. Auch die Art und Weise, wie Sie die Datenzugriffskomponenten plazieren, ist die gleiche. Es empfiehlt sich aus Übersichtlichkeitsgründen, es nicht bei den von Delphi vergebenen standardmäßigen Namen zu belassen, sondern eigene aussagekräftige Bezeichner zu verwenden. Verändern Sie dazu die *Name*-Eigenschaft im Objektinspektor, die Beschriftungen im Datenmodul passen sich automatisch an:

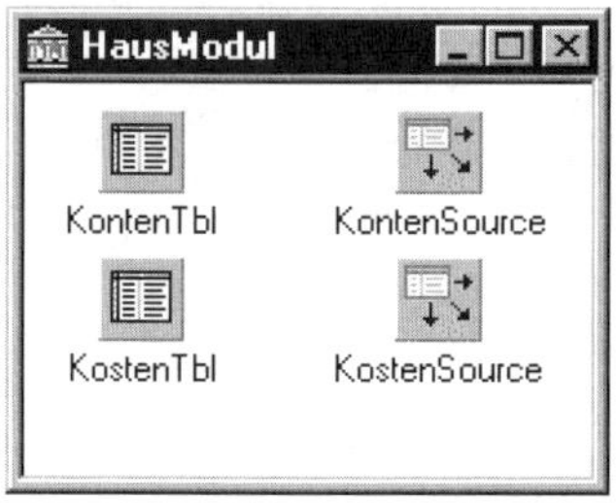

Binden Sie, wie gewohnt, die *Table*-Komponenten über die *DatabaseName* und *TableName*-Eigenschaft an die Tabellen *Konten.db* und *Kosten*.db der *Baufinanz*-Datenbank und koppeln Sie dann die beiden *DataSource*-Komponenten über ihre *DataSet*-Eigenschaft an die entsprechenden *Table*s.

Hinweis: Vergessen Sie nicht, die *Active*-Properties beider *Table*-Komponenten zum Schluß auf *True* zu setzen!

Speichern Sie das Datenmodul und das zugeordnete Formular unter aussagekräftigen Namen ab, z.B. als *HausDatModul.* und *HausModul*.

Hinweis: Für den Namen des Datenmoduls (Unit) und seines Containers (Form) sind unterschiedliche Namen zu verwenden!

Nach *Ansicht| Projektverwaltung* bietet sich Ihnen folgender Anblick:

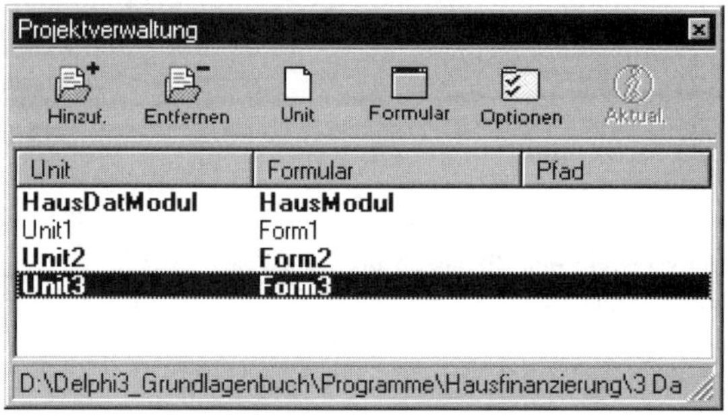

Einbinden des Datenmoduls

Obwohl das Datenmodul bereits in unserem Projekt vorhanden ist, haben die beiden Formular-Units *Unit2* und *Unit3* von dem Neuankömmling noch keine blasse Ahnung. Klicken Sie deshalb auf *Form2* und fügen Sie über *Datei|Unit verwenden...* das Datenmodul hinzu. Im Ergebnis steht das Datenmodul in der *uses*-Klausel des *implementation*-Abschnitts von *Unit2*.

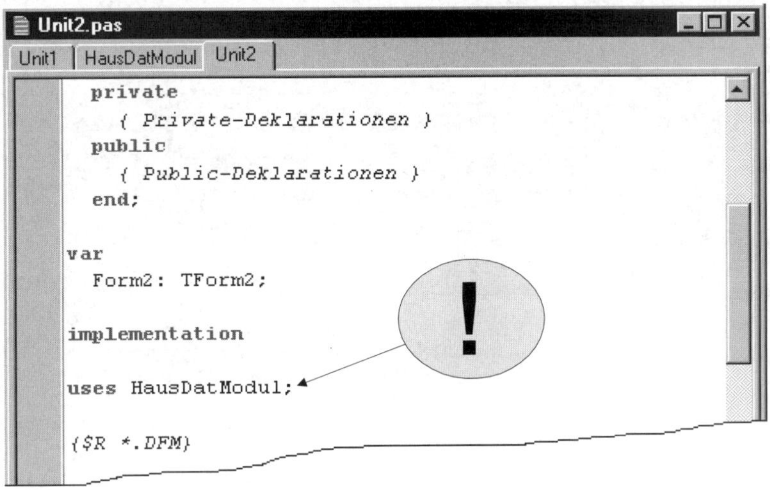

Auf analoge Weise fügen Sie das Datenmodul der *Unit3* hinzu.

Oberfläche

Die Bedienoberfläche weist einen wesentlichen Unterschied zur herkömmlichen Programmierung auf: Die ursprünglichen *Table-* und *DataSource*-Komponenten sind von den Formularen verschwunden, sie befinden sich jetzt im Datenmodul. Die *DataSource*-Eigenschaften der Datensteuerungskomponenten lauten jetzt *HausModul.KontenSource, HausModul.KostenSource, usw.*

Test

Starten Sie die Version 2 der HAUSFINANZ-Applikation (Buch-CD). Sie werden keinerlei äußeren Unterschied zur herkömmlichen Programmierung (ohne Datenmodul) feststellen, da das Datenmodul gewissermaßen "im Verborgenen" wirkt:

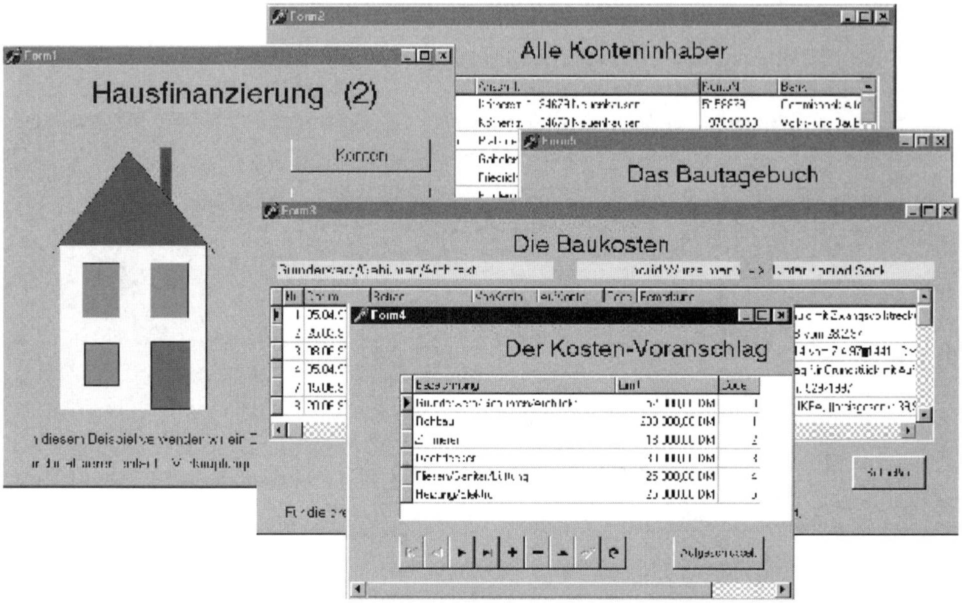

R76 ... einen einfachen Bericht mit QuickReport anfertigen?

Um die Ergebnisse von Datenbankabfragen in ansprechender Form aufs Papier zu bringen, werden von Borland Delphi spezielle *QuickReport*-Komponenten bereitgestellt (siehe "QReport"-Seite der Komponentenpalette). In unserer Demo wollen wir eine Zusammenstellung aller Konten der Datenbank *Baufinanz* ausdrucken.

Oberfläche

Die Vorgehensweise entspricht fast vollständig der beim normalen Formularentwurf:

1. Auf dem Startformular plazieren Sie eine *Table*-Komponente, der Sie als *DatabaseName* den Alias *Baufinanz* und als *TableName* die Tabelle *Konten.DB* zuweisen. Setzen Sie die *Active*-Property von *Table1* auf *True*.

2. Setzen Sie eine *QuickRep*-Komponente auf das Formular und zoomen Sie diese auf die gewünschte Größe auf. Setzen Sie die *DataSet*-Eigenschaft auf *Table1*.

3. Klappen Sie die *Bands*-Eigenschaft auf und setzen Sie *HasPageHeader*, *HasTitle*, *HasColumnHeader*, *HasDetail* und *HasPageFooter* auf *True*. Zum Report werden automatisch die entsprechenden Abschnitte in der richtigen Reihenfolge hinzugefügt (siehe Tabelle).

4. Bestücken Sie die einzelnen Abschnitte wie folgt mit weiteren *QuickReport*-Komponenten (die Schrifteigenschaften stellen Sie wie gewohnt über das *Font*-Objekt ein):

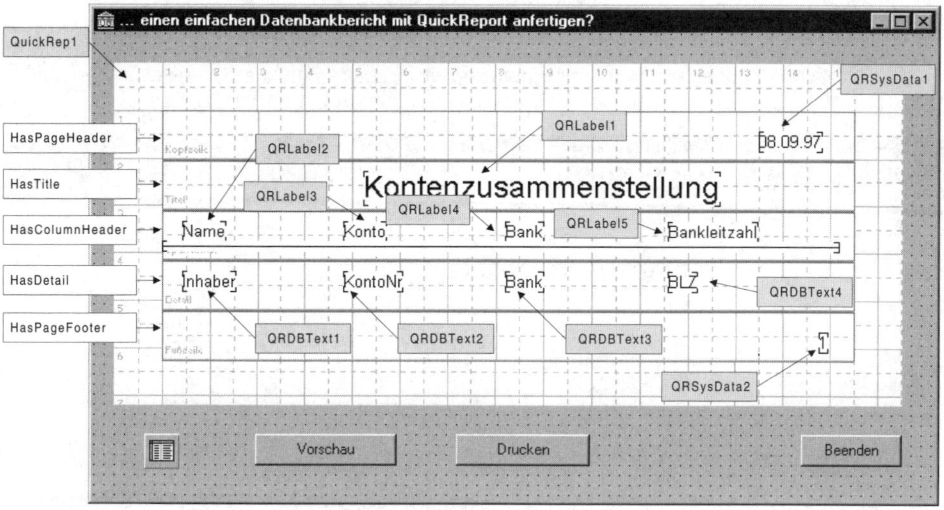

5. Setzen Sie die *DataSet*-Eigenschaft der *QRDBText*-Komponenten auf *Table1* und deren *DataField*-Eigenschaft entsprechend obiger Abbildung.

6. In die *Caption*-Eigenschaft der *QRLabel*-Komponenten tragen Sie die entsprechenden Beschriftungen ein.

7. Der *Data*-Eigenschaft der beiden *QRSysData*-Komponenten weisen Sie die Werte *qrsDate* bzw. *qrsPageNumber* zu.

Quelltext

Hinterlegen Sie den drei Buttons folgenden Code:

```
procedure TForm1.Button1Click(Sender: TObject);      // Vorschau
begin
 QuickRep1.Preview
end;

procedure TForm1.Button2Click(Sender: TObject);     // Drucken
begin
 QuickRep1.Print
end;

procedure TForm1.Button3Click(Sender: TObject);     // Programm beenden
begin
 Close
end;
```

Test

Ein erster Probedurchgang ist bereits zur Entwurfszeit möglich. Klicken Sie dazu mit der rechten Maustaste auf den Report und wählen Sie im Kontextmenü den Eintrag "Druckbild":

Schließen

08.09.97

Kontenzusammenstellung

Name	Konto	Bank	Bankleitzahl
Ingrid Wurzelmann	5158879	Commisbank Altenhausen	870 40000
Maxhelm Wurzelmann	197690363	Volks- und Baubank Altenhausen	870 96124
Stadtverwaltung Neuhausen	44568903	Ab & Zock Bank Neustadt	860 208 80
Dipl.-Ing. M.Brechdurch	3469214	Tressiner Bank Neustadt	860 800 00
Notar Konrad Sack	6743568	Commisbank Neustadt	860 400 00
Architekt Andreas Babel	64590008	H & S Finanzbank Dudeldorf	876 543 12
Systembau Zahne GmbH	208 8052	Zentralbank Altendorf	860 700 00
Wohnungsgesellschaft Altendorf	1111 002 149	Landsparkasse Altendorf	83050200

Anschließend starten Sie das Programm normal und testen die Vorschau- und die Druckfunktion.

Bemerkungen

Über die Bedeutung der sechs grundlegenden Abschnittstypen einer *QuickRep*-Komponente informiert Sie die folgende Tabelle (Anordnung entspricht der Druckreihenfolge):

Abschnitt	Bezeichnung	Erläuterung
PageHeader	Kopfzeile	Dieser Abschnitt erscheint zu Beginn jeder Seite. In Abhängigkeit von *Options.FirstPageHeader* kann jedoch der Druck auf der ersten Seite unterdrückt werden.
Title	Titel	Der Titel erscheint einmal zu Beginn des Berichts.
ColumnHeader	Spaltentitel	Dieser Abschnitt erscheint zu Beginn eines Detailabschnitts einmal pro Seite. Hier werden meist die Feldnamen bezeichnet (in *QRLabel* u.a.).
Detail	Detail	Der Detailabschnitt wird für jeden Datensatz, d.h. jede Zeile, ausgedruckt (Ausnahme: mehrspaltiger Report). Hier befinden sich meist die datensensitiven Komponenten (*QRDBText* u.a.).

Abschnitt	Bezeichnung	Erläuterung
Summary	Zusammenfassung	In diesem Abschnitt (in unserem Beispiel nicht enthalten) können Summenwerte (Gesamtpreis u.ä.) ausgegeben werden.
PageFooter	Fußzeile	Als Pendant zur Kopfzeile erscheint dieser Abschnitt am Ende jeder Seite und kann in Abhängigkeit von *Options.LastPageFooter* auf der letzten Seite unterdrückt werden.

In einem "ausgewachsenen" Datenbankbericht sind noch zahlreiche weitere Objekte, Eigenschaften und Ereignisse von Bedeutung, wie z.B. bei untergeordneten Detail- und Gruppenabschnitten. Entsprechendes Know-how finden Sie in der Applikation BAUFINANZ (Version 4) in Kapitel 13 (Abschnitt 13.3).

R77 ... die Eingabemaske für eine Rechnung programmieren?

Im Kapitel 7 haben wir uns bereits ausgiebig mit der *Firma*-Datenbank beschäftigt. Unter anderem wurde auch gezeigt, wie die Tabellen *Rechnungen.DB*, *Kunden.DB*, *Rechnungsdaten.DB* und *Artikel.DB* angelegt und verknüpft werden können. Bevor man überhaupt ein Rechnungsformular für einen Kunden ausdrucken kann, müssen aber die Daten erst eingegeben werden. Leider läßt sich dieses Problem nicht in wenigen Worten bzw. Codezeilen abhandeln. Aus diesem Grund wurde im vorliegenden "Mammut"-Rezept der Programmentwurf in drei Etappen aufgeteilt.

Etappe 1

In der ersten Etappe soll die Benutzerschnittstelle zu den Tabellen *Rechnungen.DB* und *Kunden.DB* gestaltet werden.

Oberfläche

Um den Anblick optisch aufzuwerten, haben wir alle Komponenten auf einen Panel (*Panel1*) gesetzt:

Wir wollen gleich Nägel mit Köpfen machen und haben aus diesem Grund auf die triste *DBNavigator*-Komponente verzichtet und statt dessen eigene Buttons zum Bewegen durch die Datensätze und zum Bearbeiten derselben programmiert und auch einen Schreibschutz integriert. Der Einsteiger, welcher den damit verbundenen Aufwand scheut, kann aber durchaus auch den *DBNavigator* verwenden.

Binden Sie *Table1* und *Table2* an die Firmendatenbank an (Alias *Firma*) und setzen Sie die *TableName*-Eigenschaften auf *Rechnungen.DB* bzw. *Kunden.DB*. Die *DBText* bzw. *DBEdit*-Komponenten werden über ihre *DataSource- bzw. DataField*-Eigenschaften wie gewohnt an *DataSource1* bzw. *DataSource2* angekoppelt Beim Anbinden der *DBLookup* Combobox müssen Sie sich schon etwas mehr konzentrieren:

Eigenschaft	*DataSource*	*DataField*	*ListSource*	*ListField*	*KeyField*
Wert	*DataSource1*	*KundenNr*	*DataSource2*	*Name*	*Nr*

Siehe auch

☞ R74 ... DBLookupComboBox und DBLookupListBox einsetzen?

Quelltext

Den für die acht Buttons erforderlichen Quellcode finden Sie in

☞ R73 ... die DBNavigator-Komponente einsparen?

Um die Neueingabe von Datensätzen zu erleichtern, ergänzen Sie folgenden Eventhandler:

```
procedure TForm1.Table1AfterInsert(DataSet: TDataSet);
begin
 Table1['Datum']:= Date;                          // aktuelles Datum einsetzen
 Table2.Last; Table1['KundenNr']:= Table2['Nr']    // aktuellen Kunden einsetzen
end;
```

Test

Starten Sie zur ersten Etappe der Applikation. Wenn Sie z.B. einen anderen Kunden zuweisen wollen, so markieren Sie einfach den entsprechenden Namen in der Combobox. Vergessen Sie aber nicht, vorher den Schreibschutz aufzuheben.

Änderungen an Datensätzen können Sie durch den "Rückgängig"-Button wieder verwerfen. Die endgültige Übernahme in die Datenbank erfolgt nach "Speichern" oder durch Bewegen zu einem anderen Datensatz.

Etappe 2

Ziel ist das Gestalten der Benutzerschnittstelle zur Tabelle *Rechnungsdaten.DB*.

Oberfläche

Wir vergrößern die Höhe von *Form1* und bestücken die neu hinzugekommene untere Hälfte gemäß folgender Abbildung mit *Query1/DataSource3*, einem *DBGrid1* und den Buttons *BtnNew1*, *BtnStore1*, *BtnCancel1*, *BtnDelete1*. Die *CheckBox1* brauchen Sie nicht neu hinzuzufügen, sie wird bloß vom oberen Teil von *Form1* hierher verschoben.

Auf Bewegungstasten kann verzichtet werden, da man in einem *DBGrid* durch einfaches Zeilenklicken bzw. mittels Bildlaufleiste wesentlich bequemer weiterkommt. Setzen Sie für *DBGRid1* die Eigenschaft *ReadOnly = True*.

Legen Sie die *SQL*-Eigenschaft von *Query1* wie folgt fest:

```
SELECT * FROM Rechnungsdaten WHERE RechnungsNr = :Nr
```

Der mit vorangestellten Leerzeichen und Doppelpunkt gekennzeichnete Parameter *Nr* stammt aus *Table1/DataSource1* (*Rechnungen.DB*). Um diesen Parameter innerhalb des SQL-Strings verfügbar zu machen, muß die *DataSource*-Eigenschaft von *Query1* auf *DataSource1* eingestellt werden. Wir verbinden danach *DBGrid1* mit *DataSource3* und setzen erwartungsfroh *Query1.Active* zu *True*. Doch was ist das? Ein bösartiges Meldungsfenster stoppt jäh unseren Höhenflug:

Was ist passiert? Leider verträgt sich im SQL-String der Datentyp von Nr (*TAutoIncField* = Zähler) nicht mit dem Datentyp von RechnungsNr (*TIntegerField*). Wir müssen deshalb zu *Table1* sogenannte *persistente Datenfeldobjekte* hinzufügen, um damit einen neuen Datentyp für *Nr* zu definieren, welcher vom Typ *TIntegerField* (LongInteger) sein muß.

Doppelklicken Sie auf die Komponente *Table1* und wählen Sie im noch leeren Feldeditor mittels Rechter Maustaste (RMT) "Felder hinzufügen". Fügen Sie alle Felder hinzu und löschen Sie anschließend das *Nr*-Feld wieder. Wählen Sie nun mittels RMT "Neues Feld". Vergeben Sie exakt den gleichen Namen (Nr) wie ihn das eben gelöschte Feld hatte. Stellen Sie den Typ *Integer* und den Feldtyp *Daten* ein:

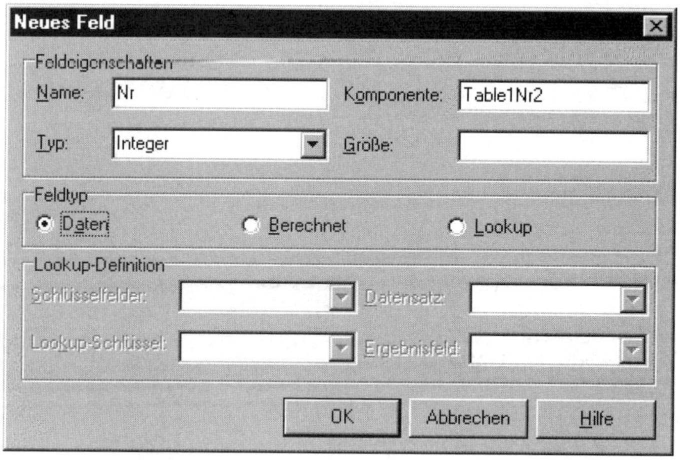

Nachdem die *SQL*-Eigenschaft von *Query1* funktioniert, setzen Sie *RequestLive* = *True*.

Quelltext

Der zum Hinzufügen, Speichern, Löschen und Verwerfen der *Rechnungsdaten* erforderliche Code entspricht im wesentlichen dem bereits erörterten Code zum Bearbeiten der *Rechnungen* (oberer Teil des Formulars), so daß auf eine vollständige Wiedergabe hier verzichtet werden kann (siehe Buch-CD).

Bemerkenswert ist lediglich dieser Eventhandler, welcher den Fremdschlüssel *RechnungsNr* automatisch einträgt:

```
procedure TForm1.Query1AfterInsert(DataSet: TDataSet);
begin
 Query1['RechnungsNr']:= Table1['Nr']
end;
```

Da wir für *Table1* persistente Feldobjekte hinzugefügt haben (statt der standardmäßig vorhandenen dynamischen), kann die Anweisung auch wie folgt modifiziert werden:

```
Query1['RechnungsNr']:= Table1Nr.Value
```

Test

In dieser Programmphase können wir uns bereits am Zusammenspiel der drei Tabellen *Kunden.DB*, *Rechnungen.DB* und *Rechnungsdaten.DB* erfreuen. Es werden nur die Rechnungsdaten angezeigt, die der oben eingestellten Rechnung entsprechen. Beachten Sie, daß Sie bei Eingabe einer neuen Rechnung zunächst diese speichern müssen, ehe Sie Rechnungsdaten hinzufügen können:

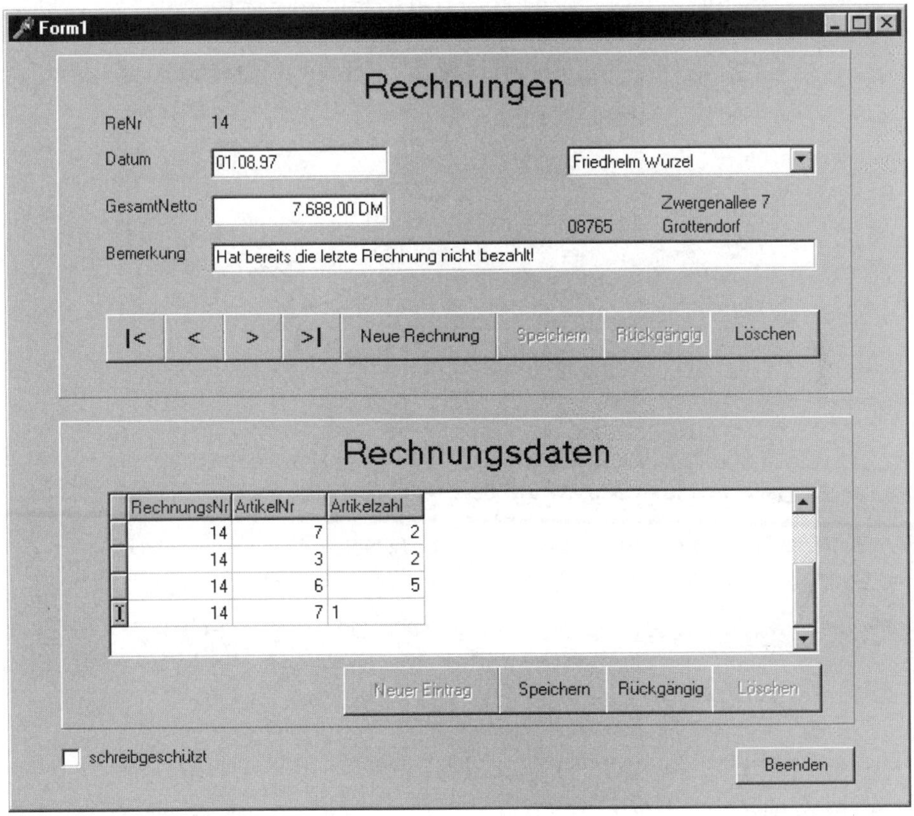

Etappe 3

In dieser letzten Etappe werden wir die bis jetzt noch offene Verbindung zur Tabelle *Artikel.DB* herstellen.

Oberfläche

Ergänzen Sie in der unteren Hälfte von *Form1* eine weitere *Table*-Komponente (*Table3*) und koppeln Sie diese an die Tabelle *Artikel.DB* an. Eine entsprechende *DataSource*-Komponente ist nicht erforderlich!

Die Verbindung zwischen *Rechnungsdaten.DB* und *Artikel.DB* realisieren wir diesmal durch Lookup-Felder, die zum *Query1*-Objekt hinzugefügt werden müssen. Gehen Sie dazu wie folgt vor:

Doppelklicken Sie auf *Query1* und wählen Sie im Popup-Menü des Feldeditors die Option "Felder hinzufügen..." (Strg+A). Anschließend ergänzen Sie über die Option "Neues Feld..." (Strg+N) ein Lookup-Feld, welchem Sie z.B. den Namen *ArtikelName* verordnen. Im Dialogfenster "Neues Feld" stellen Sie Feldeigenschaften, Feldtyp und Lookup-Definition ein:

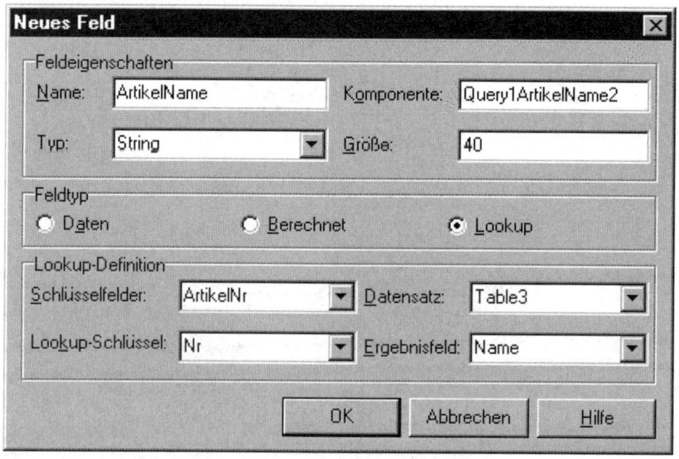

Im Objektinspektor erkennen Sie an Hand der Eigenschaften des von Ihnen erzeugten Lookup-Feldes *Query1ArtikelName: TStringField* das Ergebnis Ihrer Bemühungen:

Eigenschaft	*DisplayLabel*	*Display-Width*	*KeyFields*	*Lookup-DataSet*	*Lookup-KeyFields*	*Lookup-ResultField*
Wert	*ArtikelName*	*40*	*ArtikelNr*	*Table3*	*Nr*	*Name*

Auf analoge Weise fügen Sie ein weiteres Lookup-Feld für den Artikelpreis (Typ *Currency*) hinzu.

Auch der Gesamtpreis pro Einzeleintrag, der sich aus Artikelanzahl mal Verkaufspreis berechnet, soll angezeigt werden. Dazu müssen wir kein "Lookup-", sondern ein "Berechnetes Feld" zu *Query1* hinzufügen:

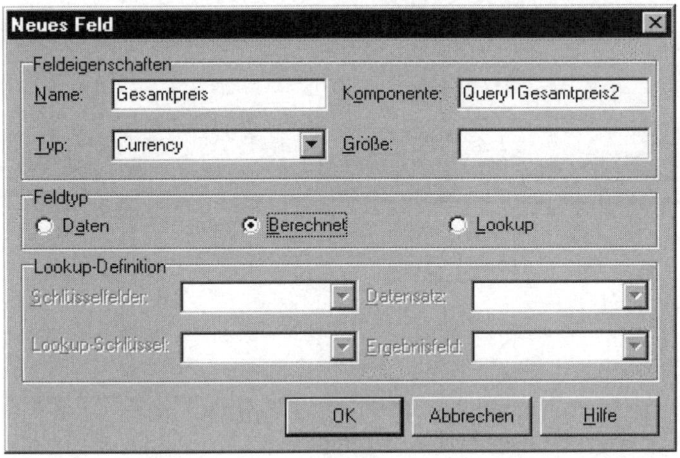

Durch die neu hinzugekommenen Spalten wird der Platz im Anzeigegitter knapp, schaffen Sie also Luft durch Ausblenden überflüssiger Spalten! Da Sie den zukünftigen Nutzer des Programms nicht mehr mit dem Anblick von Fremdschlüsseln belästigen wollen, blenden Sie *RechnungsNr* und *ArtikelNr* einfach aus dem Anzeigegitter aus. Wählen Sie dazu die *Columns*-Eigenschaft von *DBGrid1*. Im Spalteneditor klicken Sie zunächst auf den Button "Alle Felder hinzufügen", anschließend löschen Sie die Spalten, die nicht angezeigt werden sollen. Siehe auch

☞ R72 ... die Spalteneigenschaften eines DBGrid verändern?

Quelltext

Die Berechnung der Gesamtsumme führen Sie im *OnCalcField*-Event von *Query1* durch:

```
procedure TForm1.Query1CalcFields(DataSet: TDataSet);
begin
 Query1Gesamtpreis.Value := Query1Artikelzahl.Value * Query1Artikelpreis.Value
end;
```

Natürlich möchten Sie auch den Rechnungsendbetrag wissen, bevor die Rechnung ausgedruckt wird[1]. Zu diesem finden Sie in der Tabelle *Rechnungen.DB* ein bisher unbeachtetes Feld *GesamtNetto*. Da wir in unserem Beispiel so gut wie ohne SQL auskommen wollen, gestaltet sich das Zuweisen von Werten für dieses Feld etwas aufwendiger. Der folgende Code zeigt eine Lösungsmöglichkeit (eine andere wäre das Hinzufügen eines "berechneten" Feldes zu *Table1*). Ergänzen Sie im *implementation*-Abschnitt von *Form1* die folgende Prozedur:

```
procedure gesamtSumme;     // berechnet Gesamtsumme aus berechneten Feldern!
var sum: Currency;
begin
 with Form1 do begin
  Query1.DisableControls;                    // um Rechenzeit einzusparen
```

[1] Nur so können Sie Ihre Kunden vor unangenehmen Überraschungen bewahren!

```
  sum := 0; Query1.First;
  while not Query1.EOF do begin
   sum := sum + Query1GesamtPreis.Value;
   Query1.Next
  end;
  Query1.EnableControls;
  Table1.Edit;
  Table1GesamtNetto.Value := sum;
  Table1.Post
 end
end;
```

Die Übernahme des Endbetrags erfolgt jeweils beim Abspeichern neuer Rechnungsdaten. Ergänzen Sie also den entsprechenden Eventhandler wie folgt:

```
procedure TForm1.BtnStore1Click(Sender: TObject);    // Eintrag speichern
begin
 Query1.Post; setButtons1(1); gesamtSumme
end;
```

Test

Endlich ist es geschafft! Starten Sie das Programm und überzeugen Sie sich von der Funktionsfähigkeit, indem Sie bestehende Rechnungen manipulieren und neue hinzufügen.

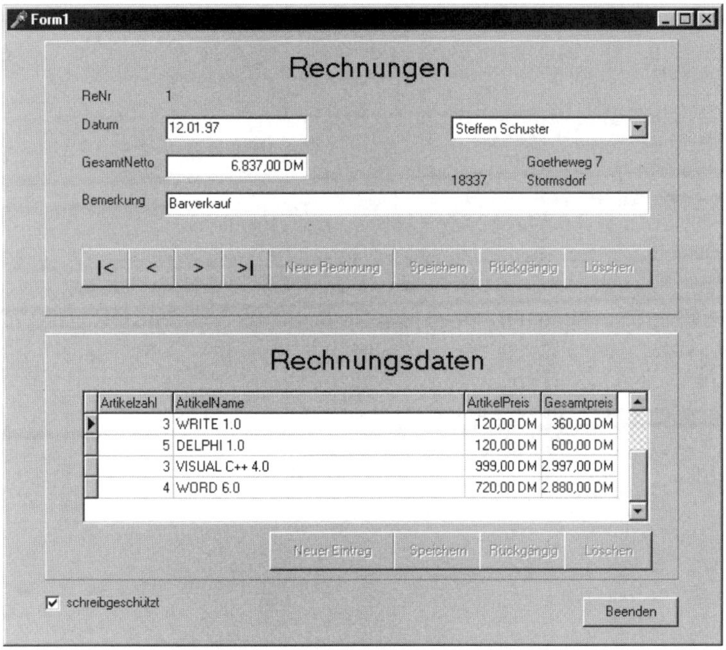

Für die Eingabe des Artikelnamens hält unser Programm eine Überraschung parat: Klicken Sie zweimal auf das Feld, und Sie können über eine eingeblendete Rollbox den gewünschten Eintrag auswählen. Einfacher geht es wohl nicht mehr. Zu verdanken haben wir dieses bemerkenswerte Feature den zu *Query1* hinzugefügten Lookup-Feldern.

Übrigens funktioniert das auch beim Artikelpreis. Hier ist das direkte Herumdoktern allerdings weniger sinnvoll, denn dazu verwenden wir besser die separate Eingabemaske für *Artikel.DB*. Setzen Sie deshalb über die *Columns*-Eigenschaft von *DBGrid1* diese Spalte vorsichtshalber auf *ReadOnly = True*.

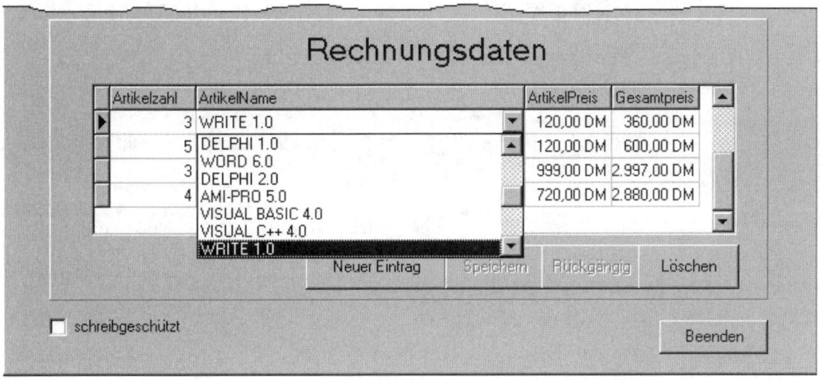

Bemerkungen

- Nach jedem Hinzufügen von Lookupfeldern zu einem *Table-* bzw. *Query*-Objekt müssen Sie auch die *Columns*-Eigenschaft des mit dem Datenzugriffsobjekt verbundenen *DBGrid* aktualisieren ("Alle Felder hinzufügen" und vorher existierende Spalten löschen). Ansonsten bleiben die vorgenommenen Änderungen der Datenstruktur unsichtbar.
- Im *OnCalcField*-Event einer *Table* bzw. *Query* haben Sie nur Zugriff auf persistente Datenfeld-Objekte, die Sie vorher (wie oben beschrieben) mit dem Feldeditor hinzufügen müssen.

R78 ... eine Rechnung mit QuickReport ausdrucken?

Das folgende Rezept soll zeigen, wie mit Hilfe der in Delphi integrierten QuickReport-Komponenten eine standesgemäße Druckerausgabe realisiert werden kann. Sie werden bestätigen, daß das Fertigstellen des Reports fast ein Kinderspiel ist, da auf die vom Vorgängerrezept

☞ R77...eine Eingabemaske für eine Rechnung anfertigen?

definierten Datenquellen zurückgegriffen werden kann. Wer hingegen einen völlig unabhängigen Einstieg in die QuickReport-Programmierung sucht, sollte sich das folgende Rezept vorknöpfen:

☞ R76 ...einen einfachen Bericht mit QuickReport anfertigen?

Oberfläche

Fügen Sie ein neues Formular *Form2* zum Projekt hinzu und zoomen Sie dort eine QuickReport-Komponente *QuickRep1* hinein. Setzen Sie deren *DataSet*-Eigenschaft auf *Form1.Query1*. Klappen Sie die *Bands*-Eigenschaften auf und setzen Sie *HasPageHeader*, *HasTitle*, *HasColumnHeader*, *HasDetail*, *HasSummary* und *HasPageFooter* auf *True*.

Damit verfügt unser Report über alle der sechs grundsätzlichen Abschnittstypen (Bands):

Abschnittstyp	Objektbezeichner	Erläuterung
Kopfzeile	*PageHeaderBand*	wird auf allen Seiten wiederholt
Titel	*TitleBand*	erscheint nur auf erster Seite
Spaltentitel	*ColumnHeaderBand*	wird für alle Spalten pro Seite wiederholt
Detailbereich	*DetailBand*	wird für alle Datensätze wiederholt
Zusammenfassung	*SummaryBand*	erscheint nur auf letzter Seite
Fußzeile	*PageFooterBand*	wird auf allen Seiten wiederholt

Die Abschnitte werden automatisch in obiger Reihenfolge angeordnet, ihre Höhe läßt sich individuell einstellen (mit Maus anfassen und aufzoomen). Auch die Druckreihenfolge der Abschnitte entspricht obiger Anordnung.

Plazieren Sie in den einzelnen Abschnitten weitere QuickReport-Datensteuerungs-Komponenten gemäß folgender Abbildung.

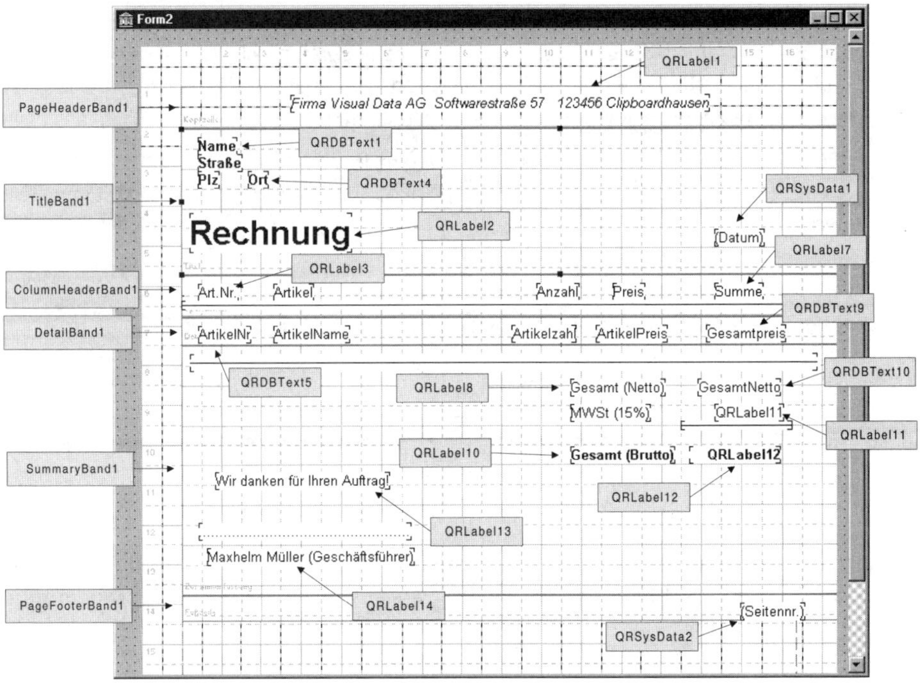

Die Vorgehensweise ist intuitiv leicht zu erfassen und entspricht dem Plazieren "normaler" Komponenten auf Formulare. Bei den QRLabels brauchen Sie sich nur um deren *Caption*-Eigenschaft zu kümmern (Ausnahmen: *QRLabel11* und *QRLabel12*). Die Felder *QRDBText1* bis *QRDBText4* (Kundenanschrift) binden Sie zunächst über deren *DataSet*-Property an *Form1.Table2* und weisen Ihnen danach die entsprechende *DataField*-Property zu. Für die im Detailbereich angeordneten Rechnungseinträge *QRDBText5* ... *QRDBText9* ist die Datenquelle *Form1.Query1*, die *DataField*-Eigenschaften ergeben sich aus den Spaltenüberschriften. Die Gesamtnettosumme *QRDBText10* binden Sie an *Form1.Table1/GesamtNetto*.

Halt, da waren ja noch die beiden *QRSysData*-Komponenten, mit denen wir das aktuelle Datum bzw. die Seitennummer anzeigen wollen. Weisen Sie die *Data*-Eigenschaft *qrsDate* bzw. *qrsPageNumber* zu. Die horizontalen Trennstriche erzeugen Sie mit *QRShape*-Komponenten *(Shape = qrsHorLine)*.

Quelltext

Ganz ohne Code geht es nicht, da wir ja noch die Mehrwertsteuer und die Gesamtbruttosumme berechnen wollen, für welche es in den Datenquellen keine Felder gibt. Ein idealer Platz für derartige Machenschaften findet sich im *BeforePrint*-Event des betreffenden Abschnitts (in unserem Fall *SummaryBand1*):

```
procedure TForm2.SummaryBand1BeforePrint(Sender: TQRCustomBand; var PrintBand: Boolean);
begin
 QRLabel11.Caption := Format('%8.2n DM', [Form1.Table1GesamtNetto.Value * 0.15]);
 QRLabel12.Caption := Format('%8.2n DM', [Form1.Table1GesamtNetto.Value * 1.15])
end;
```

Zur Erinnerung: Das (persistente) Feldobjekt *Table1GesamtNetto* hatten wir im Vorgängerrezept mit dem Feldeditor erzeugt. Zur Syntax der *Format*-Anweisung siehe 3.5.4. Mit dem *PrintBand*-Parameter können Sie übrigens den Ausdruck des Abschnitts in Abhängigkeit von bestimmten Bedingungen verhindern.

Bevor es richtig losgehen kann, plazieren Sie auf *Form1* zwei weitere Buttons mit der Beschriftung "Drucken" bzw. "Druckvorschau". Hinterlegen Sie folgenden Code:

```
procedure TForm1.Button2Click(Sender: TObject);   // Druckvorschau
begin Form2.QuickRep1.Preview end;

procedure TForm1.Button2Click(Sender: TObject);   // Drucken
begin Form2.QuickRep1.Print end;
```

Test

Starten Sie das Programm. Falls Sie es nicht schon selbst getan haben, bietet sich Delphi an, die *Unit1* bzw. *Unit2* in die *uses*-Klauseln des jeweils anderen Formulars einzufügen. Wählen Sie eine Rechnung aus:

Nach dem Klick auf "Drucken" oder "Druckvorschau" ist QuickReport einen kleinen Moment mit sich selbst beschäftigt und überrascht Sie anschließend mit einer fein säuberlich angefertigten Rechnung, in welcher bis auf die letzte Kommastelle alles stimmt und die Sie bedenkenlos unterschreiben können:

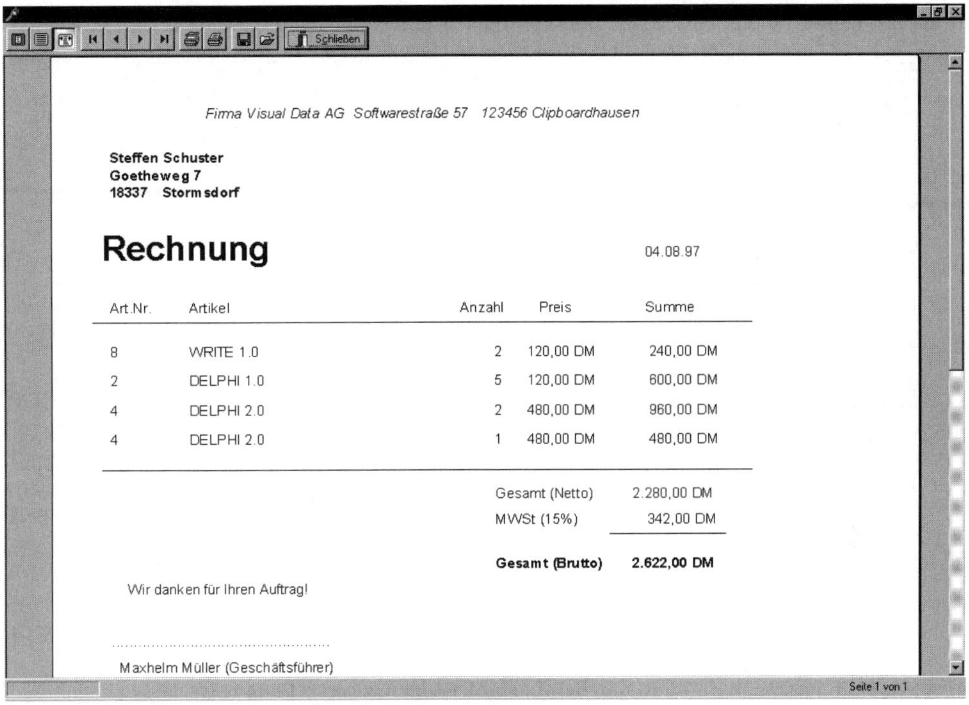

Bemerkungen

- Sie können den Report bereits während der Entwurfsphase testen (mit rechter Maustaste auf *QuickRep1* klicken, "Druckbild"), allerdings werden dann die Inhalte der berechneten Felder nicht angezeigt.
- Das Papierformat können Sie über die *Page*-Eigenschaft von *QuickRep1* den unterschiedlichsten Bedürfnissen anpassen (A4, Randabstände ...).

Wie kann ich ...?

Sonstiges

R79 ... die Projekteinstellungen für Formulare festlegen?

Normalerweise besteht eine Applikation nicht nur aus einem, sondern aus mehreren Formularen. Welches von denen soll nun beim Programmstart angezeigt werden, wie werden die übrigen aufgerufen? Wie verhält es sich bei MDI-Fenstern? Diese und andere Fragen sollen im folgenden Demobeispiel geklärt werden (das bezüglich seiner sonstigen Funktionalität nicht ganz ernst zu nehmen ist).

Wir betrachten zwei Einsatzfälle:

- Applikation aus mehreren Einzelformularen
- MDI-Applikation

Demzufolge gehen wir beim Erstellen des Demoprogramms in zwei Etappen vor.

Oberfläche

Wir brauchen vier Formulare (*Form2 ... Form5*), die von einem Hauptformular (*Form1*) aus aufgerufen werden sollen. Letzteres erinnert an eine Internet-Homepage und hat fünf Schaltflächen:

Die anderen Formulare fügen wir über *Datei|Neues Formular* hinzu. Sie erhalten jeweils eine Schaltfläche, um zum Hauptformular zurückzukehren. Für den Zweck unseres Beispiels ist eine weitergehende Funktionalität der Unterformulare unwichtig, wir überlassen es aber Ihrer Phantasie, etwas Abwechslung in das triste Grau zu bringen. Wie wäre es z.B. mit *Image*-Komponenten, deren *Picture*-Eigenschaft man mit Hilfe des Objektinspektors eine WMF- oder BMP-Datei zuweist?

Als Anregung folgender Vorschlag für das zweite Formular:

Vergessen Sie aber nicht, die *Stretch*-Property der *Image*-Objekte auf *True* zu setzen, sonst kann es sein, daß nur ein winziger Bildausschnitt angezeigt wird, so daß Sie zur Laufzeit überhaupt nichts sehen. *AutoSize* hingegen sollte auf seiner Standardeinstellung (*False*) bleiben.

Quelltext

Im Quelltext von *Unit1* gibt es für uns nicht viel zu tun:

```
procedure TForm1.BitBtn1Click(Sender: TObject);
begin
 Form2.Show
end;

procedure TForm1.BitBtn2Click(Sender: TObject);
begin
 Form3.Show
end;

procedure TForm1.BitBtn3Click(Sender: TObject);
begin
 Form4.Show
end;

procedure TForm1.BitBtn4Click(Sender: TObject);
begin
 Form5.Show
end;
```

```
procedure TForm1.BitBtn5Click(Sender: TObject);
begin
 Close
end;
```

Stellvertretend für die dann noch übrigen Formulare hier die Ereignisbehandlungsroutine für den "Zurück"-Button von *Form2*:

```
procedure TForm2.Button1Click(Sender: TObject);
begin
 Close
end;
```

Test

Wir starten unsere Applikation (F9) und werden insgesamt viermal "zurückgepfiffen", z.B.:

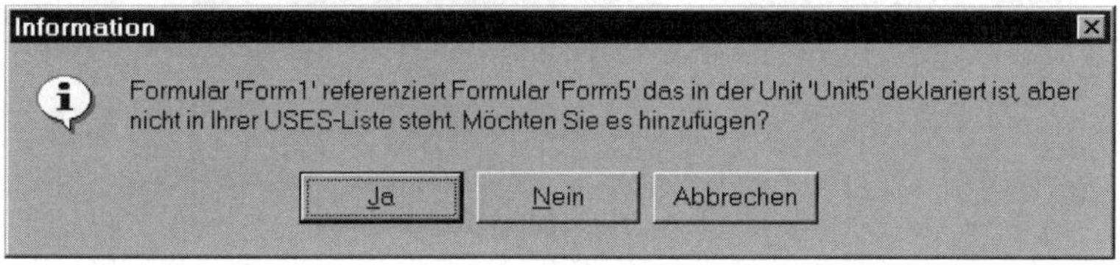

Natürlich, unsere *Unit1* hat ja noch keinerlei Kenntnis von den restlichen Formular-Objekten, die von hier aus aufgerufen werden sollen! Also muß ihre *uses*-Klausel um die Namen von *Unit2* bis *Unit5* ergänzt werden, was Delphi dankenswerterweise für uns erledigt (wenn wir auf "Ja" klicken).

Der zweite Startversuch sollte dann aber klappen. Verfolgen wir gemeinsam die verschiedenen "Entwicklungsphasen" eines geplagten "Koautors" und leiden wir mit ihm!

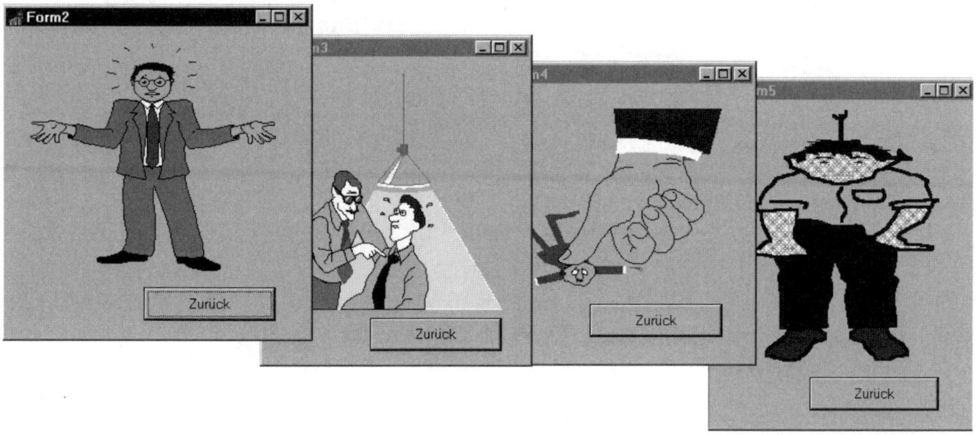

Das Hauptformular erscheint nicht nur beim Start als erstes, sondern wartet auch noch ganz am Schluß mit einer wichtigen Besonderheit auf:

Hinweis: Beenden Sie das Hauptformular, so werden automatisch auch alle Unterformulare geschlossen.

Ein Blick in die Projektoptionen

Halt, trotz aller Freude über die ach soooo spaßigen Bildchen, wir sind noch nicht fertig! Erst jetzt können wir uns dem eigentlichen Problem, den Projektoptionen, zuwenden.

Wir haben es bis jetzt als selbstverständlich angenommen, daß bei Programmstart *Form1* erschienen ist. Dabei hat uns aber der Zufall geholfen, denn das Startformular ist gleichzeitig auch das Hauptformular. Ein Blick in das Dialogfenster "Projektoptionen" (Menü *Projekt|Optionen...*) belehrt uns, daß das durchaus nicht selbstverständlich ist, denn auch jedes andere Formular kann durch Verändern der Combobox-Einstellung in die Rolle des Hauptformulars schlüpfen:

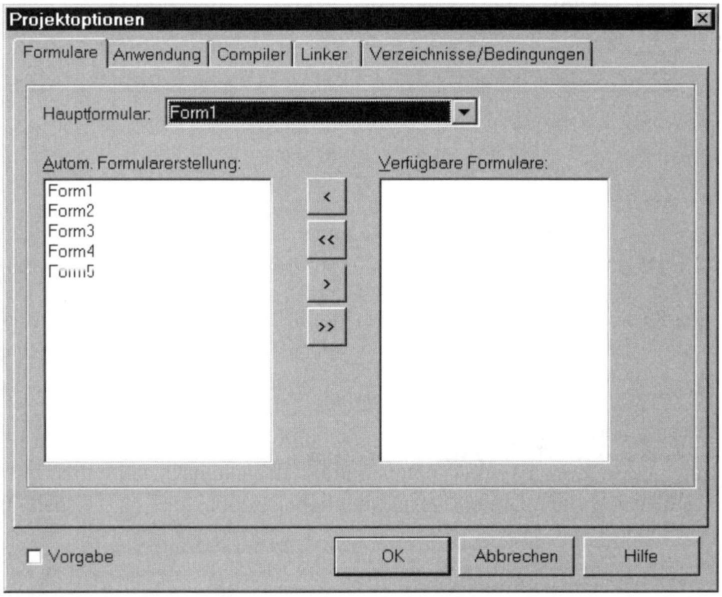

Alle Formulare der linken Liste werden automatisch dem Startcode der Projektdatei hinzugefügt und zur Laufzeit erstellt.

Wir wollen diese Aussage überprüfen und wählen dazu das Menü *Ansicht|Unit*. Es erscheint nicht nur die Liste aller Units, sondern (ganz oben) auch der Name der Projektdatei:

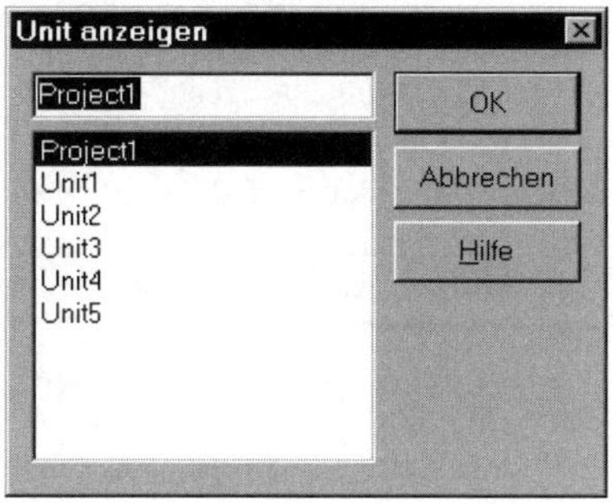

An der Projektdatei sollte man lieber nicht herumdoktern

Hier der Quelltext der Projektdatei *Project1.DPR*, wie ihn Delphi automatisch erstellt hat:

```
program Project1;
uses
  Forms,
  Unit1 in 'Unit1.pas' {Form1},
  Unit2 in 'Unit2.pas' {Form2},
  Unit3 in 'Unit3.pas' {Form3},
  Unit4 in 'Unit4.pas' {Form4},
  Unit5 in 'Unit5.pas' {Form5};
{$R *.RES}
begin
  Application.Initialize;
  Application.CreateForm(TForm1, Form1);
  Application.CreateForm(TForm2, Form2);
  Application.CreateForm(TForm3, Form3);
  Application.CreateForm(TForm4, Form4);
  Application.CreateForm(TForm5, Form5);
  Application.Run;
end.
```

Die Methode *CreateForm* erzeugt ein neues Formular des *TForm*-Typs, der durch den ersten Parameter angegeben wird und weist es der *Form*-Objektvariablen zu, die durch den zweiten Parameter definiert ist. Besitzer (Owner) des neuen Formulars ist, wie könnte es anders sein, das *Application*-Objekt. Das Hauptformular wird durch den ersten Aufruf von *CreateForm* erzeugt. Bitte widerstehen Sie aber der Verlockung, diese Regel zu durchbrechen und an den Quelltext der Projektdatei Hand anzulegen, überlassen Sie das besser Delphi.

Hinweis: Wenn Sie eine Projektdatei manuell bearbeiten, umgehen Sie Delphis automatisierten Projektverwaltungsmechanismus und riskieren Compilierfehler und andere Probleme.

Nehmen Sie deshalb Manipulationen lieber im Dialogfenster "Projektoptionen" (siehe obige Abb.) vor. Wenn Sie dort die "Hauptformular"-Einstellung ändern (z.B. *Form2*), erscheint *Form2* als erstes im linken Listenfeld "Autom. Formularerstellung". Sie können die Reihenfolge ändern, indem Sie Formulare an neue Positionen ziehen und ablegen. Die Reihenfolge der entsprechenden *FormCreate*-Methoden in der Projektdatei paßt sich automatisch an.

Was hat es mit den "verfügbaren Formularen" auf sich?

Diese im rechten Listenfeld des Dialogfensters "Projektoptionen" aufgeführten Formulare werden zwar im Projekt verwendet, aber nicht automatisch erstellt. Wir wollen auch das überprüfen und verwenden die Schaltflächen mit den Pfeilen, um *Form2* bis *Form5* vom linken in das rechte Listenfeld zu verschieben. Ein anschließender Blick in die Projektdatei zeigt, daß nur noch das Hauptformular generiert wird:

```
begin
  Application.Initialize;
  Application.CreateForm(TForm1, Form1);
  Application.Run;
end.
```

Der Programmtest (F9) scheint zunächst keinen Argwohn zu erregen, denn das Hauptformular erscheint prompt - so als wäre nichts gewesen. Das Desaster folgt erst dann, wenn Sie versuchen, ein Unterformular aufzurufen:

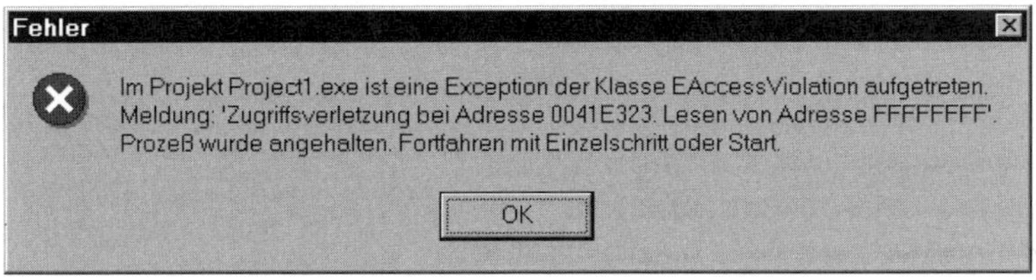

Die Ursache dieser "fachchinesischen" Fehlermeldung dürfte klar sein: Von *Form2* bis *Form5* wurden keine Instanzen gebildet (siehe Projektdatei), also greifen die vier *Form.Show*-Methoden ins Leere. Wir können uns behelfen, indem wir alle vier Event-Handler von *Unit1* so ergänzen, wie es hier exemplarisch für den Aufruf von *Form2* gezeigt wird:

```
procedure TForm1.BitBtn1Click(Sender: TObject);
begin
 Application.CreateForm(TForm2, Form2);
 Form2.Show
end;
```

Einen neckischen Nebeneffekt, der manchmal sogar erwünscht sein kann, hat diese Sache allerdings. Es lassen sich auf diese Weise auch mehrere Instanzen des gleichen Unterformulars erzeugen:

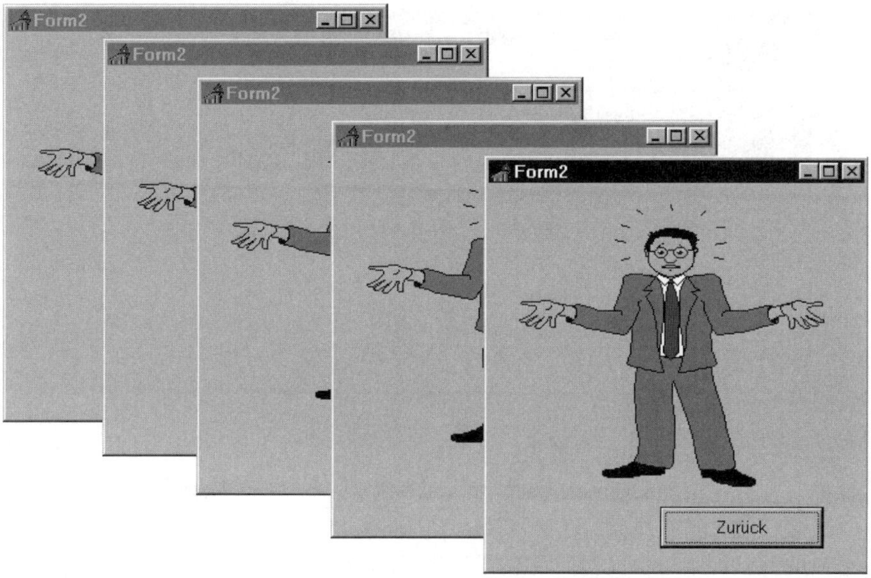

Als Einsteiger sollte man aber vorerst von derartigen Manipulationen die Finger lassen und das Erzeugen von Formularinstanzen lieber (wie oben beschrieben) indirekt, d.h. im Dialogfenster "Projektoptionen", vornehmen.

MDI-Applikation

Die lose herumflatternden Fenster können nicht als der Weisheit letzter Schluß angesehen werden. Der erfahrene Windows-Programmierer bringt mit einer MDI-Applikation (siehe 4.2.3) Ordnung in das Durcheinander. Gehen Sie in folgenden Schritten vor, um das vorhandene Projekt in eine standesgemäße MDI-Anwendung zu verwandeln:

1. Anpassen der Oberfläche von *Form1*

Ändern Sie die *FormStyle*-Property des Hauptformulars (*Form1*) in *fsMDIForm*. Entfernen Sie alle Buttons von der Oberfläche, denn wir wollen die Unterformulare, so wie es sich gehört, über ein Menü aufrufen. Fügen Sie deshalb eine *MainMenu*-Komponente hinzu.

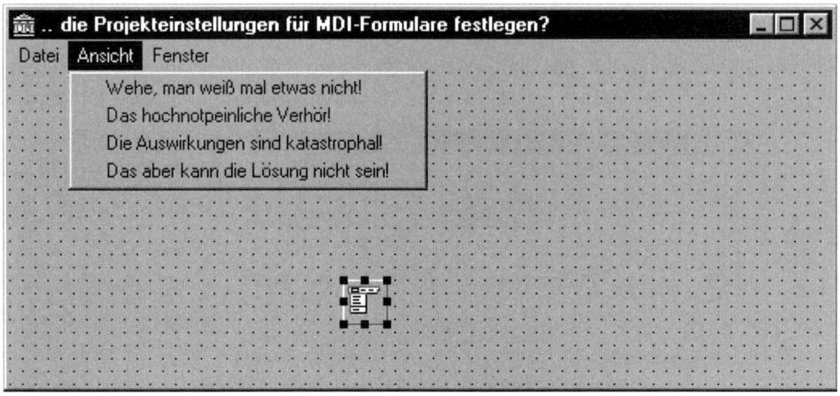

Das Menü soll folgende Struktur haben:

1.Ebene	2.Ebene	Name
Datei	*Beenden*	*Beenden*
Ansicht	*Wehe, man weiß mal etwas nicht!*	*Wehe*
	Das hochnotpeinliche Verhör!	*Peinlich*
	Die Auswirkungen sind katastrophal!	*Auswirkung*
	Das aber kann die Lösung nicht sein!	*Loesung*
Fenster	*Nebeneinander*	*Nebeneinander*
	Überlappend	*Ueberlappend*
	Symbole anordnen	*Symboleanordnen*

Nach einem Doppelklick auf die Menükomponente öffnet sich der Menüeditor und im Handumdrehen ist das Menü erstellt. Wie Sie der Tabelle entnehmen, haben wir teilweise die *Name*-Eigenschaften der einzelnen Menüobjekte gekürzt.

Wer sich exakt über den Umgang mit dem Menüeditor informieren will:

☞ R51 ... eine Menüleiste erstellen?

2. Anpassen des Quellcodes von Form1

Hier der komplette *implementation*-Abschnitt von *Unit1*:

```
uses Unit2, Unit3, Unit4,Unit5;

procedure TForm1.WeheClick(Sender: TObject);      // Wehe, man weiß ....
begin
  TForm2.Create(Self)
end;
```

```
procedure TForm1.PeinlichClick(Sender: TObject);  // Das hochnotpeinliche ...
begin
  TForm3.Create(Self)
end;

procedure TForm1.LoesungClick(Sender: TObject);   // Die Auswirkungen sind ...
begin
 TForm5.Create(Self)
end;

procedure TForm1.AuswirkungClick(Sender: TObject); // Das aber kann die ...
begin
 TForm4.Create(Self)
end;
```

Wie Sie gesehen haben, werden die einzelnen Unterformulare nicht wie bisher mit *Form2.Show*, *Form3.Show* usw. aufgerufen, sondern sie werden erst zur Laufzeit erzeugt. Der Owner ist *Form1*, das MDI-Hauptfenster (anstatt *Self* kann als Argument des *Create*-Konstruktors auch *Form1* eingesetzt werden). Das allerdings setzt voraus, daß *Form2* ... *Form5* zu Programmstart nicht automatisch erstellt werden dürfen. Nur das Hauptformular genießt dieses Privileg! Ändern Sie also über *Projekt|Optionen...* die Projekteinstellungen wie folgt:

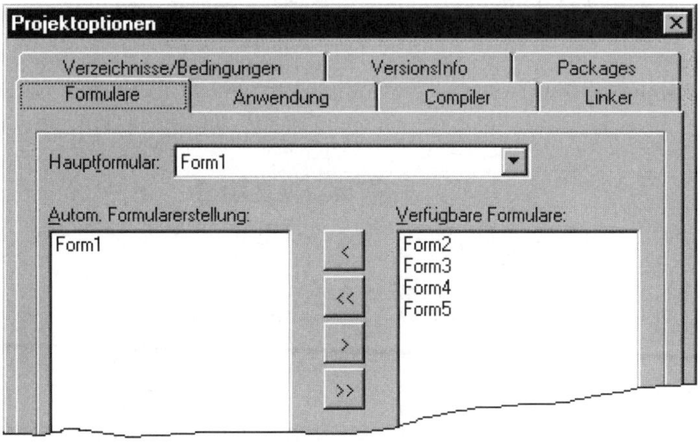

Wenn Sie (zur Entwurfszeit) auf einen Menüeintrag klicken, erscheint sofort der Rahmencode des entsprechenden Eventhandlers.

```
procedure TForm1.NebeneinanderClick(Sender: TObject);  // Nebeneinander
begin
  Tile
end;
```

```
procedure TForm1.UeberlappendClick(Sender: TObject);   // Überlappend
begin
  Cascade
end;

procedure TForm1.SymboleanordnenClick(Sender: TObject); // Als Symbole ...
begin
  ArrangeIcons
end;

procedure TForm1.BeendenClick(Sender: TObject);         // Beenden
begin
  Close
end;
```

Tile, *Cascade* und *ArrangeIcons* sind Methoden des MDI-Hauptfensters.

3. Anpassen von Form2 bis Form5

Zunächst müssen Sie den anderen Formularen begreiflich machen, daß sie nunmehr zu MDI-Kindfenstern versklavt werden. Setzen Sie deshalb deren *FormStyle*-Eigenschaft auf *fsMDIChild*. Das war's dann auch schon - doch halt! Noch eine winzige Ergänzung im Quellcode ist vorzunehmen, d.h., ein Eventhandler für das *OnClose*-Ereignis ist für jedes Kindfenster wie folgt zu ergänzen:

```
procedure TForm2.FormClose(Sender: TObject; var Action: TCloseAction);
begin
 Action := caFree
end;
```

Wenn Sie diesen Eventhandler vergessen, funktioniert Ihre MDI-Applikation zwar auch, die Kindfenster lassen sich aber nicht entfernen (sie schrumpfen lediglich auf Symbolgröße zusammen und fristen ein kümmerliches Dasein am unteren Rand des Mutterfensters).

Test

Nach Programmstart erscheint zunächst nur das leere Rahmenfenster. Fügen Sie nun über das *Ansicht*-Menü nach Belieben Kindfenster hinzu und ordnen Sie diese über das *Fenster*-Menü auf verschiedene Weise an:

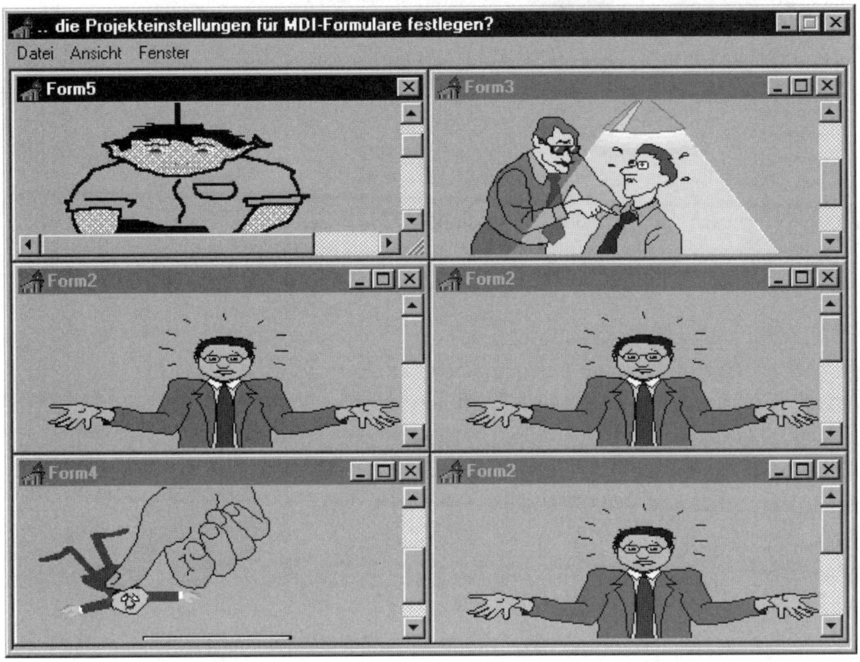

Weitere Praxis vermittelt Ihnen das Rezept

☞ R22 ... eine MDI-Applikation erstellen?

R80 ... die aktuellen Systemeinstellungen anzeigen?

Wir wollen am Beispiel der globalen Währungsvariablen zeigen, wie Sie die aktuellen Systemvariablen mit relativ geringem Programmieraufwand in Erfahrung bringen können. Als Lösung bietet sich eine Textbildschirm-Anwendung an. Siehe dazu auch

☞ R91 ... eine Konsolen-Anwendung für Testzwecke einsetzen?

Quelltext

Die Projektdatei enthält folgenden Code:

```
program Project1;
uses Unit1 in 'Unit1.pas',sysUtils;
begin
 WriteLn('CurrencyString', #9, CurrencyString);          // #9 = Tabulator
 WriteLn('CurrencyFormat', #9,CurrencyFormat);
 WriteLn('NegCurrFormat',#9,NegCurrFormat);
```

```
  WriteLn('ThousandSeparator',#9,ThousandSeparator);
  Writeln('DecimalSeparator',#9, DecimalSeparator);
  WriteLn('CurrencyDecimals',#9,CurrencyDecimals);
  ReadLn;
end.
```

Hinweis: Vergessen Sie vor dem Abspeichern/Compilieren des Projektes nicht, die Option "Anwendung für Textbildschirm" zu aktivieren (Menü *Projekt|Optionen*, "Linker").

Test

Nach Programmstart müßten Sie auf dem Textbildschirm folgendes sehen, falls in der Systemsteuerung die Ländereinstellung "deutsch" aktiviert ist:

```
CurrencyString       DM
CurrencyFormat       3
NegCurrFormat        8
ThousandSeparator    .
DecimalSeparator     ,
CurrencyDecimals     2
```

Bemerkungen

- Hinweise zur Anzeige anderer globaler Systemvariablen, z.B. Datum-/Zeiteinstellungen, finden Sie in den nachfolgenden Rezepten.
- Sie können die Systemvariablen nicht nur lesen, sondern sie auch verändern, z.B. mit `ReadLn(CurrencyString);`

R81 ... das Währungsformat ändern?

Die für die Währungsanzeige wichtigsten globalen Variablen sind in der folgenden Tabelle enthalten:

Deklaration	Standard	Erläuterung
CurrencyString: string;	DM	Währungseinheit
ThousandSeparator: Char;	.	Tausender-Trennzeichen
DecimalSeparator: Char;	,	Dezimal-Trennzeichen
CurrencyDecimals: Byte;	2	Anzahl Nachkommastellen

Oberfläche

Wir wollen dem Ergebnis vorgreifen und Sie gleich mit einer Laufzeit-Ansicht des Formulars konfrontieren. Es besteht im wesentlichen aus fünf Editierfeldern (*Edit1* ... *Edit5*) sowie zwei Schaltflächen (*Button1*, *Button2*):

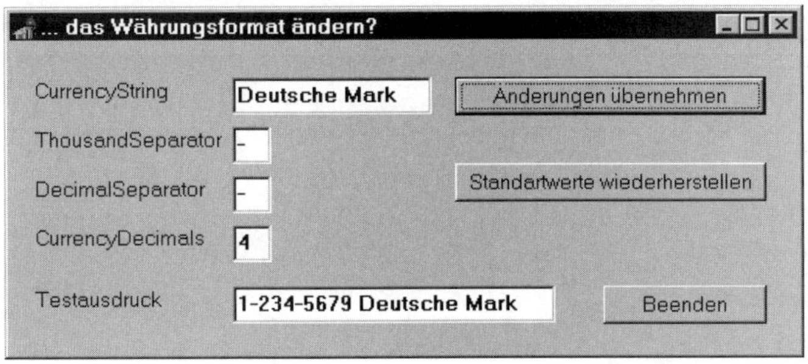

Da in die mittleren drei Editierfelder nur jeweils ein Zeichen einzugeben ist, setzen Sie deren *MaxLength*-Eigenschaft auf 1.

Quelltext

Wir wollen uns auf die Wiedergabe des wirklich interessierenden Codeteils beschränken, der sich im *Implementation*-Abschnitt der Formular-Unit befindet.

Zunächst brauchen wir einige Variablen zum Zwischenspeichern

```
var cs: string;                    // Variablen zum Zwischenspeichern
    ts, ds: Char;
    cd: Byte;
```

und Routinen zum Sichern

```
procedure saveStandards;
begin
 cs := CurrencyString; ts := ThousandSeparator;
 ds := DecimalSeparator; cd := CurrencyDecimals
end;
```

und Restaurieren der Standardwerte:

```
procedure resetStandards;
begin
 CurrencyString:=cs;  ThousandSeparator:=ts;
 DecimalSeparator:=ds; CurrencyDecimals:=cd
end;
```

Die aktuellen Systemeinstellungen anzeigen:

```
procedure displayValues;
begin
```

```
 with form1 do begin
  Edit1.Text := CurrencyString;  Edit2.Text:= ThousandSeparator;
  Edit3.Text := DecimalSeparator;  Edit4.Text:= IntToStr(CurrencyDecimals);
  Edit5.Text := Format('%m',[1234.567890])          // Testausdruck
 end
end;
```

Nun zu den Ereignismethoden. Die Startanzeige:

```
procedure TForm1.FormCreate(Sender: TObject);
begin
 saveStandards; displayValues
end;
```

Die Änderungen übernehmen:

```
procedure TForm1.Button1Click(Sender: TObject);
begin
 CurrencyString := Edit1.Text;
 ThousandSeparator := Edit2.Text[1];
 DecimalSeparator := Edit3.Text[1];
 CurrencyDecimals := StrToInt(Edit4.Text);
 displayValues
end;
```

Die Standardwerte anzeigen:

```
procedure TForm1.Button2Click(Sender: TObject);
begin
 resetStandards; displayValues
end;
end.
```

Test

Starten Sie das Programm, ändern Sie einige (oder alle) Standardeinstellungen und klicken Sie die Schaltfläche "Änderungen übernehmen". Auf diese Weise können Sie zu einem völlig neuen Währungsformat kommen, was ja nicht gleich so aus dem Rahmen fallen muß wie in obiger Abbildung gezeigt.

Bemerkungen

- Da gleich bei Programmstart die Standardwerte gesichert werden, brauchen Sie keine Bedenken zu haben, daß Sie die Systemeinstellungen durcheinanderbringen. Klicken Sie "Standardwerte wiederherstellen", um den ursprünglichen Zustand zu restaurieren.
- Über die Bedeutung der weniger wichtigen globalen Variablen *CurrencyFormat* und *NegCurrFormat* können Sie sich in der Online-Help informieren.

R82 ... das Datumsformat ändern?

Im Abschnitt 3.5.5 (Datums-/Zeitfunktionen) des Kapitels 3 tummelt sich eine kaum noch überschaubare Vielzahl unterschiedlichster Formatierungsstrings ('c', 'd', 'dd', 'ddd', 'ddddd', 'dddddd', 'm', 'mm' ... usw.) für die *FormatDateTime*-Funktion bzw. die *DateTimeToStr*-Prozedur, deren spezielle Bedeutung wiederum von den folgenden globalen Variablen abhängt:

Deklaration der globalen Variablen	Format-string	Standardwert(e)	Erläuterung
DateSeparator: Char;	/	.	Datumstrennzeichen
ShortDateFormat: string;	ddddd *oder* c	dd.mm.yy	kurzes Datumsformat
LongDateFormat: string;	dddddd	dddd,d.mmmm yyyy	langes Datumsformat
ShortMonthNames: array[1..12] of string;	mmm	Jan, Feb, Mrz, Apr *usw.*	Array für die kurzen Monatsnamen
LongMonthNames: array[1..12] of string;	mmmm	Januar, Februar, März, April, *usw.*	Array für die langen Monatsnamen
ShortDayNames: array[1..7] of string;	ddd	So, Mo, Di, Mi, Do, *usw.*	Array für die kurzen Tagesnamen
LongDayNames: array[1..7] of string;	dddd	Sonntag, Montag, Dienstag, *usw.*	Array für die langen Tagesnamen

Die notwendige Sicherheit im Umgang mit diesen Formatstrings gewinnt man erst durch ein kleines Experimentierprogramm, das uns ein "Herumdoktern" an diesen Variablen und ein Begutachten der Auswirkungen auf diverse Datumsanzeigen erlaubt.

Oberfläche

Für die Ein- und Ausgabe brauchen wir eine Vielzahl von Editierfeldern. Um hier wenigstens etwas einzusparen, wird die Anzeige zwischen langen und kurzen Monats- bzw. Tagesnamen umgeschaltet.

Für die nicht editierbaren Felder wird *ReadOnly* = *True* gesetzt, außerdem erhalten sie einen gelben Hintergrund.

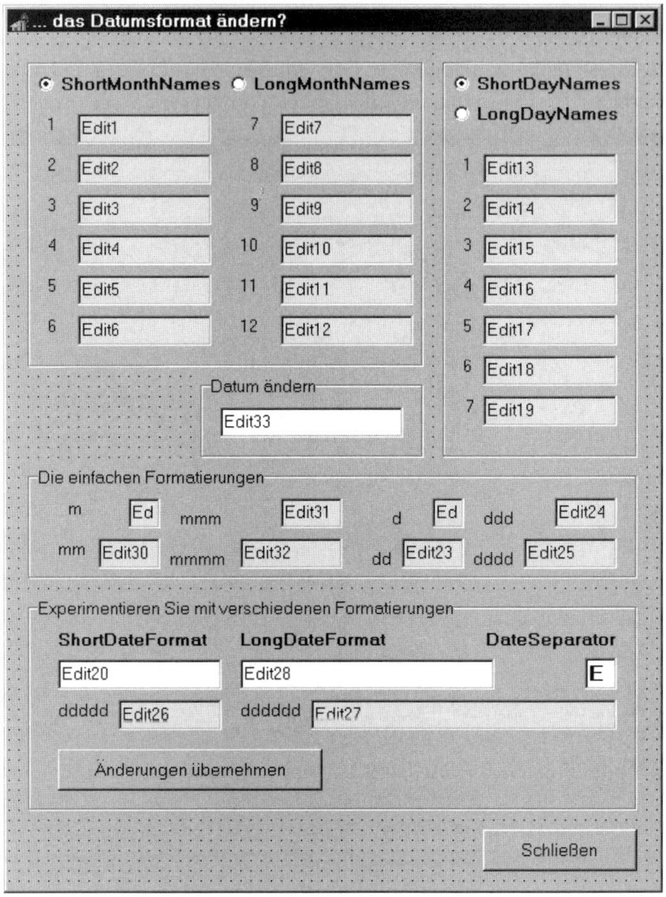

Quelltext

Wir beschränken uns auch hier auf die Wiedergabe des *Implementation*-Abschnitts von *Form1*:

```
var datum:TDateTime;
```

Eine Anzeigeprozedur für die kurzen und langen Monatsnamen:

```
procedure displayMonthNames;
begin
 with Form1 do
 begin
  if RadioButton1.Checked then
  begin
   Edit1.Text:= ShortMonthNames[1];
   Edit2.Text:= ShortMonthNames[2];
```

und so weiter ...

```
   Edit12.Text:= ShortMonthNames[12]
  end else
  begin
   Edit1.Text:= LongMonthNames[1];
   Edit2.Text:= LongMonthNames[2];
```

und so weiter ...

```
   Edit12.Text:= LongMonthNames[12]
  end
 end
end;
```

Eine Anzeigeprozedur für die kurzen und langen Tagebezeichner:

```
procedure displayDayNames;
begin
 with Form1 do
 begin
  if RadioButton3.Checked then
  begin
   Edit13.Text:= ShortDayNames[1];
   Edit14.Text:= ShortDayNames[2];
```

und so weiter ...

```
  Edit19.Text:= ShortDayNames[7]
  end else
  begin
   Edit13.Text:= LongDayNames[1];
   Edit14.Text:= LongDayNames[2];
```

und so weiter ...

```
   Edit19.Text:= LongDayNames[7]
  end
 end
end;
```

Das kurze und das lange Datumsformat anzeigen:

```
procedure displayDateFormat;
begin
 form1.Edit20.Text := ShortDateFormat;
 form1.Edit28.Text:= LongDateFormat
end;
```

Anzeige zwischen langen und kurzen Namen umschalten:

```
procedure TForm1.RadioButtonClick(Sender: TObject);
begin
 displayMonthNames; displayDayNames
end;
```

Nun passiert es:

```
procedure TForm1.Button1Click(Sender: TObject);      // Änderungen übernehmen
begin
 DateSeparator := Edit21.Text[1];
 datum := StrToDate(Edit33.Text);
 ShortDateFormat := Edit20.Text;
 LongDateFormat := Edit28.Text;
```

Die verschiednen *d*-Formatierungen:

```
 Edit22.Text := FormatDateTime('d', datum);
 Edit23.Text := FormatDateTime('dd', datum);
 Edit24.Text := FormatDateTime('ddd', datum);
 Edit25.Text := FormatDateTime('dddd', datum);
 Edit26.Text := FormatDateTime('ddddd', datum);
 Edit27.Text := FormatDateTime('dddddd', datum);
```

Die verschiedenen *m*-Formatierungen:

```
 Edit29.Text := FormatDateTime('m', datum);
 Edit30.Text := FormatDateTime('mm', datum);
 Edit31.Text := FormatDateTime('mmm', datum);
 Edit32.Text := FormatDateTime('mmmm', datum);
end;
```

Beim Laden des Formulars wird das aktuelle Datum genommen:

```
procedure TForm1.FormCreate(Sender: TObject);
begin
 displayMonthNames;
 displayDayNames;
 displayDateFormat;
 Edit21.Text := DateSeparator;
 Edit33.Text := DateToStr(Date);
 datum := Date;              // Übernahme des aktuellen Datums
 Button1Click(Self)          // zur Ereignisprozedur "Änderungen übernehmen"
end;
```

Falls Sie lieber *Sonnabend* anstatt *Samstag* hätten, so fügen Sie in das *FormCreate*-Event noch folgende Anweisung ein:

```
LongDayNames[7] := 'Sonnabend';
```

Test

Nach dem Programmstart können Sie zunächst einmal die Standardeinstellungen, bezogen auf das aktuelle Datum, begutachten:

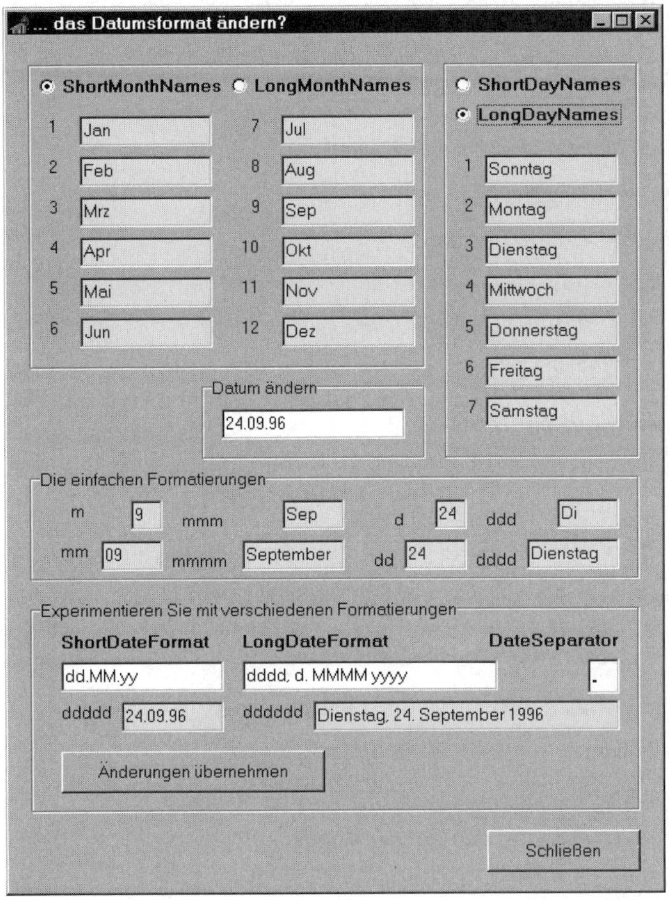

Als nächstes können Sie *ShortDateFormat* oder *LongDateFormat* modifizieren. Sie haben hierbei ziemlich freizügige Gestaltungsmöglichkeiten.

Beispiel: Tragen Sie unter LongDateFormat ein:

```
dddd,"den" d.mm.yy
```

Sie erhalten nach Betätigen der Schaltfläche "Änderungen übernehmen" die Datumsanzeige: *Dienstag, den 24.09.96*

... was dem Rückgabewert der Funktion

```
FormatDateTime('dddddd', Date)
```

entspricht.

Etwas vorsichtiger müssen Sie beim Verändern des Zeichens für *DateSeparator* zu Werke gehen. Um hier keinen Fehler zu produzieren, müssen Sie oben im Feld "Datum ändern" erst manuell das Datumsformat anpassen, ehe Sie die Schaltfläche "Änderungen übernehmen" betätigen. In den Formatierungsstrings wirkt sich der geänderte Separator nur dort aus, wo Sie vorher einen Slash (/) gesetzt haben.

Beispiel: Geben Sie für DateSeparator das Zeichen "-" ein, müssen Sie per Handeintrag zunächst das Datum anpassen: *24-09-96*

Geben Sie nun für *ShortDateFormat* ein: *dd/mm.yy*

Sie erhalten die Datumsangabe: *24-09.96*

... was dem Rückgabewert der Funktion

```
FormatDateTime('ddddd', Date)
```

entspricht.

Wie Sie Fehler bei falschen Datumseingaben abfangen können, siehe

☞ R7 ... auf Datum oder Zeit testen?

R83 ... das Zeitformat ändern?

Es gelten grundsätzlich die gleichen Ausführungen wie zum Vorgängerrezept, nur daß wir es diesmal nicht mit Datums-, sondern mit Zeitwerten zu tun haben, für deren Darstellungen im wesentlichen drei globale Variablen in Frage kommen:

Deklaration der globalen Variablen	Formatstring
TimeSeparator: **Char;**	:
ShortTimeFormat: **string;**	t
LongTimeFormat: **string;**	tt

Die globalen Variablen *TimeAMString* und *TimePMString* sind bei einer deutschsprachigen Systemeinstellung von zweitrangiger Bedeutung, so daß wir auch sehr gut ohne sie auskommen.

Oberfläche

Als Vorbild soll der folgende Formularentwurf dienen. Achten Sie auf den Timer!

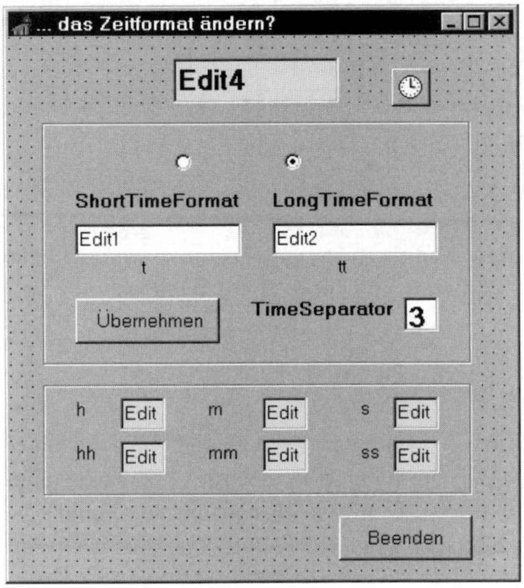

Die *Interval*-Eigenschaft des Timers bleibt auf dem Standardwert 1000 (ms).

Quelltext

Auch hier beschränken wir uns auf die Wiedergabe des *Implementation*-Abschnitts der Formular-Unit. Beim Laden werden die aktuellen Einstellungen der globalen Variablen angezeigt:

```
procedure TForm1.FormCreate(Sender: TObject);
begin
 Edit1.Text := ShortTimeFormat;
 Edit2.Text := LongTimeFormat;
 Edit3.Text := TimeSeparator
end;
```

Im Sekundentakt sorgt folgende Ereignisroutine für die Anzeige aller interessierenden Formatierungen, bezogen auf die aktuelle Uhrzeit:

```
procedure TForm1.Timer1Timer(Sender: TObject);
begin
 if RadioButton1.Checked then
    Edit4.text := FormatDateTime('t',Time)
 else
    Edit4.Text := TimeToStr(Time);
 Edit5.Text := FormatDateTime('h',Time);
 Edit6.Text := FormatDateTime('hh',Time);
 Edit7.Text := FormatDateTime('n',Time);
 Edit8.Text := FormatDateTime('nn',Time);
 Edit9.Text := FormatDateTime('s',Time);
```

```
 Edit10.Text := FormatDateTime('ss',Time)
end;
```

Die Übernahme der vorgenommenen Änderungen an den globalen Variablen:

```
procedure TForm1.Button2Click(Sender: TObject);
begin
 ShortTimeFormat := Edit1.Text;
 LongTimeFormat := Edit2.Text;
 TimeSeparator := Edit3.Text[1]
end;
```

Test

Nach Programmstart (F9) können Sie an den globalen Variablen "herumdoktern" und sich sofort vom Ergebnis überzeugen. Im folgenden Beispiel wurde *ShortTimeFormat* so modifiziert, daß Sie eine andere als die sonst übliche Zeitanzeige erhalten:

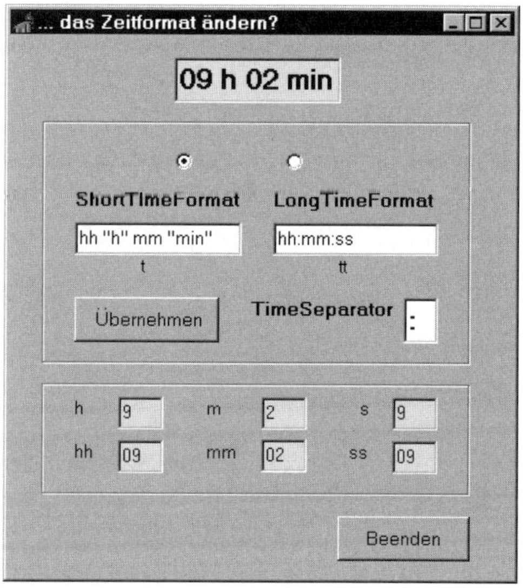

Wenn Sie *TimeSeparator* ändern, erscheint das neue Symbol überall dort, wo in *ShortTimeFormat* bzw. *LongTimeFormat* der Doppelpunkt (:) steht.

Bemerkungen

- Anstatt *m* sollten Sie besser *n* für das Minutensymbol nehmen, da hier keine Verwechslungsgefahr mit dem Monatssymbol bei Datumstrings besteht.
- Experimentieren Sie auch einmal mit dem Bezeichner *c*, der gewissermaßen *ddddd* und *tt* zwecks gleichzeitiger Anzeige von Datum und Zeit zusammenfaßt.

R84 ... Systemzeit freigeben?

Läuft ein rechenzeitintensiver Programmteil, werden alle anderen Programmfunktionen blockiert. Dieses Verhalten hat sich auch bei einem 32 Bit-Programm nicht geändert. Lediglich die Auswirkungen auf andere Prozesse sind reduziert worden, jeder Prozeß erhält seine Rechenzeit vom System zugewiesen[1].

Was Sie in diesem Zusammenhang mit der *ProcessMessages*-Methode anfangen können, zeigt Ihnen das folgenden Beispiel.

Oberfläche

Sie brauchen ein Formular, drei *Label,* ein *Panel,* ein *Timer*-Objekt sowie vier *Button*s. Die in der Abbildung dargestellte "Uhr" (*Panel*) wird durch das Programm gestartet und soll den Einfluß von *ProcessMessages* auf das Verhalten der eigenen Anwendungen verdeutlichen.

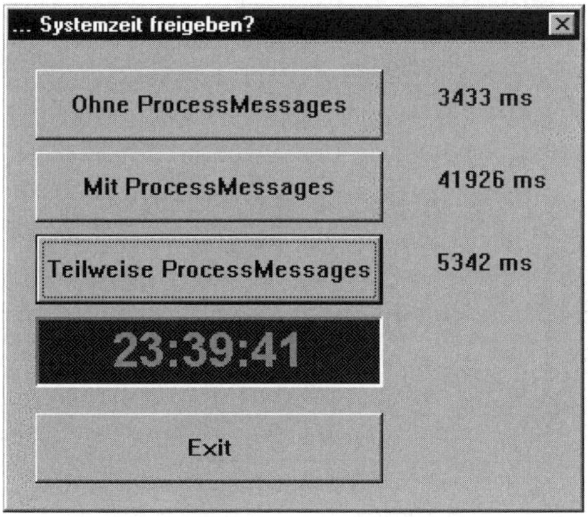

Quelltext

Mit dem Klick auf jeden der drei Buttons wird 2.000.000 mal der Sinus einer Zahl berechnet. Das folgende Beispiel ermittelt die Werte ohne Rücksicht zu nehmen (die Uhr steht). Mit diesem "egoistischen" Verhalten wird die schnellste Ausführungszeit erkauft.

```
procedure TForm1.Button1Click(Sender: TObject);
var a          : Single;
    von,bis,x :LongInt;
begin
```

1 Nicht mehr wie bei Win 3.x, wo jedes Programm sich soviel Systemzeit genommen hat, wie es brauchte.

```
    MessageBeep(0);
    Screen.Cursor := crHourGlass;
    von := getTickCount;
    for x := 1 to 2000000 do a := Sin(x) + a;
    bis := getTickCount;
    MessageBeep(0);
    label1.Caption := IntToStr((bis - von)) + ' ms';
    Screen.Cursor := crDefault
end;
```

Was passiert im einzelnen? Nach der Ausgabe eines Pieptones wird über das *Screen*-Objekt der Mauszeiger in eine Sanduhr umgewandelt. Die API-Funktion *GetTickCount* liefert uns die Anzahl vom Millisekunden seit dem Systemstart. Nach der Schleife brauchen wir diesen Wert für die Berechnung der Bearbeitungsdauer. Im folgenden Beispiel wird bei jedem Schleifendurchlauf die Rechenzeit für andere Anwendungen freigegeben. Die Programmlaufzeit steigt drastisch an!

```
procedure TForm1.Button2Click(Sender: TObject);
var a        : Single;
   von,bis,x :LongInt;
begin
    MessageBeep(0);
    Screen.Cursor := crHourGlass;
    von := getTickCount;
    for x := 1 to 2000000 do begin
        Application.processMessages;
        a := Sin(x) + a
    end;
    bis := getTickCount;
    MessageBeep(0);
    label2.Caption := IntToStr((bis - von)) + ' ms';
    Screen.Cursor := crDefault
end;
```

Der doppelte Zeitbedarf dürfte für eine professionelle Anwendung unzumutbar sein. Da könnte man auch gleich eine Interpretersprache, wie zum Beispiel Visual Basic, verwenden. Es gilt also, einen "goldenen Mittelweg" zu finden. Daß man durch geschickte Zuteilung auch eine akzeptable Programmlaufzeit erreichen kann, zeigt das folgende Beispiel.

Bei *for*-Schleifen bietet sich die *mod* Anweisung an, da keine zusätzliche Laufvariable benötigt wird.

```
procedure TForm1.Button3Click(Sender: TObject);
var a : Single;
   von,bis,x :LongInt;
begin
    MessageBeep(0);
```

```
     Screen.Cursor := crHourGlass;
     von := getTickCount;
     for x := 1 To 2000000 do begin
          if (x Mod 50000) = 0 then Application.ProcessMessages;
          a := Sin(x) + a
     end;
     bis := getTickCount;
     MessageBeep(0);
     Label3.Caption := IntToStr((bis - von)) + ' ms';
     Screen.Cursor := crDefault
end;
```

Die Ressourcen werden mit jedem 50000ten Durchlauf freigegeben. Die Uhr erhält genügend Rechenzeit, um ihre eigene Aufgabe auszuführen.

Verwenden Sie die *ProcessMessages*-Methode, können lange Programmteile durch erneute User-eingaben (Tastatur, Maus) unterbrochen werden. Dies kann zu unerwünschten Seiteneffekten führen (Variableninhalte verändern sich undefiniert, Prozeduren werden mehrfach ausgeführt etc.). Um dies zu vermeiden, sollten Sie gegebenenfalls globale Statusvariablen einführen:

```
var inBearbeitung:Boolean;
Procedure Bereche;
begin
    if inBearbeitung then Exit;
    inBearbeitung := True;
     ...
    inBearbeitung := False
end;
```

Sollte das Modul bereits ausgeführt werden, bricht die Ausführung nach der ersten Zeile sofort ab, eine erneute Bearbeitung der Prozedur/Funktion wird vermieden.

R85 ... eine Pause realisieren?

Einen *Delay*-Befehl werden Sie unter Delphi vergeblich suchen, und das ist auch gut so, schließlich ist Windows ein Multitasking-System. Das alte DOS-*Delay* (Unit CRT) würde das halbe System lahmlegen, unser Pausenbefehl sollte sich aber auf die aktuelle Task beschränken.

Variante1

Mit einer kleinen Prozedur können Sie sich selbst helfen:

```
procedure pause(zeit:longint); {Pausenzeit in Millisekunden}
var zeit1:LongInt;
begin
     zeit1:=GetTickCount;
```

```
    repeat
        Application.ProcessMessages
    until (GetTickCount - zeit1 > zeit)
end;
```

Wichtig ist vor allem der Aufruf von *ProcessMessages*, damit nicht unnötig Systemressourcen verschwendet werden.

☞ R84 ... Systemzeit freigeben?

Variante 2

Noch besser ist allerdings die Verwendung einer API-Funktion. Geben Sie einfach die Anweisung

```
Sleep (5000);
```

ein. Ihre Anwendung ist für 5 Sekunden in den Tiefschlaf versetzt und benötigt überhaupt keine Rechenzeit mehr. Allerdings läßt sich die Anwendung nicht mehr bedienen, der gesamte Prozeß, und dazu gehören auch alle Funktionen der Oberfläche, schläft.

Anders verhält sich die obige Prozedur *Pause*, die auch Ihrer Anwendung Gelegenheit gibt, notwendige Funktionen auszuführen. Lediglich der aktuelle Programmablauf (Ereignisprozedur etc.) ist unterbrochen, andere Ereignisse, z.B. *Timer* oder *MouseClick*, können weiterhin ausgelöst werden.

Test

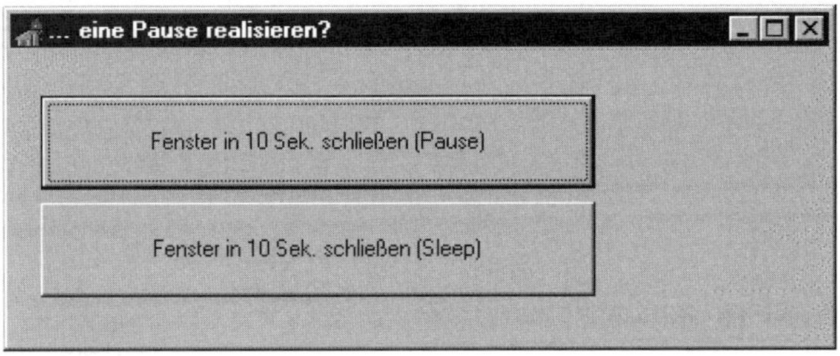

R86 ... mit der Zwischenablage arbeiten?

Fast jedes Windowsprogramm bietet über den Menüpunkt *Bearbeiten* die Möglichkeit, Daten in die Zwischenablage zu kopieren bzw. von dort einzufügen.

Das kleine Beispielprogramm soll Ihnen zeigen, wie Sie auch Ihre Anwendungen um derartige Features erweitern können.

Oberfläche

Fügen Sie in ein Formular eine *Edit-*, eine *Memo-* und eine *Image*-Komponente ein. Weiterhin brauchen Sie jeweils zwei Buttons zum Kopieren bzw. Einfügen der Daten.

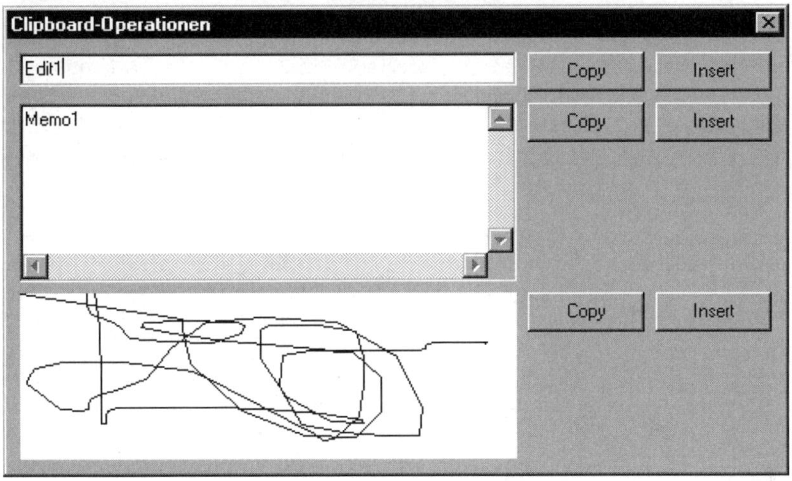

Quelltext

Bevor wir kopieren können, müssen wir auch entsprechende Eingaben vornehmen können. *Edit-* und *Memo*-Komponente bieten diese Funktionalität bereits von Haus aus, beim *Image* müssen wir nachhelfen:

```
procedure TForm1.Image1MouseMove(Sender: TObject; Shift: TShiftState; X, Y: Integer);
begin
   if Shift = [ssleft] then Image1.Canvas.LineTo(x,y)
end;
```

Mausbewegungen mit gedrückter linker Maustaste führen zum Zeichnen von Linien.

Die eigentlichen Kopierroutinen:

Edit:

```
procedure TForm1.Button1Click(Sender: TObject);
begin
    Clipboard.AsText := Edit1.Text
end;

procedure TForm1.Button2Click(Sender: TObject);
begin
    Edit1.Text := Clipboard.AsText
end;
```

Memo:

```
procedure TForm1.Button3Click(Sender: TObject);
begin
  Memo1.CopyToClipboard
end;

procedure TForm1.Button4Click(Sender: TObject);
begin
  Memo1.PasteFromClipboard
end;
```

Image:

```
procedure TForm1.Button5Click(Sender: TObject);
begin
    Clipboard.Assign(Image1.Picture)
end;

procedure TForm1.Button6Click(Sender: TObject);
begin
    Image1.Picture.Assign(Clipboard)
end;
```

Hinweis: Mehr zum Thema "Zwischenablage" finden Sie im [ProfiBuch].

R87 ... die Objektablage benutzen?

Im folgenden Beispiel geht es um ein wiederverwendbares Eröffnungsformular als Bestandteil der Objektablage.

Oberfläche und Quelltext

Plazieren Sie auf dem Startformular (*Form1*) eine *Image*-Komponente, deren *Picture*-Eigenschaft Sie im Objektinspektor irgendeine Grafikdatei (*.BMP oder *.WMF) zuweisen. Hinzu kommen noch zwei Buttons (*Button1* und *Button2*), deren *Caption*-Eigenschaft wir ebenfalls ändern (siehe Abbildung). Dem *OnClick*-Ereignis des "Beenden"-Buttons weisen wir die *Close*-Methode von *Form1* zu:

```
procedure TForm1.Button2Click(Sender: TObject);
begin
 Form1.Close
end;
```

Schließlich erhält *Form1* noch einen neuen Namen (*DataBook1*) und eine aussagekräftige *Caption*-Eigenschaft. Diese müßte im gegenwärtigen Stadium eigentlich heißen "Ich will in die Objektablage!", aber wir gehen bereits von der späteren Situation aus, wenn das Objekt praktische Verwendung findet und es heißt "Ich komme aus der Objektablage!".

Klicken Sie dann mit der rechten Maustaste auf das Formular und wählen Sie im PopUp-Menü den Eintrag *Der Objektablage hinzufügen ...* :

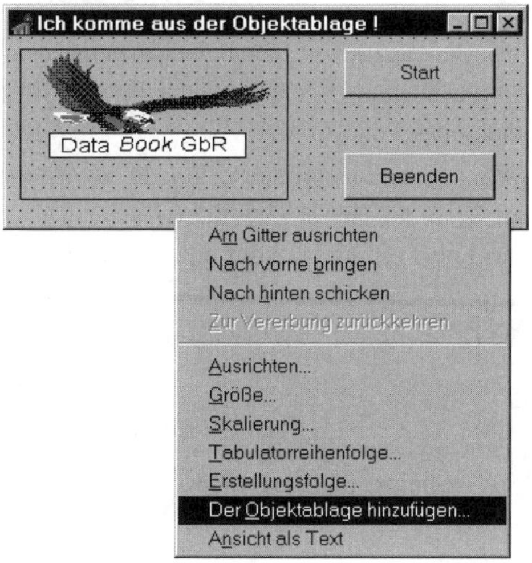

Ab in die Objektablage!

Im folgenden Dialogfenster können Sie Titel, Beschreibung und Autor frei vergeben. In der Klapp-Box "Seite" haben Sie die Wahl zwischen mehreren Kategorien

- Projekte
- Formulare
- Dialoge
- Datenmodule

Wir entscheiden uns hier für "Formulare", behalten aber im Hinterkopf, daß man auch mit anderen Objektklassen arbeiten kann:

Wer Wert auf Äußerlichkeiten legt, kann über die "Durchsuchen..."-Schaltfläche dem neuen Objekt auch eine andere als die triste Standard-Ikone zuordnen.

Nach dem OK werden Sie mit einer Meldungsbox konfrontiert:

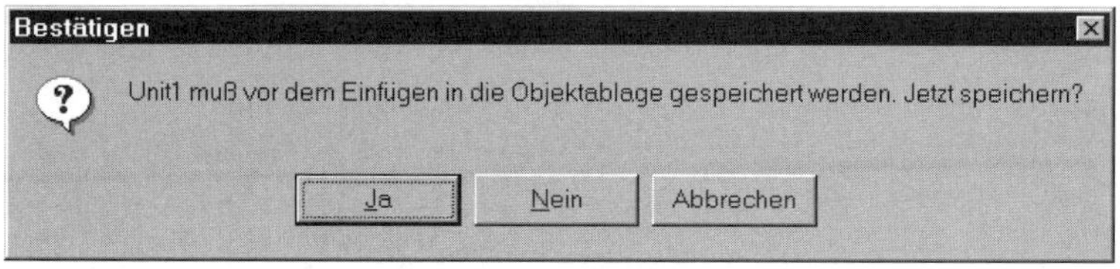

Klicken Sie "Ja" und vergeben Sie im nachfolgenden Dateidialog einen neuen, möglichst originellen Namen (*UnitDB1.pas*). Als Pfad wird Ihnen das aktuelle Verzeichnis Ihrer Anwendung angeboten, das sollten Sie im Regelfall akzeptieren.

Sicher wollen Sie sich jetzt davon überzeugen, ob das Formular tatsächlich in der Objektablage gelandet ist. Wählen Sie den Menüpunkt *Tools|Objektablage...* und schauen Sie in der Seite "Formulare" nach:

Bei dieser Gelegenheit können Sie, natürlich nur wenn Sie wollen, gleich noch die zwei Checkboxen am unteren Rand bedienen. Hier die Auswirkungen:

Wenn Sie bei Ihrer späteren Arbeit in der Delphi-Menüleiste *Datei|Neues Formular* klicken, erscheint unser Formular *DataBook*.

Wenn Sie später in der Delphi-Menüleiste *Datei|Neue Anwendung* klicken, drängt sich Ihnen gleich zu Beginn eines jeden neuen Projektes unser Formular *DataBook* auf.

Heraus aus der Objektablage!

Nehmen wir an, Sie haben keine der beiden Checkboxen aktiviert. Schließen Sie jetzt Delphi und starten Sie es wieder. Wählen Sie dann den Menüpunkt *Datei|Neu...*. Auf der Seite "Formulare" des Dialogfensters "Neue Einträge" entdecken Sie in der feinen Gesellschaft weiterer auserlesener Objekte unser *DataBook*-Formular:

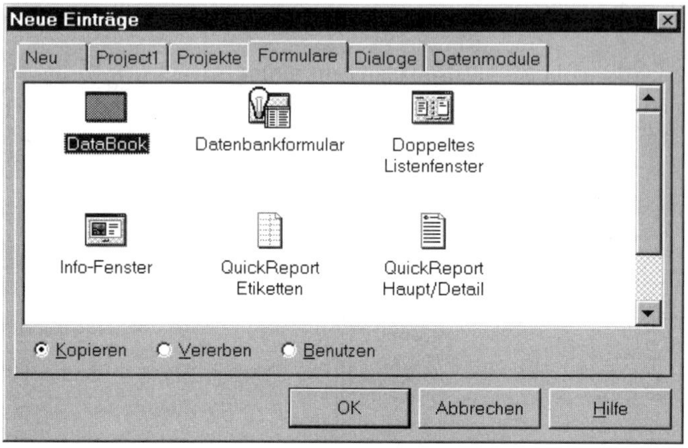

Bevor Sie aber OK klicken, sollten Sie sich über die Auswirkungen der drei Optionsboxen im klaren sein:

Eine Kopie des Objekts *DataBook* wird Ihrem aktuellen Projekt hinzugefügt. Änderungen an dem Original (in der Objektablage) wirken sich nicht auf Ihre Kopie aus und umgekehrt.

Wenn Sie das Formular *DataBook* vererben, wird davon eine neue Klasse abgeleitet und Ihrem Projekt hinzugefügt. Alle Änderungen, die Sie danach an dem Original (in der Objektablage) vornehmen, werden auch auf die abgeleitete Klasse übertragen. Umgekehrtes gilt nicht: Änderungen an der abgeleiteten Klasse wirken sich nicht auf den Vorfahren (das Original) aus.

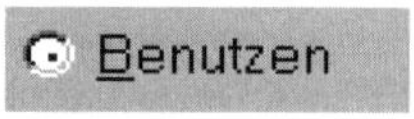

Hier arbeiten Sie direkt mit dem Original *DataBook*, so als würden Sie dieses Objekt neu erstellen. Also Vorsicht, denn alle Änderungen, die Sie nun vornehmen, wirken sich auch auf alle anderen Projekte aus, die *DataBook* direkt benutzen oder *DataBook* geerbt haben.

Test

Öffnen Sie ein neues Projekt (*Datei|Neue Anwendung*). Es erscheint zunächst das "normale" Standardformular *Form1*.

Um bequem testen zu können, ergänzen wir es durch drei Buttons ("Kopiertes Objekt", "Vererbtes Objekt", "Beenden", siehe letzte Abb.).

Anschließend fügen wir über *Datei|Neu...* das Objekt *DataBook* mit der Option "Kopieren" hinzu. Ein Blick auf den Objektinspektor belehrt uns, daß dieses Formular automatisch den Namen *Form2* erhalten hat, entsprechendes gilt natürlich auch für die zugehörige *Unit2*.

Ein Blick in diese Unit zeigt, daß es sich bei unserem eingefügten Objekt tatsächlich nur um eine ganz normale Kopie des Originals handelt:

```
type
  TDataBook = class(TForm)
```

Form2 dient Ihnen nun als Gerüst bzw. Schablone für weitere Ergänzungen. Im folgenden wird z.B. ein zusätzlicher "Hilfe"-Button eingefügt, das *Click*-Ereignis des "Start"-Buttons wird mit Quellcode hinterlegt, usw.:

Da bis jetzt alles so gut funktioniert hat, wollen wir ein zweites *DataBook*-Formular einfügen, diesmal aber als "vererbtes" Objekt. Gehen Sie dabei genauso vor (*Datei|Neu...*), nur daß diesmal die Option "Vererben" aktiviert wird.

Hier belehrt uns die entsprechende Formular-Unit, daß tatsächlich eine Unterklasse *TDataBook1* von der Originalklasse *TDataBook* abgeleitet wurde:

```
type
  TDataBook1 = class(TDataBook)
```

Ergänzen Sie jetzt in der Unit des Hauptformulars den Quelltext:

```
procedure TForm1.Button1Click(Sender: TObject);
begin
 Form2.Show                (* Aufruf des kopierten Formulars *)
end;

procedure TForm1.Button2Click(Sender: TObject);
begin
 DataBook1.Show            (* Aufruf des ererbten Formulars *)
end;

procedure TForm1.Button3Click(Sender: TObject);
begin
 Close                     (* Beenden *)
end;
```

Testen Sie die Funktionsfähigkeit (F9) und speichern Sie die Anwendung als *Project1.dpr* ab (*Datei|Speichern*).

Öffnen Sie jetzt ein weiteres Projekt, um auch dort ein *DataBook*-Objekt einzufügen, diesmal allerdings mit der Option "Benutzen".

Die Formular-Unit zeigt die Klasse *TDataBook*:

```
type
  TDataBook = class(TForm)
```

Doktern Sie nun etwas an dem *DataBook*-"Benutzen"-Formular herum, ändern Sie z.B. die Überschrift (*Caption*) oder die Hintergrundfarbe (*Color*). Wenn Sie jetzt dieses Projekt abspeichern (*Project2.dpr*) und anschließend das erste Projekt (*Project1.dpr*) wieder laden und compilieren, werden Sie feststellen, daß die gleichen Änderungen auch am dortigen "vererbten" *DataBook*-Formular vorgenommen wurden, das "kopierte" *DataBook*-Formular sollte hingegen unverändert geblieben sein:

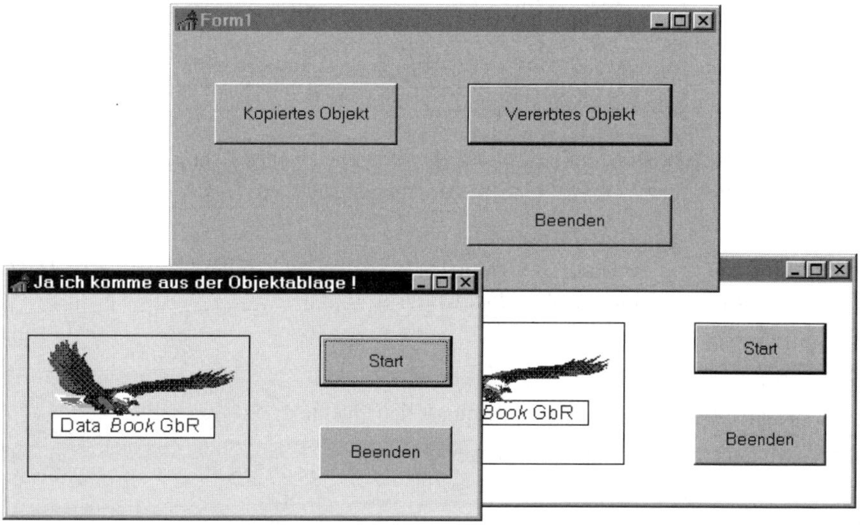

Bemerkungen

- Wenn bei Programmstart nicht das Hauptformular erscheint, so müssen Sie über das Menü *Projekt|Optionen...* auf der Seite "Formulare" *Form1* als Hauptformular einstellen.
- Die einfachste Möglichkeit, um Objekte in der Objektablage nachträglich zu ändern, ist deren Einfügen in ein beliebiges anderes Projekt mit der "Benutzen"-Option, um dann dort die Modifikationen vorzunehmen.
- Bei Projektvorlagen stellt das Kopieren die einzig verfügbare Option dar. Vererben und Benutzen sind also nicht möglich.

R88 ... den Debugger einsetzen?

Für die Fehlersuche stellt Delphi einen leistungsfähigen integrierten Debugger zur Verfügung, von dem Sie regen Gebrauch machen sollten.

Voreinstellungen

Wählen Sie den Menüpunkt *Projekt|Optionen...* und anschließend die Seite "Compiler". Im "Debuggen"-Rahmen setzen Sie Häkchen bei "Debug-Informationen" und "Lokale Symbole" (normalerweise sind das bereits die Voreinstellungen).

Nachdem Sie die Fehlersuche abgeschlossen haben, sollten Sie folgendes beachten:

Hinweis: Compilieren Sie das endgültige Programm noch einmal ohne Erzeugen von Debug-Information. Das reduziert die Größe der .EXE-Datei.

Testprogramm

Am konkreten Beispiel läßt sich die Arbeit mit dem Debugger wesentlich besser erklären als durch weitere verwirrende Hinweise. Sie können dazu ein beliebiges Programm nehmen oder aber auch den folgenden Quellcode, der sich auf eine einfache Oberfläche, bestehend aus einem Formular und zwei Buttons, bezieht.

Eine globale Variable wird mit einem Anfangswert initialisiert:

```
var b:Integer = 10;                          // initialisierte Variable
```

Irgendeine Funktion:

```
function max(a,b: Integer): Single;                     // Maximum von a und b
begin
 if a>b then Result:= a else Result:= b
end;
```

Bei jedem Click auf den Button wird *b* um Eins erhöht, um dann irgendwelche Werte zu berechnen und auszugeben:

```
procedure TForm1.Button1Click(Sender: TObject);          // Klick auf Button
var a: Integer; s: string;
const lft = 50;
begin
 a:= 320; Inc(b);
 with Canvas do
 begin
  TextOut(lft,50,'Der Wert von a: ' + IntToStr(a));
  TextOut(lft,80,'Der Wert von b: ' + IntToStr(b));
  Str(a/b:8:4, s);
  TextOut(lft,110,'Der Quotient a/b: ' + s);
  Str(max(a,b):8:2, s);
  TextOut(lft,140,'Das Maximum : ' + s);
  TextOut(lft, 170, 'Das wars dann ...')
 end
end;
```

Die verschiedenen Debug-Möglichkeiten

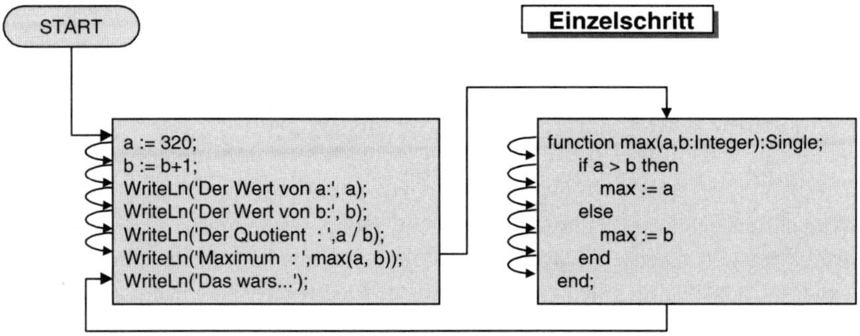

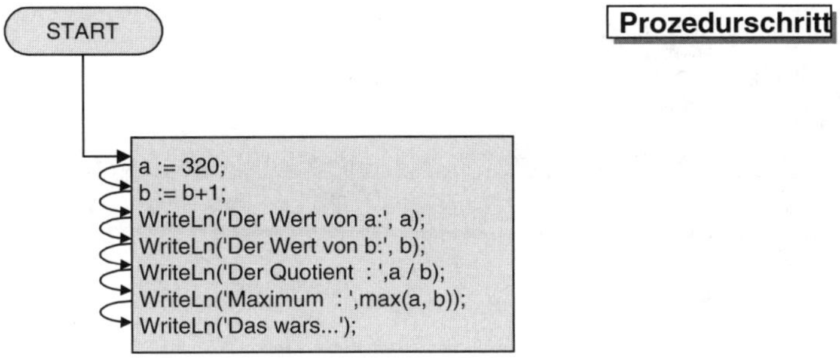

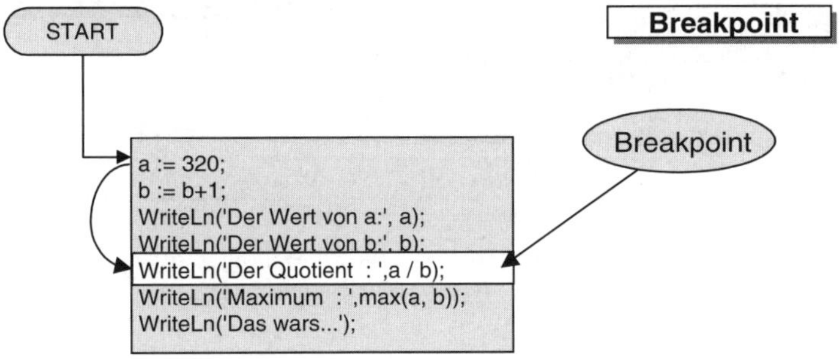

Wir wollen uns auf die folgenden Betriebsarten des Debuggers beschränken:

- Einzelanweisungen ausführen
- Einzelanweisungen ausführen und dabei Routinen überspringen
- Einzelanweisungen bis zur Cursorposition ausführen
- Einzelanweisungen bis zum Haltepunkt ausführen
- Haltepunkt mit einer Bedingung verknüpfen
- Ausdrücke berechnen und auswerten

Einzelschritt-Modus

Statt wie gewohnt das Programm mit F9 zu starten, wählen Sie das Menü *Start|Einzelne Anweisung*. Danach betätigen Sie schrittweise F7. Im Quelltext können Sie den Programmfortschritt beobachten (blaue Zeilenmarkierung). Parallel zum Quelltext läßt sich der aktuelle Fortschritt im Formularfenster verfolgen:

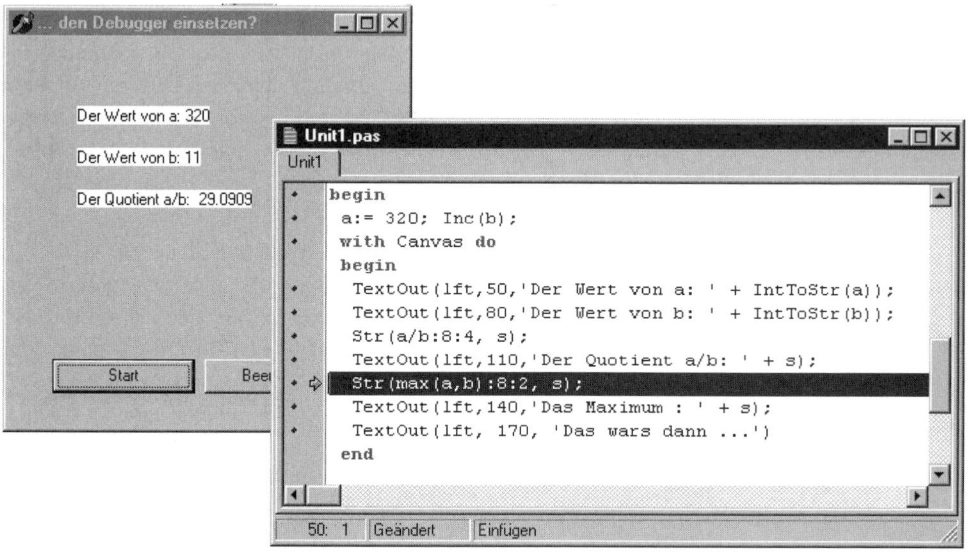

Beachten Sie, daß Sie auch im Einzelschritt-Modus alle notwendigen Benutzereingaben vornehmen müssen. Bei unserem Beispiel ist unmittelbar nach Start des Debug-Modus der *Button1* zu klicken, sonst passiert - nichts!

Bei der zweiten Variante des Einzelschritt-Modus verfahren Sie völlig analog zur ersten, nur daß Sie das Menü *Start|Gesamte Routine* klicken bzw. die F8-Taste benutzen. Sie werden beobachten, daß bei den Anweisungen innerhalb der *max*-Funktion nicht angehalten wird.

Eine Erklärung der dritten Variante ist fast überflüssig. Setzen Sie einfach den Kursor in die gewünschte Zeile und betätigen Sie F4 (bzw. nehmen Sie das Menü *Start|Gehe zur Cursorposition*). Die Programmabarbeitung stoppt bei der letzten Anweisung innerhalb der blau markierten Zeile.

Haltepunkte

Noch einfacher geht das Setzen von Breakpoints. Plazieren Sie den Cursor auf die betreffende Zeile und drücken Sie anschließend F5. Die Zeile wird rot markiert. Nochmal F5 drücken - der Haltepunkt ist wieder verschwunden. Nach Programmstart (F9) werden alle Anweisungen bis vor die Breakpoint-Zeile ausgeführt. Anschließend können Sie schrittweise mit F7 bzw. F8 fortfahren. Natürlich können Sie auch mehrere Breakpoints setzen.

Das Setzen eines Breakpoints kann mit einer Abbruchbedingung verknüpft werden. Plazieren Sie dazu den Cursor in die gewünschte Quelltextzeile und wählen Sie das Menü *Start|Neuer Haltepunkt...* . In das sich öffnende Dialogfenster wird von Ihnen z.B. die Bedingung *b = 18* eingetragen und mit "Neu" bestätigt:

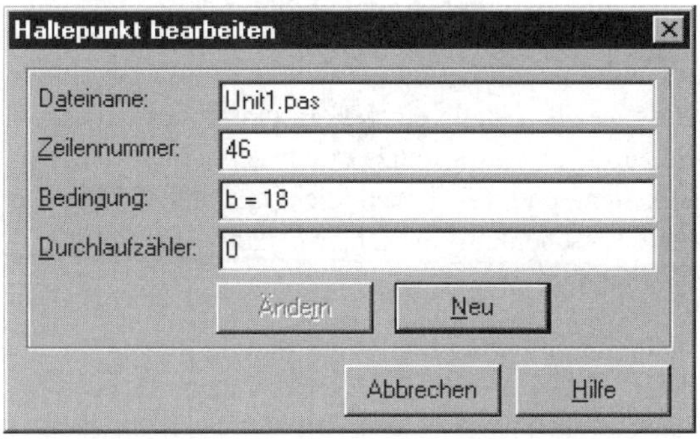

Wenn Sie jetzt das Programm normal starten (F9), müssen Sie achtmal auf den Button klicken, bis die Ausführung bei *b = 18* schließlich unterbrochen wird.

Besonders dann, wenn Sie mehrere Breakpoints gesetzt haben, sind Sie für eine Übersicht dankbar. Dieser fromme Wunsch geht nach dem Menüaufruf *Ansicht|Haltepunkte* in Erfüllung:

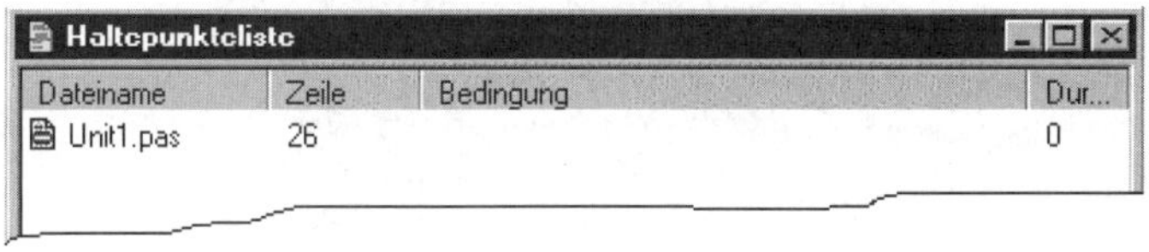

Auswerten von Ausdrücken

Im Einzelschrittmodus (z.B. mit F7) arbeiten Sie sich bis zu einer bestimmten Quelltextzeile vor, anschließend wählen Sie das Menü *Start|Auswerten/Ändern* oder Strg+F7.

In das sich öffnende Fenster geben Sie den zu berechnenden Ausdruck ein und betätigen die Taste "Auswerten":

Alternativ können Sie auch eine bestimmte Variable bzw. einen Ausdruck im Quelltext mit der Maus markieren und sich anschließend mit Strg+F7 das obige Fenster anzeigen lassen.

R89 ... Meldungsfenster erzeugen?

In vielen Fällen genügt es, wenn anstelle eines Formulars nur eine einfache Dialogbox angezeigt wird (siehe 4.7). Doch zur Darstellung eines solch schlichten Meldungsfensters gibt es überraschend viele Möglichkeiten, und Sie haben die Qual der Wahl. Das folgende kleine Testprogramm soll Ihnen die Entscheidung erleichtern, indem es für jede Variante ein mehr oder weniger sinnvolles Beispiel liefert.

Oberfläche

Welche Komponenten benötigt werden, entnehmen Sie der folgenden Abbildung:

Insgesamt stehen sechs Alternativen (Schaltflächen) in Form unterschiedlicher Funktionen/Prozeduren für die Anzeige von Meldungsfenstern zur Auswahl.

Die in einer *GroupBox* zusammengefaßten fünf *RadioButtons* dienen der Symbolauswahl. Die entsprechenden Ikonen wurden der *Picture*-Eigenschaft von *Image*-Komponenten zugewiesen (als *.BMP-Dateien auf der Buch-CD enthalten).

Quelltext

Da der *Interface*-Abschnitt der Formular-Unit keine Besonderheiten bietet, wollen wir nur den *Implementation*-Abschnitt abdrucken.

```
var mb_S: Word;          // für Symbolauswahl von MessageBox
    mtS: TMsgDlgType;    // für Symbolauswahl von MessageDlg
```

Alle fünf RadioButtons teilen sich eine Ereignisprozedur, in welcher den Variablen *mb_S* und *mtS* diverse Konstanten für die Symbolauswahl zugewiesen werden:

```
procedure TForm1.RadioButtonClick(Sender: TObject);  // Symbol einstellen
begin
 if Sender = RadioButton1 then
 begin mb_S := 0; mtS := mtCustom end;
 if Sender = RadioButton2 then
 begin mb_S := 16; mtS := mtError end;
 if Sender = RadioButton3 then
 begin mb_S := 32; mtS :=  mtConfirmation end;
 if Sender = RadioButton4 then
 begin mb_S := 48; mtS := mtWarning end;
 if Sender = RadioButton5 then
 begin mb_S := 64; mtS := mtInformation end
end;
```

Die *ShowMessage*-Prozedur wird an einem nicht ganz simplen Codebeispiel demonstriert. Hier soll gezeigt werden, wie man Object Pascal-Sprachkonstrukte (*For*-Schleife) ausprobieren, Zahlenwerte ausgeben (*IntToStr...*) und einen Zeilenumbruch (*#13*) realisieren kann:

```
procedure TForm1.Button1Click(Sender: TObject);  // ShowMessage-Prozedur
var i: Integer;
begin
 for i:= 1 to 5 do  ShowMessage(IntToStr(i)+ ' Das ist eine Demonstration der Funktion'
 + #13 + 'eines einfachen Meldungsfensters!')
end;
```

Wem obige Demo zu kompliziert war, der sollte sich zunächst den folgenden Code zu *ShowMessagePos* ansehen, bei welchem Sie Ihre Aufmerksamkeit voll auf die Positionskoordinaten (*x=10, y = 20*) richten können:

```
procedure TForm1.Button2Click(Sender: TObject);  // ShowMessagePos-Prozedur
begin
 ShowMessagePos('Einfaches Meldungsfenster mit Position!', 10,20)
end;
```

Bei der folgenden *MessageBox*-Prozedur wird das Formular-Handle benötigt. Mit der Variablen *mb_S* wird das ausgewählte Symbol eingestellt:

```
procedure TForm1.Button3Click(Sender: TObject);  // MessageBox-Prozedur
begin
 MessageBox(Self.Handle,'Klick auf den Button!','Meldungsfenster', mb_S)
end;
```

Die folgende *MessageBox*-Funktion ist eine Methode von *TApplication*. Im Beispiel soll gezeigt werden, wie Symbol (*mb_S*), Art und Anzahl der Schaltflächen (*mb_okCancel*) und der Fokus (*mb_defButton2*) durch Addition von Konstanten eingestellt werden:

```
procedure TForm1.Button4Click(Sender: TObject); // MessageBox-Funktion
var button: Integer;
```

```
begin
 button := Application.MessageBox('Klick auf die OK Schaltfläche!',
 'Meldungsfenster', mb_S + mb_okcancel + mb_defbutton2);
 if button = idOK then  Application.MessageBox('Danke!',
 'Meldungsfenster', mb_S + mb_ok)
end;
```

Die *MessageDlg*-Funktion hat eine Syntax, die relativ einfach zu durchschauen ist:

```
procedure TForm1.Button5Click(Sender: TObject);  // MessageDlg - Funktion
begin
 if MessageDlg('Wollen Sie das Programm beenden?',
    mtS, [mbNo,mbYes,mbCancel], 0) = mrYes then
  begin
    MessageDlg('Sie wurden gerade veralbert!', mtS, [mbOk], 0);
  end;
end;
```

Mit der Schwesterfunktion *MessageDlgPos* wollen wir endlich etwas Sinnvolles anstellen, indem wir eine Möglichkeit zum Verlassen des Programms anbieten:

```
procedure TForm1.Button6Click(Sender: TObject);  // MessageDlgPos
begin
  if MessageDlgPos('Wollen Sie das Programm beenden?',
    mtS, [mbYes,mbNo], 0, 200, 100) = mrYes then
  begin
    MessageDlgPos('Das Programm wird beendet!', mtS, [mbOk], 0, 500, 400);
    Close                                               // Programm-Ende
  end
end;
```

Test

Starten Sie das Programm (F9) und experimentieren Sie mit den einzelnen Varianten, wie z.B. hier mit der *MessageBox*-Funktion:

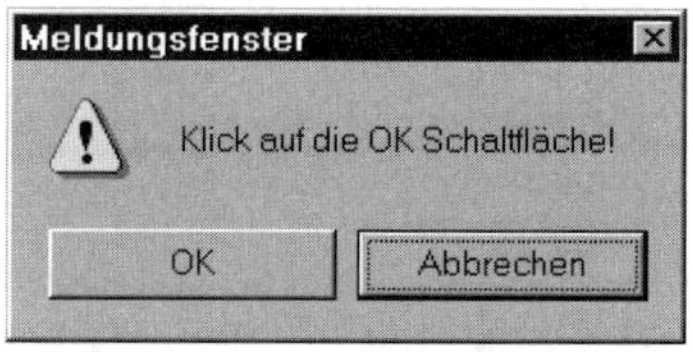

Schauen Sie sich parallel dazu den zugehörigen Quelltextabschnitt an. Daß z.B. im obigen Meldungsfenster die Schaltfläche "Abbrechen" den Fokus besitzt, ist der Konstanten *mb_defbutton2* zuzuschreiben. Nehmen Sie zu Übungszwecken selbst Modifikationen vor und verwenden Sie dazu die in der Online Help beschriebenen Konstanten.

R90 ... Werte mit einer InputBox eingeben?

Um dieses Beispiel nicht gar zu trivial zu gestalten, soll ein Record-Array über eine *InputBox* gefüllt und gelesen werden (siehe Kapitel 3). Daß wir dazu einen selbstdefinierten Record *TPerson* nehmen hat einen praktischen Hintergrund: Die einzelnen Recordfelder repräsentieren jeweils einen unterschiedlichen Datentyp (*String*, *Boolean*, *Integer*, *Single*). Da deren Konvertierung jeweils unterschiedlich ist, schlagen wir gleich mehrere Fliegen mit einer Klappe.

Oberfläche

Das Startformular hat 5 Label und zwei Befehlsschaltflächen:

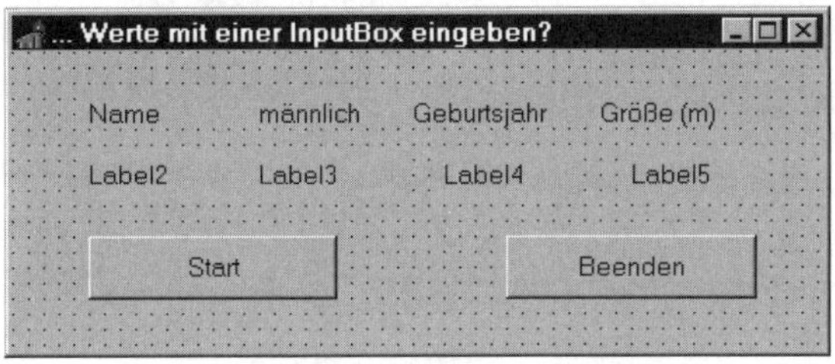

Da man mit der *InputBox* nicht nur Werte eingeben, sondern auch anzeigen kann, wären die Labels eigentlich überflüssig. Sie sollen aber als zusätzliche Kontrollanzeige dienen.

Quelltext

Vom Interface-Abschnitt der Formular-Unit zeigen wir Ihnen hier nur den interessanten Teil:

```
interface
...
```

Wir konstruieren einen Rekord ...

```
type TPerson = record
  name: string[20];
  geschlecht: Boolean;
  geburtsjahr: Integer;
  groesse: Single
 end;
```

und einen Array-Typ aus diesem Rekord:

```
const nmax = 5;                // maximal 5 Personen
type TPersArray = array[1..nmax] of TPerson;
var
 Form1: TForm1;
```

Jetzt muß noch eine Variable dieses Typs definiert werden:

```
persArray1: TPersArray;
```

Nun zur Implementierung:

```
implementation
{$R *.DFM}
procedure TForm1.Button1Click(Sender: TObject);   // "Start"-Schaltfläche
var s: String;
    i, code:Integer;
   w: Single;
begin
 for i:=1 to nmax do begin
```

Keinerlei Probleme gibt es bei Strings:

```
 // String-Wert:
 s := InputBox('Personal-Eingabe','Geben Sie den '+IntToStr(i)+ '. Namen ein!',
 persArray1[i].name);                              // Anzeige/Eingabe
 persArray1[i].name := s;                          // in Array speichern
 Label2.Caption := s;                              // im Label anzeigen
```

Boole'sche Werte müssen wir "per Hand" konvertieren:

```
 // Boole'scher Wert:
 if persArray1[i].geschlecht = True then s := 'ja' else s := 'nein';
 s := InputBox('Personal-Eingabe','männlich? (ja/nein)', s);
 if s = 'ja' then  persArray1[i].geschlecht := True
            else persArray1[i].geschlecht := False;
 Label3.Caption := s;                               // im Label anzeigen
```

Ganzzahlige Werte sind einfach zu behandeln:

```
 // Integer-Wert:
 s := IntToStr(persArray1[i].geburtsjahr);          // aus Array lesen
 s := InputBox('Personal-Eingabe','Geburtsjahr?',s); // Anzeige/Eingabe
 persArray1[i].geburtsjahr := StrToInt(s);          // in Array speichern
 Label4.Caption := s;                               // im Label anzeigen
```

Besonderes Fingerspitzengefühl verlangt die Hin- und Rück-Konvertierung von Gleitkommawerten (*Str*- und *Val*-Funktion):

```
 // GK-Wert:
 Str(persArray1[i].groesse:3:2, s);             // 3 Stellen, davon 2 nach dem Komma
 s := InputBox('Personal-Eingabe','Körpergröße?', s);
 Val (s, persArray1[i].groesse, code);          // fehlerfrei, wenn code = 0
 Label5.Caption := s
 end
end;
```

Test

Nach Programmstart (F9) und Klicken der "Start"-Befehlsschaltfläche müssen Sie zunächst die Geduld für die Eingabe der Daten von 5 Personen aufbringen (ansonsten vor dem Compilieren die Konstante *nmax* verkleinern!).

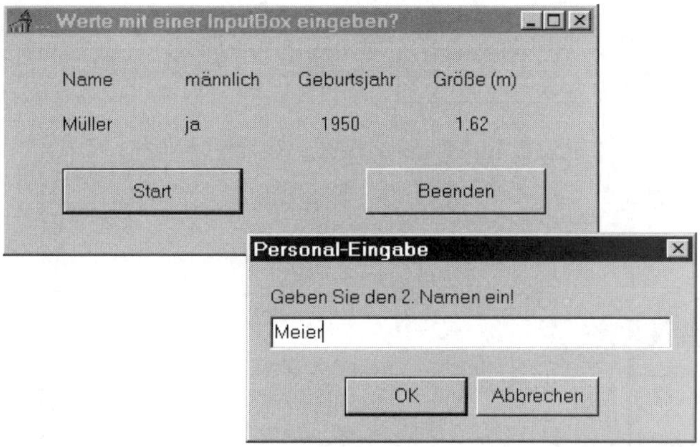

Fehlerhafte Eingaben können Sie mit der "Abbrechen"-Taste verwerfen, während Sie sich durch aufeinanderfolgendes Klicken von "OK" alle Datenfelder der Reihe nach anzeigen lassen können.

R91 ... eine Konsolenanwendung für Testzwecke einsetzen?

Vorbereitungen

Delphi-Quelltexte, bei denen man auf Grafikausgaben etc. verzichten kann, testet man am einfachsten nicht innerhalb der sonst üblichen Grafikoberfläche, sondern innerhalb einer Textbildschirm-Anwendung. Letztere wird vor allem den Turbo Pascal-Umsteigern sehr vertraut vorkommen.

Eine solche Textbildschirm-Anwendung eignet sich nicht nur für Experimente mit den einfachen Sprachelementen des Kapitels 3, sondern bildet gleichermaßen auch den Rahmen für die noch folgenden Rezepte dieses Abschnittes, die sich auf elementare OOP-Grundlagen (Kapitel 5) beziehen.

Bevor es losgehen kann, müssen Sie die Einstellungen der Delphi-Entwicklungsumgebung etwas abändern. Öffnen Sie eine neue Anwendung und wählen Sie den Menüpunkt *Projekt|Optionen* und anschließend die Seite "Linker". Aktivieren Sie die Kontrollbox "Anwendung für Textbildschirm" bei den "EXE- und DLL-Optionen" und klicken Sie OK:

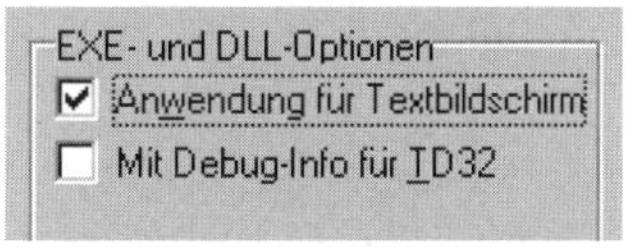

Für eine Textbildschirm-Anwendung brauchen wir kein Formular, entfernen Sie also die Formular-Unit (Menüpunkt *Datei|Aus dem Projekt entfernen...*). Die Meldungsbox "Änderungen in *Unit1.pas* speichern?" quittieren Sie mit "Nein".

Fügen Sie nun eine leere Unit hinzu (Menü *Datei|Neu...*, Unit-Ikone klicken).

Nun geht es ans "Ausmisten" der Projektdatei. Wählen Sie den Menüpunkt *Ansicht|Projekt-Quelltext* und entfernen Sie die überflüssigen Einträge, so daß schließlich nur noch dieses Skelett einer Delphi-Minimalanwendung übrigbleibt:

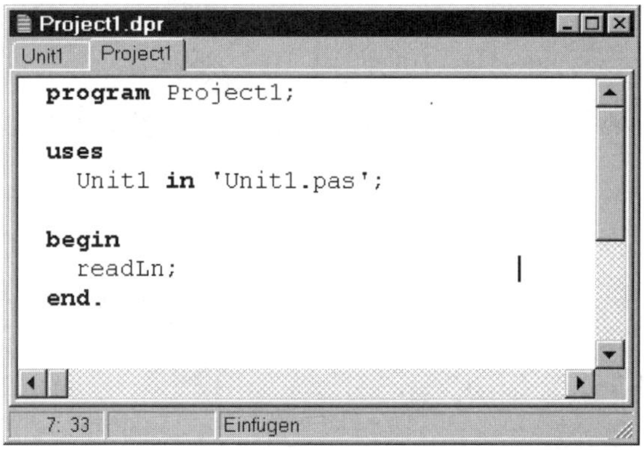

Als einzige Codezeile wurde die *ReadLn*-Anweisung eingefügt, sie sorgt dafür, daß der Textbildschirm nicht gleich nach Programmaufruf wieder verschwindet, sondern erst nach Betätigen der Enter-Taste.

Speichern Sie das Projekt jetzt in Ihr Arbeitsverzeichnis (z.B. *Test)* ab und compilieren Sie es anschließend (Menüpunkt *Projekt|Compilieren* bzw. Strg+F9). Im Arbeitsverzeichnis sind im weiteren nur die im folgenden dargestellten Dateien *Project1.dpr, Unit1.pas, Project1.exe* und *Unit1.dcu* für Sie von Bedeutung, die übrigen können Sie löschen:

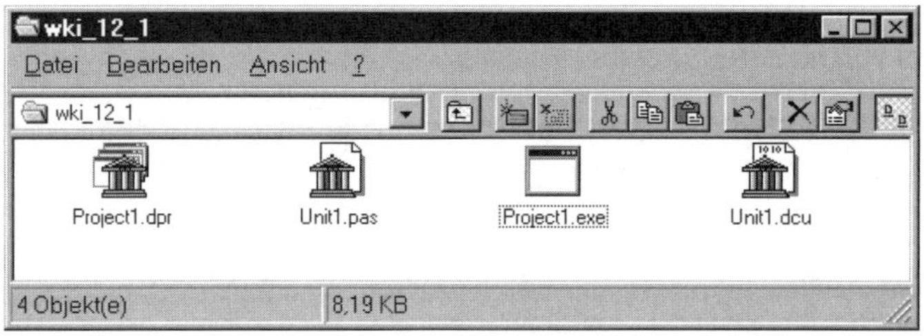

Wenn Sie das Programm starten (entweder über F9 oder auch nach Verlassen von Delphi durch direktes Anklicken von *Project1.exe* im Arbeitsverzeichnis) erscheint ein vorerst leerer, pechschwarzer Textbildschirm mit blinkendem Eingabecursor. Mit der Enter-Taste beenden Sie den Spuk.

Nachdem das Programmskelett funktioniert, können Sie mit Ihren Experimenten beginnen und nahezu beliebige Delphi-Sprachelemente (außer Grafik) ausprobieren.

Tip

Wenn Sie dieses Projekt-Skelett als Grundlage für neue Experimente nutzen, empfiehlt es sich, zunächst die beiden Dateien *Project1.dpr* und *Unit1.pas* in das neue (leere) Arbeitsverzeichnis zu kopieren und dann die Projekt-Datei von Delphi aus zu öffnen (Menü *Datei|Öffnen...*).

Quelltextbeispiel

Der folgende Code ist selbsterklärend und demonstriert einige wichtige Sprachkonstrukte, wie die *Length*-Funktion und die *For-Next*-Schleife. Alles spielt sich innerhalb der Projektdatei ab, die *Unit1.pas* bleibt leer.

```
program Project1;

uses Unit1 in 'Unit1.pas';

var s   :string;              // hier deklarieren Sie die benötigten Variablen
    i, n:Integer;

begin                         // hier folgt Ihr Testcode
 s := 'Das ist ein Textbildschirm, ';
 s := s + 'aber trotzdem ein 32-Bit-Delphi-Programm!';
 WriteLn(s);                 // Ausgabe mit Zeilenvorschub
 for i:=1 to Length(s) do Write('-');
 WriteLn;                     // nur Zeilenvorschub
 Writeln('Geben Sie etwas ein!');   // weitere Ausgabe
 ReadLn(s);                   // Eingabe mit Zeilenvorschub
 WriteLn('Wie oft soll es untereinander ausgedruckt werden?');
 ReadLn(n);                  // weitere Eingabe
 for i:=1 to n  do WriteLn(i,#9,s);   // Mehrfach-Ausgabe mit Tab-Trennung
 WriteLn('Druecken Sie Enter um das Programm zu verlassen!'); // weitere Ausgabe
 ReadLn                       // muß am Schluß stehen!
end.
```

Test

Nach Compilieren und Starten des Programms könnte sich, in Abhängigkeit von den Nutzereingaben, folgender Dialogbildschirm ergeben:

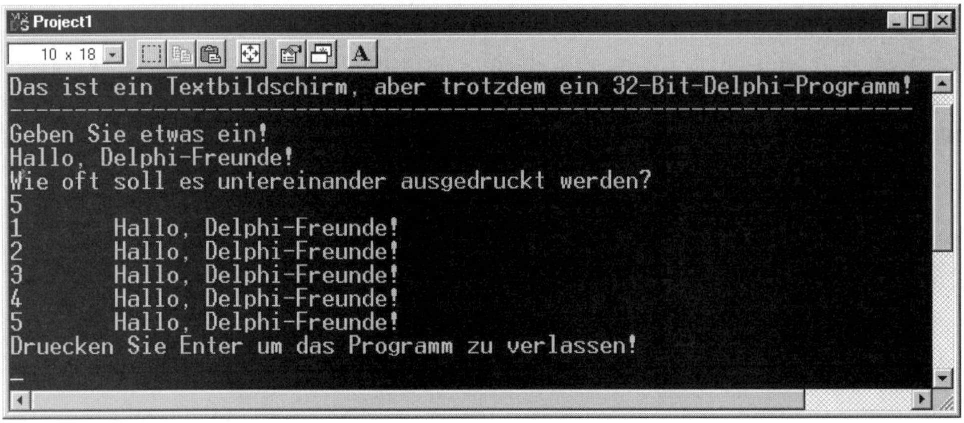

Bemerkungen

- Die Interaktion mit dem Anwender wird bei Textbildschirm-Anwendungen generell über die *Write(Ln)* bzw. *Read(Ln)*-Anweisung abgewickelt.
- Für formatierte Ausgaben empfiehlt sich die *Format*-Funktion (siehe Kapitel 3). Dazu ist die Unit *sysUtils* in die *uses*-Klausel der Projektdatei aufzunehmen.

R92 ... einen Drucker auswählen?

Geht es darum, Ausgaben auf dem Drucker vorzunehmen, können Sie entweder den Standarddrucker des Systems nutzen (Default für das *Printer*-Objekt) oder Sie stellen dem Anwender eine Möglichkeit zur Druckerauswahl zur Verfügung.

Zwei Varianten bieten sich an:

- Standard-Dialog (*PrinterSetupDialog*)
- Combobox

Das Beispiel zeigt beide Varianten.

Oberfläche

Neben zwei *Buttons* und einer *Combobox* brauchen Sie lediglich eine *PrinterSetupDialog*-Komponente.

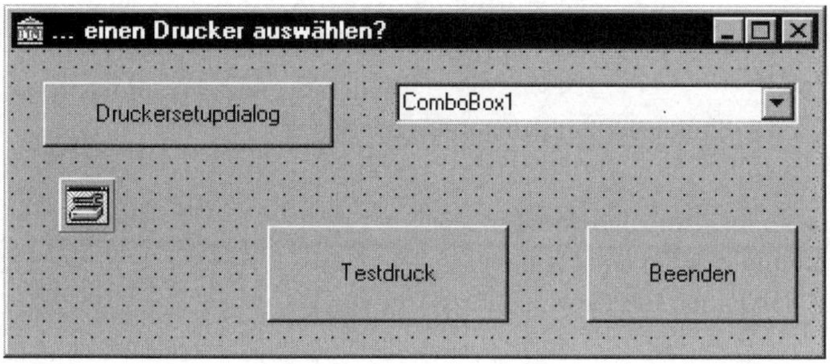

Quelltext

Mit dem Erstellen des Formulars wird auch die *ComboBox* gefüllt. Vorher müssen Sie jedoch auf alle Fälle die Unit *Printers* einbinden, sonst haben Sie keinen Zugriff auf das *Printer*-Objekt.

```
procedure TForm1.FormCreate(Sender: TObject);
begin
    Combobox1.Items := Printer.Printers;
    Combobox1.ItemIndex := Printer.PrinterIndex;
end;
```

Da es sich bei der Eigenschaft *Printers* um ein *TStrings*-Objekt handelt, können Sie die Eigenschaft *Items* (ebenfalls *TStrings*) direkt zuweisen. Der aktuelle Drucker wird über *PrinterIndex* abgefragt.

Umgekehrt können Sie auch *PrinterIndex* zuweisen und damit den aktuellen Drucker wechseln.

Hinweis: Der Druckerwechsel an dieser Stelle hat keinen Einfluß auf den Standarddrucker des Systems.

Die zweite Variante (Standarddialog) zaubert mit

```
procedure TForm1.Button1Click(Sender: TObject);   // Druckersetupdialog
begin
    PrinterSetupDialog1.Execute;
    ComboBox1.Items.Clear;
    ComboBox1.Items := Printer.Printers;
    Combobox1.ItemIndex := Printer.PrinterIndex
end;
```

folgende Dialogbox auf den Bildschirm:

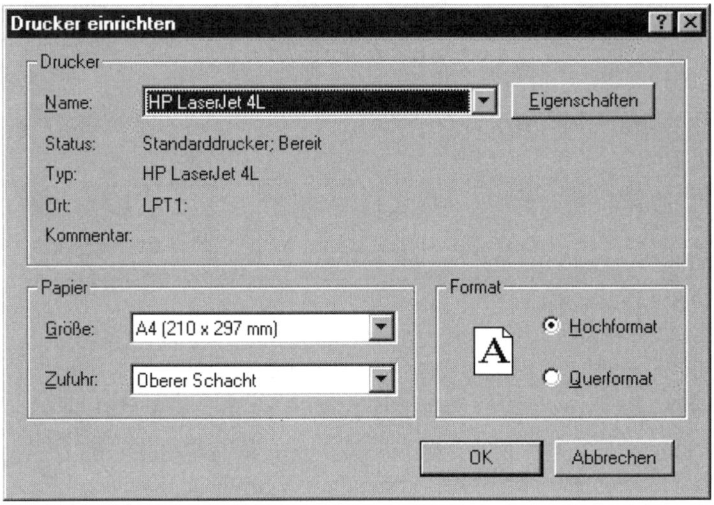

Gleichzeitig wird die Anzeige in der Combobox aktualisiert.

Einen winzigen Probeausdruck (der Name des aktuellen Druckers) erzeugen Sie z.B. mit:

```
procedure TForm1.Button2Click(Sender: TObject);        // Testdruck
begin
    Printer.BeginDoc;
    Printer.Canvas.TextOut(100,100,Printer.Printers[Printer.PrinterIndex]);
    Printer.EndDoc
end;
```

R93 ... Installationsdisketten herstellen?

Haben Sie endlich **das** Delphi Programm erstellt, welches Ihrer Meinung nach der Allgemeinheit nicht weiter vorenthalten werden sollte? Wenn ja, dann können Sie dafür sogar professionelle Installationsdisketten anfertigen, mit denen Sie Ihre erstaunten Bekannten (und vielleicht sogar den Chef) endgültig von Ihren überragenden Programmier-Fähigkeiten überzeugen. Mit dem einfachen Kopieren der EXE-Datei ist es aber meist nicht getan[2], da auch ein Delphi-Programm noch einiges an "Beiwerk" mit sich rumschleppen muß (hauptsächlich im Zusammenhang mit ActiveX-Komponenten und Datenbanken). Aber welche Dateien gehören noch mit dazu, wo stecken sie und in welches Verzeichnis müssen sie beim Endanwender kopiert werden? Weiterhin wären da noch diverse Einträge in der Registry, die Versionskontrolle und und ...

Das Programm *InstallShield* nimmt Ihnen quälende Überlegungen dieser Art ab, mit wenigen Mausklicks haben Sie für Ihr Programm professionelle Installationsdisketten angefertigt.

---

[2] Das gibt mit Sicherheit lange Gesichter auf der anderen Seite.

Hinweis: *InstallShield* ist nur im *Professional-* und im *Client/Server*-Paket von Delphi 3 enthalten[3]!

Aber auch die stolzen Besitzer von *Professional-* und *Client/Server*-Edition sollen sich nicht wundern, wenn Sie das Programm *IS Express Delphi Edition* zunächst nicht auf ihrer Festplatte entdecken können, denn es muß nachträglich von der Delphi-CD installiert werden (Sie finden es dort im Verzeichnis *\isxpress*).

Leider ist die Hilfestellung von *InstallShield* alles andere als übersichtlich, sie schockiert den Einsteiger mit einer quälend langen Tortur durch insgesamt 16 (!) Etappen, gespickt mit fremdartigen Begriffen wie "Setuptyp", "Gruppe", "Komponente", ... Dabei wird vor allem eins schmerzlich vermißt: Ein konkretes Beispiel!

Das folgende Rezept soll an Hand einer sehr einfachen und einer etwas komplizierteren Anwendung Licht in die Dunkelheit bringen.

Einfaches Beispiel: Installationsdisketten für ImageList-Demoprogramm

Für das im Rezept

☞ R58 ... die ImageList einsetzen?

entwickelte Demoprogramm soll eine Installationsdiskette angefertigt werden. Zwar dürfte die EXE-Datei (ca. 275 kB) auch so wie sie ist auf anderen Windows 95/NT-Computern problemlos laufen, aber hier geht es zum einen um die Erläuterung des Prinzips und zum anderen um Professionalität bei der Weitergabe Ihrer Anwendungen.

Starten Sie *InstallShield* durch Aufruf von *ISX.EXE*, so werden Sie freundlich von einer Dialogbox empfangen:

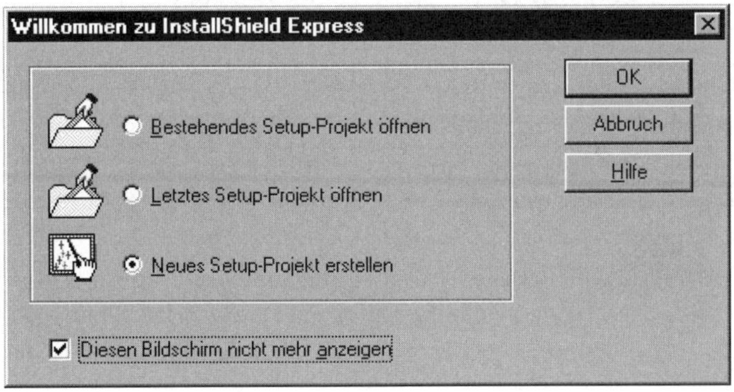

---

[3] Besitzer der Standard-Edition gucken leider in die Röhre!

Wählen Sie "Neues Setup-Projekt erstellen":

Hinweis: Bei einem Setup-Projekt handelt es sich <u>nicht</u> um Ihr Delphi-Projekt, sondern um die *.IWZ*-Datei, welche die Einstellungen von *InstallShield* speichert!

Setzen Sie das Häkchen bei "Diesen Bildschirm nicht mehr anzeigen". Warum?

Sie können nämlich die Installationsdatei genauso gut über das *Datei*-Menü von *InstallShield* neu anlegen, bzw. eine vorhandene öffnen oder eine der zuletzt angelegten aufrufen.

Wählen Sie für das neue Installationsprojekt einen Namen (z.B. *Im_List_Inst*) und ein Verzeichnis aus (Unterverzeichnis muß nicht unbedingt sein) und klicken Sie "Erstellen":

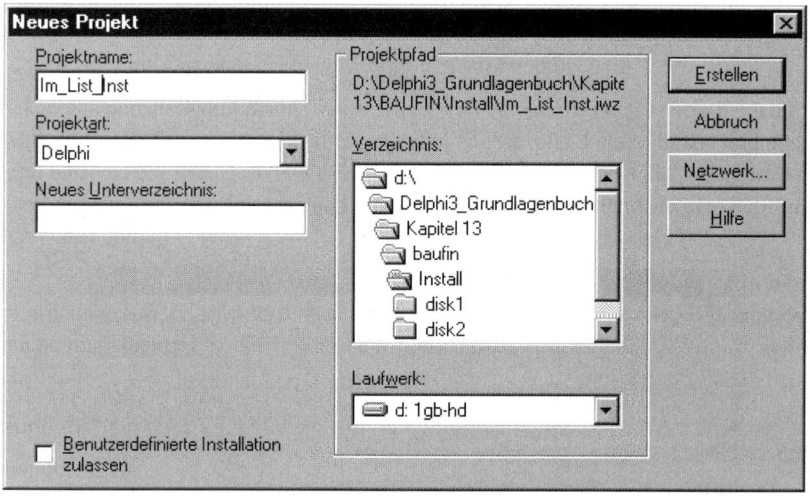

Hinweis: Der Name des Installationsprojekts und dessen Verzeichnis müssen nicht mit dem Namen bzw. dem Verzeichnis der Delphi-EXE-Datei übereinstimmen!

Was Sie nun erwartet, ist eine gigantische Checkliste, von der Sie sich aber nicht abschrecken lassen dürfen:

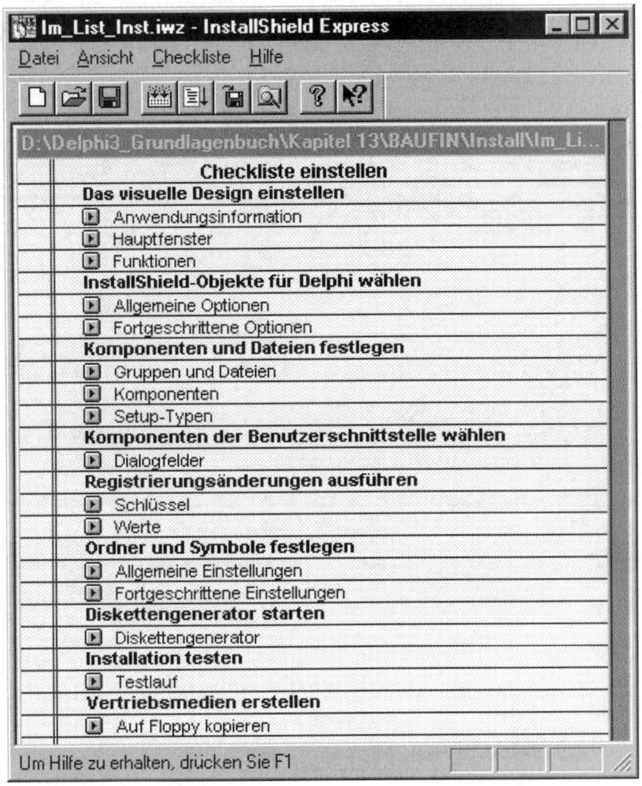

Nicht alle Punkte müssen Sie abarbeiten und bei vielen Punkten genügt die Übernahme der Standardeinstellungen. Wir werden deshalb im folgenden nur die wirklich wichtigen Schritte erläutern:

1. Das visuelle Design erstellen

In der Anwendungsinfo müssen Sie Ihrem Programm einen aussagekräftigen Namen geben und außerdem festlegen, in welches Unterverzeichnis es im Zielrechner abgelegt werden soll. Standardmäßig wird es dort im *Programme*-Verzeichnis (von Windows 95/NT angelegt) in ein extra Unterverzeichnis kopiert (dieses trägt standardmäßig den Namen Ihrer Firma):

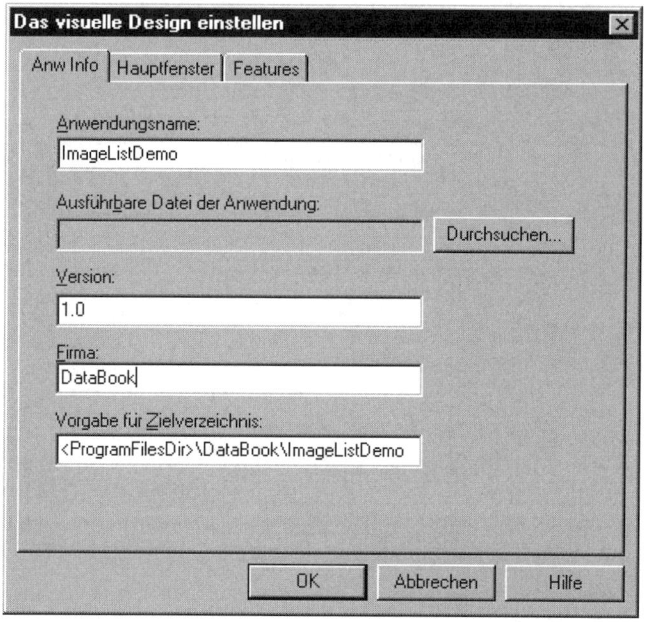

Im folgenden Fenster legen Sie das Erscheinungsbild während des Installationsvorgangs fest. Sie können den Gesamteindruck noch durch eine Bitmap aufwerten, aber ein einfacher Schriftzug tut es auch:

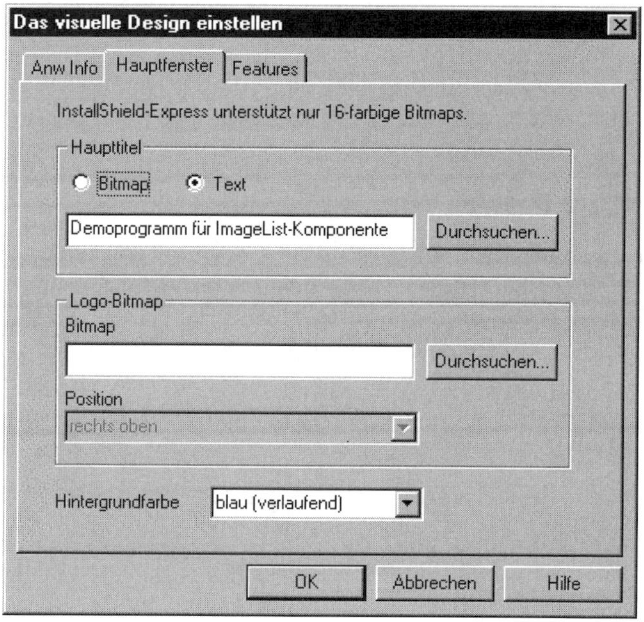

Auf die Auswahl einer Logo-Bitmap können Sie notfalls verzichten.

2. InstallShield-Objekte für Delphi wählen

Diese Etappe können Sie überspringen, sie ist allerdings z.B. bei Datenbankapplikationen von Bedeutung.

3. Komponenten und Dateien festlegen

In dieser Etappe teilen Sie *InstallShield* endlich mit, welche Datei(en) denn zu installieren sind. Verwirrung ruft die Aufteilung in "Gruppen", "Komponenten" und "Setup-Typen" hervor. Dies ist dann von Bedeutung, wenn sich der Anwender z.B. zwischen "minimaler", "benutzerdefinierter" oder "vollständiger" Installation entscheiden muß und bei jeder dieser Optionen unterschiedliche Komponenten zugeordnet werden, die wiederum aus verschiedenen Gruppen von Dateien (Programme, Datenbanken, Bilder, Hilfe etc.) bestehen.

Standardmäßig bietet Ihnen *InstallShield* eine Gruppe mit dem Namen "Programme" an. Dies ist kein Verzeichnis, sondern bezeichnet lediglich die Zugehörigkeit zu dieser Dateigruppe!

Klicken Sie auf "Explorer starten..." und ziehen Sie per DragDrop die gewünschte Delphi-EXE in diese Gruppe:

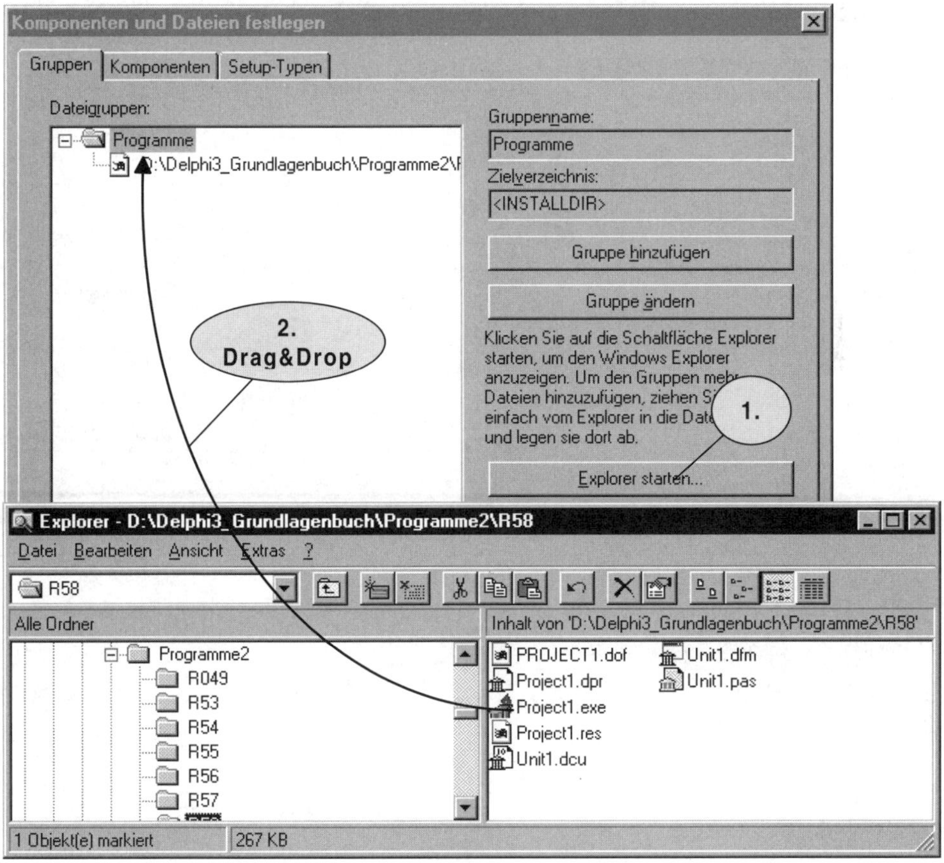

Das Zielverzeichnis belassen wir bei der Standardeinstellung <INSTALLDIR>. Dies bedeutet, unsere EXE-Datei landet direkt im Installationsverzeichnis des Anwenders. Wenn Sie aber die Datei dort in ein extra Unterverzeichnis kopieren wollen, so klicken Sie "Gruppe ändern".

Wenn Sie z.B. <WINDIR> als Zielverzeichnis angeben würden, landen die Dateien dieser Gruppe im Windows-Systemverzeichnis des Zielrechners (bzw. einem Unterverzeichnis davon).

Die übrigen Seiten ("Komponenten" und "Setup-Typen") brauchen Sie für unsere einfache Installation nicht auszufüllen, sondern können es bei den Standardeinstellungen belassen ("Anwendungsdateien" und "Vollständig").

4. Komponenten der Benutzerschnittstelle wählen

Bei dieser Etappe geht es um die Auswahl diverser Dialogfenster, die während des Setup-Vorganges erscheinen sollen. Da Sie rechts immer eine Art Vorschau sehen, dürfte das Abhaken der gewünschten Optionen kein Kopfzerbrechen bereiten:

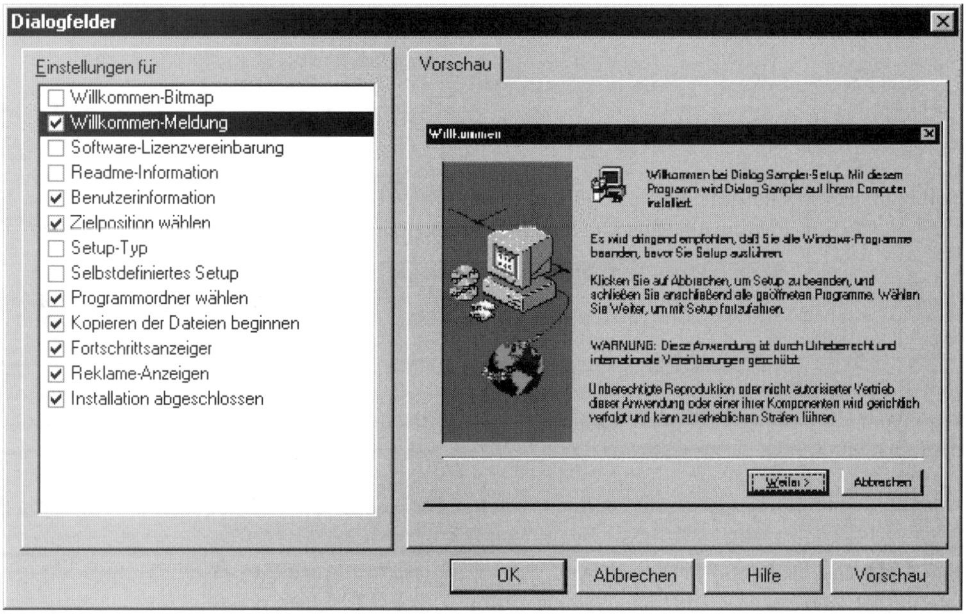

5. Registrierungsänderungen ausführen

Hier geht es um Einträge in der Windows-Registry des Zielrechners. Belassen Sie es hier bei den Standardeinstellungen.

6. Ordner und Symbole festlegen

Wenn der Anwender Ihr Programm aufruft: Mit welcher Datei soll es gestartet werden? Welches Symbol soll es auf dem Desktop haben? Diese Fragen beantworten Sie in dieser Etappe. Die Auswahl fällt bei unserem einfachen Beispiel leicht, da es aus nur einer Datei besteht:

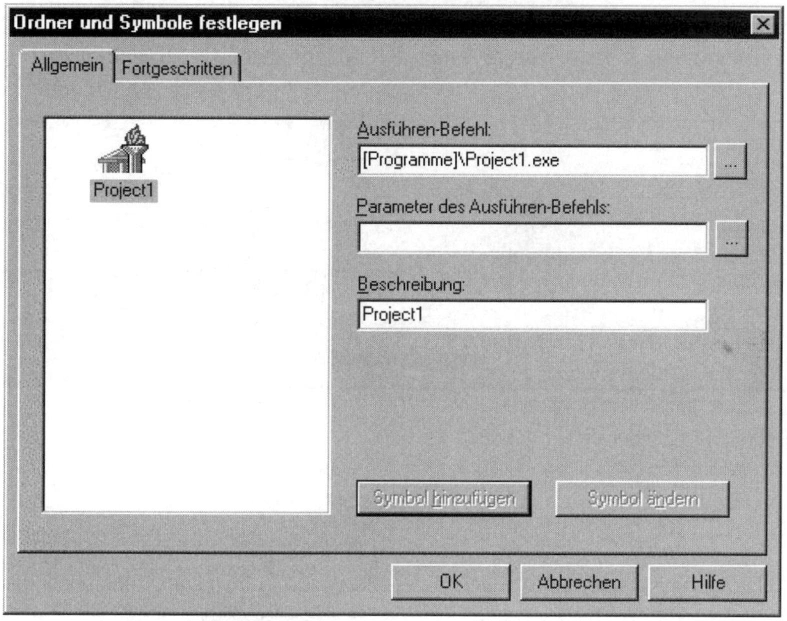

7. Diskettengenerator starten

Endlich ist es soweit! Stellen Sie das gewünschte Diskettenformat ein, klicken Sie sicherheitshalber noch mal auf *Datei\Speichern* speichern und klicken Sie auf "Erstellen". Hektische Betriebsamkeit der Festplatte setzt ein, haben Sie alles richtig gemacht, bleiben Sie von Warnungen verschont:

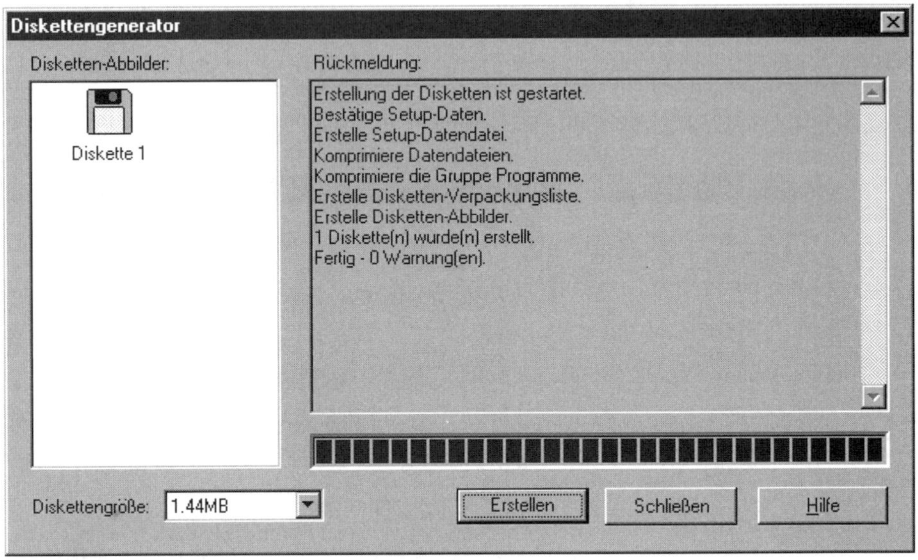

Im Endergebnis entdecken Sie in einem (auf kurze Dateinamen verstümmelten) Unterverzeichnis *\Imagel~1\144mb\Disk1* das Ergebnis Ihrer Bemühungen:

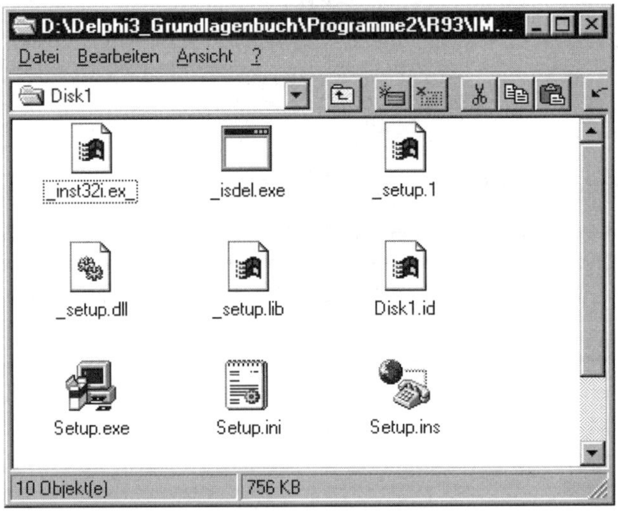

Ärgern Sie sich nicht darüber, daß hier trotz gepackter Dateien mehr als doppelt soviel Speicherplatz zusammenkommt als für die ursprüngliche (ungepackte) EXE-Datei. Dafür haben Sie aber jetzt eine "richtige" Installationsdiskette und bei umfangreicheren Applikationen dürfte sich das Verhältnis wieder normalisieren.

8./9. Installation testen bzw. Vertriebsmedien erstellen

Diese beiden Etappen können Sie sich ersparen, denn das Kopieren des Verzeichnisinhalts von *Disk1* auf eine Diskette und die anschließende Probeinstallation auf einem Fremdrechner läßt sich per "Handbetrieb" doch wesentlich praxisnäher erledigen, oder?

Gehobenes Beispiel: Installationsdisketten für Baufinanz-Datenbankapplikation

War bei einfachen Delphi-Applikationen das Erstellen von Installationsdisketten noch ein "Kann", so ist es für die Weitergabe von Datenbankanwendungen ein obligatorisches "Muß". Neben der EXE-Datei ist meist noch die Datenbank mitzuliefern und, last but not least, die BDE (Borland Database Engine), ohne deren Management Datenbankzugriffe unmöglich sind.

Grundlage unseres Beispiel ist das Programm BAUFINANZ (siehe 13.3).

Im folgenden wollen wir nur auf die Besonderheiten eingehen und ansonsten auf das Vorgängerbeispiel verweisen (Wir beginnen deshalb gleich mit 2.).

2. InstallShield-Objekte für Delphi wählen

Auf jeden Fall sollten Sie die BDE mitgeben, falls auf dem Zielrechner weder Delphi noch Paradox installiert sind. Auf die SQL-Links kann "Otto Normalverbraucher" locker verzichten.

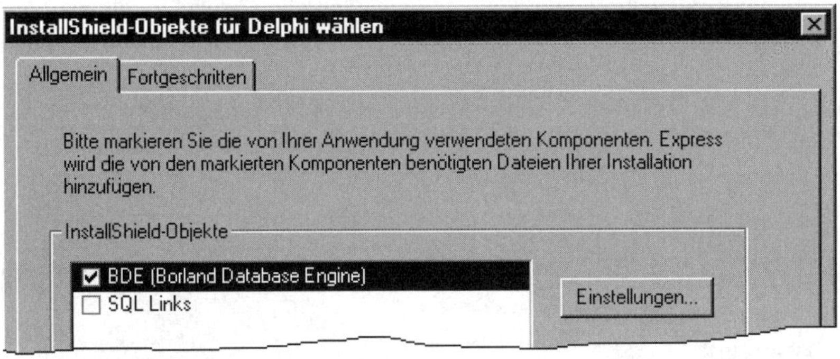

Klicken Sie auf "Einstellungen":

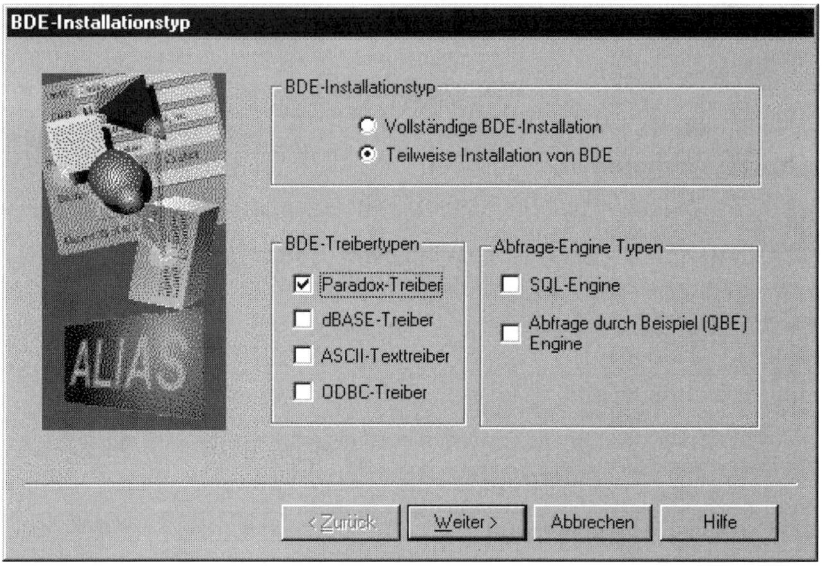

Hinweis: Eine *vollständige* BDE-Installation ist zu empfehlen, wenn auf dem Zielrechner weder Delphi noch Paradox installiert sind. Ansonsten wählen Sie nur die Optionen und Treiber, die unbedingt nötig sind, Sie können so die Anzahl der Disketten verringern.

Nachdem Sie auf "Weiter" geklickt haben, erwartet Sie ein leeres Feld der BDE-Aliase. Klicken Sie auf "Neu", um exakt den gleichen Alias-Namen hinzuzufügen, wie Sie ihn in Ihrem Delphi-Programm verwendet haben (*DatabaseName*-Eigenschaft!). Für unser Beispiel ist das der Alias "Baufinanz":

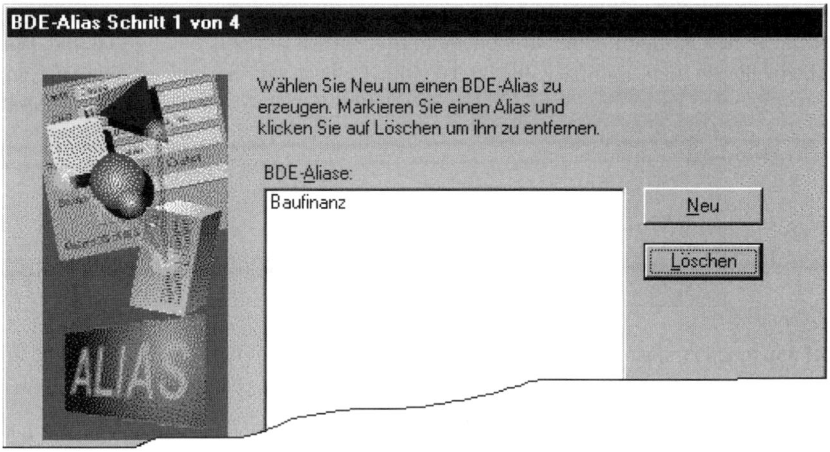

Im folgenden Schritt brauchen Sie das Häkchen nur dann zu setzen, wenn auch 16-Bit-Applikationen auf die Datenbank zugreifen sollen (nicht zu empfehlen, wenn Sie lange Dateinamen verwenden):

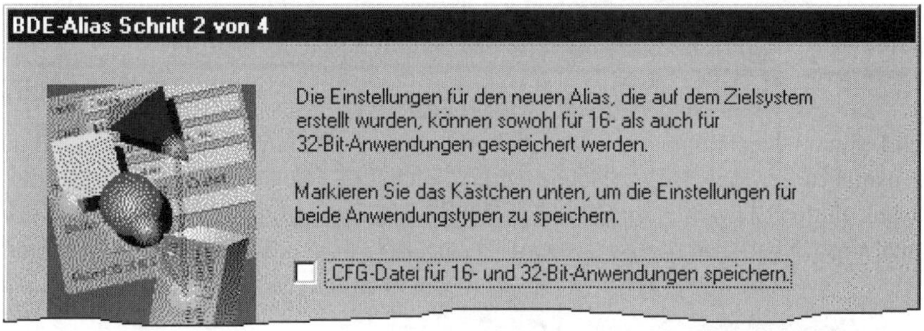

Im nun folgenden Schritt müssen Sie der BDE klarmachen, welches Alias zu welchem Verzeichnis auf dem Zielrechner gehört. Wenn Sie, wie hier, die Datenbank gleich in das Installationsverzeichnis kopieren wollen, brauchen Sie sich keine weiteren Gedanken zu machen:

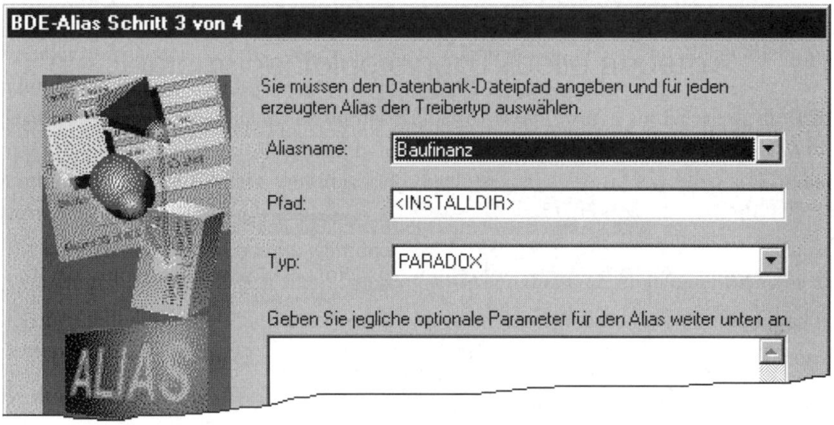

Im vierten und letzten Schritt brauchen Sie nur noch auf "Fertigstellen" zu klicken.

Halt, ehe Sie zur nächsten Etappe übergehen: Auf der "Fortgeschritten"-Seite können Sie sich über die mitzugebenden Dateien (das sind z.B. die DLL's der BDE!) informieren:

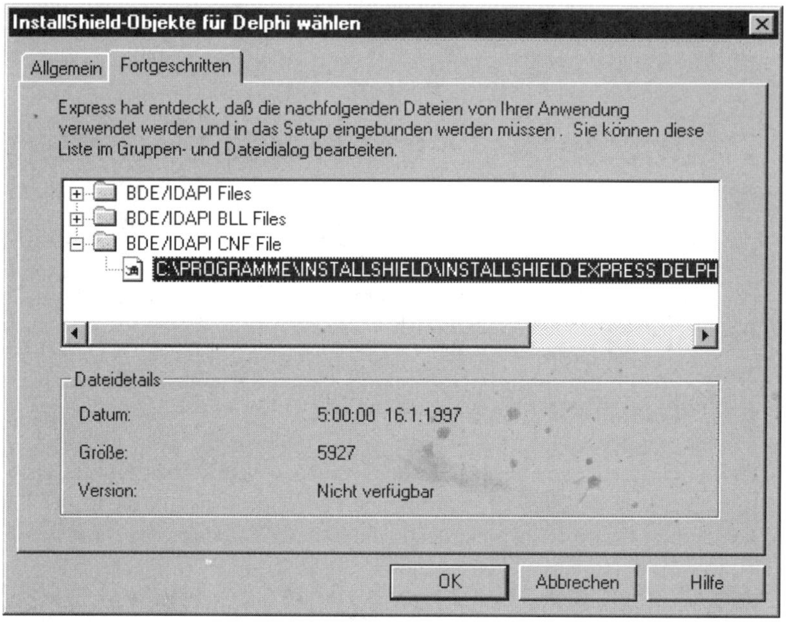

3. Komponenten und Dateien festlegen

Kopieren Sie die *Baufinanz.Exe* in die standardmäßig bereits vorhandene Gruppe "Programme". Für die ebenfalls mitzugebende *Baufinanz*-Datenbank empfiehlt sich das Anlegen einer neuen Gruppe (Noch einmal: Dies ist kein Unterverzeichnis!). In unserem Fall haben wir aber darauf verzichtet und alle Datenbanktabellen ebenfalls per DragDrop der "Programme"-Gruppe zugewiesen.

Hinweis: Wenn Sie das relative Zielverzeichnis der Datenbank-Gruppe ändern, müssen Sie auch den Aliaspfad der BDE entsprechend anpassen (siehe Schritt 3 der BDE-Einstellungen).

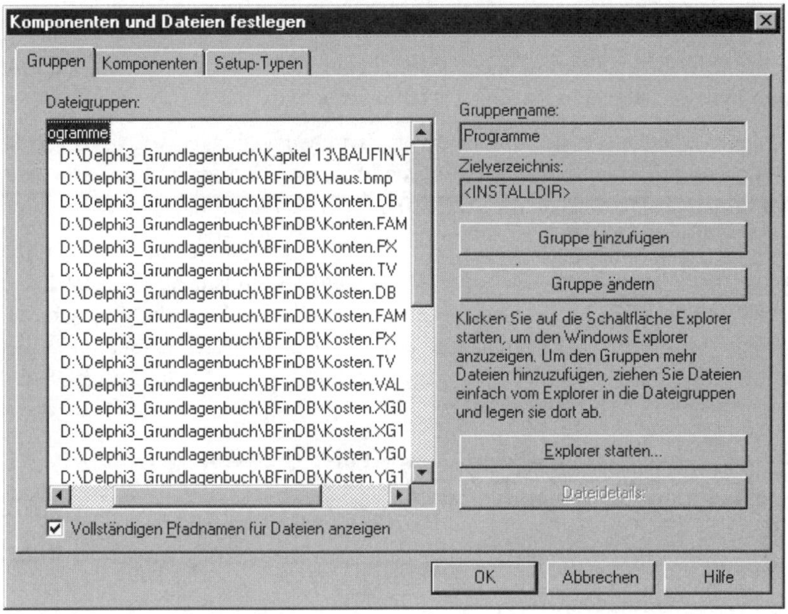

Damit sind die wesentlichen datenbankspezifischen Schritte ausgeführt, die Etappen 4, 5 und 6 unterscheiden sich nicht von der bereits beschriebenen Vorgehensweise bei einfachen Applikationen.

7. Diskettengenerator starten

Je nach Umfang der Datenbank können ein paar mehr Disketten zusammenkommen, als für "normale" Applikationen üblich. Die *vollständige* BDE-Installation kostet Sie in der Regel "nur" eine zusätzliche Disk:

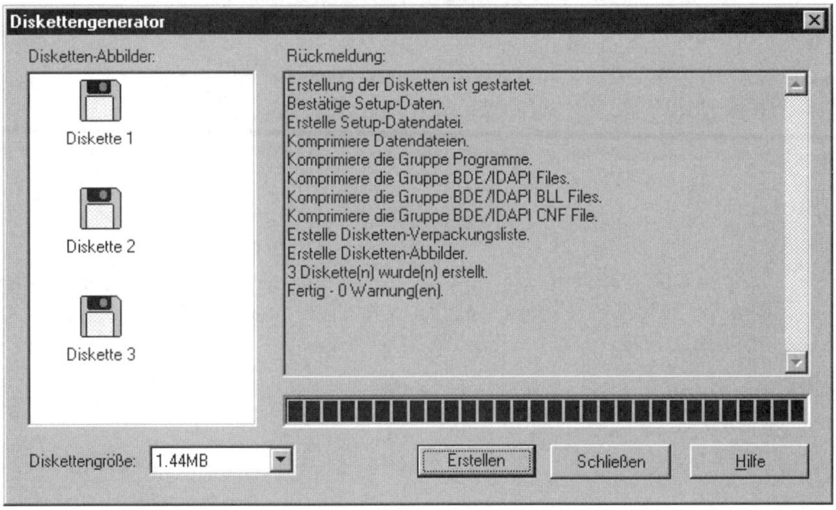

8. Installation testen

Verlassen Sie sich nicht auf den in *InstallShield* integrierten Testlauf, sondern nehmen Sie besser eine Probeinstallation auf einem "sauberen" Fremdrechner vor!

Beim Installieren können Sie sich an Hand von Zwischenmeldungen wie "Entpacken...", "BDE-Konfiguration modifizieren", "BDE-Aliase modifizieren", "Programmsymbole erstellen" und "Register-Info aktualisieren" über die Aktivitäten von *InstallShield* informieren (hängt von den "Dialogfelder"-Einstellungen ab).

Nach erfolgter Installation entdecken Sie im *\Programme*-Verzeichnis des Zielrechners ein neues Unterverzeichnis *\Borland*, in welchem neben der BDE (eine Sammlung verschiedener DLLs) auch das Programm *Bdeadmin.exe* enthalten ist. Hier können Sie sich darüber informieren, ob der Alias richtig zugewiesen wurde und gegebenenfalls Korrekturen der BDE-Einstellungen vornehmen:

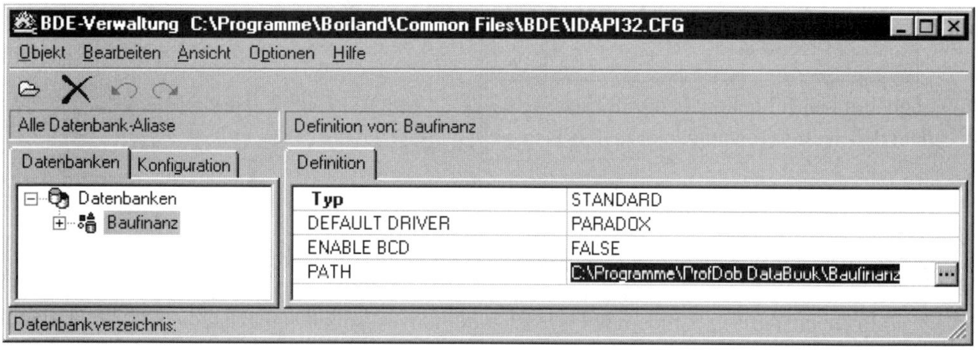

Hinweis: Die Installationsdateien für *\Disk1*, *\Disk2* und *\Disk3* finden Sie auf der Buch-CD im Verzeichnis der BAUFINANZ-Applikation (siehe Kapitel 13).

R94 ... eine Hilfedatei erzeugen?

Unsere im Rezept

☞ R13 ... einen Taschenrechner programmieren?

fertiggestellte Applikation wollen wir durch eine Hilfedatei ergänzen. Bevor Sie allerdings beginnen, sollten Sie sich über den grundsätzlichen Umgang mit dem Microsoft Help-Workshop informieren (siehe Anhang) oder vielleicht das folgende, relativ unkomplizierte, Rezept ausprobieren:

☞ R98 ... ein Word-Dokument in ein Electronic Book verwandeln?

1. Schreiben und Formatieren der RTF-Themendatei mit MS Word

Starten Sie Microsoft Word für Windows 95 und schreiben Sie die Hilfetexte. Trennen Sie die einzelnen Hilfeseiten durch jeweils einen manuell eingefügten Seitenumbruch *Einfügen|Manueller Wechsel... "Seitenwechsel"*). Fügen Sie dann die #-Fußnoten für die Contextstrings, die $-Titelfußnoten und die K-KeyWord-Fußnoten hinzu. Tragen Sie die Hotspots ein (doppelt oder einfach unterstreichen) und direkt dahinter die Sprungziele (Contextstrings als "verborgener" Text). Aktivieren Sie auch das Kästchen *Verborgener Text* in *Extras|Optionen... "Ansicht" ,"nicht druckbare Zeichen"*, ansonsten bleibt der verborgene Text unsichtbar.

Unter Word ist es zu empfehlen, die Menüpunkte *Ansicht|Normal* und *Ansicht|Fußnoten* zu aktivieren. Im folgenden werden aus Übersichtlichkeits- und Platzgründen die einzelnen Hilfeseiten eingerahmt.

Hinweis: Die folgenden Fußnoten entsprechen denen der Hilfeseiten. Aus Übersichtlichkeitsgründen wurden Sie hier für mehrere Hilfeseiten zusammengefaßt und am unteren Seitenrand angeordnet.

Der Taschenrechner

AllgemeinesAllgemeines

Was ist bei der Zahleneingabe zu beachten?Zahleneingabe

Erweiterungen und Verbesserungen Erweiterungen

K $ # **Allgemeines zur Bedeutung von Taschenrechnern**

Elektronische Taschenrechner begannen ihren Siegeszug mit fortschreitender Entwicklung der Mikroelektronik. Sie lösten den Logarithmischen Rechenstab ab, der vorher zum unverzichtbaren Handwerkszeug des Ingenieurs gehörte.

[#] Inhalt

[K] Taschenrechner; Mikroelektronik; Rechenstab; Rechnerprogramme

[$] Allgemeines zur Bedeutung von Taschenrechnern

[#] Allgemeines

Mittlerweile gibt es diese Taschenrechner auch als kleine Rechnerprogramme:

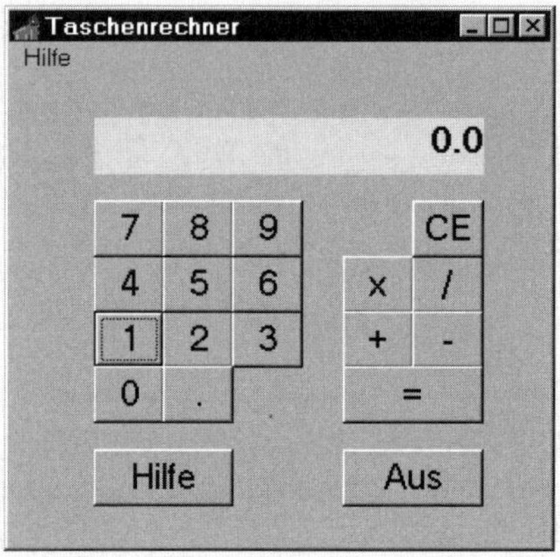

Auffällig ist der fehlende Einschalterkein Einschalter.

Die Bedienung ist im Prinzip genauso wie bei einem "richtigen" Taschenrechner, nur daß man anstatt mit den Fingern die Tasten per Mausklick betätigen muß.

Siehe auch: "Was ist bei der ZahleneingabeZahleneingabe zu beachten?"

[#] [K] [$] Was ist bei der Zahleneingabe zu beachten?

Sie werden feststellen, daß Sie zwar einen Dezimalpunkt eingeben, beim Ergebnis allerdings ein Dezimalkomma erscheint. Dies hat seine Ursache in der Format-Anweisung, die nach "angloamerikanischen" Prinzipien funktioniert. Der Punkt übernimmt hier die Rolle des Tausender-Trennzeichens.

[#] [K$] Die vier Grundrechenarten

... sind Addition, Subtraktion, Multiplikation und Division.

[#] Zahleneingabe

[K] Zahlen; Dezimalpunkt; Format-Anweisung; Trennzeichen

[$] Besonderheiten der Zahleneingabe

[#] Grundrechenarten

[K] Addition; Subtraktion; Division; Multiplikation

[$] Die 4 Grundrechenarten

K$ Erweiterungen und Verbesserungen

Dieser Taschenrechner ist sehr einfach und kann nur die vier GrundrechenartenGrundrechenarten. Es fehlt noch eine ganze Menge, so z.B. Klammerrechnung oder Wissenschaftliche Funktionen. Außerdem könnte man dafür sorgen, daß nur noch das Komma als Dezimaltrenner akzeptiert wird.

$ Warum hat unser Taschenrechner keinen Einschalter?

Die Antwort auf diese Frage hat unmittelbar etwas mit Objektorientierter ProgrammierungOOP zu tun. Unser Taschenrechner wird gewissermaßen beim Ausschalten "zerstört", es existiert also keine Instanz des Programmes mehr, demzufolge wäre ein Einschalter sinnlos.

$ K Objektorientierte Programmierung

OOP ist ein Konzept moderner Software-Entwicklung. Auch Delphi ist konsequent objektorientiert aufgebaut. Unser Taschenrechner-Programm ist eine Klasse, sozusagen der "Bauplan" des Taschenrechners. Um tatsächlich unseren Taschenrechner auf dem Bildschirm zu sehen, muß das Programm gestartet, also eine sogenannte Instanz abgeleitet werden. Man kann auch mehrere Instanzen von ein und derselben Klasse bilden.

Speichern Sie das Dokument im RTF-Format als *Taschenrechner.rtf* ab.

Bemerkungen

- Achten Sie auf die zugehörigen Fußnotenzeilen!
- Kümmern Sie sich nicht um den Zeilenumbruch, der wird später automatisch der Breite des Hilfefensters angepaßt.

Erweiterungen

K Grundrechenarten; Dezimalpunkt; Komma

$ Erweitern und Verbessern

kein Einschalter

$ Kein Einschalter?

OOP

$ OOP

K OOP; Objektorientierte Programmierung; Klasse; Instanz

2. Anlegen der HPJ-Steuerdatei mit dem MS Help-Workshop

Starten Sie HCW.EXE und klicken Sie den Menüpunkt *File|New*. Klicken Sie in dem kleinen Dialogfenster auf "Help Project", denn Sie wollen ja ein HPJ-Projektfile und keine Inhaltsdatei erstellen. Geben Sie im nächsten Dialogfenster Ihrer Projektdatei einen Namen: *Taschenrechner.hpj*. Nun öffnet sich das Hauptfenster des Workshop mit einer vorerst noch rudimentären HPJ-Projektdatei.

Klicken Sie zunächst den "Options"-Button, um die [Options]-Sektion zu vervollständigen. Tragen Sie auf der "General"-Seite des Dialogfensters nur das Wichtigste ein: "Default Topic" = *Inhalt*, "Help title" = *Beispiel einer Hilfedatei*, "Display this Text in the Version dialog box": *Ihren Namen*.

Als nächstes klicken Sie den Button der "Files..."-Sektion. Im folgenden noch leeren Dialogfenster klicken Sie die "Add"-Schaltfläche und wählen im sich nun öffnenden Dateidialog die RTF-Themendatei *Taschenrechner.rtf* aus.

Ihre HPJ-Projektdatei sieht nun folgendermaßen aus:

```
; This file is maintained by HCW. Do not modify this file directly.

[OPTIONS]
HCW=0
LCID=0x407 0x0 0x0 ;Deutsch (Deutschland)
REPORT=Yes
CONTENTS=Inhalt
TITLE=Beispiel einer Hilfedatei
COPYRIGHT=Prof. Doberenz & Kowalski
HLP=.\Taschenrechner.hlp

[FILES]
.\Taschenrechner.rtf
```

3. Compilieren und Testen der Hilfedatei mit dem MS Help-Workshop

Klicken Sie nun die Schaltfläche "Save and Compile". Wenn Sie abschließend folgendes Fenster erfreut, ist alles in Ordnung:

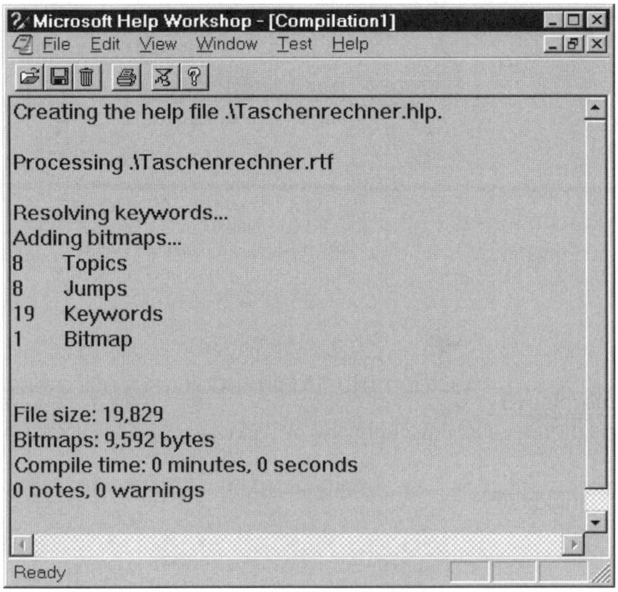

Schließen Sie nun den Help-Workshop und schauen Sie im Arbeitsverzeichnis nach. Sie werden dort eine neu hinzugekommene Windows-Hilfedatei *Taschenrechner.hlp* entdecken:

Durch Doppelklick können Sie diese Datei so wie jede andere Help-Datei aufrufen und testen:

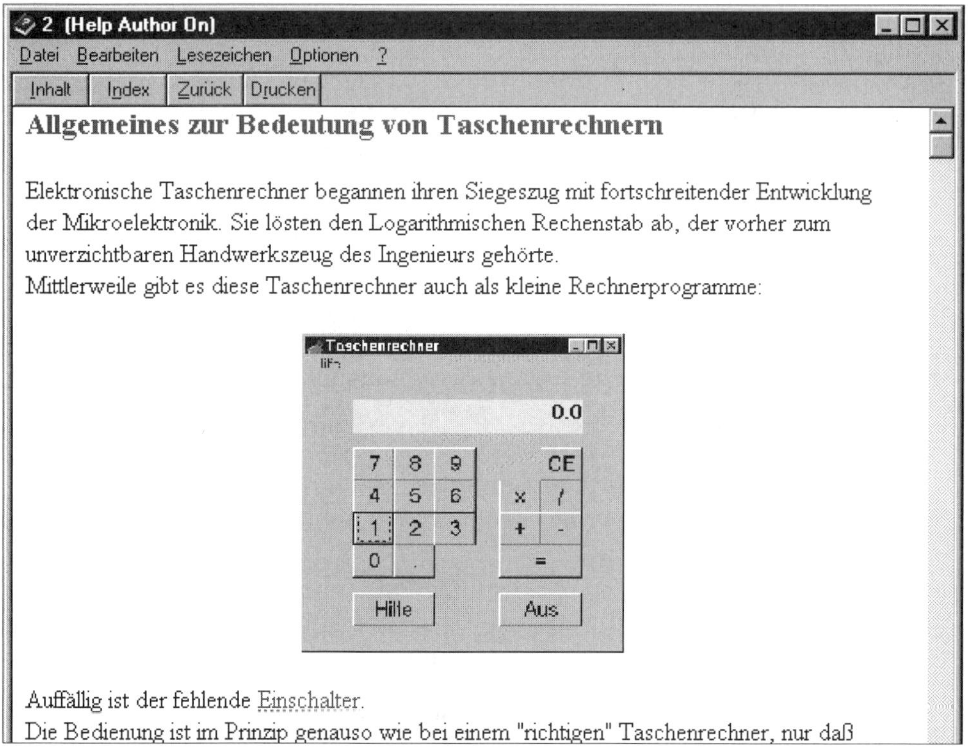

Auch die Indexsuche nach Schlüsselwörtern (K-Fußnoten) ist sofort verfügbar:

Probieren Sie auch die "Suchen"-Seite des Hilfefensters aus. Hier wird eine Volltextsuche durchgeführt und Sie erkennen die Bedeutung der Titelfußnoten ($):

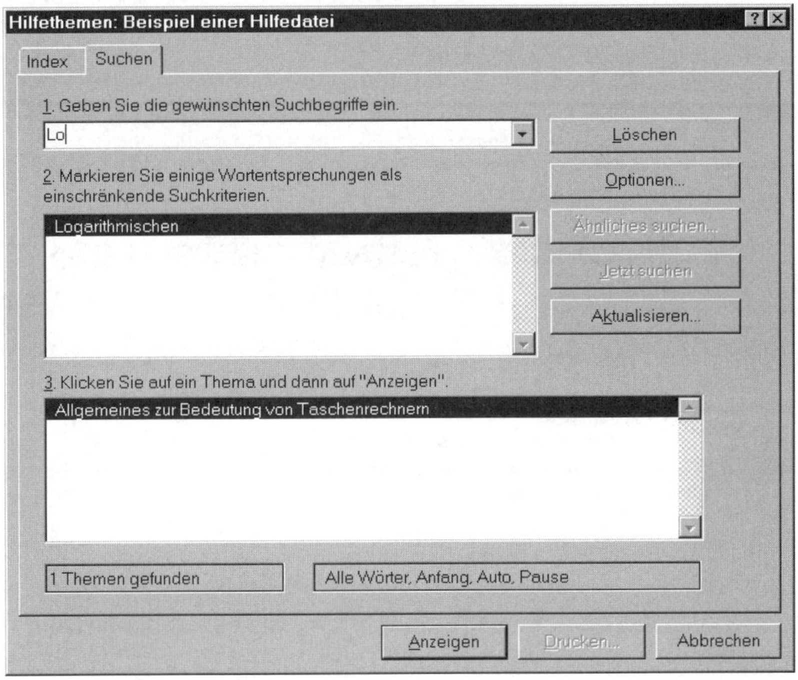

Falls beim Compilieren Fehlermeldungen auftreten, sind diese im allgemeinen harmloser Natur. Die Hilfedatei ist dann mit leichten Mängeln behaftet, funktioniert aber meistens trotzdem. Korrigieren Sie die Fehler schrittweise im RTF-Dokument.

Hinweis: Vergessen Sie nicht, das RTF-Dokument in Word zu schließen, bevor Sie die Hilfedatei erneut compilieren. Anderenfalls werden die Änderungen nicht übernommen!

Wie Sie die Hilfedatei weiter verbessern können, erfahren Sie in

☞ R95 ... eine Hilfe-Inhaltsdatei hinzufügen?

R95 ... eine Hilfe-Inhaltsdatei hinzufügen?

Sie können, müssen aber nicht, Ihre Help-Dateien durch eine Inhaltsdatei (Content-File) bereichern. Das dürfte vor allem dann für mehr Übersicht sorgen, wenn die Help-Datei aus einer größeren Anzahl von Hilfeseiten besteht. Wir wollen die in

☞ R94 ... eine Hilfedatei erzeugen?

von uns erstellte *Taschenrechner.hlp* so ergänzen, daß sich uns nach Öffnen der Hilfe auf der "Inhalt" (Content)-Registerseite folgender Anblick bietet:

Wie Sie es von anderen Hilfedateien auch kennen, dienen die Buchsymbole nur zur Strukturierung. Sie können "aufgeklappt" werden, auch eine hierarchische Staffelung mehrerer Ebenen ist möglich, was bei unserem einfachen Beispiel natürlich nicht zutrifft. Die eigentlichen Topics, hinter denen sich die Hilfeseiten verbergen, befinden sich auf der untersten Ebene.

Erzeugen der Inhaltsdatei

Bevor Sie beginnen, sollten Sie sich das Inhaltsverzeichnis Ihres RTF-Dokuments zurechtlegen. Wählen Sie dann den Menüpunkt *File|New* des MS Help Workshops und im anschließenden Dialogfenster den Eintrag "Help Contents" .

Geben Sie als Namen für die Inhaltsdatei den der bereits vorhandenen Hilfedatei (*Taschenrechner.hlp*) ein und einen Titel (*Inhaltsverzeichnis*) und klicken Sie anschließend den Button "Add

Above...". Im folgenden Dialogfenster müssen Sie nun entscheiden, ob im Inhaltsverzeichnis das Buchsymbol erscheinen soll (es handelt sich dann nur um eine Überschriftenebene) oder ob eine Hilfeseite (Topic) aufgerufen werden soll. Wir wollen mit der Überschrift des ersten Abschnitts beginnen, klicken Sie also die "Heading"-Option und tragen Sie den Titel ein:

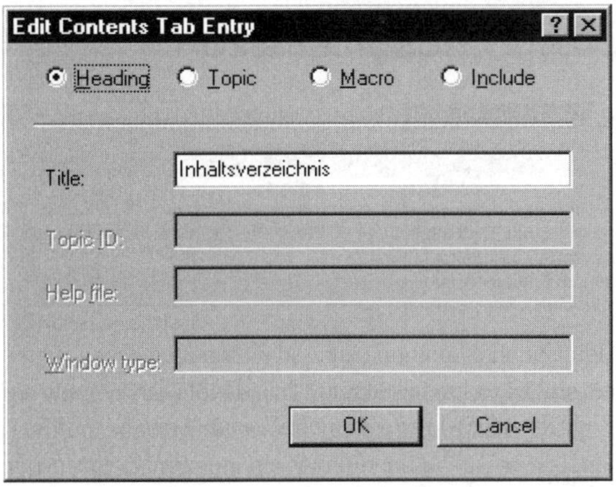

Nach dem OK wieder im CNT-Fenster, klicken Sie den Button "Add Below...", wählen aber diesmal in der Dialogbox die "Topic"-Option. Außer dem Titel wird diesmal noch die zugehörige Themen-ID abgefragt, die dem von uns vergebenen Contextstring (#-Fußnote) entsprechen muß:

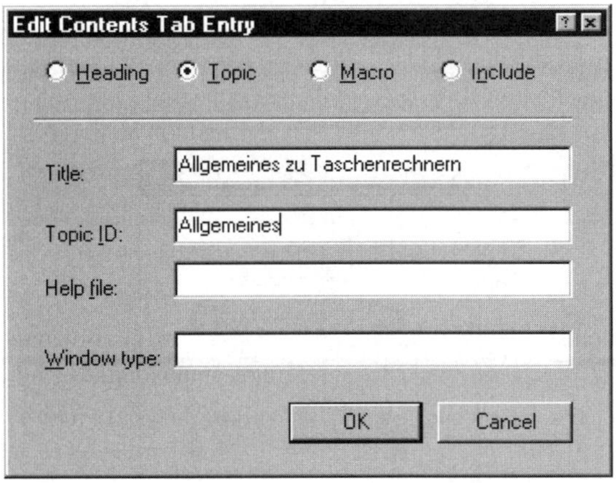

Die letzten beiden Einträge (Helpfile und Windowstype) brauchen uns jetzt nicht unbedingt zu interessieren.

Dieses Hin und Her wiederholen Sie, bis das Inhaltsverzeichnis komplett ist:

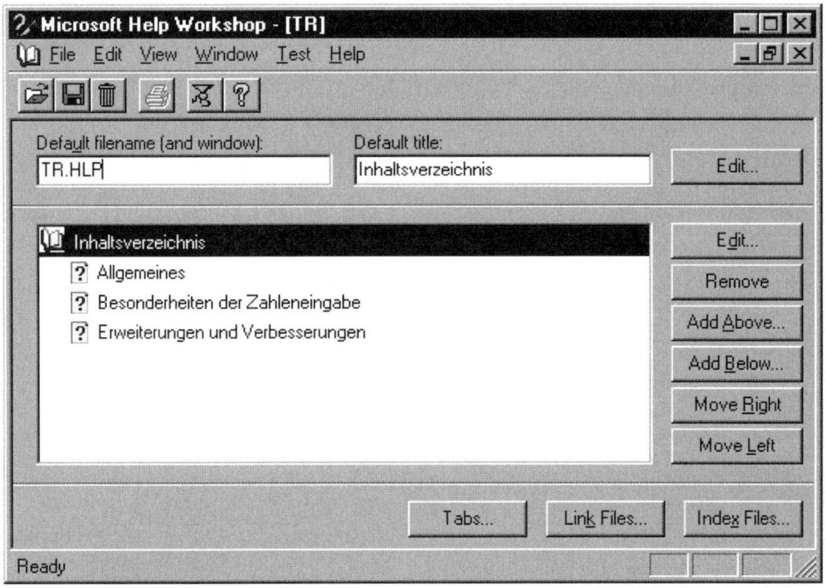

Um möglichst bequem die IDs der entsprechenden Fußnoten zu gewinnen, empfiehlt es sich, in einem zweiten (verkleinerten) Fenster die Textverarbeitung mit der geöffneten Datei *Taschenrechner.rtf* laufen zu lassen.

Speichern Sie die Inhaltsdatei unter *Taschenrechner.cnt* im Arbeitsverzeichnis ab, das damit weiteren Zuwachs erhält:

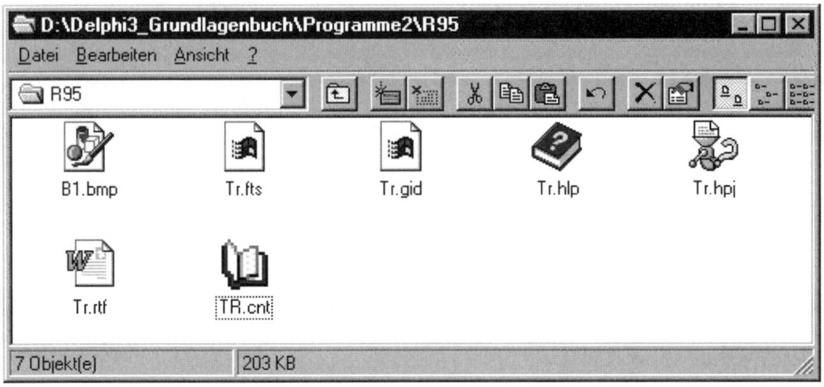

Hinweis: Um immer wieder auftretende Probleme mit langen Dateinamen zu umgehen, wurde auf der Buch-CD die Namensgebung *TR.** anstatt *Taschenrechner.** verwendet (siehe obige Abbildung).

Test

Öffnen Sie im Help Workshop erneut die Projektdatei *Taschenrechner.hpj* und compilieren Sie diese. Nach Start der veränderten Helpdatei *Taschenrechner.hlp* wird sich Ihnen diesmal das eingangs gezeigte Fenster mit dem funktionsfähigen Inhaltsverzeichnis präsentieren.

R96 ... in einer Hilfedatei blättern?

Die einzelnen Hilfeseiten einer Help-Datei stehen normalerweise lose nebeneinander. Wenn Sie die Hilfedatei *Taschenrechner.hlp* aus

☞ R94 ... eine Hilfedatei erzeugen?

öffnen, stellen Sie fest, daß ein Blättern unmöglich ist, denn die beiden Schaltflächen zum Vorwärts- bzw. Rückwärtsbewegen fehlen. Im folgenden Beispiel soll gezeigt werden, wie Sie diese Hilfedatei so ergänzen, daß Sie zwischen den drei im Inhaltsverzeichnis angegebenen Hilfeseiten blättern können.

Einfügen von (+)-Fußnoten in die RTF-Datei

Starten Sie *Word für Windows 95* und öffnen Sie die Datei *Taschenrechner.rtf.* Fügen Sie an den Anfang der mit dem Contextstring "Allgemeines" bezeichneten Hilfeseite eine weitere benutzerdefinierte Fußnote + ein:

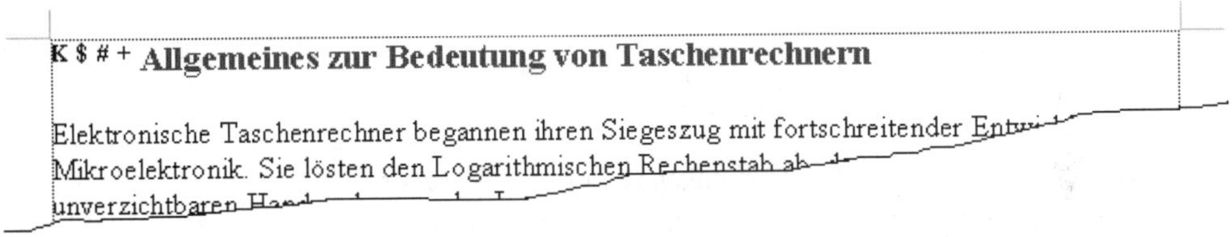

Als zugehörigen Fußnotentext geben sie eine Ziffernfolge, z.B. 001 ein:

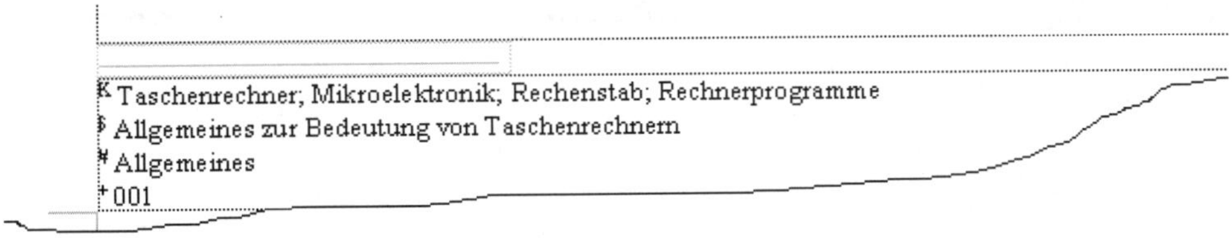

Verfahren Sie analog mit den übrigen beiden Hilfeseiten, geben Sie hier allerdings der Reihenfolge entsprechende höhere Zahlen ein, z.B. 005 und 009. Die Lücken zwischen den Zahlen können Sie für spätere Ergänzungen nutzen. Speichern Sie die Datei und vergessen Sie auch das Schließen nicht.

Ergänzen der [Config]- Sektion in der HPJ-Datei

Sie können BrowseSequences nur dann nutzen, wenn Sie in der Projektdatei die entsprechenden Schaltflächen aktiviert haben. Rufen Sie den Microsoft-Help-Workshop auf und laden Sie das Projektfile *Taschenrechner.hpj*. Klicken Sie im Hauptfenster rechts den "Config..."-Button und im anschließenden Fenster die "Add..."-Schaltfläche. Im Dialogfenster "Add Macro" fügen Sie nun den Macroaufruf *BrowseButtons()* hinzu. Nach dem OK sehen Sie im Hauptfenster, daß die Projektdatei einen zusätzlichen Eintrag erhalten hat:

```
[CONFIG]
BrowseButtons()
```

Nun können Sie das Helpfile erneut compilieren ("Save and Compile").

Test

Wenn Sie die überarbeitete Helpdatei *Taschenrechner.hlp* nun öffnen, verfügt jede der drei Hilfeseiten über BrowseButtons, mit denen Sie hin- und herblättern können:

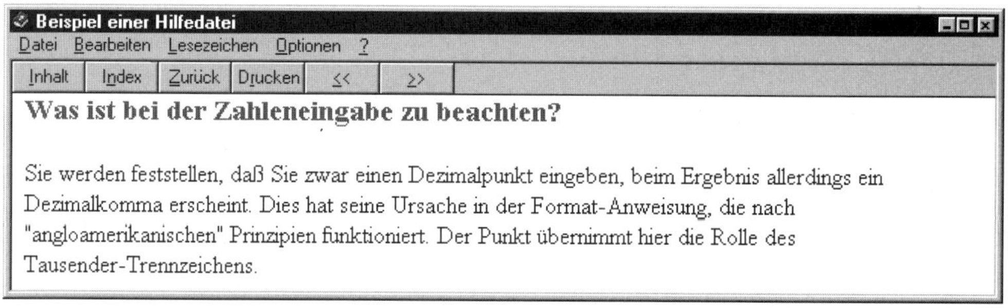

Bemerkungen

- Um später leichter Themen hinzufügen zu können, verwenden Sie für die einzelnen Fußnoten in einer Sequenz den gleichen Namen, jedoch keine Zahlen. Help Workshop ordnet Ihre Anzeigereihenfolge später in der Reihenfolge, in der die Themen geschrieben wurden.
- Wenn die Hilfe-Datei nur über eine einzige Anzeigesequenz verfügt, können Sie als Fußnotentext *auto* einsetzen. Die Hilfeseiten erscheinen dann in der gleichen Reihenfolge wie in der Themendatei.

R97 ... eine Hilfedatei in Delphi einbinden?

Unser im Rezept

☞ R94 ... eine Hilfedatei erzeugen?

erstelltes Helpfile soll nun in die in

☞ R13 ... einen Taschenrechner programmieren?

entwickelte Applikation eingebunden werden.

Ergänzen der HPJ-Projektdatei

Rufen Sie nochmals den MS Help-Workshop auf und laden Sie das Projektfile *Taschenrechner.hpj*. Im Hauptfenster klicken Sie die "Map..."-Schaltfläche und im nachfolgenden *Map*-Fenster den "Add..."-Button. Es öffnet sich die Dialogbox *AddMapEntry*. Tragen Sie im Feld Topic ID den ContextString "Inhalt" ein und ordnen Sie ihm im Feld "Mapped numeric value" eine frei wählbare Integer-Zahl (100) zu. Verfahren Sie analog mit all den Hilfeseiten, die über die F1-Taste aufrufbar sein sollen. Schließlich zeigt das Map-Fenster folgende [MAP]-Sektion:

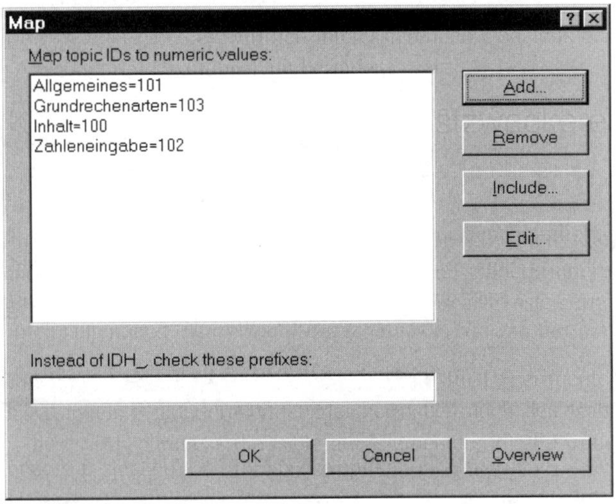

Klicken Sie OK und compilieren Sie erneut ("Save and Compile"). Kopieren Sie die fertige Datei *Taschenrechner.hlp* in das Verzeichnis, in welchem sich die Delphi-Quelltexte des Projekts "Taschenrechner" befinden. Öffnen Sie dann das Delphi-Projekt.

Oberfläche

Ergänzen Sie die Oberfläche des Taschenrechners durch eine zusätzliche "Hilfe"-Schaltfläche (*Button19*) und durch ein einfaches Hilfe-Menü. "Standard"-Seite *MainMenu1*-Komponente. Doppelklicken Sie dazu auf *MainMenu1* und erzeugen Sie die Unterpunkte *Info* und *Inhalt.* Siehe dazu auch

☞ R51 ... eine Menüleiste erstellen?

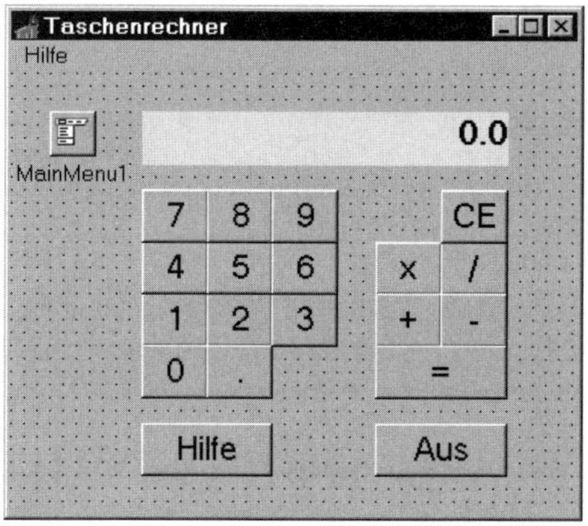

Nun weisen Sie im Objektinspektor allen Button-Komponenten des Ziffernblocks die gewünschte Hilfeseite "Zahleneingabe", sprich *HelpContext*-Eigenschaft *102* zu. Auf analoge Weise erhalten die vier Operations-Buttons den Wert *103. Form1* bekommt den HelpContext *100,* ebenso wie der *Inhalt*-Unterpunkt des *Hilfe*-Menüs.

Quelltext

Beim Öffnen des Programms muß zunächst die Hilfedatei eingebunden werden:

```
procedure TForm1.FormCreate(Sender: TObject);
begin
 Application.HelpFile := 'Taschenrechner.hlp'
end;
```

Nun müssen wir uns noch um den Direktaufruf der Hilfedatei kümmern.

Beim Klicken der "Hilfe"-Schaltfläche soll die durch den Contextstring "Inhalt" bezeichnete Seite erscheinen:

```
procedure TForm1.Button19Click(Sender: TObject);
begin
 Application.HelpJump('Inhalt')
end;
```

Gleiches soll passieren, wenn Sie in der Menüleiste den *Inhalt*-Eintrag klicken:

```
procedure TForm1.Hilfe2Click(Sender: TObject);
begin
 Application.HelpJump('Inhalt')
end;
```

Test

Starten Sie das Programm (F9) und überprüfen Sie als erstes die Hilfefunktion der F1 Taste. Hat z.B. eine Schaltfläche des Ziffernblocks den Fokus, so muß nach Betätigen von F1 die Hilfeseite "Zahleneingabe" erscheinen. Da der "="-Taste keine *HelpContext*-Eigenschaft zugewiesen wurde, erscheint hier die dem Formular zugeordnete Hilfeseite "Inhalt". Auch beim Aktivieren des *Inhalt*-Eintrags des Hilfe-Menüs muß F1 diese Seite zeigen.

Nun testen Sie den Direktaufruf der Hilfedatei durch Klicken der "Hilfe"-Schaltfläche oder des *Inhalt*-Menüpunkts.

R98 ... ein Word-Dokument in ein Electronic-Book verwandeln?

Mit dem Microsoft Help Workshop[4] unterliegt die Größe der Hilfedatei praktisch keiner Begrenzung mehr (2 GigaByte!!!). Es ist also kein Problem, ein solches Hypertextsystem auch als eigenständige Applikation, z.B. als Lernprogramm oder als Lexikon, zu verwenden. Im Hinblick auf den unaufhaltsamen Vormarsch elektronischer Medien (Bücher auf CD-ROM!) wird gerade von dieser Möglichkeit zunehmend Gebrauch gemacht.

Wir wollen im folgenden zeigen, wie Sie ohne großen Mehraufwand ein "Electronic Book" erstellen können. Als geeignetes Beispiel nehmen wir kurzerhand das erste Kapitel ds vorliegenden Buches. Sie aber knöpfen sich besser gleich Ihr eigenes Dokument vor, welches allerdings für einen ersten Versuch auf dem Gebiet der Hilfeprogrammierung nicht gar zu umfangreich sein sollte.

Hinweis: Der zu Delphi 3 mitgelieferte MS Help-Workshop ist nicht kompatibel zu Office 97. Verwenden Sie deshalb als Textverarbeitungsprogramm Word für Windows 95!

Vorbereitungen

- Starten Sie Microsoft Word für Windows 95 und öffnen Sie Ihr Word-Dokument.
- Befreien Sie das Dokument von unnötigem Ballast:
  - Entfernen Sie eventuelle Kopf- und Fußzeilen
  (Menü *Ansicht|Kopf- und Fußzeile*; mit Maus markieren und dann Entf-Taste).
  - Beseitigen Sie auf die gleiche Weise auch die Anzeige von Seitennummern.
  - Entfernen Sie alle Tabellenumrandungen, Textspalten und sonstige Extravaganzen.

---

[4] Der grundsätzliche Umgang mit dem MS Help-Workshop ist im Anhang beschrieben.

- Beseitigen Sie alle Fußnoten
(Menü *Bearbeiten|Ersetzen...*; Taste "Sonstiges", Fußnotenzeichen).

- Entfernen Sie aus dem Text die Formatierung "Absätze nicht trennen". Markieren Sie dazu das gesamte Dokument (Menü *Bearbeiten|Alles markieren*), wählen Sie anschließend den Menüpunkt *Format|Absatz...* und deaktivieren Sie in der Registerkarte *Textfluß* das Kästchen "Absätze nicht trennen". Es kann nichts schaden, wenn Sie außerdem auch noch die anderen drei Optionen deaktivieren, die sich ebenfalls auf den Seitenumbruch beziehen, der in der Helpdatei sowieso seinen ursprünglichen Sinn verloren hat.

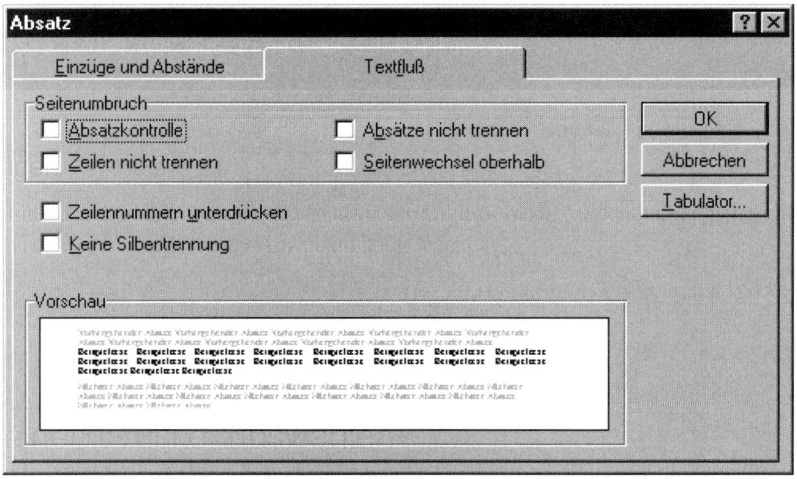

- Entfernen Sie auf gleiche Weise die Formatierung "verborgener Text", die Sie auf der Registerkarte *Schrift* des Menüs *Format|Zeichen...*finden.

- Jetzt geht es den manuell eingefügten Seitenumbrüchen an den Kragen. Wir spüren Sie mit Hilfe des Menüs *Bearbeiten|Ersetzen...* auf (Taste "Sonstiges", Manueller Seitenwechsel) und beseitigen sie.

- Nehmen Sie jetzt, falls erforderlich, auch noch kosmetische Korrekturen an Ihrem Dokument vor. Dazu gehören z.B. farbliche Hervorhebungen bestimmter Textpassagen (Listings, Hinweise, ...) oder auch die Vergrößerung der Schrift (vorteilhaft sind 12dpi für normalen Text). Nutzen Sie dazu ebenfalls die "Ersetzen..."-Funktionen von Word.

- Setzen Sie (falls noch nicht vorhanden) ein Inhaltsverzeichnis an den Anfang des Dokuments (Menü *Einfügen|Index und Verzeichnisse...*; Registerkarte *Inhaltsverzeichnis*). Das Inhaltsverzeichnis darf keine Seitennummern haben und sollte nicht zu stark untergliedert sein (max. 3 bis 4 Ebenen).

- Da der Helpcompiler mit automatisch numerierten Überschriften nichts anfangen kann, sollten Sie diese Art der Numerierung entfernen und die Abschnittsnummern anschließend per Hand (oder besser durch ein geeignetes Word-Makro) wiederherstellen.

- Speichern Sie das überarbeitete Word-Dokument im Rich Text Format ab (Menü *Datei|Speichern unter...*). Es wird dann eine neue Datei (*.RTF) vorliegen, in unserem Paradebeispiel ist es *Einfuehrung.RTF*, die in diesem unfertigen Stadium gewissermaßen als "Rohling" für die weiteren Entwicklungsphasen der Helpdatei dient.

Ein erster Test

Spätestens jetzt sollten Sie überprüfen, ob sich Ihr RTF-Dokument mit dem Helpcompiler verträgt und einen ersten Versuch wagen:

- Starten Sie den Help Workshop (HCW.EXE), wählen Sie den Menüpunkt *File|New* und im sich öffnenden Dialogfenster den Eintrag *Help Projekt*:

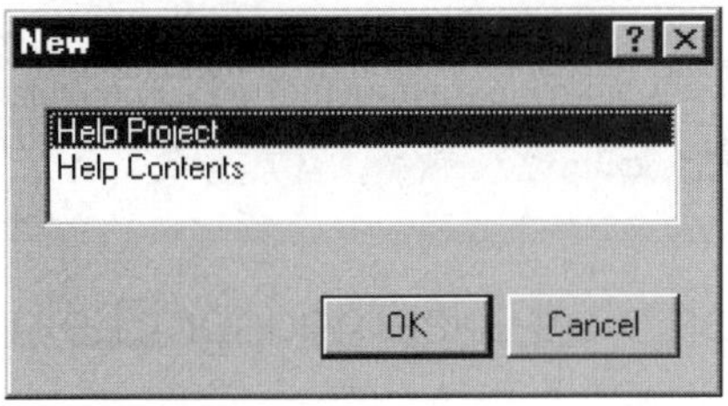

- Im nächsten Dialogfenster werden Sie aufgefordert, Verzeichnis und Namen für Ihr Projektfile *.HPJ anzugeben. Zweckmäßigerweise wählen Sie den gleichen Namen und das gleiche Verzeichnis wie für das RTF-Dokument und speichern anschließend.
- Nun öffnet sich das Dialogfenster, in welchem Sie schon ein (allerdings rudimentäres) HPJ-File mit teilweise "vorgefertigter" *[Option]*-Sektion vorfinden. Klicken Sie jetzt noch nicht auf den "Save and Compile"-Button, denn das führt garantiert zu einem Fehler, da die *[Files]*-Sektion noch leer ist. Stattdessen wählen Sie die "Files..."-Schaltfläche, es öffnet sich ein Fenster:

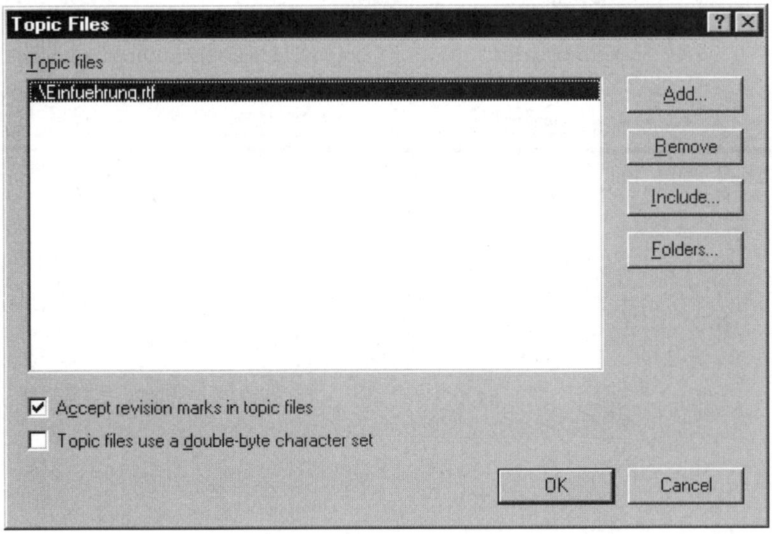

- Klicken Sie hier die "Add..."-Schaltfläche, um die Themendatei *Einfuehrung.rtf* hinzuzufügen. Wie Sie sehen, können hier auch noch weitere RTF-Dokumente ausgewählt werden.
- Wählen Sie nun OK, im HPJ-Fenster sehen Sie eine anwendungsbereite Projektdatei:

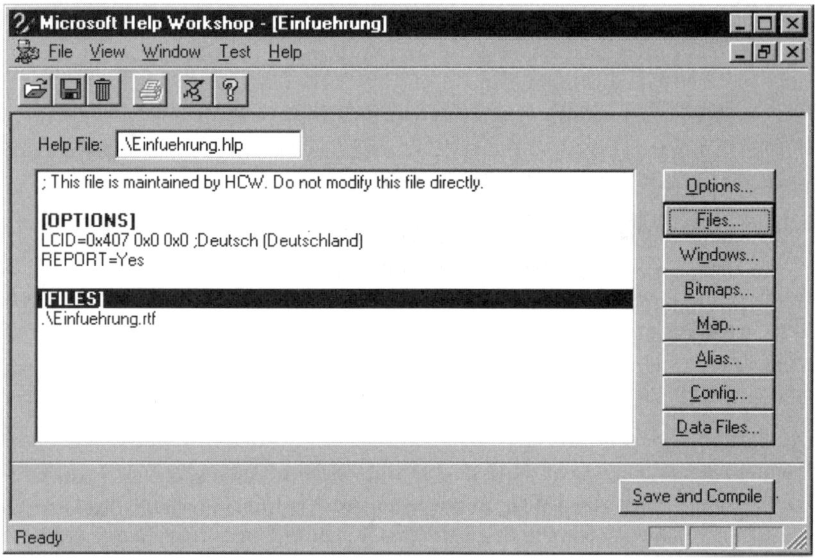

- Jetzt können Sie einen ersten Start des Help-Compilers wagen. Klicken Sie auf "Save und Compile", warten Sie einige Sekunden und lassen Sie sich durch eventuell anschließend erscheinende Fehlermeldungen nicht verwirren:

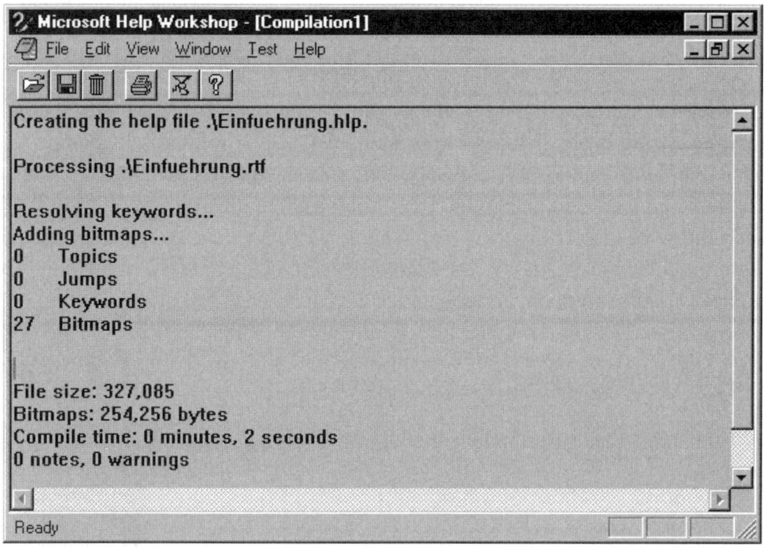

- Sie dürfen jetzt den Help Workshop verlassen und sich im Dateimanager (Arbeitsplatz-Ikone) davon überzeugen, daß tatsächlich ein Helpfile hinzugekommen ist:

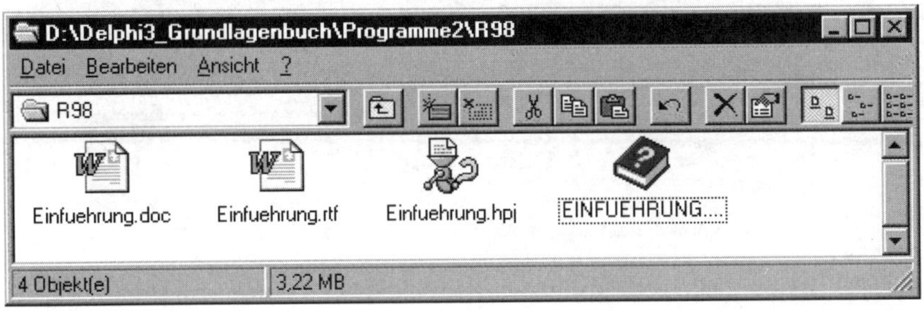

- Starten Sie das Helpfile (doppelklicken) und betrachten Sie sich das Ergebnis. Haben Sie, wie verlangt, alle manuellen Seitenumbrüche entfernt, so wird die Helpdatei aus nur einer einzigen Seite bestehen, benutzen Sie also die Bildlaufleiste, um durch den Text zu scrollen. Verändern Sie die Breite des Hilfefensters, so wird sich die Zeilenlänge automatisch anpassen.

Übrigens können Sie Ihre Helpfiles auch testen, ohne den Help Workshop zu verlassen. Öffnen Sie dazu den Menüpunkt *File|RunWinHelp*.

Formatieren der Themendatei

Erst durch spezielle Formatierungen (Fußnoten, verborgener Text) mausert sich unsere einfache RTF-Datei zum ernstzunehmenden Hypertext.

Hilfeseiten aufteilen: Wir wollen, daß das Inhaltsverzeichnis auf einer extra Hilfeseite (der ersten) erscheint. Es empfiehlt sich, pro Kapitel eine einzige Hilfeseite zu verwenden, durch welche dann gescrollt wird. Das ist viel übersichtlicher als ein Durchblättern durch viele einzelne Hilfeseiten. Für unser Beispieldokument *Einfuehrung.rtf* brauchen wir also insgesamt nur zwei Hilfeseiten. Natürlich ist die Entscheidung über die Anzahl der Hilfeseiten auch vom Umfang des jeweiligen Kapitels abhängig und bleibt letztendlich Ihnen überlassen.

Formatierung: Plazieren Sie am Ende einer jeden Hilfeseite einen manuellen Zeilenumbruch (Menü *Einfügen|ManuellerWechsel...*; Seitenwechsel).

Contextstrings (ThemenIDs) einfügen: Fürs erste sollte es genügen, wenn nur die Einträge des Inhaltsverzeichnisses als Hotspots zur Verfügung stehen.

Formatierung: Die Sprungziele (<u>nicht</u> die Hotspots!) müssen mit einem #-Fußnotenzeichen markiert werden.

Setzen Sie also die Einfügemarke unmittelbar vor jede Abschnittsüberschrift im RTF-Dokument und wählen Sie den Menüpunkt *Einfügen|Fußnote...* (benutzerdefinierte Numerierung):

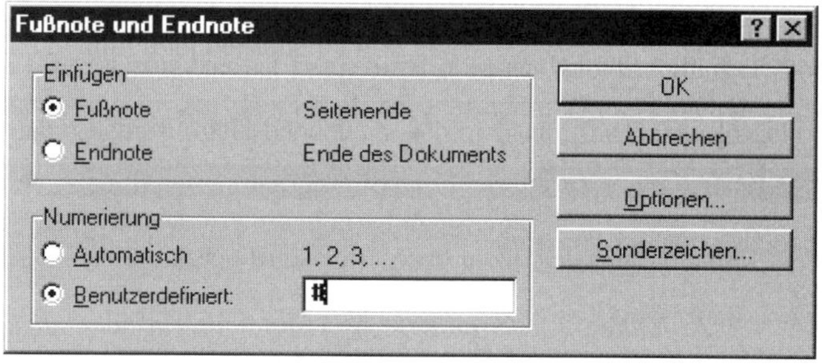

Nach dem OK ist als Fußnotentext ein unverwechselbarer Contextstring einzutragen, am einfachsten ist es, wenn Sie dazu ein Wort aus der entsprechenden Überschrift verwenden:

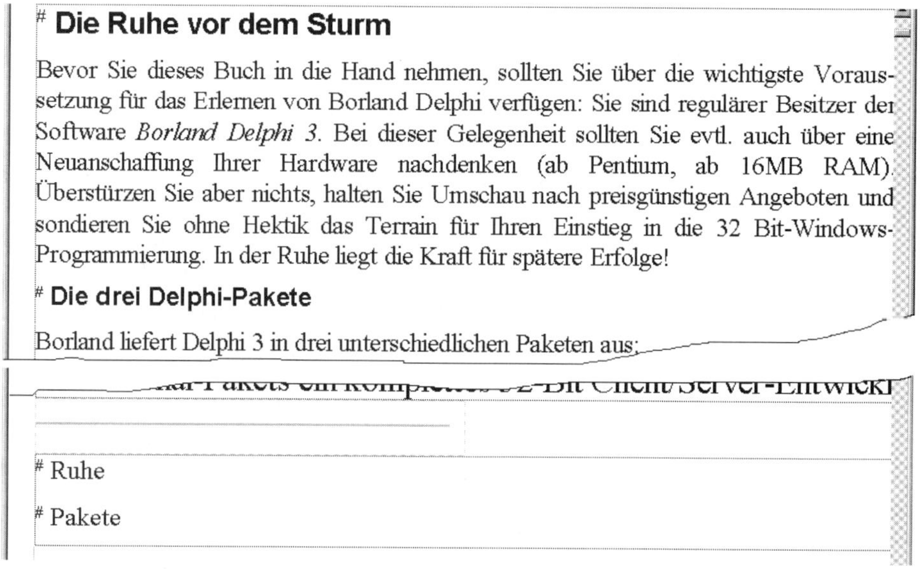

Die Ruhe vor dem Sturm

Bevor Sie dieses Buch in die Hand nehmen, sollten Sie über die wichtigste Voraussetzung für das Erlernen von Borland Delphi verfügen: Sie sind regulärer Besitzer der Software *Borland Delphi 3*. Bei dieser Gelegenheit sollten Sie evtl. auch über eine Neuanschaffung Ihrer Hardware nachdenken (ab Pentium, ab 16MB RAM). Überstürzen Sie aber nichts, halten Sie Umschau nach preisgünstigen Angeboten und sondieren Sie ohne Hektik das Terrain für Ihren Einstieg in die 32 Bit-Windows-Programmierung. In der Ruhe liegt die Kraft für spätere Erfolge!

Die drei Delphi-Pakete

Borland liefert Delphi 3 in drei unterschiedlichen Paketen aus:

Ruhe

Pakete

Hotspots einfügen: Es fehlen nun noch die Formatierungen, die den Sprung zu den einzelnen Themen-IDs veranlassen. Später, in der fertigen HLP-Datei, erscheinen diese Hotspots dann als i.a. grün gefärbte Textstellen.

Formatierung:

- Markieren Sie das komplette Inhaltsverzeichnis und unterstreichen Sie alles doppelt (Menü *Format|Zeichen... Schrift*-Registerkarte; Rollbox "Unterstreichung"; Eintrag "Doppelt").
- Unmittelbar hinter dem unterstrichenen Eintrag (also ohne LZ dazwischen!) fügen Sie den entsprechenden Contextstring ein.
- Aktivieren Sie in der Registerkarte *Ansicht*; in der Gruppe "Nichtdruckbare Zeichen" das Kästchen "verborgener Text" (Menü *Extras|Optionen...*).

- Markieren Sie exakt den Contextstring als "verborgenen Text" (Menü *Format|Zeichen...*, "Verborgen").

Schließlich sollte das Inhaltsverzeichnis im RTF-Dokument etwa so aussehen:

Die Ruhe vor dem SturmRuhe
Die drei Delphi-PaketePakete
Installation von DelphiInstallation
Die mitgelieferte DokumentationDokumentation
Neuigkeiten in DelphiNeuigkeiten
Verwendung Englisch/DeutschVerwendung

Die Windows-PhilosophiePhilosophie
Mensch-Rechner-DialogMensch
Objekt- und ereignisorientierte ProgrammierungObjekt
Windows-Programmierung mit DelphiWindows

Erste Schritte in DelphiSchritte
Einführungsbeispiel für EinsteigerEinsteiger
Einführungsbeispiel für UmsteigerUmsteiger
Von anderen Sprachen zu DelphiSprachen
Wie geht es weiter?weiter

Abschlußtest

Vergessen Sie nicht, alle in der RTF-Datei vorgenommenen Änderungen auch abzuspeichern. Danach starten Sie erneut den Helpcompiler, indem Sie das Projektfile (*Einfuehrung.hpj*) öffnen. Haben Sie beim Formatieren alles richtig gemacht, werden sich die "Warnings" auf relativ harmlose "Meckereien" beschränken.

Beim Aufruf Ihrer neu compilierten Hilfedatei werden Sie vom Inhaltsverzeichnis begrüßt, von welchem aus Sie direkt zu den entsprechenden Textabschnitten verzweigen können:

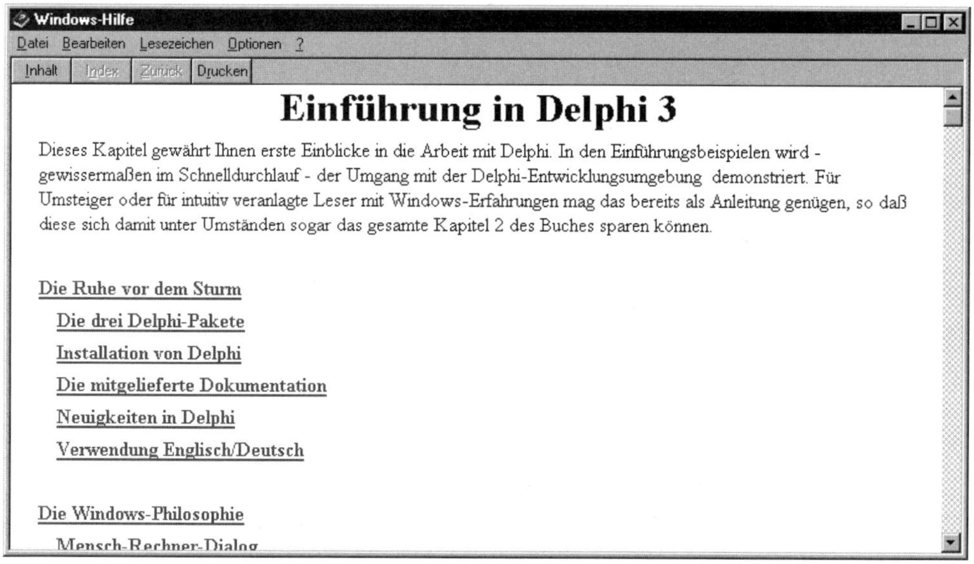

Ergänzungen

Ihr Electronic Book funktioniert zwar, ist aber in vielen Punkten noch verbesserungsbedürftig:

- Fügen Sie Title-IDs und Keywords hinzu, um Suchfunktionen zu ermöglichen.
- Ergänzen Sie den Text durch weitere Hotspots und lagern Sie bestimmte Textpassagen mit rein erklärendem Charakter als PopUp-Hilfeseiten aus.
- Bedenken Sie, daß sich die meisten Formatierungsarbeiten an Ihrer RTF-Datei durch Word-Makros erheblich vereinfachen lassen.

Weitere Anregungen finden Sie im Rezept

☞ R94 ... eine Hilfedatei erzeugen?

☞ R95 ... eine Hilfe-Inhaltsdatei hinzufügen?

☞ R96 ... in einer Hilfedatei blättern?

Applikationen

- Textverarbeitung
- Adressverwaltung
- Baufinanz
- WinCross

13 Applikationen

13.1 Einsteigerprogramm TEXTVERARBEITUNG

Diese kleine Anwendung soll zwar kein ausgewachsenes Textverarbeitungsprogramm ersetzen, ist aber als Demo besonders gut für den Einsteiger geeignet. Dieser lernt an einem durchgängigen Beispiel wichtige Delphi-Elemente kennen, wie z.B. MDI-Fenster, Erzeugen und Entfernen von Formularen zur Laufzeit, Datei-, Drucker- und Fontdialoge, den Zugriff auf Textdateien, Menüentwurf, *RichText*-Komponente, Zwischenablage, Stringlisten ....

Zur Vorbereitung empfiehlt sich das Durcharbeiten der Rezepte

☞ R2 ... mit Stringlisten arbeiten?

☞ R22 ... MDI-Kindfenster aufrufen?

☞ R79 ... die Projekteinstellungen für Formulare festlegen?

sowie natürlich das Studium des entsprechenden Abschnitts 4.2.4 des Grundlagenteils.

13.1.1 Bedienoberfläche

Unsere Applikation besteht aus zwei Formularen, dem MDI-Rahmenfenster und einem Kindfenster. Letzteres wird erst zur Laufzeit hinzugefügt und kann sich beliebig oft vermehren.

MDI-Rahmenfenster

Die *FormStyle*-Eigenschaft von *Form1* setzen Sie auf *fsMDIForm*. Plazieren Sie eine MainMenu- und eine *OpenDialog*-Komponente auf dem Formular.

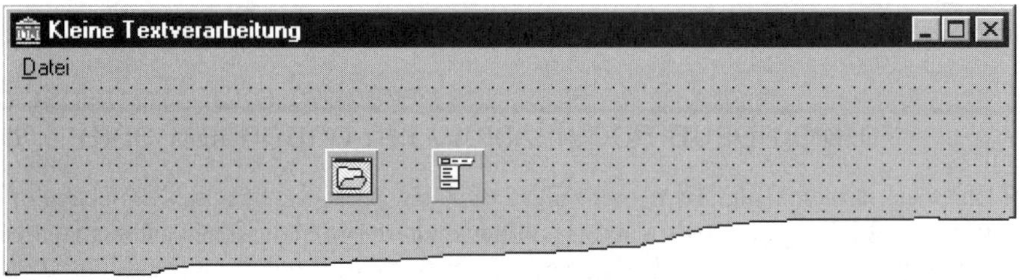

Doppelklicken Sie auf die *MainMenu*-Komponente und erstellen Sie im Menü-Editor die in den Abbildungen gezeigten Einträge.

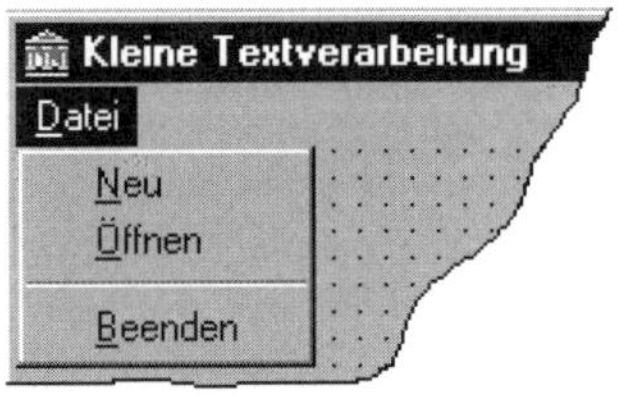

Hinweis: Den Trennbalken innerhalb des Menüs erreichen Sie durch Eintrag eines einzelnen "-"-Zeichens als *Caption*-Eigenschaft. Der Shortcut entsteht durch Voranstellen eines "&"-Zeichens.

Die genaue Vorgehensweise wird erklärt in

☞ R51 ... eine Menüleiste erstellen?

MDI-Kindfenster

Obwohl wir in unserer Applikation mit mehreren Dokumenten (MDI-Kindfenster) gleichzeitig arbeiten können, genügt es, wenn wir einen einzigen "Prototyp" entwerfen. Fügen Sie über *Datei|Neues Formular* ein weiteres Formular (*Form2*) hinzu. Dort findet eine *RichEdit*-Komponente ihren Platz, die nach Setzen der *Align*-Eigenschaft auf *alClient* das Fenster vollkommen ausfüllt:

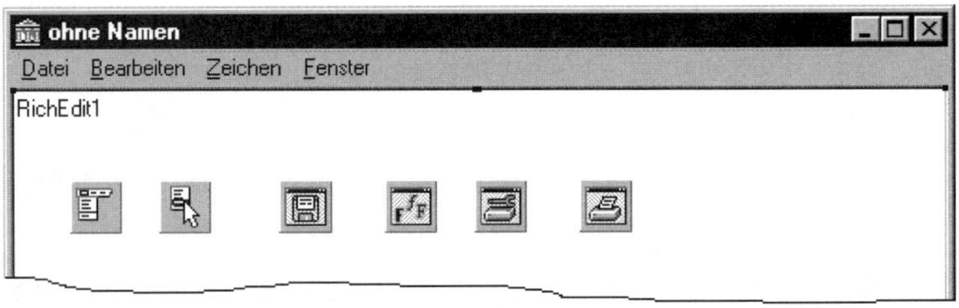

Die *RichEdit*-Komponente (auf der Seite "Win32") ähnelt der *Memo*-Komponente, ist aber weitaus leistungsfähiger, da sie quasi die Funktionalität ein vollständigen kleinen Textverarbeitungsprogramms zur Verfügung stellt.

Wie Sie sehen, ist auch noch ein ganzes Sammelsurium weiterer Komponenten erforderlich: *MainMenu*, *PopUpMenu*, *SaveDialog*, *FontDialog*, *PrinterSetupDialog*, *PrintDialog* (von links).

Auch der Menüentwurf für die *MainMenu*-Komponente gestaltet sich etwas aufwendiger als der für das MDI-Rahmenfenster:

Datei	Bearbeiten	Zeichen	Fenster
Neu	Ausschneiden	Links	Nebeneinander
Öffnen...	Kopieren	Rechts	Hintereinander
Schließen	Einfügen	Zentriert	
Speichern	Löschen	-	
Speichern als ...	-	Font...	
Drucken	Alles auswählen		
Drucker einrichten...			
-			
Beenden			

Hinweis: Die *Name*-Eigenschaft von Menüobjekten wird standardmäßig aus der *Caption*-Eigenschaft gebildet. Dabei werden aber Umlaute und "ß" unterdrückt, korrigieren Sie deshalb aus Übersichtlichkeitsgründen hier die *Name*-Eigenschaft im Objektinspektor.

Jetzt muß noch das PopUp-Menü definiert werden. Doppelklicken Sie auf die Komponente und erstellen Sie im Menüeditor die folgenden Einträge:

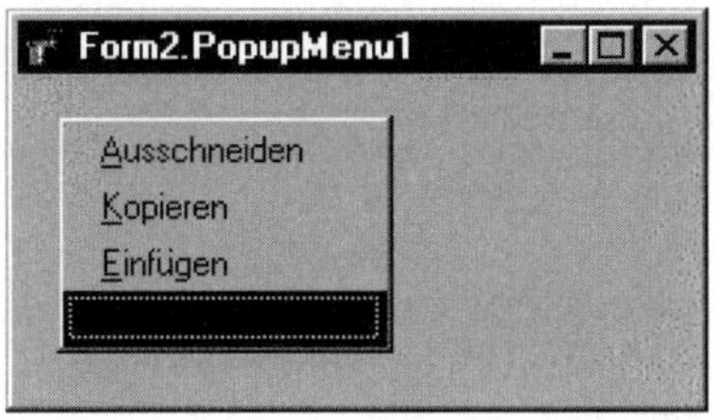

Siehe auch

☞ R52 ... PopUp-Menüs anzeigen?

Weisen Sie der *PopUpMenu*-Eigenschaft von *Form2* die Komponente *PopUpMenu1* zu! Setzen Sie außerdem die *FormStyle*-Eigenschft auf *fsMDIChild*.

Und noch eine "Kleinigkeit" gilt es zu berücksichtigen: Da wir die Kindfenster (Dokumente) erst zur Laufzeit selbst hinzufügen bzw. entfernen wollen, müssen wir deren automatische Erstellung durch Delphi verhindern. Wählen Sie den Menüpunkt *Projekt|Optionen...* und verschieben Sie *Form2* auf die rechte Seite:

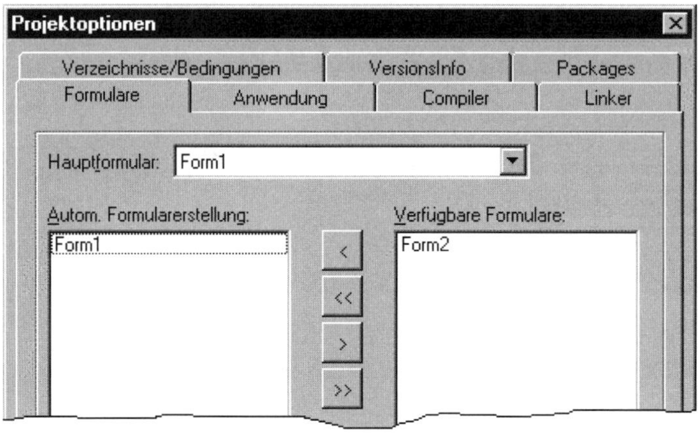

13.1.2 Quelltext des MDI-Rahmenfensters

Der Code ist im Handumdrehen erstellt und beschränkt sich auf die Definition von drei Eventhandlern.

Hinweis: Um den Rahmencode der Eventhandler zu erhalten, klicken Sie im Entwurfsmodus auf den entsprechenden Menüeintrag!

```
implementation

uses Unit2;                              // Kindfenster-Unit einbinden!

{$R *.DFM}
```

Ein neues Kindfenster (Dokument) wird erzeugt:

```
procedure TForm1.Neu1Click(Sender: TObject);          // Datei|Neu
begin
 TForm2.Create(Self)                        // Konstruktor aufrufen
end;

procedure TForm1.Oeffnen1Click(Sender: TObject);      // Datei|Öffnen
begin
 with OpenDialog1 do begin
  Filter := 'Text Files (*.txt)|*.txt|Alle Files(*.*)|*.*';
  DefaultExt := 'txt';
  if Execute then with TForm2.Create(Self) do dateiOeffnen(FileName)
 end
end;
```

Die Methode *dateiOeffnen* wird von *Unit2* zur Verfügung gestellt.

```
procedure TForm1.Beenden1Click(Sender: TObject);          // Datei|Beenden
begin
 Close
end;
```

13.1.3 Quelltext der MDI-Kindfenster

Klassendefinition und anderes

Fügen Sie zur Klassendefinition von *TForm2* folgende Ergänzungen in den privaten und den öffentlichen Abschnitt ein:

```
 private
   { Private-Deklarationen }
   pfad: string;                                  // private Variable hinzufügen
  public
   { Public-Deklarationen }
   procedure dateiOeffnen(const dateiName: string);  // öffentliche Methode hinzufügen
  end;

var
  Form2: TForm2;
```

Wenn Sie ein neues Dokument öffnen, soll in der Titelleiste die Beschriftung "ohne Namen" stehen:

```
const
 standardFileName = 'ohne Namen';                 // Konstante hinzufügen
```

Nun zum *Implementation*-Abschnitt:

```
implementation

{$R *.DFM}
```

Neben der Unit des Rahmenfensters (*Unit1*) werden noch die Units für den Zugriff auf Zwischenablage und Drucker gebraucht:

```
uses Clipbrd, Printers, Unit1;                       // Units hinzufügen
```

Die von uns hinzugefügte Methode muß noch definiert werden:

```
procedure TForm2.dateiOeffnen;
begin
  Pfad := dateiName;
  Caption := ExtractFileName(dateiName);
  with RichEdit1 do
  begin
```

```
    Lines.LoadFromFile(pfad);          // Datei => Anzeige
    SelStart := 0;
    Modified := False                  // es wurde noch nichts im Text verändert
  end
end;
```

Kindfenster laden und schließen

Das passiert beim Laden eines Dokuments:

```
procedure TForm2.FormCreate(Sender: TObject);  // neues Dokument
begin
 pfad := StandardFileName;
 SaveDialog1.Filter := 'Text Files (*.txt)|*.txt|Alle Files(*.*)|*.*';
 SaveDialog1.DefaultExt := 'txt'
end;
```

Wenn Sie das Dokument schließen sind *OnCloseQuery* und *OnClose* zu besetzen:

```
procedure TForm2.FormCloseQuery(Sender: TObject; var CanClose: Boolean);
const
  warnText = 'Änderungen speichern in %s?';
begin
  if RichEdit1.Modified then
  begin
    case MessageDlg(Format(warnText, [pfad]), mtConfirmation,
      [mbYes, mbNo, mbCancel], 0) of
      idYes: Speichern1Click(Self);
      idCancel: CanClose := False
    end
  end
end;

procedure TForm2.FormClose(Sender: TObject; var Action: TCloseAction);
begin
 Action := caFree                        // Dokument wird gelöscht
end;
```

Datei-Menü

Das Menü des Rahmenfensters hat nur Bedeutung, wenn kein Dokument geladen ist. Ansonsten ist immer das Menü des aktiven Kindfensters zu sehen. Um die Datei-Eventhandler der Kindfenster zu besetzen, werden einfach die gleichnamigen Methoden des Rahmenfensters aufgerufen:

```
procedure TForm2.Neu1Click(Sender: TObject);      // Datei|Neu
begin
  Form1.Neu1Click(Sender)
end;

procedure TForm2.Oeffnen1Click(Sender: TObject);  // Datei|Öffnen
begin
 Form1.Oeffnen1Click(Sender)
end;
```

Nicht zu verwechseln mit dem Beenden der Applikation ist das Schließen eines einzelnen Dokuments:

```
procedure TForm2.Schliessen1Click(Sender: TObject);   // Datei|Schließen
begin
 Close
end;
```

Dieser Vorgang löst dann die Ereignisse *OnCloseQuery* und *OnClose* aus (siehe oben).

Wenden wir uns jetzt dem Speichern zu:

```
procedure TForm2.Speichern1Click(Sender: TObject);    // Datei|Speichern
begin
  if pfad = StandardFileName then
    Speichernals1Click(Sender)          // ruft Speichern als - Eventhandler auf
  else
  begin
    RichEdit1.Lines.SaveToFile(pfad);       // Text => Datei
    RichEdit1.Modified := False             // Dirty-Flag zurücksetzen
  end
end;

procedure TForm2.Speichernals1Click(Sender: TObject);  // Datei|Speichern als
begin
  SaveDialog1.FileName := pfad;
  if SaveDialog1.Execute then
  begin
    pfad := SaveDialog1.FileName;
    Caption := ExtractFileName(pfad);
    Speichern1Click(Sender)                  // ruft Speichern-Eventhandler auf
  end
end;
```

Beim Drucken nimmt uns die *PrinterSetUpDialog*-Komponente die ganze Arbeit ab:

```
procedure TForm2.Druckereinrichten1Click(Sender: TObject);  // Datei|Druckereinrichtung
begin
 PrinterSetupDialog1.Execute
end;

procedure TForm2.Drucken1Click(Sender: TObject);            // Datei|Drucken
begin
 if PrintDialog1.Execute then RichEdit1.Print(pfad)
end;
```

Das gesamte Programm wird beendet:

```
procedure TForm2.Beenden1Click(Sender: TObject);            // Datei|Beenden
begin
 Form1.Beenden1Click(Sender)
end;
```

Bearbeiten-Menü

Nun zur Arbeit mit dem *Clipboard*-Objekt:

```
procedure TForm2.KopierenClick(Sender: TObject);      // Bearbeiten|Kopieren
begin
 RichEdit1.CopyToClipboard
end;

procedure TForm2.AusschneidenClick(Sender: TObject); // Bearbeiten|Ausschneiden
begin
 RichEdit1.CutToClipboard
end;

procedure TForm2.Loeschen1Click(Sender: TObject);     // Bearbeiten|Löschen
begin
 RichEdit1.ClearSelection
end;

procedure TForm2.EinfuegenClick(Sender: TObject);          // Bearbeiten|Einfügen
begin
 RichEdit1.PasteFromClipboard
end;
```

```
procedure TForm2.Allesauswaehlen1Click(Sender: TObject);  // Bearbeiten|Alle auswählen
begin
 RichEdit1.SelectAll
end;
```

Einige Funktionen des *Bearbeiten*-Menüs sollen auch über das PopUp-Menü ausführbar sein. Weisen Sie deshalb den PopUp-Einträgen im Objektinspektor die gleichnamigen Methoden des Hauptmenüs zu!

Zur Steuerung der Menüanzeige ist ein zusätzlicher Eventhandler erforderlich:

```
procedure TForm2.Bearbeiten1Click(Sender: TObject);        // Bearbeiten
var
  HasSelection: Boolean;
begin
  Einfuegen1.Enabled := Clipboard.HasFormat(CF_TEXT);  // nur Text kann eingefügt werden!
  Einfuegen2.Enabled := Einfuegen1.Enabled;             // PopUp-Menü!
  HasSelection := RichEdit1.SelLength > 0;          // True, wenn was selektiert ist
  Ausschneiden1.Enabled := HasSelection;
  Ausschneiden2.Enabled := HasSelection;            // PopUp-Menü
  Kopieren1.Enabled := HasSelection;
  Kopieren2.Enabled := HasSelection;                // PopUp-Menü
  Loeschen1.Enabled := HasSelection
end;
```

Zeichen-Menü

Nun zum Ausrichten der Zeilen. Die drei Menüeinträge "Links", "Rechts" und "Zentriert" benutzen einen gemeinsamen Eventhandler:

```
procedure TForm2.AusrichtenClick(Sender: TObject);   // Zeichen|Links, Rechts, Zentriert
begin
 Links1.Checked := False;                            // Häkchen zurücksetzen
 Rechts1.Checked := False;
 Zentriert1.Checked := False;
 with Sender as TMenuItem do Checked := True;       // Häkchen setzen
 with RichEdit1.Paragraph do
    if Links1.Checked then
      Alignment := taLeftJustify
    else if Rechts1.Checked then
      Alignment := taRightJustify
    else if Zentriert1.Checked then
      Alignment := taCenter
end;
```

Der Zeilenumbruch:

```
procedure TForm2.Zeilenumbruch1Click(Sender: TObject);   // Zeichen|Zeilenumbruch
begin
 with RichEdit1 do
  begin
    WordWrap := not WordWrap;
    if WordWrap then
      ScrollBars := ssVertical
    else
     ScrollBars := ssBoth;
     Zeilenumbruch1.Checked := WordWrap
  end
end;
```

Die Schriftarteinstellungen sind dank der Komplexität des *FontDialog*s ein Kinderspiel:

```
procedure TForm2.Font1Click(Sender: TObject);     // Zeichen|Font...
begin
 FontDialog1.Font := RichEdit1.Font;
  if FontDialog1.Execute then RichEdit1.SelAttributes.Assign(FontDialog1.Font)
end;
```

Fenster-Menü

Zwecks einer ordentlichen Ausrichtung der Dokumente werden die Methoden *Tile* und *Cascade* des Rahmenfensters aufgerufen:

```
procedure TForm2.Neben1Click(Sender: TObject);  // Fenster|Nebeneinander
begin
 Form1.Tile
end;

procedure TForm2.HinterClick(Sender: TObject);       // Fenster|Hintereinander
begin
 Form1.Cascade
end;
```

13.1.4 Programmtest

Es hieße Eulen nach Athen zu tragen, wenn wir über den Umgang mit einer windowstypischen MDI-Applikation viele Worte verlieren würden. Probieren Sie einfach alle Möglichkeiten aus und scheuen Sie sich nicht, auch am Quelltext etwas herumzudoktern:

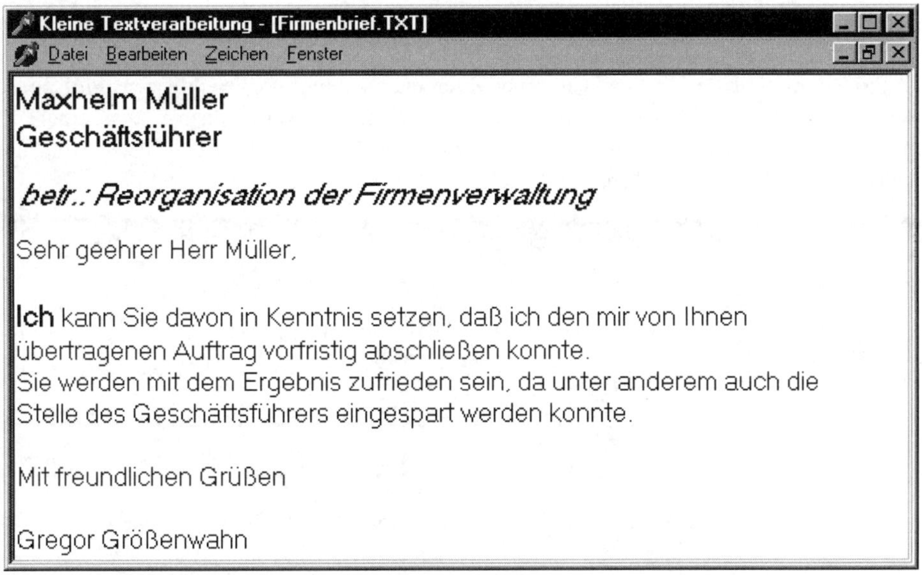
Kleine Textverarbeitung - [Firmenbrief.TXT]
Datei Bearbeiten Zeichen Fenster
Maxhelm Müller
Geschäftsführer
betr.: Reorganisation der Firmenverwaltung
Sehr geehrer Herr Müller,
Ich kann Sie davon in Kenntnis setzen, daß ich den mir von Ihnen
übertragenen Auftrag vorfristig abschließen konnte.
Sie werden mit dem Ergebnis zufrieden sein, da unter anderem auch die
Stelle des Geschäftsführers eingespart werden konnte.
Mit freundlichen Grüßen
Gregor Größenwahn

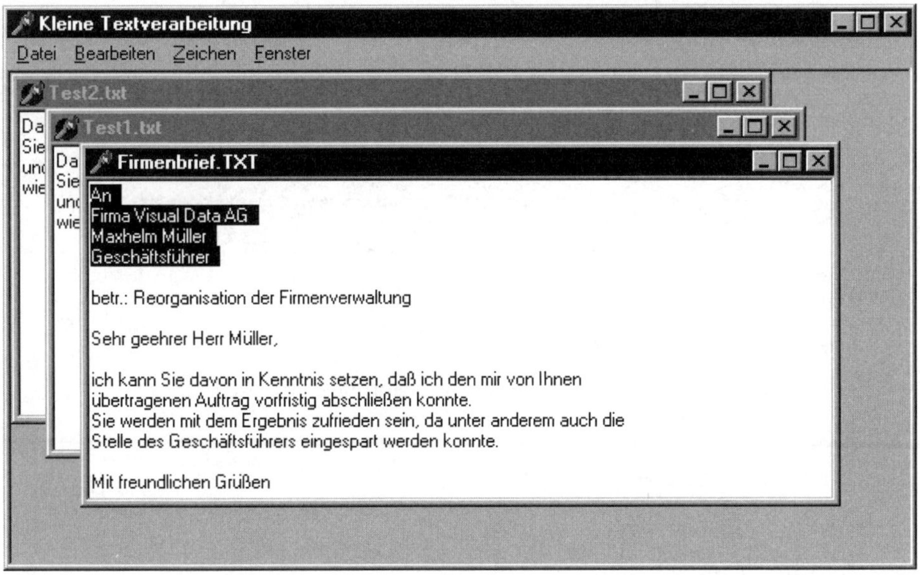
Kleine Textverarbeitung
Datei Bearbeiten Zeichen Fenster
Test2.txt
Test1.txt
Firmenbrief.TXT
An
Firma Visual Data AG
Maxhelm Müller
Geschäftsführer
betr.: Reorganisation der Firmenverwaltung
Sehr geehrer Herr Müller,
ich kann Sie davon in Kenntnis setzen, daß ich den mir von Ihnen
übertragenen Auftrag vorfristig abschließen konnte.
Sie werden mit dem Ergebnis zufrieden sein, da unter anderem auch die
Stelle des Geschäftsführers eingespart werden konnte.
Mit freundlichen Grüßen

13.2 Datenbankapplikation ADRESS

Das Programm "ADRESS" spiegelt eine Zusammenfassung der wichtigsten Probleme im Zusammenhang mit dem Thema "Datenbanken" wider. Es ergänzt damit die Ausführungen des Kapitels 7. Das Programm erhebt nicht den Anspruch, jedem Wunsch gerecht zu werden, hat jedoch den Vorteil, relativ überschaubar zu sein.

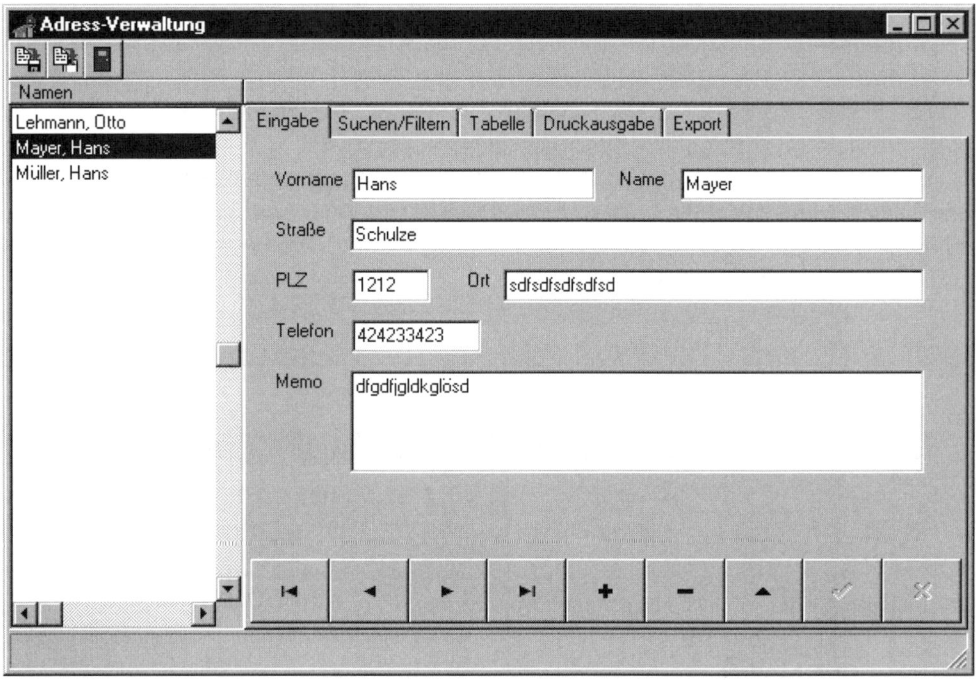

Die Themen:

- Datenbank erstellen (Laufzeit/Entwurfszeit)
- Verwendung *Table*-Objekt, Datenbank-Navigator, *BatchMove*-Objekt
- Suchen in Tabellen
- *PageControl*-Komponente
- Datenimport/Datenexport
- Zwischenablage

13.2.1 Datenbankentwurf

Wie schon im Kapitel 7 (Datenbanken) erwähnt, haben Sie mehrere Möglichkeiten, eine neue Datenbank zu generieren. Wir werden etwas weiter gehen und zuerst eine Test-Datenbank mit dem Datenbank-Manager erstellen, danach die Bedienoberfläche programmieren und zuletzt eine Funktion zum automatischen Generieren einer Datenbank hinzufügen.

Diese Vorgehensweise bietet zum einen den Vorteil, daß Sie die Datenbankstruktur relativ schnell und einfach ändern können, zum zweiten lassen sich so die Bounded-Components besser zuweisen.

Bleibt die Frage nach dem Dateiformat: Wir haben uns für das *Paradox5.0*-Format entschieden. Der Export soll im *dBASE IV*-Format erfolgen.

Starten Sie als erstes den Datenbank-Manager und übernehmen Sie die folgende Dateistruktur:

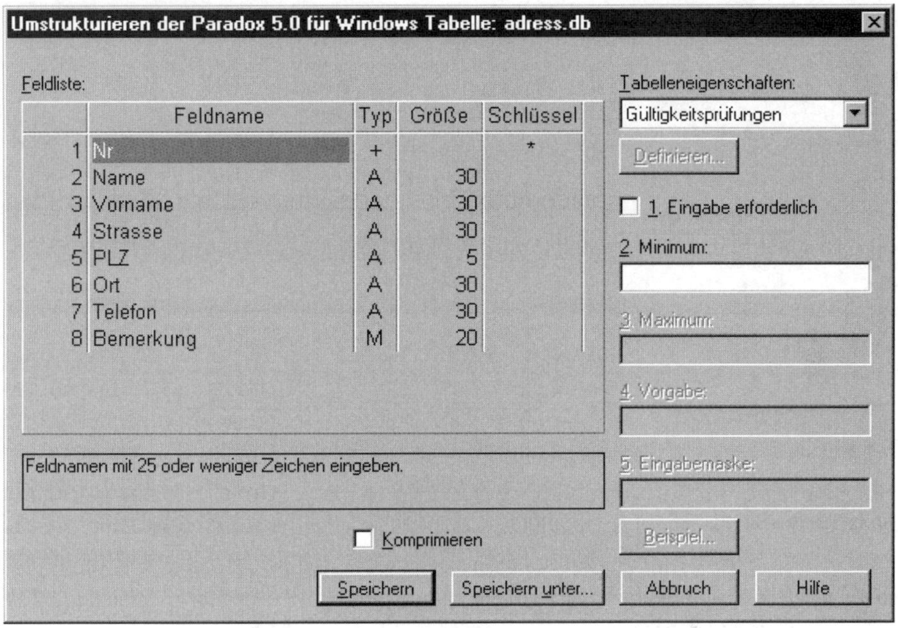

Die Größe von 20 Zeichen für das Memofeld scheint etwas klein gewählt, es handelt sich jedoch nur um den Teil, der in der Tabelle gespeichert wird. Das restliche Memofeld wird in einer eigenen Datei abgelegt. Dies hat den Vorteil, daß die eigentliche Tabelle nicht unnötig aufgebläht wird, Suchvorgänge werden dadurch drastisch beschleunigt.

Daß sowohl PLZ als auch Telefonnummer in Textfeldern abgelegt werden, hat seinen guten Grund: Textfelder bieten bedeutend bessere Suchfunktionen (Platzhalter) als zum Beispiel ein Integer-Feld.

Ob die Größe der restlichen Felder ausreicht, sei dahingestellt, Änderungen lassen sich jederzeit vornehmen. Auf die Indizierung verzichten wir an dieser Stelle, im endgültigen Programm werden wir aber die Felder *Name* und *Telefon* mit einem Index versehen.

13.2.2 Oberflächenentwurf

Unser Programm soll neben der Eingabe der Daten auch Such- und Tabellenfunktionen bereitstellen. Um dies alles in einer Maske zu realisieren, müssen wir auf die Komponente *TPageControl* zurückgreifen, die mehrere Seiten innerhalb eines einzigen Formulars darstellen kann.

Für die Adressverwaltung brauchen Sie im wesentlichen die folgenden Komponenten:

	Objekt	Funktion
	TTable	Anbindung der Paradox-Tabelle
	TDataSource	Verbindung von Tabelle und Anzeigeelementen
	TBatchmove	Import-/Exportfunktion
	TQuery	Erzeugen der Datenbank/Tabelle
	TDBNavigator	Steuertasten zum Erstellen, Löschen, Verändern ... von Datensätzen
	TPageControl	mehrere Seiten innerhalb des Formulars
	TDBEdit	Anzeige von Name, Vorname etc.
	TDBMemo	Anzeige des Memofeldes
	TDBGrid	Anzeige in Tabellenform

Die Eingabemaske in einer festen Größe entwickeln würde bedeuten, daß Anwender mit einer hohen Bildschirmauflösung nicht mehr Platz haben als auf einem 640x480 Bildschirm. Aus diesem Grund werden wir die Komponenten so in der Maske ausrichten (*Align*-Eigenschaft), daß sich der Maskenaufbau an die Maße des Fensters anpaßt. Zusätzlich besteht über ein *HeaderControl* die Möglichkeit, die Platzverhältnisse innerhalb des Formulars zu ändern.

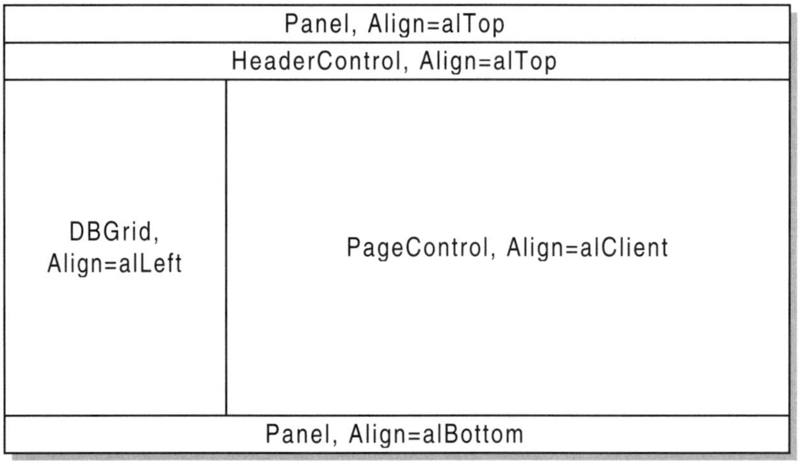

Den Aufbau der Eingabe- bzw. der Suchmaske können Sie den folgenden Abbildungen entnehmen:

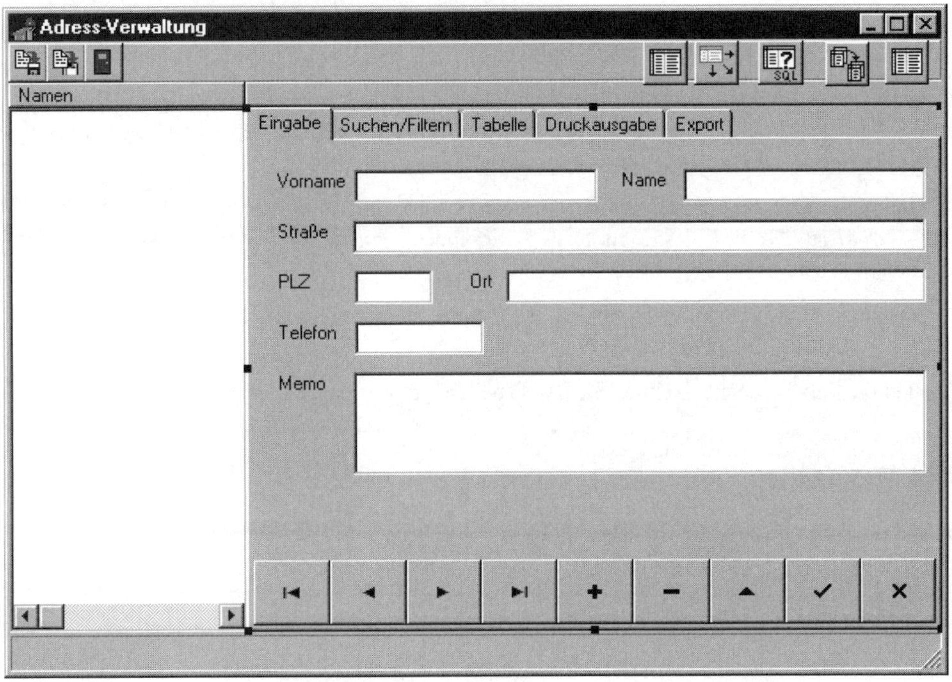

Vor dem Ablegen von Komponenten markieren Sie das *PageControl*, damit die Elemente in dessen Client-Bereich landen und nicht etwa im Client-Bereich des Fensters.

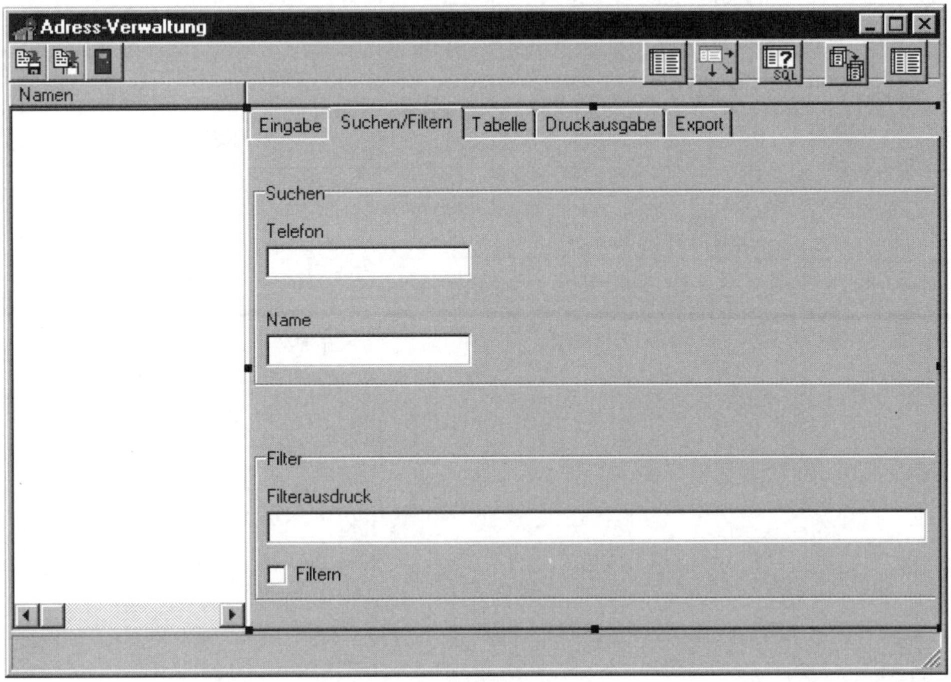

Im unteren Bereich der Maske finden Sie eine Möglichkeit, einen Filterausdruck für die Daten einzugeben. Wir kommen später darauf zurück.

Für die *DataBaseName*-Eigenschaft der *Table*-Komponente setzen Sie vorläufig den Pfad ein, in dem Sie die Paradox-Tabelle mit dem Datenbank-Manager gespeichert haben. Den Namen der Tabelle übergeben Sie der *TableName*-Eigenschaft (z.B. ADRESS.DB).

Verbinden Sie jetzt *DataSource-* und *Table*-Komponente, indem Sie die *DataSet*-Eigenschaft von *DataSource1* auf "Table1" festlegen. Danach verbinden Sie *DataSource* und *DBNavigator* auf die gleiche Art und Weise.

Die einzelnen Text-Komponenten binden Sie über die *DataSource-* und *DataField-* Eigenschaft an das gewünschte Tabellenfeld.

Existiert die Tabelle bereits, können Sie das Tabellenfeld über eine *ComboBox* wählen.

13.2.3 Quelltext

Prinzipiell ist das Programm schon lauffähig, wir erweitern es jedoch noch um

- eine Suchfunktion,
- eine Filterfunktion,
- um die Möglichkeit, die Datenbank erst zur Laufzeit zu erstellen,
- eine Druckfunktion,
- eine Exportfunktion über die Zwischenablage,
- sowie um eine Exportfunktion im dBASE-Format.

```
unit Unit1;

interface
uses
  Windows, Messages, SysUtils, Classes, Graphics, Controls, Forms, Dialogs,
  ComCtrls, Grids, DBGrids, ExtCtrls, DB, DBTables, StdCtrls, DBCtrls, Mask,
  DBCGrids, Buttons, FileCtrl;

type
  TForm1 = class(TForm)
  ...
  private
    { Private-Deklarationen }
    datenbankverzeichnis:string;
  end;
...
```

Auf Größenänderungen im *HeaderControl* reagieren Sie mit folgender Routine:

```
procedure TForm1.HeaderControl1SectionTrack(HeaderControl: THeaderControl;
  Section: THeaderSection; Width: Integer; State: TSectionTrackState);
begin
   dbgrid1.width := width;
end;
```

Die *PageControl*-Komponente paßt sich automatisch an.

Anlegen der Datenbank

Beim Öffnen des Formulars testen wir, ob sich im aktuellen Verzeichnis schon eine Datenbank, d. h. ADRESS.DB, befindet. Ist dies nicht der Fall, legt das Programm eine Tabelle an. Sie benötigen dazu die *TQuery*-Komponente, mit welcher SQL-Anweisungen ausgeführt werden können. Der erste SQL-Befehl ist bereits zur Entwurfszeit festgelegt worden:

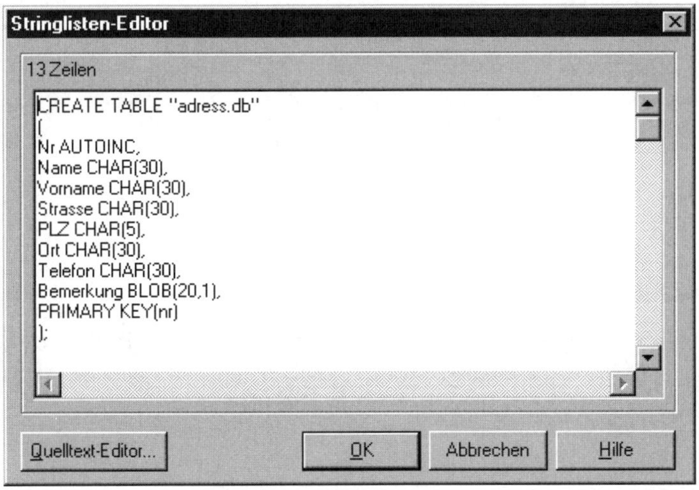

Die weiteren Anweisungen müssen Sie zur Laufzeit definieren. Dazu löschen Sie mit der *Clear*-Methode die bisherige *SQL*-Eigenschaft (es handelt sich um eine String-Liste!) und setzen mit der *Add*-Methode eine neue SQL-Abfrage. Voraussetzung ist allerdings, daß die *Close*-Methode ausgeführt wurde (Abfrage ist geschlossen).

```
procedure TForm1.FormShow(Sender: TObject);
begin
     datenbankverzeichnis:=ExtractFilePath(paramstr(0));
     if not fileexists(datenbankverzeichnis + '\adress.db') then begin
        with query1 do begin
             application.messagebox('Datenbank wird angelegt!','Hinweis',64);
             DatabaseName:=datenbankverzeichnis;
             execsql;
```

```
            close;
            sql.clear;
            sql.add('CREATE INDEX iname ON "adress.db" (name)');
            execsql;
            close;
            sql.clear;
            sql.add('CREATE INDEX itelefon ON "adress.db" (telefon)');
            execsql;
            close;
        end;
    end;
```

Wie Sie sehen, werden neben der Tabelle noch zwei Indizes mit SQL-Anweisungen angelegt. Mehr zu diesem Thema finden Sie im Kapitel "Datenbanken".

Nun wird die *Table*-Komponente mit der Datenbank verbunden:

```
    with table1 do begin
        DatabaseName := datenbankverzeichnis;
        TableName := 'adress.db';
        Active := True;
    end;
end;
```

Suchen von Datensätzen

Über den Datenbank-Navigator können Sie jetzt Datensätze eingeben, löschen, editieren usw.. Eine Suchfunktion gibt es nicht, diese müssen wir programmieren. Dazu befinden sich auf der zweiten *TabSheet*-Seite zwei einfache Textboxen. Wird in eine dieser Boxen etwas eingetragen, löst dies das *Change*-Event aus:

```
procedure TForm1.Edit2Change(Sender: TObject);
begin
    table1.Indexname:='iTelefon';
    table1.SetKey;
    table1.FieldbyName('Telefon').AsString:=Edit2.text;
    table1.GotoNearest;
end;
```

Zum Suchen verändern wir die Sortierreihenfolge über die Auswahl des jeweiligen Index. Da ein Index-Wechsel Zeit kostet, soll dieser nur geändert werden, wenn er noch nicht gewählt ist. Mit *SetKey* bringen Sie die Tabelle in den Suchmodus, Den Suchbezeichner übergeben Sie mit *FieldbyName*. Die Methode *GotoNearest* löst den Suchvorgang aus.

```
procedure TForm1.Edit3Change(Sender: TObject);
begin
    table1.Indexname:='iName';
    table1.SetKey;
    table1.FieldbyName('Name').AsString:=Edit3.text;
    table1.GotoNearest;
end;
```

Handelt es sich um größere Tabellen, ist es mitunter nötig, statt des *OnChange*-Events das *KeyPress*-Event zu verwenden. Erst nach Drücken der Enter-Taste beginnt die Suche.

Filtern

Etwas anders verhält sich die Sache beim Filtern der Datensätze. Geben Sie in die Eingabezeile einen Filterausdruck ein, wie zum Beispiel

"name >= 'M'"

Mit dem Klick in die Checkbox "Filtern" wird die folgende Routine gestartet:

```
procedure TForm1.CheckBox1Click(Sender: TObject);
begin
    if checkbox1.checked then begin
        table1.filter := edit1.text;
        table1.filtered := True
    end else table1.filtered := False;
end;
```

Über die Eigenschaft *FilterOptions* könnten Sie zusätzlich festlegen, ob Groß-/Kleinschreibung berücksichtigt werden soll.

Hinweis: Beachten Sie, daß in Filterausdrücken nur mathematische Vergleiche zulässig sind (größer, kleiner, gleich ...). Zusätzlich können dieses Ausdrücke UND bzw. ODER verknüpft werden.

Exportieren

Wie Sie Datenbank-Exportfunktionen mit relativ geringem Aufwand programmieren können, soll die folgende Teilfunktion zeigen. Mit einer *BatchMove*-Komponente lassen sich Daten aus einer Tabelle in eine andere kopieren. Wo sich diese befindet und welches Format diese hat, legen Sie fest.

Doch bevor es soweit ist, müssen Sie die Eigenschaften *Destination* (wohin sollen die Daten kopiert werden) und *Source* (woher kommen die Daten) festlegen. Weiterhin ist der Modus über die Eigenschaft *Mode* mit *batCopy* zu bestimmen. In diesem Fall wird die Zieltabelle gegebenenfalls angelegt, vorhandene Daten werden überschrieben.

```
procedure TForm1.Button1Click(Sender: TObject);
var zielverzeichnis, dateiname :string;
begin
   zielverzeichnis:=DirectoryListBox1.Directory;
   dateiname := Edit4.text;
   table2.databasename:=zielverzeichnis;
   table2.tablename:=dateiname;
   batchmove1.execute;
end;
```

Im vorliegenden Beispiel ermitteln wir über eine *Edit*-Komponente den Dateinamen, den Pfad bestimmen wir über eine *DirectoryListbox*. Der Dateiname wird als Tabellenname, der Pfad als Datenbank interpretiert. Mit *Execute* lösen wir die Aktion aus.

Weitere Einsatzmöglichkeiten von *BatchMove*:

- Anhängen von Datensätzen an eine bestehende Tabelle
- Aktualisieren einer Tabelle (Abgleich)
- Löschen von Datensätzen
- Importieren von Datensätzen

Möchten Sie nur einige Datensätze exportieren/importieren, müssen Sie statt einer *Table*-Komponente für *Source* bzw. *Destination* eine *TQuery*-Komponente verwenden. Es ist sogar möglich, Ziel- bzw. Quellspalten der Tabellen festzulegen. Beispielsweise können Sie das Feld "Name" in das Feld "Familienname" exportieren. Verwenden Sie dazu die *Mappings*-Eigenschaft.

Zwischenablage

Um den Inhalt mehrerer Textfelder in die Zwischenablage zu kopieren, müssen Sie einen String "zusammenbauen", den Sie dann an das *Clipboard*-Objekt übergeben:

```
procedure TForm1.SpeedButton2Click(Sender: TObject);
var adresse:string;
begin
    adresse:= DBEdit1.text + ' ' + DBEdit2.text + chr(13) + chr(10);
    adresse:= adresse + DBEdit3.text + chr(13) + chr(10);
    adresse:= adresse + DBEdit4.text + ' ' + DBEdit5.Text;
    clipboard.AsText:= adresse;
end;
```

Anzeige im DBGrid

Im *DBGrid* am linken Fensterrand sollen Name und Vorname in einer Spalte angezeigt werden, um unnötige Abstände zu verhindern. Dazu bieten sich zwei Varianten an:

- Erstellen einer zusätzlichen (berechneten) Spalte mit einem SQL-Befehl,
- Erstellen eines berechneten Feldes.

Die erste Variante ist zwar recht komfortabel, hat aber den Nachteil, daß mit einer *TQuery*-Komponente gearbeitet werden müßte.

Variante 2 ist relativ schnell bewerkstelligt: Klicken Sie einfach doppelt auf die *TTable*-Komponente. Es erscheint ein Dialog, in welchem Sie mit der rechten Maustaste die Möglichkeit haben, weitere Tabellenfelder zu erstellen.

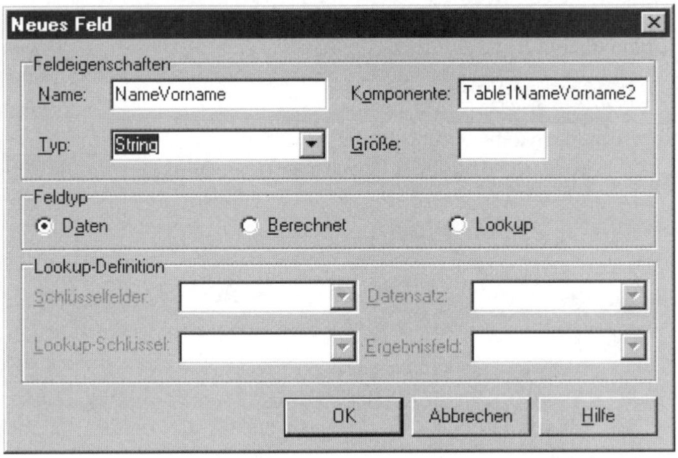

Legen Sie hier auch den Datentyp (*String*) fest.

Über das Ereignis *CalcFields* von *Table1* haben Sie die Möglichkeit, den Inhalt des neuen Feldes zu berechnen. Dazu stehen Ihnen alle anderen Tabellenspalten zur Verfügung:

```
procedure TForm1.Table1CalcFields(DataSet: TDataSet);
begin
    table1['namevorname'] := table1['name'] + ', ' + table1['vorname']
end;
```

Im Spalteneditor des *DBGrid* (rechte Maustaste) brauchen Sie jetzt lediglich das neu berechnete Feld einzufügen. Alle anderen Felder werden ausgeblendet.

13.2.4 Druckausgabe

Zu einem ordentlichen Datenbankprogramm gehört auch eine Druckausgabefunktion. Wir haben uns in diesem Fall für die Verwendung den *QuickReport* entschieden.

Grundsätzlich brauchen Sie für jeden Report, den Sie in Ihre Anwendung einbinden wollen, ein neues Formular. Dies können Sie wie ein herkömmliches Formular erzeugen oder Sie wählen unter *Datei|Neu* gleich einen Quickreport aus.

Den Report selbst entwerfen Sie wie jedes andere Formular auch, nur daß Sie in diesem Fall die *QuickReport*-Komponenten verwenden.

Siehe dazu

R76 ... einen einfachen Bericht mit QuickReport anfertigen?

R78 ... eine Rechnung mit QuickReport ausdrucken?

Doch bevor es soweit ist, werden wir uns mit den altbekannten Delphi-Komponenten beschäftigen. Erster Schritt jeder Datenbankanwendung ist die Definition der Datenmenge bzw. die Bindung an die Datenbank. Wir verwenden dazu eine *TQuery*-Komponente, deren *SQL*-Eigenschaft wir wie folgt festlegen:

```
SELECT name + ', ' + vorname AS namevorname,
       telefon
FROM   adress
ORDER BY namevorname
```

Name und Vorname werden in einem Feld zusammengefaßt, gleichzeitig werden die Daten nach diesem Feld sortiert. Überprüfen Sie die SQL-Anweisung am besten mit einem gebundenen *DBGrid,* auf diese Weise vermeiden Sie Fehler im späteren Report.

Reportentwurf

Auf die *DBGrid*-Komponente können wir ab sofort verzichten. Klicken Sie mit der rechten Maustaste auf den Report und wählen Sie im folgenden Popup-Menü den Punkt "Report Einstellungen". Übernehmen Sie die folgenden Einstellungen:

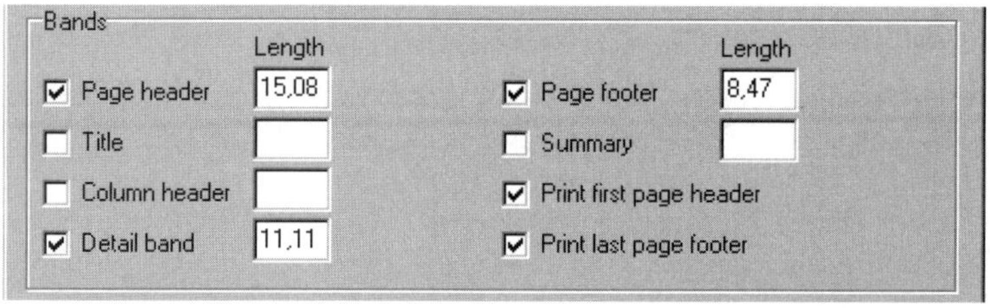

Plazieren Sie nachfolgend die gewünschten Quickreport (!)-Komponenten (*QRLabel*, *QRDBText*) in die jeweiligen Bänder.

Die folgende Abbildung zeigt die Entwurfsansicht:

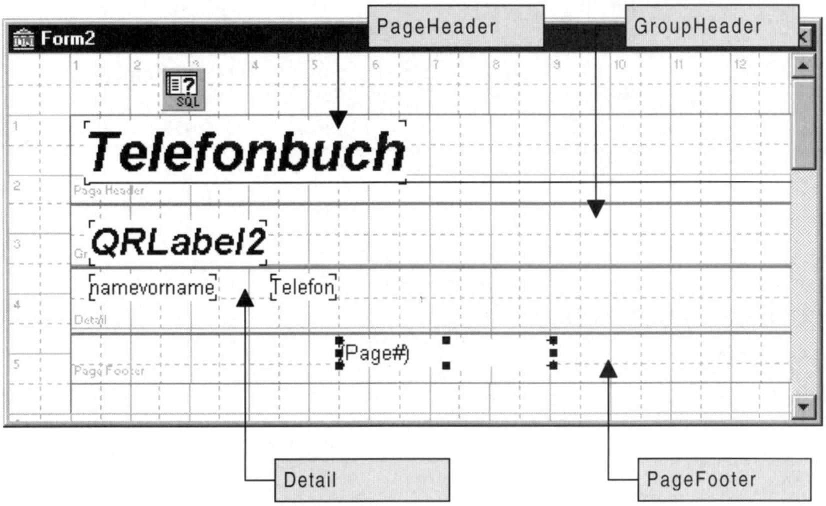

Hinweis: Setzen Sie im Formular den Font auf *Arial* oder eine andere skalierbare Schriftart, anderenfalls bekommen Sie bei der Anzeige der Formulare Probleme.

Um überhaupt Daten ausgeben zu können, binden Sie die *QuickReport*-Komponente über die Eigenschaft *DataSet* an die *Query*. Weiterhin können Sie auch gleich noch einen Seitenrand festlegen (*LeftMarginMM*) und das Seitenformat bestimmen (*Orientation*).

Für einen ersten Test fügen wir lediglich einige *QRDBText*-Komponenten in das Detail-Band ein. Verknüpfen Sie diese mit der *Query* (eine Datasource ist beim Quickreport nicht nötig!).

Für die Anzeige des Reports benötigen Sie das Hauptformular, von dem aus der Report gestartet wird. Das Reportformular wird in der vorliegenden Form nicht angezeigt. Mit

```
form2.quickreport1.preview
```

bzw.

```
quickreport2.preview
```

falls Sie direkt einen Quickreport erstellt haben, können Sie die *Preview*-Funktion auslösen.

Daß Sie jetzt noch Datum und Seitenzahl (*QRSysData*-Komponente, *Data* = *qrsPageNumber*) im Report anzeigen können, sowie zusätzliche Trennlinien etc. einbinden, muß wahrscheinlich nicht extra erwähnt werden.

Interessant ist vor allem noch die Gruppierungsfunktion, die Namen sollen nach ihren Anfangsbuchstaben gruppiert werden. Legen Sie dazu die *Expression*-Eigenschaft des Group-Headers mit

```
COPY(Query1.namevorname, 1, 1)
```

fest. Ändert sich der Wert, erkennt der Report, daß eine neue Gruppe angelegt werden muß.

Auch der Inhalt des *QRLabels* muß zur Laufzeit bestimmt werden. Bevor die Druckausgabe erfolgt, können Sie über das *Print*-Ereignis Einfluß auf den Inhalt der Komponente nehmen:

```
procedure TForm2.QRLabel2Print(sender: TObject; var Value: string);
begin
    Value := copy(query1['namevorname'],1,1);
end;
```

Das Resultat:

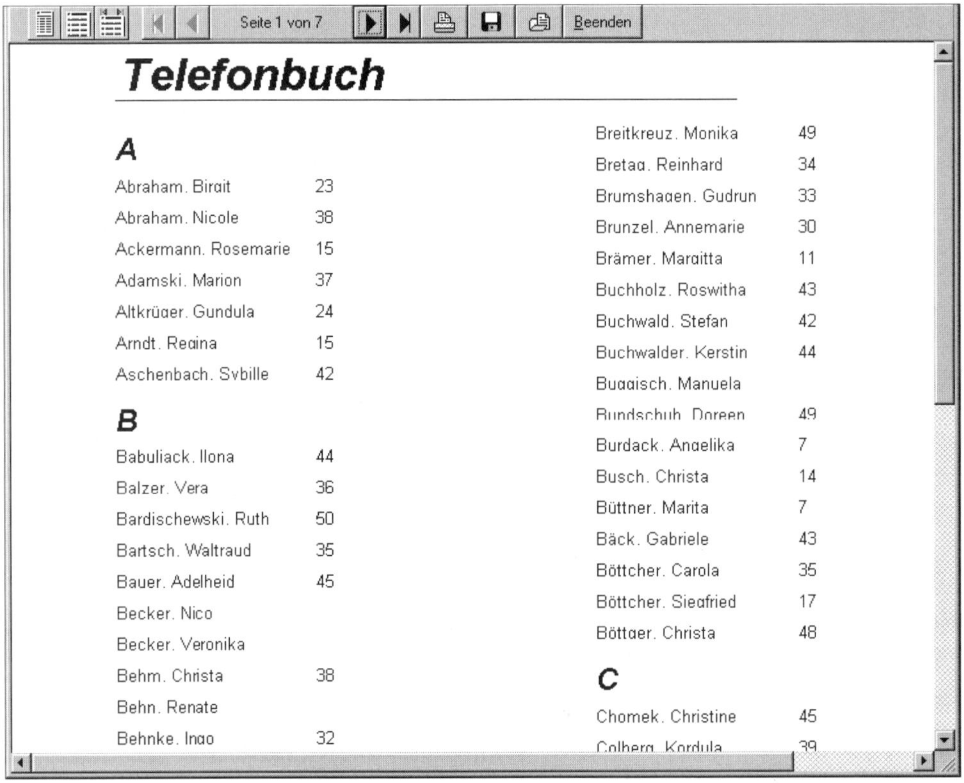

13.3 BAUFINANZ für Kostenanalysen

Diese Datenbankapplikation soll dem Häuslebauer jederzeit einen Überblick über die aktuelle Finanzsituation in Abhängigkeit vom Baufortschritt ermöglichen[1]. Da die Datenbank *Baufinanz,* im Unterschied zu der in diesem Buch ebenfalls verwendeten *Firma*, eine leichter durchschaubare Struktur aufweist, dürfte sie als Einführungsbeispiel besonders gut geeignet sein. Um ein schrittweises Vorgehen zu erleichtern, wird der auf der Buch-CD enthaltene Quelltext in mehreren Ausbaustufen, die jeweils als einzelne Projekte abgespeichert sind, angegeben.

13.3.1 Entwurf der Datenbankstruktur

Für den Entwurf einfacher Datenbanken brauchen Sie keine tiefgründigen Kenntnisse über Datenbanktheorie. Statt sich mit den in Kapitel 7 erörterten Normalisierungsregeln herumzuquälen, sollten Sie sich zunächst einmal auf Ihrem gesunden Menschenverstand besinnen. Nehmen Sie sich Papier und Bleistift zur Hand und skizzieren Sie Ihre Vorstellungen über die Aufteilung der Datenbank in Tabellen[2] und über die Beziehungen zwischen Fremd- und Primärschlüsseln. Es empfiehlt sich, dazu gleich einige fiktive Datensätze einzutragen, denn das steigert die Anschaulichkeit enorm. Wie wäre es z.B. mit der im folgenden abgebildeten Struktur?

Wie Sie sehen, besteht die Datenbank aus vier Tabellen:

- **Konten**: Hier werden alle am Zahlungsverkehr beteiligten Firmen und sonstige Institutionen erfaßt, auch Sie als Bauherr gehören natürlich mit dazu.
- **Kosten**: In diese Tabelle werden die laufenden Buchungen eingetragen. Die Fremdschlüssel *vonKonto* (Zahlungsquelle) und *aufKonto* (Zahlungsempfänger) verweisen auf den Primärschlüssel der *Konten*-Tabelle. Der Fremdschlüssel *Code* bezieht sich auf die Kostenkategorie und verweist auf den Primärschlüssel der folgenden Tabelle.
- **Sollkosten**: Am Anfang jeder Finanzierung steht eine Kostenkalkulation, aufgeschlüsselt nach einzelnen Kategorien. Die Abbildung zeigt davon nur einen Ausschnitt. Der Bauherr hat ständig zu überprüfen, daß das veranschlagte Kostenlimit nicht überschritten wird.
- **Tagebuch**: Leisten Sie sich den Luxus einer Bauchronik, eventuell können Sie diese für spätere Reklamationen gebrauchen. Diese Tabelle ist absolut harmlos, sie steht völlig für sich allein, es existieren keine Beziehungen (Relationen) zu den übrigen Tabellen.

Falls Sie erst später merken, daß Sie einige Tabellen vergessen haben, ist dies kein Problem, denn Tabellen sind unter Paradox eigenständige Dateien und lassen sich einfach zur Datenbank hinzufügen. Etwas komplizierter wird es, wenn Sie später noch zusätzliche Felder für eine Tabelle brauchen, denn dann müssen Sie umstrukturieren. Probleme, die sich daraus ergeben können, vermeiden Sie am besten, wenn Sie in Ihrem ersten Entwurf möglichst nahe an die endgültige Datenbankstruktur herankommen.

---

[1] So kann rechtzeitig die Notbremse gezogen werden, wenn z.B. die Ehefrau mit einer 60TM-Küche liebäugelt.

[2] Denken Sie dabei an den Karteikartenkasten der schreibfaulen, aber pfiffigen Sekretärin!

Konten					
Nr	Inhaber	Anschrift	KontoNr	BLZ	Bemerkung
1	Bankhaus Ab & Zock	04600 Leipzig ...	325567890	85072119	Kreditgeber
2	Fa. Schultz & Söhne	09678 Erlau...	400987345	85670000	Rohbau-Ausführung
3	Maxhelm Müller	87600 Müllhaus...	213456789	54679000	Bauherr

Kosten						
Nr	Datum	Betrag	vonKonto	aufKonto	Code	Bemerkung
1	26.5.97	1.885,00 DM	3	2	1	Notargebühren
2	3.6.97	27.000,00 DM	3	5	1	Grundstückskauf
3	10.6.97	34.800,50 DM	1	2	2	Rohbau (1. Abschlagsrechnung)

Sollkosten		
Code	Bezeichnung	Limit
1	Grundstückerwerb u. Gebühren	60.000 DM
2	Rohbau, Außen- u. Innenputz	190.000 DM
3	Zimmerer	18.000 DM

Tagebuch			
Nr	Datum	Zeit	Beschreibung
1	26.5.97	8:00	Besichtigung des Grundstücks
2	3.6.97	12:30	Kreditvertrag abgeschlossen
3	10.6.97	9:45	Notartermin

Wer auf die Theorie nicht ganz verzichten will: Die Pfeile verdeutlichen die klassischen 1:N-Beziehungen, wobei die Spitze immer auf die 1-Seite (Primärschlüssel bzw. Hauptindex) und das Ende auf die N-Seite (Fremdschlüssel) verweisen. Beachten Sie: Die Tabellen *Konten* und *Kosten* sind gleich durch zwei 1:N-Beziehungen verknüpft!

13.3.2 Erstellen der Datenbank

Wie Sie ihre Vorstellungen zur Datenbankstruktur mit dem zu Delphi mitgelieferten Hilfsprogramm "Datenbankoberfläche" in die Praxis umsetzen, wurde detailliert in Kapitel 7 (Datenbanken) beschrieben. Bevor Sie beginnen, sollten Sie sich ein neues Unterverzeichnis anlegen (*\Baufinanzierung*), in welches Sie später alle Tabellen abspeichern (RMT *Neu|Ordner*). Hier der Aufbau der Tabellen:

Konten.db			
Feldname	**Typ**	**Größe**	**Schlüssel**
Nr	Zähler (+)		*
Inhaber	Alpha (A)	60	
Anschrift	Alpha (A)	120	
KontoNr	Alpha (A)	12	
Bank	Alpha (A)	12	
BLZ	Alpha (A)	40	
Bemerkung	Alpha (A)	150	

Kosten.db			
Feldname	**Typ**	**Größe**	**Schlüssel**
Nr	Zähler (+)		*
Datum	Datum (D)		
Betrag	Währung ($)		
VonKonto	Integer kurz (S)		
AufKonto	Integer kurz (S)		
Code	Integer kurz (S)		
Bemerkung	Alpha (A)	200	

Sollkosten.db			
Feldname	**Typ**	**Größe**	**Schlüssel**
Code	Zähler (+)		*
Bezeichnung	Alpha (A)		
Limit	Währung ($)		
Bemerkung	Alpha (A)	200	

Tagebuch.db			
Feldname	**Typ**	**Größe**	**Schlüssel**
Nr	Zähler (+)		
Datum	Datum (D)		
Zeit	Zeit (T)		
Beschreibung	Memo (M)	240	

Im folgenden werden noch einmal stichpunktartig die notwendigen Schritte zum Erstellen einer Tabelle zusammengefaßt:

1. Rufen Sie das Programm *Datenbankoberfläche* auf.
2. Wählen Sie *Datei|Neu|Tabelle...* und als Tabellentyp "Paradox 7".
3. Die Datentypauswahl nehmen Sie mittels Rechter Maustaste (oder Leertaste) vor. Ein Primärschlüssel (Zähler) wird durch Doppelklick erzeugt (*) und darf nur einmal pro Tabelle vergeben werden. Innerhalb einer Zeile bewegen Sie sich mit Tab-Taste oder Maus weiter.
4. Mit der <Enter>-Taste kommen Sie zur nächsten Zeile und fügen ein neues Feld hinzu.
5. Die fertige Tabelle wird mit der "Speichern unter..."-Taste in das bereits vorher angelegte Datenbankverzeichnis (*\Hausfinanzierung*) abgelegt. Geben Sie dabei den Namen der Tabelle an (z.B. *Konten*). Die db-Extension wird automatisch angehängt.
6. Fahren Sie mit Schritt 2 fort, bis Sie alle vier Tabellen erstellt haben.

Überzeugen Sie sich davon, daß im Verzeichnis *\Hausfinanzierung* tatsächlich die vier Dateien *Konten.db*, *Kosten.db*, *Sollkosten.db* und *Tagebuch.db* vorhanden sind.

Für unsere zukünftigen Experimente mit der Datenbank wäre es zweckmäßig, wenn in jeder Tabelle schon einige wenige Datensätze enthalten sind. Wenn Sie die Bequemlichkeit lieben, können Sie dazu die auf der Buch-CD enthaltene Datenbank (Alias *Baufinanz*) benutzen. Anderenfalls öffnen Sie mit *Datei|Öffnen|Tabelle* nochmals jede einzelne Tabelle und klicken den Menüpunkt *Tabelle|Daten editieren* (bzw. F9). Nun saugen Sie sich einige Einträge aus den Fingern. Keine Hemmungen, denn später, wenn wir unsere endgültige visuelle Benutzerschnittstelle unter Delphi erstellt haben, können Sie diese "Dummies" jederzeit wieder löschen bzw. überschreiben.

Hinweis: Vorsicht ist beim Hinzufügen von Datensätzen zur Tabelle *Kosten.db* geboten, denn deren drei Fremdschlüssel müssen auf tatsächlich existierende Primärschlüssel von *Konten.db* und *Sollkosten.db* verweisen.

Bemerkungen

- Wollen Sie nachträglich die Struktur einer Tabelle ändern (z.B. ein Feld hinzufügen/indizieren, einen Datentyp ändern), so wählen Sie den Menüpunkt *Tabelle|Umstrukturieren....* und nehmen die gewünschten Änderungen vor. Schließen Sie mit der Schaltfläche "Speichern" ab.

- Lassen Sie sich durch weitere im Verzeichnis "herumlungernde" Dateien (Extension .MB, .PX...) nicht nervös machen. Die MB-Dateien speichern z.B. den Inhalt von Memofeldern und PX-Dateien speichern den Index.
- Zwar wäre es prinzipiell auch möglich, auf das Hilfsprogramm "Datenbankoberfläche" (oder auf das Programm "Paradox") gänzlich zu verzichten und alle Tabellen direkt von Delphi aus zu erstellen. Dieser Weg ist allerdings erheblich komplizierter und fehleranfälliger und deshalb für den Einsteiger nicht zu empfehlen.

13.3.3 Auf Datenbanktabellen zugreifen

Mit unserer "Baufinanzierung"-Datenbank soll nun endlich ernsthaft gearbeitet werden, d.h., wir müssen zwecks Eingabe, Editieren und Löschen von Datensätzen eine sogenannte "visuelle Benutzerschnittstelle" programmieren. Für diese Aufgabe ist Delphi bestens ausgerüstet, denn es stellt komfortable Komponenten zum Datenzugriff und zur Datensteuerung zur Verfügung. Zunächst wollen wir das Brett an der dünnsten Stelle bohren und pro Tabelle eine Datengitter-Komponente (*DBGrid*) verwenden.

Oberfläche

Dem Haupformular (*Form1*) verpassen Sie das folgende Outfit:

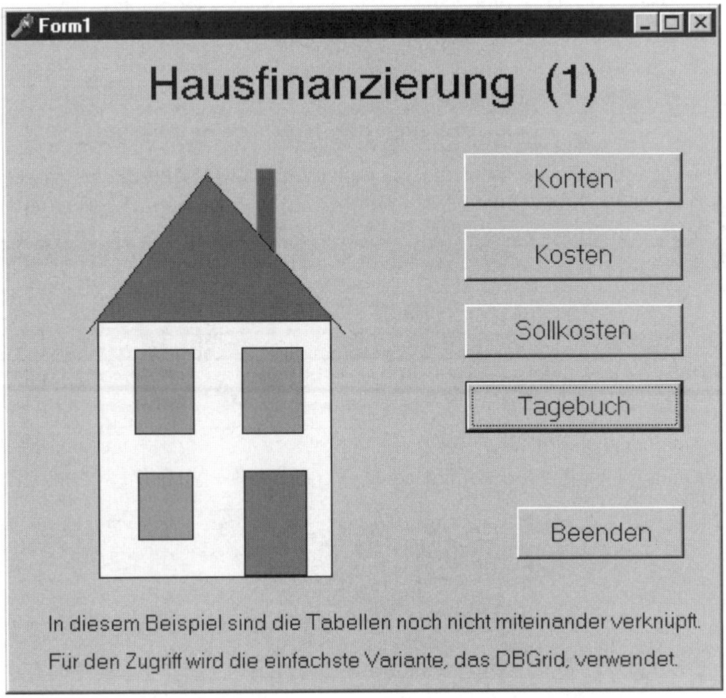

Auf die *Image*-Komponente links dürfen Sie natürlich verzichten. Wichtig sind nur die vier Buttons zum Aufruf von vier Formularen (*Form2*, *Form3*, *Form4*, *Form5*), die Sie über *Datei|Neues Formular* Ihrer Anwendung hinzufügen.

Konten-Formular (Form2)

Auf *Form2* plazieren Sie eine *DBGrid*- und eine *DBNavigator*-Komponente (Datensteuerung), weiterhin eine *Table*- und eine *DataSource*-Komponente (Datenzugriff).

Damit Sie von der Funktionsvielfalt der Navigator-Komponente nicht erschlagen werden, können Sie die beiden letzten Buttons deaktivieren (im Objektinspektor die Eigenschaft *VisibleButtons* aufklappen und *nbCancel* u. *nbRefresh* auf *False* setzen).

Binden Sie die Komponente *DBGrid1* an *DataSource1* an (*DataSource*-Property) und die Komponente *DataSource1* an *Table1* an (*DataSet*-Property).

Um äußeres Erscheinungsbild und Funktion des *DBGrid* zu ändern, bieten sich Ihnen unter *Options* vielfältige Möglichkeiten. Wollen Sie z.B. auf den Datensatzzeiger am linken Rand verzichten, so setzen Sie *dgIndicator = False*.

Weisen Sie nun der *DatabaseName*-Eigenschaft von *Table1* den korrekten Pfad des Verzeichnisses zu, in welches Sie die Tabellen der Datenbank abgespeichert haben, tragen Sie z.B. ein: *C:\Meine Programme\Baufinanzierung* oder weisen Sie den Alias *Baufinanz* zu, den Sie hoffentlich schon eingerichtet haben, als Sie das Verzeichnis *\BaufinanzDB* von der Buch-CD kopiert haben. Zum Anlegen eines Alias (siehe 7.2) oder auch

☞ R69 ... auf den Alias verzichten?

Nun setzen Sie *TableName* auf den Eintrag *Konten.db*. Nachdem Sie die *Active*-Property von *Table1* auf *True* geändert haben, müßte bereits jetzt zur Entwurfszeit die Verbindung zur Datenbank hergestellt werden:

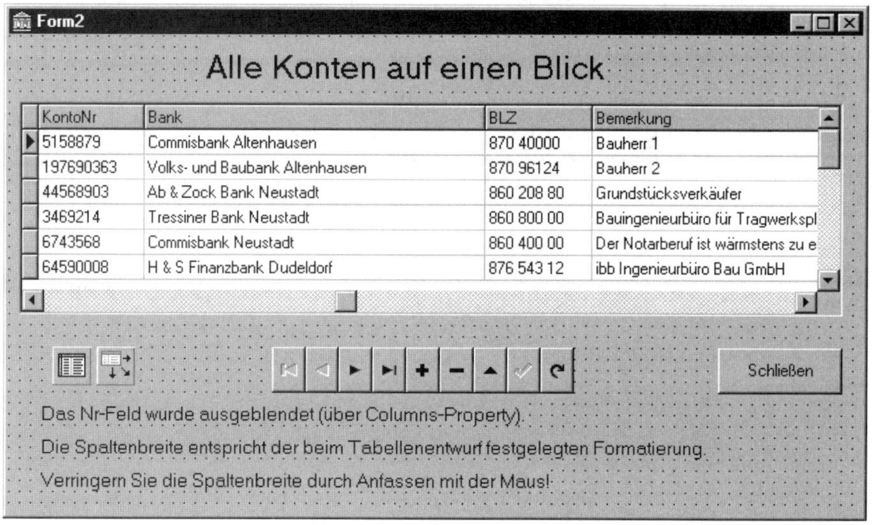

Wie Sie der Abbildung entnehmen, sind am unteren Formularrand einige "normale" Label mit erläuternden Kommentaren für den Anwender angebracht, die Sie natürlich auch weglassen können.

Da Sie auch Datensätze editieren bzw. neu eingeben wollen, muß noch die *DBNavigator*-Komponente mittels Ihrer *DataSource*-Eigenschaft an *DataSource1* angebunden werden.

Hinweis: Sie können Änderungen an den Dateneigenschaften (*DatabaseName*, *TableName* ...) immer nur dann vornehmen, wenn Sie vorher die *Active*-Eigenschaft der Datenzugriffskomponente (*Table*, *Query*, ...) auf *False* gesetzt haben.

13.3.4 Programmierung

Form1

```
implementation

uses Unit2;                                    // Unit hinzufügen!

{$R *.DFM}

procedure TForm1.Button1Click(Sender: TObject);  // Aufruf "Konten"
begin Form2.Show end;

procedure TForm1.Button5Click(Sender: TObject);  // "Beenden"
begin Close end;
```

Form2

```
procedure TForm2.Button1Click(Sender: TObject);
begin Close end;
```

Siehe auch

☞ R21 ... auf mehrere Formulare zugreifen?

Test

Starten Sie das Programm und nutzen Sie die Gelegenheit, noch einige weitere Datensätze hinzuzufügen. Wer sich daran stört, daß manche Spalten zu breit geraten sind (entsprechend der beim Tabellenentwurf festgelegten Anzahl von Zeichen), oder wer das *Nr*-Feld ausblenden möchte, der sollte sich das folgende Rezept anschauen:

☞ R72 ... die Spalteneigenschaften eines DBGrid verändern?

13.3.5 Weitere Formulare

Die visuellen Benutzerschnittstellen für den Zugriff auf die übrigen Tabellen: *Kosten.db*, *Sollkosten.db*, *Tagebuch*.db können Sie auf analoge Weise erstellen. Lösen Sie sich aber, soweit dies zweckmäßig ist, aus der sklavischen Abhängigkeit von der *DBGrid*-Komponente und nutzen Sie die Möglichkeiten der anderen Datensteuerungskomponenten, vor allem *DBText*, *DBEdit* sowie *DBMemo*. Letztere sind dann vorzuziehen wenn

- es nicht auf eine Gesamtübersicht ankommt, sondern die Datensätze nacheinander angezeigt werden sollen,
- umfangreichere Texte in einem Feld enthalten sind,
- die Tabelle aus einer Vielzahl von Feldern besteht.

Im Unterschied zum *DBGrid* (wo die *DataSource*-Eigenschft zum Anbinden an die Tabelle ausreicht) müssen Sie bei *DBEdit*, *DBMemo* ... zusätzlich die *DataField*-Property zuzuweisen.

Die folgende Abbildung zeigt einen Gestaltungsvorschlag für die *Tagebuch*-Tabelle mit *DBEdit*- und *DBMemo*- Komponenten.

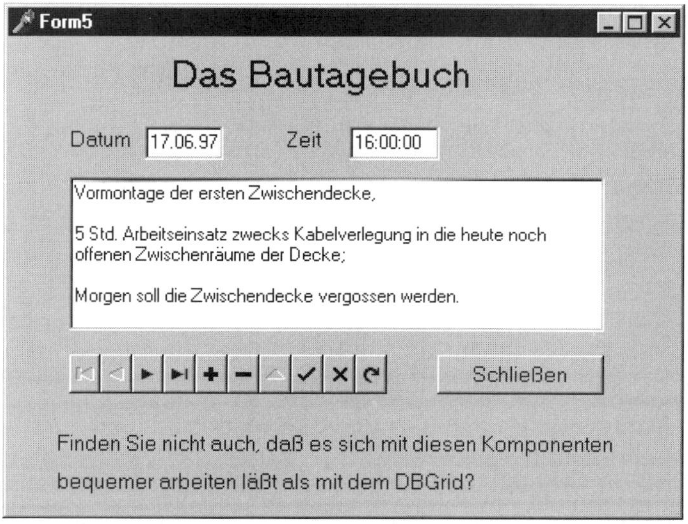

Verwenden Sie die *DBMemo*-Komponente grundsätzlich zur Anzeige mehrzeiligen Textes, unabhängig davon, ob das entsprechende Feld in der Datenbank vom Typ *Alpha* oder *Memo* ist.

Bis jetzt bestehen zwischen den Tabellen *Konten.db*, *Kosten.db* und *Sollkosten.db* noch keinerlei Verknüpfungen. Schwierigkeiten werden dann auftreten, wenn Sie die Tabelle *Kosten.db* mit Datensätzen füllen wollen (woher die Werte für die Fremdschlüssel nehmen?). Wer gleich Nägel mit Köpfen machen möchte, sollte sich schon jetzt mit Datenmodulen anfreunden und mit dem folgenden Rezept weitermachen:

☞ R75 ... ein Datenmodul einsetzen?

13.3.6 Detaildaten anzeigen

Die Tabellen unserer *Baufinanz*-Datenbank stehen bis jetzt noch unverknüpft nebeneinander, was insbesondere bei der Kosten-Anzeige wenig Sinn macht, da die in *Kosten.db* enthaltenen drei Fremdschlüssel (*VonKonto, AufKonto, Code*) von uns mühselig entziffert werden müssen (Nachschauen in *Konten.db* und *Sollkosten.db*). Diesen Vorgang wollen wir jetzt automatisieren und dafür drei sogenannte Lookup-Felder (*Absender*, *Empfaenger*, *Kategorie*) zu unserem mit der Tabelle *Kosten.db* verbundenen *Table*-Objekt hinzufügen.

Lookup-Felder zum Table-Objekt hinzufügen

Das Grundprinzip dürfte die folgende Abbildung verdeutlichen:

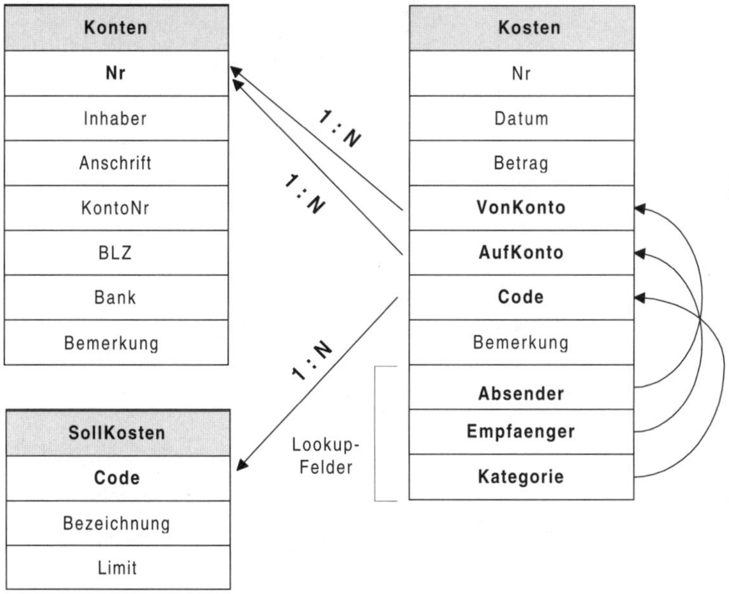

Ein Hinzufügen der Lookup-Felder incl. ihrer Verknüpfungen realisieren Sie mit dem Feldeditor. Öffnen Sie das Formular *HausModul* (unser Datenmodul), doppelklicken Sie auf die Komponente *KostenTbl.* und fügen Sie über das Popup-Menü (rechte Maustaste) zunächst alle Tabellenfelder hinzu:

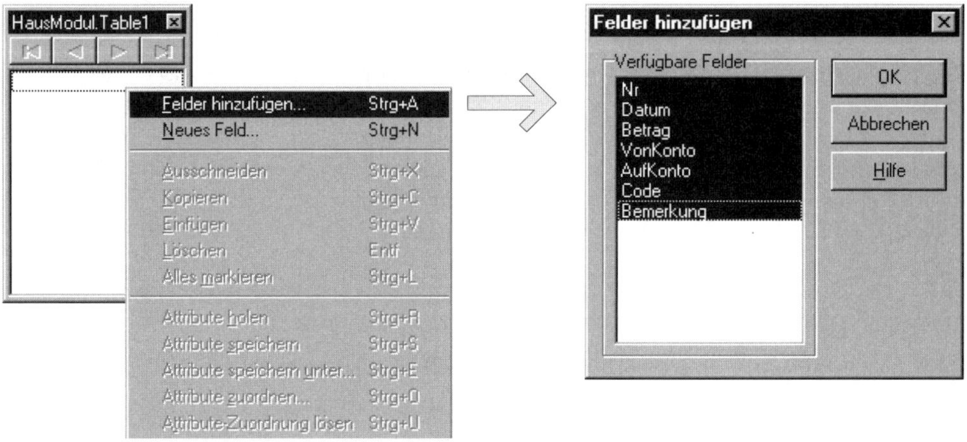

Anschließend wählen Sie "Neues Feld ..." und gehen schrittweise so vor, wie es in der folgenden Abbildung für das Lookup-Feld *Absender* beschrieben ist:

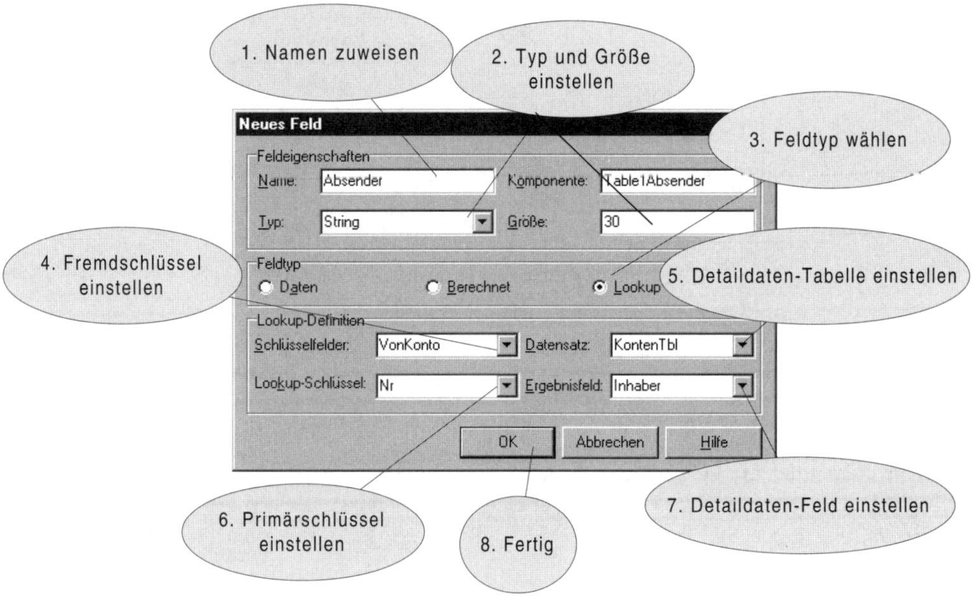

Fügen Sie auf die beschriebene Art auch die Lookup-Felder *Empfaenger* und *Kategorie* hinzu!

Nach nochmaligem Doppelklick auf das *KostenTbl*-Objekt sehen Sie die zusätzlichen Felder, der Objektinspektor zeigt die zugehörigen Eigenschaften:

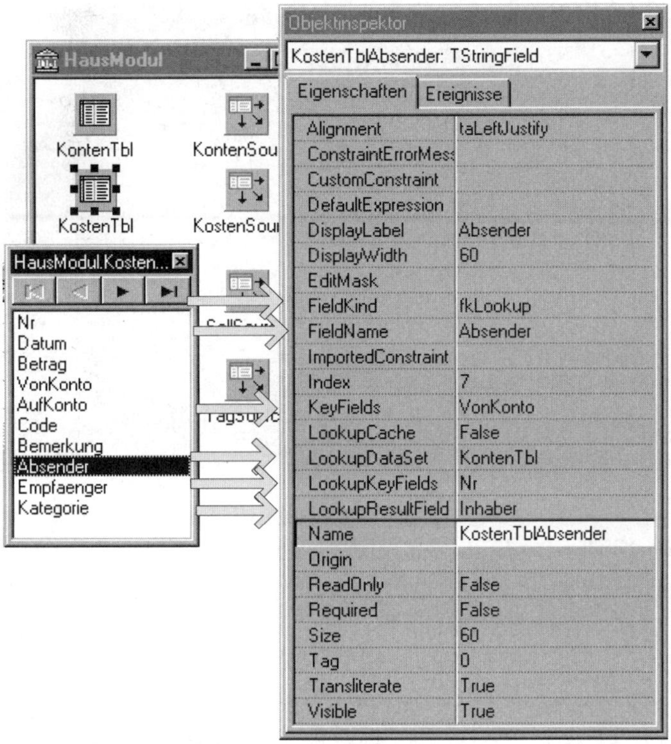

Auf die speziellen Eigenschaften, die wir im Feldeditor eingestellt haben, wird durch Pfeile hingewiesen.

Oberfläche

Fügen Sie zu *Form3* (Baukosten-Übersicht) drei neue Datensteuerungskomponenten *DBText1*, *DBText2* und *DBText3* hinzu, deren *DataSource*-Property Sie auf *HausModul.KostenSource* einstellen. Beim Zuweisen der *DataField*-Properties werden Sie feststellen, daß unsere drei neugeschaffenen Lookup-Felder *Absender*, *Empfaenger* und *Kategorie* ebenfalls mit angeboten werden. Weisen Sie jedem der drei *DBText*-Felder ein Lookup-Feld zu!

Test

Starten Sie das Programm und rufen Sie das "Kosten"- Formular (*Form3*) auf. In Abhängigkeit davon, welchen Datensatz Sie im *DBGrid* anklicken, werden in den *DBText*-Feldern die zugehörigen Detaildaten angezeigt. Wenn Sie im *DBGrid* einen Fremdschlüssel editieren, werden die Änderungen mit dem Wechsel zum nächsten Datensatz sichtbar.

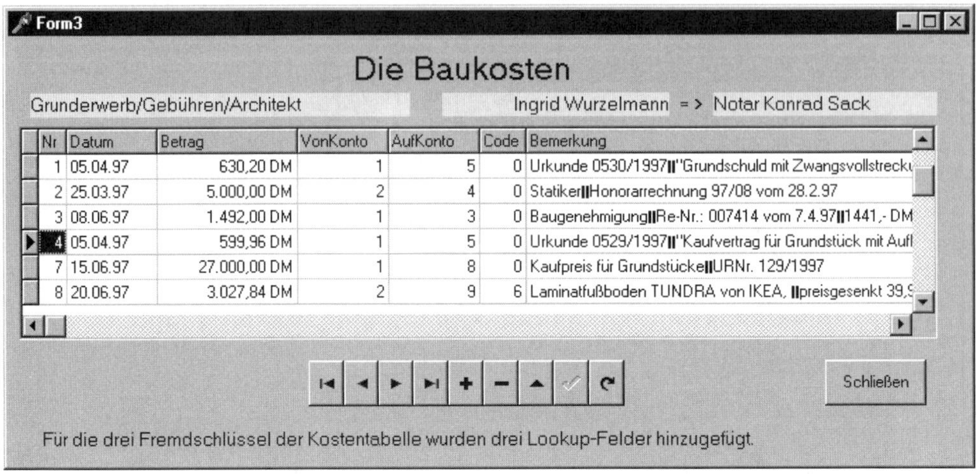

13.3.7 Tabellen über Master-Eigenschaften verknüpfen

Nicht nur ein Verknüpfen über Lookup-Felder, wie im Vorgängerrezept gezeigt, sondern auch das Zuweisen einer quasi "gefilterten" Datenmenge als Resultat einer 1 : N - Beziehung ist möglich.

Für unsere Demo wollen wir eine solche 1:N-Beziehung zwischen den Tabellen *Konten.db* und *Sollkosten.db* nachbilden. Ziel: Im Kosten-Gitter sollen nur die Datensätze angezeigt werden, die der im Konten-Gitter eingestellten Kosten-Kategorie zugeordnet werden können.

Bevor Sie beginnen, eine wichtige Voraussetzung:

Hinweis: Die an der Verknüpfung beteiligten Fremdschlüsselfelder müssen einen Sekundärindex haben!

Wie Sie mit dem Hilfsprogramm "Datenbankoberfläche" Sekundärindezes erstellen können wird beschrieben im Rezept

☞ R70 ... einen Sekundärindex erstellen?

In unserem Fall müssen Sie dem Fremdschlüssel *Code* (in der Tabelle *Kosten.db*) einen solchen Index mit dem Namen *iKostCode* "verpassen", ehe Sie weitermachen können.

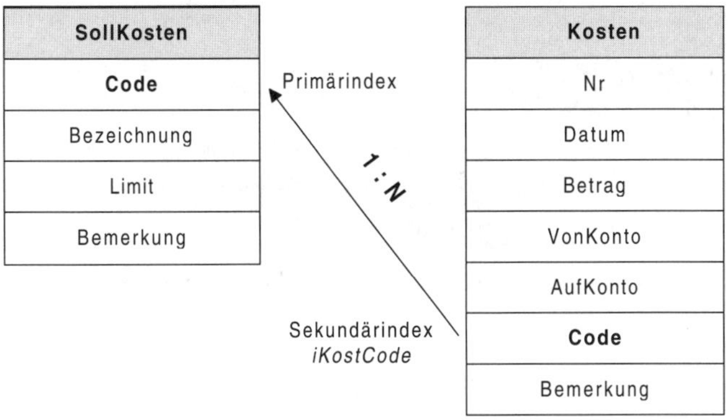

Datenmodul erweitern

Öffnen Sie das vorhandene Datenmodul-Formular *HausModul* und fügen Sie eine weitere *Table*-Komponente mit dem Namen *Kosten2Tbl* hinzu und verbinden Sie diese mit der Tabelle *Kosten.db* unserer *HausFinanz*-Datenbank. An *Kosten2Tbl* koppeln Sie eine *DataSource*-Komponente mit dem Namen *Kosten2Source*.

Hinweis: Die bereits vorhandenen Komponenten *KostenTbl* und *KostenSource* lassen sich für unsere Zwecke nicht verwenden, da sie bereits über Lookup-Felder andersweitig verknüpft sind.

Verbinden Sie die Komponente *Kosten2Tbl* mit der Master-Tabelle *Sollkosten.db*, indem Sie ihr die *MasterSource*-Eigenschaft *SollSource* zuweisen. Nun klicken Sie rechts auf die *MasterFields*-Eigenschaft von *Kosten2Tbl* und öffnen den Feldverbindungs-Designer. Was dort zu tun ist, soll die folgende Abbildung verdeutlichen:

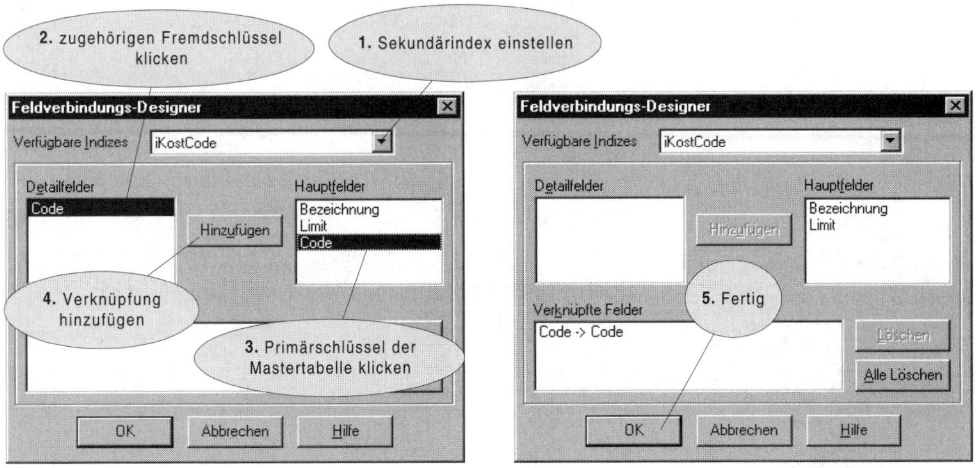

Oberfläche

Plazieren Sie auf *Form4* (Sollkosten-Formular) einen weiteren Button mit der Beschriftung "Aufschlüsseln". Dann fügen Sie über *Datei|Neues Formular* Ihrem Projekt die *Form6* hinzu. Dort plazieren Sie ein normales Label (*Label1*) mit der Beschriftung "Die Baukosten für" sowie ein datensensitives Label (*DBText1*). Beide Komponenten stehen nebeneinander in einer Zeile.

Stellen Sie die Eigenschaften von *DBText1* wie folgt ein:

DataSource = HausModul.SollSource und *DataField = Bezeichnung*.

Für *DBGrid1*:

DataSource = HausModul.Kosten2Source

ReadOnly = True

Damit nur die Felder *Datum*, *Betrag* und *Bemerkung* angezeigt werden, unterdrücken Sie die übrigen durch Neuzuweisen der *Columns*-Eigenschaft. Siehe dazu

☞ R72 ... die Spalteneigenschaften eines DBGrid verändern?

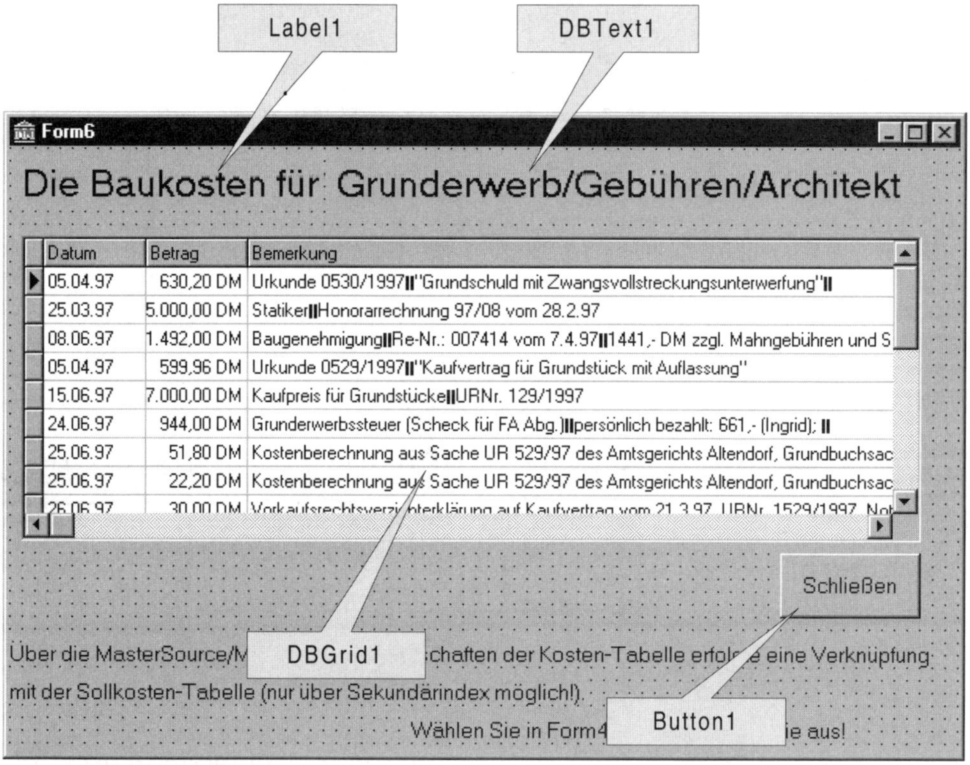

Quelltext

Die Code-Programmierung für *Form4* beschränkt sich auf den Aufruf von *Form6*:

```
procedure TForm4.Button2Click(Sender: TObject);
begin Form6.Show end;
```

Vergessen Sie das Einbinden von *Unit6* nicht!

In *Form6* brauchen Sie sich nur um das Schließen des Formulars zu kümmern:

```
procedure TForm6.Button1Click(Sender: TObject);
begin Form6.Close end;
```

Test

Starten Sie das Programm und öffnen Sie das Formular für den Kostenvoranschlag (*Form4*). Wählen Sie dort eine Kosten-Kategorie aus und klicken Sie anschließend auf den Button "Aufschlüsseln". *Form6* erscheint mit einer Zusammenstellung aller Kosten für diese Kategorie. Der Bezeichner der ausgewählten Kategorie erscheint als Überschrift in *DBText1*.

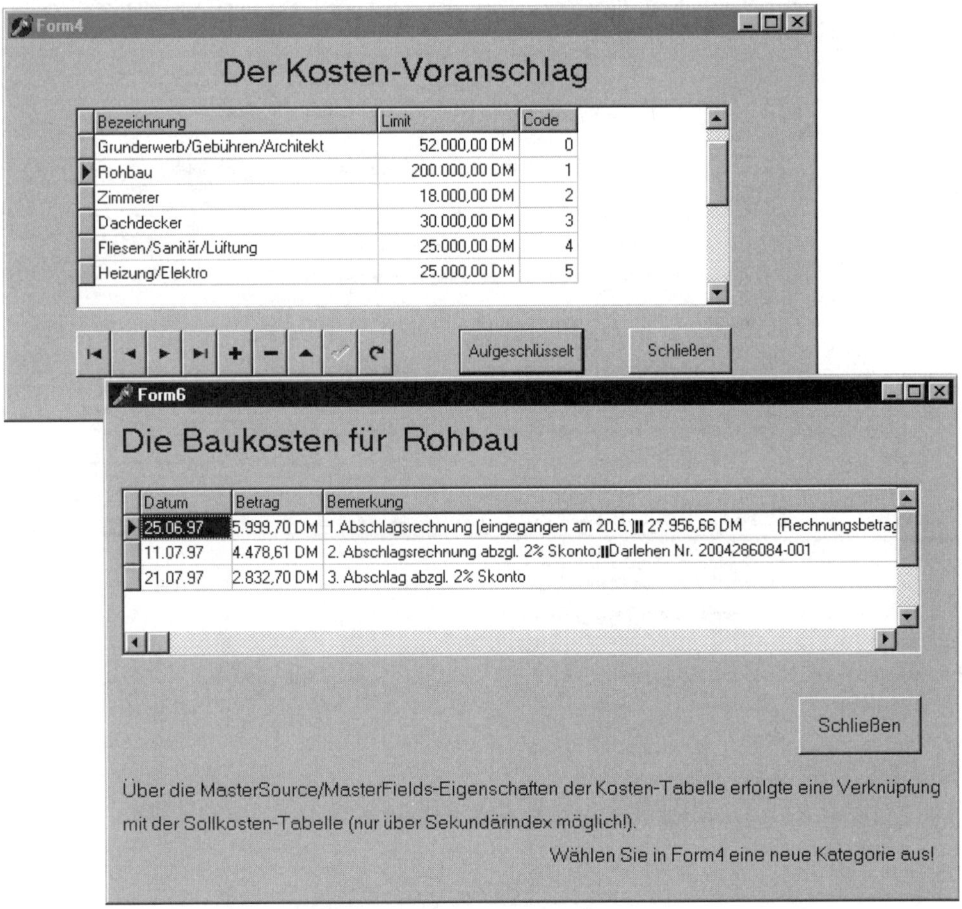

Bemerkungen

- Auf analoge Weise können Sie auch erreichen, daß z.B. die Kosten angezeigt werden, die auf ein bestimmtes Konto überwiesen wurden.
- Pro *Table*-Objekt kann nur eine Master-Tabelle zugeordnet werden. Demzufolge ist z.B. ein weiteres Verknüpfen mit anderen Tabellen, z.B. *Konten.db*, nur über ein weiteres *Table*-Objekt möglich.
- Eine alternative Möglichkeit des Anzeigens von Detaildaten bietet Ihnen das Rezept

☞ R74 ... DBLookupComboBox und DBLookupListBox einsetzen?

13.3.8 Sonstiges

Druckerausgabe

Unser Programm wäre höchst unvollständig, würde man auf eine Druckerausgabe verzichten. Dank der jetzt in Delphi integrierten *QuickReport*-Komponenten läßt sich ein Datenbankbericht mit vertretbarem Aufwand programmieren:

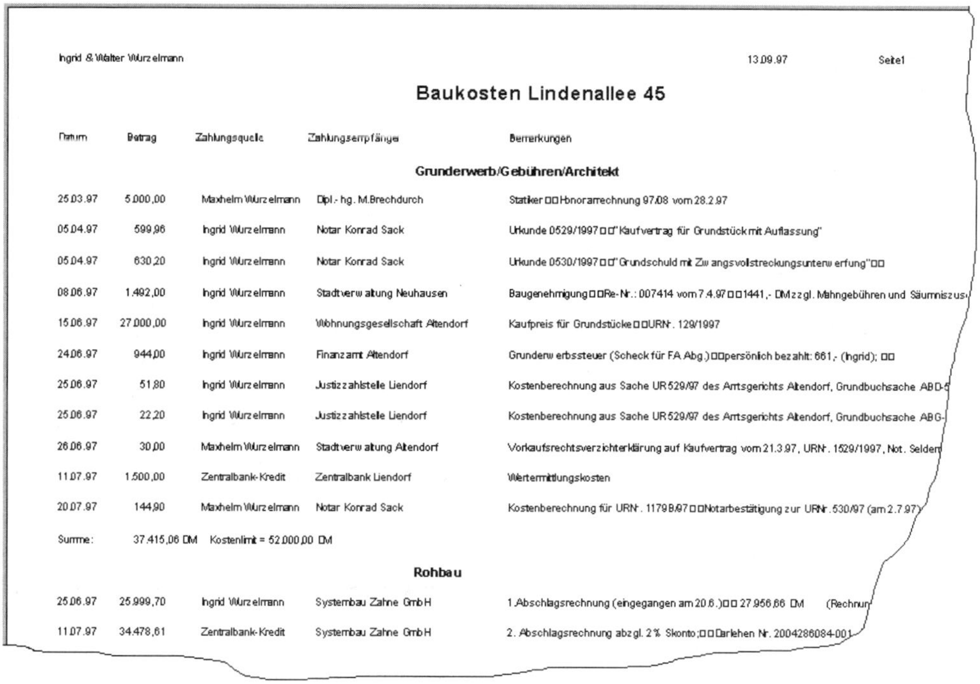

Ingrid & Walter Wurzelmann   13.09.97   Seite1

Baukosten Lindenallee 45

Datum	Betrag	Zahlungsquelle	Zahlungsempfänger	Bemerkungen
			Grunderwerb/Gebühren/Architekt	
25.03.97	5.000,00	Maxhelm Wurzelmann	Dipl.-Ing. M.Brechdurch	Statiker □□Honorarrechnung 97/08 vom 28.2.97
05.04.97	599,96	Ingrid Wurzelmann	Notar Konrad Sack	Urkunde 0529/1997□□"Kaufvertrag für Grundstück mit Auflassung"
05.04.97	630,20	Ingrid Wurzelmann	Notar Konrad Sack	Urkunde 0530/1997□□"Grundschuld mit Zwangsvollstreckungsunterwerfung"□□
08.06.97	1.492,00	Ingrid Wurzelmann	Stadtverwaltung Neuhausen	Baugenehmigung□□Re-Nr.: 007414 vom 7.4.97□□1441,- DM zzgl. Mahngebühren und Säumniszus
15.06.97	27.000,00	Ingrid Wurzelmann	Wohnungsgesellschaft Altendorf	Kaufpreis für Grundstücke□□URNr. 129/1997
24.06.97	944,00	Ingrid Wurzelmann	Finanzamt Altendorf	Grunderwerbssteuer (Scheck für FA Abg.)□□persönlich bezahlt: 661,- (Ingrid); □□
25.06.97	51,80	Ingrid Wurzelmann	Justizzahlstelle Liendorf	Kostenberechnung aus Sache UR 529/97 des Amtsgerichts Altendorf, Grundbuchsache ABD-5
25.06.97	22,20	Ingrid Wurzelmann	Justizzahlstelle Liendorf	Kostenberechnung aus Sache UR 529/97 des Amtsgerichts Altendorf, Grundbuchsache ABG-
26.06.97	30,00	Maxhelm Wurzelmann	Stadtverwaltung Altendorf	Vorkaufsrechtsverzichterklärung auf Kaufvertrag vom 21.3.97, URNr. 1529/1997, Not. Selder
11.07.97	1.500,00	Zentralbank-Kredit	Zentralbank Liendorf	Wertermittlungskosten
20.07.97	144,90	Maxhelm Wurzelmann	Notar Konrad Sack	Kostenberechnung für URNr. 1179B/97□□Notarbestätigung zur URNr.530/97 (am 2.7.97)
Summe:	37.415,06 DM	Kostenlimit = 52.000,00 DM		
			Rohbau	
25.06.97	25.999,70	Ingrid Wurzelmann	Systembau Zahne GmbH	1.Abschlagsrechnung (eingegangen am 20.6.)□□ 27.956,66 DM (Rechnun
11.07.97	34.478,61	Zentralbank-Kredit	Systembau Zahne GmbH	2. Abschlagsrechnung abzgl. 2% Skonto;□□Darlehen Nr. 2004286084-001

Die detaillierte Vorgehensweise wird beschrieben in

☞ R76 ... einen einfachen Datenbankbericht mit QuickReport erstellen?

13.4 WINCROSS der Kreuzworträtselexperte

"Ein Optimist ist derjenige, der Kreuzworträtsel mit Tinte löst." Diesem altbekannten Spruch nehmen wir mit diesem Programm die Pointe!

Wenn Sie gerne Kreuzworträtsel lösen oder sogar selbst welche aufstellen wollen, dann finden Sie in WINCROSS einen leistungsfähigen Assistenten. Hier die wichtigsten Programmoptionen:

- Wörterbuch mit 2800 Begriffen, das Sie selbst ergänzen können.
- Hilfe beim Lösen von Kreuzworträtseln (Suche nach passenden Wörtern bei vorgegebenem Muster und umgekehrt).
- Automatisches Generieren von Kreuzworträtseln mit der Möglichkeit, diese auf dem Drucker auszugeben.
- Und nicht zuletzt eine Möglichkeit, das generierte Kreuzworträtsel zu lösen.

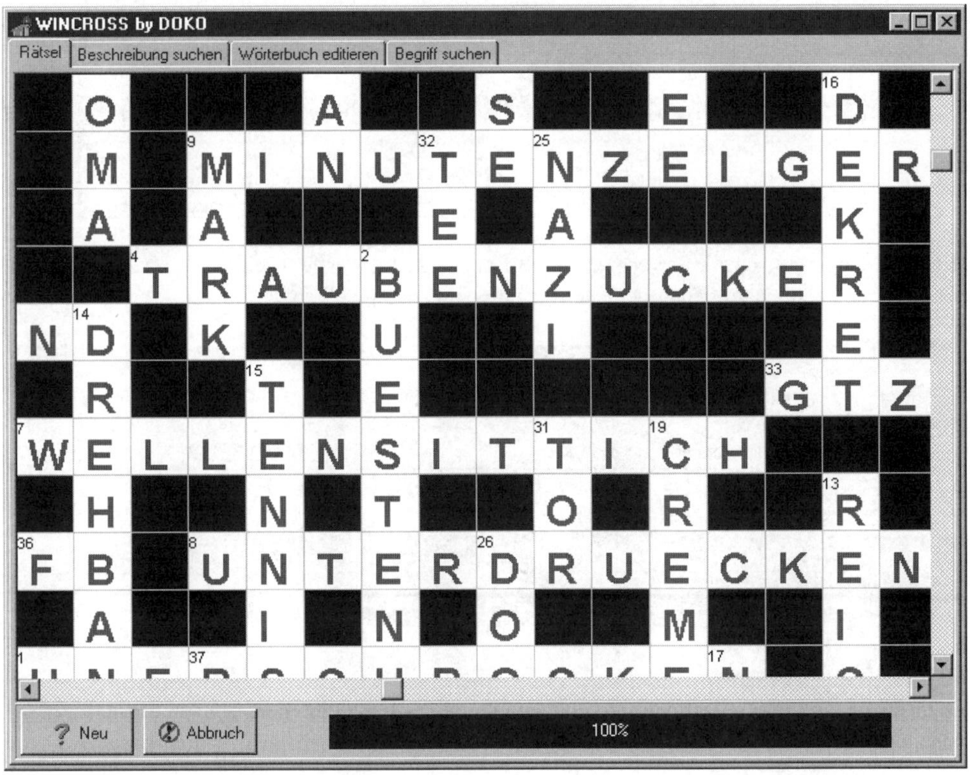

Die auf der Buch-CD mitgelieferte Datenbank umfaßt knapp 3000 Begriffe, die im Wörterbuch editierbar sind. Die minimale Wortlänge beträgt zwei, die maximale dreizehn Buchstaben.

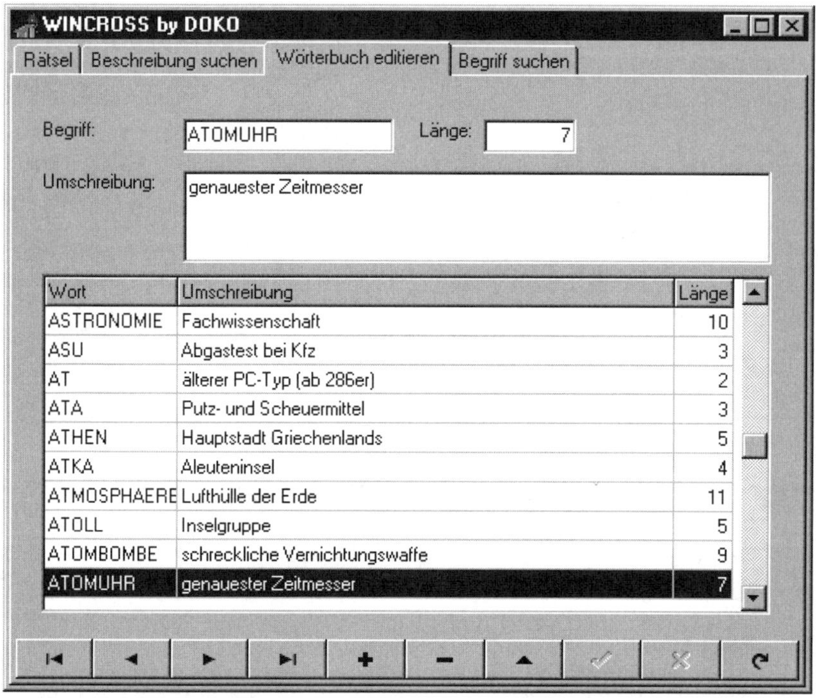

"Kennst Du ein römisches Bauwerk mit zwölf Buchstaben, der erste ist ein A, der letzte ein R ...." - mit dieser und ähnlichen Fragen brauchen sie nun niemanden mehr zu belästigen:

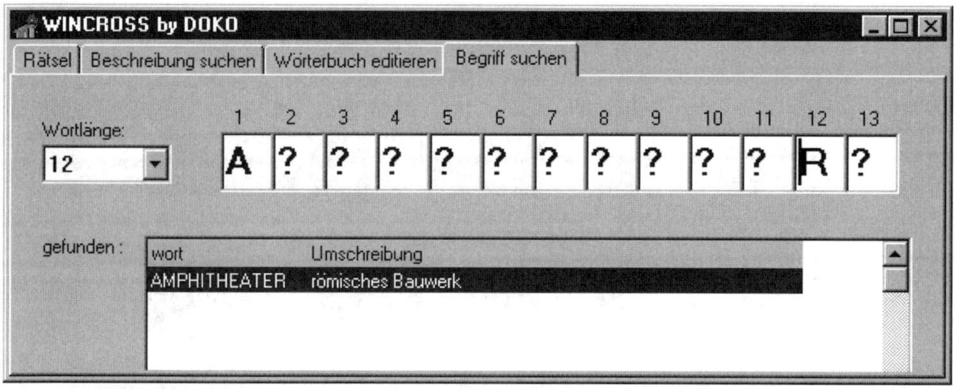

Sie geben einfach die gesuchten Buchstaben und die Wortlänge ein, und das Programm zeigt, so vorhanden, die möglichen Einträge an.

13.4.1 Datenbankstruktur

Im Gegensatz zu den später vorgestellten Algorithmen ist die eigentliche Datenbankstruktur relativ simpel, es werden prinzipell nur zwei Felder benötigt (das gesuchte Wort und die Umschreibung). Daß Sie dennoch ein weiteres Feld mit der Länge des gesuchten Wortes in der Tabelle finden, hat seinen Grund in der Optimierung des späteren Suchvorgangs (gesucht wird ein Wort mit Platzhaltern, das auch eine bestimmte Länge hat).

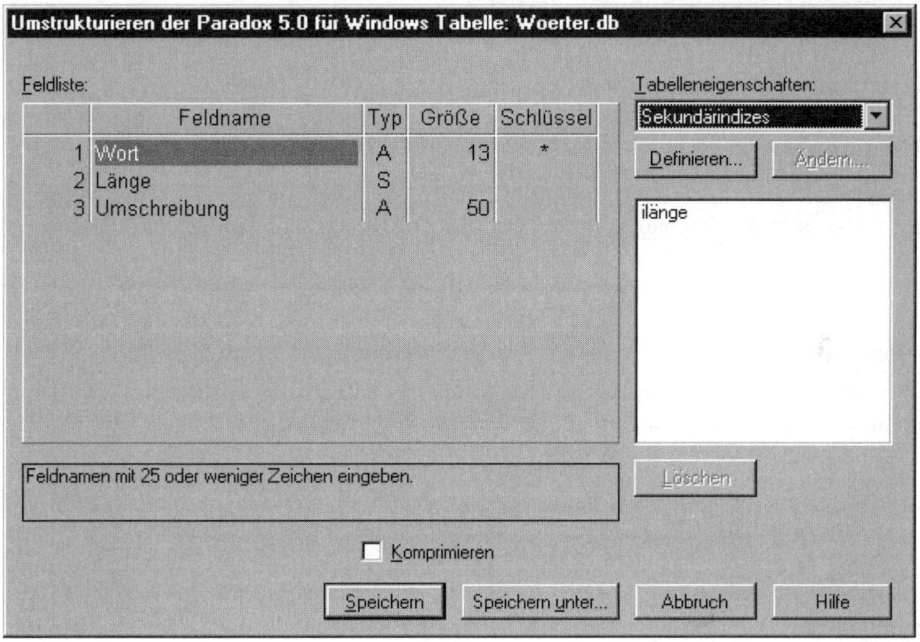

Sowohl das Feld *Wort*, als auch das Feld *Länge* sind indiziert, um eine spätere Suche in der Tabelle zu beschleunigen.

Ob die Tabelle im dBASE- oder im Paradox-Formart gespeichert wird, hat keinerlei Auswirkungen auf unser Programm. Sollten Sie die Größe der Datenbank wesentlich erweitern, dürfte eine Veränderung der Datenbankstruktur sinnvoll sein. Statt alle Worte in einer Tabelle zu speichern, werden lediglich alle Worte gleicher Länge in einer Tabelle gespeichert. Auf diese Weise erhalten Sie statt einer zwölf Tabellen. Der Vorteil ist eine wesentlich beschleunigte Suche innerhalb der Datenbank, muß doch bei der Suche nach einem Wort, das mit "E" endet und das 7 Buchstaben lang ist, lediglich die richtige Tabelle geöffnet werden. Die zu durchsuchende Wortmenge reduziert sich durch die Aufteilung der Tabellen auf ein zwölftel.

13.4.2 Oberfläche

Grundlage ist eine *PageControl*-Komponente, auf welcher die Datenbankkomponenten *Query1...Query3*, *DataSource1...DataSource3* sowie zwei *Table-Komponenten* plaziert werden.

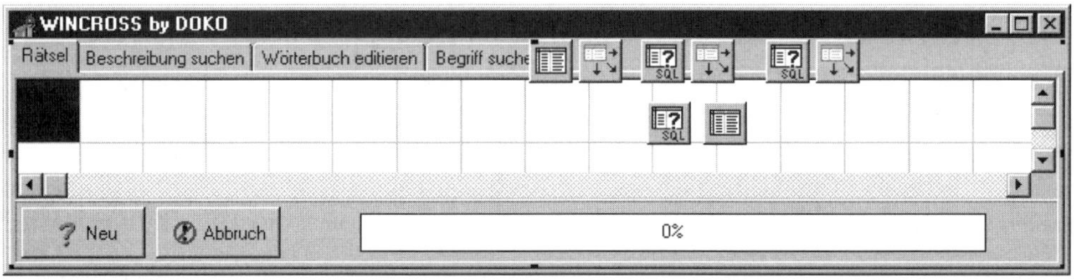

Auf den vier Seiten des *PageControl* sind neben einem *DrawGrid* vor allem datengebundene *DBGrids* angeordnet, die im wesentlichen nur dazu benutzt werden, die gefundenen Einträge anzuzeigen. Lediglich die *PageControl*-Seite "Wörterbuch editieren" verfügt über einen *DBNavigator*-Komponente, mit welcher es möglich ist, Einträge hinzuzufügen oder zu editieren[3].

Bei allen *Table*- bzw *Query*-Komponenten wurde die *DatabaseName*-Eigenschaft nicht belegt. Auf diese Weise sucht das Programm die Datenbank im aktuellen, d.h. im Programmverzeichnis.

Auf die Programmierung der Such- und Filterfunktionen gehen wir erst später ein, an dieser Stelle soll lediglich kurz die Editierfunktion besprochen werden.

Datenbasis ist *Table1*, die mit *Datasource1* über die Eigenschaft *DataSet* verknüpft ist.

Um Probleme bei der späteren Auswahl und Suche von Wörtern zu vermeiden, konvertieren wir alle Eingaben in Großbuchstaben. Zu diesem Zweck brauchen Sie lediglich die Eigenschaft *CharCase* auf *ecUpperCase* festzulegen.

Beachten Sie, daß die Komponente zu Anzeige der Wortlänge (*DBEdit3*) schreibgeschützt ist (*ReadOnly=True*). Die Aufgabe, diesen Eintrag festzulegen überlassen wir besser dem Programm, auf diese Weise werden unnötige Eingabefehler vermieden. Ansatzpunkt ist das Ereignis *BeforePost* von *Table1*, das immer dann eintritt, wenn ein Datensatz in die Datenbank geschrieben werden soll (kurz davor). Durch folgenden Aufruf wird automatisch die Wortlänge bestimmt:

```
procedure TForm1.Table1BeforePost(DataSet: TDataSet);
begin
    table1['länge'] := length(dbedit1.text)
end;
```

An dieser Stelle könnten Sie weitere Prüfungen durchführen (eventuell Kontrolle auf korrekte Schreibweise[4]) .

Die Kontrolle auf doppelt vorhandene Wörter können wir getrost der Datenbank überlassen. Da die Spalte "Wort" mit einem eindeutigen Index verknüpft ist, wird die Datenbankengine jeden Versuch abweisen, ein Wort zweimal zu speichern (es tritt ein Indexfehler auf). Möchten Sie verhindern, daß die zugehörige MessageBox angezeigt wird, können Sie das Ereignis *PostError* belegen:

---

[3] Beachten Sie, daß die Eigenschaft AutoEdit der zugehörigen DataSource-Komponente auf False gesetzt ist. In diesem Fall muß vor dem Editieren der Daten erst die Edit-Taste gedrückt werden.

[4] Die Autoren haben mit einer einfachen "Duden"-Tabelle gute Erfahrungen gesammelt, bei rund 96.000 Einträgen sind fast alle Wörter der deutschen Umgangssprache erfaßt.

```
procedure TForm1.Table1PostError(DataSet: TDataSet; E: EDatabaseError;
  var Action: TDataAction);
begin
     showmessage('Das Wort befindet sich bereits in der Tabelle');
     Action := daAbort;
end;
```

Durch die Zuweisung von *daAbort* wird die Aktion intern abgebrochen, es kommt zu keinen weiteren Meldungen.

13.4.3 Programmierung

Kreuzworträtsel generieren

Alle Funktionen, Variablen und Arrays zum Erstellen des Kreuzworträtsels finden Sie in der Unit *cross*.

```
unit cross;


interface
```

Definition der Kreuworträtselgröße (wichtig: bei Änderung muß auch das *DrawGrid* in *Form1* angepaßt werden):

```
const zeilen = 20;  { Zeilen- und Spaltenzahl des Gitters  > 13x13 }
      spalten = 20;
```

Für die interne Verwaltung und das Erstellen des Kreuzworträtsels werden wir ein Array verwenden, das auf dem folgenden Typ basiert:

```
type gitterType = record   { nur für die Darstellung }
                    buchstabe : string[1];
                    nummer    : integer;
                    black     : boolean;
                    w,s       : boolean;
                 end;
```

Im Feld *Buchstabe* wird entweder ein Leerzeichen oder der gesuchte Buchstabe gespeichert. Ist *Nummer* mit einem Wert ungleich 0 initialisiert, befindet sich an dieser Stelle der Startpunkt für einen Eintrag (es handelt sich um die Nummer, die später im Kreuzworträtsel angezeigt wird). Die Variable *Black* entscheidet darüber, ob ein Eintrag geschwärzt oder als Leerstelle im Gitter angezeigt wird. *W* und *S* entscheiden bei einem Startpunkt darüber, ob das Wort in horizontaler oder vertikaler Richtung forgesetzt wird (entweder nach rechts oder nach unten).

Vielleicht werden Sie sich darüber wundern, wie das folgende Array deklariert wird. Auf den Grund gehen wir später noch detailliert ein.

```
var gitter : array[0..spalten+1,0..zeilen+1] of gitterType;
    x,y,i  : integer;
    nummer : integer;
```

```
umschr : string;
matrix : array[0..spalten,0..zeilen] of string[1];
```

Das zweite Array dient lediglich dazu, die Benutzereingaben im noch nicht ausgefüllten Kreuzworträtsel aufzunehmen. Später können dann diese Eingaben mit den tatsächlich notwendigen Werten aus dem Array *Gitter* verglichen und ausgewertet werden.

Die einzige Prozedur, die exportiert wird, ist *SetWord.*

```
procedure SetWord(wortl:byte; anz : integer; max:byte);
```

Übergabewerte sind die Wortlänge, die maximale Anzahl von Durchläufen des internen Zufallsgenerators sowie eine Abbruchschwelle, die bestimmt, nach wieviel mißglückten Aktionen die weitere Suche abgebrochen werden soll.

Durch geschickte Variation der beiden letzten Parameter können Sie die Wortverteilung innerhalb des Kreuzworträtsels beeinflussen.

Da lange Worte immer zuerst eingefügt werden müssen, gleichzeitig aber viele Abhängigkeiten bestehen können (viele Buchstaben sind durch bereits eingefügte Worte festgelegt), müssen Sie diesem Problem durch erhöhte Werte bei *anz* und *max* Rechnung tragen. Gleichzeitig müssen bei kurzen Wörtern beide Werte drastisch reduziert werden, das sonst die Gefahr besteht, daß zu viele kurze Worte eingefügt werden. Im Mittel sollten sich bis zu 40 Einträge im vorliegenden Kreuzworträtsel (20x20) unterbringen lassen. Weniger Suchbegriffe deuten darauf hin, daß die Wortverteilung nicht optimal ist. Eine wesentliche Verbesserung läßt sich zudem nur durch die drastische Vergrößerung der zugrundeliegenden Datenbank erreichen (Viele Worte erhöhen die Wahrscheinlichkeit, daß auch ein Wort mit vielen Abhängigkeiten noch gefunden wird).

Die Suche nach der Einfügeposition

Die folgende Prozedur hat gewissermaßen die Hauptarbeit beim automatischen Generieren des Rätsels zu leisten. Um den Programmieraufwand richtig zu würdigen, versuchen Sie doch einmal selbst "per Hand" ein Kreuzworträtsel aufzustellen! Das ist weitaus schwieriger als das Lösen! Insbesondere die Abhängigkeiten zwischen den verschiedenen Einträgen erschweren die Aufgabe ungemein.

```
procedure setword(wortl:byte; anz : integer; max:byte);
var x,y, versuche,i: byte;
    n           : integer;
    horz        : boolean;   { horizontal ? }
    maske,wort  : string;
```

Strukturfanatiker sollten an dieser Stelle bitte beide Augen schließen:

```
label ma1;
```

In einer Schleife (Endwert = Parameter *anz)* versucht das Programm über einen Zufallszahlgenerator mögliche Einfügepositionen zu finden. Den auf den ersten Blick 400 (20x20) möglichen Varianten stehen jedoch tatsächlich wesentlich weniger zulässige Möglichkeiten gegenüber. So wird beispielsweise bei einem waagerechten Eintrag die maximal mögliche X-Koordinate innerhalb des Gitters durch die Wortlänge eingeschränkt. Bei 13 Zeichen reduziert sich die Einfügeposition auf die Werte [1...7].

```
begin
   versuche := 0;     { nach jeder erfolglosen Aktion wird dekrementiert }
   horz     := true; { beginnen mit horizontal }
   form1.gauge1.progress := 0;
   form1.gauge1.maxvalue := anz;
   for n := 1 to anz do begin
     if versuche >= max then exit;               { erfolglose Versuche ... }
     maske := '';
     if horz then begin   { horizontal }
       x := 1 + random(spalten-wortl-1);
       y := 1 + random(zeilen);
```

Ist ein erster Zufallswert gefunden, der im zulässigen Bereich liegt, sind Prüfungen bezüglich des Kreuzworträtselaufbaus vorzunehmen. Grundvoraussetzung ist ein sogenannter Blocker vor und hinter dem einzufügenden Wort:

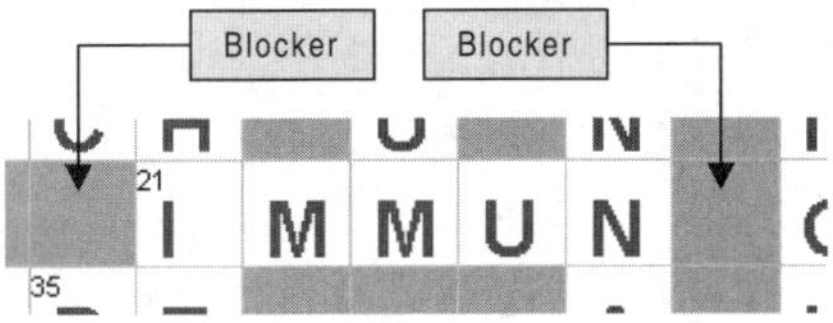

Ohne diese beiden Felder könnte die eindeutige Länge später nicht mehr bestimmt werden.

```
       if (gitter[x-1,y].buchstabe<>' ')or
       (gitter[x+wortl,y].buchstabe<>' ')then goto ma1;
```

Nächster Schritt ist die Kontrolle, ob an der aktuellen Position bereits ein Wort beginnt:

```
       if gitter[x,y].w then goto ma1; // es steht ein wort an dieser Stelle
```

Danach müssen wir berücksichtigen, daß ein eventuell an dieser Stelle eingefügtes Wort nicht die Blocker anderer Einträge überschreibt. Dazu prüfen wir, ob in der Zeile darüber oder darunter ein Wort endet:

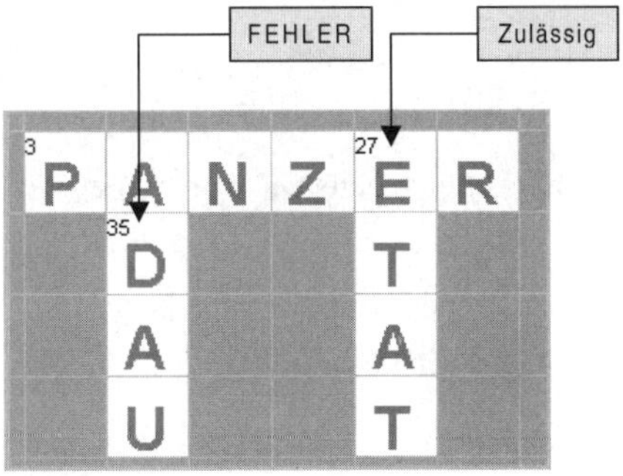

```
  for i := 0 to wortl-1 do begin
    if (gitter[x+i,y].buchstabe = ' ')and
    ((gitter[x+i,y-1].buchstabe <> ' ')or
    (gitter[x+i,y+1].buchstabe <> ' ')) then goto ma1;
```

An dieser Stelle wird auch deutlich, warum das Array größer als notwendig ist: Normalerweise müßte bei *gitter[x+i,y-1]* geprüft werden, ob die Y-Koordinate noch im Arraybereich liegt.

Sollten beide Bedingungen erfüllt sein, kann gleichzeitig die Suchmaske aufgebaut werden, die aus Leerzeichen und den bereits vorgegebenen Buchstaben besteht (Beispiel: Wort mit 6 Buchstaben, an der 5 Stelle steht ein "E").

```
    maske := maske + gitter[x+i,y].buchstabe;
  end;
```

Der gleiche Vorgang angepaßt für vertikale Worte:

```
end else begin     { vertikal }
  x := random(spalten)+1;  y := random(zeilen-wortl-1)+1;
  if (gitter[x,y-1].buchstabe<>' ')or
  (gitter[x,y+wortl].buchstabe<>' ') then goto ma1;  { kein Blocker }
  if gitter[x,y].s then goto ma1; // es steht ein wort an dieser Stelle
  for i := 0 to wortl-1 do begin
    if (gitter[x,y+i].buchstabe = ' ')and
    ((gitter[x-1,y+i].buchstabe <> ' ')or
    (gitter[x+1,y+i].buchstabe <> ' ')) then goto ma1;
    maske := maske + gitter[x,y+i].buchstabe;
  end;
end;
```

Sollte sich in der Suchmaske kein Platzhalter befinden ist es sinnlos, nach einem Wort zu suchen:

```
if pos(' ',maske) = 0 then goto ma1;  { alle Zeichen bekannt }
```

Nächster Schritt ist die Suche in der Datenbank. Die Funktion liefert entweder ein gültiges Wort oder einen Leerstring zurück:

```
wort := findword(maske);
```

Im Erfolgsfall:

```
if wort <> '' then begin { eintragen des Wortes ...}
  if horz then begin   { horizontal }
```

Vormerken, daß an der aktuellen Position bereits ein Wort eingetragen wurde:

```
    gitter[x,y].w:= true;
```

Falls nicht schon vorhanden, eine laufende Nummer vergeben:

```
    if gitter[x,y].nummer = 0 then begin
      inc(nummer);
      gitter[x,y].nummer := nummer;
    end;
```

In das Aufgabenformular werden Nummer, Einfügerichtung und Umschreibung eingetragen:

```
form2.stringgrid1.rowcount := form2.stringgrid1.rowcount + 1;
form2.stringgrid1.cells[0,form2.stringgrid1.rowcount-2]:=
   inttostr(nummer);
form2.stringgrid1.cells[1,form2.stringgrid1.rowcount-2]:=
   'waagerecht';
form2.stringgrid1.cells[2,form2.stringgrid1.rowcount-2]:= umschr;
```

Im internen Array wird das Wort eingetragen, um später die Lösung anzeigen zu können:

```
for i := 0 to length(wort)-1 do begin
    gitter[x+i,y].buchstabe:=wort[i+1];
    gitter[x+i,y].black:=false;
end;
```

Der gleiche Ablauf für senkrechte Einträge:

```
end else begin       { vertikal }
   gitter[x,y].s:= True;
   if gitter[x,y].nummer = 0 then begin
      inc(nummer); gitter[x,y].nummer := nummer;
   end;
   form2.stringgrid1.rowcount := form2.stringgrid1.rowcount + 1;
   form2.stringgrid1.cells[0,form2.stringgrid1.rowcount-2]:=
      inttostr(nummer);
   form2.stringgrid1.cells[1,form2.stringgrid1.rowcount-2]:=
      'senkrecht';
   form2.stringgrid1.cells[2,form2.stringgrid1.rowcount-2]:= umschr;
   for i := 0 to length(wort)-1 do begin
       gitter[x,y+i].buchstabe:=wort[i+1];
       gitter[x,y+i].black :=false;
   end;
   form1.drawgrid1.repaint;
end;
versuche := 1;
```

Sollte kein Wort gefunden werden, wird die Anzahl der Versuche inkrementiert, jedes gefundene Wort setzt den Versuchszähler auf 1 zurück. Auf diese Weise wird unnötiger Leerlauf vermieden, sollte sich nach *max* Versuchen kein Erfolg einstellen, wird die Schleife einfach abgebrochen.

```
end else begin { kein Wort gefunden }
  inc(versuche)
end;
```

Da die Sucherei etwas dauern kann, wird eine Fortschrittsanzeige bei jedem Durchlauf aktualisiert, gleichzeitig wird etwas Rechenzeit für die Oberfläche (Abbruch-Button) sowie andere Anwendungen freigegeben. Siehe dazu auch:

☞ R84 ... Systemzeit freigeben?

```
mal:  { Noteinsprungmarke }
      form1.gauge1.progress := n;
      if n mod 10 = 0 then application.processmessages;
      horz := not horz;    { umschalten zwisch horz. und vertik }
   end;
end;
```

Nach dem Durchlauf wird zwischen horizontaler und vertikaler Richtung gewechselt, damit das Einfügegitter möglichst gleichmäßig belegt wird.

An dieser Stelle könnte eventuell eine Verbesserung vorgenommen werden: Um eine möglichst gleichmäßige Verteilung zu erreichen könnte die Anzahl senkrechter und waagerechter Wörter gezählt werden.

Die Suche nach einem möglichen Eintrag

... oder die Suche nach der Nadel im Heuhaufen. Eigentlich ist der Vergleich nicht ganz treffend, ist doch schon einiges über das Wort bekannt (Länge und eventuell eine Suchmaske).

Nach dem Zufallsprinzip ermittelt die folgende (lokale) Funktion ein Wort aus der Datenbank, welches der Vorgabe entspricht. Bei negativem Ausgang der Suche wird ein Leerstring zurückgegeben. Bevor es jedoch soweit ist, müssen wir die beiden Datenquellen richtig initalisieren. Warum wir mit einer *Table* und einer *Query*-Komponente arbeiten? Die Anwort ist schnell gefunden: Wenn es darum geht, ein beliebiges Wort mit vorgegebener Länge aus einer Tabelle zu ermitteln, ist eine *Table*-Komponente wesentlich schneller. Eine Query würde bei einer normalen SQL-Abfrage jede Menge Datensätze ermitteln, was natürlich seine Zeit dauert. Bei einer *Table* brauchen Sie lediglich den Index zu setzen (*ilänge*) und nachfolgend einen Bereich auszuwählen (*SetRange*). Mit *MoveBy* suchen wir uns dann nur noch einen beliebigen Datensatz aus der Tabelle heraus.

```
function findWord(vorgabe:string):string;
var sqlString,s:string;
    i,n        :integer;
begin
     result:= '';  { pessimistisch }
     n := 0;
     for i := 1 to length(vorgabe) do
       if vorgabe[i]= ' ' then begin
         inc(n);
         vorgabe[i] := '_';
     end;
```

```
if n = length(vorgabe) then with form1.table2 do begin
   active := true;
   setrange([length(vorgabe)],[length(vorgabe)]);
   first; moveby(random(Recordcount-1));
   result := FieldByName('wort').AsString;
   umschr := FieldByName('Umschreibung').AsString;
   exit;
end;
```

Etwas anders sieht die Sache bei einer *Query* aus. Zum einen müssen wir die Länge, zum anderen den Suchstring übergeben. Im Programm nutzen wir zu diesem Zweck die Möglichkeit, Parameter an eine Abfrage zu übergeben. Dazu definieren Sie zur Entwurfszeit folgende SQL-Abfrage:

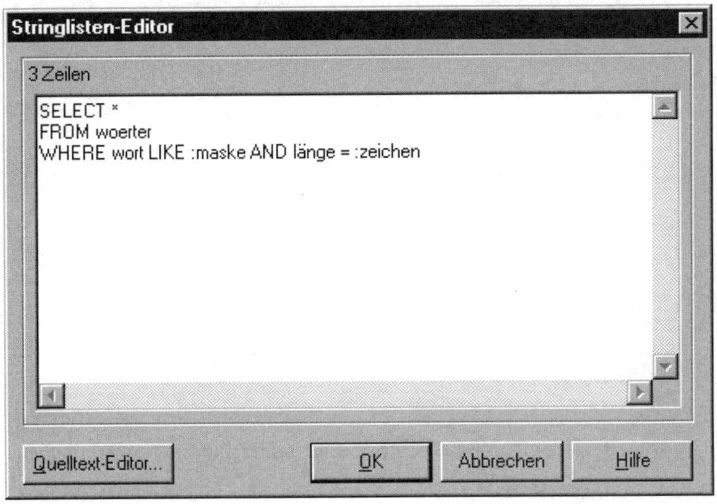

Die beiden Parameter *:maske* und *:zeichen* können Sie zur Laufzeit über die *ParamByName*-Methode setzen. Definieren Sie jedoch vorher noch die Datentypen der Parameter (Eigenschaft *Params*):

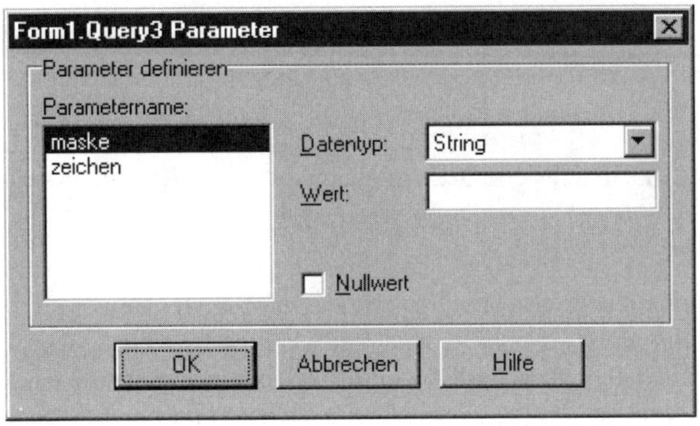

Der Ablauf ist relativ simpel:

Abfrage deaktivieren:

```
    form1.query3.Active := false;
```

Parameter setzen:

```
    form1.query3.parambyname('maske').asstring:= vorgabe;
    form1.query3.parambyname('zeichen').asinteger:= length(vorgabe);
    with form1.query3 do begin
```

Abfrage wieder aktivieren:

```
        Open;
```

Je nachdem, ob kein, ein oder mehrere Datensätze zurückgegeben werden, suchen wir einen zufälligen Datensatz, geben den einen gefundenen zurück oder beenden die Funktion:

```
        i := Recordcount;
        case i of
           0  : exit;
           1  : result := FieldByName('wort').AsString;
        else begin
           moveby(random(Recordcount-1));
           result := FieldByName('wort').AsString;
        end;
        end;
    umschr := FieldByName('Umschreibung').AsString;
    end
end;
```

Sollten Sie das Programm dahingehend erweitern, daß alle Worte einer Länge in jeweils einer Tabelle abgelegt werden, müßten Sie den SQL-String vor jedem Aufruf entsprechend verändern. Beispiel:

```
...
Query3.SQL.Clear;
Query3.SQL.Add("SELECT * FROM ...");
Query3.Open;
```

Was noch bleibt ist die Initialisierung der Arrays, die im *initialization*-Abschnitt vorgenommen wird:

```
initialization
    for x := 0 to spalten+1 do for y := 0 to zeilen+1 do begin
        gitter[x,y].buchstabe := ' ';
        gitter[x,y].nummer    := 0;
        gitter[x,y].black     := true;
        gitter[x,y].w         := false;
```

```
        gitter[x,y].s           := false;
    end;
    for x := 0 to spalten do for y := 0 to zeilen do matrix[x,y] := ' ';
end.
```

Anzeige im DrawGrid

Ist das Array *gitter* entsprechend gefüllt, könnte der Anwender damit beginnen, das Kreuzworträtsel zu lösen. Vorher muß allerdings eine geeignete Anzeigemöglichkeit gefunden werden. Mit dem *DrawGrid* bietet sich die Möglichkeit, beliebige Ausgaben in einem Gittersegment vorzunehmen. Dies ist insbesondere für die Anzeige der Nummern wichtig, die wesentlich kleiner als der eigentliche Buchstabe dargestellt werden sollen.

Über das Ereignis *DrawCell* haben Sie die Möglichkeit, jede einzelne Zelle über ein *Canvas*-Objekt mit grafischen Ausgaben zu füllen (dazu gehört eben auch Text).

```
procedure TForm1.DrawGrid1DrawCell(Sender: TObject; Col, Row: Longint;
  Rect: TRect; State: TGridDrawState);
begin
    with drawgrid1.canvas do begin
        if gitter[col+1,row+1].black then begin
            brush.style := bsSolid;  brush.color := clblack;
            fillrect(Rect);
        end else begin
            brush.style := bsClear;
            font.height:=14;
            font.Style := [];
            if gitter[col+1,row+1].nummer <> 0 then
            textout(Rect.left,Rect.top,IntToStr(gitter[col+1,row+1].nummer));
            font.Style := [fsBold];
            font.height:=36;
            if sichtbar then begin
               if gitter[col+1,row+1].buchstabe <> matrix[col,row] then
                  font.color := clred
               else
                  font.color := clblack;
               if gitter[col+1,row+1].buchstabe <> ' ' then
               textout(Rect.left+8,Rect.top+8,gitter[col+1,row+1].buchstabe)
            end else
               textout(Rect.left+8,Rect.top+8,matrix[col,row])
        end
    end
end;
```

Bei der Ausgabe wird zwischen zwei Varianten unterschieden: Entweder wird lediglich der Inhalt des *matrix*-Arrays (Nutzereingabe) oder der Inhalt von *gitter* (die Lösung des Kreuzworträtsels) angezeigt. Optional wird bei einem Wortanfang die kleine Nummer angezeigt, die die Einfügeposition kennzeichnet.

Über das *KeyPress*-Ereignis schränken wir die Möglichkeit ein, Eingaben im *DrawGrid* vorzunehmen. Zulässig sind lediglich Buchstaben, die automatisch in Großbuchstaben umgewandelt werden. Das Zeichen selbst wird nicht in der jeweiligen Zelle, sondern in einem Hilfsarray gespeichert. Die Werte dieses Arrays werden im *DrawCell*-Ereignis dazu genutzt, den Inhalt des Gitters darzustellen.

```
procedure TForm1.DrawGrid1KeyPress(Sender: TObject; var Key: Char);
begin
    if gitter[DrawGrid1.col+1,DrawGrid1.row+1].black then begin
       key:=#0;
       messagebeep(0);
    end else begin
       case key of
       'A'..'z' : begin
                     matrix[drawgrid1.col,drawgrid1.row]:=upcase(key);
                     key :=#0;
                  end;
         else begin
            matrix[drawgrid1.col,drawgrid1.row]:=' ';
            key :=#0;
         end;
       end;
       drawgrid1.repaint;
    end;
end;
```

Suchen von Begriffen und Umschreibungen

Für die *PageControl*-Seiten "Beschreibung suchen" und "Begriff suchen" sind einige Anpassungen nötig. Unter anderem soll die Eingabe in die Suchmaske auf die zulässigen Zeichen beschränkt werden:

```
procedure TForm1.Edit1KeyPress(Sender: TObject; var Key: Char);
begin
    case key of
    'A'..'z' : begin
                 (sender as TEdit).text:=upcase(key);
                 key := #0;
```

```
                end;
      else begin
            key := #0;
            (sender as TEdit).text:='?';
      end;
      end;
end;
```

Die Routine wird von allen Eingabefeldern verwendet, über die Auswertung des *Sender*-Objekts können wir die gerade aktive Komponente ermitteln.

Die eigentliche Suche wird von jeder Veränderung in den Eingabefeldern oder durch einen Wechsel in der *Combobox* (Wortlänge) ausgelöst:

```
procedure TForm1.ComboBox2Change(Sender: TObject);
var i :integer;
    s,s1 : string;

begin
      with query1 do begin
            active := false;
            filter := '[länge] = ' + inttostr(combobox2.itemindex+2);
            s1 := edit1.text + edit2.text + edit3.text + edit4.text + edit5.text +
                  edit6.text + edit7.text + edit8.text + edit9.text + edit10.text +
                  edit11.text + edit12.text + edit13.text;
            s1 := copy(s1,1,combobox2.itemindex+2);
            for i := 1 to combobox2.itemindex+2 do if s1[i]= '?' then s1[i]:= '_';
            parambyname('suchwort').asstring := s1;
            open;
      end;
end;
```

Die zugehörige SQL-Abfrage:

```
SELECT
   Wort, Umschreibung, Länge
FROM
   woerter
WHERE
   wort LIKE :suchwort
```

Wie schon beim Suchen von Wörtern für den Aufbau des Kreuzworträtsels, wird aus mehreren Einzelstrings die Suchmaske aufgebaut. Nachfolgend werden alle Fragezeichen gegen den ANSI-Platzhalter ("_") ausgetauscht. Die so aufbereitete Suchmaske braucht nur noch als Parameter an die Abfrage übergeben zu werden.

Druckausgabe

Neu in der Version WinCross 2.0 ist die Möglichkeit, das Kreuzworträtsel auch auszudrucken. Die Ausgabe erfolgt auf zwei einzelnen Blättern, auf diese Weise ist das Kreuzworträtsel nicht gar zu klein.

```
procedure TForm2.Button2Click(Sender: TObject);
var w,v : TSize;
    OUTDC : HDC;
    x,y   : integer;

begin
```

Einen Druckauftrag starten:

```
    printer.begindoc;
```

Nach dieser Zeile ist das *Canvas*-Objekt richtig initialisiert, wir können die Eigenschaft *Handle* für einige GDI-Aufrufe abfragen.

```
    outDC := printer.canvas.handle;
```

Auf die folgenden Anweisungen wollen wir an dieser Stelle nicht weiter eingehen, nur soviel: Es geht darum, das Koordinatensystem des Druckers so zu verändern, daß alle Koordinatenangaben in 1/10mm erfolgen können (siehe [ProfiBuch]).

```
    setmapmode(OutDC,mm_lometric);        // 1/10 mm aber Y geht nach oben
    GetWindowExtEx(OutDC,w);              // Auflösung ermitteln
    GetViewportExtEx(OutDC,v);
    setmapmode(OutDC,MM_ANISOTROPIC);           // neuer Abb.-Modus
    SetWindowExtEX(OutDC,w.cx,w.cy,nil);        // Skalierung ...
    SetViewPortExtEx(OutDC,v.cx,-v.cy,nil);
```

Mit den folgenden Anweisungen wird das Grundraster des Kreuzworträtsels erzeugt:

```
    for x := 0 to 20 do begin
        printer.canvas.moveto(300 + x*75,300);
        printer.canvas.lineto(300 + x*75,1800);
    end;
    for y := 0 to 20 do begin
        printer.canvas.moveto(300,300 + y*75);
        printer.canvas.lineto(1800,300 + y*75);
    end;
```

Eintragen der Leerstellen und der Ziffern für die Einfügepositionen (die ganze Rechnerei sieht komplizierter aus als sie es ist):

```
    for x := 1 to 20 do for y := 1 to 20 do begin
      if gitter[x,y].buchstabe <> ' ' then begin // Buchstabe
        if gitter[x,y].nummer <> 0 then begin
```

Hinweis: Vergessen Sie nicht, die Pinselfarbe auf *clwhite* festzulegen, anderenfalls ist der Text nicht zu erkennen, da Textausgaben standardmäßig auf einem mit der aktuellen Pinselfarbe gefüllten Rechteck ausgeführt werden.

```
         printer.Canvas.Brush.Color := clwhite;
         printer.canvas.font.name := 'arial';
         printer.canvas.font.height:= 25;
         printer.canvas.textout(310+(x-1)*75,310+
                                    (y-1)*75,inttostr(gitter[x,y].nummer));
       end;
    end else begin   // schwarz
        printer.Canvas.Brush.Color := clblack;
        printer.canvas.fillrect(Bounds(300+(x-1)*75,300+(y-1)*75,75,75))
    end;
  end;
```

Neue Druckseite auswählen:

```
  printer.newpage;
  printer.Canvas.Brush.Color := clwhite;
  printer.canvas.font.height:= 40;
```

Reine Textausgabe (Nummer, Richtung und Umschreibung):

```
  for y := 0 to stringgrid1.rowcount-2 do begin
      printer.canvas.textout(310,310+y*50,stringgrid1.cells[0,y]);
      printer.canvas.textout(410,310+y*50,copy(stringgrid1.cells[1,y],1,1));
      printer.canvas.textout(510,310+y*50,stringgrid1.cells[2,y]);
  end;
  Printer.EndDoc;

end;
```

13.4.4 Bemerkungen

Dem aufmerksamen Leser wird beim Studium des Quelltextes und bei Benutzung der auf der Buch-CD enthaltenen Programmversion nicht verborgen geblieben sein, daß sich das Programm sicher noch verbessern läßt, z.B.:

- Generieren in verschiedenen Schwierigkeitsstufen (eventuell die Tabelle um ein zusätzliches Feld erweitern).
- Besserer Algorithmus zur gleichmäßigeren Verteilung der Suchbegriffe.
- Statistische Auswertung fehlender oder falscher Einträge.

Einiges davon können Sie mit relativ geringem Aufwand und einem Minimum an Programmierkenntnissen selbst ergänzen.

Daß die generierten Rätsel mitunter größere Lücken (schwarze Flächen) aufweisen, hat seine Ursache nicht nur in den verwendeten Algorithmen, sondern im auf ca. 3000 Einträge beschränkten Umfang der mitgelieferten Datenbank WOERTER.DB. Professionelle Kreuzworträtselgeneratoren greifen auf Datenbanken mit 40.000 und mehr Wörtern zurück! Sie können schrittweise Abhilfe schaffen, wenn Sie sich in Ihren Mußestunden ab und zu dem Ausbau des Wörterbuchs widmen.

Hinweis: Das stupide Eintippen der Wörter und Umschreibungen ist äußerst lästig!

Anhang

A Der Microsoft Help Workshop

Übersicht

Die Windows Hilfe ist ein Hypertextsystem, man kann von bestimmten Stellen im Text oder in Bildern (sogenannten *Hotspots*) zu anderen Themen springen. Um eigene Hilfedateien programmieren zu können, brauchen Sie den Microsoft Help Workshop, der sich im Verzeichnis *\Help\Tools* befindet.

Der Help Workshop besteht aus mehreren Dateien, von denen der HelpCompiler HCW.EXE die mit Abstand wichtigste für uns ist.

Hinweis: Beachten Sie, daß die mit dem Microsoft Help-Workshop entwickelten Hilfedateien nur mit dem 32-Bit Helpviewer betrachtet werden können, unter Windows 3.x ist das Anzeigen nicht möglich.

Etappen der Hilfe-Entwicklung

Unterschätzen Sie nicht die Arbeit, die da auf Sie zukommt. Folgende mehr oder weniger aufwendige Etappen sind zu durchlaufen:

1. Schreiben und Formatieren der Themendatei (*.RTF)
2. Anlegen einer Steuerdatei (*.HPJ) für den Help-Compiler
3. Anlegen einer Inhaltsdatei (*.CNT) für den Help-Compiler (optional)
4. Compilieren der Hilfetexte mit HCW.EXE
5. Einbinden der Hilfe-Datei (*.HLP) in die Delphi-Applikation

Den Help-Workshop brauchen wir nur für die Etappen 2, 3 und 4, der Rest muß mit anderen Programmen (Microsoft Word für Windows 95, Delphi) bewerkstelligt werden.

Schreiben der Themendatei

Eine Hilfedatei kann mit jedem Textverarbeitungsprogramm geschrieben werden, das eine Exportmöglichkeit für das Rich Text Format (RTF) bietet (z.B. Word für Windows).

Hinweis: Die Windows-Hilfe ist farbig, legen Sie deshalb alle Hemmungen ab, die aus dem gewohnten Umgang mit tristen Schwarz-Weiß-Dokumenten resultieren könnten.

Seitentrennung

Die Windows-Hilfe ist seitenorientiert aufgebaut. Von der aus einer normalen Textverarbeitung bekannten Seite unterscheidet sich eine Hilfeseite dadurch, daß sie auch länger sein kann. Sie aber brauchen sich darum nicht zu kümmern, überschreitet der darstellbare Bereich die vorgegebenen Fensterabmessungen, so werden automatisch vertikale Scrollbalken eingeblendet.

Wir sollten die Entscheidung über Beginn und Ende jeder einzelnen Seite unserer Helpdatei möglichst frühzeitig treffen. Es ist zu empfehlen (keine Bedingung!), daß jede Hilfeseite mit einer Überschrift beginnt.

Hinweis: Das Ende einer Hilfeseite wird durch einen eingefügten (manuellen) Seitenumbruch festgelegt.

Jump oder PopUp?

Für die Darstellung einer Hilfeseite gibt es zwei grundsätzliche Möglichkeiten:

- Wenn die Seite als **Jump** aufgerufen wird, so nimmt sie das gesamte Hilfefenster für sich in Anspruch. Auf die vorhergehende Hilfeseite können Sie mit der "Zurück"-Schaltfläche wechseln. Im Hilfetext ist die (im allgemeinen grün markierte) Absprungstelle eines Jumps mit einer Linie unterstrichen.
- Bei einem **PopUp** erscheint die Hilfeseite in einem "schwebenden" Fenster, welches die darunterliegende Hilfeseite teilweise verdeckt. Ein PopUp-Fenster verschwindet nach einem Mausklick oder einer Tastatureingabe wieder.

Es ist möglich, die gleiche Hilfeseite einmal als Jump und ein anderes Mal als PopUp darzustellen. Trotzdem sollten Sie das Erscheinungsbild einer Hilfeseite nur in Ausnahmefällen ändern, d.h., sie sollten die umfangreicheren Basisinformationen generell in Jumps abspeichern und in PopUps nur kürzere Texte (Hinweise, Definitionen, Beispiele) aufnehmen.

Hinweis: Wenn der Aufruf einer Hilfeseite als **Jump** erfolgen soll, so unterstreichen Sie den Hotspot doppelt. Soll hingegen die Hilfeseite als **PopUp** erscheinen, so ist nur mit einer einfachen Linie zu unterstreichen.

Beispiel: (für RTF-Text mit zwei Hotspots):

Betriebsgrundausrüstungen und Gebrauchsgüter

Bemerkungen

- Beachten Sie, daß die Hotspots später noch durch Zieladressen (Contextstrings) vervollständigt werden müssen.
- Auch Bitmaps können durch einfache bzw. doppelte Unterstreichung als Hotspots markiert werden.

NonScrolling-Regionen

Besonders bei längeren Hilfeseiten ist es zweckmäßig, wenn die Überschrift fest am oberen Rand des Hilfefensters positioniert wird und demzufolge beim Scrollen nicht verschwindet. Ein solcher nicht scrollbarer Bereich (auch Non-Client-Area genannt) kann neben Überschriften auch einfache Erläuterungen, Verweise zu verwandten Themen bzw. zu Beispielen oder auch Grafiken enthalten.

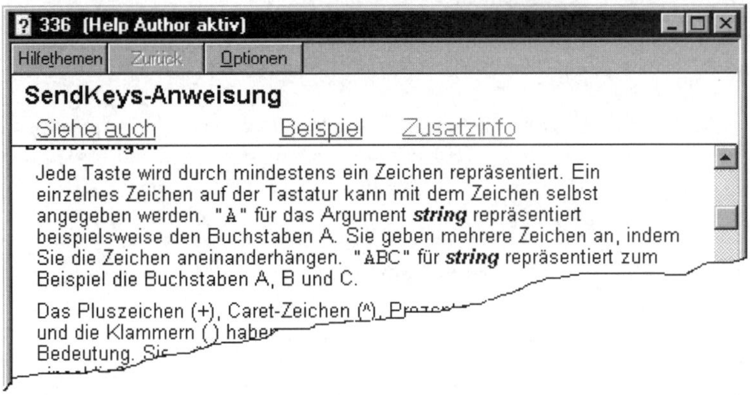

Hinweis: NonScrolling-Regions entstehen durch die spezielle Formatierung "Absätze nicht trennen".

Einbinden von Grafiken

Insgesamt lassen sich vier verschiedene Grafikformate verarbeiten:

Dateityp	Extension	Bemerkung
Bitmap	*.BMP	Grafik im Windows-Bitmapformat
Metafile	*.WMF	Grafik im Windows-Metafileformat
Hypergrafik	*.SHG	Bitmap- oder Metafile-Grafik mit Hotspots (mit SHED.EXE zu erstellen)
Multiple-Resolution-Bitmap	*.MRB	mehrere Versionen einer Bitmap für verschiedene Bildschirmauflösungen (mit MRBC.EXE zu erstellen).

Es gibt zwei prinzipielle Möglichkeiten, um eine Grafik in das RTF-Dokument einzubinden:

Variante	Bemerkung
Einfügen	Bei dieser Methode (*Einfügen|Grafik* oder direkt über Zwischenablage) speichern Sie die BMP- oder WMF-Grafik direkt im Dokument ab. Der Speicherplatzbedarf der RTF-Datei wächst allerdings dadurch erheblich an.
Verknüpfen	Dafür stehen drei unterschiedliche Formatierungen zur Verfügung, die in geschweifte Klammern einzuschließen sind: *bml* (linksbündig), *bmr* (rechtsbündig), *bmc* (Grafik wird als Zeichen interpretiert und innerhalb des Textes positioniert).

Beispiel:

```
{bmr Bild1.SHG}
```

fügt eine Hypergrafik rechtsbündig ein.

Formatieren mit Fußnoten

Übersicht

Ein Hypertext verfügt über Sprungmarken und weitere Inhalts- und Steuerinformationen, die für den Microsoft Helpcompiler im RTF-Dokument als bestimmte benutzerdefinierte Fußnoten codiert werden müssen. Später, in der anwendungsbereiten Help-Datei, bleiben diese Fußnoten natürlich unsichtbar. Hier die wichtigsten:

Fußnote	Bezeichnung	Bemerkungen
#	ContextString (ThemenID)	Sprungmarke (Label) zu dem von einem Hotspot aus gesprungen werden kann.
$	Title (Thementitel)	Titel der Hilfeseite, wie er in den Dialogfeldern "Gefundene Themen" und "Lesezeichen", im Fenster "Bisherige Themen" und auf der Registerkarte "Suchen" angezeigt wird.
K	KeyWord (Schlüsselwort)	Liste mit Stichwörtern, nach denen im Hilfeindex gesucht werden kann.
+	BrowseSequence (Anzeigereihenfolge)	Liste, die die Reihenfolge beim Durchblättern der Hilfeseiten definiert.

Hinweis: Sie erzeugen eine Fußnote, indem Sie die Einfügemarke direkt vor die entsprechende Stelle im Text setzen (Menü *Einfügen|Fußnote...*) und als Option "Benutzerdefiniert" ein Fußnotenzeichen (siehe obige Tabelle) angeben.

Beispiel: Mehrere Fußnotenzeichen können hintereinander gesetzt werden.

K$# **Betriebsgrundausrüstungen und Gebrauchsgüter**

In dieses Formular geben Sie Ihren gesamten Bestand an BetriebsgrundausrüstungenBGA und GebrauchsgüternGG ein.

ContextStrings (#)

Bei der Namensgebung (im Fußnotentext) sollten Sie sich an folgende Regeln halten:

- ContextStrings dürfen max. 255 Zeichen lang sein und können Leerzeichen enthalten. Verwenden Sie jedoch keine führenden oder nachgestellten Leerzeichen.
- Verzichten Sie auf reservierte Zeichen (# = + @ * % !) und beginnen Sie einen ContextString nicht mit einer Zahl, wenn die ID gleichzeitig auch in der [MAP]-Sektion der Projektdatei aufgeführt werden soll.

Pro Hilfeseite sind mehrere Topics möglich, beim Aufruf erscheint dann im allgemeinen nicht der Anfang der Hilfeseite, sondern die Stelle mit dem Contextstring:

Beispiel: (für #-Fußnotenzeile):

```
# BGA
```

Hotspots komplettieren

Haben Sie die Hotspots bereits markiert (einfache oder doppelte Unterstreichung), so ergänzen Sie diese jetzt mit den entsprechenden ContextStrings:

- Setzen Sie die Einfügemarke direkt hinter den Hotspot (kann auch Bitmap sein), und geben Sie dann den ContextString ein, zu dem Sie springen möchten. Zwischen Hotspot und ContextString darf kein Leerzeichen stehen!
- Markieren Sie den ContextString als "verborgenen Text".
- Soll ein Sprung zu einem ContextString in einer anderen Hilfedatei ausgeführt werden, so fügen Sie am Ende des ContextStrings das Zeichen @ und den Namen der anderen Hilfedatei hinzu.

KeyWords (K) definieren

Geben Sie als K-Fußnotentext eine Liste von Schlüsselwörtern zum Thema der Hilfeseite ein:

- Trennen Sie die einzelnen Schlüsselwörter durch Semikolons (;) voneinander.
- Verzichten Sie auf die Enter-Taste (Wagenrücklaufzeichen).
- Die Groß-/Kleinschreibung sollte beachtet werden, Help Workshop nimmt jedoch an, daß Schlüsselwörter, die sich nur in der Groß-/Kleinschreibung unterscheiden, identisch sind.

Beispiel: (für K-Fußnotenzeile):

```
K Betriebsgrundausrüstungen; Gebrauchsgüter; Abschreibungen
```

Titles ($) definieren

Pro Hilfeseite sollte es nur einen einzigen Thementitel geben. Allerdings ist ein Thementitel nur dann sinnvoll, wenn auch Schlüsselwörter bzw. KeyWords (K-Fußnoten) für die Seite vergeben wurden oder wenn eine Volltextsuche möglich ist. Andererseits sollten Hilfeseiten mit KeyWords auch über einen Thementitel verfügen.

Beispiel: (für Thementitel-Fußnotentext):

```
$ Betriebsgrundausrüstungen und Gebrauchsgüter
```

BrowseSequences (+)

Die einzelnen Hilfeseiten sind nicht miteinander gekoppelt. Um in der Hilfedatei blättern zu können, muß eine Anzeigereihenfolge (BrowseSequence) festgelegt werden:

- Sie können BrowseSequences nur dann nutzen, wenn Sie in der Projektdatei die entsprechenden Schaltflächen aktiviert haben. Fügen Sie dazu in der [CONFIG]-Sektion den Makro-Aufruf *BrowseButtons()* hinzu.
- Wenn die Hilfe-Datei nur über eine einzige Anzeigesequenz verfügt, können Sie als Fußnotentext *auto* einsetzen. Die Hilfeseiten erscheinen dann in der gleichen Reihenfolge wie in der Themendatei.

Beispiel: (für BrowseSequenz-Fußnotentext):

```
+ Thema1
```

Die HPJ-Projektdatei

Damit die RTF-Themendatei überhaupt compiliert werden kann, muß zuvor eine HPJ-Projektdatei im ASCII-Format erstellt werden. Ihr Aufbau entspricht dem einer normalen INI-Datei.

Beim Erstellen der Projektdatei unterstützt uns der Microsoft Help Workshop. Ein Ändern der Einträge ist nicht auf direktem Weg möglich, sondern nur über spezielle Dialogfenster, die sich nach Doppelklick auf den entsprechenden Eintrag oder durch Klick auf die dem Sektionsnamen entsprechende Schaltfläche am rechten Rand des HPJ-Fensters öffnen.

Die wichtigsten Sektionen und Abschnitte einer HPJ-Datei:

Sektion	Abschnitt	Erklärung
[OPTIONS]	COMPRESS	Kompressionsrate der Hilfedatei
	CONTENTS	Contextstring für Seite mit Inhaltsverzeichnis
	REPORT	Ausgabe von Fehlermeldungen (Yes, No)
	TITLE	Überschrift im Hilfefenster
	COPYRIGHT	Text für About-Dialogbox
	CNT	Name der zugehörigen Inhaltsdatei
	FTS	Optionen für Volltext-Suche

Sektion	Abschnitt	Erklärung
[FILES]		Namen aller einzubindenden RTF-Dateien
[MAP]		Zuordnung von Contextstrings zu HelpContextIDs
[CONFIG]		Eintrag von Makros zur Initialisierung
[WINDOWS]		Definition des Erscheinungsbildes des Hilfe-Fensters

Bemerkungen

- Die [Options]-Sektion steht immer an erster Stelle der Projektdatei.
- COMPRESS sollte im Interesse kurzer Compilerzeiten zur Entwurfszeit ausgeschaltet bleiben.
- Die [Files]-Sektion darf niemals fehlen!
- Bei Verwendung von Browse-Sequenzen, muß die [Config]-Sektion mit dem Makro-Eintrag *BrowseButtons()* besetzt werden.

Compilieren und Anzeigen

Mit der Schaltfläche "Save and Compile" sichern Sie die Einstellungen der HPJ-Datei und starten den Compiler.

Wenn Sie Compilereinstellungen ändern wollen, so starten Sie nicht über die Schaltfläche "Save and Compile", sondern über den Menüpunkt *File|Compile.* Dann erscheint ein Dialogfenster, in welchem Sie unter anderem auch festlegen können, ob das Hauptfenster des Help Workshop während des Compilierens verschwinden soll (Voreinstellung).

Für Anzeige und Testen der Help-Datei gibt es mehrere Möglichkeiten:

- Das Helpfile wird automatisch nach Beenden des Compiliervorgangs gestartet (Kontrollkästchen in Compiler-Dialogbox aktivieren).
- Sie verlassen den Help Workshop und starten das Helpfile direkt von Windows aus (Doppelklick auf Ikone).
- Sie klicken in der Toolbar des Help Workshops den [?]-Button und können in der sich öffnenden Dialogbox zwischen mehreren Varianten wählen, wie z.B. der Einzelanzeige einer bestimmten Hilfeseite (entsprechend HelpContextID-Eintrag in [MAP]-Sektion) oder der Anzeige als Jump oder PopUp. Außerdem lassen sich zu Vergleichszwecken auch andere Hilfedateien testen.

Einbinden der Hilfedatei in Delphi

Hier die einfachsten zwei Möglichkeiten, dem Anwender "Hilfestellung" zu leisten:

- Aufruf mittels F1-Taste über die Eigenschaft *HelpContext*
- Aufruf über die *Application.HelpJump*-Methode

In beiden Fällen muß vorher die Helpdatei über die *HelpFile*-Eigenschaft des *Application*-Objekts eingebunden werden.

Beispiel:

```
Application.HelpFile := ' d:\hilfe\test1.hlp';
```

HelpContext

Fast jede Komponente (auch jeder Menüpunkt!) verfügt über die Eigenschaft *HelpContex*. Diese entspricht genau der Nummer, die Sie in der HPJ-Projektdatei (MAP-Sektion) einer bestimmten Hilfeseite zugewiesen haben. Wenn die Komponente den Fokus hat und Sie die F1-Taste drücken, so wird diese Hilfeseite aufgerufen. Wenn Sie die *HelpContext*-Eigenschaft für ein Formular setzen, wird die entsprechende Hilfeseite für den Fall aufgerufen, daß das gerade aktive Steuerelement keinen *HelpContext* hat.

Die HelpJump-Methode

Relativ unkompliziert können Sie eine Hilfeseite mit der Methode *HelpJump* des *Application*-Objekts aufrufen, Übergabeparameter ist der Contextstring.

Syntax: `Application.HelpJump(`***`ContextString`***`)`

Beispiel:

```
procedure TForm1.Hilfe1Click(Sender: TObject);
begin
 Application.HelpJump('Inhalt')
end;
```

Die HelpCommand-Methode

Weitaus flexiblere Möglichkeiten des Zugriffs auf die Hilfedatei bietet die Windows-API-Funktion *WinHelp*, die mit der Methode *HelpCommand* gekapselt ist.

Syntax:
```
Application.HelpCommand(Command: Word; Data: Longint):
Boolean;
```

Command	Art der Suche (ContextNummer, Stichwort), Beenden
Data	repräsentiert den angeforderten Topic

Nach erfolgreicher Ausführung gibt die *HelpCommand*-Methode *True* zurück.

Für die Parameter *Command* und *Data* werden vordefinierte Konstanten eingesetzt. Über die genauere Bedeutung dieser Konstanten informiert Sie die folgende Tabelle. Wie der *Data*-Parameter zu interpretieren ist, hängt vom *Command*-Wert ab:

Konstante	Beschreibung	Format von dwData
Help_Context	... zeigt die Hilfe für einen Topic entsprechend dessen ContextNummer	... eine LongInteger-Zahl mit der ContextNummer
Help_Quit	... die Hilfedatei wird geschlossen	... wird ignoriert
Help_Contents	... ruft das Inhaltsverzeichnis der Hilfedatei auf (entspr. CONTENTS-Eintrag im Projektfile)	... wird ignoriert
Help_HelpOnHelp	... lädt WINHELP.HLP und zeigt den entspr. Topic	... wird ignoriert
Help_SetIndex	... setzt einen bestimmten Topic als Index Topic	... eine LongInteger-Zahl mit der ContextNummer
Help_ContextPopUp	... zeigt Hilfeseite als PopUp-Fenster	... eine LongInteger-Zahl mit der ContextNummer
Help_Key	... zeigt den ersten Topic in der Stichwort-Liste, der mit dem *dwData*-Parameter übereinstimmt	... ein Zeiger (Long) auf einen String mit dem gesuchten Stichwort
Help_PartialKey	... zeigt die zum Stichwort gefundene Hilfeseite	... ein Zeiger (Long) auf einen String mit dem gesuchten Stichwort

Der Aufruf:

```
Application.HelpCommand(Help_Quit, 0);
```

... sollte am Ende eines jeden Programmes stehen (z.B. in *UnLoad*-Ereignisprozedur), da die Windows-Hilfe nicht automatisch geschlossen wird.

B ANSI-Tabelle

<table>
<tr><td>0</td><td></td><td>32</td><td>[space]</td><td>64</td><td>@</td><td>96</td><td>`</td></tr>
<tr><td>1</td><td></td><td>33</td><td>!</td><td>65</td><td>A</td><td>97</td><td>a</td></tr>
<tr><td>2</td><td></td><td>34</td><td>"</td><td>66</td><td>B</td><td>98</td><td>b</td></tr>
<tr><td>3</td><td></td><td>35</td><td>#</td><td>67</td><td>C</td><td>99</td><td>c</td></tr>
<tr><td>4</td><td></td><td>36</td><td>$</td><td>68</td><td>D</td><td>100</td><td>d</td></tr>
<tr><td>5</td><td></td><td>37</td><td>%</td><td>69</td><td>E</td><td>101</td><td>e</td></tr>
<tr><td>6</td><td></td><td>38</td><td>&</td><td>70</td><td>F</td><td>102</td><td>f</td></tr>
<tr><td>7</td><td></td><td>39</td><td>'</td><td>71</td><td>G</td><td>103</td><td>g</td></tr>
<tr><td>8</td><td>BS</td><td>40</td><td>(</td><td>72</td><td>H</td><td>104</td><td>h</td></tr>
<tr><td>9</td><td>TAB</td><td>41</td><td>)</td><td>73</td><td>I</td><td>105</td><td>i</td></tr>
<tr><td>10</td><td>LF</td><td>42</td><td>*</td><td>74</td><td>J</td><td>106</td><td>j</td></tr>
<tr><td>11</td><td></td><td>43</td><td>+</td><td>75</td><td>K</td><td>107</td><td>k</td></tr>
<tr><td>12</td><td></td><td>44</td><td>,</td><td>76</td><td>L</td><td>108</td><td>l</td></tr>
<tr><td>13</td><td>CR</td><td>45</td><td>-</td><td>77</td><td>M</td><td>109</td><td>m</td></tr>
<tr><td>14</td><td></td><td>46</td><td>.</td><td>78</td><td>N</td><td>110</td><td>n</td></tr>
<tr><td>15</td><td></td><td>47</td><td>/</td><td>79</td><td>O</td><td>111</td><td>o</td></tr>
<tr><td>16</td><td></td><td>48</td><td>0</td><td>80</td><td>P</td><td>112</td><td>p</td></tr>
<tr><td>17</td><td></td><td>49</td><td>1</td><td>81</td><td>Q</td><td>113</td><td>q</td></tr>
<tr><td>18</td><td></td><td>50</td><td>2</td><td>82</td><td>R</td><td>114</td><td>r</td></tr>
<tr><td>19</td><td></td><td>51</td><td>3</td><td>83</td><td>S</td><td>115</td><td>s</td></tr>
<tr><td>20</td><td></td><td>52</td><td>4</td><td>84</td><td>T</td><td>116</td><td>t</td></tr>
<tr><td>21</td><td></td><td>53</td><td>5</td><td>85</td><td>U</td><td>117</td><td>u</td></tr>
<tr><td>22</td><td></td><td>54</td><td>6</td><td>86</td><td>V</td><td>118</td><td>v</td></tr>
<tr><td>23</td><td></td><td>55</td><td>7</td><td>87</td><td>W</td><td>119</td><td>w</td></tr>
<tr><td>24</td><td></td><td>56</td><td>8</td><td>88</td><td>X</td><td>120</td><td>x</td></tr>
<tr><td>25</td><td></td><td>57</td><td>9</td><td>89</td><td>Y</td><td>121</td><td>y</td></tr>
<tr><td>26</td><td></td><td>58</td><td>:</td><td>90</td><td>Z</td><td>122</td><td>z</td></tr>
<tr><td>27</td><td></td><td>59</td><td>;</td><td>91</td><td>[</td><td>123</td><td>{</td></tr>
<tr><td>28</td><td></td><td>60</td><td><</td><td>92</td><td>\</td><td>124</td><td>|</td></tr>
<tr><td>29</td><td></td><td>61</td><td>=</td><td>93</td><td>]</td><td>125</td><td>}</td></tr>
<tr><td>30</td><td></td><td>62</td><td>></td><td>94</td><td>^</td><td>126</td><td>~</td></tr>
<tr><td>31</td><td></td><td>63</td><td>?</td><td>95</td><td>_</td><td>127</td><td></td></tr>
</table>

128		160	[space]	192	À	224	à
129		161	¡	193	Á	225	á
130		162	¢	194	Â	226	â
131		163	£	195	Ã	227	ã
132		164	¤	196	Ä	228	ä
133		165	¥	197	Å	229	å
134		166	¦	198	Æ	230	æ
135		167	§	199	Ç	231	ç
136		168	¨	200	È	232	è
137		169	©	201	É	233	é
138		170	ª	202	Ê	234	ê
139		171	«	203	Ë	235	ë
140		172	¬	204	Ì	236	ì
141		173	-	205	Í	237	í
142		174	®	206	Î	238	î
143		175	¯	207	Ï	239	ï
144		176	°	208	Ð	240	ð
145		177	±	209	Ñ	241	ñ
146		178	^{2}	210	Ò	242	ò
147		179	^{3}	211	Ó	243	ó
148		180	´	212	Ô	244	ô
149		181	µ	213	Õ	245	õ
150		182	¶	214	Ö	246	ö
151		183	·	215	×	247	÷
152		184	¸	216	Ø	248	ø
153		185	^{1}	217	Ù	249	ù
154		186	º	218	Ú	250	ú
155		187	»	219	Û	251	û
156		188	¼	220	Ü	252	ü
157		189	½	221	Ý	253	ý
158		190	¾	222	Þ	254	þ
159		191	¿	223	ß	255	ÿ

C Virtuelle Tastatur-Codes

Konstante	Hex	Erläuterung
VK_CANCEL	03	STRG+PAUSE Tasten
VK_BACK	08	BACKSPACE Taste
VK_TAB	09	TAB Taste
VK_RETURN	0D	RETURN Taste
VK_SHIFT	10	SHIFT Taste
VK_CONTROL	11	STRG Taste
VK_MENU	12	ALT Taste
VK_PAUSE	13	PAUSE Taste
VK_CAPITAL	14	CAPS LOCK Taste
VK_ESCAPE	1B	ESC Taste
VK_SPACE	20	LEERTASTE
VK_PRIOR	21	BILD nach oben Taste
VK_NEXT	22	BILD nach unten Taste
VK_END	23	ENDE Taste
VK_HOME	24	POS1 Taste
VK_LEFT	25	Cursortaste links
VK_UP	26	Cursortaste oben
VK_RIGHT	27	Cursortaste rechts
VK_DOWN	28	Cursortaste unten
VK_SNAPSHOT	2C	DRUCK Taste
VK_INSERT	2D	EINFG Taste
VK_DELETE	2E	ENTF Taste
VK_0	30	Taste 0
VK_1	31	Taste 1
VK_2	32	Taste 2
VK_3	33	Taste 3
VK_4	34	Taste 4

VK_5	35	Taste 5
VK_6	36	Taste 6
VK_7	37	Taste 7
VK_8	38	Taste 8
VK_9	39	Taste 9
VK_A	41	Taste A
VK_B	42	Taste B
VK_C	43	Taste C
VK_D	44	Taste D
VK_E	45	Taste E
VK_F	46	Taste F
VK_G	47	Taste G
VK_H	48	Taste H
VK_I	49	Taste I
VK_J	4A	Taste J
VK_K	4B	Taste K
VK_L	4C	Taste L
VK_M	4D	Taste M
VK_N	4E	Taste N
VK_O	4F	Taste O
VK_P	50	Taste P
VK_Q	51	Taste Q
VK_R	52	Taste R
VK_S	53	Taste S
VK_T	54	Taste T
VK_U	55	Taste U
VK_V	56	Taste V
VK_W	57	Taste W
VK_X	58	Taste X
VK_Y	59	Taste Y

VK_Z	5A	Taste Z
VK_NUMPAD0	60	Numerisches Tastenfeld, Taste 0
VK_NUMPAD1	61	Numerisches Tastenfeld, Taste 1
VK_NUMPAD2	62	Numerisches Tastenfeld, Taste 2
VK_NUMPAD3	63	Numerisches Tastenfeld, Taste 3
VK_NUMPAD4	64	Numerisches Tastenfeld, Taste 4
VK_NUMPAD5	65	Numerisches Tastenfeld, Taste 5
VK_NUMPAD6	66	Numerisches Tastenfeld, Taste 6
VK_NUMPAD7	67	Numerisches Tastenfeld, Taste 7
VK_NUMPAD8	68	Numerisches Tastenfeld, Taste 8
VK_NUMPAD9	69	Numerisches Tastenfeld, Taste 9
VK_MULTIPLY	6A	Multiplikationstaste
VK_ADD	6B	Additionstaste
VK_SUBTRACT	6D	Subtraktionstaste
VK_DIVIDE	6F	Divisionstaste
VK_F1	70	F1 Taste
VK_F2	71	F2 Taste
VK_F3	72	F3 Taste
VK_F4	73	F4 Taste
VK_F5	74	F5 Taste
VK_F6	75	F6 Taste
VK_F7	76	F7 Taste
VK_F8	77	F8 Taste
VK_F9	78	F9 Taste
VK_F10	79	F10 Taste
VK_F11	7A	F11 Taste
VK_F12	7B	F12 Taste
VK_NUMLOCK	90	NUM LOCK Taste
VK_SCROLL	91	SCROLL LOCK Taste

D Inhaltsverzeichnis "Borland Delphi 3 für Profis"

3 Komponentenentwicklung

5 Datenbanken

7 Schnittstellen

8 Dateien

11 Wie kann ich ... ? (Grafik)

12 Wie kann ich ... ? (Dateien)

13 Wie kann ich ... ? (Datenbanken)

14 Wie kann ich ... ? (System)

15 Wie kann ich ... ? (Objekte/ActiveX)

16 Wie kann ich ... ? (Wissenschaft)

17 Wie kann ich ... ? (Sonstiges)

18 Applikationen

Index

A

B

C

E

F

G

L

M

N

O

P

Q

R

S

T

U

V

W